杨一凡　寺田浩明　主编

日本学者中国法制史论著选

魏晋隋唐卷

中华书局

图书在版编目(CIP)数据

日本学者中国法制史论著选.魏晋隋唐卷/杨一凡,(日)寺田
浩明主编. —北京:中华书局,2016.4
(日本学者中国法制史论著选)
ISBN 978-7-101-11372-3

Ⅰ.日… Ⅱ.①杨…②寺… Ⅲ.①法制史-中国-魏晋南北
朝时代-文集②法制史-中国-隋唐时代-文集 Ⅳ.D929-53

中国版本图书馆 CIP 数据核字(2015)第 267057 号

书　　名	日本学者中国法制史论著选·魏晋隋唐卷
主　　编	杨一凡　〔日〕寺田浩明
丛 书 名	日本学者中国法制史论著选
责任编辑	李　勉
出版发行	中华书局
	(北京市丰台区太平桥西里 38 号　100073)
	http://www.zhbc.com.cn
	E-mail:zhbc@ zhbc.com.cn
印　　刷	北京市白帆印务有限公司
版　　次	2016 年 4 月北京第 1 版
	2016 年 4 月北京第 1 次印刷
规　　格	开本/710×1000 毫米　1/16
	印张 39　插页 2　字数 559 千字
印　　数	1-2000 册
国际书号	ISBN 978-7-101-11372-3
定　　价	175.00 元

序　言

　　中日法文化交流历史久远。古代日本律令制是在学习、借鉴隋唐律令制的基础上建立和逐步完善起来的。而近代中国法律的革新和改造,则深受"脱亚入欧"、继受欧陆法系的日本法的影响。两国如此密切的法文化关系,形成了日本学界在研究本国法制史的同时也很注重研究中国法制史的传统。

　　日本学者以现代法学观点和科学的方法研究中国法制史始于19世纪末叶。一个多世纪以来,经过几代学者的不懈探索,他们在法制史研究领域取得了举世公认的巨大成就,学术成果丰硕而富有创见,做出卓越贡献的学者代有人出,成为中国法制史研究的重镇。

　　中国自清末起百余年来,也有诸如沈家本等多位前辈学者热衷于用现代法学观点研究中国法制史,并创造了令人敬慕的学术业绩。然而,在中国未进入改革开放新的历史时期之前,囿于当时的社会条件,这门学科一直缺乏充分发展的学术环境。中国法律史学的兴盛,应该说是从20世纪80年代才真正开始的。相对于日本法史学界而言,在此之前相当长的时间内,中国大陆的法史研究处于滞后状态。

在中国大陆法律史学振兴之初，我于1989年、1991年和1995年三次赴日学术访问，有机会查阅大量的日本学者研究中国法制史的论著目录，并与日本同仁进行了广泛的学术交流。近4个月的东瀛之行，收获颇丰，其感受之深，片言难尽。尽快让国内同仁了解日本学者已有的学术成果和见解，扩大学术视野，是我当时最深切的感受之一。

1997年5月，我主持的中国社会科学院重点科研项目《中国法制史考证》（15册，分为甲、乙、丙编）立项不久，便致函寺田浩明教授，提议从日本学者已发表的考证中国法制史的成果中，精选若干篇代表性论文收入《考证》丙编出版。寺田浩明教授欣然允诺，他约请冈野诚、籾山明、川村康三位教授一起，历时半年之久，阅读比较，从2200余篇已发表的论文中精选出50篇。我们把这些论文分为"通代先秦秦汉卷"、"魏晋南北朝隋唐卷"、"宋辽西夏元卷"、"明清卷"4册编辑，中国学者徐世虹、程维荣、姚荣涛、郑民钦四位教授热情地承担起各负责翻译1册的重任。2003年，该书由中国社会科学出版社出版。

《中国法制史考证》丙编出版后，受到国内外学界的关注。这50篇论文作为日本学者考证中国法制史的精华，其富有理据的扎实考证，令人耳目一新的学术见解，不仅为研究中国法制史的学者所重视，也引起了很多读者的阅读兴趣。因《中国法制史考证》甲、乙、丙三编合编为一套丛书出版，定价颇高，不少学者写信给我，建议以《考证》丙编为基础，再增收一些日本学者近期发表的考证类论文，单独成书出版。

得益于各论文作者、各册编者和译者的通力合作，也承蒙中华书局的大力支持，《日本学者中国法制史论著选》得以问世。收入本书的59篇论文，有50篇曾收入《考证》丙编，这次出版时对译文作了较大的修订。新收入的9篇，除1篇是已故的法史巨擘仁井田陞教授的旧作外，其他8篇均系日本学者近年新作。另外，根据各分册所收论文的内容，把全书4册的原卷名依次调整为"先秦秦汉卷"、"魏晋隋唐卷"、"宋辽金元卷"和"明清卷"。

在审校书稿过程中，我有幸反复拜读了收入本书的日本学者的论文。从论文的选题看,涉及中国法制史的诸多研究领域,包括律、令、格、式、例等形式表述的法律和法典编纂史、法律思想、律学、刑罚制度、审判制度、案例判牍、职官制度、土地及其他经济制度、婚姻家庭制度等;就史料的运用而言,日本学者不仅重视传统法律原典的精细解读,而且很重视金文、简牍、敦煌和吐鲁番法律文书、契约及实地调查资料的搜集和研究;就研究方法和学术风格而论,注重微观研究,注重基础史料,注重考证,论证缜密,善于见微知著、以小见大,是日本学者论文的基本特色。这些论文都是作者在力图穷尽史料、反复钻研推敲的基础上写成的,其严谨求实的学风值得称道。

值《日本学者中国法制史论著选》付梓之际,谨向为本书付出艰辛劳动的各位同仁表示致谢。寺田浩明和冈野诚、籾山明、川村康教授,从精选论文到联系作者校对译稿,花费了大量精力。这次在增收日本学者新作时,得到辻正博、青木敦、铃木秀光三位教授和石冈浩先生(2014年逝世)的热情帮助。寺田浩明教授作为本书的主编,承担了组织工作和编译的很多繁琐事务。徐世虹、程维荣、姚荣涛、郑民钦教授教学和科研工作繁忙,多年前,他们挤出时间翻译文稿,反复修改,这次又重新修订,力求做到译文忠实原著,准确无误。所有这些,都令我感念难忘。

加强国际学术交流,及时了解各国学者的学术建树,并在此基础上克难攻关,是攀登新的科学高峰的必由之路。中国法律史学前进路径亦是如此。在中国大陆,法律史学经过三十多年持续繁荣发展,无论是学术成果的数量,还是研究的广度和深度,都较前有了巨大的进展。然而,随着出土法律资料的增多和大批法律古籍整理成果的出版,开拓新的研究领域,重新认识和阐述中国法律发展史,仍是当代中外法律史学者面临的重大课题。我们期盼本书的问世,能够为推动法律史学进一步走向科学发挥其应有的作用。

杨一凡

二〇一五年八月二日于北京

目　录

《故唐律疏议》制作年代考（上）

仁井田陞

牧野巽　撰

程维荣　译

序　说

　　《故唐律疏议》历来被认为是在唐高宗永徽四年，由长孙无忌等奉敕编撰的。从《四库全书总目提要》开始，不要说各种书目，就是专门的律学家也对此深信不疑。对《唐律疏议》附录的释文、纂例加以犀利批评的清末大律学家沈家本氏在他亲自刊行的《唐律疏议》序中，也相信这是永徽律疏，并对唐初制度大加赞赏。有名的《唐明律合编》的作者薛允升氏、《九朝律考》的作者程树德氏毫不怀疑《唐律疏议》就是永徽律疏。*Le mariage chinois an point de vue* legal(《从法律观点看中国婚姻》)的作者黄伯禄(Pierre Hoang)同样是可以列为明言《唐律疏议》就是永徽律疏的人之一。日本的情况也是如此。从首次对《故唐律疏议》加以点读(江户红叶山秘府所藏)的荻生北溪开始,直到现代诸家,都认为《故唐律疏议》是按照永徽律疏的原貌流传下来的,以此推测为基础的研究也在取得进展。我们在这里只特别提出一个人,即佐藤诚实博士。博士早在明治三十年代就指出《故唐律疏议》存在着后世的改动(参照佐藤博士《律令考》,《国学院杂志》第五卷第13号)。但是,这个卓越的见解只是在研究本国律令时旁及,而且其所谓后世的改动只限于皇帝名讳等两三点,所以并未引起学界重视,《故唐律疏议》依然被看作永徽律疏①。的确,如果说中国中世纪法制史及其扩展的中国法制与日本法制的关系史,都是在把《故唐律疏议》当作永徽律疏的设想的基础上形成的,大约并不太过分。然而,我们发现了很多不能把《故唐律疏议》断定为永徽律疏的佐证,因而我们在第一节中重新证明《故唐律疏议》不是永徽律疏决非徒劳之举。其中佐藤博士已经指出的事项,我们必定标明博士的名字,不敢掠先辈之美。

《故唐律疏议》不是永徽律疏,那么它的制作年代又在何时? 我们于是在第二节中研究制作年代的上限,在第三节中研究其下限。我们所获得的结论是,根据《故唐律疏议》的内容,可以说其制作年代不会早于开元五、六年,也不会晚于天宝以后。在第三节末的考证中,还大体确定了它是开元二十五年律疏。开元二十五年相当于日本天平九年,比养老律令出现的养老二年晚十九年。所以正确地说,《故唐律疏议》与《养老律》不像历来认为的那样是母子关系,而应该是兄弟关系。《养老律》即使不是正嫡,也应该是兄长,《故唐律疏议》则是其弟。第四节"《宋刑统》的研究",是我们澄清笼罩在开元二十五年律疏说上的谬误的旁证。我们庆幸的是,第四节中还得以发表了关于《宋刑统》结构的若干新见解(第四节以上为上半部分,以下为下半部分)。

---

① 牧健二教授注意到了佐藤博士所论,其著《日本法制史論·朝廷法時代》上卷第204页中,注明现存《唐律疏议》对原本多少作了改动。

以上为叙述的方便，我们只举出有利的证据。正如在古代法律中屡屡见到的那样，《故唐律疏议》也存在着可以认为是前代遗留下来的语句，所以在第五节中首先列举应该说是此等反证的内容。在仔细研究此等反证时，首先必须考虑到《故唐律疏议》的现代诸版本都是以元泰定本为祖本的。第六节"宋元时唐律的适用"，是结合第四节"《宋刑统》的研究"，证明宋元时期唐律从未中断的适用，从中可知泰定版并非纯粹意义的古书复制，而具有实用的目的。在第六节末尾指出的对泰定版附录释文纂例的杜撰，如果排除以上事实，就无法理解。徐乾学的《读礼通考》、清朝钦定的《续通典》等未觉察这种杜撰而引用纂例，未免缺乏批判性。

我们在证明《故唐律疏议》是开元二十五年律疏之外，还说明了为什么开元二十五年律疏作为《唐律疏议》流传下来。开元二十五年律疏在今日得以流传，是因为其在宋元时一直被适用。这是第七节论述宋元律疏改动的前提。第七节的研究结果是对开元二十五年以前遗物的观点的有力反证，并且肯定了有关宋元改动的怀疑。要不是这种改动，纯粹为开元前遗物的形象就几乎荡然无存了。于是，开元二十五年律疏说更具可靠性。从第八节"西域的出土及其与《通典》所载开元二十五年律疏的比较"，也可以论证《唐律疏议》为开元二十五年律疏，而不能得出相反的结论。《故唐律疏议》与上述二者差异的地方，是基于上述二者的脱误或存在于后者的后世的改动等。在第八节中得出的结论，其实否定了上述后世改动是由《故唐律疏议》杜撰而难以信凭的说法。总之，《故唐律疏议》存在后代的改动，其基本框架却是开元二十五年律疏——这是我们的最终结论。

这里，我们想就共同研究的由来说一下。本研究的开端始于笔者之一在《唐律疏议》中发现"开元岁中"云云的词句，并向另一笔者提出关于制作年代的疑义。而后者也一直对被认为是则天武后以后开始在律文中使用的制、宝等词在唐律中频频出现之事怀有疑问。恰好在去年暑假前，我们聚在一起，得以专心从事对这个疑问的研究。我们所进行的，可以说是真正意义上的共同研究。

但就执笔来说,也不是没有分工。第一节、第二节、第三节、第八节以及结论,由仁井田执笔,序说及第四节至第七节由牧野起草。当然,两人间是试图互相补正,以做到意见的一致。

最后,承蒙中田薫博士、宇野哲人博士在百忙中阅读原稿,并承蒙两博士和市村瓒次郎博士屡屡赐予恳切指导,在此逐次深表谢意。至于本稿中存在的谬误,则是由于笔者的疏漏,当然无伤三位先生的学德。此外,中田博士还借予元文四年大藏永保校《故唐律疏议》古写本(有正邻、浚明等诸家的记注),以及宫内省图书寮所藏元至正版《故唐律疏议》对校本等珍贵资料;田中庆太郎氏则赐览北宋版《通典》,在此一并致以谢忱。

本研究所使用的《故唐律疏议》,主要为:(1)岱南阁仿元至正刊本(一云兰陵孙氏仿元刊本)。此外的刊本有:(2)元至正本(图书寮藏)、(3)江苏书局本、(4)官版本。而古写本有上述中田博士所藏(5)元文四年大藏永保校古写本。此外随时参考的有:(6)元文四年大藏永保校延享乙丑季夏绥再校古写本(东京帝大法学部藏);(7)有马家旧藏古写本(纳户本)(同上)等。此外还有数种应该参考的资料未有一睹的机会,甚为遗憾。《唐六典》用近卫本,只参考了明正德刊本(东京帝大法学部所藏)和官版本。其他资料笔者会在文中提及时加以说明。

一、《故唐律疏议》不是永徽律疏

对于相信历来的学说、认为今天所谓《唐律疏议》为永徽四年奉敕所撰的我们来说,在疏议中发现开元年号的事情,着实引起了不小的震惊。开元年间玺改宝的事情,《旧唐书》卷八《玄宗本纪》记载说:

(开元六年)十一月……乙巳,传国八玺依旧改称宝。

的确,《名例律》卷一"十恶"条"大不敬"的注说"盗及伪造御宝",其疏议说：

> 《说文》云，玺者印也，古时尊卑共之……秦汉以来，天子曰玺，诸侯曰印；开元岁中，改玺曰宝。本条云：伪造皇帝八宝。此言御宝者，为摄三后宝，并入十恶故也。（《宋刑统》同文）

这里说的是开元年间的事情，是《故唐律疏议》并非永徽律疏之证明的第一点。佐藤诚实博士也在论述日本律乃是依据永徽律时，指出《故唐律疏议》并非永徽律疏的原貌，其理由之一和此处相同①。

只见到"开元岁中"云云的人，很自然地会猜想是否后世的人曾对永徽律疏加以改动。正如后节所详论的那样，承继《唐律疏议》的《宋刑统》与之完全相同，根据这一点来推测，应该说并非如世人所谓窜入、改动；而且，根据上引律本注中所谓御宝的名称，《唐律疏议》的制作，也决不能追溯到永徽年间。以下试考察唐代御宝名称的起源与使用的时期。根据《唐六典》卷八：

> 皇朝因隋置符玺郎四人，天后更名符宝郎，授命及神玺等八玺文并瑑为宝字。

又据《新唐书》卷二四《车服志》：

> 武后改诸玺皆为宝。中宗即位，复为玺。开元六年为宝。

据此，从唐初至永徽，当然是使用玺的名称。将玺改为宝，始于则天武后时代。中宗复位时复旧，至开元初又称宝。日本《神祇令集解》中，解释令文"忌部上神玺之镜剑"道：

> 谓玺者，信也，犹云神明之征信。此即镜剑称玺。释云：神玺，镜鉴也。

---

① 佐藤诚实博士《律令考》（《国学院雑誌》第五卷第13号，第7页）。又，博士在证明日本律不是依据今天的《故唐律疏议》，而是依据永徽律疏时，论证了《故唐律疏议》避中宗、武后、玄宗讳之事。关于其他的问题，除有一、二点外，未曾论及，但是把《故唐律疏议》与永徽年间的律疏区别开来，令人衷心钦佩。

唐令所云玺者,以白玉为之印也。①

这比武后时代早,而且明示在神龙、开元初的唐令中称为玺。又,前述《名例律》"十恶"条"大不敬"的疏议,对正文及注中并未出现的玺的字义和沿革加以详细说明,也是疏议制定之初称玺的雄辩的证据。而《故唐律疏议》中,记载宝的地方就不止这些,涉及数十个地方②。现将其中最有代表性者列举如下。

> 诸盗御宝者,绞;乘舆服御物者,流二千五百里。云云。
>
> 疏议曰:……皇帝八宝,皆以玉为之。有神宝、受命宝、皇帝行宝、皇帝之宝、皇帝信宝、天子行宝、天子之宝、天子信宝。此等八宝,皇帝所用之物,并为御宝。其三后宝,以金为之,并不行用。盗者俱得绞刑;其盗皇太子宝,准例合减一等,流三千里;若盗皇太子妃宝,亦流三千里。后宝既与御宝不殊,妃宝明与太子无别。(下略)(与《宋刑统》同文)

又《诈伪律》卷二五"伪造皇帝宝"条及疏议:

> 诸伪造皇帝八宝者,斩;太皇太后、皇太后、皇后、皇太子宝者,绞;皇太子妃宝,流三千里。(下略)
>
> 疏议曰:皇帝有传国神宝,有受命宝、皇帝三宝、天子三宝,是名八宝。依公式令,神宝宝而不用,受命宝封禅则用之;皇帝行宝,报王公以下书则用之;皇帝之宝,慰劳王公以下书则用之;皇帝信宝,征召王公以下书则用之;天子行宝,报番国书则用之;天子之宝,慰劳番国书则用之;天子信宝,

---

① 日本《名例律》"八虐"条"大不敬"注及疏谓:"盗及伪造神玺内印(神玺者,谓依令践祚之日……忌部上神玺镜剑)。"又规定内印以下诸司诸国司印的日本公式令天子神玺条也说:"天子神玺(谓践祚之日寿玺,宝而不用)内印(方三寸)。五位以上位记,及下诸国公文则印……"相当于唐律令天子的御宝神宝(御玺神玺),在镜剑意义上使用神玺。然而在作为传国象征这一点上,唐朝的神宝(玺)与日本的神玺并无二致。

② 参照《诈伪律》卷二五"伪宝印符节假人"条、同卷"盗宝印符节封用"条及疏议,《杂律》卷二七"毁神御之物"条及疏议等。

征召番国兵马则用之,皆以白玉为之。宝者印也,印又信也,以其供御,故不与印同名。八宝之中,有人伪造一者,即斩。其太皇太后、皇太后、皇后、皇太子宝,伪造者绞;皇太子妃宝,伪造者流三千里。太皇太后以下宝,皆以金为之,并不行用。(《宋刑统》同文)

这些,不仅疏议,而且律的正文也是与永徽年间制作说相矛盾的第二点明证了。因此,《故唐律疏议》未必能说是武后时制订的,却无法否定是其以后制订的。

《故唐律疏议》屡屡出现“制书”、“制敕”。根据《六典》,唐代诏书改为制书,肇始于武后时。《六典》卷九谓:

自魏晋以后因循,有册书、诏、敕,总名曰诏,皇朝因隋不改。天后天授元年,以避讳改诏为制。

又,《旧唐书》卷六《则天武后本纪》说:

载初元年……神皇自以瞾字为名,遂改诏书为制书。①

年号多少有些不同,但依照任何一个记录,改称制书都应该是从武后天授、载初时开始的。以下所载,是从日本《类聚三代格》卷八“公廨八”弘仁十年十二月二十五日的太政官符引用的永徽令:

诸禄并依日给,京官自诏书出日、外官据签符到日给。

这里所载诏书,恰好是挑明永徽制度的所在。即使在永徽律中,要找出与令相同的诏书也并不困难。此外,如下所述,《故唐律疏议》中的制书在日本律中作诏书的有:

诸稽缓制书者,一日笞五十(誊制、敕、符、移之类皆是)。(唐《职制律》)

---

① 此外参照《旧唐书》卷四三《职官志》。

凡稽缓诏书者,一日笞廿(誊诏敕、符、移之类皆是)。(日本《职制律》)①

日本律被认为是以唐初律为典范而制订的②。因此《故唐律疏议》中,不称诏书而称制书的记载——并结合其他证明——成为可以肯定《故唐律疏议》的制作是在永徽后面的第三个根据。《册府元龟》中,诏与制混用,但不足以作为反证。今查《故唐律疏议》,律的正文、本注、疏议以及问答约有六十处可以见到制书乃至制,却连一处诏书或者诏都没有。根据以下所引,可以窥一斑而见全豹。《职制律》疏议卷九"受制忘误"条:

诸受制忘误及写制书误者,事若未失,笞五十;已失,杖七十,转受者减一等。

疏议曰:谓承制之人,忘误其事,及写制书脱剩文字,并文字错失。事若未失者,谓未失制书之意,合笞五十;已失谓已失事意而施行,合杖七十。转受者减一等,若宣制忘误及写制失错,转受者虽自错误,为非亲承制敕,故减一等……(《宋刑统》同文)

又,《职制律》疏议卷一〇"制书误则改定"条:

诸制书有误,不即奏闻,辄改定者,杖八十……知误,不奏请而行者。亦如之。辄饰文者,各加二等。

疏议曰:制书有误,谓旨意参差,或脱剩文字、于理有失者,皆合覆奏,然后改正施行。不即奏闻,辄自改定者,杖八十……知制书误不奏……亦如之。制书误,得杖八十……依公式令,下制、敕宣行文字脱误,于事理无改动者,勘检本案分明可知,即改从正,不须覆奏……辄饰文字者,各加二等,谓非动事,修饰其文,制书合杖一百……(《宋刑统》同文)

---

① 《群书类从·律令部·职制律》。
② 上述佐藤博士之作。

可以说是突出的例子。

根据以下的对照表就可以一目了然，应该是依据永徽律疏的日本律疏中作"显"的地方，在《唐律疏议》中一律作"明"或"露"或"言"①：

日本律疏	《故唐律疏议》（《宋刑统》）
以显主婚不同八虐故也（名例八虐疏）	以明主婚不同十恶故也（名例一十恶疏议）
若事已彰显（贼盗七谋反大逆条疏）	若事已彰明（贼盗一七谋反大逆条疏议）
若事已彰显（贼盗七谋杀人条疏）	若事已彰露（贼盗一七谋杀人条疏议）
既不显尊卑贵贱（贼盗七发冢条疏）	既不言尊卑贵贱（贼盗一九发冢条问答）
止显杀伤之坐（贼盗七卑幼将人盗条疏）	止明杀伤之坐（贼盗二〇卑幼将人盗条问答）
余条不别显奴婢者（贼盗七私财奴婢贸易官物条本注）	余条不别言奴婢者（贼盗二〇私财奴婢贸易官物条本注）

想必是中宗讳显，所以《六典》卷七及卷八的注中为避显字，"显庆"作"明庆"，唐代石碑中开元十三年所建乙速孤俨碑应记为"显庆中"处也作"明庆中"②。中国的陈垣氏曾指出《旧唐书》的《音乐志》、《职官志》、《刑法志》等亦作"明庆"之事③。《故唐律疏议》中也是这样，很明显地在不少地方避中宗的讳。这可以列举为《故唐律疏议》并非永徽年间所撰原貌证明的第四点。

再次，我们以《故唐律疏议》中出现的帝都名称为中心研究制作年代。唐武德初年，仿效隋朝，在洛阳置东都，武德四年废止，显庆二年恢复旧名。据《旧唐

① 此外的例子还可以《贼盗律》"谋反大逆"、"造畜蛊毒"等条中见到。只有唐《名例律》"彼此俱罪之赃"条疏议中未改。这应该解释为修改中的遗漏。参考上述佐藤博士之作。

② 《金石萃编》卷七五乙速孤行俨碑。此外，有"碑称显庆为明庆避中宗讳改"的记载（《关中金石记》）。

③ 陈垣《史讳举例》（《燕京学报》第四期，第570页）；《十七史商榷》卷八一《明庆》。

书》卷三八《地理志》所称：

> 显庆二年置东都，光宅元年为神都，神龙元年复为东都。

中宗又把武后所定神都的名称改为东都。无论是哪一种记载，都认为永徽年间撰定律疏时，并不存在东都①。至于《卫禁律》卷七"奉敕夜开宫殿门"条的疏议：

> 驾在大明、兴庆宫及东都，进请钥匙，依式各有时刻。违者并依此科罪。

这里出现的东都，不是永徽律疏的用词，而应该说是在显庆二年以后到光宅年间，或者神龙元年以后的用词。这是《故唐律疏议》制作年代应该比永徽四年晚的明证的第五点。

与东都（神都）并列，武后又将太原作为北都。《六典》卷三〇所谓：

> 天后时……以太原为北都，寻亦罢。开元十一年置北都。

就是指此事。关于北都设置的年代，《新唐书》卷三九《地理志》说是天授元年，《唐会要》卷六八说是长寿元年九月七日，诸书记载略有出入，却均不能证明北都设置在武后以前。只是其后至神龙元年，曾一度废止，到开元十一年又恢复。该记录只在《唐大诏令集》、《唐会要》及新旧两《唐书》中存在②，所以根据《贼盗律》卷一九"盗宫殿门符"条疏议中所载以下一节：

> 传符谓给将乘驿者，依公式令，下诸方传符，两京及北都留守为麟符。

可以知道《故唐律疏议》制作年代应该是武后以后到中宗复位的神龙元年间，或者开元十一年以后。这是其制作年代不能追溯到永徽年间理由的第六点。

若以《故唐律疏议》所见官员官府的名称为中心进行研究，也可以达到同一

---

① 关于东都，《新唐书》卷三八《地理志》谓："隋置，武德四年废"；"显庆二年曰东都，光宅元年曰神都，神龙元年复曰东都"。

② 参照第三节。

结论。关于大理少卿，《唐会要》卷六六说：

> 少卿本一员，永徽六年八月十二日初置，神龙元年加一员。

又，根据《文献通考》卷五六记载：

> 永徽六年初置少卿一人，神龙元年又加员。

可知少卿是永徽四年十一月永徽律疏敕撰后两年开始设置的官职。《名例律》卷五"同职犯公坐"条疏议说：

> 假如大理寺断事有违，即大卿是长官，少卿及正是通判官……各以所由为首者。若主典检请有失，即主典为首，丞为第二从，少卿、二正为第三从，大卿为第四从……若由丞判断有失，以丞为首，少卿、二正为第二从，大卿为第三从……

明确记载了大理少卿。这又可以列举为《故唐律疏议》制定于永徽律疏撰定以后证据的第七点。

据《六典》卷二五，左右金吾卫为唐初沿袭隋代官名，称左右武候卫。其改称金吾卫，是在永徽四年以后约十年的龙朔二年。《六典》同卷记载：

> 大业三年改为左右武候卫……皇朝因之，龙朔二年改为左右金吾卫。

据《通典》卷二八、《唐会要》卷七一，唐初设武候府，而龙朔二年改称金吾卫，三书的叙述是一致的。《斗讼律》卷二四"监临知犯法"条疏议则说：

> 职当纠弹者，其金吾当检校之处，知有犯法不举劾者，亦同减罪人罪二等。

因而决定了《故唐律疏议》不可能是永徽律疏。这是第八点根据。

根据《通典》，唐朝置左右千牛府最早在显庆五年。永徽年间根据贞观中确定的名称，称左右领左右府。按照同书卷二八所载：

> 大唐贞观中，复为左右领左右府；显庆五年始置左右千牛府。

《斗讼律》卷二一"佐职统属殴长官"条疏议规定：

> 千牛府中郎将以上，诸率府副率以上……虽是次官并同长官。

这作为永徽律疏的原文就有问题了。《唐会要》卷七一与《通典》不同，如"武德初为左右府，显庆元年改为左右千牛卫"那样，是千牛卫，其设置在显庆元年。但是，即使把两书中哪一个记载为正确的考证推迟到将来，其名称的起源也不应追溯到永徽四年。我们把这作为第九点证明加以列举。当然，《六典》卷二五中说：

> 炀帝改为左右备身……皇朝改为左右千牛府，龙朔二年改为左右奉宸（据《旧唐书》，宸当作宸）卫。

据此，武德、贞观、永徽时，已经可以见到千牛府了。然而，《六典》记载沿革屡屡从简，例如在与所载千牛府同为《六典》卷二五中，就根本没有记载左右监门卫的沿革①。又如《唐会要》卷六六《国子监》中有谓：

> 武德初为国子学，隶太常寺，贞观元年五月改为监。

《六典》卷二一《国子监·祭酒》则说：

> 大业三年改为国子监，依旧置祭酒一人。皇朝因之，龙朔二年改为大司成。

未谈及武德时的国子学。前述大理少卿也是这样，据《唐会要》等，可知它首次设置于永徽六年。《六典》卷一八在说到北齐、隋等的制度以后，只提及"皇朝置二人"云云，而省略了永徽、神龙时的变迁。这类例子不胜枚举。因此，我们认为，根据《六典》，是不能直接否定《通典》、《会要》的记载的②。

再次，又如上引卷二一《斗讼律》疏议中说的那样：

---

① 关于左右监门卫，《通典》卷二八谓"大唐左右监门府，置大将军中郎将等官，龙朔二年改府为卫"。

② 《旧唐书》卷四四中也有"皇家改为千牛府"，也应该看作省略，并且是基于《六典》的。

> 王府司马并诸州别驾，虽是次官，并同官长。

这里可以见到诸州别驾的官名。州别驾在《通典》卷三三中作：

> 长史……大唐初永徽二年改别驾为之，其后二职并置，府州各一人；
>
> 大唐永徽二年改为长史，前上元元年复置别驾……神龙中废，开元初复置。

又，《唐会要》卷六九载：

> 贞观二十三年七月五日，改别驾为长史；上元二年十月十日，又置别驾，其长史如故。

据此，应该确认上述记载州别驾的《唐律疏议》的问世，并非于永徽四年，而是在上元初至神龙间，或者在开元以后。这是第十点明证。

佐藤博士根据《故唐律疏议》中出现的二十、三十、四十是先天年间的数字，因而把它作为否定永徽旧律的另一个证据，对此我们的观点稍有不同①。

今传《故唐律疏议》并非永徽律疏的明证不止以上十点（参照第二、第三、第四、第八各节的论证），但无论如何，仅仅这十点，已经说明《故唐律疏议》在武后、中宗以前制定是不可思议的。

以下一节我们准备进一步论述其制作年代应该推迟到玄宗开元年间。

二、制作年代上限的确定

对《故唐律疏议》制作年代的确定，只有根据可以直接决定的史料才是捷

---

① 《旧唐书》卷七《睿宗本纪》先天二年条中可见"癸巳制敕表状书笺牒年月等数，作一十、二十（上二字据《册府元龟》卷六〇补）、三十、四十字"。这里虽然没有直接言及律令，但一看就知道是与《故唐律疏议》中的字体相符合的。佐藤博士在《律令考》中说："我以为律中的廿、卅、卌，在疏议中作二十、三十、四十，是睿宗先天二年的制度（这些字的情况已经在刚才的字体考中提及），并非永徽之旧。"我们认为《故唐律疏议》中出现的二十、三十、四十的文字，不是永徽之旧，但也不一定是从先天二年的制度而来，仍然是出于后世的改动。我们宁可相信律疏尽管是先天的制度，作为《故唐律疏议》的基础，却依然像永徽律那样使用廿、卅、卌的字样。就此的详细研究，将在第八节与西域出土律疏残篇的比较中进行。

径。然而,作为第一步,首先确定其上限与下限,大约比较容易论证。本节中只确定上限。

(一)丞相　唐朝沿袭隋制,从武德以后至显庆初年,置有尚书左右仆射的官职。特别是撰定永徽令与永徽律疏时存在左右仆射之事,在永徽二年九月颁行新律诏中有所提及①:

> 诏太尉扬州都督无忌、开府仪同三司勋、尚书左仆射行成。

又,被称为永徽四年十一月十九日上表的长孙无忌《进律疏表》提到:

> 尚书左仆射兼太子少师兼修国史上柱国燕国公于志宁,
> 尚书右仆射监修国史上柱国开国公褚遂良。

据此,就明白无误了。仆射的名称在龙朔二年以后屡屡被修改,现引用《六典》卷一:

> 隋置左右仆射,从二品,皇朝因之……龙朔二年改为左右匡政,咸亨元年复为仆射,光宅元年更名左右相,神龙元年复为仆射,开元初改为左右丞相。

又据《通典》卷二二:

> 初,龙朔二年改左右仆射为左右匡政,咸亨元年复旧……武太后改二仆射为文昌左右相……神龙初复为左右仆射……开元元年改为左右丞相。

据此,有时称左右匡政或文昌左右相,到神龙元年成为左右仆射,开元元年始称左右丞相。巴黎国家图书馆藏敦煌出土的唐公式令制授告身式及奏授告身式是其为开元年间产物的证据之一,就是因为有左丞相右丞相等官名的存在②。

---

① 《唐大诏令集》卷八二(《适园丛书》第四集)。
② 内藤乾吉学士《唐三省》,参照《史林》第十五卷第 4 号第 42、43、46 页。

在迄今为止被视作永徽律疏的《故唐律疏议》中可以见到：

> 议不得过三，谓如丞相以下通判者五人，大理卿以下五人，如此同判者多，不可各为异议，故云议不得过三。（《断狱律》卷三〇"疑罪"条疏议）

这里不见仆射乃至匡政等，只载有丞相。所以，《故唐律疏议》的制作年代不能说是武后、中宗时期，而应该是在开元元年以后。况且，如果是制定于永徽年间的话，就显然不仅与所颁布的永徽律诏相冲突，也与长孙无忌的《进律疏表》相矛盾了。

（二）京兆府　长孙无忌的《进律疏表》中，列举律疏撰定者及其官名如下：

> 前雍州盩厔县令云骑尉董雄；
> 承奉郎守雍州始平县丞骁骑尉石士达。

此处所记雍州，除了有天授元年一时改称京兆郡的记录外，从唐初到先天年间没有任何其他改动，直到开元元年，始改京兆府。《旧唐书》卷三八说：

> 武德元年改为雍州……天授元年改雍州为京兆郡，其年复旧……开元元年改雍州为京兆府。

这就是其佐证。所以根据《厩库律》卷一五"验畜产不实"条疏议所说：

> 其有老病不堪乘用者，府内官马，更对州官拣定，京兆府管内送尚书省拣，随便货卖。

可知《故唐律疏议》的制作年代，不要说永徽年间，就是早于先天年间也是不可能的，它当然是开元元年以后的产物。特别是与《进律疏表》的数重矛盾，更为《故唐律疏议》不是永徽律疏提供了有力证据。

（三）河南府　雍州是唐朝帝都，与其相对的洛州也是帝都。洛州的名称与雍州变成京兆府一样，至开元元年始改称河南府。《通典》卷一七七曰：

> 大唐平伪郑王充，置洛州，开元元年改为河南府。凡周、汉、魏、晋、后

魏、隋,至于我唐,并为帝都。

《旧唐书》卷三八也说:

> 武德四年……置洛州总管府,领洛、郑、熊、穀、嵩、管、伊、汝、鲁九州……开元元年,改洛州为河南府。

因此,《断狱律》卷三〇"应言上不言"条疏议所谓:

> 其大理寺及京兆、河南府断徒及官人罪……断流以上……申省。大理寺及京兆、河南府即封案送。

也是断定《故唐律疏议》制作年代在开元元年以后的依据。

(四)京兆尹(五)少尹　雍州、洛州在分别改为京兆府与河南府的同时,其职官名称也有改动。这里叙述《故唐律疏议》中出现的京兆尹与少尹。首先关于京兆尹,《六典》卷三〇"京兆河南太原府"条注曰:

> 皇朝又置雍州牧,洛州初为都督府,及置都亦为牧。开元初复为京兆、河南尹。

> 皇朝置雍州别驾,永徽中改为长史,正四品下;开元初改长史为尹,从三品。然亲王为牧,皆不知事,职务总归于尹。

《通典》卷三三也说"至开元元年改洛州为河南府,改长史为尹"。综合两者考虑,就可知唐初的雍州别驾,永徽中改为长史,到开元元年,始改为京兆尹。

关于京兆、河南、太原府少尹,上引《六典》卷三〇注说:

> 皇朝复曰治中,后避高宗讳,改曰司马,开元初改为少尹。

又,《通典》卷三三注曰:

> 京兆少尹,魏晋以来治中之任……武德初复为治中,永徽元年以大皇帝讳改为司马。本一员,太极元年,雍、洛二州各加司马一员,分为左右,开

元元年并改为少尹。

据此，自永徽元年为避高宗讳治，将治中改为司马以来，雍、洛二州就有司马的官职。其改称京兆、河南少尹，以开元元年为最早。因此，只要京兆尹或少尹之类官名存在于《唐律疏议》中，就不容否定其制作年代在开元以后。现在看《故唐律疏议》，没有长史、司马，却有京兆尹、少尹的官职，如下所引：

> 依卤簿令，驾行、导驾者，万年县令引，次京兆尹，总有六引。（《斗讼律》卷二四"越诉"条疏议）

> 所统属殴伤官长者，官长谓尚书省诸司尚书、寺监少卿少监、国子司业以上，少尹，诸卫将军以上……（《斗讼律》卷二一"佐职统属殴长官"条疏议）

第一节所载州别驾亦同。它与以上记载相参照，成为判断疏议制作年代在开元以后的又一个参考资料。

（六）避玄宗讳之事 应该与以上证据联系起来考虑的是，《故唐律疏议》避玄宗讳。即：日本律卷首的"八虐"条"不义"疏所谓"恩义既隆"，应该是依据唐初的律疏或许是永徽律的。与此相对，《故唐律疏议》的"恩义既崇"（名例十恶条下），应该认为是避玄宗讳隆基的结果。佐藤博士认为"《日知录》中所说唐中宗讳显，元宗讳隆基；唐人凡追称高宗显庆年号，多云明庆；永隆年号，多云永崇等，值得注意"，也应该同时考虑进去的[1][2]。唐代将显避成明之事，在第一节中已经叙述。关于隆，《旧唐书》根据唐代的习惯，在《太宗诸子·曹王明传》中，将"永隆"作"永崇"；《新唐书·诸公主传》也将"隆昌公主"的"隆"追改成"崇"[3]。连五代及宋代的述作，也都沿袭唐代惯例而不改。自然，唐代也有将隆避讳成兴或元的例子。

---

[1] 上引佐藤博士之作。

[2] 《日知录》卷二三《以讳改年号》。

[3] 上引陈垣氏之作第 570、554 页。

（七）兴庆宫　《卫禁律》"奉敕夜开宫殿门"条疏议中谓：

> 驾在大明、兴庆宫及东都,进请钥匙,依式各有时刻。

兴庆宫是显庆二年以后至光宅年间,或者是神龙以后的用词。我们在第一节中以东都设置的年代为中心,对此进行了论证。现以兴庆宫为中心,对此试加考察。综合《唐六典》、《册府元龟》、新旧两《唐书》及《玉海》的记载所见,兴庆宫的设置当在开元二年。《六典》卷七载兴庆宫所在后注曰：

> 即今上龙潜旧宅也。开元初以为离宫,至十四年,又取永嘉、胜业坊之半以置朝堂。

《玉海》卷一五八概括所引诸书,载有如下一段：

> 兴庆宫,本明皇旧第也。开元二年七月,宋王成器等请献兴庆坊宅为离宫。甲寅,制许之,故作兴庆宫（《旧史》开元元年二月,以隆庆旧邸为兴庆宫,在隆庆坊。元宗名隆基,即位改兴庆宫,《纪》作二年九月庚寅,《会要》作二年七月二十九日,《志》作开元初,《传》作先天后,《通鉴》作开元二年七月甲寅,年月不同）。

兴庆宫原为玄宗在藩时的旧宅——在皇城东南的隆庆坊,玄宗即位后,为避讳将隆改兴——至开元二年成兴庆宫,十四年更置朝廷于此。因此,不要说永徽年间,即便是神龙后直到开元时,也应当没有兴庆宫。由此看来,上述《卫禁律》疏议中出现的规定,如果不是在其后产生的,便是匪夷所思了。也就是说,《故唐律疏议》当然是在开元二年以后才得以制作的。

（八）中书省（九）中书舍人（十）门下省（十一）侍中　开元元年十二月一日,在左右仆射、雍州、洛州、长史、司马分别改为左右丞相、京兆府、河南府、尹、少尹的同时,中书省、中书舍人、门下省、侍中也分别改为紫微省、紫微舍人、黄门省、黄门监。《旧唐书》卷八《玄宗纪》先天二年条谓：

> 十二月庚寅朔,大赦天下,改元为开元,内外官赐勋一转。改尚书左右

仆射为左右丞相，中书省为紫微省，门下省为黄门省，侍中为监，雍州为京兆府，洛州为河南府，长史为尹，司马为（上之四字，据《六典》卷三〇补正）少尹。

《唐会要》卷五五"中书舍人"条则说：

> 开元元年十二月一日改为紫微舍人。

据此，事情就很清楚了。其中紫微省，根据《六典》、《通典》、《会要》等的说法，武德初称为内史省，武德三年改为中书省。随后，龙朔二年称西台，光宅元年改称凤阁，神龙元年复旧为中书省，到开元元年，改称紫微省①。紫微舍人也与其省名同步变迁②。根据前引诸书，黄门省在唐初为门下省，龙朔、光宅年间有时为东台，有时改鸾台，神龙元年又复旧称门下省，开元元年又改称紫微省③。黄门监亦随省名同时变更，武德以后称门下侍中，后为东台左相，或称鸾台纳言，神龙元年复为门下侍中，直到开元元年改称④。因此，紫微省、紫微舍人、黄门省、黄门监都可以说是开元元年才开始确定下来的官府官职名称。因此，如果在《唐律疏议》中可以发现这类二省二官，就应该是确定其制作年代为开元以后的有力证明材料。然而，在《故唐律疏议》中非但未能见到这类官府官职，反而屡屡有中书省、中书舍人、门下省、侍中的记载。以下就是其中的几个例子：

> 侍臣谓中书门下省五品以上，依令应侍从者。（《职制律》卷九"官人从驾稽违"条疏议）
>
> 诸诈为制书及增减者绞……未施行者减一等（施行谓中书覆奏，及已入所司者……）。（《诈伪律》卷二五"诈为制书"条）

---

① 《六典》卷九、《通典》卷二一、《唐会要》卷五四。
② 上引《六典》、《通典》同卷，《唐会要》卷五五。
③ 《六典》卷八、上引《通典》同卷。
④ 上引《六典》、《通典》同卷，《唐会要》卷五一。

疏议曰……注云：施行谓中书覆奏，此谓诈为敕语及虽奉制敕处分，就中增减，中书承受已覆奏讫。若其不须覆奏者，即据已入所司，或有诈为中书宣出制敕，文书已入所在曹司，应承受施行。（同上疏议）

受表恒有中书舍人、给事中、御史三司监受。（《斗讼律》卷二四"越诉"条问答）

尚书省应奏之事，须缘门下省，以状牒门下省。准式依令，先门下录事勘，给事中读，黄门侍郎省，侍中审，有乖失者，依法驳正。（《名例律》卷五"同职犯公坐"条疏议）

依令用符节并由门下省……所在承用事讫……送门下省输纳。（《职制律》卷一〇"用符节事讫"条疏议）

乍一看，这对主张《故唐律疏议》制作年代为开元以后的我们似乎是不利的资料。然而根据以下发现的事实，这反而成为《故唐律疏议》制作年代应该在开元以后的有力证明。

据说如今收藏于大谷家的于吐鲁番发现的开元四年告身①中可以见到如下一段文字：

黄门、泾州梁大钦等十四人并战若风驰，捷如河决，宜加朝奖，俾峻戎班。可依前件，主者施行。

开元四年正月六日

兵部尚书并紫微令上柱国梁国公臣姚崇宣

银青光禄大夫行紫微侍郎上柱国臣苏颋奉

朝散大夫行紫微舍人上柱国　　　王邱行

这是当时存在黄门省、紫微省与紫微舍人等的证据。然而据《通典》卷二一载：

---

① 《沙州文录》附录：李慈艺授勋告身（吐鲁番出土，今藏日本大谷伯家）。

开元元年改为黄门省,五年复旧(门下省)。

开元元年又改为黄门监,五年复为侍中。

开元元年改为紫微省,五年复旧(中书省)。

龙朔以后随省改号,而舍人之名不易(中书舍人)。

又,《旧唐书》卷八《玄宗本纪》载：

开元……五年……九月壬寅,改紫微省依旧为中书省,黄门省为门下省,黄门监为侍中。

此外,据《唐会要》卷五四、卷五五,改黄门省为门下省旧名在开元五年九月六日;将紫微舍人复旧为中书舍人,也在同年。就是说,紫微省、紫微舍人、黄门省、黄门监等二省二官中的任何一个,都被认为是到开元五年九月恢复旧名的。反之,京兆府、河南丞、丞相、京兆尹以及少尹等二府三官,在开元年间都依旧名,它们是到天宝元年才开始改称的。至于前面已经叙述的二府三官与二省二官,则为开元元年十二月一日改称。如果《故唐律疏议》是开元元年十二月至五年九月间制作的,那么在京兆府、河南府、丞相、京兆尹、少尹存在的同时,即使能见到紫微省、紫微舍人、黄门省及黄门监的名称,也并不奇怪。实际上在与京兆府、河南府、丞相、京兆尹及少尹名称存在的同时,却出现已经恢复旧名的中书省、中书舍人、门下省,以及侍中。因此《故唐律疏议》中,前述二府二官与恢复了旧名的三省二官同时存在之事,对论定开元五年九月以后的制作,是极其自然的。

(十二)开元年号(十三)改玺曰宝 见到《故唐律疏议》制作于开元五年九月以后的证据,对《名例律》卷一"十恶"条"大不敬"的疏议中"开元岁中,改玺曰宝"的记载就不会感到难以理解了(参照第一节)。这里所谓"开元岁中",根据资料,应该是指开元六年十一月的事情。即,《旧唐书》卷八《玄宗纪》开元六年十一月条所谓"乙巳传国八玺依旧改称宝";又,《新唐书》卷五《玄宗纪》同年同月条所谓"乙巳,改传国玺曰宝";同书卷二四《车服志》也说"中宗即位,复为玺,开元六年复为宝",都与上述《名例律》疏议的文字相吻合。因此,《故唐律疏议》的制作年代从开元五年九月起,可以往下推一年多,作为开元六年十一月以后的事情。

至此为止,我们得出的结论是,《故唐律疏议》的制作年代在开元六年十一月以后,即使估计得保守一些,也不能追溯到开元五年九月以前。随着今后研究的进展,希望能得到更多进一步推迟年代的证据。此处,姑且只论定制作年代的上限。

三、制作年代下限的确定——开元二十五年律疏的推定

《故唐律疏议》的制作年代,除去将在后节中叙述的特殊之点外,不可能推迟到一定的时期以后。许多相关的资料,已经包含在疏议本身中。以下对此进行研究,进而确定制作年代的下限。

(一)社稷(二)日月(三)风师(四)雨师 首先,以疏议所见二、三项制度为中心,试加研究。如《职制律》卷九"大祀不预申期"条疏议曰:

> 中小祀者,谓社稷、日月星辰……等为中祀,司中、司命风师、雨师……之属为小祀。

据此,社稷、日月为中祀,风师、雨师为小祀。但是,社稷、日月在天宝三载升格为大祀,风师、雨师至天宝四载改成中祀。《通典》卷四五云:

> 天宝三载二月诏,社稷列为中祀,颇紊大猷。自今已后,社稷升为大祀。

从中首先可以知道社稷的升格。关于日月,《通典》中没有任何记载,但是《唐大诏令集》卷七三说"敕……列为中祀,颇紊大猷,永言允当,必在刊革。自今以后,社稷、日月、五星并升为大祀",由此,可以认为日月是与社稷同时升格的。只是这条敕中没有发布时间的记载,但也可以通过与上引《通典》的比较,推定其为天宝三载。《文献通考》卷八二中,也可以见到同年的敕将日

月作为大祀之事,因此这项推定应该无误。关于风师、雨师的升格,《通典》卷四四谓:

> 天宝四载敕:风伯、雨师并宜升入中祀。

因此,《故唐律疏议》所载是天宝改革前的事情。

(五)传国神宝 《诈伪律》卷二五"伪造皇帝宝"条疏议中可以见到传国神宝。《唐会要》卷五六就此记载道:

> 天宝五载六月十一日敕:玉玺既改为宝,其玺书为宝书。至十载正月十五日,复改为传国宝,后又改为承天宝。

《通典》卷二一注谓:

> (天宝)十载正月,改传国玺为承天大宝。

有一部分记载不同,但可以知道天宝年间改为承天宝或承天大宝确有其事①。换言之,《故唐律疏议》所记载的是天宝以前的制度。

(六)州(七)蒲州(八)嶲州(九)东都 以下列举的《故唐律疏议》所载州及帝都名称中,州在正文后面的疏议里屡屡见到,天宝元年却一度改称郡②。还有,《名例律》卷四"平赃者"条疏议提到的蒲州、嶲州,在《旧唐书》中却作:

> (蒲州)天宝元年改为河东郡,乾元元年复为蒲州。(卷三九)
>
> (嶲州)天宝元年越嶲郡……乾元元年复为嶲州。(卷四一)

也就是在天宝元年分别改称河东郡、越嶲郡。又,《卫禁律》卷七"奉敕夜开宫殿门"条疏议所见东都,作为开元中的名称并无问题。据《旧唐书》卷三八,天宝元年改称东京,以后的沿革如《新唐书》卷三八所载:

---

① 《通典》、《会要》之外,《文献通考》卷五〇亦作"天宝……十载正月,改传国宝为承天大宝"。

② 罗福苌氏录《沙州文录》补《开元天宝残史书》作"天宝元年二月……廿日拜南郊,改州为郡,大赦天下"。又,《通典》卷三三曰:"天宝元年,改州为郡。"

天宝元年曰东京,上元二年罢京,肃宗元年复为东都。

如上所述,天宝年间州与帝都的名称被改变,《故唐律疏议》却依然采用开元制度,因此,该书的制作年代不可能晚至天宝①。

(十)丞相 以下研究有关职官。《断狱律》卷三〇"疑罪"条疏议中出现的丞相(参照第二节),据《通典》卷二二:

左右仆射……开元元年改为左右丞相……天宝元年复旧。

天宝元年恢复旧名作仆射,以后就再未改过。

(十一)金部(十二)刑部 《擅兴律》卷一六"不给发兵符"条疏议中所见金部,在天宝中改称司金。《名例律》卷二"十恶反逆缘坐"条疏议等反复出现的刑部,也在天宝中改为宪部。

《通典》卷二三所谓:

金部……天宝中,改为司金,至德初复旧;

刑部……天宝中,改为宪部,至德初复旧。

就是指的此事。

(十三)侍中(十四)黄门侍郎 《名例律》卷五"同职犯公坐"条疏议的侍中(参照第二节),如《通典》卷二一中所谓:

天宝元年改为左相。(至德初复为侍中。)

于天宝后改称左相。同律同条疏议所谓黄门侍郎,在《通典》卷二一中作:

天宝元年改为门下侍郎。(至德中复旧。)

---

① 第一节所述公式令中的北都,《新唐书》卷三九作"天宝元年曰北京,上元二年罢,肃宗元年复为北都";《斗讼律》卷二四"越诉"条疏议卤簿令所说的万年县,根据《旧唐书》卷三八,于天宝七载改为咸宁县;《捕亡律》卷二八"在官无故亡"条疏议所引户部式中的灵、胜二州,据上述《旧唐书》记载,天宝元年灵武郡,乾元元年灵州;天宝元年榆林郡,乾元元年复旧(胜州)。然而,北都、万年县、灵州、胜州都在令乃至式中见到,只要不能证明天宝以后其令、式有所变更,就没有什么问题了。

如《会要》卷五四所说:

> 天宝元年二月二十日改为门下侍郎,乾元元年改为黄门侍郎,大历二年四月复为门下侍郎。

天宝后改称门下侍郎。以后曾一度复旧,大历后再称门下侍郎。

(十五)太史局　太史局在《名例律》卷三"工乐杂户"条疏议中所见(参照第三节)。《唐会要》卷四四说:

> 太史局……天宝元年十月三日改为太史监……至乾元元年三月十九日,太史监改为司天台。

据此,可以知道其天宝元年成为太史监,乾元元年改为司天台,一直延续到唐末。

(十六)刺史　天宝元年在州一度改为郡的同时,在律的正文本注疏议等之中屡屡见到的刺史也一度改为太守,即《通典》卷三三所谓"天宝元年改州为郡、刺史为太守"。

(十七)州别驾　《斗讼律》卷二一"佐职统属殴长官"条疏议中所见州别驾(参照第一节第二节),于天宝八载被废止,即《通典》卷三三中所云:

> 天宝八载,以玄宗由潞州别驾入定内难,遂登大位,乃废别驾官,至德中复置,诸府州各一人,而大都督府不置。

(十八)折冲府　从《名例律》卷六"统摄案验为监"临本注条及其疏议开始,《故唐律疏议》中像经常可以见到折冲府及折冲果毅一样,也可以见到其所属的官职。但是,如果该折冲府也根据《通典》卷二九的说法:

> 天宝八载五月,停折冲府。(以无兵可校之。)

即可知道其在天宝八载五月被停废。浜口重国氏也引用了《唐会要》卷七二"府兵"条:

> 天宝八载五月九日,停折冲上府,下鱼书,以无兵可交;至末年,折冲府
> 但有兵额,其军士戎器六驮锅幕糒粮皆废。

并阐述道:"如果以开元十三年二月作为府兵制度事实上的没落时期,天宝八载
五月,则应该说是其在法制上的没落时期的标志吧。"①

(十九)卫士 《擅兴律》卷一六"拣点卫士征人"条及其疏议所载卫士,在上
引《通典》中作:

> 天宝……十一载八月,改诸卫士为武士。

可知在天宝十一载以后,已被改称武士。

概括而言,开元的丞相在天宝后成为仆射;开元的太史局成为太史监、司天
台,其他许多官府、官员的名称及制度也被改废。这种改动的结果,在《故唐律
疏议》中却不露一丝痕迹,而改动前的官府、官员制度与废止的东西却依然被记
载。综合本节所述的许多事实来看,除了后节中提到的某些特殊问题,《故唐律
疏议》的制作年代不晚于天宝、而在开元二十九年以前的观点,应该是没有疑问
的了。也就是说,制作年代的下限,无论估计得怎样晚,也应该是开元二十
九年。

现在,将《故唐律疏议》制作年代的上限考定为开元五、六年,下限考定为
开元二十九年,可知这部《故唐律疏议》,似乎正是《通典》卷一六五、《册府元
龟》卷六一二、《唐会要》卷三九等所说开元二十五年律疏。进一步研究的结
果如下。

第一,我们在第一节中,论证了记载有北都的《故唐律疏议》制作于武后至
神龙元年中宗复位期间,或者在开元十一年以后。现引用《贼盗律》卷一九"盗
宫殿门符"条疏议:

> 传符谓给将乘驿者,依公式令,下诸方传符,两京及北都留守为麟符,

---

① 浜口重国学士《府兵制度より新兵制へ》(《史学雑誌》第四一卷第 12 号,第 107 页)。

东方青龙,西方白虎,南方朱雀,北方玄武。两京留守二十,左十九,右一,余皆四,左三右一,左者进内,右者付外州、府、监应执符人。其两京及北都留守符,并进内。

一见就可知道,这个北都,是在公式令中所规定的。至于北都存在时期的各项记录,经过比前面更为详尽的研究,可知武后置北都的年代:

天后时……以太原为北都,寻亦罢。(《唐六典》卷三〇)

长寿元年置北都,后复为并州。(《通典》卷一七九《州郡》)

载初元年……九月九日壬午……改元为天授……三年……四月大赦天下,改元为如意……九月大赦天下,改元为长寿……并州改置北都。(《旧唐书》卷六《则天皇后本纪》,《新唐书》卷四《武后纪》大略相同)

长寿元年九月七日置北都。(《唐会要》卷六八)

天授元年置北都。(《旧唐书》卷三九《地理志》)

北都,天授元年置,神龙元年罢。(《新唐书》卷三九《地理志》)

只有《旧唐书》及《新唐书》的《地理志》作天授元年,《通典》、《唐会要》及《旧唐书》、《新唐书》的本纪均作长寿元年。然而无论哪一个,都不能追溯到天授元年以前。关于北都的废止时间,有以下记录:

改大周为唐。社稷宗庙……天地等字、台阁官名一事已上,并依永淳已前故事,其神都依旧为东都,北都依旧为并州大都督府……(神龙元年二月五日)(《唐大诏令集》卷二《中宗即位敕》)

神龙元年……二月甲寅复国号,依旧为唐;社稷宗庙……台阁官名并依永淳已前故事,神都依旧为东都,北都为并州大都督府。(《旧唐书》卷七《中宗本纪》)

应该认为,神龙元年二月的说法为正确。该北都在开元年间恢复,《六典》等对此有以下记载:

开元十一年置北都。(《六典》卷三〇)

开元……十一年(年原作月)……其并州宜置北都,改州为太原府。(《册府元龟》卷一四《都邑》)

开元十一年正月二十日置北都。(《会要》卷六八)

开元十一年正月……辛卯次并州,改并州为北都。(《新唐书》卷五《玄宗纪》)

又,如果参考《旧唐书》卷八《玄宗纪》:

开元……十一年春正月……辛卯,改并州为太原府。

则应该是开元十一年一月了。《沙州文录》所收《开元天宝史书》残卷也说"开元十一年甲子金正月,驾幸并州,便还京,改并州为太原府";其稍后又说"廿年十月幸北都"。概括地说,北都的设置时期在武后天授元年或长寿元年后至中宗发布复辟敕的神龙元年二月为止,以及开元十一年一月以后两个阶段。在这两个阶段中,只要不是变更令的时候,就不会如上述公式令那样,加入北都留守麟符的规定了。

现在我们准备进一步研究这两个阶段中令的删改乃至刊定的年月。《唐六典》卷六记载了唐令撰定及刊定的年份:

皇朝之令,武德中裴寂等与律同时撰,至贞观初又令房玄龄等刊定,麟德中源直心、仪凤中刘仁轨、垂拱初裴居道、神龙初苏瓌、太极初岑羲、开元初姚元崇、四年宋璟并刊定。(据近卫版)

其中从武德到仪凤诸令,不在论述范围。垂拱初年令的制作年代也在天授元年前数年,仍然在论题之外。又,神龙刊定令也好,太极刊定令也好,都在第一阶段以后、第二阶段以前。还有,据《大唐诏令集》卷八二,文明元年曾颁下令,文明是嗣圣元年废中宗时更改的年号,比垂拱离天授元年更远。因此,就目前掌握的资料,第一阶段在武后的天授或者长寿元年至中宗复位前,并非变更令的时期。换言之,应该相信的修改公式令并加进北都留守麟符之制的时间不会在第一阶段中。如果那样，开元年间又如何呢？《六典》如前所记，列举了开元初及开元四年刊定令之事，但它们的年代都未到达第二个阶段。而且，《册府元龟》卷六一二开元六年条称：

> 敕吏部尚书兼侍中宋璟……等九人，删定律令格式，至七年上之，律令式仍旧名，格曰开元后格。

即使考虑开元七年删定之令的存在，也仍然在第二期的初期，而未达到开元十一年。

我们对于第二阶段中变更令，只知道唯一的一次，即《旧唐书》卷五〇《刑法志》与《册府元龟》卷六一二：

> 开元……二十二年，户部尚书李林甫又（《册府元龟》无又字）受诏改修格令。林甫迁中书令，乃与侍中牛仙客、御史中丞王敬从，与明法之（《册府元龟》无之字）官前左武卫胄曹参军崔见（《册府元龟》崔见作霍晃）、卫州司户参军直中书陈承信、酸枣尉直刑部俞元杞（《册府元龟》杞作祀）等，共加删辑旧格式律令及敕，总七千二十六条。其（《册府元龟》其作共）一千三百二十四条于事非要，并删之；二千一百八十条随（《册府元龟》随作法）文损益，三千五百九十四条仍旧不改。总成十一（《册府元龟》一作二）卷，律疏三十卷，令三十卷，式二十卷，开元新格十卷，又撰格式律令事类四十卷，以类相从，便于省览。二十五年九月奏上（《册府元龟》上后有之字），敕于尚书都省写五十本，发使散于天下。

作为第二阶段中的新令，李林甫、王敬从、牛仙客等奉制删辑旧律令格式及敕七千二十六条，开元二十五年奏上并颁下的开元二十五年令，就是我们所唯一知道的一个①。与上述《旧唐书》等大体同样的记载，又见于《通典》卷一六五

---

① 《通典》、旧志、《册府元龟》等，都将开元二十五年九月一日作为律疏奏上的日子。但根据旧纪、《通鉴·唐纪》等，那应该是颁布的日子。因此前者有误，奏上的日子应在七月以前（据西域出土的律疏残篇，在六月二十七日，参照后节）。

及《唐会要》卷三九。我们认为,在公式令中加进北都留守麟符之制,就是这个开元二十五年令。引用这个令的《故唐律疏议》,如前引两书所载,正是与令同时、由同一批人制作的开元二十五年律疏①。而且,开元二十五年恰好是在我们所论定的《故唐律疏议》制作年代的上下限之内。

此外,上引《贼盗律》疏议引公式令载向诸州刺史颁传符并见有东方青龙、西方白虎、南方朱雀、北方玄武。其中白虎的虎,是高祖李渊祖父景皇帝的讳②。箭内博士在《元朝牌符考》中指出了唐朝不使用历来符信中虎的名称③,如将铜虎符称作铜鱼符之类。《唐六典》卷八中也没有白虎符,而以驺虞符代之。继承唐律疏的《宋刑统》中,凡应用白虎(符)之处,都用了驺虞符④。由此来看,开元二十五年律疏或许也用了驺虞符。因此,在宋以后,出于某些理由而作了改写。如后节所详论的那样,开元二十五年律疏在宋元间仍被使用,与《故唐律疏议》中有白虎之事存在深刻的关系。关于这种公式令中白虎符的名称,即使有疑问,也应该相信它不能左右在公式令中规定北都留守麟符之制的时期。

第二,以下试举《故唐律疏议》为开元二十五年律疏的第二项证明。《斗讼律》卷二三"告祖父母绞"条问答中有这样的句子:

> 然嫡、继、慈、养,依例虽同亲母,被出、改嫁,礼制便与亲母不同。其改嫁者,唯止服期,依令不合解官,据礼又无心丧。

---

① 疏议所引旧令究竟是全部被新令采纳,还是基于新令作了部分修改,是一个疑问。这里所引北都留守麟符之制基于新的公式令,应该是确凿的。

② 《旧唐书·高祖本纪》曰:"皇讳虎……武德初追尊景帝,庙号太祖,陵曰永陵。"

③ 箭内亘博士《元朝牌符考》,《满鲜地理历史研究报告》九。另外,《蒙古史研究》中也有收录。

④ 唐《擅兴律》疏议中也没有虎符等的记载,只有鱼符、铜鱼敕书。又,《旧唐书·职官志》、《新唐书·车服志》所载传符中,也没有白虎符,而代之以驺虞符。又,《六典》卷一六有白兽旗,《旧唐书》卷八有白兽玄德门,而无白虎。《金石萃编》以卷一〇九开成石经为首,卷一〇六元和六年十一月十五日建晋周孝侯碑等唐代金石文,虎也缺笔或作兽。卷一〇八太和三年六月十日状嵩高灵胜诗刻注,将《白虎通》作《白武通》。同时,《大唐开元礼》序例《神位》作驺虞;同序例大驾卤簿中,却有"白虎幢"、"白虎旗"。《通典纂类》、《唐书·仪卫志》中有同样记载。如果今天的《开元礼》等未经后世改动,《故唐律疏议》中有白虎,那也许未必能说不是唐制。

据此文，嫡、继、慈、养母在《名例律》中与亲母作同样的规定，然而如果离婚或改嫁，在其服止一年丧的同时①，（1）据令官吏不解职；（2）据礼无心丧三年，这与亲母有异。此（1）（2）据《唐会要》卷三七，是根据龙朔二年以后的改正才开始出现的规定，（1）的令与同年后的令并无差异。上引《唐会要》的文句难解，现引用全文，并加说明。

> 龙朔二年八月，有司奏：同文正卿萧嗣业嫡继母改嫁身亡，请申心制。有司奏称：据令，继母改嫁及为长子，并不解官。乃下敕曰：虽云嫡母，终是继母，据理缘情，须有定制，付所司议定奏闻。司礼太常伯陇西郡王博义等奏议曰：缅寻丧服，母名斯定，嫡、继、慈、养皆在其中。唯出母之制，特言出妻之子，明非生己则皆无服。是以今（《通典》作令）云母嫁之服（《旧唐书》无之服二字）；又云出妻之子，出言其子，以明所生；嫁则言母，通包养嫡，俱当解任，并合心丧。其不解者，唯有继母之嫁。继母为名，正（《通典》作止）据前妻之子，嫡于诸孽，礼无继母之文。申令今既见行，嗣业理申心制。然奉敕议定，方垂永则，令（《通典》、《旧唐书》作今）有不安，亦须厘正。窃以嫡、继、慈、养皆非所生，出之与嫁，并同行路。嫁虽比出稍轻，于父终为义绝。继母之嫁，既殊亲母，慈、嫡义绝，岂合心丧。望请：凡非所生，父卒而嫁，为父后者无服，非承重者杖期，并不

---

① 从这里的"嫡、继、慈、养母之服止于一年丧"来推论，如果考虑"亲母即使改嫁，其服亦三年"，律疏既不是永徽律疏，也不是开元律疏。《唐书·礼志》云："中宗神龙元年五月，韦后表请：天下出母终者，制服三年。优诏许之。"又云："玄宗天宝六载正月敕文：五服之纪，所宜企及三年之数，以报免怀……其出嫁之母，宜终服三年。"如此的话，《开元礼》的"父卒母嫁及出妻之子为母"为一年丧。神龙元年的修改，恐怕是在景元元年韦后的倒台同时被恢复的。因此，如果将上述"唯止服期"考虑为亲母改嫁也是三年，就与《开元礼》不符，而应该是从神龙元年至景元元年的六年之间，或是天宝六年以后的东西。但是，这个解释，与《开元礼》所见"父卒母嫁，出妻之子为母，及为祖后者祖在为祖母，虽周除仍心丧三年"对照，恐怕是不恰当的。因此本文为方便起见，将律疏的"唯止服期"一条加以独立，但又应该解释为与未独立的"依令不合解官，据礼又无心丧三年"有关联。它的意义是"只服一年丧，而没有心丧三年"。这样解释的话，律疏就与《开元礼》相符合了。最初，我们认为律疏中出母之丧肯定是三年，但由于中田博士的热忱示教，才得以知道可以像以上那样解释，志此以示深谢。

心丧,一同继母,有符情礼,无玷旧章。又心丧之制,唯施厌降,杖期之服,不悉(《旧唐书》作应)解官;而令文三年齐斩,亦入心丧之制(《通典》、《旧唐书》作例);杖期解官,又有妻服之舛。又依礼,庶子为其母缌麻三月。既是所生无(《通典》作母)服,准例亦合解官。令文漏而不言,于事(《通典》作是)终须修附。既以(《通典》、《旧唐书》作与)嫡母等嫁同一令条,总议请改,理为允惬者。依(《旧唐书》下有集字)文武官九品以上议,得司卫正卿房仁裕等七百三十六人议,请一依司礼状,嗣业不合解官,(《通典》以下省略,而有“诏从之也”之文)得右金吾卫将军薛孤、吴仁等二十六人议,请解嗣业官、不同司礼礼状者。母非所生,出嫁义绝,仍令解职,有紊缘情。杖期解官,不甄妻服,三年齐斩,谬曰心丧。庶子为母缌麻,漏其中制,此并令文疏舛,理难因袭。望请依房仁裕等议,总加修附,垂之不朽。其礼及律疏有相关涉者,亦请准此改正。嗣业既非(《旧唐书》无既非二字)嫡母改醮,不合解官。诏从之。

若将以上文字按重点分类,大体是这个样子:(1)萧嗣业的嫡继母在其父死后改嫁他人又病亡,因此萧申请心丧(心丧即解官);(2)有司奏称,曾经有依据令的规定,在继母改嫁或父为子服丧的场合而不解官的情况(这意味着嫡继母改嫁的规定当时尚未存在,因此有司奏上此令,恐怕意在不能与继母改嫁同样解官心丧);(3)(然而嫡继母不仅仅是继母的议论恐怕是片面的)因此颁敕,虽说是嫡母,终究是继母,应该对此加以规定;(4)其次,司礼太常伯的奏文,明显出现与上引令在解释上的差异。即,关于丧服,嫡、继、慈、养母与亲母本来是以同等为原则的,只是在与父亲离婚的场合下,除亲母以外,均为无服。所以在令中一方面说母嫁,另一方面说出妻之子。也就是父亲去世母亲出嫁的场合(即母嫁)下,包含养嫡;而母亲离婚的场合下,只有其所生子(即出妻之子)才解官心丧,在父卒母嫁时不解官的,只有继母。这是令的规定。嗣业属于嫡继母的情况,理应解官;(5)现行法令应作如上解释,但是现在奉敕确立永则的时候,现行法令如有不完备的地方,均应改正。司礼的奏状继续道，嫡、继、慈、养母皆非亲母，一旦离婚或改嫁都视同路人。父死改嫁的场合虽比离异的场合稍轻，但对父而言，终究是义绝。因此继母改嫁的场合已经与亲母不同了，与慈、嫡也是义绝，为什么应该是心丧呢？于是根据司礼，改成"凡非所生，父卒而嫁，为父后者无服，非承重者杖期，并不心丧，一同继母"。

因此，我们认为《假宁令集解》"职事官遭丧"条下的古记所引开元初期的令（或许是七年令）中所谓：

> 诸军校尉以下、卫士防人以上，及亲勋翊卫备身，假给一百日，父卒母嫁，及出妻之子为父后者，虽不服，亦申心丧；其继母改嫁，及父为长子、夫为妻并不解官，假同齐衰。

仍然未言及嫡、养、慈母而保持旧制，所以龙朔二年的修改在令中的体现，应该是在开元二十五年度的删定之际。据此，引用该令的律疏，仍然应该是开元二十五年的律疏①。

第三，以下列举考定《故唐律疏议》为开元二十五年律疏所必需的其他证

---

① 古记引用的开元令，应该是开元初期大约是七年的令，是从古记为天平九年至十二年所作（参照中田薰博士《法制史論集》第一卷附录"关于养老令的施行期"）、而天平十二年又是开元二十五年令成后的三年中加以推察的结果（参照泷川政次郎学士《令集解に見えたる唐の法律書》，《東洋学報》卷一八，第34页）。古记所引开元令与开元二十五年令的不同，反而在实质上使上说变得有力。古记所引开元令，即使在其他点上也没有采用龙朔二年的修正。比如，《假宁令集解》职事官条下及《丧葬令集解》服记条下古记所引开元令谓：

诸衰、斩衰三年、齐衰三年、齐衰杖期，为人后者，为其父母并解官（勋官不解），申其心丧。

然而此令据龙朔二年的司礼奏状，作了附带的修改，但未改正以下几点：（1）原来的心丧应该限于被迫屈服之际，但齐衰三年之丧应为心丧是不妥的；（2）杖期服中不一定解官，夫对妻的场合即如此，但是令文中有杖期解官；（3）庶子为庶母缌麻三月。这是因为是生母的缘故，应该解官，令文并未说漏。

现检视《开元礼》卷三，以上各点皆被改动，成为以下的样子：

凡斩衰三年、缌麻三年者并解官，齐衰杖周及为人后者为其父母，若庶子为后其母，亦解官，申其心丧（皆为生己者）。若嫡、继、慈、养改嫁或归宗三年以上断绝者，及父为长子、夫为妻，并不解官，假同齐衰周。

此外，上记两条古记所引开元令，由中田博士的示教而得知。

明。《唐六典》的正文,原来以根据开元律令格式敕及礼等为主,其注屡屡引用开元二十五年敕,或者叙述开元二十六年制度,或者基于此而写入正文。然而《六典》卷六所载令的篇目中,却没有可以考证为开元二十五年令的封爵令、乐令、学令、捕亡令、假宁令诸篇目。《六典》注也记载有"开元初姚元崇、四年宋璟并刊定"的令,而不见李林甫等所撰开元二十五年令。因此《六典》所依据的令,不是开元二十五年令,而似乎应该是开元四年刊定令(或者是七年令)(即使律格式,《六典》也没有二十五年删定的记载)①。现在即使律与令说的同一件事,《六典》所载的律,相对于开元二十五年的新律,也可以称旧律(《六典》中,经常将开元四年刊定令称为旧令②)。今存律中,上述应该称为旧律的部分很少。《六典》所载的律也不多,与《故唐律疏议》的律文相比较,要全面论述其异同是不可能的。但是《六典》卷六"凡计赃者以绢平之"注云:

> 准律以当处中绢估平之。开元十六年敕,其以赃定罪者,并以五百五十为定估。其征收平赃并如律也。

其中所见"准律云云"的一节,相当于唐《名例律》卷四"平赃"条疏议:

> 诸平赃者,皆据犯处当时物价及上绢估。

可以看出相应地方的"中绢估"(《六典》)与"上绢估"(《故唐律疏议》)之间的不同。而《通典》卷一六五所载开元二十五年律也作"上绢估"——如果认为《六典》的"中绢估"无误的话——《故唐律疏议》的律即使可以称作开元二十五年律,也不能说是与该律颁布为止所适用的律为同一者。因此这是前述上

---

① 中田薫博士《唐令と日本令との比較研究》,《法制史論集》第一卷,第645页。
封爵令是开元二十五年令的篇目之事,从《宋刑统》卷二五所引中得知。论定其为开元二十五年令的依据,参照第四节。乐令为开元二十五年令篇目的依据为:第一,宋初使用开元二十五年令;第二,《宋史·礼志》所载宋初的情况中,可以见到乐令。学令是开元二十五年令之说,参照上引中田博士之作。关于捕亡令,见《宋刑统》卷二七、二八所引。至于假宁令,据《宋刑统》卷二、卷二〇注中所引,可知其为开元二十五年令的篇目。
② 参照《六典》卷八、卷九、卷二一注。但是它未必就是具有相对于开元二十五年令意味的旧令。

下限的范围内,将作为《故唐律疏议》的律疏制作年代考定为开元二十五年的有利资料①。上绢中绢的差异,乍看是小,但在《贼盗律》等实质上则是迥然有别。

第四,最后叙述作为《故唐律疏议》制作于开元二十五年的旁证的弘文馆与太史局。关于弘文馆,《斗讼律》卷二三"殴妻前夫子"条疏议说:

> 非私学者,谓弘文、国子、州县等学。

根据《六典》卷八,则是:

> 武德初置修文馆,武德末改为弘文馆,神龙元年避孝敬皇帝讳改为昭文,神龙二年又改为修文,景云二年改为昭文,开元七年又改为弘文。

据此,弘文馆自武德末年以来作是称,经过神龙元年以后改称昭文、修文等,开元七年又恢复弘文旧名。又,根据古记录,作为律疏,只举出永徽四年律疏与开元二十五年律疏两部,但是在永徽至开元年间似乎又有律疏的修改(参照第五节"开元二十五年前的遗物")。如果认为是在神龙年间进行的修改,弘文的弘是孝敬皇帝的讳,根据《六典》明确记载神龙元年对此加以回避而改为昭文(以后是修文)的情况来看②,律疏中所见弘文,也可以认为被改为昭文乃至修文。至于律疏中的修文在神龙以后的景云二年仍然被改为昭文,直到开元七年改称弘文,则缺少证据。然而《故唐律疏议》中有弘文,因此上述的推定如果能够成立,我们认为就恰好可以成为《故唐律疏议》制定于开元七年以后或者在开元二十五年的一个证据。

关于太史局,《名例律》卷三"工乐杂户"条疏议中说:

> 习天文业者,谓在太史局天文观生及天文生。

---

① 相当于唐《名例律》"平赃"条的日本律说:"平赃者,据犯处当时物价及上布估。"(《续群书类从》第六《法制部律逸》)永徽律或许也作"上绢"。

② 在官版《六典》中,弘文的弘作宏。这是因为其所依据的为清朝版本,而避高宗讳。

现据《唐六典》卷一〇、《唐会要》卷四四,武德以后,在永徽、显庆年间,已经有被称作太史局的官府,龙朔以后又改称及复旧为秘书阁局、浑天监、浑仪监、太史监等达十次,开元元年又成为浑仪监。随后,开元二年改称太史监。其改称太史局之事,据《唐六典》卷一〇、《通典》卷二六在开元十四年,据《唐会要》为开元十五年正月二十七日。但是,在开元年间,并没有十四年以前称作太史局的证明。根据以上所述,大体也可以认为《故唐律疏议》制定于十四年以后、恐怕是在开元二十五年①。

本节最后,试图说明《故唐律疏议》所见官府、官职几乎没有例外地与开元中后期相一致,为方便起见,我们准备列表示意。虽然在永徽、显庆时也有官名的变更,但是唐代这种大的变更是在龙朔二年。至咸亨元年,恢复了永徽之旧。光宅元年又有大的改动,至神龙元年复旧。在开元初及天宝以后,也有变更。然而,上述任何一个时代的官名,都不能说几乎与《故唐律疏议》中的官名完全一致。下表所列《故唐律疏议》官名,从唐初开始就被三番五次地改动,如果选择列举永徽以后新设的约四十个官名,就可以明白其沿革变迁的脉络。从中可见开元年间(不包括初期)制定的官名,也就是开元二十五年令中的官名,与《故唐律疏议》所载的官名完全一致。唯有千牛卫在《故唐律疏议》中作千牛府,此事将在后面论述。就表中四十余证据所见,与《故唐律疏议》为开元二十五年所制定的观点没有任何矛盾。官名的排列顺序依《六典》所载。表中唐初栏内所载不一定是武德初的名称。从永徽到开元间,除龙朔、咸亨、光宅、神龙时以外,也曾经修改名称,现均加省略。此外,表中加点处,有"《故唐律疏议》"与"开元中","永徽"、"开元初"与"天宝以后"之间的名称上的区别,或者是天宝以后被废止的官名。

---

① 但无论是弘文馆还是太史局,即使已经是永徽时的名称,如果改变了官府之名,不能说就必然地、毫无遗漏地改变疏议中所载其名称。因此,前述北都留守麟符制及官吏解官的规定,作为决定制作年代的证据,并不够有力。

	《故唐律疏议》	唐初	永徽	龙朔二年	咸亨元年	光宅元年	神龙元年	开元初	开元中	天宝以后
1	尚书省	尚书省	尚书省	中台	尚书省	文昌台	尚书省	尚书省	尚书省	尚书省
2	（左右）丞相	左右仆射	左右仆射	左右匡政	左右仆射	左右相	左右仆射	左右丞相	左右丞相	左右仆射
3	（诸司）尚书	尚书	尚书	大常伯	尚书	尚书	尚书	尚书	尚书	尚书
4	金部	金部	金部	司珍	金部			金部	金部	天宝中司金，至德初复旧
5	刑部	刑部	刑部	司刑	刑部	秋官	刑部	刑部	刑部	天宝中宪部，至德初复旧
6	门下省	门下省	门下省	东台	门下省	鸾台	门下省	元年黄门门下省 五年黄门省	门下省	门下省
7	侍中	侍中	侍中	左相	侍中	纳言	侍中	元年黄门监 五年侍中	侍中	天宝中左相，至德中侍中复中
8	黄门侍郎	黄门侍郎	黄门侍郎	东台侍郎	黄门侍郎	鸾台侍郎	黄门侍郎	黄门侍郎	黄门侍郎	门下侍郎
9	给事中	给事中	给事中	东台舍人	给事中			给事中	给事中	给事中
10	门下录事	门下录事	门下录事	东台主书	门下录事			门下录事	门下录事	
11	弘文（馆）	弘文馆	弘文馆	弘文馆	弘文馆	弘文馆	昭文馆	昭文馆 七年弘文馆	弘文馆	弘文馆
12	中书省	中书省	中书省	西台	中书省	凤阁	中书省 五年中书中书省	元年紫微省	中书省	中书省

续表

	《故唐律疏议》	唐初	永徽	龙朔二年	咸亨元年	光宅元年	神龙元年	开元初	开元中	天宝以后
13	中书舍人	中书舍人	中书舍人	西台舍人	中书舍人	凤阁舍人	中书舍人	元年紫微舍人 五年中书舍人	中书舍人	中书舍人
14	太史局	太史局	太史局	秘书阁局	太史局	景云二年浑义监		太史监	十四年天文局	太史监司天台
15	殿中省	殿中省	殿中省	中御府	殿中省			殿中省	殿中省	殿中省
16	尚药奉御	尚药奉御	尚药奉御	奉医大夫	尚药奉御			尚药奉御	尚药奉御	
17	内侍省	内侍省	内侍省	内侍监	内侍省	司宫台	内侍省	内侍省	内侍省	内侍省
18	御史（台）	御史台	御史台	宪台	御史台	肃政台	御史台	御史台	御史台	御史台
19	太常卿	太常卿	太常卿	奉常正卿	太常卿	司礼卿	太常卿	太常卿	太常卿	太常卿
20	卫尉（寺）	卫尉寺	卫尉寺	司卫寺	卫尉寺	司卫寺	卫尉寺	卫尉寺	卫尉寺	卫尉寺
21	太仆（寺）	太仆寺	太仆寺	司驭寺	太仆寺	司仆寺	太仆寺	太仆寺	太仆寺	太仆寺
22	大理寺	大理寺	大理寺	详刑寺	大理寺	司刑寺	大理寺	大理寺	大理寺	大理寺
23	大理卿	大理卿	大理卿	详刑正卿	大理卿	司刑卿	大理卿	大理卿	大理卿	大理卿
24	大理少卿		永徽六年初置 疏议敕撰后二年				大理少卿	大理少卿	大理少卿	大理少卿
25	大理正	大理正	大理正	详刑大夫	大理正	司刑正	大理正	大理正	大理正	大理正
26	司农（寺）	司农寺	司农寺	司稼寺	司农寺			司农寺	司农寺	司农寺
27	司农卿	司农卿	司农卿	司稼正卿	司农卿			司农卿	司农卿	司农卿

续表

《故唐律疏议》	唐初	永徽	龙朔二年	咸亨元年	光宅元年	神龙元年	开元初	开元中	天宝以后
28 大府寺	大府寺	大府寺	外府寺	大府寺	司府寺	大府寺	大府寺	大府寺	大府寺
29 国子学（监）	国子监	国子监	司成馆	国子监	成均监	国子监	国子监	国子监	国子监
30 司业	司业	司业	少司成	司业		司业	司业	司业	司业
31 少府监	少府监	少府监	内府监	少府监	尚方监	少府监	少府监	少府监	少府监
32 将作监	将作监	将作监	缮工监	将作监	营缮监	将作监	将作监	将作监	将作监
33 都水使者	都水使者	都水使者	司津监	都水使者	水衡都尉	都水使者	都水使者	都水使者	都水使者
34 金吾（卫）	武候卫	武候卫	金吾卫	金吾卫	金吾卫	金吾卫	金吾卫	金吾卫	金吾卫
35 千牛府	左右领右左府	左右领左右府 显庆中千牛府	奉宸卫	千牛卫		千牛卫	千牛卫	千牛卫	
36 折冲府	折冲府	折冲府	折冲府	折冲府	折冲府	折冲府	折冲府	折冲府	天宝八载，停折冲府
37 京兆尹	雍州别驾	雍州长史	雍州长史	雍州长史	雍州长史	雍州长史	京兆尹	京兆尹	京兆尹末刑统开封尹
38 （京兆、河南府）少尹	治中	司马	司马	司马	司马	司马	元年少尹	少尹	少尹
39 刺史	刺史	刺史	刺史	刺史	刺史	刺史	刺史	刺史	天宝中太守，至德后刺史

续表

《故唐律疏议》	唐初	永徽	龙朔二年	咸亨元年	光宅元年	神龙元年	开元初	开元中	天宝以后
40 （州）别驾	别驾	二年长史		上元年复置别驾 其后长史别驾并置府州		神龙中废	别驾	别驾	天宝八载废止
41 （州）长史	别驾	二年长史					长史	长史	
42 （州）司马	治中	司马	司马	司马	司马	司马	司马	司马	司马

资料来源：(1)唐《职制律》疏议一〇等，《六典》一，《会要》二一，《通典》三以下，《会要》同上，《六典》一，《会要》同上；(2)唐《断狱律》疏议三〇，《六典》六，《通典》六，《会要》五七；(3)唐《名例律》疏议一，《六典》六，《名例律》二六，《通典》同上，《六典》六，《通典》二三，《会要》五九；(4)唐《擅兴律》一六，《六典》六，《通典》二一，《会要》五四；(5)《名例律》一六，《六典》六，《通典》同上，《六典》五，《通典》同上；(6)《名例律》五，《六典》六，《通典》二一，《会要》五四；(7)《名例律》五等，《六典》五，《通典》二三，《会要》五〇；(8)同上，《六典》五，《通典》五四，《六典》五，《通典》同上；(9)同上，《六典》五，《通典》二一，《会要》五〇，《通考》四，《六典》三，《名例律》三，《六典》一一；(10)《名例律》，《会要》五四，《六典》五，《通考》四，《六典》三，《名例律》三，《六典》一一；(11)《斗讼律》二四，《六典》五，《通考》五〇，《通典》同上，《名例律》三，《六典》一一；(12)《卫禁律》七等，《六典》五，《通典》同上，《名例律》三，《六典》一一；(13)《斗讼律》二四，《六典》五，《通考》五〇，《通典》同上；(14)《名例律》三，《六典》一一，《六典》一〇，《通考》四，《六典》四，《职制律》九，《六典》二，《会要》五〇，《通考》四；(15)《厩库律》五，《六典》六，《职制律》一一，《通典》一四，《会要》六五；(16)《职制律》一一，《六典》一一，《六典》一〇，《通考》四，《六典》四，《职制律》九，《六典》二，《会要》六；(17)《名例律》一一，《六典》一七，《通典》一四，《通典》一八，《名例律》二五，《会要》六六，《名例律》一四，《会要》六五；(18)《斗讼律》二八，《六典》一六，《六典》五，《名例律》五，《六典》六，《通典》一八；(19)《斗讼律》五，《六典》一六，《通典》五，《六典》六，《通典》八；(20)《斗讼律》二八，《六典》五，《六典》六，《通典》六，《六典》六，《通典》六，《六典》六，《会要》六〇；(21)《捕亡律》六，《通典》六，《六典》六，《通考》五，《六典》六，《通典》六；(22)(23)(24)(25)《名例律》二，《六典》六，《六典》一，《会要》同上，《名例律》六，《会要》同上，《通典》一，《六典》一，《会要》同上；(26)(27)《杂律》一七，《会要》一七，《六典》六，《断狱律》一七，《六典》三〇，《六典》三〇；(28)《杂律》一七，《会要》同上，《通典》一七，《六典》六，《六典》六，《通典》六；(29)(30)《斗讼律》二三，《会要》三〇，《六典》六，《会要》同上；(31)《贼盗律》一七，《会要》同上，《六典》二八及《通考》五，《通典》二八及《通考》五，《会要》同上，《六典》一七，《会要》同上；(32)《断狱律》二四，《通典》二九，《六典》六，《六典》六，《会要》三〇，《武候府》中的武候府；(35)《斗讼律》二四，《通考》五，《六典》六，《会要》六八及《通考》五，《名例律》九，《通典》二九，《六典》六；(33)《贼盗律》一一，《会要》三〇，《斗讼律》二一，《会要》三〇，《通典》三三，《会要》三，《通考》三，《斗讼律》二四，《会要》三，《六典》同上，《旧唐书》卷四〇；(36)《名例律》三〇，《通典》三三，《六典》六，《通典》二四，《斗讼律》同上，《通典》三三，《会要》三；(37)《斗讼律》二四，《六典》六，《通典》六，《会要》三，《通考》五，《会要》六八；(38)《斗讼律》二一，《六典》三〇，《会要》六八；(40)同上，《六典》六，《六典》六，《会要》六八；(39)《斗讼律》同上，《六典》六，《会要》六八；(41)(42)《户婚律》一三，《六典》六，《讼律》二，《六典》三〇，《通典》三〇，《会要》六七，《名例律》三九，《会要》六八；(40)同上，《六典》三〇，《会要》六八；(41)旧唐书》卷四〇，《通典》三〇，《通典》三〇，《名例律》二二，《六典》三〇，《通典》三〇，《通典》三三。

四、《宋刑统》的研究

《宋刑统》里包含有酷似《故唐律疏议》的律疏。本节论证《宋刑统》中所包含的律疏为继承开元二十五年律疏的产物,因而试图有助于(1)旁证酷似《宋刑统》的《故唐律疏议》为开元二十五年律疏;(2)揭示开元二十五年律疏向后世的流传经过①。

现检视《宋刑统》的内容,其包括以下诸点:(1)律文及其本注;(2)疏议;(3)无颁布年月记载的令格式;(4)有颁布年月记载的敕;(5)起请;(6)夹注。

这些要素中的(1)点与(2)点,即律文与疏议,构成《宋刑统》的主体;(3)以下的诸要素,只不过是将律疏中与其有关系的部分加以片段的附载,可以看作律疏的附录。此事可以在观察《宋刑统》及其更早的《周刑统》制定经过时理解得很清楚。

关于《宋刑统》的编纂,最明确的记载是下引《宋文鉴》卷六三所收的窦仪《进刑统表》②:

> (前略)伏以刑统前朝创始,群彦规为。贯彼旧章,采缀已从于撮要;属兹新造,发挥愈合于执中。臣与朝议大夫尚书屯田郎中权大理少卿柱国臣苏晓、朝散大夫大理正臣奚屿、朝议大夫大理寺柱国臣张希逊等,恭承制旨,同罄考详;刑部、大理法直官陈光乂、冯叔向等,俱效检寻,庶无遗漏,凤

---

① 《宋刑统》在民国七年由法制局刊行,成为广为世人所知的宋朝刑书。法制局本是以沈家本重写天一阁所传写本为底本,并以《故唐律疏议》校勘补正而成。(法制局本序云:"惜钞手不精,谬误时出,其中脱简,疑天一阁本亦经残缺,今盖无可考矣,爰为校勘付印,原书有得以他书对勘者,悉堪补正。"从最后五条根据《唐律疏议》补正可知,所谓"他书"中,《唐律疏议》占有重要位置。)这一点对于我们的目的,应该说是不完全的资料。因此本稿中,上述版本与在民国十年同样以天一阁本为底本刊行的嘉业堂本《宋刑统》一一对勘使用。但是嘉业堂本也是根据《唐律疏议》补正一事,并非没有疑问。而且《天一阁见存书目》卷二说:刑统三十卷(缺钞本)不著撰人名氏(存卷五至三十)。卷一到卷四似乎欠缺,但法制局本与嘉业堂本都保存着该部分。该部分从何处获得,尚不清楚。

② 历来一般引用《玉海》作为《宋刑统》编纂的记录。《玉海》因包含《进刑统表》所没有的记载而显得珍贵,但也难免有明确性不如《进刑统表》的地方。《四部丛刊》本《宋文鉴》错误颇多,此处引用江苏书局本。

宵不怠,缀补俄成旧二十一卷,今并目录增为三十一卷;旧疏议节略,今悉备文,削出式令宣敕一百九条别编,或归本卷。又编入后来制敕一十五条,各从门类;又录出一部律内余条准此四十四条,附名例后。字稍难识者,音于本字之下;义似难晓者,并例具别条者,悉注引于其处;又虑混杂律文本注,并加释曰二字以别之,务令检讨之司晓然易达。其有今昔浸异,轻重难同;或则禁约之科,刑名未备,臣等起请总三十二条,其格令宣敕削出,及后来至今续降要用者凡一百六条,今别编分为四卷,名曰新编敕。凡厘革一司一务一州一县之类、非干大例者,不在此数。草定之初,寻送中书门下,请加裁酌,尽以平章。今则可否之间,上系宸鉴。将来若许颁下,请与式令及新编敕兼行。其律并疏,本书所在,依旧收掌。所有《大周刑统》二十一卷,今后不行。(后略)

据此,可以明确以下事实:

(1)被称作刑统的刑书,由宋的前代王朝五代周创始,《宋刑统》不过是将《周刑统》二十一卷重新编纂为三十一卷①;

(2)《宋刑统》收入了仅被《周刑统》收入一部分的律疏的全文(这应该是从二十一卷增加到三十一卷的主要原因);

(3)《宋刑统》削出《周刑统》中的式令宣敕一〇九条,新增入后来的制敕十五条②;

(4)律文中"余条准此"的四十四条,集录于《名例律》后(该集录现存于版本《宋刑统》中);

(5)字音难识者,在字下记音;意义难解者,举出在他处的例子。以上均在

---

① 尽管《宋刑统》与《故唐律疏议》同为三十卷,在《名例律》及《职制律》,《宋刑统》与《故唐律疏议》的分卷处却不相同。推测起来,这是因为《宋刑统》是将《周刑统》二十卷重新编成三十卷;而《故唐律疏议》的分卷是否那样古老,尚可怀疑。这里仅仅将此事注记而已。

② 从《宋刑统》的内容看,《周刑统》编纂以后的制敕明确得到承认的不过六条。即使考虑卷三〇末尾的佚文与卷一卷二等的阙文包含不少上述制敕,也不会达到十五条。因此,所谓后来制敕,未必是《周刑统》编纂后的制敕的意思,而应该理解为增加了包含有其以前的制敕的十五条的意思。

其处附注，为避免与律文本注混杂，均冠以"释曰"二字（此点即先前作为第六要素列举的夹注）；

（6）在必须改正追补处附起请三十二条①；

（7）《宋刑统》与式令②及新编敕共同施行，尽管律疏全部被刑统所采纳，对此仍然未加废止，只有《周刑统》被从现行法典中排除出去。

窦仪的这部刑统，据《玉海》卷六六，是在宋太祖即位后仅过四年的建隆四年七月己卯制定的。《宋史》本纪乾德元年（建隆四年十一月改元乾德）七月条云"己卯班《重详定刑统》等书"，《续资治通鉴长编》所说：

> 己卯，判大理寺事窦仪等上《重定刑统》三十卷，编敕四卷，诏刊板模印颁天下。先是，颇有上书言刑统条目之不便者，仪因建议，请别商榷。③

就是指的此事。天一阁本《宋刑统》的本题上所谓"重详定刑统"，大约就有重详定周刑统的意思。天一阁本剔除了传写的误脱，应该认为保留了建隆的旧貌④。

---

① 现传《宋刑统》中起请只有三十一条。然而，尽管卷三〇卷首指出了起请一条的存在，其内容却未曾见到；而末尾附有律佚文五条的起请一条似乎也亡佚了。所以此处所谓起请三十二条的记载可以说是与现存《宋刑统》一致的。

② 如后所详细叙说，此式令即唐开元式令。

③ 《玉海》卷六六"建隆四年二月五日，工部尚书判大理寺窦仪言：《周刑统》科条繁浩，或有未明，请别加详定。乃命仪与权大理少卿苏晓等同撰集……先是，建隆三年十二月，乡贡明法张自牧尝上封事，驳《刑统》之不便者凡五条。诏下有司参议而厘正之"的记载，更为详细。

④ 现存《宋刑统》是不是建隆刑统，是一个问题。但是，重详定刑统为《宋刑统》最早的名称之说，除前记《宋史》本纪、通鉴长编以外，《宋史·艺文志》也说"窦仪重详定刑统三十卷"；《文献通考》也引用《直斋书录解题》道：

陈氏曰：初，范质既相周，建议律条繁广，轻重无据，特诏详定，号《大周刑统》，凡二十一卷。至是，重加详定，建隆四年颁行。

据此，就解答了疑问。据《宋史》本传，编者窦仪，在刑统编纂后经过三年，于乾德四年冬五十三岁时去世。因此，《通志·艺文略》说"《开宝刑统》三十卷，窦仪与法官苏晓等撰"，撰者既然在开宝以前已经死去，就显得十分荒谬了。《崇文总目》把窦仪的弟弟窦俨作为《开宝刑统》的撰者，然而窦俨也如沈家本在《律令考》卷六中证明的那样，死于开宝前。因此，所谓开宝刑统的存在是很靠不住的。现存宋刑统在建隆后至少没有经历过大的变化，这可以根据以下三个理由大致推定：

以上《宋刑统》编撰原委的研究结果是:《宋刑统》中的律疏,(1)一部分继承《周刑统》,其余部分根据当时现行的律疏补充而成;(2)或者其全部都从建隆的现行律疏中吸取,二者必居其一。

本来,周初由于前王朝的汉隐帝末年兵乱,造成法书亡佚,必须加以重写。《旧五代史·刑法志》叙述此事道:

> 周太祖广顺元年六月,敕侍御史卢亿、刑部员外郎曹匪躬、大理正段涛同议定重写法书一百四十八卷。先是,汉隐帝末因兵乱,法书亡失。至是,大理奏重写律令格式统类编敕,凡改点画及义理之误字二百一十四。以晋汉及国初事关刑法敕条凡二十六件,分为二卷,附于编敕,目为《大周续编敕》,命省寺行用焉。

这就是说,周初广顺元年重写了律令格式统类编敕一百四十八卷,改正了误字

────────────

(1)崇元殿。这个宫殿名属于律疏中与《故唐律疏议》稍有差异的部分,据《宋史·地理志》大庆殿条注,“旧名崇元殿,乾德四年重修,改曰乾元,太平兴国九年改朝元,大中祥符八年改天安,明道三年改今名”,建隆四年后仅过了三年就改成其他名称了。

(2)《宋刑统》中没有建隆三年十二月以后的敕。

(3)特别是,尽管《续资治通鉴长编》卷七乾德四年三月条载:

大理正高继申言:“准《刑统》,三品五品七品以上官亲属犯罪,各用荫减赎。伏恐年代已深,子孙不肖,为先代曾有官品,不畏章条,欲请自今犯罪人用祖父亲属荫减赎者,即须祖父曾任皇朝官,据品秩得使;前代官即须有功于国,有惠及民,为时所推,官及三品以上者,方可。”从之。

《宋刑统》却没有采用这条修正。

据此,可以说《宋刑统》在建隆后没有什么变化。大体说,在宋朝,建隆刑统一次制定后,并未进行过加工,其修改追补只不过是用别册的敕或者用申明进行。关于申明刑统成为别册之事,《玉海》的绍兴申明刑统条说:

淳熙十一年,臣僚言,刑统由开宝元符间申明订正凡九十二条,目曰申明刑统,同绍兴敕令格式为一书。自乾道书成,进表虽有遵守之文,而此书印本废而不载;淳熙新书,不载遵守之文,而印本又废而不存。谳议之际,无所据依。乞仍镂板,附淳熙随敕申明之后。四年六月,令国子监重镂板颁行。

据此可以察知真情。《玉海》还指出,刑统正是在有宋一代未曾废止,而由于其后编敕的缘故(特别是神宗以敕令格式取代律令格式以后的敕),逐渐被剥夺了真正的实用法典的地位。据《续资治通鉴长编》(嘉祐二年八月丁未条),在编纂嘉祐编敕的时候,由于“取敕在刑统而行于今者,附益”,可以认为上述倾向在熙宁前就存在。如果从刑统中剔除敕,就几乎与律疏没有大的区别了。总之,《宋刑统》远离实用,反而使其能保持原形。

二百十四个,并且将晋汉到周初有关刑法的敕条集中编成续编敕二卷。《宋史·卢多逊传》所记其父卢亿行状中,关于周初重写前代法典时修改其中地名、门名等的记录如下:

> 周初为侍御史。汉末兵乱,法书亡失,至是,大理奏重写律令格式统类编敕。乃诏亿与刑部员外曹匪躬、大理正段涛同加议定。旧本以京兆府改同五府,开封、大名府改同河南府,长安、万年改为次赤县,开封、浚仪、大名、元城改为赤县。又定东京诸门,薰风等为京城门,明德等为皇城门,启运等为宫城门,升龙等为宫门,崇元等为殿门。庙讳书不成文,凡改点画及义理之误字二百一十有四……

即周定开封为主要都城的结果,以长安为都的唐、以洛阳为都的后唐,其法典的地名、门名,均被变更。因此《宋刑统》中的律疏,几乎只在地名、门名上与《故唐律疏议》不同,这决不是从《宋刑统》开始的,而是从《周刑统》开始,并可以进一步追溯到周初,在当时重写的律疏中已经改动了。但是《宋刑统》中,《故唐律疏议》的门名几乎全部被省略了,这大约是出于某种理由而只省略了律疏的门名①。至于周,只制定了新编敕,因此准用前代的法典。而英主世宗之时,又乘振兴的时机重新编纂了法典。这部法典,就是《宋刑统》的祖本《大周刑统》二十一卷。《旧五代史·刑法志》②叙述此事如下:

> 世宗显德四年五月(二十四日)(二十四日,依《五代会要》补)中书门下

---

① 周世宗为英杰之主,可惜未到四十岁就驾崩了,因此被宋太祖夺国。宋初在政治上接受周的遗产,延续了周的制度。宋初仍然多用周的旧臣,所用法典也不能认为有大的变动。《刑统》即使有所变化,也不过是限于重加详定而已。从《周刑统》的编纂到《宋刑统》的编纂隔了五年,即使从周初重写广顺法典算起,也只有十二年,这期间不能认为存在有未留记录的律疏的修改。而且重写周初法典的记录中,连改动点画的字数、避庙讳之类都写上了,因此这时所改动的大约只不过是地名、门名等。关于《宋刑统》中的律疏的其他内容,推定为保留了《唐律疏议》的原貌,应该是很有说服力的。

② 《册府元龟》与《旧五代史》几乎同文;《五代会要》一般比《旧五代史》简略,但包含有《旧五代史》中所没有的记载这一点则十分有益。所以在引文中,有根据会要加入的内容,这并非意味着其他的部分与《旧五代史》全部相同。

奏:"准宣,法书行用多时,文意古质,条目繁细,使人难会;兼前后敕格互换重叠,亦难详究(究,依会要、《册府元龟》改)。宜令中书门下并重删定,务从节要。(中略)今奉制旨删定律令,有以见圣君钦恤明罚敕法之意也。窃以律令之书,致理之本,经圣贤之损益,为古今之章程。历代以来,谓之彝典。今朝廷之所行用者,(律)一十二卷(律字,依会要补)、律疏三十卷、式二十卷、令三十卷、《开成格》一十卷、《大中统类》一十二卷、后唐以来至汉末编敕三十二卷,及皇朝制敕等,折狱定刑,无出于此。律令则文辞古质,看览者难以详明;格敕则条目繁多,检阅者或有疑误。加之边远之地,贪猾之徒,缘此为奸,浸以成弊。方属盛明之运,宜伸画一之规,所冀民不陷刑,吏知所守。臣等商量,望准圣旨施行,仍差侍御史知杂事张湜(中略编集官九人官氏名)等一十人,编集新格,勒成部帙。律令之有难解者,就文训释;格敕之有繁杂者,随事删除,止要谐理省文,兼且直书易会。其中有轻重未当、便于古而不便于今,矛盾相违、可于此而不可于彼,尽宜改正,无或牵拘。候编集毕日,委御史台、尚书省四品以上及两省五品以上官参详可否,送中书门下议定,奏取进止。"诏从之。(中略)五年七月(丙戌)(丙戌,依旧史本纪、《玉海》补),中书门下奏:"侍御史知杂事张湜等九人,奉诏编集刑书,悉有条贯;兵部尚书张昭等一十人,参详旨要,更加损益;臣质、臣溥,据文详议,备见精审。其所编集者,用律为正。辞旨之有难解者,释以疏意;义理之有易了者,略其疏文。式令之有附近者次之,格敕之有废置者又次之,事有不便与该说未尽者,别立新条于本条之下。其有文理深古、虑人疑惑者,别以朱字训释。至于朝廷之禁令、州县之常科,各以类分,悉令编附。所冀发函展卷,纲目无遗,究本讨原,刑政咸在。其所编集,勒成一部。别有目录,凡二十一卷。刑名之要,尽统于兹,目之为《大周刑统》。欲请颁行天下,与律疏令式通行。其《刑法统类》、《开成格》、编敕等,采缀既尽,不在法司行使之限。自来有宣命指挥公事及三司临时条法,州县见今施行,不在编集之数。应该京百司公事,逐司各有见行条件,望令本司删集,送中书详议闻奏。敕宜依,仍颁行天下。"(下略)

据此，显德五年七月丙戌完成的《周刑统》的内容似乎为：

（1）以律为主（用律为正）；

（2）律文难解的地方附以疏议，容易理解的地方则将其省去（旨之有难解者，释以疏意；义理之有易了者，略其疏文）；

（3）式与令与律文有关系者，附于疏议下（式令之有附近者次之）；

（4）格敕改动律与式令的，再附写于其下（格敕之有废置者，又次之）；

（5）如有新立法，将其直接附于旧条下（事有不便，与该说未尽者，别立新条于本条之下）；

（6）文字难解者，用朱字加以训释（其有文理深古、虑人疑惑者，别以朱字训释）。

这种结构，几乎全部被《宋刑统》照搬。应该说，《宋刑统》被称作《重详定刑统》是合乎情理的。从《周刑统》的编纂来看，在周初重写的法典中，《大中统类》十二卷、《开成格》十卷、后唐以来至汉末编敕三十二卷均停止行用，只有律疏令式与刑统共同适用，以至于编纂《宋刑统》①。

根据对《周刑统》编纂过程的研究，可以看到我们的问题集中在一点，就是决定在周初被复原的究竟是何时的律疏。《周刑统》编纂的记录中，对此并无明确记载，然而我们怀疑《周刑统》如窦仪《进刑统表》所说的那样，并非由周代始

---

① 据说周初重写的法典，为律令格式统类编敕一四八卷。现在据说《周刑统》编纂之际所使用的有律一二卷、律疏三〇卷、式二〇卷、令三〇卷、开成格一〇卷、大中统类一二卷，后唐以来至汉末编敕三二卷，合计总卷数为一四六卷，只相差二卷。如果后唐以来至汉末编敕三二卷中，加入周广顺元年编纂的续编敕二卷的话，即使减少二卷，也是一四四卷。二卷与四卷数目的差异也许只是计入或不计入目录所造成的。由于不会重写没有实用性的法典，在周初重写的法典即上述律、律疏、式、令、《开成格》、《大中统类》、后唐以来至汉末编敕七种中，《开成格》以下都随着《周刑统》的制定而被废止。同时，《玉海》卷六六说：

国初，用唐律令格式外，有后唐《同光刑律统类》、《清泰编敕》、《天福编敕》、《周广顺类敕》、《显德刑统》，皆参用焉。

可知这类法典在宋初被适用的情况。但是，后唐的《同光刑律统类》十二卷，可以认为与《大中刑律统类》是一类的东西。在后唐，有同光后详定《大中统类》的记录，此时不是已经失去其公用性了吗？我们怀疑《清泰编敕》三〇卷、《天福编敕》三一卷在后唐以来至汉末编敕中未曾被整理。《广顺类敕》与《显德刑统》也不是在制定以后被废止了吗？考虑到这种情况，应该说《玉海》的记载很值得怀疑。此等法典，即使是被作为实用的，也不是正式的。宋初正式的实用的法典，除律、律疏、令、式以外，只不过是《周刑统》而已。

创,而是受到《大中刑律统类》的影响。换言之,可以进一步说《宋刑统》不过是以《大中刑律统类》为基础而加入了相当的修改。撰写法制局本《宋刑统》序文的王式通氏祖述其师沈家本氏之说如下:

> 刑统书名沿革之可考者,唐宣宗时,张戣以刑分类为门,而附以格敕,为《大中刑律统类》,诏刑部颁行之。后唐有《同光刑律统类》。周显德四年,中书门下以朝廷所行用者,律疏令式之外,有《开成格》十卷、《大中统类》十二卷、后唐至汉末编敕三十二卷。格敕条目繁多,阅者疑误,命侍御史张湜等十人训释删定,为《大周刑统》二十卷,与律疏令式通行。是《显德刑统》,即刑律统类之省文。《宋刑统》又本之周。

实际上,这个《大中刑律统类》在以刑律为中心加以分门、附以令格式敕的内容相类者这一点上,完全与《周刑统》、《宋刑统》相同①。而且据《旧五代史》、《册府元龟》等的记载,《周刑统》编纂之际,参考了作为公用法典的《大中刑律统类》为不争的事实,刑统之名也是刑律统类的省文。这种说法不能不认为是很有力的。最早向日本介绍《宋刑统》的中田薰博士亦采取此说②。因此,即使《宋刑统》中的疏

---

① 王式通氏似乎在引用《新唐书·刑法志》。但是,关于《大中刑律统类》,《旧唐书》本纪的文字最为详细,即:"(大中七年五月)左卫率府仓曹张戣集律令格式条件相类一千二百五十条,分一百二十一门,号曰《刑法统类》上之。"《旧唐书·刑法志》也说:"七年五月,左卫率仓曹参军张戣进《大中刑法统类》一十二卷,敕刑部详定,奏行之。"后唐《同光刑律统类》(据《旧五代史》为同光二年二月、据《五代会要》为三年二月制定)也与《大中刑律统类》同为十二卷,大约是模仿后者。五代还制定了所谓《江南刑律统类》十二卷(《崇文总目》、《宋史·艺文志》著录)。同时,据《五代会要》、《册府元龟》等,在同光以后的长兴四年,由于详定《大中刑法统类》,周所适用的《大中统类》恐怕经过了后唐的删定。

② 中田薰博士《法制史论集》第一卷,第44页。这里所用的沈、王、田三氏之说,是历来关于《宋刑统》沿革的叙述中最完全的。最近,泷川政次郎氏在研究西域出土的开元二十五年律疏残篇时,顺便提到《宋刑统》,发表了新论:"可以知道,《宋刑统》在其律疏的范围内,形式上多少模仿了开元律疏,内容上却大体模仿永徽律疏。不清楚《宋刑统》为什么不依据开元律疏而依据永徽律疏。但是,作为唐初法律的武德律,不依照隋末的《大业律》,却依照隋初的《开皇律》。由此来看,在中国,创业时期继承前代创立时的法典,也许是历代的惯例。"(昭和五年六月,《法学协会雑誌》第76页)不过,泷川氏所说的永徽律疏,是我们在前面已经竭力否定其为永徽律疏的《唐律疏议》,因此他的说法是完全错误的。泷川氏所说的那种惯例在宋初并未兑现,根据本节的解释,也就清楚了。我们认为《故唐律疏议》与西域出土律疏同为开元二十五年律疏,它们之间被泷川氏认为的小差别,是在传抄过程中出现的(详见第八章)。

议为周初所附加①，其律的正文从这个大中统类系统引用而来，也有充分理由。在这种情况下，决定《宋刑统》中的律疏究竟是何时的律疏的因素，只依赖历史的记载就远远不够了。以下姑且将目光转向《宋刑统》的内容，以试图解决这个难题。

在研究《宋刑统》的内容时，第一应该注意的是记载有发布年月的敕。现在如果表示发布年月的分布状况的话，就是以下的情形（表中没有明记几条的，都仅有一条）。

开元二年	八月六日敕	十二载		
……		十三载		
此间廿五年阙		十四载		
……		至德元载		
开元廿八年	三月廿一日敕	二载	正月十二日敕	
开元廿九年		乾元元年	二月五日敕二条	
天宝元年	二月廿日敕、十二月十八日敕	二年		
		上元元年	（上元年间，发布年月不明敕一条）	
二年		二年		
三载		宝应元年	四月十七日敕、十二月十三日敕	
四载				
五载	十一月九日敕	广德元年	七月十一日敕、七月廿二日敕	
六载	五月廿四日敕			
七载	七月廿八日敕、十二月十二日敕	……		
		此间十三年阙		
八载				
九载	九月十六日敕	大历十二年	四月十二日敕	
十载		十三年		
十一载	十二月廿五日敕			

①　综合考虑第 48 页注①所引用的《旧唐书》及王式通氏所引用的《新唐书》，应该说《大中刑律统类》以律为基础，将其分为一百二十一门，并附载令格式敕中相类者，共为一千二百五十条。即使其中的五百条为律，剩下的七百五十条也应该认为是令格式敕。但是，《宋刑统》的令格式敕条数，据《玉海》为一百七十七条，目前因残缺，不过一百六十余条。据说《宋刑统》剔除了《周刑统》的令式宣敕一百九条，另增十五条，因此《周刑统》比《宋刑统》多九十四条。尽管如此，《周刑统》总数二百七十一条，应该说比《大中刑律统类》大约少五百条。而且门的数量，《宋刑统》为二百一十三门（据《玉海》），比《大中统类》少八门。尽管条数如此减少，从《大中统类》十二卷到《周刑统》二十卷的卷数增加，与《周刑统》向《宋刑统》变化的情况一样，还不是因为附加了疏议吗？可以想像《大中统类》中完全没有疏议。关于《大中统类》的记载中，叙述疏议的地方一个都没有，就证明了该推测。

十四年		开成元年	七月五日敕、十一月廿一日敕
建中元年		二年	八月二日敕、十月八日敕（八月二日敕在法制局本中作唐开城二年八月二日敕。嘉业堂本正确地作开成）
二年	十一月十三日敕		
三年	正月六日敕、三月廿四日敕、八月廿七日敕、十一月十四日敕		
……		三年	开成格二条
此间十九年阙		……	
		四年	十月五日敕二条
贞元十八年	五月廿九日敕	五年	
……		会昌元年	六月六日敕、九月五日敕
此间五的阙		二年	
……		三年	
元和三年	五月四日敕	四年	
四年		五年	正月三日敕
五年	十一月六日敕	六年	
六年	三月廿七日敕	大中元年	
七年		二年	九月七日敕
八年	正月廿二日敕	三年	
九年		四年	正月一日制
十年	八月九日敕	五年	十月六日敕
十一年		六年	六月廿四日敕
十二年	九月十二日敕	……	
十三年		此间七十三年阙	
十四年		……	
十五年		天成元年	十月三日敕
长庆元年	正月廿五日度支旨条、十一月五日敕	二年	二月二日敕、六月七日敕
二年	八月十五日敕	三年	七月十七日敕、闰八月廿三日敕
三年	十二月廿三日敕	四年	
四年	三月三日敕	长兴元年	
……		二年	三月十八日敕、四月二日敕二条、闰五月十八日敕、八月十一日敕
此间六年厥			
……		三年	
大和五年	二月十三日敕		
六年		三年	
七年	二月二十三日敕	四年	六月十四日敕
八年	八月二十三日敕	应顺元年	三月二十日敕三条

……		二年	四月五日敕二条、五月七日敕
此间八年阙			
……		三年	二月三日敕
晋天福七年	十一月廿九日敕（此外有年月不明的晋天福敕一条）	四年	二月六日敕
		五年	七月七日敕十五条
……		六年	
周广顺元年	正月五日敕节文	宋建隆元年	
二年	十二月廿五日敕	二年	
三年	九月五日敕	三年	二月十一日敕、二月十二日敕、三月十二日敕、十二月五日敕二条、十二月六日敕
显德元年			

关于这份分布表，最应该引起注意的是以下四点：

（1）没有开元以前的敕条；

（2）从大中六年到后唐同光二年，存在七十三年的漫长空隙；

（3）周显德五年七月七日敕达十五条之多；

（4）没有建隆三年十二月后的敕。

首先，如果说第（4）点的话，建隆三年敕曾被连续收载，却在十二月六日突然断绝，这意味着《宋刑统》在此前后编纂。其次，第（3）点的周显德五年七月七日敕，单单一次就达十五条之多，显示出《宋刑统》受到《周刑统》的影响很大。显德五年七月七日即《周刑统》发布的七月丙戌，这十五条敕相当于前引《旧五代史》所谓：

> 事有不便与该说未尽者，别立新条于本条之下。

这是不容怀疑的。再次，第（2）点的大中、同光间七十三年的漫长空隙的存在，意味着《宋刑统》打上了《大中刑律统类》的烙印。《大中刑统》恰好是在大中七年五月奏上颁行的，或许在此大的空隙以前即大中六年六月二十四日以前的敕，经由《大中统类》，在《周刑统》、《宋刑统》那里得到了继承。大中以后直到同光,在唐五十年、梁二十年的岁月中所颁行的敕条,以正史、会要为首,诸书中多有采纳。《宋史·艺文志》著录有《大中后杂敕》三卷、《大中已后杂敕》三卷,《玉海》也著录了《大中已后杂敕》三卷。梁被宿仇后唐所灭,后唐废弃了梁的全部法令,以后继承后唐的法典中不见梁敕是可以理解的。但是,从大中六年至唐亡的五十年中的敕,《宋刑统》却一条也没有采纳。对此,除了《大中刑律统类》是大中七年完成的以外,是无论如何也无法说明的。因此,沈家本、王式通、中田薰诸君关于《宋刑统》承继《大中刑律统类》的说法,从对《宋刑统》敕条的研究中得到了有力的证明。而且,《宋刑统》的研究使我们得以进一步追溯到大中以前,也就是我们在第(1)点中列举的在《宋刑统》中没有开元以前敕条。总的来说,关于《宋刑统》的格敕,《旧五代史》说:

> 其所编集者,用律为正。辞旨之有难解者,释以疏意;义理之有易了者,略其疏文。式令之有附近者次之,格敕之有废置者又次之。

据此已经很明显了,即以改、补其以前的律疏式令为目的。所以《宋刑统》中没有开元以前敕的说法本身,已经暗示着《宋刑统》中的律疏式令为开元或开元前后所编纂。对于《宋刑统》内容的这种判断决非凭空想像,以下试加论证。

首先说明《宋刑统》中未记载发布年月的令格式,要比有颁布年月记载的敕更早。《户婚律》卷一二列举了如下令敕:

> [户令]诸男女三岁以下为黄,十五以下为小,二十以下为中;其男年二十一为丁、六十为老,无夫者为寡妻妾。

> [唐天宝十三载十二月二十五日制节文]自今以后,天下百姓宜以十八已上为中男,二十三已上成丁。

> [唐广德元年七月二十二日敕]天下男子宜令二十五成丁,五十五入老。

该天宝及广德两敕旨在修改户令为确实无疑。综合以上考虑,可以想像宋刑统在发布时：

(1)户令中"诸男女三岁以下为黄"、"无夫者为寡妻妾"两条依然有效；

(2)天宝敕中"天下百姓，宜以十八已上为中男"条有效；

(3)广德敕则全部有效并施行。

这样考虑的话，就可以知道《宋刑统》中显得徒然繁缛的敕条列举决不是没有意义的了。《宋刑统》决不是将前事记载作为目的的产物，而是最忌讳繁琐的刑书。因此，与上述户令意味相同的规定在开元年间的适用，根据《通典》等①记载，是明确的。而且，《宋刑统》颁布时，上述广德敕仍然有效一事，是根据仅仅三个月后的建隆四年十月庚辰所颁敕来推测的②：

> 诏：诸州版簿、户帖、户钞，委本州判官录事掌之，旧无者创造。始令诸州岁所奏户帐，其丁口男夫二十为丁，六十为老，女口不须通勘。

此敕除了说女口不须通勘外，使丁、老年龄全部恢复上述户令的规定，广德敕因此全然无效了。无效的敕在《宋刑统》中当然是不被采用的。根据唐的人口统计，一家人口通常不少于五六人；而宋的人口统计中，一家平均人口却不足两人，不把女子计算进去，至少构成其中的一个重要原因吧。

关于令再举一个例子。《宋刑统》卷一二"户绝资产"门中，记载有以下的敕令起请：

> [丧葬令]诸身丧户绝者，所有部曲、客女、奴婢、店宅、资财，并令近亲（原注：亲依本服，不以出降）转易货卖，将营葬事及量营功德之外，余财并与女（原注：户虽同，资财先别者亦准此）；无女均入以次近亲；无亲戚者官为检校。若亡人在日自有遗嘱处分、证验分明者，不用此令。

---

① 《通典》卷七说："大唐武德七年定令：男女始生为黄，四岁为小，十六为中，二十一为丁，六十为老……按开元二十五年户令云……无夫者为寡妻妾，余准旧令。"武德令与《宋刑统》所载户令形式迥异，实质却相同。又，据《通典》，前述天宝十三载敕变成了天宝三载敕，哪一个为正确已无可考。

② 《续资治通鉴长编》卷四。其他书中，只载乾德元年（建隆四年十一月改元乾德），月日不明，但长编注曰："据本志，丁口事当在此年，不得其月日，今附见。"因此其月日想来是确实的。

[开成元年七月五日敕节文]自今后,如百姓及诸色人死绝无男,空有女已出嫁者,令文合得资产。其间如有心怀觊望、孝道不全,与夫合谋有所侵夺者,委所在长吏严加纠察。如有此色,不在给与之限。

[起请]臣等参详:请今后户绝者,所有店宅、畜产、资财,营葬功德之外有出嫁女者,三分给与一分,其余并入官。如有庄田,均与近亲承佃。如有出嫁亲女被出,及夫亡无子,并不曾分割得夫家财产入己,还归父母家,后户绝者,并同在室女例。余准令敕处分。

在此开成元年敕中"令文合得资产"的令,及起请条中"余准令敕处分"的令敕,如果分别是指以前颁布的令敕,就可明白这里的令文即丧葬令不会是开成元年以后制定的了。至于以此丧葬令的规定与建隆四年新定并传下的起请条作比较的话,就可以发现有以下的重大差别:

(1)丧葬令承认出嫁女与在室女具有同等的权利,起请条则改为出嫁女只能得三分之一财产;

(2)起请条新附加了有关庄田的规定。

根据丧葬令中没有庄田的规定,至起请条则出现此规定,可以推测该丧葬令是其制度濒于崩溃,但在形式上仍实行均田授受的唐代的令,唐代和宋代对于出嫁女的观念则发生了显著变化。开成元年敕恐怕就是在此过渡时期出现的。如果这个推测正确的话,可以认为该丧葬令仍然是开元、天宝以前的东西。

其次,关于格,没有像令那种贴切的例子。但是,卷二六中与杂令共同出现并在其后与元和五年敕、长庆二年敕与四年敕、开成(法制局本作开城,误)二年敕相伴随的户部格;卷二九中以狱官令、刑部格、刑部式的顺序出现,其后与大中六年敕、天成二年敕相伴随的刑部格;以及卷三〇中与狱官令、刑部式共同出现,其后与广德元年敕、建中二年敕、长庆三年敕、开成格、后唐长兴二年敕相伴随的刑部格,分别为与同出令式同时发布的格。对此,几乎是没有疑问的。特别是最后的刑部格,在以后伴随的敕条中,对于开成格的存在这一点意义尤为深长。开成格在《刑统》卷二中还有一条被收录,但在此场合中,也是在无发布年月的格之后出现的。以上，开成格特别被冠以开成两字；还有，开成格在格后，特别是在卷三〇格后的敕条中，依年代被收录，充分证明了无发布年月的格与开成格不同，但比开成格出现更早。再次，所引用《杂律》卷二六收录的刑部格敕与《通典》卷九所载永淳元年五月敕几乎一致，显示出它是以永淳元年敕为基础的：

> 私铸钱，及（及，《通典》无）造意人及句合头首者，并处绞，仍先决杖一百；从及居停主人加役流，仍（仍，《通典》无）各先（先，《通典》无）决杖六十。若家人共犯，坐其家长。若（若，《通典》无）老弱残（弱残二字，《通典》无）疾不坐者，则罪归（罪归二字，《通典》作归罪）其（其，《通典》无）以次家长。其铸钱处邻保配徒一年，里正、坊正、村正各决杖（杖，《通典》无）六十。若有纠告者，即以所铸钱毁破并铜物等赏纠人。同犯自首告者（告者二字，《通典》无）免罪，依例酬（酬，《通典》作酧）赏。

永淳元年相当于高宗末年，即永徽律疏制定以后的二十九年，次年高宗就驾崩了。此项规定以永淳元年敕为由来，随后一定被刑部格所吸收。因此，尽管开元以后的敕被依葫芦画瓢地采用，其以前的敕被格所吸收之事，显示出这个格是在永淳、开元间的某个时候编纂的。该刑部格起码是后唐长兴以前的产物的说法，通过其直接的继承者是唐长兴二年敕、其最后有"并依格敕处断"之语而得以明确。长兴二年敕称为格敕的，一定是此刑部格敕。此格为开元二十五年格，将在下面逐步加以证明。

接着举式的例子。《宋刑统》卷四天宝元年敕前也有刑部式存在，但卷一二"死商钱物、诸蕃人及波斯附"门有以下连续的式敕：

> ［主客式］诸商旅身死，勘问无家人亲属者，所有财物，随便纳官，仍具状申省。在后有识认勘当，灼然是其父兄子弟等，依数却酬还。
>
> ［唐大和五年二月十三日敕节文］死商钱物等，其死商有父母、嫡妻及男，或亲兄弟、在室姊妹、在室女、亲侄男、见相随者，便任收管财物。如死

商父母妻儿等不相随,如后亲属将本贯文牒来收认,委专知官切加根究。实是至亲,责保讫,任分付取领,状入案申省。

[唐大和八年八月二十三日敕节文]当司应州郡死商,及波斯蕃客资财货物等,谨具条流如后:

一、死商客及外界人身死,应有资财货物等,检勘从前敕旨,内有父母、嫡妻、男、亲侄男、在室女,并合给付。如有在室姊妹,三分内给一分;如无上件亲族,所有钱物等并合官收。

二、死波斯及诸蕃人资财货物等,伏请依诸商客例。如有父母、嫡妻、男女、亲女、亲兄弟元相随并请给还。如无上件至亲,所有钱物等并请官收,更不牒本贯追勘亲族。(下略)

[周显德五年七月七日敕条]死商财物如有父母、祖父母、妻,不问有子无子、及亲子孙男女,并同居大功以上亲幼小者,亦同成人,不问随行与不随行,并可给付。如无以上亲,其同居小功亲及出嫁亲女,三分财物内收一分均给之(嘉业堂本,收一分作取一分)。余亲及别居骨肉不在给付之限。其蕃人、波斯身死财物,如灼然有同居亲的骨肉在中国者,并可给付;其在本土者,虽来识认,不在给付。

比较此等式敕,大和五年以后累加的敕条,应该说使原先模糊不清的主客式的规定变得十分清晰。特别像有关蕃客波斯的规定,是大和八年敕以后开始出现的。所以《宋刑统》编撰时,周显德五年敕确实正在施行;同时,上述主客式是大和前的东西,也是不争的事实。式应该比敕简单,是不需要什么理由的。

概括以上对《宋刑统》中令格式的论述,可以得出《宋刑统》中的令格式一般比后续的敕条更早的结论①。《宋刑统》中也有天宝元年敕和六年敕、七年敕、十

---

① 此结论是想像《宋刑统》中的令格式为同时发布的结果。这个想像不是从《宋刑统》的研究中直接得出的结论,但为叙述的方便姑且如此理解。《宋刑统》中的令格式全部为开元二十五年令格式之事,根据后面所述,显而易见。

三年敕分别比令格式后出的情况①。所以《宋刑统》中的令格式为天宝前的东西几乎无可怀疑。另一方面，开元的敕条不过二条，开元年间是对绝无以前敕条的情况多有改革的时代。对此加以综合考虑的话，《宋刑统》中的令格式制定于开元年间的推测，就必然更加强有力了。我们在前节中曾提及《故唐律疏议》所证明的开元前没有的官名地名等，这些在《宋刑统》律疏中却依原样保留下来，对这种想像断定的变化是充分的。于是我们在注意此事并检索资料时，当然不能不重视开元二十五年律令格式的大量删定。我们认为《宋刑统》中的律令格式不外乎是开元二十五年律令格式。为什么《宋刑统》中居然包含有开元二十五年律令格式呢？我们试提出以下理由。

《通典》卷一六五对于开元二十五年律令格式的大规模删定叙述道：

> 至二十五年，又令删缉旧格式律令及敕，总七千四百八十条。其千三百四条于事非要，并删除之；二千一百五十条随文损益，三千五百九十四条仍旧不改。总成律十二卷，疏三十卷，令三十卷，式二十卷，《开元新格》十卷，又《格式律令事类》四十卷，以类相从，便于省览。二十五年九月，奏上之。敕于尚书都省写五十本，发使散于天下。

紧接着，附有如下特别应该重视的注：

> 二十五年九月，兵部尚书、同中书门下三品李林甫奏：今年五月三十日以前制敕不入新格式者，望并不在行用。

《唐会要》卷三九也就此事记载道：

> 二十五年九月三日，兵部尚书李林甫奏：今年五月三十日前敕不入新格式者，并望不任行用限。

---

① 《宋刑统》中没有发布年月的令格式一般记载于敕条前。作为例外，卷一中狱官令出现于唐建中三年敕之后，不过是唯一的一例。但是该例外，则应该考虑为由错简或特殊情况而造成。《宋刑统》中的令格式在原则上应该是置于所有敕条之前的。前引《旧五代史》中所谓"式令之有附近者次之，格敕之有废止者又次之"，证明了这一点。该事实还可以作为令格式比敕早的旁证。

根据《唐会要》其他部分的记载,李林甫是开元二十五年律令格式删修的主持者。开元二十五年律令格式的删定,在废止未入新法典的旧有制敕这一点上,应该说是中国法制史上必须极其注意的一次删定①。开元二十五年实际上成为中国中世纪法制史上的一大分水岭,此时未被采纳入律令格式的诸规定,对后世几乎没有影响。而此时的律令格式,经过唐五代直到宋初,一直适用。以下,试根据历史记录的事实,加以论证。

开元以后,唐代法典的编纂差不多都以开元二十五年律令格式为标准,仅仅作一些改、补而已。在德宗贞元元年十月,"尚书省进《贞元定格后敕》三十卷,留中不出"(《唐会要》卷三九)的场合下,作为标准的格是否《开元新格》并不清楚。其后宪宗时:

> 至元和二年七月,诏刑部侍郎许孟容、大理少卿柳登(其他官氏省略)等删定《开元格后敕》。(《唐会要》卷三九)

由此来看,《贞元定格后敕》恐怕就是以《开元新格》为标准。而且,无论是根据《旧唐书》还是《唐会要》,元和年间似乎编纂了不少格后敕。《唐会要》同卷记载:

> 至十年十月,刑部尚书权德舆奏,自开元二十五年修《格式律令事类》三十卷、处分长行敕等,自大历十四年六月、元和二年正月,两度制删之,并施行。伏以诸司所奏,苟便一时,事非经久;或旧章既具,徒更烦文。狱理重轻,系人性命。其元和二年准制删定,至元和五年删定毕。所奏三十卷,岁月最近。伏望且送臣本司,其元和五年已后续有敕文合长行者,望令诸司录送刑部。臣请与本司侍郎郎官,参详错综,同编入本卷,续具闻奏。庶

---

① 删定律令格式时,清理以前的格敕是理所当然的。不过,其例外的情况,从日本养老律令的删定来看,也可以理解。养老律令,在养老年间已经不一定适合当时的社会了。实际上,根据其以前发布的格敕进行补、改,在今天已经是法制史上的常识。如下所述,即使在中国,类似日本养老的删定的例子也很多。又,在开元时的删定,有用格补、改律令规定的情况。例如,尽管律规定私铸钱者流三千里,前面引用的私铸钱的刑部格,却规定私铸钱者处绞,就是这类例子。开元时,该刑部格无疑是实际的规定。私铸钱者,在武德四年时,就被规定应当加以"盗铸者死,没其家属"的严罚了。而有关的律的规定,在唐朝如果是切实适用的,应该是武德至永淳之间的贞观、永徽前后,也许纯粹是前代的遗物。

人知守法，吏绝舞文。从之。

从这段文字看，元和以前的格后敕，全部以开元二十五年格为准，这几乎是无可怀疑的。《新唐书·刑法志》还记载"宪宗时，刑部侍郎许孟容等删天宝以后敕为《开元格后敕》"。而元和以后，《唐会要》记载的长庆三年详定格及《太和格后敕》，究竟以哪一部格为基础，并不明确。但其后编纂的《开成格》，据《新唐书·刑法志》：

> 开成三年，刑部侍郎狄兼暮采开元二十六年以后至于开成制敕，删其繁者，为《开成详定格》。

《唐会要》卷三九更载有编者狄兼暮的奏文：

> 伏以律令格式，著目虽始于秦汉，历代增修。皇朝贞观、开元又重删定，理例精详，难议刊改。自开元二十六年删定格令后，至今九十余年……

从《开成格》仍以开元二十五年律令格式为准这一点来看，长庆与太和定格的基础恐怕也是开元二十五年格。狄兼暮将贞观的删定与开元的删定相提并论，赞扬其理例精详，难议刊改。由此，开元二十五年律令格式在晚唐的影响不难想像。

由开元后的制敕集追溯到开元二十五年前，应该看到唯一的例外是大中五年由刘瑑编纂的《大中刑法总要格后敕》，或称《大中刑法统类》①。《旧唐书·刑法志》说：

> 大中五年四月，刑部侍郎刘瑑等，奉敕修《大中刑法总要格后敕》六十卷，起贞观二年六月二十日，至大中五年四月十三日，凡二百二十四条杂敕，都计六百四十六门、一千一百六十五条。

《唐会要》则作《大中刑法统类》的书名，贞观二年六月的二十日作二十八日，条文数作二千一百六十五条。除此以外，均与《旧唐书·刑法志》一致②。此书无疑使

---

① 关于此书书名，沈家本曾论述《大中刑法总要格后敕》为其本名，也许沈氏的说法正确（《律令考》卷四）。

② 《旧唐书》本纪中，此书书名作《大中刑法统类》，条文数为二千一百六十五条；《旧唐书·刘瑑传》中书名作《大中统类》，条数为二千八百六十五条；《新唐书·刘瑑传》中书名作《大中刑律统类》，条数为二千八百六十五条。条数作二千条以下的只有《旧唐书·刑法志》。实数不管为二千一百六十五条还是二千八百六十五条，总之想来是二千条以上。

贞观以来的制敕得以复活。《新唐书·刘瑑传》谓其搜集了从武德至大中的敕令。

然而在刘瑑的这部书编纂后仅两年,张戣又编纂了《大中刑律统类》①。张戣的《大中刑律统类》是《宋刑统》的原形,对此,前面已有论证。只是在这种场合下,此书是否受到前述刘瑑书的影响?如果受到影响的话,宋刑统中唯一一条开元二年敕,可以推定为张戣接受了刘书的内容,而一直残存到《宋刑统》②。但是,这部张戣的书,是否包含开元二十五年前的制敕?从当时法制史的氛围,并从《宋刑统》的内容来推察,它是以开元二十五年律令格式为中心并加入其前后的敕条而制定,大致是无可怀疑的。

开元二十五年律令格式的影响,在进入五代以后,仍然未曾衰落。五代中最早的梁,新制定了令三十卷、式二十卷、格十卷、律并目录十三卷、律疏三十卷③。从这些卷数完全与开元律令格式的卷数一致来看,或许内容上也是大同小异。只有格相传与开成格比较接近。但是这部梁朝的新法典,由于梁不久以后就被夙仇后唐所灭,因而被排除在法系的发展进程之外。自封为唐朝继承者的后唐,废除了所谓伪梁格,适用本朝的格。而且,据《五代会要》、《册府元龟》等记载,当时由于《开元格》与《开成格》并用而引起的混乱延续不断。结果,出于相对于《开元格》多为有关公事的规定、《开成格》则包含有关刑狱的规定的缘故,而决定适用《开成格》。然而,《开成格》不过是以开元二十五年律令格式为基准、将其后的制敕加以搜集而已,开元二十五年法典的影响并不能说因此而衰落。但是,由于《旧五代史》列举的周的实用法典中,不见《开元格》,而只有

① 《旧唐书·刑法志》称此书为《大中刑法统类》,现据其他多数书的记载,作《大中刑律统类》(参照沈家本氏《律令考》卷四)。

② 刘瑑书的制敕总数为二千条以上,张戣书的律令格式制敕合为一千二百五十条,至《周刑统》、《宋刑统》,其总条数进一步激减,因此开元二十五年以前的敕只存一条也未必不可能。又,据《通志·艺文略》"唐格式律令事类四十卷,李林甫纂,律令格式长行敕附,尚书省二十四司总为篇目"的记载,此敕被采入格式律令事类,因此可能传至后世。然而,由于《宋刑统》书写的误脱而将开元二十五年后的敕作开元二年敕,亦未可知。又,即使认定其为唯一的例外,我们关于《宋刑统》以开元二十五年律令格式为中心的观点,也不会因此而动摇。

③ 据《旧五代史》、《五代会要》等,此时如本文所记,律、律疏已经制定,但是《崇文总目》、《通志·艺文略》、《宋史·艺文志》中,却只有梁令三十卷、梁式二十卷、梁格十卷,而没有律及律疏的著录。

《开成格》，或许开元二十五年律令格式中，只有格在后唐终止了作为国家法典的生命。继承后唐的晋、汉，沿袭了后唐法制，只不过加入编敕而已。在五代末尾的周编纂刑统时，所适用的法典律十二卷、律疏三十卷、式二十卷、令三十卷、《开成格》十卷、《大中统类》十卷、后唐以来至汉末编敕三十二卷中，律、律疏、式、令的卷数与开元时期完全一致；而且《开成格》、《大中统类》前所撰写的一段文字，显示出它们是开成前的法典。《周刑统》编纂后，《开成格》以下的诸法典被停止公开适用，然而直到编纂《宋刑统》时，律疏令式却一直与刑统同时适用，这在前面已经论及。《玉海》卷六六：

> 太宗以开元二十六年所定令式，修为淳化令式。

据此，在淳化前约三十年的宋初建隆编纂《宋刑统》时，当然在使用开元令式。因此修订这部淳化令式，据《文献通考》所引《直斋书录解题》：

> 唐令三十卷、式二十卷
>
> 唐开元中，宋璟、苏颋、卢从愿等所删定。考《艺文志》，卷数同，更同光天福校定。至本朝淳化中，右赞善大夫潘宪、著作郎王泗校勘。其篇目条例，颇与今见行令式有不同者。

可见仅仅是对开元令式进行校勘而已。《玉海》所引的《中兴书目》也说：

> 唐式二十卷，开元七年上，二十六年李林甫等刊定，皇朝淳化三年校勘。

这样，校勘说当然就更加不可撼动了。《玉海》记载天圣七年新修令条注曰：

> 先是，诏参政吕夷简等参定令文，乃命庞籍、宋祁为修令官，取唐令为本，参以新制。七年五月十八日，上删修令三十卷。

又据同条书目所云：

> 天圣令文三十卷。时令文尚依唐制，夷简等据唐旧文，斟酌众条，益以新制，天圣十年行之。

可见淳化令式与开元令式的差别至少不那么显著。淳化令在天圣年间是被当作唐令的，因而我们怀疑此时新编纂的天圣令以及新制只作为附令被收载，本令就是唐令的原貌①。如果这种疑问是真实的，就应该考虑开元二十五年令式

---

① 为明了此问题，首先必须区别《天圣编敕》和《天圣附令敕》。正如《续资治通鉴长编》天圣七年九月条所见：编敕既成，合《农田敕》为一书，视《祥符敕》损百有余条。其丽于法者，大辟之属十有七，流之属三十有四，徒之一百有六，杖之属二百五十有八，笞之属七十有六，又配隶之属六十有三。大辟而下，奏听旨七十有一。凡此皆在律令外者也。（下略）

可见它是补充律令的。《玉海》则说：

依律，分门十二卷，定千二百余条。

《崇文总目》著录为"天圣编敕十三卷"、目一卷。《通志·艺文略》则著录为"天圣编敕十二卷"。与此相反，附令敕在《续资治通鉴长编》天圣七年五月己巳条作：诏以新令及附令颁天下，始命官修定，成三十卷。有司又取咸平仪制令及制度约束之。在敕其罪名轻者五百余条，悉附令后，号曰附令敕。卷数为三十。但是《郡斋读书志》卷八说：天圣编敕三十卷。右天圣中，宋庠庞籍受诏，改修唐令，参以今制而成。凡二十一门：官品一、户二、祠三、选举四、考课五、军防六、衣服七、仪制八、卤簿九、公式十、田十一、赋十二、仓库十三、厩牧十四、关市十五、补亡十六、疾医十七、狱官十八、营缮十九、丧葬二十、杂二十一。（补亡十七应为捕亡十七之误）

据此，《天圣编敕》为三十卷，根据令的篇目分类。这与前引《天圣编敕》根据律分成十二门、只有十二卷的记录并不一致。《玉海》还指出了两者的差异：

《附令敕》十八卷，夷简等撰。官品令之外，又案敕文，录制度及罪名轻简者五百余条，依令分门，附逐卷之末。

浅井虎夫氏论述道：按《郡斋读书志》，天圣编敕并非所作，其仿效律十二篇立篇目，《玉海》已经详载其为三十卷，并可知道其令文（《中国法典编纂的沿革》第 268 页）。但是在当时，除《郡斋读书志》所列举的二十一门外，至少确实还有封爵、假宁、宫卫、学、乐等诸令，所以还不能直接认为浅井虎夫说。《郡斋读书志》的所谓编敕三十卷，莫非是《附令敕》十八卷之误？即使编敕有一千二百余条，与十二卷相反，附令敕五百余条、十八卷，那是被分成二十一门之多的缘故吧。职员、分爵、假宁、宫卫、学、乐等篇目未被列举，大约是因为此等的令中没有《附令敕》。如此想来，即使其他的令，也有一门不过数条的。因此二十一门十八卷的情况，决非不可能。《附令敕》即使在继承天圣的庆历也是十八卷，《宋史·艺文志》有云"《附令敕》十八卷，庆历中编，不知作者"，可知此事。庆历时，仍然据《宋史·艺文志》所云"《续附令敕》一卷，庆历中编，不知作者"，可以知道撰有续附令敕一卷。续附令敕中，据《玉海》卷六六"其元降敕，但行约束，不在刑名者，又析为《续降附令敕》三卷"。在庆历以后的嘉祐时，似乎又增加了三卷的《续降附令敕》。宋代像这样编纂法典时照搬前代现成的东西，只在后面附加新条的情况很多，《宋刑统》也是其中一种，《开宝只定格》更是典型。《通鉴长编》建隆三年十月癸巳条说：癸巳，有司上新删定《循资格》、《长定格》、编敕格各一卷，又，同书开宝六年条说：是岁，命参知政事卢多逊、知制诰扈蒙、张澹，以见行《长定》《循资格》，及泛降制书，考大违异，削去重复，补其阙漏，更详议取修久可行用之文，为《长定格》三卷……《循资格》一卷、《制敕》一卷、《起请条》一卷。

我们认为最初应该有《长定格》一卷，建隆时增加《编敕格》一卷，开宝时又增加《起请条》一卷。作为这段时期的标准，《长定格》与《宋刑统》中的开元二十五年律疏令式同样。几乎没有经过加工。天圣令与附令的关系，或许同长定格与制敕格的关系一样。倘若如此，天圣本令也与唐令没有大的差别。

的生命一直持续到了神宗元丰三年①。唐式到元丰三年尚未被废止之事，可以根据《续资治通鉴长编》卷三〇四元丰三年五月乙亥条看出：

> 详定重修编敕所言，见修敕令与格式兼行。其唐式二十卷，条目至繁，又古今事殊，欲取事可通行……

式，此时被改为五卷。令，也是到元丰开始改为五十卷，面目改变甚多②。只有律，据《宋史·刑法志》所载：

> 神宗以律不足以周事情，凡律所不载者，一断以敕，乃更其目曰敕、令、格、式，而律恒存乎敕之外。

据此可知在元丰以后，唐律也没有被废止。神宗时制定的敕令格式形式，在有宋一代几乎没有变化③。唐律在整个宋代仍然被适用的情况，我们将在下一节

---

① 《通鉴长编》元丰七年三月乙巳条注引《刑法志》：

天圣中，取《咸平仪制令》约束之在敕者五百余条，悉附令后，号曰《附令》，庆历、嘉祐皆因之。《熙宁敕》虽更定为多，然其体制莫辨。至元丰修敕，详定官请对。上问敕令格式体制如何，对曰以重轻分之。上曰：非也，禁于已然之谓敕，禁于未然之谓令，设于此以待彼之至之谓格，设于此使彼效之谓式。修书者要当知此，有典有则，贻厥子孙。今之敕令格式则典准也。若其书具备，政府总之，有司守之，斯无事矣。于是，凡入杖、笞、徒、流、死，自名例以下至断狱凡十有二门，丽刑名轻重者皆为敕。自官品以下至断狱凡三十五门，约束禁止者皆为令。命官之赏等十有七，吏、庶人之赏等七十有七，又有倍、全、分、厘之级，凡五卷。有等级高下者，皆为格。奏表、帐籍、关牒、符檄之类，凡五卷。有体制模楷者，皆为式。始分敕、令、格、式为四。《熙宁敕》十有七卷，附令三卷；《元丰敕》十有三卷，令五十卷。（下略）

② 《宋文鉴》卷五八所收刘挚请修敕令文：

神宗皇帝达因革之妙，慎重宪禁，元丰中，命有司编修敕令。凡旧载于敕者，多移之于令，盖违敕之法重，违令之罪轻。此足以见神宗皇帝仁厚之德。（下略）

因此，元丰令为五十卷，其原因是在此以前敕的规定大多移至令。与元丰相反，元祐时的立法为敕一二卷（二〇四四条、二〇卷，内容多者分为上下）、令二五卷（一〇二〇条）、式六卷（一七七条），无格。元丰时，令的内容更有向敕转移的迹象。苏东坡《乞免五谷力胜税钱札子》中对同一条项有天圣附令、元丰令、元祐敕的对照表。这是显示出在此时期，法典的分类没有一定成规的适用。但是《文献通考》卷一六七中说，元丰七年七月，"御史黄降言，朝廷修立敕令多用旧文"，因此元丰的敕令也决不都是新的。

③ 元丰以后，元祐立法与其之不同，已如前注。但是，《宋史·刑法志》也有"哲宗亲政，不专用元祐近例，稍复熙宁元丰之制。自是，用法以后冲前，改更纷然，而刑制紊矣"的记载。在北宋，与王安石派和司马光派势力的消长相辅相成，其法典似乎也在变化。到南宋，《高宗本纪》建炎元年九月条云："诏内外

中加以论证。

以上,我们证明了《宋刑统》中没有记载颁布年月的令格式为开元二十五年令格式。其中只有格在宋初很少被适用,而《宋刑统》中存在的格可以想像为《大中刑律统类》的遗留;至于令式,在宋初则仍适用。窦仪《进刑统表》中所谓"请与式令及新编敕兼行"的式令为开元二十五年式令之说,于是明朗了。考虑到当时在有关所谓一司一务一州一县的规定以外,只有以律疏为主体的《刑统》及以四卷一〇六条组成的《新编敕》,应该说开元二十五年令式的影响是很强的。令式如此,为什么律疏就不应该如此呢?泷川氏曾提出《宋刑统》抛弃开元律疏而继承永徽律疏(参照第 48 页注②)。他的所谓"创业时期继承前代立时期的法典乃惯例"之说在宋初不发生效力,根据以上所述已经清楚了。又,宋代决不认为开元是坏的时代,正如欧阳修的《归田录》所称:

> 又改元曰宝元。自景祐初,群臣慕唐玄宗以开元加尊号,遂请加景祐于尊号之上,至宝元亦然。

神宗感叹官制的紊乱,早先颁布的也是在开元间制定的《唐六典》。而且宋朝不是继承唐朝创业期,甚至不是直接继承开元时期。宋朝继承的,是后来被欧阳修等痛加诋毁的五代的法制。对个中的意义,清朝钦定的《续通志》订正了《宋史·刑法志》"宋法制,因唐律令格式,而随时损益"的说法,指出:

> 宋法制,因唐及五代律令格式,而随时损益。

这是极其正确的。必须附带说明的是,宋朝从五代那里继承的,主要是敕

官司,参用嘉祐元丰敕,以俟新书。"又,《刑法志》也说:"三年四月,始命取嘉祐条法,与政和敕令对修而用之……绍兴元年书成,号《绍兴敕令格式》。"据此可知当时与嘉祐、政和相应而修。政和是继承元丰的,南宋法典从形式到内容岂不是都与元丰敕令格式很接近吗?《容斋三笔》卷一六"敕令格式"条证实了此事:

法令之书,其别有四,敕令格式是也。神宗圣训曰:禁于未然之谓敕,禁于已然之谓令,设于此以待彼之至谓之格,设于此使效之谓之式……元丰编敕用之。后来虽数有修定,然大体悉循用之。

在南宋,绍兴以后有淳熙、乾道、庆元、淳祐等的敕令格式,其体裁恐怕与绍兴敕令格式大同小异。

条;至于律令格式,只在从唐开元二十五年通过五代到宋为止的连绵持续的意义上继承的。欧阳修等人的五代观是从宋朝什么时候开始的,现在已经不清楚;但这是宋初法律家所没有的观点,即使从前引窦仪《进刑统表》的"伏以刑统前朝创始,群彦规为,贯彼旧章,采缀已从于撮要",也可以明了。《宋刑统》编纂者几乎都是周的旧臣,甚至有苏晓这样的《周刑统》编纂者,这一点不容忽视。而且,我们可以利用已知的令格式对《宋刑统》中律疏的情况加以证明。《刑统》卷一一所列如下的律和敕,充分证明了《宋刑统》中的律不是天宝以后出现的。

[律]诸监临主司受财而枉法者,一尺杖一百,一匹加一等,十五匹绞。（下略）

[天宝元年二月二十日敕节文]官吏应犯枉法赃十五匹合绞者,自今以后,特宜加至二十匹,仍即编诸格律。

我们因而得以明了《宋刑统》的结构:《宋刑统》是以开元二十五年律疏为主体,并附载以开元二十五年令格式及其后的制敕的产物。编敕时所附加的新规定,只有三十二条的起请。如果一并考虑到这一点以及前记开元二十五年令式在宋初仍然适用的情况,可以说宋初的根本法典仍然是开元二十五年的律疏令式。这样说,当然不是宋初的律疏令式完全照搬开元而没有一点变化的意思。单就律疏来说,《旧唐书·刑法志》有如下的记载①:

大历十四年六月一日,德宗御丹凤楼大赦。赦书节文:律令格式条目有未折衷者,委中书门下简择理识通明官共删定。

根据已经引用的《直斋书录解题》、《宋史·卢多逊传》等,在后唐同光、天福和周广顺时,也多少有所校定改作。然而这种变更不过是折衷条目的程度如何,从检视现存《宋刑统》的内容来看,可以确定几乎没有新的变更。《宋刑统》律疏

---

① 《旧唐书》本纪元和二年八月壬戌条云:刑部奏:改律卷第八为《斗竞律》。《宋刑统》中作《斗讼律》,何时复旧不详。

中,除了地名、门名、宫殿名等以外,几乎没有看到新的要素。根据上述这一点,也可以察知开元以后直到宋初的律令格式不是新制定的。《续资治通鉴长编》卷四三咸平元年十二月条说:

> 丙午,成务等上言曰:自唐开元至周显德,咸有格敕,并著简编。国初重定《刑统》,止行《编敕》四卷。洎方隅平定,文轨大同。太宗临朝,声教弥远,遂增后敕,为《太平编敕》十五卷。淳化中,又增后敕,为《淳化编敕》三十卷。(下略)

这证明了开元以后,没有律令格式的大规模删定,只是根据格敕对其进行增删,而宋初仍然沿袭这项惯例。因此,据《续资治通鉴长编》,这时制定的《咸平编敕》

> 与律令格式同行。(咸平元年二月条)

接着,《大中祥符编敕》

> 与《刑统》景德农田敕同行。(大中祥符九年八月已卯条)

到随后的《天圣编敕》

> 凡此皆在律令外也。(参照第 62 页注①)

由此可知编敕是用来补充律令的。总而言之,宋朝编敕在咸平以后,根据律的标准分成十二门,已经显示出是律的第二次的补充,而不是律基本的原貌。

《故唐律疏议》制作年代考(下)

仁井田陞

牧野巽 撰

程维荣 译

下篇序

　　上篇脱稿以后,岁月又已经流逝了半年多。在此期间,我们得到了种种新的资料。其中有关上篇的内容很少,就留待篇末补遗订正。这里,摘记半年前已经大体脱稿的下篇在加进新资料后得以修改后的主要内容。

　　必须指出的第一点是所谓宋刻《故唐律疏议》的发现。上篇发表时,我们相信元泰定版为现存最早的版本。后来,我们根据《滂喜斋藏书记》、《宋元书影》、《旧京书影》,知道了所谓宋刻《故唐律疏议》的存在。日本没有此书,无法亲眼见到。然而,今年夏天至上海、苏州旅游的长泽规矩也氏特地为我们作了细致的查阅,使我们得以获悉该书的概貌。现特记于此,以深表感谢之意。又,此书最近由上海商务印书馆预定影印刊行,该书馆的张元济、董康两氏也通过长泽氏给我们很大的关照。并记于此,以示谢忱。关于此书,本稿在第七节中专门加以研究。根据与此书的比较,可知日本官版出自泰定版直系的古写本,保有比元至正本、清岱南阁本、江苏书局本等更为古旧的形式。

第二点是本学院京都研究所所藏独山莫详芝氏旧藏的古写本。此书是证实除流传本以外,有王元亮唐律纂例序、张从革《唐律疏议》释文纂例序、胡居敬唐律序等三序并且是在泰定版以后、至正版以外的另一个版本存在的珍贵资料。我们承蒙京都研究所安部健夫氏的提醒而得以知道该古写本的存在。谨记于此,表示深谢。关于上述版本,也将在第七节中言及。此外,上篇刊行后,我们在研究这些版本的过程中,新发现版本如下:

宫内省图书寮藏三古写本(其中两种为图书寮善本书目所载本。但是善本书目未载的十二册本保留了较古的形式,我们对它比善本书目所载本更有兴趣);

内阁文库藏的一古写本;

静嘉堂文库藏松下见林旧藏古写本;

以上都刊有泰定版柳贯序、泰定版议刊官职名氏,属于泰定版系的古写本。

宫内省图书寮藏至正刊本残本;

同上藏沈丙《故唐律疏议》释文订正。

第三点是枕碧楼丛书本《刑统赋解》、《刑统赋疏》、《粗解刑统赋》、《别本刑统赋解》的得见。我们在上篇完成之际,已经根据藕香零拾本《刑统赋》、格致丛书本《刑统赋解》、明律刑书据会本《刑统赋解》等,推测沈家本氏等关于宋律与唐律差别甚大的观点所依据的《刑统赋解》,实际上引用的并非宋律而是金律。无奈上述资料中,没有王亮的增注;而且我们未能目睹《刑统赋疏》以下三本,因此对发表已说颇费踌躇。后来,根据安部健夫氏的《大元通制解说》(载于《东方学报》京都第一册),知道了枕碧楼丛书的存在,从而得见上述四部书,更加增强了对该《刑统赋解》引用金律的信念。本稿第六节中,加进了此推定。因此,第六节篇幅要膨胀一倍,但历来因散佚而未能见其庐山真面目的金律,哪怕因此只露出冰山一角,笔者也感到莫大的幸运。而且,安部健夫氏最近在给笔者的私信中,告知他也持《刑统赋解》所引律为金律的观点。我们的论证或许比安部氏的早公布,但是我们丝毫没有据此与安部氏的发现一争高下的意思,安部氏与我们各自完全独立地达到了相同的见解。为表示慎重,附记于此。

第四点是前述安部健夫氏《大元通制解说》的发表。安部的见解,有许多是我们在半年前考定时已经提到过的。我们这次为避免重复,尽可能地削减了论述元代法制的部分。

第五点须指出,结言部分所述并非获得新资料的结果。但是,论定《故唐律疏议》不是永徽律疏,而是开元二十五年律疏,在唐及日本法制史研究上,是应该与过去不同的在各方面都重新论及的问题。将《故唐律疏议》与日本律比较、对照,其同一部分应该可以回复永徽律及疏的问题。又,结言指出日本和唐两部律中相异的条文,第一类是日本律修改唐律的部分;第二类则是由于日本律保存永徽律旧形态,而与此相反开元二十五年律疏是在永徽以后加以损益的结果。结言还指出日本、唐开元两律产生差异的有疑问的地方。我们不能像过去一样,简单地以《故唐律疏议》与日本律疏的差异论及日本律的变革。永徽律疏已经亡佚,对其的研究不得不退而求其次,从日本律及开元二十五年律疏出发。根据我们的研究,迄今在唐法律史研究中涉及甚少的日本律,作为研究资料,可以说与《故唐律疏议》同样占有重要地位。

五、开元二十五年前的遗物

到前一节为止,为叙述的方便,仅提出有利于我们主张的观点即《故唐律疏议》为开元二十五年律疏的证据,至于开元前的律疏残余,即应该说是我们开元律疏说的反证,则统统置之不问。本节中,首先列举此类残余;然后在以下两节,对此试加研究。

能成为的问题有:

（1）期亲。所谓期亲——即在其死后必须为其服丧一年的亲属——一词，相当于日本律令的二等亲，在《故唐律疏议》中确实有百十处出现。然而在唐开元中，为避玄宗讳，应该改称"周亲"。《开元礼》①、《六典》等都作周亲；《旧唐书·礼仪志》叙述唐代的丧服制度，尽管开元前都作期亲，当记载到开元五年卢履冰议时，却使用了周亲一词。《唐文粹》所载田再思驳履冰的服制议也把期改作周。据此，开元时避期字是无疑的。《通典》甚至在引用《仪礼》、《礼记》等经典时，也都把文中的期改成周。《宋刑统》作周亲，是继承前代的惯例。开元以后的律疏，也应该是作周亲的。如此看来，《故唐律疏议》全部百十个地方出现的期亲，若是如后节所论不是宋以后修改的话，应该说是《故唐律疏议》作为开元前产物的有力证据。

（2）甥的丧服。第二点有力的反证也有关丧制。对甥（姊妹子）的丧服，在永徽律疏制定后仅四年的显庆二年，从缌麻（三月丧）提高一级为小功（五月丧）。《旧唐书·礼仪志》记载如下：

> 显庆二年九月，修礼官长孙无忌等又奏曰：依古丧服，甥为舅缌麻，舅报甥亦同此制。贞观年中八座议奏，舅服同姨，小功五月。而今律疏，舅报于甥服犹三月。谨按，旁尊之服，礼无不报，已非正尊，不敢降也。故甥为从母五月，从母报甥小功；甥为舅缌麻，舅亦报甥三月，是其义矣。今甥为舅使同从母之丧，则舅宜进甥以同从母之报。修律疏人不知礼意，舅报甥服，尚止缌麻，于例不通，礼须改正。今请修改律疏，舅服甥亦小功。

在此修改中，律疏完全成为问题，甚至有"今请修改律疏"之说。但是现存《唐律疏议》的《名例律》"十恶内乱"条疏议却说：

> 虽有小功之服，男子为报服缌麻者非，谓外孙女于外祖父，及外甥于舅之类。

---

① 但是《开元礼》中有一部分为期亲。又，《令集解》丧葬令及假宁令集解所引开元令也有期亲。

显然,对甥丧服是缌麻三月。从开元二十年制定的《开元礼》也如显庆时改正甥的丧服为小功来看,前述律疏之文,不正显示出其为显庆以前问世的吗?

(3)庶母的无服。第三个反证也属于丧服。显庆二年,对庶母丧也从无服提高到缌麻三月。《旧唐书·礼仪志》在上引文字后接着叙述道:

> 又曰:庶母,古礼缌麻,新礼无服。谨按,庶母之子,即是己昆弟,为之杖齐;而己与之无服。同气之内,吉凶顿殊。求之礼情,深非至理。请依典故,为服缌麻。制又从之。

《开元礼》也将缌麻作为"庶母(父妾有子者)"之服。如此看来,《杂律》卷二六"奸父祖妾"条问答中的"子孙于父祖之妾,在礼全无服纪",如果庶母也包含在父祖妾中,等于告诉我们那是显庆前的律疏了。

(4)顺天门。这个门名在律疏卷七、卷二一、卷二六中数次出现。据《唐六典》卷七注,作为宫城正门的此门为:

> 承天门,隋开皇二年作。初曰广阳门,仁寿元年改曰昭阳门,武德元年改曰顺天门,神龙元年改曰承天门。

即神龙以后改作承天门。从《六典》与《开元礼》同作承天门看,这仍然应该说是律疏产生于神龙前的证据。

除以上列举的各种有力反证,还有如下一些例子。

(5)洛州。该地名出现于《职制律》"乘驿马枉道"条疏议引例中:

> 假如从京使向洛州,无故辄过洛州以东,即计里加枉道一等。

据《旧唐书·地理志》,洛州于开元元年改称河南府,所以这也是反证中不能不提到的。但是,这段话只不过是存在于如前所引的"假如"云云的例中,律疏卷三〇则见到新改名的河南府,因此充其量不过是开元元年以前律疏的残存而已。有意思的是以下二者:

(6)千牛府(7)帝社。千牛府在《斗讼律》"佐职统属殴长官"条疏议中,帝社

71

在《职制律》"大祀不预申期"条疏议中。然而开元时,似乎把千牛府改称千牛卫、帝社改称先农。《六典》卷二六注谓"皇朝为左右千牛府,龙朔二年改为左右奉宸卫,神龙元年寻改为千牛卫",《六典》正文中也只有千牛卫而无千牛府。帝社在《宋刑统》中相应的地方作先农,《六典》、《开元礼》①中也可见这个名称,因此似乎是改成先农了。这意味着千牛府、帝社都是开元前的残余。此处应该注意的是,据《六典》、《旧唐书·职官制》,从唐初就见其存在的千牛府,据《通典》设置于显庆五年,据《唐会要》则在显庆元年,无论哪一个,都明记是永徽律疏制定以后才开始设置的(参照第一节)。帝社也是同样的情况。帝社,据《通典》、《新唐书·礼志》说:

> 先农,唐初为帝社,亦曰籍田坛。贞观三年,太宗将亲耕,给事中孔颖达曰:礼,天子籍田南郊……今帝社乃东坛,未合于古……

可以见到唐初,至少在贞观,是称作帝社的。《通典》、《新唐书》接着又说:

> 神龙元年,改先农坛为帝社坛。

根据所引用祝钦明议的说法:

> 经典并无先农之文,永徽年中犹名籍田,垂拱以后改为先农。然先农与社,本是一神,其先农坛请改为帝社……制从之。

由此可知永徽中称作籍田,则天以后改称先农,神龙元年又改为帝社。《旧唐书·礼仪志》又说:

> 睿宗,太极元年亲祀先农,躬耕帝籍。礼毕,大赦改元。

结合这段话以及祝钦明的倒台来考虑,帝社在神龙以后仅八年的太极元年,又恢复成先农。如果以上设想成立,帝社是在神龙、太极间的八年中,千牛

---

① 正确地说,《六典》是与《开元礼》共同混用帝社、先农两语。但这里的帝社已经不存在的疑问是有充分理由的。

府在显庆、龙朔间的三年（据《通典》）或七年（据《唐会要》）中，被插进了律疏里。若然，永徽、开元间对律疏就有过未留记录的修改①。但是文献中的矛盾之处很多，要落实上述设想，还需要进一步的证据。现仅就此设想加以记载，以待后考。

(8)旧律。接着引起我们注意的是《名例律》"十恶大不敬"条疏议中的一句：

> 旧律云言理切害，今改为情理切害者，盖欲原其本情，广恩慎罚故也。

乍读此句，使人感到在删定律令时，将言理切害改为情理切害。而情理切害之语在永徽律疏或者被认为是继承其相接近者的日本律中已经存在。在此情况下，所谓"旧律"或者"今"，并非是将开元作为当前叙述的。从这个意义上说，所谓旧律云云的句子也不过是指一种残存。如果周密地搜寻这种残余，数量是很多的。例如：

(9)请官器仗——的句子就属于这一类。《名例律》"二罪从重"条注曰：

> 罪法不等者，谓若请官器仗。

疏议加以解释道：

> 谓军防之所，请官器仗。假有一千事，亡失二百事，合杖八十；毁伤四百事，亦合杖八十。故《杂律》云，请官器仗，以十分论。亡失二分，毁伤四分，各杖八十……

但是，根据疏议所指去审视《杂律》"停留请受军器"条，却是"诸请受军器"，而决不是"请官器仗"。因此这条《杂律》律文恐怕以前是作请官器仗。《杂律》同条后半的疏议说：

> 请官器仗，若亡失及误毁伤者……

---

① 永徽、开元间即则天武后时，律只有修改二十四条的记录，所设想的上述收入帝社、千牛府的时代，则没有修改律疏的记载。

根据保存的"请官器仗"一句,可以察知这一点。当然,这个残存与其说证明了《故唐律疏议》不是开元律疏,不如说证明了它并非完全照抄永徽律疏①。而且此处《杂律》的不统一,在西域出土的杂律片段中也是如此,这种情况恐怕从开元起就已经存在了。

以上,都是我们发现的《故唐律疏议》中的开元前的律疏残余。而其中第(8)点的旧律及第(9)点的请官器杖,应该认为是纯粹的残余,丝毫不构成对开元律疏说的反证。第(6)、(7)点的千牛府、帝社,作为对开元律疏说的反证,还有很多的疑点。第(5)点的洛州也仅仅是残余罢了。所以,这些残余中称得上反证的,不过是前面的四点。而且,这类残余并不排除后世加工的可能。以下首先在第六节中研究后世对唐律的适用,然后在第七节中论及改动的问题,以仔细推敲此等反证。

六、宋元时唐律的适用

《唐律疏议》的现代传本大多以元泰定版为鼻祖。在中国各地,还流传着所谓宋刻《故唐律疏议》。然而这种东西,大概不是出自南宋中叶,也不是元初②。本节阐述《唐律疏议》在整个宋元时期的适用,以明确开元律疏一直被适用并流传到元代;同时准备论述宋元诸刊本不是纯粹意义上的古书复制,而是具有实用目的的刊本。

(一)在宋代的适用

宋代以唐律为正规法典而适用,已经在第四节中述及。实际上,如果近世不是由于沈家本、王式通、杨鸿烈诸氏的作用而使该问题上异说流行的话,仅仅以第四节末尾所附加的二、三个显著的实例来论证在整个宋代适用唐律的情

---

① 这种不统一,如果是由于永徽律疏是像日本的《令义解》那样,折中许多注释书作成的,就应该考虑此等注释书中存在的古语残留在了疏议中。

② 关于所谓宋刻《故唐律疏议》,参照次节。

况,已经是绰绰有余了。本节以下部分,准备专门讨论此三氏的异说,这里首先就构成异说产生契机的《刑统赋解》阐述几句,以便于理解。

所谓《刑统赋》,指律学博士傅霖所撰、巧妙地将刑统(即作为其主要成分的律)的通例和变例读成赋的形式的作品。作者傅霖是何时的人物,不详①。《郡斋读书志》卷八说:

> 《刑统赋》二卷,右皇朝傅霖撰,或人为之注。

《玉海》卷六六也著录为:

> 傅霖《刑统赋》二卷(或人为注)。

因此,宋代此书及其注解无疑已经存在了②。此书到金元时甚为流行,以至出现了许多注释书。据《四库全书总目提要》(法家类存目刑统赋条),《永乐大典》中,收有金泰和年间李祐之撰《删要》,元至正年间程仁寿撰《直解》、《或问》二书,至元年间练进撰《四库纂注》,至元中尹忠撰《精要》,至正中张汝揖撰《略注》等六部注解书。此外,杨维桢的《东维子文集》中,有保定梁公彦撰《刑统赋释义》序;据《明史·萧岐传》说,萧岐也曾"取《刑统八韵赋》,引律令为之解"。这些书如今全都已经散佚,其流传到今天的注释书,不过以下四种。

(1)《刑统赋解》,东原郇氏韵释,益都王亮增注本。

此书的注解分成三个部分。先是"解曰",引用与唐律、宋刑统十分不同的

---

① 《宋史·张咏传》云:

初,咏与青州人傅霖少同学,霖隐不仕。咏既显,求霖者三十年不可得。至是求谒。阍吏曰傅霖请见。咏责之曰:傅先生天下贤士,吾尚不得为友,汝何人,敢名之。霖笑曰:别子一世,尚尔邪? 是岂知世间有傅霖者乎? 咏问:昔何隐,今何出。霖曰:子将去矣,来报子耳。后一月而卒。

如果把隐士傅霖作为作者,《刑统赋》大体是北宋初期的作品,年代上很合适;但傅霖的名字,金朝也有,为"金玉田人,第进士,累官至崇义军节度副使。行部临潢,遇敌战死"(商务印书馆《中国人名大辞典》)。《元史·孝友传》也有集庆傅霖的名字。同姓名者很多,如果把《宋史》上的隐士傅霖与律学博士的傅霖混为一谈,是荒谬的。

② 《郡斋读书志》、《玉海》以外,殿版《宋史·艺文志》也说:"《刑统赋》四卷,不知作者。"据沈家本氏,南监本《宋史》中有"《刑统赋》一卷,不知作者"之语。

律令解释赋;其次是"歌曰",以韵释前解的意义;最后为"增注",解释许多字句。卷首载有赵孟頫于延祐三年所作韵释序,使我们得以推测韵释的制定大体在延祐年间,增注的出现则更在其后。但是,最初的解的作者及制作年代却有疑问(参照后述)。同时,此书在诸注释书中,传播最广。四库提要中钱曾《读书敏求记》所载本①,也是这个本子。明胡文焕编《格致丛书》与《明律刑书据会》②中,收无王亮增注的解以及只有韵释的本子。近世沈家本在沈氏《枕碧楼丛书》中,将徐松氏抄写的汉阳叶氏古写本作底本的解、韵释及增注全部加以刻版。以下,凡引用此书,均使用枕碧楼本。

(2)《刑统赋疏》,吴中沈仲纬撰。

此书有至正元年杨维桢序、至元五年俞淖序,应作于元末。此书也分成两个部分。第一部分为直解,大体引用《宋刑统》进行注解③;第二部分为通例,引用元代通例与此相对照。沈家本氏的《枕碧楼丛书》中,有以缪荃孙氏旧藏写本为底本的本子,缪本又是抄写黄荛夫本的。而黄氏原本,据说现在收藏于常熟瞿氏铁琴铜剑楼。

(3)《粗解刑统赋》,邹人孟奎撰。

有至正庚辰的自序与至正壬辰的沈维时序,因此亦作于元末。此书主要根据第一部《刑统赋解》所云,不过是简本而已④。解释上的错误也不少,真是与"粗解"名副其实。沈家本氏枕碧楼本以璜川吴氏旧抄本为底本,铁琴铜剑楼也

---

① 《读书敏求记》中,此后还附有李方中的《韵释》、杨渊的《刑统续赋》,今皆亡佚。

② 《明律刑书据会》又称《刑书会据》(参照《明史·艺文志》、沈家本氏序跋。今据内阁文库藏本、上野图书馆藏本等,作《刑书据会》。

③ 《刑统赋疏》中写道,刑统十二律的全部律文为七百十一条(枕碧楼本第2页里与第69页里)。据《玉海》,刑统为律五〇二条、令式格敕一七七条,起请三二条,总数七一一条,与上述恰好一致。此外,《赋疏》未引用《唐律疏议》现代诸传本中的内容,而只引用了仅存于《宋刑统》中的两条疏议(枕碧楼本第36页里及第86页里),因此它所引用的本子至少不是现代流传的《故唐律疏议》本子,恐怕只是《宋刑统》。此书所引律中,颇多与《唐律疏议》《宋刑统》不同的内容。其大多应归咎于传写的错误,其中也有可拿来校正今传《唐律疏议》与《宋刑统》的地方。

④ 例如,枕碧楼本第19页表、第22页里、第23页表所引律,就与唐律不同,而与《刑统赋解》所引律相同。

有一本。钱曾《读书敏求记》亦载有此书。

(4)《别本刑统赋解》

此书原来并在孟奎粗解后,作为一本书流传,缪荃孙氏最先发现其别本(参照藕香零拾本《宋刑统赋》①的缪氏校语,以及沈家本氏《粗解刑统赋》跋)。欠缺第三韵前的部分;作者不明,但无疑是元代所作。书中杂乱引用唐律、刑统及元代通例,但是与粗解相比,则较为详密。沈家本氏枕碧楼本同样以璜川吴氏的旧抄本作为它与粗解的底本。

以上四种刑统赋注释本中,第一与第四种引用了唐律与《宋刑统》;第三种十分粗杂,许多地方完全照搬第一种,虽然不是很严重的问题,但第一种《刑统赋解》所引律令,与唐律、《宋刑统》颇有不同。如果像过去那样认为其制作于宋代的话②,就必须考虑宋代实施着一种与唐律很不相同的律。而且,最早发现此事实(即赋解所引律与唐律不同)的沈家本氏,将该赋解所引律令误解为《宋刑统》的律令,以至于在其《宋刑统赋序》(《寄簃文存》卷六)中,有如下一段说法:

> 本赋注中所引律文之外,有服制令、公式令、户令、品官令。《容斋随笔》、《梦溪笔谈》时引《刑统》疏议之文,《随笔》又引《刑统》唐太和七年敕,此《刑统》令目、疏议、敕文之可考者也。至《刑统》律文,宋人说部中往往引之,与唐律颇有异同。即如此赋注所引《职制律》枉法受财者八十

① 藕香零拾本,由于缪荃孙氏对校以上四种解释本,并使其相互补充脱落,单就刑统赋正文来说,称得上最善本,但它剔除注释,则是一个缺陷。

② 朱彝尊《刑统赋跋》、《铁剑铜琴楼藏书记》,董康氏《刑统赋解跋》,都将解作为傅霖的自注。但是,如董康跋说的那样:"唯第一条下,有亡金将十二章,类为律义三十卷;及第四条下,有前贤律学博士傅霖等语,殆经后人窜易欤",则陷入了窘迫的境地,这是可以肯定的。沈家本氏说:沈疏(即沈仲纬《刑统赋疏》)两引傅霖注语,并为此本赋解所无。原注有设为问答之词,而此解无之。然则此解实非霖所自作,不独亡金及前贤等语为可疑。但不知出于何人耳。

这是否定了自注说。赋解所引律令被认为出自《宋刑统》,对于沈家本氏这样未亲眼见过《宋刑统》者,是当然的。徐松跋、董康跋都这样主张。在《宋刑统》刊本流传以前,此说被广泛认同,不足为怪。但是,沈家本氏在此说基础上比诸家进一步,发现了与唐律不同之处;就其强调此为《宋刑统》而言,其谬误被严重化了。

贯绞,唐律为十五匹绞;《诈伪律》若有避罪自伤残害者徒一年半,若无罪因带酒自相残害者,无论有避无避,俱科一年半徒;唐律无带酒一层。此可见宋代虽沿用唐律,而其文大有增损。倘以此赋之注,并刺取宋人著述所引之文,裒集成帙,精心校勘,必有可观。不独可以备一朝之法制,亦读律者考证之资也。

随后,王式通氏在记述法制局本《宋刑统》序时,省略了上引文字的后半段;前半段(至"宋人说部中往往引之,与唐律颇有异同")则几乎照抄不误。杨鸿烈氏也在近著《中国法律发达史》(上卷第 554 页中),照搬王氏之说。

然而,研究以上三氏之说时不应该忘记的是,作为首倡者的沈家本氏在写作序时,并未亲眼见到《宋刑统》。此事在该篇序文中被说成:

《刑统》原书,鄞县范氏天一阁所藏……今遣人前往迻写,未知能如约否。

或称为:

《刑统》全书,虽未得见,亦可识其大凡矣。

这样就可以证实了。就是说,尚未见到《宋刑统》原书的沈家本氏,深信《刑统赋解》所引律令就是《宋刑统》中的律令,而且他在上引文字的前面,洋洋洒洒地说了一通《宋刑统》编纂的沿革(沈氏的《宋刑统》沿革论,包含有如此文上篇第 48 页所引用的那种卓见),随后又提出以下主张:

(1)《宋刑统》中的宋律与唐律甚为不同;

(2)《宋刑统》中引用了宋的服制令、公式令、户令、品官令。

这两条主张,对由于沈氏抄写之功而得以自由参考《宋刑统》原书的我们来说,其错误显而易见。首先,《宋刑统》当中的律不但不与唐律有别,反而几乎完全相同,所以不能认为与此完全有别的《刑统赋解》所引律就是《宋刑统》的律。其次,《宋刑统》中没有服制令、品官令,就是户令、职制令也与《刑统赋》所引的不同。而且,服制令之类,在编纂《宋刑统》时,恐怕尚未出现①。因此，前述三氏说中，所剩下一条不过是：

> 《刑统》律文，宋人说部中往往引之，与唐律颇有异同。

实际上，如果此事为真，宋代的律，正是在编纂《宋刑统》的北宋初年与唐律相同。然后经过屡次的增损，以至被认为与唐律颇有出入。但是宋人著述中引用的律，从沈家本氏列举的《梦溪笔谈》②、《容斋随笔》③开始，包括《涑水记闻》④、《齐

---

① 《赋解》所引服制令如：

服制令云：斩衰期年，为一党正亲；大功至缌麻，为余亲（枕碧楼本，上第8页表）；

服制令云：祖父母周年服，父母三年服（同上，第8页里）；

服制令云：高祖齐衰三月，曾祖齐衰五月（同上，第9页表）。

据该令规定了丧服。但是丧服的规定，在《宋刑统》编纂时，处于假宁令后的五服制度令内。此事依据《宋刑统》编纂时所附并流传的《宋刑统》夹注中的如下规定就可明白：

释曰：周亲，具在假宁令后五服制度令（《刑统》卷二）；

释曰：大功小功亲，具在假宁令后五服制度令内（同书卷一二）；

释曰：周亲大功小功缌麻服，具在假宁令后丧服制度内（同书卷二〇）。

这个假宁令后的五服制度，恐怕是后唐清泰三年，取《开元礼》的丧服规定附于假宁令后而成，一直流传到宋初。《五代会要》卷八记载有以下的事情：清泰三年二月，马缟提出嫂叔丧服为小功五月、假宁令却给予大功九月休假的问题；太常博士段颙也指出：(1)外祖母的丧服，过去只有小功，如今的令式却置于大功；(2)外祖父也从过去的小功变成如今的大功；(3)妻的父母，过去仅缌麻三月，如今为小功五月；(4)女婿及姊妹之子，过去为缌麻，如今为小功。赵咸等主张依据现在的今式，刘昫等主张返回《开元礼》，于是刘昫等人之议获胜，"即请下太常，依《开元礼》内五服制度，录出本编，附令文，从之。"（根据刘昫议中"其令式文内，元无丧服制度，只一本编在假宁令后，又不言奉敕编附年月"之文，可以知道即使后唐以前，令中也没有规定丧服，只附录在假宁令后）此外关于服制令，据《续资治通鉴长编》天圣五年十月己酉条所说：翰林院侍读孙奭言：现行丧服，外祖卑于舅姨，大功加于嫂叔，其礼颠倒。今录《开宝正礼五服年月》一卷，请下两制礼院制定……又节取假宁令，附五服敕后，以便有司……已丑，诏国子监摹印颁天下。

可知北宋天圣时似乎尚未施行。据本篇第七节第四点引用的《续资治通鉴长编》，到熙宁八年，五服年月敕颁下后，服制令仍然未出现。服制令的制定，恐怕是在元丰时令急剧增加到三十五篇时。《仪礼经传通解续编》与《庆元条法事类》中引用了服制令，可知它在南宋确实存在。但是南宋的服制令中，如赋解所引服制令那样，并非就是规定丧服制，丧服制在南宋规定于服制格，这将在后面叙述。

② 《梦溪笔谈》卷一一中，有三个地方引用律，但唐律名例除名者条都有相当的条文。

③ 《容斋随笔》卷三"国忌休务"条、同续笔卷八"姑舅为婚"条、同四笔卷一〇"过所"条，皆引用《刑统》，完全与现存《刑统》一致。只有"姑舅为婚"条，姨（母之姊妹）在《刑统》中为小功，在《随笔》中却作大功。这恐怕也应该考虑为宋初承袭五代，姨为大功，《随笔》显示出较古的形态。

④ 《涑水记闻》卷一一中引用了《擅兴律》"主将临阵先退"条。

东野语》①、《考古质疑》②、《洗冤录》③等,除了被认为是唐律、宋刑统传写的脱误外,全部是同样的内容,怀疑三氏说是有充分理由的④。我们还要在下面指出(1)宋代修改律的记录;(2)《刑统赋解》所引律令与宋代制度并不一致,以证明《刑统赋解》所引律并非宋律、宋代全盘袭用唐律之事。

首先,从宋代没有修改律的记录开始叙述。在宋代,存在修订律的议论。这从以下事实可知。夏𫗧曾经叙述道:

> 况唐律之内,废条已多。若摘去旧文,益作新律,亦前主损益之常也。

（《历代名臣奏议》卷二一〇）

同时请求确定宋律。还有曾布,攻击唐律的繁冗鄙俚,指出其上百处舛错乖谬,并呈上所作书三卷(《续资治通鉴长编》熙宁三年八月条)。但是,根据这种议论而改订律的记录却了无痕迹。南宋诸书,例如《建炎以来朝野杂记》(甲集卷四)说:

> 国初但有刑统,谓之律;后有敕令格式,与律并行。

叶大庆《考古质疑》(卷六)说:

> 今所传刑统一书,历代相承,良法美意。我朝建隆初,又加修正。

据此,他们都不承认除宋初以外有过改律之事。《水心文集》(卷三)也说:

> 何谓新书之害? 本朝以律为经,而敕令格式随时修立。自嘉祐、熙宁、
> 元丰、元祐、绍圣、大观、政和、绍兴,皆自为书。近者乾道、淳熙已再成书
> 矣,以后冲前,以新改旧……

这里叙述了屡屡编纂敕令格式的弊害,却丝毫未曾提及对律的改订。朱

---

① 《齐东野语》卷八、卷九中,引用了两条律。
② 《考古质疑》卷六末,引用了许多律,但与刑统相同。
③ 《洗冤录》卷四引用了"斗殴手足他物伤"条。
④ 我们除以上所列,还涉猎了为其三倍数量的其他书籍,未发现律的佚文。

子说：

> 又问：伊川云介甫言律是八分书，是他见得如此，何故？曰：律是刑统，此书甚好。疑是历代所有，传袭下来，至周世宗，命窦仪注解过，名曰刑统，即律也。今世却不用律，只用敕令。大概敕令之法，皆重于刑统。刑统与古法相近，或曰八分书。（《朱子语类》卷一二八）

又说：

> 问：律起何时？曰：律是从古来底，历代相承修过，今也无理会了。但是而今那刑统大字便是古律；下而注底，便是周世宗造。如宋莒公所谓应从而违，堪供而阙，此六经之亚文也。（《朱子语录》卷一三）

这里拒不承认周世宗以来对律的改订。而且似乎连疏议都误解为不是唐朝的产物、而是周世宗所作了。连重视兵与刑的朱子都如此，岂不是宋代未编纂新律的最有力不过的证据吗？此外，在中国各地，据说被称为宋律的律十二卷写本辗转流传，但是得到此全本的江苏书局与罗振玉氏双方，都只刊行了附录的孙奭《律音义》，而正文因与唐律酷似以至令他们打消了出版念头①。这事与

---

① 关于江苏书局本，后来见到此写本的沈家本氏说："抄本律文十二卷，音义一卷，乃光绪壬寅辛卯间，江苏书局从桐乡沈氏影抄宋本写……盖初拟付刊，后仅刻音义附于《唐律疏议》之后，殆以律文与唐律同，故从割爱欤"？（《寄簃文存》卷八，书抄本律文十二卷音义一卷后）

罗氏自己在吉石盦丛书本《律音义》后作跋，云"律十二卷，世已有疏议本，不复刊也"。其与唐律酷似，由此可知。此律是否宋律，在清朝学者间颇有争议。邵懿辰、钱泰吉两氏认为为宋律，邵氏作有如下的跋：

> 律文之古者，世传《唐律疏议》，而宋律无传。昭文张氏《爱日精庐藏书志》有律文十二卷、音义一卷，影宋抄本，引《直斋书录解题》一段，且著其卷末有"天圣七年四月日准敕送崇文院雕造"一行。今蒋君寅昉所藏刊本与张氏抄本同，而卷末有修音义各官八人衔名、天圣七年云云。分作两行，似抄本有漏略。检《唐律疏议》，律文大较相同，而字句间有小异，盖宋律源于唐律也。孙宣公《音义》，虽本唐律释文，而亦有出入。考元王元亮重编《唐律疏议》及释文纂例，此本虽称天圣七年雕造，而板式非宋刊。或即元至顺中刊唐律时，所并刊欤。希世之宝，世所未见，寅昉其益宝之。

对这种宋律说从正面加以反驳的是顾广圻。他在嘉庆戊辰为孙星衍校勘其岱南阁本《唐律疏议》，过了四年即嘉庆壬申年，又见到了上述律文（参照《思适斋集》卷一四，书律一二卷音义一卷后），并断定云："是书宋椠，为浙人某乙所得。某乙以吾乡某甲为知书，就而请题目之。某甲告之曰：**此宋椠**

《玉海》(卷六六)的如下记载相结合，显示出至少到北宋天圣年间，唐律正在按原来的面貌适用。

> (天圣)七年四月，判国子监孙奭言，准诏校定律文及疏。律疏与刑统不同，本疏依律生文，刑统参用后敕，虽尽引疏义，颇有增损。今校为定本，须依元疏为正。其刑统衍文者省，阙文者益，以遵用旧书，与刑统兼行。又旧本多用俗字，改从正体，作律文音义一卷。文义不同，即加训解。诏崇文院雕印，与律文并行。先是，四年十一月，奭言诸科唯明法一科，律文及疏未有印本，举人难得真本习读。诏国子监直讲杨安国、赵希言、王圭、公孙觉、宋祁、杨中和校勘，判监孙奭、冯元祥校。至七年十二月毕，镂版颁行。

宋律也。某乙遂每论人以收藏宋律焉。又浙人某丙抄其副，求善价以沽于诸好书者，亦往往诒人，言子欲买我影抄宋本宋律乎。今年始辗转获影抄本，急读一过，于是哑然笑曰：是岂宋律哉。客曰此何书，予曰唐律也。客愿闻其说，予因告之曰：律文十二卷者，唐律之正文，不附长孙无忌等疏者也。"

他还引用《玉海》、《文献通考》、《宋史》的《艺文志》及《孙奭传》，抨击宋律说："然则其为唐律固易知矣，又何至无可题目而杜撰宋律也。且附长孙无忌等疏之律，有前孙伯渊观察属予校刊世者在，取其正文附勘，便见亦不必俟博考详书而后定耳。爰详书其事于影抄本后，以为不学而妄谈宋椠、误世人者戒。"

但是，顾氏将此本非宋律的理由，概括为"宋一代所用，名曰刑统，安得有所谓宋律"，却不足以成立。在已经明确《宋刑统》中原样包含唐律、宋代使用唐律之事的今天，无需多费笔墨否定顾氏的观点。阮元倡导唐律说，又说："于治下云唐避高宗讳为理；期字下云唐避元宗讳为周，今改从旧；又于名例杖字下云：皇朝建隆四年，始有折杖之制；流字下云：皇朝建隆四年制，犯徒者加杖免役。此则宋时所增，并不见于律文，故加皇朝以别之。"指出了律文适应宋代的情况，及其在宋代使用的情况，这一点是极为稳当的(参照《揅经室外集》卷四，律文一二卷音义一卷提要)。总之，此律以唐律为基准，与之差不多相同，这一点不必多费口舌，只不过有一些文字上的变更。从经过宋代加工、在宋代适用这一点来说，它被称为宋律是不能否定的。沈家本叙述道："此书全本唐律，曩时藏书家以宋律相诮，为顾千里所讥。然宋律别未修定律文，惟此书与刑统并行，垂诏功令。宋时治律者，咸奉为圭臬。即称之为宋律，名非而实是正，不必持拘掳之见也"(《寄簃文存》卷七，《常熟瞿氏宋本律文音义跋》)。

这个观点作为争议的结论是正当的。

现在流传的《故唐律疏议》与此天圣本是不同系统的推测，参照次节注。大体上说，在南宋，视律与刑统相同的倾向十分明显，就是不大见着当时只有律疏的单行本的证据(参照次节)。《庆元条法事类》卷一七所收杂敕云："诸私雕或盗印律、敕令、格式、刑统、续降条制、历日者，各杖一百……许人告"；同卷赏格中规定告发盗印私雕印者给予赏赐："盗印，钱五十贯；私雕印，钱一百贯"，这可以作为说明南宋缺乏律疏单行本的一个理由。

《续资治通鉴长编》天圣四年十一月条载"辛亥，国子监摹印律文并疏颁行"，与《玉海》年月不符。但是至迟在天圣年间律与疏已经刊行之事，据此就更为确凿无疑了。

我们主张宋代未修改律，还必须论证作为问题核心的《刑统赋解》所引律令与宋代的制度并不一致。以下即分条论述。

（1）所谓服制令的制定恐怕是在元丰以后的观点，已经在第79页注①中阐述。但是如赋解所引服制令的丧服规定，在《容斋三笔》（卷一六敕令格式条）中，论敕令格式的形式道：

> 今假宁一门，实载于格，而公私文书行移，并名为式假则非也。

《朱子语类》（卷一二八）论敕令格式道：

> 格，如五服制度，某亲当某服，某服当某时，各有限极，所谓设于此而逆彼之至之谓也。

从所举出的作为格代表的服制格看，南宋时丧服似乎是在格当中有所规定。即使查阅《庆元条法事类》①的服制门，也可以看到丧服规定在服制格中，服制令

---

① 《庆元条法事类》在《爱日精庐藏书志》、《铁琴铜剑楼藏书志》、《善本书室藏书志》、《适园藏书志》、《江南图书馆善本书目》等均可见到。但即使在中国，也是稀本，日本恐怕只传有《静嘉堂文库》的一部陆氏旧藏本了。在盛行古书复制事业的今天，作为宋代法制研究最佳资料的此书，被束之秘阁，不见传播，实在是令人扼腕叹息的事情。条法事类这类书，《玉海》谓："（淳熙）六年正月庚午，赵雄奏：士大夫罕通法律，吏得舞文。今若分门编次，聚于一处，则遇事悉见，吏不能欺。乃诏敕局取敕令格式申明，体仿吏部七司条法总类，随事分门，纂为一书。七年五月二十八日成书（原注：四百二十卷），为总门三十三、别门四百二十，以明年三月一日颁行，赐名《条法事类》。"

《宋史·刑法志》谓："臣僚言乾道新书尚多抵捂。诏户部尚书蔡洸详定之，凡删改九百余条，号《淳熙敕令格式》。帝复以其书散漫，用法之际，官不暇遍阅，吏因得以容奸，令敕令所分门编类为一书，名曰《淳熙条法事类》，前此法令之所未有也。四年七月颁之。"

由此可见，南宋淳熙年间，鉴于敕令格式散杂，检阅不便，仿效当时施行的吏部七司条法总类的分类法，将敕令格式及申明五书重新集中分类，才得以制成此书。庆元年间修改《淳熙敕令格式》，也修改了《条法事类》，至嘉泰二年其书成。《宋史·宁宗本纪》嘉泰二年八月甲午条谓"谢深甫等上《庆元条法事类》"，三年七月辛未条谓"颁《庆元条法事类》"。所以《直斋书录解题》说："《嘉泰条法事类》八十卷，天台谢深甫子肃等嘉泰二年表上。初，吏部七司有条法总类。淳熙新书既成，孝宗诏仿七司体，分门修纂，别为一书，以事类为名。至是，以庆元新书，修定颁降。此书便于检阅引用，惜乎不并及刑统也。"这里不过

是单单根据其编纂年代而称之为嘉泰。近代的藏书志之类说因为奉诏年代在庆元，而冠以庆元之名。《玉海》则说："嘉泰二年八月二十三日，上《庆元条法事类》四百三十七卷，书目云八十卷。元年诏编是书。"

因此，奉诏年代也在嘉泰就清楚了。它是以《庆元敕令格式》为基础而编纂的，冠以庆元的名称。此书的卷数，《玉海》说四百三十七卷，《直斋书录解题》与《玉海》所引书目谓八十卷，此外《宋史·艺文志》作八十七卷，各自不同。今传为残缺本，只有：卷三（卷首数叶欠缺，门名不明，有服饰器物、名讳、避名称等的别门）、卷四（职制门一）、卷五（职制门二）、卷六（职制门三）、卷七（职制门四）、卷八（职制门五）、卷九（职制门六）、卷一〇（职制门七）、卷一一（职制门八）、卷一二（职制门九）、卷一三（职制门十）、卷一四（选举门一）、卷一五（选举门二）、卷一六（文书门一）、卷一七（文书门二）……卷二八（榷禁门一）、卷二九（榷禁门二）、卷三〇（财用门一）、卷三一（财用门二）、卷三二（财用门三）……卷三六（库务门一）、卷三七（库务门二）……卷四七（赋役门一）、卷四八（赋役门二）、卷四九（赋役门三）、卷五〇（道释门一）、卷五一（道释门二）、卷五二（公吏门）……卷七三（刑狱门三）、卷七四（刑狱门四）、卷七五（刑狱门五）、卷七六（当赎门）、卷七七（服制门）、卷七八（蛮夷门）、卷七九（畜产门）、卷八〇（杂门）。

（诸传本缺的都是同一个地方，表明它们的共同祖本已经是残缺的）从最后为蛮夷、畜产、杂篇来推测，其到卷八〇已经结束，与《直斋书录解题》、《玉海》所引书目所载为同一种本子。但是，根据庆元前的《淳熙条法事类》有四二〇卷（《玉海》），而庆元后又经过修改的《淳熙条法事类》有四三〇篇（《宋史·理宗本纪》）来看，《玉海》的四三七卷说是不容一概否定的，《淳熙条法事类》有总门三三、别门四二〇（《建炎以来朝野杂记》、《玉海》）的说法，其别门数与《玉海》指出的四二〇卷一致，恐怕是上述拥有四百以上卷数的本子，都直接把每一个别门算作一卷了吧。今传本中，一卷少则有三门，多则有九门，如果把别门各自算成独立的一卷，总数达到四〇〇卷以上未必不可能。八〇卷本与四〇〇卷本只是卷的分割方法不同，内容恐怕是相同的。这是因为今传八〇卷本，每一个别门都依次记载敕、令、格、式、申明，最后，如果有应该旁照的，更作为旁照法引用许多敕令，是经过周密编排的。为参考起见，现列举今传本的概计条数（由于是概计，或许多少有误差）：

敕，总计一一〇七条。内名例敕一二六条、卫禁敕六三条、职制敕二七七条、户婚敕九五条、厩库敕一九五条、擅兴律二〇条、贼盗敕三八条、斗讼敕七条、诈欺敕三六条、杂敕一五六条、捕亡敕二六条、断狱敕六八条。

令，总计二〇五一条。内（顺序不同）官品令一九条、职制令三九九条、祀令二条、仪制令三〇条、户令二六条、田令一七条、考课令五九条、荐举令一六八条、选试令二三条、吏卒令一一二条、赏令一二〇条、赋役令八〇条、辇运令一八条、公用令一五条、场务令七五条、仓库令一六一条、关市令二三条、驿令一二条、军防令二三条、军器令四条、厩牧令三四条、理欠令五九条、营缮令六条、河渠令五条、杂令七八条、疾医令一条、给赐令五二条、封赠令三二条、假宁令二八条、服制令五四条、文书令五六条、道释令六六条、进贡令九条、时令九条、辞讼令八条、捕亡令二三条、断狱令一五五条。

格，总计引用一三七处。内（顺序不同）赏格八六、给赐格九、吏卒格一〇、考课格三、荐举格八、选试格三、封赠格一、田格一、杂格三、军防格一、道释格一、辇运格二、假宁格三、服制格四、断狱格二。

式，总计引用六九处。内（顺序不同）职制式八、户式二、文书式三、荐举式九、选试式二、封赠式一、考课式四、给赐式二、赏式八、杂式六、仓库式三、场务式三、赋役式三、厩牧式一、理欠式一、道释式六、服制式一、断狱式四（《吏学指南》说"宋式二十一"，不知为何这里只有十八篇）。

随敕申明，计三〇三条。内，名例敕申明二四条、卫禁敕申明三九条、职制敕申明八九条、户婚敕申明二九条、厩库敕申明六〇条、擅兴敕申明一二条、贼盗敕申明八条、诈伪敕申明五条、杂敕申明一八条、捕亡敕申明一条、断狱敕申明一八条。

实际上是规定从此基本内容中派生出来的东西①。南宋时,屡屡改订法典,但不能认为有关事项也发生了变化。规定丧服的服制令,恐怕不是出自南宋。服制令在宋以外,只在金的泰和律令中见到②。

就是说,敕、令、随敕申明的总条数为三千四百六十一。这里未计算条数,但总计二〇六处出现了格、式,它们全部按照原来的条文收载。当然,此书性质上,各事项均网罗与之有关的条文,因此颇多重复。即使清除重复,实际的条文数量减到上述的一半或者三分之一,别处也找不到如此的宝库。在除了宋初的刑统,宋代法典已经全部亡佚的今天,元丰以来明显改变了面目的宋代法典的情况,只有通过此书才得以窥见。我们可以根据此书知道不少情况,现在不一一涉及条文内容,而只举出令的篇目。宋代的令,从官品到断狱,共有三十五篇,可从《容斋随笔》等书中见到。如果是这样的话,其中三十三篇的篇目是什么,历来就是一笔糊涂账。但是现在检视该书,令的篇目全部分明,而且宋令实际上成为三十七篇,可见《吏学指南》中"宋令三十七篇"的记载不误。关于敕,《元丰敕令格式》的形式齐备以后,不像唐末、宋初的编敕那样,或者像《元典章》、《通制条格》中的法令那样,一一附有发布年月,而是如律文那样,开始成为统一的法典。这也是从本书的多数敕文都不例外而得出的结论。本书中,有发布年月记载的只有随敕申明。随敕申明与敕不同,无例外地都有发布年月的记载,其中最早的是元祐七年七月六日尚书省的札子,也有建中靖国、政和等北宋的东西,但多数出自南宋绍兴、乾道、淳熙前后,最新的是嘉泰元年六月十四日敕的续附户婚申明。此外,格式的篇目虽然据他书不容易得知,但其大致内容也是不言而喻的。至于式,对研究宋代官文书的书式,仍然是难得的资料。根据《宋会要》得以补足此本的残缺部分之事,参照第88页注①。

① 如前注的那样,《庆元条法事类》通计重复的部分为五十四条,即使除去重复,也引用了超过四十条的服制令。但是,如《赋解》所引的服制令则一个也没有,而都是从丧服制中派生出来的继承、解官,以及葬仪、葬具的规定。

② 古代六朝时,有过服制令之类的令目,但并非关于丧服,而是衣服装饰的规定,这是根据佚文得知的。在元朝大德八年,规定了丧服制;其后《大元通制》、《至正新格》等也应该有服制篇。(参照安部健夫氏《大元通制解说——新刊本通制条格的绍介に代へて》,《東方学報》京都第一册,第271—273页)赋解所引律的刑罚,如后所述,无论如何不会晚至大德。该服制令也不会是元朝的产物。

[别注1]据《玉海》,六年开始编纂,《建炎以来朝野杂记》甲集卷四也说:"七年四月乃成,总门三十三、别门四百二十,诏颁行之。"因此,"四年七月颁之"应该是《宋史》之误。

[别注2]《朱子语类》(卷一二八)说:"或问:敕令格式如何分别? 曰:此四字,乃神宗朝定法时纲领。本朝止有编敕,后来乃命群臣条定。元丰中,执政安焘等上所定敕令。上谕焘曰:设于此而逆彼之至谓之格,设于此而使彼效之谓之式,禁于未然谓之令,治其已然谓之敕,修书者要当如此。若其书完具,政府总之,有司守之,斯无事矣。神庙天资绝人,观此数语,直是分别得好。格,如五服制度,某亲当某服,某服当某时,各有限极,所谓设于此而逆彼之至之谓也。式,如磨勘转官、求恩泽封赠之类,只依个样子写去,所谓设于此而使彼效之之谓也。令,则条令,禁制其事不得为,某事违者有罚之类,所谓禁于未然者。敕,则是已结断事,依条断遣之类,所谓治其已然者。格式在前,敕在后,则有教之不改而后诛之底意思。今但欲尊敕字,以敕居前,令格式在后,则与不教而杀者何异,殊非当时本旨。"这种说法很有意思,很好地说明了敕令格式的区别。

[别注3]《宋史·刑法志》中记载了孝宗留意法律的逸事:"丞相赵雄上《淳熙条法事类》,帝读至捕亡律公人不获盗者罚金,帝曰:罚金而不加罪,是使之受财纵盗也,云云。"这恰似条法事类中有《捕亡律》。但条法事类中不包含律的情形,如《直斋书录解题》中有"惜乎不并及刑统"之句。今传本中一条律也没有引用。《玉海》将此当作与捕亡令有关的事情,或许捕亡律云云是《宋史》之误。

(2)《刑统赋解》所引律,如:

　　名例云:若盗众人财物者,累而倍之,谓二贯倍为一贯科罪。(枕碧楼本上一五表)

　　职制律云:监临官乞取部民财物者,以受所监临财物论,一贯笞四十,罪止徒四年。亲故同僚交往无罪。(同上,下二九表)

　　杂律云:坐赃一贯笞二十,五贯加一等,五十贯徒一年,罪止徒三年。(同上,下一四表)

据此,罪的轻重完全由钱多少贯及钱的价值决定。唐律却与之相反,都根据绢多少匹而由绢的价值决定。宋代的敕规定以钱定盗罪,律却以绢作为标准。此事根据《庆元条法事类》(卷七六)所载名例敕就明白:

　　诸犯盗,以敕,计钱定罪;以律,计绢除免。即应当赎,而罪至加役流,依律。

律的绢、敕的钱之间的比率,宋代在此以前屡屡成为问题。例如:

　　大观元年诏:计赃之律,以绢论罪,绢价有贵贱,云云。(《文献通考·刑考》)

　　(乾道)六年诏:以绢计赃者,更增一贯,以四千为一匹。议者又言,犯盗,以敕计钱定罪,以律计绢。今律以绢定罪者,递增一千。敕内以钱定罪,亦合例增一千。从之。(《宋史·刑法志》)

所以,庆元前以钱定罪的律无论如何也不会有。而且,庆元以后只有淳祐间修订过一次敕令格式,不能认为此时的修改又涉及了律。因此以钱定罪的《刑统赋解》所引律不是宋律,单凭这一点就非常清楚了。

大体而言,宋代在律之外,作为刑法的敕的发展十分显著。但是,《庆元条法事类》(卷七三刑狱门三)的名例敕中也有这样的规定:

　　诸敕令无例者,从律。(谓如见血为伤,强者加二等,加者不加入死之类。)律无例,及例不同者,从敕令。

据此,对敕令中未规定的部分,还有律存在。《文献通考》(卷一七〇)中的以下事例,是显示在南宋开禧年间,律仍然与敕并用的绝妙的例子:

> 三年三月(宁宗开禧)吴曦以反逆诛,族属悉当连坐……陆峻等议曰:窃详反逆罪,父子年十六已上皆绞,伯叔父兄弟之子合流三千里。自有正条外,所有十五以下及母女、妻妾、子妻妾、祖孙、兄弟、姊妹,敕无罪名,律止没官。比之伯叔父兄弟之子,服属尤近,即显没官重于流三千里。盖缘坐没官,虽贷而不死,世为奴婢,律比畜产。此法虽存,而不见于用。其母女、妻妾、子妻妾、祖孙、兄弟、姊妹合于流罪上议刑,窃缘上条所载止为谋反。疏文云:臣下将图逆节者。今吴曦建号称,备极僭拟,反逆已成,上件条未足以尽其罪……

此文引用的律及疏文,与唐律及宋刑统的"贼盗谋反大逆"条、同"私财奴婢"条,及《名例律》"十恶"条的相应条文完全一致。

(3)《刑统赋解》所引律,例如:

> 名例云:流二千里、二千五百里,比徒四年;流三千里,比徒五年。(枕碧楼本下八表)
>
> 贼盗律云:谋杀人者徒三年,杀人为首者斩,从而加功者绞,不加功者徒五年。(同上,下二六里)
>
> 贼盗律云:诸劫囚者,徒五年。(同上,上二五里)
>
> 斗讼律云:本以他故击人,将人殴倒,见物生情,因而夺取其财宝者,论赃计罪同强盗法。至死者减死一等徒五年。(同上,下一八里)
>
> 诈欺律:诈假官者徒四年。(同上,上四表)

可见徒四年、徒五年的刑罚经常出现。唐律的徒刑为一年、一年半、二年、二年半、三年五等,没有四年、五年徒刑。宋朝也没有对此进行修改的记录。

《宋会要》①、《庆元条法事类》中所见敕中,也未能发现四年、五年的徒刑。这种四年、五年徒刑的存在,与《金史·刑法志》泰和律义编纂条的下述记载完全一致:

> 增徒,至四年五年,为七。

这是考定《刑统赋解》所引律为金律的最有力的论据之一,还可以作为赋解所引律与宋代制度不合的论据之一。

(4)关于沿革比较清楚的盗的刑罚,赋解所引律与宋代制度不一致,现对此加以论证。本来,对盗的刑罚,《宋史·刑法志》说:

> 唐建中令,窃盗赃满三匹者死;武宗时,窃盗赃满千钱者死;宣宗立,乃罢之。汉乾祐以来,用法益峻,民盗一钱抵极法。周初深惩其失,复遵建中之制。帝独以其大重,尝增为钱三千,陌以八十为限。既而诏曰:禁民为非,乃设法令,临下以简,必务哀矜。窃盗之生,本非巨蠹,近朝之制,重于律文,非爱人之旨也。自今窃盗赃满五贯足陌者死。旧法,强盗持杖,虽不伤人,皆弃市。又诏:但不伤人者,止计赃论。

这是说改革了宋初五代的峻法,但仍然十分严厉。其后:

> (雍熙)二年令:窃盗满十贯者奏裁;七贯决杖,黥面隶本城;五贯配役三年,三贯二年,一贯一年。它如旧制。(《文献通考》作太平兴国十年五月)

> (天圣六年)是岁改强盗法。不持杖不得财,徒二年;得财为钱万及伤人者,死;持杖而不得财,流三千里;得财为钱五千者,死,伤人者,殊死;不

---

① 东洋文库所藏《宋会要》卷一五九四八《漕运六》,全卷都充斥着法律资料。其分门按敕令、格式、申明旁照法的顺序排列,与条法事类形式完全一致。如果这被条法事类吸取,其中包含有淳熙七年十二月六日敕、淳熙八年八月三日敕等《淳熙条法事类》制定以后的敕,就一定是《庆元条法事类》。若此推测成立的话,我们就可以根据《宋会要》补足《庆元条法事类》的缺卷。但是,在阅东洋文库藏《宋会要》的整个《食货》、《蛮夷》两部分,这种法律资料集录,只有前记《漕运六》的部分。即使《宋会要》已经全部齐备,这些部分是在哪里,也是疑问。而且,条法事类是仿效原来吏部七司条法总类的形式,上述《宋会要》则应该不是从中采录而来。淳熙的《吏部条法总类》为淳熙三年制定,其后的开禧总类,根据《玉海》所说:"以淳熙二年正月一日,至嘉泰四年十月续旨增修。"它一定含有淳熙以后的许多敕,因此不包括淳熙八年以后敕的前述《宋会要·漕运六》系从《庆元条法事类》中收集而来,应该是最稳当的观点。

持杖得财为钱六千，若持杖罪不至死者，仍刺隶二千里外牢城……既而有司言，窃盗不用威力，得财为钱五千，即刺为兵，反重于强盗，请减之。遂诏至十千，始刺为兵……（元符）三年，诏强盗计赃应绞者，赃数并增一倍……（以上《文献通考·刑考》同）

这是逐渐在放宽。南宋高宗时：

旧以绢计赃者，千三百为一匹，窃盗至二十（十字恐衍）贯者徒。至是，又加优减，以二千为一匹，盗至三贯者徒一年。三年复诏，以三千为一匹，窃盗及凡以钱定罪，递增五分。（《宋史·刑法志》）

孝宗时：

（乾道）六年诏：以绢计赃者，更增一贯，以四千为一匹。议者又言，犯盗，以敕计钱定罪，以律计绢。今律以绢定罪者递增一千，敕内以钱定罪，亦合例增一千。从之。（《宋史·刑法志》）

这是进一步放宽。《庆元条法事类》载：

诸窃盗得财杖六十，四百文杖七十，四百文加一等，二贯徒一年，二贯加一等；过徒三年，三贯加一等，二十贯配本州。（《宋会要》卷一七五三一，及《庆元条法事类》卷七以下数处所引贼盗敕）

诸强盗得财徒三年，二贯五百文流三千里，二贯五百文加一等，十贯绞。即罪至流，皆配本州。（《宋会要》同上卷，及《庆元条法事类》所引贼盗敕）

《赋解》引律谓：

贼盗律云：强盗一贯徒三年，十贯及伤人者绞，杀人者斩；窃盗一贯杖六十，二贯加一等，十贯徒一年，二十贯加一等，一百贯徒五年。其持杖者加二等。（枕碧楼本下一四表，并参照同本上二八里、三〇表所引）

《庆元条法事类》与之相比，较为严厉。在宋朝庆元以后，淳祐时，曾经修改敕令格式，其一直实施到宋末。但在淳祐时，无论如何不能想像对律进行了如此大的改动。因此，该律也不会是宋代的律。元代大德六年的断例谓：

> 诸窃盗，始谋未行者杖四十七，已行而不得财五十七，十贯以下六十七，至二十贯七十七，每二十贯加一等。一百贯徒一年，每一百贯加一等，罪止徒三年。（《元典章·刑部一一》）

这比起上述的律，还算是轻的。至元五年时的旧例云：

> 诸以盗论者，一贯杖六十，五贯加一等，计赃一十一贯合杖。（《元典章·刑部一一》，沈家本本三〇三页表，据陈垣氏校补订正）

元大德六年的断例与之相近，决不能认为是无足轻重的。《元典章》、《通制条格》所引中统、至元年间的旧例中，几乎没有应该考虑为元朝固有的旧例，而都是引用的宋、金旧例，特别是金的泰和律令①。这种差异，恐怕是因为相对于《赋

---

① 如"旧例，妻为夫服三年，其实二十七个月"（《元典章·户部四》至元八年法令）；"今后依旧例，三年一遍设立科举，试太医"（《元典章·礼部五》皇庆二年法令）；"新城县杜天儿为伊嫡母患病，割股煎汤行孝，旧例，合行旌赏"（《元典章·礼部六》至元七年法令）；"旧例，居父母及夫丧而嫁娶者，徒三年，各离之"（《元典章·刑部三》至元七年法令）；"旧例，缌麻三月，为妻之父母者，一同"（《元典章·刑部四》至元三年法令）。在这些"旧例"中，有不少汉民族特有的风习，而蒙古人特有的习俗却几乎见不到。旧例至少在至元以前，意味着宋、金等前朝的法令。因此，这类旧例中，如"亡宋自来旧例，别无食茶课程额"（《元典章·户部八》至元二十一年江浙行省咨），宋的法令也不是没有，但多数是金的律令。称金的泰和律为旧例，根据官民准用的徐天麟序中"元不尚苛细，故不用太和旧例"的说法可见一斑。到至元八年十一月禁止使用金的泰和律为止，"旧例，和娶人妻及嫁之者，各徒三年；即夫自嫁者，亦同而离之"（《元典章·户部四》）；"旧例，弃妻须七出之状有之：一无子，二淫佚，三不事公姑，四口舌，五盗窃，六妒忌，七恶疾；虽有弃状而有三不去：一经持公姑之丧，二娶时贱后贵，三有所受无所归，即不得弃；其犯者奸也，不用此律。又条，犯义绝者离之，违者杖一百；若夫妇不相安谐而和离者，不坐"（《元典章·户部四》及《通制条格》四）；"旧例，同类自相犯者，各从本俗法"（《元典章·户部四》）；"旧例，妄以奴婢为良人，而与良人为夫妇，徒二年，奴婢自娶者亦同，各还正之"（同上四）；"旧例，即殴兄之子死者，徒三年"（《元典章·刑部三》）；"旧例，奴奸主者绞，妇女减一等，合徒五年"（同上）；"旧例，祖父母父母及夫为人所杀私和者，徒四年（下略）"（同上）等。另外如《元典章·刑部中》，特别多地在不经意之中引用的律，恐怕都是金的泰和律。只有"旧例，失口乱言杖一百七下"（《元典章·刑部三》）、"比依旧例，陈庆二杖断九十七下"云云（同刑部一一）可以怀疑为元制。而且，据《元史》本纪至元二十三年四月条所说"帝曰：朕以至元八年十月，禁行金泰和律。汉人徇私，用泰和律处事，故盗贼滋众"，在至元八年以后，金律无疑仍然在使用。像至元十年的"旧例，杀人者，比同强盗"（《元典章·刑部十三》），至元十五年的"旧例，诈为官人，徒二年"（同刑部一四）之类，恐怕是金律的残余。根据延祐年间东原郓氏引用金律的《刑统赋解》的韵释，以及顺帝时王亮对此所加的增注，金律恐怕一直使用到元末。

解》照搬泰和律原文,《元典章》则是基于采用后来金朝用格敕改过的规定制定的①。此外,《赋解》所引律与《庆元条法事类》所收敕之间,存在如下的差异,也是《赋解》所引律并非宋代产物的证据。

> 厩库律云:诸杀官司牛马者,徒一年半,各令倍偿。(赋解下二三里)
> 诸故杀官私马牛,徒三年。(事类卷七九厩库敕)
> 诸盗杀官私马牛,流三千里。(事类卷七九厩库敕)

> 职制律云:枉法赃,一贯杖一百,五贯加一等,八十贯绞;不枉法,一贯杖九十,十贯加一等,一百五十贯徒五年。受所监临赃,一贯笞四十,五贯加一等;二百五贯,罪止徒四年。(赋解下一四表)
> 诸监临主司受财枉法二十匹,无禄者二十五匹,若罪至流,配本城。(事类卷四七职制敕)
> 诸监临主司受财不枉法,赃五十匹,命官奏裁,余配本城。(同上)
> 诸监临主司受及乞取所监临赃百匹,命官奏裁,余配本城。(事类卷九、卷三六、卷八○所引职制敕)
> 诸重禄公人因职事受乞财物(酒食亦是)徒一年,一百文徒一年半,一百文加一等,一贯流二千里,一贯加一等。(事类卷三六职制敕)

---

① 如果举出《赋解》所引律与典章所引旧例的不同,除上述以外,还有"强盗一贯徒三年,十贯及伤人者绞"(《赋解》)、"旧例,强盗二十贯绞"(《典章》)、"诈假官者徒四年"(《赋解》)、"旧例,诈为官人徒二年"(《典章》)、"诸烧官府廨舍、私家房屋及积聚之物者,同强盗法,三贯以上,徒四年;十贯以上及伤人者绞。其对主故烧非积聚之物者,只同弃毁他人物,准盗科罪,一贯杖六十,五贯加一等,罪止徒四年"(《赋解》)、"旧例,故烧私家舍宅者绞,若无人居止,但损害财物畜产者,徒五年"(《典章》)等。而两者一致的,有"谋杀人者徒三年","殴人者笞四十,伤及殴以他物者,杖六十"等,这与唐律是同一种规定。如果因此而忽视两者的区别,证明力就十分薄弱。一般来看,这个时代是刑罚迅速减轻的时代(唯有关于放火、婚姻等的刑罚变重),我们关于《典章》引用以格敕修改过的金制的解释未必不正确。但是,《元典章》所引旧例不是不可以考虑为元代修改过的金律,关于这一点,许多内容将在后面考证。《元史·刘肃传》中载有"口虽言而心无实,准律当杖八十",这与《典章·刑部三》中所载"旧例,口陈欲反之言,心无真实之计,而状无可寻者,徒四年"一见就是矛盾的。但前者不是谋反而是谋叛,所以双方都可以解释为没有矛盾的金律。这参照《唐律疏议》中的相应条文就清楚了。

以上所引宋敕,仍然是以绢定罪。这显示出比赋解所引以钱规定一切罪的律更为古老的定罪形式的残留。我们根据赋解所引律令的以下情况:

a.唐明律间作为实际颁行实施的律只有金的泰和律(参照后述);

b.其篇目及七等徒法与泰和律令一致(只有官品令作品官令的不同);

c.计钱定罪、其他刑罚的重等,也被认为只有泰和律最合适(刑罚的轻重,多数比宋轻,比元重)。

因而将其推定为金的泰和律令①。《赋解》中叙述编纂律的沿革:

> 亡金将十二章,类为律义三十卷,总六百一十三条。(上一里)

这里提及金律之事,可以作为引用金律的旁证。此《赋解》的作者一方面说亡金云云,另一方面又因为延祐年间东原郄氏对其加以韵释,认为恐怕是延祐以前的元人在至元八年金律禁止以前之作。但是,金律在至元八年金泰和律禁止以后,也有一成不变地被使用的迹象,以此来直接认定其为至元八年以前之作,略有不妥。

以上,我们研究了沈、王、杨三氏的宋代适用与唐律有别之律的观点,明确了作为这种观点产生的原因的《刑统赋解》,引用的实际上不是宋律,而是金律,由此论证了有宋一代循用唐律的《宋史》以来旧说的正确性。以下,我们准备论述辽、金时唐律的适用。

(二)辽金时的唐律

首先,《辽史·刑法志》记载:

> 神册六年,克定诸夷,乃诏大臣定治契丹及诸夷法,汉人则断以律令。

显示了辽初用唐律治理汉人的情况。这是因为当时正值五代初期,中国还施行着唐律的缘故。其后:

---

① 《赋解》上(一一)中,不作县令(金)而作县尹(元),应当是什么人的擅改。

至太宗时,治渤海人,一依汉法,余无改焉。

显示出唐律的适用范围稍稍扩大。接着,《圣宗本纪》统和元年四月条说:

壬子,枢密院请诏北府司徒颇德译南京所进律文。从之。

从该记载的时代看,或许是《宋刑统》亦未可知。同十二年七月条中说:

庚午,诏契丹人犯十恶者,依汉律。

这作为唐律开始影响契丹人生活的证据,值得注意。同时,《刑法志》所载作为此后的辽的法典,有重熙的新定条制,咸雍的更定条制,太康、太安的续增等。根据咸雍修订时的情况,可以明白唐的律令与这些法典同样受到重视:

凡合于律令者具载,其不合者别存之。

据此可以推测咸雍的修订:(1)以统一至此分设的契丹人、汉人的法律为目的;(2)其结果,以削除重熙旧条制的重复二条后所剩五四五条,新加上律文一七三条、新条七一条而传世。(以上参照《刑法志》)(3)此事与条制不可能去适应没有任何实用性的律令一事综合考虑,重熙后至咸雍间,至少是对汉人来说,唐律并未废除。此外,从咸雍后,即使在太康的续增,也根据律及条例对条制加以参校,进而增加三十六条传世这一点来看,律,即使在其三分之一条文被条制所摄取的咸雍以后,或许还保持了一点生命力①。

《金史·刑法志》说:

(熙宗天眷)三年复取河南地,乃诏其民,约所用刑法皆从律文。

又载:

天会以来,渐从吏议。皇统颁制,兼用古律。

可知金无疑曾经使用过唐律。后来,皇统制曾在正隆、大定时加以重修。这些

---

① 参照《宋刑统》与唐律的关系。唐律全文被照搬进《宋刑统》中后继续有效。

重修制仍然与律兼用,根据《刑法志》在大定重修记载下所说的这句话就可得知(同时参照后面引用的明昌元年张汝霖之语):

> 制有阙者,以律文足之;制律俱阙及疑而不能决者,则取旨画定。

唐律即使在金朝,也一直使用到泰和律的制定完成。

金泰和律的编纂,是从章宗即位后的明昌元年到泰和元年的十二年中,经过三次大的修改,才得以完成的宏伟事业。这与明太祖连绵三十年的修律相比较,也并不怎么逊色。《金史·刑法志》详细记载了其经过:

> 明昌元年,上问宰臣曰:今何不专用律文。平章政事张汝霖曰:前代律与令各有分,其有犯令,以律决之。今国家制、律混淆,固当分也。遂置详定所,令审定律令。

于是开始了律令的审定。读者可以在这段引文中,见到金朝明昌时兼用制律的证据("今国家制律混淆"云云)。该律令在三年七月全部完成,但颁行草稿必须经过慎重的校订。《刑法志》接着又记载了王寂、董师中对重校的叙述:

> 五年正月,复令钩校制、律,即付详定所。时详定官言:若依重修制文为式,则条目增减、罪名轻重,当异于律。既定复与旧颁,则使人惑而易为奸矣。臣等谓,用今制条,参酌时宜,准律文修定,历采前代刑书宜于今者,以补遗阙;取刑统疏文以释之,著为常法,名曰《明昌律义》。

但是,这部《明昌律义》也没有实施。《刑法志》又说:"宰臣谓,先所定令文尚有未定,俟皆通定,然后颁行。若律科举人,则止习旧律。"进一步实施完成的大规模的修律,就是泰和律。

> (泰和元年)十二月,所修律成。凡十有二篇:一曰名例,二曰卫禁,三曰职制,四曰户婚,五曰厩库,六曰擅兴,七曰贼盗,八曰斗讼,九曰诈伪,十曰杂律,十一曰捕亡,十二曰断狱。实唐律也,但加赎铜,皆倍之;增徒至四年、五年为七,削不宜于时者四十七条,增时用之制百四十九条,因而略有

所损益者二百八十有二条;余百二十六条,皆从其旧文,加以分其一为二、分其一为四者六条。凡五百六十三条,为三十卷,附注以明其事,疏义以释其疑,名曰《泰和律义》。

《泰和律义》的篇目与唐律完全相等,《刑法志》也说"实唐律也"。但从五百六十三条中完全照搬唐律的不过一百二十六条这一点来看,两者间存在显著的差异。而且,以《泰和律义序文》为基础的上述引文,叙述的完全是以唐律为标准的条文增减,也显示出唐律是到当时为止的现行律(洪武七年明律刘惟谦序所赞美的唐律及其所叙条文的增减,也是以洪武元年律的标准与之进行比较的)。因此,开元二十五年律疏行用四百余年后,到泰和元年,至少在北方地区,因为泰和律的出现,才失去了现行法的地位。金律在七十年以后被元世祖废除,对后世未能产生明律那样的影响。但是,金章宗十二年的努力,与明太祖三十年的修律一样,作为使四百余年前的唐律得以适应当代的举措,在中国法制史上应当永远被铭记。这种举措,说明了中国历代君主如何重视律、律的编纂又是一个如何困难的事业。于是,我们对元朝一代始终不见律的颁行的理由,至少具备了从消极方面加以理解的基础。

（三）元朝的唐律

蒙古最初循用金律。《元典章》所引旧律中,有不少属于金律的成分,如第90页注①中所述。世祖在至元八年十一月定国号为元的同时,宣布废止泰和律。《元史》本纪说:

> 禁行金泰和律,建国号曰大元。

《元典章》(户部四)载浙西道宣慰司札付:

> 照得至元八年钦奉圣旨节:该泰和律令不用,休依著那者。钦此。

《世祖本纪》至元二十三年四月条:

> 帝曰：朕以至元八年十月，禁行金泰和律。汉人徇私，用泰和律处事，
> 故盗贼滋众。

《武宗本纪》大德十一年十二月条：

> 世祖尝有旨，金泰和律勿用。

以上都是废止泰和律的确证。而禁止使用金律的时候，元朝还没有取而代之的新律，这从《元史》的《赵良弼传》、《李谦传》、《瓜尔佳之奇传》所载这些人在至元中请求定律令之事，可以察知。《崔彧传》说：

> （至元）二十年复以为刑部尚书，上疏言时政十八事……八曰：宪曹无
> 法可守，是以奸人无所顾忌，宜定律令，以为一代之法。

这是其中代表性的观点。《元史·刑法志》也说：

> 元兴，其初未有法守，百司断理狱讼循用金律，颇伤严刻。及世祖平
> 宋，疆理混一，由是简除繁苛，始定新律。颁之有司，号曰《至元新格》。

从严格的意义上说，《至元新格》不是刑律。这从《通制条格》、《元典章》所引用的《至元新格》中几乎见不到刑罚规定可以得知①。《元史》的《王约传》、《阎复传》、《吴元珪传》等，均载有后来的成宗朝时又请求定律令之事。《历代名臣奏议》（卷六七）载有大德七年郑介夫上奏：

> 国家立政，必以刑书为先。今天下所奉以行者，有例可援，无法可

---

① 安部健夫氏《大元通制解说》（同前，第 261 页）提出根据《通制条格》与《元典章》，《至元新格》的篇目几乎可以全部恢复。安部氏列举选格、关防、理民、科差、防盗、造作、公规、课程、科役、诉讼十事作为《至元新格》的篇目，然而《史学指南》中列举的格篇目即公规（谓官府常守之制也）（括弧内为原注，以下同。）、选格（谓铨量人才之限也）、治民（谓抚养兆民平理诉讼也）、理财（谓关防钱谷主平物价也）、赋役（谓征催钱粮均当差役也）、课程（谓整治盐酒麹税之额也）、仓库（谓谨于出纳收贮如法也）、造作（谓董督工程宿其物料也）、防盗（谓禁弭奸宄也）、察狱（谓推鞫囚徒也），是《至元新格》所未曾明载的，而与《元史》本纪至元二十八年五月丁丑条所载"何荣祖以公规治民御盗理财十事辑一书，名曰《至元新格》，命刻版颁行"更为一致。而且安部氏分类中没有被列入《元典章·刑部·刑律》的四条（参照《東方學報》第 260 页）也收有无事察狱篇，将此认作《至元新格》的篇目，就显得更为妥当了。

守。内而省部，外而郡府，抄写格例至数十册。遇事有难决，则检寻旧例；或中无所载，则旋行议拟，是百官莫知所守也……今宜于台阁省部内，选择通经术、明治体、练达时宜者，酌以古今之律文，参以先帝建元以来制敕命令，采以南北风土之宜，修为一代令典，使有司有所遵守，生民知所畏避。

这确证了大德七年以至整个元朝没有律令。同时，根据此类"定律令"的请求，元朝有过编纂律的尝试。《元史》本纪大德三年三月条：

甲午，命何荣祖等更定律令。

同四年二月条：

壬戌，帝谕何荣祖曰：律令良法也，宜早定之。荣祖对曰：臣所择者，三百八十条，一条有该三四事者。帝曰：古今异宜，不必相沿，但取宜于今者。

由此可以得出以上的结论。但是，此律终究未颁行，正如《何荣祖传》所说：

荣祖奉旨，定大德律令。书成已久，至是乃得请于上。诏元老大臣，聚听之。未及颁行，适子秘书少监惠殁，遂归广平，卒。

前记郑介夫上奏说：

昔先帝时，尝命修律，未及成书。近议大德律，所任非人，讹舛甚多。

这在证明大德律未颁行的同时，也透露出元代在世祖朝已经有修律企图的信息。沈家本说："按《元典章》所录，大德律令甚多"（《律令考》卷八），但现在查阅《元典章》，大德年间只有条格、断例而无律令，也证实了《大德律令》的未颁行。浅见伦太郎博士①根据《欧阳玄行状》说的"冬，奉敕撰定国律，撰选格序"，提出元末至正十年，由欧阳玄编纂元律，其全文收于《元史·刑法志》。但是，《明

---

① 参照浅见博士《元ノ経世大典並二元律》，《法学協会雑誌》第四一卷第7号。

史·周桢传》引用明太祖之语:"太祖以唐宋皆成律断狱,惟元不仿古制,取一时所行之事为条格,胥吏易为奸弊";《明纪》卷二引用修律官李善长等的上言:"善长等言:历代之律,皆以汉九章为宗,至唐始集其成。惟元以一时行事为条格,胥吏易为奸。今宜遵唐旧。"据此,应该说至正十年颁行元律之事,甚为可疑。明太祖起兵在至正十二年,明太祖君臣不可能不知道同时期的至正十年律。《刑法志》所收文中,(1)有许多未附以刑罚规定的条文;(2)有很多特殊的个别的规定,一般性规定反而匮乏;(3)因此,没有构成一个完整的刑法体系①,也不应该将其考虑为律。我们根据(1)《元史·刑法志》的分类,与《经世大典序录》(《元文类》所收)中见到的《经世大典宪典》的篇目一致;(2)《元史》志类采用了《经世大典》的许多材料的情况,沿用安部健夫氏的观点②,认为这是从《经世大典宪典》中辑录的③。宪典与《大元通制》、《元典章》之间,如果像安部氏所说的那样,有着密切关系④的话,那么,包含许多特殊条文、反而缺乏一般规定的现象的存在,就是理所当然的。我们推测整个元朝一代未有律令的颁行。《欧阳玄行状》中所谓的国律,恐怕不过是文辞的一种修饰⑤。《元史》本纪至正十年条除了"九月壬午,托克托以吏部选格条目繁多,莫适据,依铨选者得以高下之,请编类为成书;从之"以外,没有其他编纂律的记载。

---

①　这一点应该展开论述,今省略。怀有疑问的读者,如果探索《刑法志》名例篇中规定的十恶如何在《刑法志》中受到处罚,就可以领悟我们的观点决不是无稽之谈了。

②　参照前引安部氏论文,第274—278页。

③　但是《元史》志类一般对《经世大典》进一步加以省略,因此《刑法志》中的律文是否宪典的原文,是一个问题。

④　根据安部氏的说法,宪典对《元典章》、《通制条格》的法律条文:(1)洗练其文体,一律作雅文体;(2)整理其法态,使其一律成为修定法规,进而摭取其中。《元史·揭斯传》说:"与修经世大典。文宗取其所撰宪典,读之,顾谓近臣曰:此其非唐律乎?"这如安部氏所说,或许根据该宪典的特征而言(参见前引论文第276页)。

⑤　《元史·刑法志》把《至元新格》称作律,已在前述。此外,《王约传》中有称《大元通制》为律的例子,《多尔济巴勒列传》中则有称至正条格为律的例子。根据以下所述,这种法典不是严格意义上的律。《陈思谦传》所谓至正十一年顷修定国律,恐怕是指格一类的东西。大体上说,不是正确意义上的律令的东西,在修辞上却称作律令,是从唐宋起就已经存在着的惯例了。该惯例在缺乏真正意义上的律令的元代更为盛行,并非不可思议。

　　以上，我们论述了元朝一代始终没有颁行律的情况。然而，逐年累积的条格、断例，必须进行集录、整理。此番事业，最初似乎听凭民间进行。前记郑介夫上奏云：

> 民间，自以耳目所得之敕旨条令杂采类编，刊行成帙，曰断例条章，曰仕民要览，家置一本，以为准绳。

《圭斋文集》卷一二的策问中说：

> 其四曰：定法律之本，在于酌古今以成法书，优禄秩以选法吏。今法书无一定，法吏无优选，推谳混于常流，条令衷于书肆，官不遍睹。

《大元条例纲目》（《吴文正公集》有其序）、《金玉新书》（《四库提要政书类存目》）、《官民准用》（同上）、《官吏须用》（《千顷堂书目》）等，都是此类书。到《大德律令》编纂失败后，朝廷本身放弃了编纂律令的念头，改为对其进行整理集录。《武宗本纪》大德十一年十二月条：

> 中书省臣言：律令者，治国之急务，当以时损益。世祖尝有旨，金泰和律勿用，令老臣通法律者参酌古今，从新定制，至今尚未行。臣等谓律令重事，未可轻议。请自世祖即位以来所行条格，校雠归一，遵而行之。制可。

这是向此方向转变的最好的显示①。

> （至大二年九月）癸未，尚书省言：国家地广民众，古所未有；累朝格例，前后不一；执法之吏，轻重任意。请自太祖以来所行政令九千余条，删除繁冗，使归于一，编为定制。从之。

> （同四年三月）帝谕省臣曰：卿等裒集中统、至元以来条章，择晓法律老

---

　　① 　主张元朝蒙古主义向中华主义推移中心论的安部氏，解释如上所述为显示向律令编纂的趋势（《大元通制解说》第268页）。但是根据纯粹的法典编纂史所云，在大德律令失败后的此文，实际上应该解释为对上面那种律令编纂的回避。《大元通制》即使如安部氏所说，代表着中华主义的成长，其中华主义也是从律令主义退后一步、从而与蒙古主义妥协的中华主义。

臣,斟酌重轻,折衷归一,颁行天下,俾有司遵行,则抵罪者庶无冤抑。

（延祐二年）四月,命李孟等类集累朝条格,俟成书,闻奏颁行。（以上本纪）

仁宗之时,又以格例条画有于风纪,类集成书,号曰《风宪宏纲》。（以上《刑法志》）

以上显示出朝廷编纂法书的意图十分明显。《元典章》也是在相应时机,由江西行省编集的东西。应该重视的是,英宗至治三年由朝廷颁行了《大元通制》。关于《大元通制》,从来就有许多含混不清的地方。去年,刊行了其中的一部分《通制条格》;随后在今年三月,本学报京都第一册,发表了安部健夫氏的力作《大元通制解说》。到此,其轮廓就灼然清楚了。在此总条数达二五三九条（约四、五十册八八卷以上）的鸿篇巨制中,分为:

制诏（凡九四条）;

条格（凡一一五一条）;

断例（凡七一七条）;

别类（凡五七七条）。

特别是其中最具有法典的重要职能的条格和断例,如安部氏指出的那样:

(1)条格的篇目与金泰和令的篇目、断例的篇目与金泰和律的篇目极为类似;

(2)条格包含有预防触犯刑罚规定的教令性质规定,断例①则包含刑法的规定;

在这里,与律令完全相对应的,是最值得重视的地方。但相反的是,这类法规:

(1)不是一定时间统一修订的产物,而不过是照搬记载有发布年月的随时

---

① 确定断例中存在决断通例和决断事例,即划一的刑法规和个别的判决例,是安部氏的功绩之一。元代断例中至少有一部分是决断通例,即其内容完全包含律的规定（《大元通制解说》第259—260页）。

所降的条格、断例①；

（2）因此，其中不仅有律令那种普遍、总括的规定，而且含有许多个别、特殊场合的判决例②；

（3）而且，它不像律令那样呈现统一完备的形态③。

这也是不应该忽略的。强调《大元通制》是具有律令风格的法典④的安部氏还认为："归根结底，条格与断例的内容，无论是在形式上（指雅文体与俗语体的杂处）还是在实质上（包含有律令外的异质法规），未必是适应其体裁（指其篇目）的⑤。而且在元朝，此后编集的《至正条格》系修改《大元通制》而成，其形式与《大元通制》没有明显差异⑥。至于《经世大典宪典》，前已述及，此处不再赘言。

元代禁行金律，却没有取而代之的新律；如果没有元代法典和律令的整理完备，此时唐律就一点实用意义上的价值都没有了。但是，根据吴澄有关宋、元两朝对唐律态度的比较就可以知道唐律在宋代等并非被正式承认的

---

① 《大元通制》中的法规，每一条都必定载有其颁布年月（因为它不是统一修定此等法规，只不过是集录而已）这一点，是元代法典中最应该加以注目的特征。我们在后面指出的两个特征，都可以认为是从这个根本特征中派生出来的。如此每条法规中都记录其颁布年月，据我们所知，是唐代的律令格式（关于格，开元前的不清楚，此处所说为开元后的）、宋代的敕令格式等中国历代根本法典中完全没有的。它是唐末宋初的编敕，及宋代元丰以后的随敕申明、刑统申明那样，仅仅在与根本法典相对的附属的、补改的职能的法规集中才有的特征。我们认为已经习惯于传统的中国人评价元代法典时，或者说"大概纂集世祖以来法制事例而已"（《元史·刑法志》对《大元通制》的评论），或者说"惟元不仿古制，取一时所行之事为条格"（《皇明通纪》），多少有些过分，却是理所当然的。

② 关于与我们直接有关系的断例，安部氏也推定其中包含有比通例更多的事例即判决例（《解说》，第260页）。

③ 与我们有直接关系的《大元通制》的断例已经因亡佚而不明，《元史·刑法志》辑了以其为基础编纂的《经世大典宪典》，据《元史·刑法志》来看，对断例的上述说法是合适的。

④ 参照《大元通制解说》的结论。

⑤ 同上，第255页，括弧内为笔者所加。同时，安部氏对笔者的质问回答说，如笔者等所认为的元代法典并非律令的整顿完备，与他的意见并非毫不相容；此外，还给予了种种赐教。记此以表感谢。

⑥ 同上，参照第252页。但在《至元条格》中制诏被除去，从《元史·多尔济巴勒传》中所说"时纂集《至正条格》，多尔济巴勒谓是书上有祖宗制诰，安得独称今日年号；又律中条格乃一门耳，安可独以为书名。时相不能从，惟除制诰而已"可以明白。根据安部氏引用的《至正条格》序中欠缺"别类"一纲来看，《至正条格》似乎是以仅有的条格、断例制定的。

101

法典：

> 宋建隆间，命官重校，号称详定刑统，而云周显德律令后不行。夫不行
> 者，谓不行于周显德所纂之本，非谓不行历代相承古律之文也。皇元世祖
> 皇帝既一天下，亦如宋初之不行周律，俱有旨金太和律休用。然因此遂并
> 古律俱废，中朝大官恳恳开成，而未足以回天听，圣意盖欲因时制宜，自我
> 作古也。(《吴文正公集·大元通制条例纲目序》)

所以柳贯序中说：

> 予尝备数礼官，陪在廷末议。见吏抱成法置前，曰律当如是，不当如
> 彼。辩口佞舌，莫不帖帖顺听，无敢出一语为异。及按而视之，则本之唐以
> 志其常，参之祖宗睿断以博其变。非常无古，非变无今。然而必择乎唐者，
> 以唐之揆道得其中，乘之则过，除之则不及，过与不及其失均矣。

或者，《四库提要》(政书类唐律提要)中说的：

> 论者谓：唐代一准乎礼，以为出入得古今之平，故宋世多采用之，元时
> 断狱亦每引为据。

这里所说的，不应该解释为元代承认唐律为正式的法典，而认为单单是参考法
书则甚为有力。刘有庆的《唐律纂例》序说：

> 国家律书未颁，比例为断，然例本于律。

应当说对于上述意义而言，这是最正确的了。《元典章·户部三》在父母在"许
令之析"条①及"定婚不许悔"条中也引用了唐律。此外《元史·张起岩传》说：

> 宁宗崩，燕南俄起大狱。有妄男子上变，言部使者谋不轨，按问皆虚，
> 法司谓唐律告叛者不反坐。起严奋谓同列曰：方今嗣君未立，人情危疑，不
> 亟诛此人以杜奸谋，虑妨大计。趣有司具狱，都人肃然，大事寻定。

---

① 此条制定于至元八年七月，在禁用金律前。

《乌克逊良桢传》说:

> 上言:律,徒者不杖,今杖而又徒,非恤刑意,宜加徒减杖。遂定为令。

《陈思谦传》云:

> 因奸杀夫,所奸妻妾同罪,律有明文。今止坐所犯,似失推明。遂令法
> 曹议,著为定制。

这些都可以作为其被引用的例证①。《经世大典》序录的《宪典总序》(《元文类》卷四二)名例篇八议条中也说:

> 仍古律旧文,特著于篇,以俟议法之君子。

王元亮《唐律纂例》五刑部中,关于金泰和律说:"今奉□□(二字阙)禁行者",而对于唐律、宋刑统却完全没有注记,这证明了未必禁止其参用②。唐律的这种被参考,使元代产生了很多唐律注释书。吴莱的《唐律删要》三〇卷(《千顷堂书目》),梁综的《唐律类要》六卷(同上)、《唐律明法类说》(《文渊阁书目》)、《唐律棋盘抹子》(同上)、《唐律文明法会要录》一卷(《四库法家类存目》)等,都出现于这个时代。如果再加入泰定版《故唐律疏议》附录的《唐律释文》、《唐律纂例》二书,其书名得到确认的就有七种。后出的《刑统赋》注解本,在某种意义上③也可以考虑为唐律的解释书。此外,据《四库提要》(《政书类存目》),分类集

① 但是《崔彧传》所说"受赃计五千三百缗,准律当杖百七,不叙"的律,或许是例在修辞意义上的称法。

② 虽然有一些例外,元代《唐律疏议》及其注释书的刊行,大多在南方宋朝的故地,却是值得注意的。与元代所谓南人不能成为高官的事实一并考虑,元代的参用唐律在《元史》、《通制条格》、《元典章》中却没有多少显示,或许是它只在政治势力较弱的南人之间行用的缘故。实际上,比起这类资料的显示,应该认为有多得多的参用。

③ 元代《刑统赋注》释本中,有引用金律之处,已如前述。但是现存的部分,沈仲纬《刑统赋疏》、别本《刑统赋解》也显然引用了唐律(宋刑统),孟奎《粗解刑统赋》也至少在表面上显示引用了唐律("此赋择唐律众条之枢机等要略,使人心领神会")。由于安部氏的示教,我们才说王亮增注引用的也不是金律而是唐律。此外,在现已亡佚的许多注释本中,引用唐律的想必为数不少。本学院京都研究所藏独山莫氏旧藏《唐律疏议》写本中胡居敬唐律序云:"宋律学博士傅霖撮其旨要,以八韵体演而为赋,律之义咸在其中矣。为之注者甚多,惟河东李氏、浙水练氏最核而详。金宪王伯昌见而悦之,命寿诸梓,以广其传。"据此,《四库提要存目》的李祐之、练进的刑统赋注释,至少是引用了唐律。

录元代法令的民间实用法书《官民准用》也附录有唐律诸图。作为《唐律类要》六卷著者的梁综(安运人,福建转阳副使)同时著有《官吏须用》十六卷(《千顷堂书目》著录),这与被《四库提要》称为"其说皆郛廓迂腐,殆无足观"的《唐律文明法会要录》一起,说明了元代唐律研究书以卑俗实用为目的的特点。《唐律明法类说》、《唐律棋盘抹子》等即使从书名看,也不会是高层次的东西。吴莱的《唐律删要》,根据其序(《吴渊颖集》卷一一)说:"予尝读唐律,每患其繁赜难省,故颇删其要①",也应该有实用的目的。如下一节将要说到的,在元代,多则五次(所谓宋刻本、泰定本、至顺本、湖北本、至正本)、少则三次(泰定本、湖北本、至正本)刊行《故唐律疏议》之事,恐怕是以这种实用为目的的。在完成了明律的明代,(1)未传有《唐律疏议》的刊行本;(2)其研究书籍,也只有《明史·艺文志》著录的作为明初洪武七年律编纂者的刘惟谦《唐律疏议》十二卷;(3)与清初连《故唐律疏议》元刊本都成为珍稀本②的情况相对照,元代《故唐律疏议》及其研究书籍如此盛行,如果不是为实用,就无法说明③。无论怎样都无法认可为学术著作的泰定版附录的释文及其纂例的杜撰,只要看到其有实用的目的,就应该给予宽容。据称为王元亮重编④的《唐律释文》,实际上是宋刑统的释文。对此,根据沈家本的如下一段跋就可以知道:

> 《唐律疏议》所附释文,据无名氏序,为此山贳冶子所作,不著姓名,亦

---

① 据《元史·黄溍传》附载《吴莱传》,"著《尚书标说》六卷、《春秋世变图》二卷……《唐律删要》三十卷、文集六十卷,他以诗传科条、春秋经说胡氏传证误,皆未脱稿",《唐律删要》的完成是确实的。

② 文渊阁书目中只有缺本。日本官版的厉廷仪序所云"唐律于是乎大修,惜乎世远年湮,散失已久,访之中土藏书家,竟不可复得,余亦常以未获寓自为恨。今年春杪,有友人至京,出《唐律疏议》抄本示余……"。孙星衍岱南阁本序所说"国家辑《四库全书》,《唐律疏议》入于史部法令。秘府所藏,世人罕见,偶得元刻本,字画精致,镌梓传之"等,皆表示出雍正、嘉庆时,《故唐律疏议》属于珍稀本。

③ 安部健夫氏在给笔者等的私信中,解释元代《唐律疏议》及其研究书籍刊行的盛行,与其说是以实用为目的,不如说是作为学问的唐律学盛行的结果。这作为精于元代法制的安部氏的意见,又作为对过分拘泥于实用性的我们的反省资料,是值得重视的。但是,若与明代唐律学的衰微相对照,我们还是不能舍弃元代唐律学含有许多实用性、功利性的见解。

④ 《四库提要》将释文作为王元亮所著,其误在顾广圻释文跋中已经明确,这里不再重复。

无年月,故不能详其为何时人①。惟序有刑统之内多援引典故及有艰字,故此山贯冶子治经之暇,得览金科,遂为释文,以辩其义云云。是释文本为刑统而作,非为唐律注释。其中每多律文及疏议所未见之语,初亦不得其故。近得刑统校之,都在所载令敕诸文之中,并非无故阑入。其间有与疏议不同者,亦刑统所改……刑统为宋代之书,释之者自当宋人。(《寄簃文存》卷七唐律释文跋)

而题为元亮所编的《唐律纂例》,刘有庆也在序中说:

汴梁人王长卿精刑名之学,以唐律析为横图,用太史公诸表式,经纬错综成文,五刑三千如指诸掌。

这仅仅指出了该唐律纂例中,包括未必是对《唐律疏议》进行忠实研究后所作的部分。其被称为杜撰的部分,无一例外被徐乾学的《读礼通考》、清朝钦定的《续通志》等诸权威误解为传作唐律之旧,并以此为基础论述历代丧服变迁的纂例丧服图(杨鸿烈氏的《中国法律发达史》亦同)。这里并非传为唐律之旧的如:

(1)纂例所举丧服的规定中,直接存在于《唐律疏议》中的明文不足半数,所剩半数以上,不过是据《开元礼》等,推测其规定在唐代的存在②。

(2)而且纂例包含以下四项与《唐律疏议》的实际上的不同:

---

① 释文的作者此山贯冶子的姓名、年代历来被认为完全不详。但是《吏学指南》、《吏师定律之图》宋代部分所说"贯冶子范遂良",与贯冶子相近。《吏师定律之图》还列举了《律音义》著者孙奭、《刑统赋》著者傅霖等的名字,因此举出释文著者的名字决不令人奇怪。《通志·艺文略》中也载有《刑统释文》三十卷范遂良撰,因此释文的原著者为范遂良是确凿的。那么,范遂良又是何时的人物呢? 查阅商务印书馆的《中国人名大辞典》,没有范遂良,但宋人有范良遂:"之柔弟,初名之传,字次卿,自号墨庄居士;放情山水,不慕荣利,长于歌诗;兄显贵,视之泊如也。官承务郎,有诗集。"良遂兄之柔为范纯祐曾孙,从吴县移居昆山。如果此范良遂就是释文的著者,释文序的"此山贯冶子"的"此山"应该是"昆山"之误。昆山县志有范良遂的名字,因此范良遂移居昆山是确实的。如果这样,"此山贯冶子"就是"昆山贯冶子"范良遂的话,其兄之柔为乾道进士,释文作于南宋中期。但是,《吏学指南》、《通志》均作范遂良,而不是范良遂,这里第二段的推定尚待推敲。

② 我们曾比较《纂例》和《唐律疏议》的丧服,制成详细表格,这里因篇幅所限而省略。

尽管纂例中有"妇为舅斩衰三年",《唐律疏议》中却明明白白是不杖期①；

尽管纂例中有"妇为姑齐衰三年",《唐律疏议》中却明明白白是不杖期②；

尽管纂例中有"为甥,小功五月",《唐律疏议》中却被推定为缌麻三月③；

尽管纂例中有"为庶母,缌麻三月",《唐律疏议》却明文规定无服④。

(3)此外,《纂例》漏说了《唐律疏议》中有明文规定的对"为祖后者,祖在为祖母"、"继父同居"、"从祖姑"、"兄弟之曾孙"等的丧服。

根据上述就可明白。《纂例》丧服图决不是对《唐律疏议》进行了忠实研究以后制定的,而不过是将后代的丧服图不加批判地插入《纂例》中而已。《纂例》与《唐律疏议》实际不同的地方,如对舅姑的丧服从不杖期提高到三年,是五代以后的事情。《纂例》丧服图与司马温公《书仪》中的丧服规定除二、三点以外,全部一致。考虑到司马温公与王元亮之间的时代差距,这种丧服规定或许不是从温公《书仪》直接被纂例所吸取的。但是,《宋史·艺文志》中有程龟年《五服相犯法纂》三卷,《九族五服图制》一卷(不知何人编),黄克升《五刑纂要录》三卷,《刑法纂要》一二卷,黄懋《刑法要例》八卷,张履冰《法例六赃图》二卷等许多

---

① 《唐律疏议》中夫的父母为期亲,是根据以下条文而明确的。《名例》一"恶逆"条疏:"案丧服制,为夫之曾、高服缌麻；若夫承重,其妻于曾、高祖,亦如夫之父母服期"；《职制》一〇"匿父母夫丧"条疏也说:"期亲尊长,谓祖父母,曾、高父母亦同,伯叔父母、姑、兄姊,夫之父母,妾为女君。"此外,从律文本身中推定舅姑丧服为期,参照本页注④所引的《宋史》。

② 参照第四节。如果《唐律疏议》实际上如《纂例》那样,我们便得到了两个最有力的反证。

③ 同②。

④ 《宋史·礼志》(卷一二五)说:"乾德三年,判大理寺尹拙言,案律及《仪礼·丧服传》、《开元礼仪纂》、《五礼精义》、《三礼图》等书所载,妇为舅姑服周,近代时俗多为重服。刘岳《书仪》有奏请之文,《礼图》、《刑统》乃邦家之典,岂可守礼仪小说而为国章邪? 判少卿事薛允中等言:《户婚律》居父母及夫丧而嫁娶者徒三年,各离之；若居周丧而嫁娶者杖一百。又,书仪舅姑之服斩衰三年,亦准敕三年,律敕有差,望加裁定。右仆射魏仁浦等二十一人奏议曰:谨案《礼·内则》云,妇事舅姑如事父母,则舅姑与父母一也。而古礼有期年之说,至于后唐始定三年之丧,在理为当……欲望自今妇为舅姑服并如后唐之制,其三年齐斩,一从其夫。"

《唐会要》(卷三八)说:"贞元十一年,河中府仓曹参军萧据状称……今时俗妇为舅姑服三年,恐为非礼,请礼院详定垂下。详定判官前太常博士李岩议曰:谨按《大唐开元礼》五服制度,妇为舅姑及女子适人,为其父母皆齐衰不杖周。稽其礼意,抑有其由也,云云。"

可见在唐代,世俗中似乎多有行三年丧者,但正式加以承认,则是后唐、宋以后的事情。

法律杂书的著录,《书仪》的丧服规定通过这些书传至纂例未必是不可能的。纂例中"期"与"周"、"准"与"凖"的混用,暗示着存在某种蓝本。本学院京都研究所藏独山莫氏旧藏《唐律疏议》写本中的王元亮《唐律纂例序》说:

> 冠州张伯川先生编撰《律文抹子》,其名题虽异,类有未尽。元亮虽读书,至于刑名之学,未曾刻意,亦未敢自擅。比来率循故典,窃思前修,编阅成文,各有殊异。今集一书,取其易知易解,譬权衡之知轻重,若规矩之得方员。迈彼三章,同符书二考矣。

据此,可以肯定《律文抹子》为其蓝本之一。《律文抹子》恐怕就是文渊阁书目所载《唐律棋盘抹子》。研究纂例的其他部分,可知除丧服以外,也存在许多与上述唐律的实际不同之处。

七、关于宋元时的修改——反证的推敲

宋元适用唐律,前节已述。本节准备论述在此期间对律疏的加工、变更,并研究第五节中列举的反证。而有关文本加工的研究,势必触及版本的问题。为方便起见,先从版本的解说开始。

现在流传最广的清朝光绪年间的江苏书局刊本与沈家本氏刊本,正如其序已经明确的,两者都以嘉庆年间孙星衍刊行的岱南阁本为底本,而岱南阁本又是复制元至正辛卯(十一年)福建崇化刊本的结果。与宫内省图书寮所藏的至正本残本(存《名例律》六卷)相比较、考察的话,由于顾广圻的校勘,除改正少数误字外,可以认为岱南阁本版式的其他部分都忠实地复制了至正本[1]。至正本载有泰定四年柳贯[2]的序,其序的里页则保存着"至顺壬申五月印"的印记。因

---

① 关于至正本与岱南阁本的比较,承蒙中田博士赐借对校本,得到很大的方便。记此深表谢忱。
② 柳贯之名,或作柳赟、柳赟、柳赟等。其文集《柳待制集》附录的墓表说:
　　公之生也,外大父阁门俞公葵暨泗州府君,同擢右科进士第,因命之曰赟,义取以两文易两武。于今文为贯,故公自署其名为贯云。
可见赟为本名,贯为自属。今者通用,故写作贯。

此，它毋庸置疑是继承泰定、至顺版①系统的东西。但是，清朝诸版本的直接祖先为至正本，这是应该大体确定的。其原因是，日本文化年间的官版《故唐律疏议》刊行年代比较晚，又经过数次的传写校勘②。但它出自泰定版直系的写本，因而还相当多地保持着比至正本与以其为底本的清朝诸版本较古的形式。官版保持着较古的形式，可以从与中国所传所谓宋刻《故唐律疏议》有许多共同点看出。《旧京书影》收有旧清内阁所藏、现藏于北平图书馆（今中国国家图书馆）的宋刻《故唐律疏议》附唐律释文残本、以及大连图书馆所藏同为旧清内阁藏的宋刻唐律释文散页的影写本。但是，《唐律释文》的书名在泰定以前恐怕是不存在的③，《旧京书影》所称宋刻有误，实际上或许是泰定版。而北平图书馆所藏《故唐律疏议》的正文部分，与释文的版本笔法均不同，显得更为古老④（参照图版）。即使同一版上，如果笔者、刻者为二人以上，其笔法就有不同；而且把它直接作为宋刻，如下所述，也并非没有疑点⑤。但是，它首先应该被认为是现存诸版本中最为古老的。《宋元书影》所载本与《滂喜斋藏书记》所载本，还有北平图

---

① 泰定四年至至顺壬申即至顺三年，间距不过五年。而且柳贯序中仅说"逾月绪成，因执笔冠篇"，何时刻版却不明。因此，我们怀疑不存在泰定、至顺两个版本，实际上是至顺时仅刊行过一次。由于缺乏泰定版不存在的明证，因此今天假定存在泰定、至顺两个版本。然而在泰定四年的翌年改元致和，柳贯作序的七月既望大体完成的书要在泰定年间实际刊行，是难以想像的。既然是刊行年月不清楚的书，我们就按习惯称其为泰定版。

② 官版《故唐律疏议》，有至正本等所没有的泰定版的议刊《故唐律疏议》官职名氏，因此推定为从泰定版直系而出。但是，据宫内省图书寮、内阁文库中存的荻生徂徕、荻生北溪校正本及清人沈丙的《唐律释文订正》来看，其刊行前经过了不少校勘。据第120页注①及第126页注①中所记，官版本所据祖本，在传来日本前，已经过其他人的校勘加工。

③ 《唐律释文》附刊于《唐律疏议》之事，据柳贯序云："而行省检行官王君长卿，复以家藏善本及释文纂例二书，来相其役。"据此，恐怕是以泰定版发其端的。其内容实际上是如前节所记刑统释文，但这样的话其命名为《唐律释文》，并且被附刊于《唐律疏议》之事，如后所述，在刑统盛行而很少见到疏议单行本的南宋，无论如何是不能想像的。只要今后没有出乎意料的资料出现，我们认为《唐律释文》的名称及其存在（即作为《故唐律疏议》的附录）是在元代的结论，基本可以确信。

④ 我们由于长泽规矩也氏的提醒，而开始领悟到此两者为不同的版本。记于此以示深为感谢之意。此外，《旧京书影》只载有大连图书馆藏《释文》，而未收北平图书馆的《释文》书影这一点，稍稍令人感到不安。但是两者都作为旧清内阁藏，此处是作为同一版本论及的。若此二者之间有差异，就应该考虑大连图书馆本为至顺本，而北平图书馆本为泰定本。

⑤ 关于对宋刻本的疑问，参照后说。

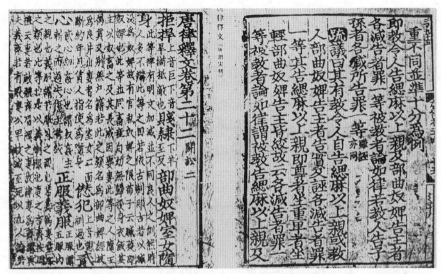

大连图书馆藏《唐律释文》（所谓宋刻）　　　北平图书馆藏《故唐律疏议》（所谓宋刻）

书馆本大约为同一版①。这部所谓宋刻本的内容，如后面所说的那样，与泰定版、至正版极为类似，其中无疑存在密切的亲缘关系，或许就是泰定版柳贯序中所说"吾欲求《故唐律疏议》，稍为正讹绢漏，刊之龙兴学宫"的泰定版的原本。此外，本学院京都研究所藏独山莫详芝氏旧藏写本中的张从革《〈唐律疏议〉释文纂例》序说：

> 洪惟圣朝混一万方，任贤辅德，时有典章断例，颁降新格，又总而为之通制。其间轻重随时，取舍从义。其为禁网不为不密，奈人之情伪日滋，非有限之法所能尽无穷之变。是以山南江北道肃政廉访司，特取江西儒学《〈唐律疏议〉释文纂例》，命工绣梓，俾远近大小官吏悉得其书，每值事疑，酌古准今，务从优议，庶不失宽猛轻重之伦，以足铄舞文弄法之弊。又使遐迩黎庶，通其梗概，若江河之显然，易避而难犯，跻斯民于仁寿之域。此宪司官慎罚恤刑之深意也。

① 北平图书馆本与滂喜斋本为同一版本，系从长泽氏处得知。

这在证实第六节所述元代唐律的实用说的同时，还证实了在泰定版后（泰定版由江西儒学提举柳贯倡议，在江西龙兴路学宫刊行）、至正本（福建刊行）以外，还有山南江北道刊本（在湖北省。为方便起见，以下称此本为湖北本）的存在。此本的各形式，如后述的那样，有许多与至正本相同之处。但从内容上说，此本与至正本，难以肯定哪一本是祖本。如果考虑泰定版后还存在着一部两者的共同祖本，可以得到两者差异的最好的说明。但是实际上并没有相关版本存在的任何明证。

以下先以图表示上述版本的传系，然后详述我们要如此考虑的二、三点理由。指出湖北本、至正本的加工变更，是我们实现此目标的首要步骤。

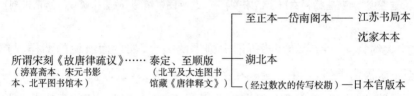

版本传系（点线表示尚有疑问）

（一）至正本的加工变更

（1）各条小题——湖北本、至正本律文五〇二条中，每条均附有诸如"八议者"、"皇太子妃"、"七品以上之官"、"应议请减"之类的小题。其中多数取条文开头的句子，命名法不规则，显示律文的内容很不完整。此小题在日本律、敦煌出土律疏、《宋刑统》中全然不存在[1]。而且所谓宋刻本[2]及日本官版本的正文

---

① 根据沈家本氏书抄本律文一二卷音义一卷后（《寄簃文存》卷八），天圣本律文尚无该小题。取律文开头的文字以指示其条文甚为便利，所以这个习惯无疑从来就存在了。日本《令集解》中，集录了此风所行的《宋刑统》卷六末尾中的"余条准此"四十四条的地方，也采用这个办法。但是《刑统》各条反而没有小题，目录仍然采用了被认为引用自《大中刑律统类》的系统的门别。取条文开头的文字指示各条的习惯虽然自古就有，但被目录所采用并编入正文，则是后世的事情。

② 所谓宋刻本中无此小题之事，由长泽规矩也氏告知。

中,也没有此小题,只不过在目录中集录了大致相当的东西。目录、正文中都有此小题的只是从至正本及岱南阁本为首的清朝诸版本。应该说那是由后世所添加,根据疏议正文中存在的条文名称与此小题不一致,就可明了①。连南宋叶大庆的《考古质疑》,都有名例第三七条、第四六条等像现代法典那样以编号称呼的实例②。湖北本、至正本的小题,最初恐怕是为检索上的方便,取各条开头的文字作目录,后来插入正文中。所谓宋刻本与日本官版本显得是其版本流传的第一阶段,而湖北本及至正本以下,则进入了第二阶段。此外要附记的是,《滂喜斋藏书记》所指出的所谓宋刻本目录中的特征③,在官版《故唐律疏议》中也完全保存。

(2)撰名者——至正本、岱南阁本中,目录及卷一的卷首记有"唐太尉扬州都督监修国史上柱国赵国公长孙无忌等撰"。所谓宋刻本④及日本官版本中,没有该撰者名。湖北本目录上没有撰者名,代之以在各卷首载有撰者名。虽然宋刻本、日本官版本二者也载有长孙无忌的进律疏表,可以认为以长孙无忌为撰者,但是明记撰者名字应该开始于至正本。

---

① 例如《户婚律》"居父母丧生子"条疏议说:"居父母丧生子,已于名例免所居官章中解讫。"但是,查今《名例律》卷三所含与此相当的"在父母丧生子及娶妾……免所居官"的律文条,则被冠以"府号官称"条之名。此外,议章、请章、减章、赎章也好,奸条也好,在疏议制定的当初,并非没有名称,但与现在的小题不同,而且不是每条都有其名。

② 《考古质疑》卷六末"今所传刑统一书"云云条中说:"况乎大功以上,许相容隐。其或告言如自首法。(原注)上名例四十六条,下三十七条。"叶氏引用的《名例律》同居相为隐条及犯罪未发自首条,从《名例律》的开头开始数,正好相当于第四十六条及三十七条。不用说,这是关于《宋刑统》的。但是考虑到南宋时的律疏单行本如后所述极为罕见,一般地说,应该认为它们可以证明显示律文的有关习俗的存在。

③ 《滂喜斋藏书记》说:"孙刻(即岱南阁本)目廿二斗讼下注云凡一十六条,此作凡十五条,盖少殴兄姊弟妹一条,然卷中实有之,疑是后人羼入而未改其目,及元人覆刻,则并其目增之,非有宋刻,未由辨其误也。又卷廿三告小事虚、诬告人流罪引虚二条,孙目颠倒……"

但是,目录的制作应该不那么早,后来羼入"殴兄姊弟妹"条的说法很难轻易使人相信。湖北本、至正本的目录虽然也不正确,实际上,因为五○二条中脱落了两条成为五○○条,目录就不大可信。而且,湖北本的目录中,《诈伪律》"诈除去官户奴婢"条误置于"诈乘驿马"条之后。

④ 《滂喜斋藏书记》中,注曰所谓宋刻本记有撰者名云云。据长泽规矩也氏的亲眼目睹,目录与卷首都没有撰者的名字,或许写在其他地方,也可能是藏书记的误记。

(3)释文、纂例的分割——至正本、岱南阁本中,释文载于各卷末,纂例在各律中分载;日本官版本中,释文集中为别册,而且不存在纂例,恐怕其纂例也是集为别册,而在传来的途中散失了①。大连图书馆藏所谓宋刻唐律释文零页与官版本形式相同,此本也一定另作别册。湖北本没有纂例(据前引张从革序,可以清楚地看出原本有纂例,但不知道纂例是作别册而亡佚,还是因抄写不便而省略。从释文分载于各卷末来看,也许后者是正确的),释文在各卷末分载。所以,我们认为释文、纂例最初在泰定版附刊于《唐律疏议》的时候,开始作有别册;而到湖北版、至正版时,则分割附载。此事证明了《滂喜斋藏书记》的错误,即认为释文未分载于卷末,因此本来就没有释文。我们只根据前述大连图书馆藏的唐律释文与北平图书馆藏疏议正文之间存在版式的不同,推断所谓宋刻本比泰定版更古老(因此该推断或许不太正确)。

(二)宋刻说质疑

以上,我们指出了元代刻本变迁的主要特征。但是,此等刻本从另一方面来看,很明显又有许多共同点,相互之间有亲缘关系。此处首先列举此等共同特征中,可能是元代开始出现的部分,以明确提出我们怀疑所谓宋刻《故唐律疏议》说的根据。我们并不是不尊重鉴定此书为南宋版的版本学者的见解,但是,从文献的立场坦率地进行商榷未必是白费气力的事情。

我们怀疑宋刻说的第一点理由,在于:

(1)书名。本来,《故唐律疏议》的书名,并非原来的名称,而"律疏"是本名,正如沈家本氏在以下一段考证中所说:

> 其书原名律疏,原进表及唐志可据。《宋史·艺文志》刑法类"律十二卷、疏三十卷,唐长孙无忌等作"、《崇文总目》及《玉海》所引《馆阁书目》并曰律疏,是宋时但名律疏也。(《律令考》卷四)

---

① 但是《静嘉堂文库》所藏松下见林本,只有名例的纂例,是在别册中。

宋以前的文献，就我们所知，一次也没有出现"唐律疏议"的叫法①。本来在宋代，律疏是从唐五代连绵延续下来、在当时仍被正式使用的法典，所以在刊行时几乎没想过在书名上冠以"唐"字。在其上冠以"故"字，就更晚了。我们或许是在过分穿凿地议论，认为《故唐律疏议》的名称是不是相对于金的《泰和律义》才开始出现的。相对于从唐代经过五代，在宋、辽、金长期被使用的唐律疏，新制定的金的《泰和律义》在元世祖至元八年即被禁止使用，而没有被禁止引用的则是"古代的唐朝律疏"。指出这一点，不就揭示了书名称作"故唐律疏议"②的目的所在了吗？如果我们的想像是对的，《故唐律疏议》的书名在元至元八年前，至少在公布《泰和律义》的金泰和元年前，是不存在的。而且，尽管略显薄弱，我们将在下面附记怀疑宋刻说的其他理由。

（2）除《名例律》以外的各律篇目疏议——《故唐律疏议》的各律篇首有说明其沿革的疏议。例如，《职制律》篇首说：

> 《职制律》者，起自于晋，名为《违制律》；爰自高齐，此名不改；隋开皇改为《职制律》，言职司法制备在此篇。宫卫事了，设官为次，故在卫禁之下。

《户婚律》篇首说：

> 《户婚律》者，汉相萧何承秦六篇律，加厩、兴、户三篇，为九章之律；迄至后周，皆名《户律》；北齐以婚事附之，名为《婚户律》；隋开皇以户在婚前，改为《户婚律》。既论职司事讫，即户口婚姻，故次职制之下。

---

① "唐律"、"疏议"与"律疏议曰"的连续，往往见于宋代文献。在凡称其为唐律者几乎都攻击这种说法不便的时代，刊本可能不冠以唐字。以我们学识的浅陋，更未发现将其连接为"《唐律疏议》"的例子。《山堂群书考索续集》卷一六中有"唐律疏"，与"《唐律疏议》"最接近。但是，这恐怕也仅仅是在唐书《艺文志》的"律疏"上冠以一个唐字而已。《山堂考索》的著者不是在见到律疏的实物后发表论述的，这一点，根据其解说一望可知。

② "疏议"之语并未成熟，往往变化为"疏义"。疏议之词似乎是从疏议各条开头的"疏议曰"产生的。又，日本古写本往往写作疏义，有时加以旁注"旧作议"。因此，比起疏义来，疏议的说法较为古老。湖北本没有故字，单作《唐律疏议》；此外还保存着一些省略故字的写本。但是有故字的较古老，没有的较新，自不必赘言。

但是，这类篇目的疏议在被认为采用旧疏议全文的《宋刑统》那里，却浑然不存在。例如孙奭《律音义》在《职制律》中说：

> 设官置职，必以法度守之。晋本名违制，隋更曰职制。

关于《户婚律》则说：

> 户籍生齿之总，婚为礼俗之本，制民防失，合著此篇。汉初九章，专为户律；北齐附以婚事，名婚户；隋更曰户婚。

由此知道当时存在简单的篇目音义。这与上引疏议相比，看来不太可能是在原来已有疏议的基础上附加以这个音义。《直斋书录解题》特别提到这个简单的音义：

> 自魏李悝、汉萧何以来，更三国六朝隋唐，因革损益备矣。本朝天圣中孙奭等，始撰音义，自名例至断狱，历代异名皆著之。

也是相同的意思。《唐律疏议》的篇目疏议可能至少到元初还不存在。《四库全书总目提要》政书类存目著录有元中统四年郑汝翼所著《永徽法经》三〇卷（《永乐大典》本），与金律、唐律相比较，被认为是努力发挥唐律宗旨的此书，据《提要》说还具备以下的特色：

> 每篇目下有议，自李悝以后，同异分合前后之次，各析其沿革源流……

《提要》的这段文字，可能是从《永徽法经》的原序中节录而来。但是，在《唐律疏议》中已经如前所记存在篇目疏议的场合，郑氏特别重新提到此事，是必要的吧。篇目疏议系从《永徽法经》中取来，并不值得大惊小怪。即使此说是否恰当属于另一个问题，篇目疏议并非从一开始就存在之事，根据以下的研究就很清楚了。

（3）《名例律》的篇目疏议——与其他文体有别的四六体的长文，而且附有其他的篇目疏议所没有的注解：

> 大唐皇帝以上圣凝图，英声嗣武；润春云于品物，缓秋官于黎庶。今之

典宪，前圣规模，章程靡失，鸿纤备举，而刑宪之司，执行殊异，大理当其死坐，刑部处以流刑；一州断以徒年，一县将为杖罚……是以降纶言于台铉，挥折简于旄彦；爰造律疏，大明典式，远则皇王妙旨，近则萧贾遗文；沿波讨源，自枝穷叶，甄表宽大，裁成简久；譬权衡之知轻重，若规矩之得方圆；迈彼三章，同符画一者矣。

如这一节，可以认为确是唐代笔触。但是，《玉海》(卷六六)将此文的末尾("远则皇王妙旨，近则萧贾遗文"以下)，作为长孙无忌律疏序而引用；《文苑英华》(卷七三五)则将此疏议的全文作为长孙无忌律疏序加以收载。据此来看，现在被作为《名例律》篇目的疏议，原来是长孙无忌针对律疏全文的序。它转化为《名例律》篇目疏议，应该是宋末王应麟《玉海》以后的事情。后世作其他篇篇目疏议的人，恐怕利用了此序中对《名例律》沿革比较详细的叙述，使其直接充当了《名例律》的篇目疏议。出现该转化的时期，我们认为也还是以制定《永徽法经》的中统四年前后最为适当。

同时，此《名例律》的篇目疏议及长孙无忌的《进律疏表》中，附有被确认为出自同一人之手的注解①。但是，从其中引用孙奭《律音义》、引用唐书、引用朱子《诗经集传》之处看，载有上述内容的所谓宋刻本②无疑是朱子以后的东西。

---

① 《名例律》篇目疏议开头的"夫三才肇位"句之解有"三才解见前"，而其前的长孙无忌《进律疏表》中有"臣闻三才既分"的句子。根据其注"易说卦，立天之道曰阴与阳，立地之道曰柔与刚，立人之道曰仁与义"，两者的注解无疑出自同一人之手。

② 此处《名例律》篇目疏议及其注解存在于宋刻本中之事，由长泽规矩也氏的好意而得知。记此示谢。据长泽氏所谈，宋刻本(滂喜斋本)错字颇多，例如长孙无忌《进律疏表》倒错为《进律表疏》。但是，静嘉堂所藏的松下见林旧藏古写本也同样作《进律表疏》这一点，引人瞩目。松下本有柳贯序、泰定议刊官职名氏，无疑是泰定版直系本。由此来看，泰定版与宋刻本同作《进律表疏》，因此官版大概是在传写校勘的过程中加以订正的。这种错字也显示出宋刻本与泰定版之间的密切关系。官版尽管数经校勘，比起至正本、岱南阁本来，却有不少误字，特别是数字错得多，以此为标准本是十分危险的。这里的误字由写本的错误所引起，而造成原版错误的因素也不会少吧。湖北本张从革序所说"今校勘得差错脱漏字样，凡三百七十八字，悉为厘正"，是泰定版原版错误多的确证。但是湖北本的现存写本(本学院京都研究所藏)错误也很多。据说上海商务印书馆最近预定影印刊行滂喜斋所藏的宋刻本，又据说其附有董康氏严密的校勘记。我们把它是否为宋版当作另一个问题，而翘首盼望作为《故唐律疏议》最古版的本书得以早日刊行。

(三)《宋刑统》的影响

以上,我们论述了所谓宋刻《故唐律疏议》与元刻本有密切的关系,而且,(1)其确实出现于朱子以后;(2)作为《玉海》、《永徽法经》以后的产物则有疑问;(3)连出于至元八年禁止金泰和律以后都存在疑问。接着,我们准备论述这个《故唐律疏议》受到《宋刑统》影响的情况。

北宋天圣年间律及律疏的刊行,已经在第六节中叙述。与此时孙奭的《律音义》同时刊行的律文十二卷长久地流传于后世,律疏三十卷本却反而早就亡佚,这是应该注意的。研究孙奭的《律音义》,立刻就知道元刻本不是天圣的直系本①。原来在南宋,律疏的传本似乎极其稀少。《玉海》(卷六六)所引的《馆

① 研究《律音义》,可以知道现存《唐律疏议》不是天圣本的直系。《律音义》如《玉海》所载孙奭上奏文所说,"旧本多用俗字,改从正体",字体多有改正。我们查出这种改正,大致获得如下三十八条。但是现在将此与《故唐律疏议》比较,《故唐律疏议》经过孙奭改订的不过十一条,剩下的二十七条,在《律音义》中或者作为非,或者作为讹,或者作为俗而加以订正的,在《故唐律疏议》中却保留了旧的形态。即使在《故唐律疏议》与《律音义》一致的十一条中,除二条以外,其他的九条与被认为未经过孙奭校订的《宋刑统》作相同的原形,而且《宋刑统》一反《故唐律疏议》作俗字的四字,将其作原形。据此来看,《故唐律疏议》显然不是天圣直系本。据《玉海》,"四年七月,判国子监孙奭言准诏校定律文及疏。律疏与刑统不同,本疏依律生文,刑统参用后敕,虽尽引疏义,颇有增损。今校为定本,须依元疏为正。其刑统衍文者省,阙文者益,以遵用旧书",尽管天圣本律疏被想像为与刑统甚有差异,元刻本除极少的差异外,与《宋刑统》几乎完全一样,这也是由于它不是天圣本直系的缘故。下列《律音义》、《故唐律疏议》、《宋刑统》的比较表:

律音义	律名	《故唐律疏议》	宋刑统
期 唐避玄宗讳之字周,今改从旧,后皆仿此。	名例	期	周
一匹 作疋者俗。	名例	一疋	一疋
女官 升玄经云:女官如道士也,流俗以其载冠,改作冠字非也。	名例	女冠	女冠
蕃息 俗本作番息者非,后并同。	名例	蕃息	蕃息
疮 本作创,作疮从俗。	厩库	庪	庪
蹢 作蹢,俗。	厩库	蹢	蹢
标识 本作帜,非。	厩库	标帜	标帜
钞 本又作抄,俗。	厩库	抄	抄
暴凉 作曝,讹。	厩库	曝凉	曝凉
弃 古文字棄字,唐避太宗讳行焉,今从古。	擅兴	弃	弃

阁书目》中，律疏只有二十八卷，缺少二卷《断狱律》，这意味着南宋初的朝廷已经没有律疏的完本。《直斋书录解题》、《文献通考·经籍考》尽管著录了律文十

续表

律音义	律名	《故唐律疏议》	宋刑统
诸平 字又作评，同。	名例	诸平	诸平
驼 作驰，俗。	名例	驰	驼
自借贷 本或作贰者，俗。	名例	自借贷	自借贷
检句 本作勾，俗。	名例	检勾	检句
赍禁 作赍者俗，后仿此。	卫禁	赍禁	
得三 本或作得三分，分衍字也。	卫禁	得三分	得三分
料治 唐避高宗讳治字，为理。	职制	料理	料理
偏 作徧者讹。	职制	偏	偏
属请 职制。	嘱请	嘱请	
县欠 本作悬，从俗。	职制	悬欠	悬欠
得立嫡以长 本作立庶以长者，后人改之尔。	户婚	得立庶以长	得立庶以长
宽间 本作闲者，非。	户婚	宽闲	宽闲
聘 作娉者俗。	户婚	聘	娉
壻 作婿俗。	户婚	婿	壻
临陈 作阵，俗。	擅兴	临阵	临阵
以上道论 本或作以已上道论，已衍字。	贼盗	以已上道论	以已上道论
格 作挌，俗。	贼盗	格	格
祝 作呪者俗，下同。	贼盗	呪	呪
尸 作屍者俗。	贼盗	屍	屍
冢 作塚俗，后同。	贼盗	冢	冢
熏 作燻者俗。	贼盗	熏	熏
闘 今皆从门户字。	斗讼	闘	闘
愬 作愬者俗。	斗讼	愬	愬
旁 作傍者俗。	斗讼	傍	傍
卷钞 作抄，俗。	诈伪	卷抄	卷抄
标识 作帜俗，下同。	杂律	标帜	标帜
刺 作剌，俗。	杂律	剌	剌
称 作秤，俗。	杂律	秤	秤

二卷,音义一卷,关于律疏三十卷却一言未曾提及。《遂初堂书目》也只载律文,未著录律疏。到《郡斋读书志》,律文、律疏都不著录了①。《建炎以来朝野杂记》说:

> 国初但有刑统,谓之律;后有敕令格式,与律并行。(甲集卷四"淳熙事类"条)

这是把律与刑统混为一谈。《朱子语类》说:

> 刑统大字,是历代相传;注字是世宗时修。(卷一二八)

> 又问:伊川云,介甫言律是八分书,是他得见如此,何故? 曰:律是刑统,此书甚好,疑是历代所有,传袭下来。至周世宗,命窦仪注解过,名曰刑统,即律也。(同上)

如把刑统中的律疏作为周世宗所作之类,都可以作为南宋缺乏律疏单行本的例证。已经引用的《容斋随笔》《考古质疑》说到律、引用的却是刑统,证明这些作者根本没见过律疏单行本。此外,金朝编纂《明昌律义》时,所谓"取刑统疏文以释之"(参照第六节所引《金史·刑法志》),可以推测在北方的金也没有律疏单行本;而有至正元年杨维桢序、后至元五年俞淖序的元沈仲纬《刑统赋疏》,在称唐律的同时而实际上引用《宋刑统》②,也显示出在刊行大量《故唐律疏议》的元朝中期以后,律疏单行本依然匮乏。如果在南宋律疏单行本如此少见,被认为是见者称奇的《宋刑统》的影响也是可以想像的。

《故唐律疏议》受《宋刑统》的影响表现为:

(1)小字夹注——经过对此的研究,可见《宋刑统》的影响。至正本、岱南阁本全书有以下四处小字夹注:

---

① 南宋书目著录律疏的,据我们所知,只有《通志·艺文略》中的"律疏二十卷"。但是从《通志》的性质考虑,其著者不一定是目击了律疏单行本后才写的。其不作三十卷而作二十卷,恐怕是传写的错误。《宋史·艺文志》作律疏三十卷大约也是按照北宋《崇文总目》那样写的。

② 参照第76页注③。

第三卷"义宁"下的"隋末年号";

第一七卷"出继同堂即不合缘坐"下的"释曰:出继谓伯叔父及兄弟之子、己之子内有出继同宗者;同堂谓伯叔父之子,今俗呼为亲堂兄弟者";

第二六卷"冷热迟驶"下的"疏史反";

第二八卷"停家职资"下的"释曰:停家职资,谓前职前官"。

这种小字夹注数量极少,使人非常怀疑其一点残存都没有。而且,校勘岱南阁本的顾广圻曾说,这是王元亮将律疏中分散的释文集中置于卷末时的残留(参照顾氏《唐律释文》跋)。但是,释文如前所述,开始并未分载,而是收集在别册中。即使搁置此问题,关于现在释文中前记"驶",从"音史,到疾速也"的重复相异之处来看,必须说顾氏的看法也是可疑的①。查看《宋刑统》,上述夹注全部保存,而且还包含更多的夹注。相异之处,只有《宋刑统》中开头的"释曰义宁"四字。因此,如果采用顾氏的残存说,这个小字夹注当然应该考虑为《宋刑统》的夹注的残余。总之,《宋刑统》的夹注,正如第五节中引用的窦仪《进刑统表》所说:

> 字稍难识者,音于本字之本;义似难晓者,并例具别条者,悉注引于其处。又虑混杂律文本注,并加释曰二字以别之。

因此,《周刑统》中,特地在朱子训释处加上"释曰"二字,以与本注相区别。在只注字音的场合下,因无与本注混杂之虞,就不再冠以释曰字样。如:

> 窀(音迪)(卷一三)   岁(音夕)(同上)   啐(子对反)(卷三〇)

所以《唐律疏议》夹注除去原来疏史反以外,其他也都如《宋刑统》相应的夹注那样加以"释曰"二字。《唐律疏议》夹注"释曰:出继谓伯叔父及兄弟之子"云

---

① 疏议夹注与释文属于不同的系统,这一点,如果把疏议夹注与同一系统的《宋刑统》夹注及其释文相比较,更为明确。例如《宋刑统》中"释曰等者同也",释文解释为"等差,下初加反,犹次第也";《宋刑统》中"释曰徽缠皆是索",释文作"按《周易》,徽缠黑绳也。今但依绳取义,不拘徽缠之文"。两者的这种差异不胜枚举。

云及"释曰:停家职资"云云,都完全保存了原貌①,而"隋末年号"则应该是失去了"释曰义宁"四字②。

于是,我们可以得出关于小字夹注的结论。《故唐律疏议》与《宋刑统》的夹注属于同一系统是不容怀疑的。但是根据《故唐律疏议》中的夹注数量太少、形式简单化的特点来看,它比起《宋刑统》来,无疑也是比较新的东西。《故唐律疏议》的夹注,是除去《宋刑统》的夹注时的残存,或者是从《宋刑统》中经过几个人抄写出来的。无论从哪一点看,在《故唐律疏议》版本相对年代的比较上,都是证明它比《宋刑统》时代要晚的决定性证据。以下,再指出被认为是《宋刑统》的影响的两三点特征。

(2)出玖——《故唐律疏议》杂律"博戏赌财物"条中有"其停止主人及出玖,若和合者,各如之"的句子。这个"出玖",在西域出土杂律片断,及孙奭《律音义》中作"出九";官版、至正版都以一、二、三等普通体作数字,而只在此场合下作"出玖",堪称奇妙③。也许,泰定版的祖本像法制局本《宋刑统》那样,数字均作壹贰叁等而残存下来。但是嘉业堂本《宋刑统》像《故唐律疏议》那样使用一二三等的普通体,只在"出九"的场合作"出玖"。即使法制局本和嘉业堂本都出自相同的天一阁原本,这种不同也令人感到奇怪。如果天一阁原本的数字与法制局本相同,即可以作为《故唐律疏议》受到《宋刑统》影响的一个证明;同时,即使如嘉业堂本那样,也证实了《宋刑统》与《故唐律疏议》之间具有

---

① 据《漭喜斋藏书记》,其所谓宋刻,尽管有其他三个小字夹注,这里只将"释曰出继"云云误作正文,而且指出没有释曰出继四字。因此该夹注是旧注,释曰二字是元人妄增。但是,此夹注无疑是从《宋刑统》继承而来的,"释曰出继"四字的存在是正确的,所谓宋刻反而脱漏了此四字。官版及日本的古写本将此夹注作大字而入〇印中,以与疏议正文相区别;"释曰出继"四字也是照样有的。然而官版、至正本分别与《宋刑统》比较接近之事,恐怕显示出其每次刊行时,都用《宋刑统》进行校对。湖北本除"疏史反"作"疎史反"外,其他三注都相同。但是,此夹注的部分,附有其前文的"即不合缘坐"前以外的二字,并夹注此七字;又,夹注误将"有出继同宗者"以下作为正文。

② 《宋刑统》中,例如:"故放火起请"条在第二十七"故放火"条内(卷一九);第十九亦有"故烧人屋舍财物"条(第二十七),都脱落了"释曰"二字。但是从整体来看,相对于"释曰"残存的大约五十条,其脱落的只不过六条(据法制局本)。这与前记《进刑统表》共同证实了原来以冠有"释曰"二字为原则。

③ 湖北本作"出久",是抄写错误。

的亲缘关系。

(3)疏议曰——滂喜斋本、官版、至正本都在疏议各条的开头,冠以"疏议曰"三字。但是所谓疏议,是原来并不熟悉的用词。根据以西域出土律疏为主的唐代诸书中所引律疏都以"议曰"二字开头的情况来看,原作"议曰"是无疑的。"疏"字原来与"议曰"并不连接,这依据以下事实可以知道,即在至正版、岱南阁本以下的清朝诸版本,都以" 疏议曰 "的样式,将"疏议曰"三字置于黑块中;反之,滂喜斋本单单将一个疏字置于黑块中,作" 疏 议曰"的样式。日本官版不使用黑块,"疏议曰"三字都作普通体。唯静嘉堂藏松下本及宫内省图书寮藏的一本只将疏一个字加圈线围起,作 疏 或[疏]的样式。据此考虑,其祖本应与滂喜斋本一样,只置一个疏字于黑块之中。湖北本的现存写本也与官本一样以疏议曰作普通体,但原本果真是这样的吗? 将疏议曰三字连在一起而置于黑块中的,应以至正本为始作俑者。(由于与至正本形式上的酷似,或许湖北本也像至正本那样,将疏议曰三字置于黑块中)泰定版据说将疏字与议曰区别开来,大体上没有疑问。但是进一步考虑为什么在唐代律疏中全然未见的疏字却进入了律疏中的话,应该怀疑此处也夹杂进了《宋刑统》。大体上说,《宋刑统》如第四节所述,"用律为正,辞旨之有难解者,释以疏义;义理之有易了者,略其疏文",修改《周刑统》,采用了律疏的全文。但是,此时的刑统修改者却依据"用律为正"的《周刑统》的传统,先记各条律的全文,然后分解律文,附载以对其进行解释的律辞。所以在《宋刑统》中,律文首先作为律的正文,其次作为律疏中分解解释的正文,重复出现过两次。而且刑统为了区别作为律正文的律和作为律疏中的律,在律疏的开头附以疏字。例如:

> 诸私铸钱者,流三千里;作具已备未铸者,徒二年;作具未备者,杖一百。若磨错成钱令薄小取铜以求利者,徒一年。

> 疏 诸私铸钱者,流三千里;作具已备未铸者,徒二年;作具未备者,杖

一百。 议曰 私铸钱者,流三千里。其作具已备,谓铸钱作具并已周备,而未铸者,徒二年。若作具未备,谓有所欠少未堪铸钱者,杖一百。若私铸金银等钱不通时用者,不坐。

又云:若磨错成钱令薄小取铜以求利者,徒一年。 议曰 时用之钱,厚薄大小,并依官样。其有磨错成钱,令至薄小,而取其铜以求利润者,徒一年。

这就是以上说的情况。只有在刑统中所记一条律的全文不长、律疏可以一次解释其全文的情况下,为避免律文的重复出现,而在所记律正文后直接作为 疏议曰 记载律疏。所以即使在刑统中,也不是不存在疏议的连续性,但这仅限于律文特别短的场合。疏字在很多时候,像上面所引例那样,履行将律正文与律疏中的律区别开来的职能。在律疏单行本中,如西域出土的律疏那样,如果有"议曰"二字,律文与疏议就能区别得很清楚了。疏字介入的必要,是在如刑统那样律正文与包含有律正文的律疏并列的场合。而"议曰"向"疏议曰"转化之事,我们怀疑也是由于《宋刑统》的影响①。

① 《澉喜斋藏书记》中,其所谓宋刻本卷二犯十恶故杀人条的"理务疏通"的疏字下,有"犯宣祖上一字庙讳,改为疏"的避讳注。据此,可以作为宋刻说的证据之一。但是,如此一一注明这种样式的避讳,本来是《宋刑统》的特征,《宋刑统》自然全部保存上述的避讳注。此外如"犯宣祖上一字庙讳,改为昭"(卷二三)、"犯宣祖上一字庙讳,改为尤"(卷二七)、"犯翼祖庙讳,改为恭"(卷九、卷二一、卷二二、卷二三)、"犯翼祖庙讳,改为奉"(卷二一)等同一形式的注非常多。所以前引避讳注实际存在于宋刻本的话,仍然可以举作《宋刑统》残存的有力证据(别注)。根据长泽氏所谈,此处存在注的部分是补写的,因此没有问题。这个补写,恐怕是基于《宋刑统》而形成的。

《宋刑统》避讳注的原来形式,并非如上,而是如"注:枭鸥,犯翼祖庙讳,改为鸥"(卷一);"注:而奉,犯翼祖庙讳,改为奉"(卷一)那样,显得更为细致。但是,这被简单化而成上述的样子。现存《宋刑统》中,很少保持原形,而如上述那样形式上的东西居多。

另,所谓宣祖,是宋太祖之父。《宋刑统》编纂于太祖时,所以避讳注只到宣祖为止。作为朱子以后刻本无疑的澉喜斋本中,如果避讳只避到宣祖的话,就肯定是从《宋刑统》传来的。此外,卷二此避讳注的前后,尽管有许多避讳注存在,《藏书记》只特记了唯一的一次,据此,其他避讳注恐怕是不存在的。据长泽氏的调查,澉喜斋本《宋刑统》,当然到《通典》为止,为避宋太祖祖父(即翼祖)之讳,将十恶大不敬作大不恭,后来又恢复了大不敬。这对宋刻说也可以算作疑点之一。

以上,我们列举了《故唐律疏议》受到《宋刑统》影响的特征。如果此为确实,那么,这仅仅是影响呢,还是真正意义上的残存呢?南宋与金疏议单行本的缺乏,使人们得以有充分理由怀疑《故唐律疏议》是从《宋刑统》蜕化出来的——如果剔除《宋刑统》附载的敕令格式,这是轻而易举的事情。然而上述特征中的任何一点,都缺乏关于其蜕化的决定性的证明力,这是不得不承认的。即使律疏传本匮乏,但任何人也不能断言不会有其中一本偶然流传下来。尽管《故唐律疏议》与《宋刑统》同为三十卷,在《名例律》及《职制律》的卷的分割处却不同,而西域出土《名例律》疏片断恰好与《宋刑统》不同,而与《故唐律疏议》的卷的分割相当。现存文集类中没有长孙无忌的《进律疏表》,因此它可能是与律疏单行本共同流传的①。如果列举其他细小的差异,就不啻漫无边际了。此等差异点在某种意义上都是《宋刑统》蜕化说的反证。因此,尽管《宋刑统》蜕化说极具魅力,在本稿中,我们仍然解释为《故唐律疏议》以律疏单行本为祖本,只不过受到了《宋刑统》的若干影响而已。

(四)其他的变更加工

以上,我们指出了与版本问题相关的变更加工,接着再指出与版本问题没有直接联系的若干处变更。

(1)丙丁——佐藤诚实博士说:

> 我国律中,丙丁作景丁,是为了避唐高祖父亲的名字炳,永徽本也应当如此。今传疏议中作丙丁,是五代以后改的。(《律令考》第7页)

这应该是确实的。

(2)大才业——名例八议"议能"条注所说"谓有大才业",在日本律、《六

_____

① 律疏修改后,依然附以前律的《进律疏表》的可能性,根据明律改成吏户礼兵刑工六篇篇目,内容也有显著改动后,依然刊载有刘惟谦对完全照搬唐律篇目的洪武七年律的《进大明律表》这一点,可以察知。

典》、《通典》中均作"大才艺"。此语出自《周礼·秋官·小司寇》郑注的"能,谓有道艺者",因此,大才艺的说法较早。《故唐律疏议》中,在总叙八议处也说:"其应议之人,或分液天汉,或宿侍旒扆,或多才多艺,或立事立功",使用了艺字。开元时作大才艺是无可怀疑的。

(3)户绝——《户婚律》"立嫡违法"条疏议说:

> 依令,无嫡子及有罪疾,立嫡孙;无嫡孙,以次立嫡子同母弟;无母弟,立庶子;无庶子,立嫡孙同母弟;无母弟,立庶孙;曾、玄以下准此。无后者为户绝。

《六典》、《宋刑统》将此处的"为户绝"作"国除"。开元时,继承法依照封爵令规定之事,《故唐律疏议·诈伪律》:"非正嫡诈承袭"条疏云:

> 依封爵令,王公侯伯子男,皆子孙承嫡者传袭。以次承袭,具在律文。

《宋刑统》更在此条后有云:

> 诸王公以下,无子孙,以兄弟子为后;生经侍养者,听承袭,赠爵者亦准此。若死王事,虽不生经侍养者,亦听承袭。

根据这里列举的封爵令,即可得知。《续资治通鉴长编》熙宁八年六月壬子条有如下记载:

> 诏:五服年月敕,嫡孙为祖注,增入嫡子死,无众子,然后嫡孙承重。即嫡孙传袭封爵者,虽有众子,犹承重。先是,同知太常礼院李清臣言:五服年月敕,嫡孙为祖。注谓承重者为曾祖高祖后者亦如之。又祖为嫡孙,注云有嫡子则无嫡孙。又封爵令:公侯伯子男,皆子孙承嫡者传袭;若无嫡子及有罪疾,立嫡孙;无嫡孙,以次立嫡子同母弟;无母弟,立庶子;无庶子,立嫡孙同母弟;无母弟立庶孙,曾孙以下准此。究寻礼令之意,明是嫡子先死而祖亡,以嫡孙承重,则礼先庶叔,不系诸叔存亡,其嫡孙自当服三年之服,而众子亦服为父之服。若无嫡孙为祖承重,则须依封爵令,嫡孙远近以次

推之。且传爵承重，义当一体，礼令明白，固无所疑，而五服年月敕不立庶孙承重本条，故四方士民尚疑为祖承重之服，或不及上禀朝廷，多致差误。欲乞祖亡无嫡孙承重者，依封爵令传袭条，余子孙各服本服。如此则明示天下，人知礼制，祖得继传，统绪不绝，圣王泽也。下礼院，请如清臣议。既而中书言：古者封建国邑而立宗子，故周礼嫡子死，虽有诸子，犹今适孙传重，所以一本统、明尊卑之义也。至于商礼，则嫡子死，立众子；无众子，然后立孙。今既不立宗子，又不当封建国邑，则嫡孙丧祖，不宜纯用周礼，故有是诏。

同书元丰三年十二月癸酉条则记载说：

> 知礼院兼太常寺丞王子韶言：寺丞刘次庄祖母亡，有嫡曾孙，次庄为嫡孙同母弟。本院定次庄祖母亡，无诸子及无嫡孙，次庄以嫡孙同母弟承重。检近降五服条，嫡孙为祖，注谓承重者为曾祖高祖后亦如之。嫡子死无众子，然后嫡孙承重；即嫡孙传袭封爵者，虽有众子犹承重。窃详上条，止为嫡孙承重。不承重立法，即无庶孙承重之文。自来嫡孙不问长幼承重，若嫡孙已死，见有亲弟年少，又有庶母弟年长，若论长即庶长孙承重；若谓庶孙不当承重，即嫡孙同母弟虽少，当为祖父母斩衰三年，未常明降指挥，乞下礼官详议立法。礼院言：自今承重者，嫡子死，无诸子，即嫡孙承重；无嫡孙，嫡孙同母弟承重；无母弟，庶孙长者承重，曾孙以下准此。其传爵封袭者，自依礼令。从之。

以上两条记载，都显示出根据宋神宗时代开始的继承法的变革，到当时为止一般规定继承顺位的封爵令，逐步将其地位传给五服敕，而只规定有爵者的继承的情况。南宋《庆元条法事类》无封爵令（参照第83页注①），其服制门所载服制令说：

> 诸嫡子死，无兄弟则嫡孙承重；若嫡子兄弟未终丧而亡者，嫡孙亦承重。其亡在小祥前者，则于小祥受服；在小祥后者，则申心丧，并通三年而

除。（嫡孙为祖母及为曾高祖后者为曾高祖母，准此）无嫡孙则嫡孙同母弟，无同母弟则众长孙承重。即传袭封爵者，不以嫡庶长幼，虽有嫡子兄弟，皆承重。曾孙玄孙亦如之。

封爵的继承反而成为一般继承法例外的规定了。因此，《故唐律疏议》的"国除"改变为"户绝"，据推测，应当在神宗以后很久，人们已经忘却由封爵令规定继承的时期。湖北本现存写本作"为后绝"，则是抄写的错误。

（五）反证的研究

《唐律疏议》经过宋元而传袭的过程中所经历的种种加工修改已如前所述。而我们在研究第五节所列举开元前的残余的时候，非常有必要首先确认《唐律疏议》被认为是永徽的作品，而不是后世为适合早先永徽时代的样子而复古的。以下，即研究此类有疑问的残余。

期亲①——《续资治通鉴长编》天圣五年十月乙酉条说：

翰林院侍讲学士孙奭言：现行丧服，外祖卑于舅姨，大功加于嫂叔，其礼颠倒。今录《开宝正礼五服年月一卷》，请下两制礼院详定。学士承旨刘筠等言：奭所上五服制度，皆应礼，然其义简奥，世俗不能尽通。今解之以就平易，言两相为服无所降杀。旧皆言报者，具载所为服之人；其言周者，本避唐讳，今后为期；又节取假宁令，附五服敕后，以便有司。而丧服亲疏

---

① 最早论述期亲之复旧的并不是我们。比我们先发现《故唐律疏议》中存在永徽以后加工痕迹的佐藤诚实博士，就所发现的此期亲也是官版《故唐律疏议》唯一作周亲之处论述道："因此说，如果《唐律疏议》也是玄宗以后的本子的话，就应该知道原来把期亲作周亲，而在《名例律》反坐条中作周亲，这是复旧时偶然遗漏。"（《律令考》第18页）

然而，此处反坐条的周亲之语，只存在于官版及日本古写本，滂喜斋本（据长泽氏的调查）、湖北本、至正本中都不存在，却存在于于"死者止绞而已者，假若甲告乙谋杀周亲尊长，若实，乙合斩刑；如虚，甲止得绞罪"的句子中，因此作为两种版本中间版的泰定版原版中是否存在这个词，甚为可疑。《宋刑统》中，以上的句子全部存在，作为日本官版祖本的古写本，曾经与《宋刑统》对校，当时它曾从《宋刑统》抄录，是最稳当的观点。（关于官版与《宋刑统》的关系，并参照第120页注①）所以本稿写作时，不采用佐藤博士的周亲残存说。

隆杀之纪,乃有定制。己丑,诏国子监摹印颁天下。

《宋史·仁宗本纪》天圣五年十月己丑条说"颁新定《五服敕》"、同书《艺文志》说"《五服敕》一卷,刘筠、宋绶等撰",就是此周亲复旧为期亲的《五服敕》。所以天圣七年《五服敕》的发议者孙奭刊行的《律音义》[①]说:

> 期(音基,唐避玄宗讳,之字为周,今改从旧,后者仿之)。

就不足为怪了。当时与音义共同刊行并流传的律文及其疏恐怕也都改成了期。天圣以后所作《梦溪笔谈》(卷一一)引用律的"期年之后,降先品一等叙",与天圣前乾德三年丧服议中说的"《户婚律》:居父母及夫丧而嫁娶者,徒三年,各离之。若居周丧而嫁娶者,杖一百"(《宋史·礼志》所引)相比较的话,上述想像就决不是无稽之谈了。尽管在宋初编纂的《宋刑统》、《开宝通礼》中作周亲,温公《书仪》、《政和礼》、《庆元条法事类》、《朱子家礼》等皆作期亲,也是基于上述理由。周亲复旧为期亲,在礼律都是天圣时代,于是得以明确[②]。当然,现存《故唐律疏议》如前面所说,不是天圣的直系本。即使这样,《唐律疏议》也被认为制定于永徽时期,而且,期亲作为一般的惯例,除天圣以外就没有相关的复旧,这是谁也不能断言的。除期亲以外,如前述的各种可以推测的加工还有很多,即使我们无法确定其复旧的正确年代,也可以毫不犹豫地认定期亲在后世的复旧。

(2)洛州——唐律在五代遭到两次亡佚的危难。其一次在梁代。《旧五代史·刑法志》说:

> 唐庄宗同光元年十二月,御史台奏:当司刑部、大理寺本朝法书,自朱

---

① 桐乡沈氏所藏以影宋抄本为底本的江苏书局本《唐律疏议》附录的《律音义》中,将其下引用的"周"误作"问";而罗振玉氏影印常熟瞿氏所藏影宋抄本的吉石盦丛书中,则正确地作"周"。

② 这样说,当然不是意味着只有在天圣,周字才全部改为期字。周字在以后也被使用,其最后的残存(据我们所知)是在明代洪武元年令中。但是可以断言天圣以后大体上以期亲的使用为主流,周亲的使用则不断减少。此外泰定版附录的释文一直使用周亲(只有湖北本改为期亲),纂例则混用周亲期亲。

温僭逆,删改事条,或重货财,轻入人命;或自徇枉过,滥加刑罚。今见在三司收贮刑书,并是伪廷删改者;兼伪廷先下诸道追取本朝法书焚毁,或经兵火所遗,皆无旧本节目,只定州敕库有本朝法书具在。请敕定州节度使,速写副本进纳,庶刑法令式并合本朝旧制。从之。未几,定州王都进纳唐朝格式律令凡二百八十六卷。

这就是说,后梁新制定律令的结果是焚毁了唐律。因此,据说后唐初年唐的法典只存在于定州的敕库中。从开元到唐亡二百年间,因为没有实用性,即使未亡佚,也可以认为已经极其稀少的永徽律疏,在遭此厄难后是否剩有残余,很值得怀疑。后唐将其复活并实用的,不用说是到唐末一直使用的开元律疏。

至于后唐复活的开元律疏,被传入晋、汉。由于汉末兵燹,遭到第二次的劫难。因此,周初重写的时候,为适应开封新都的情况,更改了律疏中的地名、门名。正如第四节中引用的《宋史·卢多逊传》所云:

> 周初为侍御史。汉末兵乱,法书亡失。至是,大理奏重写律令格式统类编敕。乃诏亿与刑部员外郎曹匪躬、大理正段涛同加议定。旧本以京兆府改同五府,开封、大名府改同河南府,长安、万年改为次赤县,开封、浚仪、大名元城改为赤县;又定东京诸门,薰风等为京城门,明德等为皇城门,启运等为宫城门,升龙等为宫门,崇元等为殿门。庙讳书不成文,凡改点画及义理之误字二百一十四……

在后来编纂了《周刑统》、《宋刑统》后,这部周初改订的律疏也没有废止,其在周到北宋的使用,已经在第四节中叙述。天圣年间,它作为新刊律疏的底本被称作旧本,也只是相对于刑统而言,因此恐怕是最适合开封新都的周初改订的律疏。这就是说,我们推测在北宋流传最广的,当然不是永徽律疏,也不是纯粹的开元律疏,而是这部周初改订的律疏。因此南宋时期,在传本三次遭到厄运以后,最有复活的可能性的,也是这部周初改订的律疏。另一方面,自《旧唐书·经籍志》、《新唐书·艺文志》和《崇文总目》以来，如果律疏为长孙无忌等所撰，即永徽律疏的观点长期流行的话①，很清楚与唐代制度有异的周初改订的门名、地名，复旧为永徽的机会最多。因此，现在的《故唐律疏议》存在开元以前的地名、门名的场合下，以此直接反证开元律疏说，是靠不住的。我们认为《故唐律疏议》中洛州地名至少是由于此种复旧而出现的。以下推测这种复旧的经过。

《故唐律疏议》中洛州地名的出现，在《职制律》乘驿马辄枉道律文后的疏议。律文曰：

> 诸乘驿马辄枉道者，一里杖一百，五里加一等，罪止徒二年；越至他所者各加一等。

疏议解释附加圈点的律文道：

> 假如从京使向洛州，无故辄过洛州以东，即计里加一等。

但是被认为依据周初改订的《宋刑统》同条疏议却说："假如从京使向西京，无故辄过西京以西，即计里加一等。"以开封为都城的周、宋，洛阳是西京，从首都东京出发的使者途径西京的说法是可以的，但是在以西京长安为首都的唐，从首都出发的使者，经过同样是首都的西京，不啻荒谬绝伦。于是就有什么人着眼于从唐代首都出发的使者不可能经过西京，而将其改为洛州了。我们推定开元律疏原本的该部分作：

> 假如从京使向东都，无故辄过东都以东，即计里加一等。

以东都为首都的周、宋，因为遇此困境，就如前记《宋刑统》那样作了修改。孰料又有要将此恢复唐朝之旧的人，由于东都在永徽时不存在（参照上篇），因

---

① 《旧唐书》、《新唐书》和《崇文总目》只著录永徽律疏而未著录开元律疏，这与其说证明了北宋时永徽律疏的存在，不如说相反地是无视并忘却当时最早的两部律疏的区别，从而显示出真正的永徽律疏恐怕是最早亡佚的。即使北宋时永徽律疏的残本仍然存在，在相关的环境下，不重视与后世任何其他律疏的区别的话，其亡佚也是迟早的事情。

此根据永徽旧名将其改为洛州。这就是洛州地名在律疏中出现的过程。根据东都及河南府等洛州后世地名都在同一律疏中存在的现象,该洛州经过后世的修改是确凿的。

(3)顺天门——周初法典中插入首都开封的门名之事,已经在洛州条中叙述。但是被认为采用了此时律疏的《宋刑统》杂律"犯夜"条疏议中,《唐律疏议》:

> 宫卫令、伍更参筹,顺天门击鼓,听人行;昼漏尽,顺天门击鼓四百槌迄,闭门

其中的顺天门,在《宋刑统》中作为改为正卫门的唯一例外,不用说其余东京的门名,就是《故唐律疏议》中存在的唐代长安的门名,也全部被省略,又该如何解释呢[①]?

我们并不是断言《故唐律疏议》中存在的唐代诸门名全部都经过后世的修改,只是我们认为存在这种特别可疑部分的顺天门并不是十分有力的反证。

如上所述期亲、洛州、顺天门中多少出现的差异,如果怀疑是出于后世加工修改的话,第五节中列举的一般的反证,总的来说又该如何考虑呢? 前面已经叙述过,第五节列举的残余中,真正称得上反证的,不过是期亲、甥之丧、庶母之丧以及顺天门四项。如果怀疑期亲、顺天门有后世的加工,剩下的只是显庆年间改正的两处丧服。关于这一点,我们也要指出足以大大削弱其反证力的两项事实。首先是第一点:

(1)唐代礼制的纷乱复古。显庆后到开元期间是礼制纷乱复古的时代。显庆二年对有争议的甥之丧与庶母之丧的改正,可以想像在显庆三年制定的显庆礼中已经被采用了。《旧唐书·礼仪志》说:

---

① 《五代会要》卷一九谓:"周显德五年五月,赐东京城门名,南面三门曰朱明门、景风门、畏景门,西面二门曰迎秋门、肃政门,北面三门曰玄德门、长景门、爱景门,东面二门曰寅宾门、延春门;又以大内旧一迎天门为通苑门。"

据此,《周刑统》奏上仅仅两个月以前,东京的门名已经被修改了。延续《周刑统》的《宋刑统》省去律疏的门名,是为了改正这些门名,但这当然只是想像而无法断言为确凿的事实。

> 时，许敬宗、李义府用事，其所损益，多涉希旨。行用以后，学者纷议，以为不及贞观。上元三年三月下诏，令依贞观年礼为定。

据此，显庆礼本身只施行十三年，就恢复了贞观礼。接着：

> 仪凤二年又诏：显庆新修礼，多有事不师古，其五礼并依周礼行事。

这是丧服礼仪的复旧。但是其后又说：

> 自是，礼司益无凭准，每有大事，皆参会古今礼文，临时撰定。然贞观、显庆二礼，皆行用不废。

因此，不能断言当时专用《仪礼》。其后在开元七年又一次大争论之后，才决定丧服完全依据《仪礼》：

> 至七年八月下敕曰：惟周公制礼，当历代不刊；况子夏为传，乃孔门所受。格条之内，有父在为母齐衰三年。此有为而为，非尊压之义，与其改作，不如师古。诸服纪宜一依丧服文。（《旧唐书·礼仪志》）

这就是正式规定开元七年以后的丧服明确依据《仪礼》。《旧唐书》说：

> 自是卿士之家，父在为母行服不同。或既周而禫，禫服六十日释服、心丧三年者；或有既周而禫，禫服终三年者；或有依上元之制，齐衰三年者。时议者是非纷然。

这只不过是表示出士民间服制的不统一。即我们不能忘记显庆后到开元年间，无论怎样依从习惯，公开的礼制复古的倾向是极为明显的。接着更重要的是：

(2) 开元礼未曾直接施行的疑问——这确实是存在的。开元二十年颁行的开元礼，采用了显庆时修改的丧服。如果它是直接施行的，开元二十五年改订律疏时，依据显庆的修改就是理所当然的。但是，《吕和叔文集》的《代请删定施行六典开元礼状》说：

　　　　宣示中外,星纪六周,未有明诏施行。遂使丧祭冠昏家,犹疑礼之等。

这意味着尽管开元礼向内外颁行,却并未强制施行。由于留心此事,当我们见
到存在于《旧唐书》、《唐会要》中的开元二十三年修改丧服的记录时,就发现了
有意思的事实。开元二十三年,韦韬奏请改订《仪礼》中的丧服。崔沔、韦述、杨
仲昌、杨伯成、刘秩等则奏请遵守《仪礼》原来的规定。但是他们的奏文都以《仪
礼》为准,对于开元二十年制定的开元礼则一句都未提及。《旧唐书》本纪开元
二十四年说:

　　　　八月戊申朔,加亲舅小功服,舅母缌麻服,堂舅袒免。

　　这里所说的修改,恐怕就是争论的结果。但是,亲舅在开元礼中已经是小
功,不一定有再改为小功的必要。杨仲昌议曰:

　　　　其为舅缌,郑文贞公魏征已议,同从母例,加至小功五月讫。今之所
　　加,岂异前旨。虽文贞贤也,而周孔圣也,以贤改圣,后学何从。

据此,尽管开元礼中舅为小功,在开元二十三年,舅为缌麻(即《仪礼》的规定)是
正式被承认的丧服。崔沔议曰:

　　　　至开元八年,特降别敕,一依古礼,事符故实,人知向方式,固宗盟社稷
　　之福。更图异议,窃所未详。愿守八年明旨,以为万代成法。

这意味着开元二十三年时,《仪礼》丧服依然是正式的丧服制。如果上述推测没
有错误,律疏中没有采用显庆的修改,反而很适合开元二十五年的现实。但是
这个解释仍然有疑问,《册府元龟》等就有与此相矛盾的资料。这里不过就此事
作为疑问而加以记载。

　　在上述对反证的研究终了的时候,我们想作如下的结论:

　　(1)第五节所列举的开元前的残存,与支持开元律疏说的证据相比较的话,
我们不能不为其数量之少而惊叹。这显示出开元律疏值得注意的被深入删改
的情况。

(2)第五节列举的很少的残存中,称得上真正有力的反证有四。但是,其中期亲、顺天门两者,怀疑是经过后世的修改;甥之丧、庶母之丧两者,反而被怀疑为适应开元的情况。

总之,就我们搜集到的范围内,此等残余乃至反证,在对开元律疏说的许多积极的证据面前,几乎都不值得一谈。

八、西域出土律疏残篇及其与《通典》所载开元 二十五年律疏的比较

前面,我们阐述了《故唐律疏议》以开元二十五年律疏为基本框架。当然,它与被认为是开元二十五年律疏的其他各种资料相比较的话,并不总是一致。特别是存在着一种由于这种差异导致永徽、开元两部律疏的不同的观点。因此,在主张《故唐律疏议》的框架是开元二十五年律疏的基础上,对此问题进行充分研究十分必要。

目前,在《故唐律疏议》之外,作为考定为开元二十五年律及同年律疏的比较集中的资料,如果要求是直接可以看到的,其一是西域出土的名例与杂律疏古抄本的残篇,另一是《通典》卷一六五及一六八等所记载的名例以下的律文。如果要求零碎的断文,则可以在《白氏六帖事类集》、《唐会要》、《旧唐书》、《册府元龟》等唐宋诸书中见到。以下准备对这些资料与《故唐律疏议》试加比较并研究。

(一)西域出土的名例及杂律疏残篇的比较

1. 律疏残篇的年代与开元二十五年律疏奏上的时期

西域出土的名例及杂律疏残篇,经过罗氏的校录,收录于《敦煌石室碎金》,普通人也不难得到。由于其中有误植,关于名例律疏残篇,这里决定用王氏的真迹影写本,而参用前者[①]。

---

① 唐写本开元律疏名例卷(宣统三年春正月吴县王氏据图书馆藏真迹影写)。

前记西域出土的名例律疏残篇为开元二十五年之物,如卷二名例的末尾所载:

开元廿五年六月廿七日知刊定中散大夫御史中丞上柱国臣王敬从上
刊定法官宣义郎行滑州酸枣县尉明法直刑部武骑尉臣俞元祀①
刊定法官通直郎行衢州司户参军事明法直中书省护军臣陈承信
刊定法官承议郎前行左武卫胄曹参军事飞骑尉臣霍晃②
　银青光禄大夫守工部尚书同中书门下三品上柱国陇西郡开国公
　　知门下省事臣牛仙客
　兵部尚书兼中书令集贤院学士修国史上柱国成纪县开国男臣李林甫

根据这里记载的奏上年月与删定者奏上者的名字,可以得知残篇的年代。而且,残篇中有"周年"的说法,与避玄宗讳将期亲作周亲相同,这也成为确定其为玄宗以后所制作的参考资料。又,根据残篇中有"自依恒典"、不避穆宗讳的情况来看,就像王仁俊氏曾经解释的那样,可以大体推定为长庆元年以前的写本。现在的《故唐律疏议》诸写本中的"恒"作"常",或许是从避宋真宗讳的宋刊本乃至宋代抄本而来③。

其次,《杂律》疏残篇中,频繁出现"制书",也可以见到"宝节木契制敕并是"、"宝及门钥亦同"。这说明该残篇为武后载初年间以后,或者是玄宗开元六年以后制定的(参照第一节与第二节);而根据日、地等的文字未依照载初年间制定的则天文字来看,可以明确是玄宗开元六年以后所制定。将此认定为开元二十五年律疏,也是没有什么障碍的。

这里唯一成为问题的是,关于律疏奏上的时期,不仅古代的记录不统一,就

---

① 《唐会要》、《旧唐书·刑法志》中"祀"作"杞"。
② 霍晃,在《册府元龟》与会要中作崔冕,《旧唐书》中作崔见。
③ 王仁俊氏《唐开元律疏案证》云:"王仁俊曰……答曰:若使普覃惠泽一节,自依恒典,不避穆宗恒字之讳,可证释吏传录,此卷在长庆元年辛丑以前矣。永徽本古写,当是恒典,今作常典者,乃宋刊避真宗恒讳耳,不应高宗时著述,预避穆宗讳也。"

是与律疏残篇也有不一致之处。《唐会要》卷三九《定格令》首先谓："（开元）二十五年九月一日，复删辑旧格式律令"；其次记载了李林甫以下的删定者；接着，指出了删除损益旧格式律令敕并制定新格式、律令、律疏及格式律令事类的情况；末尾是"奉敕于尚书都省写五十本颁于天下"。因此，律疏可以理解为开元二十五年九月一日颁下的。但是，《通典》卷一六五《刑制下》、《旧唐书》卷五〇《刑法志》、《册府元龟》卷六一二《刑法部·定律令》都作开元二十五年九月一日奏上。然而，不完全承认这个开元格式律令及其律疏的九月一日奏上说，又可以举出种种的证据①。例如《旧唐书·玄宗本纪》就与《刑法志》不同，作：

开元二十五年……九月壬申，颁新定令式格及事类于天下。

又《资治通鉴》卷二一四唐纪三〇开元二十五年条也说：

上命李林甫、牛仙客与法官删修律令格式成，九月壬申颁行之。

这就是应该理解为两书中没有提到律疏，但与律疏同时完成并颁行的律令格式，不是九月壬申（九月一日）奏上而是这一天颁行的。还有，律疏残篇中如上所述的那样为"开元廿五年六月廿七日知刊定……王敬从上"，而不作九月奏上。应该注意的是，在列举刊定法律官员的最后，可以见到"陇西郡开国公知门下省事臣牛仙客"、"成纪县开国男臣李林甫"的名字。《旧唐书》中未有记载，《新唐书·牛仙客传》中却载有开元二十四年玄宗准备以牛仙客为尚书时，张九龄等加以反对的事情，接着又载："乃封陇西郡公，实封户二百。"《资治通鉴》也有大致相同的记载②。因此，封牛仙客为陇西郡公，如在开元二十四年看来较为

---

① 与《唐会要》"中书李林甫、侍中牛仙客、中丞王敬从"大体相同的律疏刊定者的记载，见于《旧唐书·刑法志》、《册府元龟》，《通典》则未有记载。《唐会要》、《旧唐书·刑法志》、《册府元龟》中，旧格式律令及敕的总数作七〇二六条，《通典》作七四八〇条。又，前记三书删除条数作一三二四条，但《通典》作一三〇四条。又，前记三书损益条数作二一八〇条，《通典》则作二一五〇条。据旧律不改的条数，四书均作三五九四条。看来，《通典》与其他各书所依据的基本资料或许有异，但每一种书都有不确的地方，因为条数计算不合。

② 即，《通鉴》卷二一四唐纪三〇开元二十四年条中详细记载了张九龄反对的上奏；接着，又载"十一月戊戌，赐仙客爵陇西县公，食实封三百户"。县公当作郡公。

妥当。又，据《旧唐书》卷九《玄宗纪》，到开元二十五年秋七月，牛仙客进爵豳国公，李林甫也同时成为晋国公①。因此，律疏残篇中所谓"陇西郡开国公牛仙客"、"成纪县开国男李林甫"，与"开元廿五年六月廿七日……上"的奏上律疏的年月日相应，大概显示出所附日期是正确的，同时也是得以论定《通典》、《旧唐书·刑法志》、《册府元龟》中所谓九月一日奏上律疏说之谬的好材料。如果以七月以后为奏上的日期，在律疏残篇中，也一定会列出豳国公牛仙客、晋国公李林甫之类的新封爵了。根据以上所述，我们认为开元二十五年律疏（恐怕律令格式也在此时）是在七月以前、残篇则是在六月二十七日撰上的。而其颁下，根据《唐会要》、《旧唐书·玄宗本纪》以及《资治通鉴》的记载来看，大体可以考虑为九月份。《通典》、《册府元龟》、《旧唐书·刑法志》作九月奏上，或许为九月颁下之误。但是《通典》、《旧唐书·刑法志》、《册府元龟》的记载，也不是不可以解释为九月一日单单奏上了律令格式事类。泷川学士与我们的见解不同，认为六月二十七日是本书增写序的日子，九月一日是本书向朝廷奏上的日子②。对此，我们无法苟同。特别是律疏残篇中谓"六月廿七日……上"，推定六月二十七日为增写序的日期，显然与此不符。

2. 与律疏残篇的比较

关于律疏残篇与《故唐律疏议》的比较，宣统三年王仁俊氏已经在《唐开元律疏案证》中加以论述并校勘。近年来，又有泷川学士在《关于西域出土的唐律残篇》（《法学协会杂志》四八之六）（又，《律令的研究》）中发表了与之同样的观点，并且附有考勘记。但是，两氏都把《故唐律疏议》作为永徽律疏加以论述，得出了《故唐律疏议》与律疏残篇之间的不同，归根结底是永徽、开元两部律疏之间的不同的结论。因此，我们就这个问题发表拙见，实在是研究上不得已的事

---

① 《玄宗实录》（《资治通鉴考异》卷一三所引）也记载了此事："七月戊寅，有司奏囚减少，上归美宰臣，制曰：断狱五十，殆至无刑。遂封二人。"此外参照前引《通鉴》开元二十五年条。

② 《西域出土の唐律残篇に就いて》，见《法学协会杂志》第四八卷第6号，第71页。又见泷川学士《律令の研究》。

情,而不是故意要标新立异。

首先,泷川学士在第三章"与永徽律疏的比较"中,根据官版《故唐律疏议》,查阅了形式上的差异。即(a1,a2 等符号为笔者所附加,与注①所记比较表的符号相对应):

> 如果将永徽律疏的《唐律疏议》与本残篇进行比较的话,任何人都会首先注意到其形式上的显著差异。现根据官版本《唐律疏议》,列举与本残篇的差异,大体有以下各点。
>
> (1)永徽律疏的律文从顶格开始,疏文低一格(a1),而且疏文上必定加以"疏议曰"三字(b1)。但是本残篇的律文疏文均从顶格开始(a2),所以本残篇在刊载律文时,都加以"又云(c)"两字,在刊载疏文时都加以"议曰"两字(b2),以区别两者。
>
> (2)永徽律疏的律文作大字,注文作小字夹注(d1)。本残篇注文也作大字,只是在其上加以"注云"二字,使其与律文区别开来(d2)。
>
> (3)永徽律疏先载律的正文与夹注(e1),其次在注文中加以疏,再次以"注"重复其注文(e2)。本残篇却在注文加疏前只用"注云",随即刊载一次注文,而不重复(e3)(e4)。

我们也承认律疏残篇与官版本《故唐律疏议》之间的相关的差异。但据此

---

① 官版本唐《名例律疏议》　　　　　　　西域出土《名例律》疏
　　　　　(d1)　　　　　　　　　　　　(c)　　　　　　(d2)
先以高者当(若去官未叙亦准此)　　　　又云先以高者当注云若去官未叙亦准此
　　(a1)(b1)　　　　　　　　　　　　(a2)(b2)
　疏议曰先以高者当谓……　　　　　　议曰先以高者当谓……
　　　　……　　　　　　　　　　　　……
　　　　　　　(e1)　　　　　　　　(e3)
诸犯十恶故杀人反逆缘坐(本应缘坐老疾免者亦同)　诸犯十恶故杀人反逆缘坐
疏议曰十恶谓谋反以下内乱以上……　　议曰十恶谓谋反以下内乱以上……
(e2)　　　　　　　　　　　　　　(e4)
注本应缘坐老疾免者亦同　　　　　　注云本应缘坐老疾免者亦同
疏议曰……　　　　　　　　　　　议曰……

就可以像泷川氏所说的那样，将其作为与永徽律疏之间的差异吗？

与律疏残篇的律文与疏文都从顶格开始相反，官版本的律文从顶格、疏文则从下一格开始——这是泷川氏作为差异而指出的一点——从而使律文与疏文的区别一目了然。因为开元以后使用《故唐律疏议》的时代，为方便起见而改革旧形式并采用新形式——所谓南宋本就是如此——官版本承继了这个新形式。恐怕与泷川学士的观点相反，这显示出律疏残篇的形式较为古老吧。又，与官版本疏文开头作"疏议曰"相反，律疏残篇只有"议曰"，也被泷川学士当作永徽、开元两律疏的差异。但是，加进这个"疏"的新形式，已经在第七节中论述。对此，还可以指出一个参考资料。泷川学士曾以日本《令集解》所引古记中见到的律疏解释为永徽律疏（《东洋学报》卷一八），我们认为这是妥当的。即考课令集解善条下所引古记中，载有的唐《名例律》八议议勤的疏文：

> 古记云：恪，勤也。律疏议曰：大将吏恪居官次，夙夜在公也。襄廿三年《左传》云：恪居官次。杜预曰：次，舍也。（大将以下十一字与唐《名例律》八议议勤疏同文）

我们现在联想到《唐律疏议》的名称时，大致认为这个古记所谓的律疏议，实为律疏的异名。特别是如果把北平图书馆本、潘氏本《故唐律疏议》当作南宋本，却不清楚它出现于什么时候，我们就会认为南宋或许在此以前就已使用律疏议的名称了。因此我们要预先告知并非是固执己见。但是在日本宽平年间藤原佐世所作《日本国见在书目录》中，作永徽律疏，而不作律疏议。根据第七节中已经叙述的中国唐宋诸资料，这应该作律疏或者唐律疏，律疏议却未见过。想来古记所引文如"律疏、议曰"那样，应该将疏与议分开来读亦未可知。日本令抄中有的地方以"疏议曰"引用了《故唐律疏议》[①]，令抄的出现是在元泰定以后，因此是元版乃至其系统的本子，不足以作为反证。《册府元龟》卷六一六《刑

---

① 令抄（《群书类从》卷七八）僧尼令第七为准杖法："疏议曰：汉景帝以笞者已死而笞未毕，改三百曰二百，二百曰一百……愚案唐律及本朝制，杖罪自六十至一百，谓不过二百者，本汉法而言之也。"

法部·谳议》中，引用了开元二十五年律疏的疏文：

> 李朋为刑部员外郎，宣宗大中六年闰七月，奉敕应犯赃人其平赃定估
> 等，准《名例律》（原作律例）诸平赃者，皆据犯处当时物价及上（原作土）绢
> 估。律疏议曰：赃谓罪人所取之赃，皆平其价值，准犯处当时上（同上）绢
> 之价。

这里的"律疏议曰"，也是开元二十五年的律疏残篇。此外，《白氏六帖事类集》所引开元二十五年律疏曰：

> 诸越司侵职者，杖七十。议曰：设官分职，各有司存……

两者相比较①，就可知道其"律疏"与"议曰"应该分开来读。这不仅是开元律疏，也可以作为理解《令集解》所引永徽律疏中"律疏议曰"的参考。此外，再举引用律的疏文的诸例：

> 今律疏舅报于甥，服犹三月。（《唐会要》卷三七）

> 准《名例律》，在官犯罪……疏云：谓在本任犯罪……（《册府元龟》卷六一六）

> 《名例律》注云：狱成，谓赃状露验……疏曰：赃谓所犯之赃……（《唐会要》卷三九）

> 律疏云：即以赃致罪。（《旧唐书》卷一六五）

> 按《职制律》，诸犯庙讳，嫌名不坐。注云：谓若禹与雨。疏云：谓声同而字异。（《册府元龟》卷三注）

这就是应称"律疏"而仅作"疏"。如果现在应该将《令集解》所引的"律疏议曰"的"律疏"与"议曰"分开来读的话，即使是永徽律疏，也要像开元律疏那样，在疏文的开头单作"议曰"，而不作"疏议曰"。只是该律疏议曰的律疏议不能断言就不是律疏的异名，特别是《令集解》不作"律疏云议曰"，就是问题所在。

---

① 宋本《白氏六帖事类集》（静嘉堂文库藏）卷一二侵官三六。

但是，以上种种说明还不是我们的根本主张。我们反对泷川学士观点的根本理由如下。大体上说，即使拿潘氏及北平图书馆藏所谓宋本《故唐律疏议》与官版本相比较，也可以看出形式上的差别。今存《故唐律疏议》除官版本外，还有元至正刊本、岱南阁仿元刊本、江苏书局本等，其中任何一本都以泰定本为祖本，与官版本形式不同。即使在旧抄本中，形式也并非经常一致。追溯到刊本出现以前，在重写和抄录的过程中，也会出现异同。开元律疏的适用时间相当长，从唐五代到宋元间的六百余年中一直在适用。在传承的过程中，产生一些变化是正常的。泷川氏一定是将永徽律疏像官版本那样，以元泰定版系的抄本作为日本文化三年刊定的东西了。用后世有关版本与西域流沙中湮没数百年而在后世失传了的古抄本相比较，见到其间存在的形式上的异同，就此认定永徽、开元两律疏间的差异，应该说是很轻率的。一般地说，泷川学士作为永徽、开元两律疏的差异点而列举的各点，我们认为单单将其理解为同一部开元律疏的抄本与新刊本之间在形式上的差异，比较合适。不论是谁，都必然会认为《唐六典》的旧抄本及其南宋刊本①、明正德本（明嘉靖本）、近卫本、扫叶山房刊本（官版本、广雅书局本）等诸本之间即使有形式上的异同，也都是以同一时代出现的《唐六典》为基础的。对于《故唐律疏议》来说，是同样的道理。

总之，关注《故唐律疏议》传承由来的我们，根据律疏残篇与官版本《故唐律疏议》之间存在的形式上的差异，认为《故唐律疏议》是以开元二十五年律疏为基础的。如果将其不同之处作为永徽、开元两部律疏的不同，是很担风险的。而只要未能证明官版本《唐律疏议》是永徽律疏，就无论如何没有问题了。

其次，王仁俊氏比较并阐述《故唐律疏议》（他所说的永徽律疏）与残篇如下：

答曰若本罪一节

---

① 《双鉴楼善本书目》卷二：“《唐六典》四卷，宋乾道刊残本，白口双栏，版心下方记刊工姓名。”李盛铎氏亦藏宋本残卷。

按旧疏,即依官当之法作即依次官当徒之法。此句下有"用官不尽,一年听叙,降先品一等;若用官尽者,三载听叙,降先品二等"廿七字。若本罪不至官当,作若犯罪未至官当;周年作期年。

答曰缘坐一节

按无宜先死,旧疏作既已先死。告身下,应补不字。告身虽不合毁、不合为荫,作告身虽不合追毁,亦不得以为荫。

此卷有五善,一可考王敬从等删辑之法意也⋯⋯就所写本比之,以官当徒条,删去二十七字;十恶反逆缘坐条,删去七字。稿有命意当非脱漏,若周年改旧之期年,此类则无关深义也。

又,泷川氏对于永徽律疏与律疏残篇内容上差异的解释,也与此王氏说相同。即:

(1)永徽律疏《名例律》"以官当徒"条问答第二中说"答曰:若本罪官当以上,别条云以理去官与见任同,即依以官当徒之法。用官不尽,一年听叙,降先品一等;若用官尽者,三载听叙,降先品二等。若犯罪未至官当,不追告身"云云,但是,本残篇中缺"用官不尽,一年听叙,降先品一等;若用官尽者,三载听叙,降先品二等"二十七字。据观察,该二十七字,是被作为后面的《名例律》"除名"条。开元律疏的编者见后条意思已经相当明确,因此省去了这一点。

(2)永徽律疏《名例律》十恶"反逆缘坐"条问答第一中说:"答曰:缘坐之法,唯据生存,出养入道尚不缘坐,既已先死,岂可到遗除名。理务弘通,告身不合追毁。告身虽不合追毁,亦不得以为荫。"本残篇中,"既已先死,岂可道遗除名"二句作"无宜先死到遗除名"一句;"告身虽不合追毁,亦不得以为荫"作"告身虽不合追毁,不合为荫"。

两者虽有差异,文意却大致相同,但是后者的文笔简洁得多。开元律疏如前章已经叙述的,对永徽律疏做了修改,两者之间有这种差异,应该说是完全正常的。而且,《唐律疏议》与本残篇之间,虽然多有异同,但其多数是转写过程中出现的误脱窜入。应该认作两者内容上的差异的,有"期"改为"周"之类。

但是,我们现在论述内容上的差异时,首先要注意的是,名例律疏残篇与杂律疏残篇相比较,其误脱颇多。现在来看其中的一部分(□内是残篇中脱漏的部分,[　]内是残篇中的衍文,——表示改订残篇错误之处)。

议曰:假有从五品,下行正六品,犯 徒 二年半私罪,例减一等,犹徒二年;以本阶从五品 官 ,当 徒 二年,仍解六品见任。其有六品散官守五品职事,亦犯私罪 徒 二年半[徒]者,亦用本品 官 当徒一年,余徒收赎,解五品职事之类。

问曰:先有正六品上散官,上守职事五品,或有从五品官,下行正六品(○品,残篇作上,官版作品官二字,元至正版官字无)犯徒罪,若为追毁告身?

答曰:律云行守者,各以本品当,仍各解见任。其正六 品 上散官守五品者, 五品 所守别无(○别,无残篇作无别)告身……若五品行六品者 以 五品当罪……

即使在如此很小的范围内,据《故唐律疏议》、《宋刑统》对校,脱误与衍文也有十余字以上。由此来看,名例律疏残篇中,错误应该是很多的。(而且,王氏据认为是一字不差地录下原抄本,但今后见到残篇原件,或许还有应该修改之处)如此来看,王氏与泷川学士将永徽律疏作为开元年间修改过的地方而列举的名例律疏残篇中的两点,怀疑为不是误脱,也是当然的。诚然,"十恶反逆缘坐"条问答中,《故唐律疏议》——根据泷川学士的说法即永徽律疏——的"既已先死,岂可到遣除名"(《宋刑统》同文),在残篇中作"无宜先死到遣除名",其字数少了三个(原文如此)。两氏都认为这表明了开元时的删定。反过来,从文字上来看，残篇实际上没有变化。例如，删定官在文意清楚的地方，仅仅减少三个字，因此没有必要修饰、改动。又，《故唐律疏议》所说"理务弘通，告身不合追毁；告身虽不合追毁，亦不得以为荫"，在律疏残篇中作"理务弘通，告身不（上字原半缺，恐不字）合追毁；告身虽不合毁，不合为荫"，又少了二三字，但仍然如两氏所说，很难认为就是开元年间的修改。"不合"重复三次，应该说颇为拙劣。开元年间的删定官，还不至于拙劣到仅仅由于二三个字，而特意修改永徽年间的文字。我们怀疑这种异同是基于名例律疏残篇脱误的。退一步说，它也是作为抄本转写或者是在刊行之际产生的异同。一般地说，在写本的转写刊行期间，不仅是形式，即使在文字上也往往伴随着变化。何况开元二十五年律疏的使用年代很长，经唐五代到宋元间，约达六百年，在传承的过程中出现变化，是可以想像的。孙奭在宋天圣中所撰《律音义》，就是以各种异本为基础的。柳贯在元泰定中刊行《故唐律疏议》之际，大约也得到了各种不同版本。根据柳贯的序文，"王君长卿，复以家藏善本及释文纂例二书，来相其役"，可知当时并非只流传善本。泷川学士认为："开元律疏，系修改永徽律疏而成，所以两者间有这种差异，是极为自然的。"但是，我们难以理解用如此拙劣的文字进行修改。又，《名例律》"以官当徒"条的问答中缺"用官不尽"以下二十七字。王氏认为这是刊定官王敬从所删去，而不是脱漏的。泷川学士则推定"开元律疏的编者见到后条的话，由于其意思非常明确，因此将其省略"。我们认为即使没有这一节，意思也十分通顺，不能断言有什么别的什么障碍，而是写本的误舛或脱漏。与其说残篇是正确的，今天的诸传本经过唐宋以后的加工，不如认为残篇有所脱漏。即使是今传本的元至正版本、兰陵孙氏本等与日本旧抄本、官版本之间，也有这一类的出入①。在这种转写重刊间很容易出现异同，而残篇中即使缺少二

---

① 所谓宋本《故唐律疏议》及元至正本系诸本所没有、而日本官版本以及属于该系统的旧抄本中，《名例律》卷六称反坐云云条的疏文中，规定："死者止绞而已者，假若甲告乙谋杀周亲尊长者，实，乙合斩刑；如虚，甲止得绞罪。"关于这一点，参看第七章。又，据岱南阁本等，《擅兴律》卷一六"镇戍遣番代违宪"条疏文有云"到不放，谓防人十月一日替到，不放者"云云。但是官版脱漏此段。

十七字,也有轻率判断其经删定官的删改的倾向。一般地说,名例律疏残篇如前述那样误脱甚多,泷川学士也未能从误脱少的杂律疏残篇中指出应该认作不同点的地方,他所指出的都是在名例律疏残篇内的。我们认为以误脱多的名例律疏残篇为基准,根据王氏与泷川学士所列举的不同点,直接论述《故唐律疏议》与开元二十五年律疏的差异,恐怕是十分靠不住的。何况,被称为永徽、开元两者间的差异点的,只要不能证明《故唐律疏议》就是永徽时期的律疏,恐怕也是不可能的。《故唐律疏议》中,即使拿出与《杂律》疏残篇相对比的部分,我们用本节开头论证杂律疏残篇即开元时期的东西的同样的证明方法,也可以证明《故唐律疏议》是开元时期的产物。说得过分一点,杂律疏残篇产生于开元,《故唐律疏议》亦产生于开元,而不产生于永徽。

然而还有残留的问题。(1)如王氏所注意的,《故唐律疏议》中的"期年"在名例律疏残篇中作"周年",也就是泷川学士所指出的永徽、开元两律疏在内容上的一个差异。但是如前所述,这个期过去作周,自宋天圣年间五服敕制定后的某个时候改成了期。宋天圣本《律音义》名例第一说:

> 期(音期,唐避玄宗讳之字为周,今改从旧,后皆仿之)。

结合这一点考虑[1],要说明《故唐律疏议》作"期"的事由并不困难。问题(2)是名例律疏残篇的终结处谓"开元廿五年六月廿七日……王敬从上",与杂律疏残篇中屡屡谓廿、卅相反,《故唐律疏议》中几乎全部作二十、三十、四十,而决不作廿、卅、卌。《旧唐书》卷七《睿宗本纪》谓:

> 先天二年制敕表状书笺牒年月等数,作一十、二十(二十二字,据《册府元龟》补)、三十、四十字。

据此,先天二年以后的律文也仍然作二十、三十、四十[2],这样残篇就与先

---

① 影北宋天圣本《律音义》,《吉石盦丛书》内,参见第七节。

② 参见第13页注①。

天二年制度产生了矛盾。但是在奏上开元二十五年律疏的时候，有许多未遵照该先天二年制度的实例。第一，少林寺赐田敕及牒的碑文谓"开元十一年十二月廿一日牒"①，玄宗御注《道德经》碑文所见敕谓"开元廿年十二月十四日"②，玄宗梦真容敕石刻谓："敕旨……朕自临御以来，向卅年"，又，其年月日有作"开元廿九年闰四月廿一日"③。这种敕牒，应该是未变更原文而记载的。第二，日本《厩牧令集解·死耗条下穴说》所引开元令中，亦作"马廿一岁以上不入耗限"。第三，在敦煌鸣沙石室伯希和氏发现的唐开元《水部式》断简中，如"同州河西县潩水正月一日以后七月卅日以前云云"、"胜州转运水手一百廿人"那样，出现了廿、卅等字样④。该水部式断简，已经罗振玉氏介绍⑤，兹不赘言。罗氏又说：

> 有唐初叶式凡四修，曰永徽，曰垂拱，曰神龙，曰开元，此卷不知属何时矣。

他未能决断制作年代；而且，也未见有人发表相关论文，因此我们准备列举论定其为开元《水部式》的理由。断简中有 A 京兆府、河南府、京兆少尹，B 中书门下等名称。关于 A，历来分别称雍州、洛州及雍州司马等，但到开元元年十二月，改为前述，而在开元中延续；关于 B，开元元年十二月改为紫微省、黄门省，到开元五年复旧。所以同时载有 A、B 的《水部式》断简，应该产生于开元五年以后。但其究竟是开元七年删定的式，抑或是开元二十五年的式，还是留待以后研究⑥。收集到如此的实例，开元二十五年律疏断简有廿、卅的字样，也就不值得大惊小怪了。今传《故唐律疏议》作二十、三十、四十，是宋元间修改的。宋天圣

---

① 《金石萃编》卷七二。
② 同上卷八三。
③ 同上卷八四。
④ 《水部式》，《鸣沙石室佚书》（玻璃本）所收。
⑤ 同上《水部式》跋。
⑥ 开《元水部》式中有"期限……"，未避玄宗讳。开元二十五年律疏中，不用说期年、期亲，期字也没有全部改成周字。这根据《宋刑统》可以得知。

本律文十二卷抄本，今日仍有流传，可惜我们未有目睹的机会，不能确证。然而，与该律同时刊行的《律音义》，也有二十、三十、四十的字样①。（3）与律疏残篇句末列出王敬从、李林甫等开元时奏上者姓名的做法相反，《故唐律疏议》中不仅没有这些，而且在元至正刊本、岱南阁仿元刊本及属于其系统的刊本目录及卷第一开头都说：

> 太尉扬州都督监修国史上柱国赵国公长孙无忌等撰。

列出奏上者的姓名之事，我们在延喜式中也有所见，看来是当时通行的一种形式。但在后世，其姓名脱落，奏上者也被忘记，相反地加进了永徽律疏奏上者长孙无忌的姓名。前已述及，同样以元泰定本为祖本，在日本的旧抄本及官版本中的《进律疏表》都没有有关的姓名。又，据长泽规矩也氏的调查，潘氏藏所谓宋本《故唐律疏议》的目录及卷一的开头也没列出奏上者姓名。

我们在认为上述残篇为开元二十五年之物的同时，明确了《故唐律疏议》也有在宋元间被修改的地方，但以开元二十五年律疏作为主干。因此，我们难以赞成泷川学士的如下观点：（1）"可以知道《宋刑统》在其律疏的范围内，大体仿效永徽律疏"；（2）根据该残篇的出现，可以知道在开元年间修改的实际情况与永徽律疏向《宋刑统》变迁、过渡的状态。现在，即使从《宋刑统》的内容来看，也包含有许多与永徽制度相矛盾、而与开元制度相一致的地方。如"开元岁中改玺曰宝"、周亲未作期亲就是其中的两个例子。从《宋刑统》的制定来考虑（参照第四节），也可以明白《宋刑统》所依据的是开元律疏。又，在已经论定《故唐律疏议》以开元律疏为主干的今天，要知道永徽、开元、宋初的律与律疏的变迁，就必须复原永徽律与律疏。又，泷川学士评论罗振玉氏的《敦煌石室碎金》所附考证②，认为罗氏将残篇

---

① 影北宋本《律音义》（前述）名例第一。

② 在《敦煌石室碎金》的《唐律疏议》残卷《杂律下》中，罗氏云："唐律残卷，江西李氏藏，存杂律下，凡八十行。以今本校之，起毁人碑碣石兽条，迄得宿藏物条，今本每条有小题，而此无之；又今本律文顶格，疏议低一格；又律文大字，注昔小字夹注。此本则律与疏平列，而疏文每条上加'议曰'以别之，注文又大字，与律文接书，但加'注云'二字以示别。"而且，罗氏在这里很明白地在使用元至正本系的《故唐律疏议》。

"判断为永徽律疏,并对本残篇与现存《唐律疏议》的异同加以校正。这是罗氏只见到杂律疏残篇,而未将此与名例律疏残篇相比较的结果"。我们不知道罗氏是否真的判断残篇为永徽律疏,但是罗氏将未曾挑明永徽、开元云云的两者相对照,这种考证方法是正确的。

3. 西域出土的擅兴、贼盗两律的比较

与此同时,橘瑞超氏从新疆吐峪沟带来的古抄本中,有《擅兴律》二条与《贼盗律》一条的两个片断,都收录于《西域考古图谱·经籍部》。《擅兴律》片断只有律的正文,未附疏文,因此很清楚不是律疏的断简。《贼盗律》片断在这一点上不明,只在片断上作小字夹注。现假定如《敦煌石室碎金》所录律疏残篇那样、律疏未以小字夹注作原来律的本注的话,该《贼盗律》片断也不是律疏的断简。但这仅仅是现在的假定而已。又,《擅兴律》片断的文笔看来比《贼盗律》片断古老,但由于二者都只是片断,在内容上缺乏弄清其年代必需的线索。两者都与《故唐律疏议》所载律文一致,即使未必能仓促判断其为开元二十五年律,它与同年的律一致,则是确实的。但是,泷川学士将片断年代想像为以下的样子①:

在永徽四年以后的唐朝,拟订律者必然使用《唐律疏议》,而没有只用唐律正文的事情。所以我认为以下唐律片断恐怕是拟订《唐律疏议》的永徽三年以前的东西。如果是这样,该片段的律,就不是永徽律,或许是其以前的贞观、武德律。

如泷川学士所说的那样,律疏拟订者即使没有只用律疏撰定以来律的正文的情况,我们也不能否认仅有律正文的写本的存在。又,泷川学士根据未附有疏文,就认为片断或许是武德或贞观的东西。但是,未附疏文的永徽律十二卷,存在于日本宽平年间登录当朝现有汉籍名目与卷数的《日本国见在书目录》②。

① 关于西域出土的唐律片断,见《法律春秋》第三卷4号,又见该作者《律令研究》。
② 见《日本国见在书目录》(古逸丛书本)"刑法家"。本书中,在唐永徽律十二卷、长孙无忌等的律疏三十卷后,有《大唐律》十二卷。也许又是永徽以后的唐律。

据此,可以确证永徽年间只有律文、而疏文另外流传之事。又,据《唐会要》等,可以推测开元二十五年的律十二卷、律疏三十卷同时删定并颁布之事。相应的关于五代的情况,也可以明了。《五代会要》中,如梁开平四年十二月曾删定并颁布施行律及目录十三卷、律疏三十卷,旧五代志周显德四年五月中书门下所奏"今朝廷行用者,一十二卷(盖律十二卷的意思,参看《玉海》)、律疏三十卷"云云,即指此。此外,见宋代的书目。陈振孙的《书录解题》中有律文十二卷,天圣中孙奭等则撰有《音义》。现在常熟瞿氏的藏书目录中也有律文十二卷①,那应该看作开元律。《崇文总目》亦载律文十二卷,据说南宋尤袤所撰的《遂初堂书目·刑法类》的卷首,载有:

刑统　　律文　　开元格并律令　　唐式②

其未附有疏文的律文与开元律同时传世。由于有永徽律及其以后的律——开元律十二卷也在有律疏的时代,有分别存在并流传的有值得相信的证据,律的断简就不应局限为武德、贞观时的东西。

(二)与《通典》所载开元二十五年律疏的比较

《通典》卷一六五《刑制下》刊载了许多律文,其中有名例律十八条、职制律十条、《户婚律》七条、厩库律一条、擅兴律四条、贼盗律十八条、斗讼律十七条、杂律二条、共八篇七十七条。但是律文连载的开头除"名例律曰"外,未列举别的篇目,而且篇次的顺序不同,条文也不一定概括在每一篇篇目中。其数量虽然少,却夹杂着律疏及令。《通典》撰者一点都没有考虑采取特别的记载法。今本《通典》在连载律文等的前面,删辑了开元二十五年旧格式律令及敕,可以见到制定有律十二卷、疏三十卷、令三十卷、式二十卷、开元新格十卷,随后又记载:

---

① 《铁琴铜剑楼藏书目录》卷一二。
② 《遂初堂书目》,《海山仙馆丛书》之内。

又,格式律令事类四十卷,以类相从,便于省览,二十五年九月奏上之。敕于尚书都省写五十部,发使散于天下。略件文要节如后。

由此来看,前述律文、疏及令很明显制定于开元二十五年。与此同时,律文等是以格式律令事类为基础记载的。又,《通志》卷六五《艺文》谓:

> 唐格式律令事类四十卷(李林甫纂律令格式长行敕附,尚书省二十四司,总为篇目)(括弧内注)。

但是《通典》所载律文等,如果是以格式律令事类为依据制定的,那就应该收于刑部篇中。《通典》所载律文正是如此,因而不能论定为开元二十五年律的形式。这里,就其内容的不同作如下的研究。

首先,根据武英殿本《通典》,比较《通典》所载律文与《故唐律疏议》,文字及内容上颇多差异。承蒙田中庆太郎氏的好意,得以借阅北宋本《通典》,从而知道在这些差异中,基于殿本乃至其原来版本的误脱很多。北宋本《通典》中虽然不如殿本那样多,也有误脱。这些,都在后面的表格中列载。现在将这些误脱加以整理,而论及其与《故唐律疏议》的异同,提出以下各点。

(1)《故唐律疏议》名例律十恶条中作"大不敬"的地方,《通典》宋本、殿本均作"大不恭",并注"犯庙讳改为恭"。这与《宋刑统》相同,《通典》为避宋太祖祖父之讳敬而改。

(2)《通典》所载律,凡《故唐律疏议》作期亲的地方,一律作周亲。但是不能因此断定《故唐律疏议》为永徽律疏,已经论及。

(3)《通典》所载律,往往比《故唐律疏议》简略,现就此举数例:《故唐律疏议》名例卷四谓(▢ 为《通典》中没有的部分,( )中为律文本注。下同):

> 诸以赃入罪,正赃见在者,还主。(注略)已费用者,死及配流勿征。(中略)若计庸赁为赃者,亦(亦,《通典》无)勿征。会赦及降者,盗诈枉法犹征正赃。余赃非见在,及收赎之物限内未送者,并从赦降原。

（《宋刑统》同文）

《通典》从"会"字以下至"原"字，缺三十三字。又，《故唐律疏议》斗讼卷二一谓：

> 诸斗以兵刃斫射人，不着（着，宋刑统、《通典》并作著）者杖一百。（中略）堕人胎徒二年（堕胎者，谓辜内子死者，乃坐。若辜外死者，从本殴伤论）。

（《宋刑统》同文）

《通典》注文中，没有从"若"至"论"的十字。又，《故唐律疏议》斗讼卷二一谓：

> 诸保辜者，手足殴伤人限十日。（中略）以刃及汤火伤人者三十日。

（下略）（《宋刑统》同文）

而《通典》中却没有"及汤火"等字。又，同律谓：

> 诸殴制使、本属府主、刺史、县令，及吏卒殴本部五品以上官长，徒三年。（下略）若殴六品以下官长，各减三等。（下略）（宋刑统同文）

《通典》无"五品以上"一句。现在，如果把这些条文当作开元二十五年律的原样的话，就难以认为《故唐律疏议》所载律文为该年的。但是正如前面已经提到的，《通典》律文明言在《通典》中刊载的为节略，因此，《通典》中所未见的内容，应该认为是被省略了。《故唐律疏议》贼盗卷一九又说：

> 诸监临主守自盗及盗所监临财物者，（若亲王财物而监守自盗亦同）加凡盗二等。（下略）（《宋刑统》同文）

《通典》律文无"主守自盗，及盗所监临财物"十一个字，如此一来，是极不完整的条文。前面提及《通典》刊载有凡盗的规定，因此，我们认为该条文基于刊载节略的主旨，为方便起见省略了关于盗的十一个字。而且，本条注中有"亲王"，宋本《通典》误为"亲主"，殿本更严重地误为"相主"。

（4）《故唐律疏议》斗讼卷二一说：

> 诸斗殴杀人者绞，以刃及故杀人者斩。（中略）虽因斗，但绝时而杀伤者，从故杀伤法。（《宋刑统》同文）

关于这个"绝时"，疏文解释道：

> 谓忿竞之后，各已分散，声不相接，去而又来杀伤者，是名绝时。（《宋刑统》同文）

律文中却没有注。而《通典》中本条的结尾，以相当于律的本注的体裁，记载了与上述律疏几乎一样的文字。据此，如果解释为开元二十五年律的本注，《故唐律疏议》所载律文就与同年的律不一致。《通典》因为律中没有本注，而引用律疏加以说明。《通典》也不是只记载律的。律文与律文之间的令文如"诸告言（宋本《通典》作言告，今据《唐六典》）人罪，非谋（宋本《通典》无谋，今据《唐六典》）叛以上者，皆令三审"云云，这类令文与日本养老狱令大体相同，由此推测应该是唐狱官令。尽管引用了律疏，也不足以令人感到奇怪①。

《通典》卷一六八刑六拷讯附，也载有唐律。就是说，称作大唐律的最初实际上是狱官令一条，末尾还有数条狱官令，而载于中间的就是相当于《断狱律》的三条。根据前述狱官令中有开元时期的名称"京兆府"来看，三条律也一定制定于开元以后，恐怕也是开元二十五年律。今比较《故唐律疏议》所载律与该律，前者作"断罪不当"（赦前断罪不当条）的地方，《通典》所载律文作"当罪不断"为误。又，同条正文谓：

> 即（《通典》无）赦书定罪名合从轻者，又不得引律比附入重，违者各以故失论。（《宋刑统》同文）

对此，《通典》正如注文那样，作小字两行，也不能说是正确的。此外还有其他误

---

① 如果《通典》依据格式律令事类的话——《通志·艺文略》中为说明格式律令事类，附有律令格式长行敕，却没有律疏——或许同书中载有相关的体裁。

脱造成的差异,除这些以外,《通典》与《唐律疏议》还是一致的。

我们为避免繁杂,以下面的比较表详细说明。表中加进了日本的养老律,正如在日本律的 E、J、S 中所见,被认为是日本律特有的部分;而 C、D、M、O、P、T 那样,则与《故唐律疏议》及与《宋刑统》相一致,从而显示出《通典》的谬误。此外,G、I 虽为日本律特有,但在条文的意思及构成上,却与《故唐律疏议》及《宋刑统》一致。现在如果根据《通典》的 G、I 加重刑的话就与条文本身产生了矛盾。(表中《故唐律疏议》栏用 ▢ 表示的部分是《通典》所引律中没有的。)

《故唐律疏议》《刑统》	北宋本《通典》	武英殿本《通典》	日本养老律
A［名例律］大不敬(刑统敬作恭)	大不恭(犯庙讳改为恭)	大不恭	大不敬
B 四曰议能(谓有大才业)(《唐六典》作艺,刑统作业)	四曰议能(谓有大才艺)	大才艺	大才艺
C 诸八议者,犯死罪皆 条所坐 及应议之状	条所坐三字脱	罪脱,条所坐脱	诸作凡(下同),八议作六议,其他与唐律疏议同。
D 诸……若程内 至配所者亦从赦原 、逃亡 者虽在程内 亦不在免限。即逃者身死,所随家口,仍准(刑统准作准)上法听还	至以下八字无,者以下五字无,準作准	同上 同上 準作准	同唐律疏议,但準作准
E 诸平赃者,皆据犯处当时物价(官版价作贾)及上绢估、平功庸者,计 一人 一 日为绢三尺,牛马馺(官版馺作驼)骡驴车亦同。其船及碾硙邸店之类,亦依犯时赁直。	一脱,馺作驼。邸作列误。赁作价误。	庸作佣。一脱。尺作匹。馺作驼。其脱。邸作列误。赁直作价值误。	上绢估作上布估。一有。绢三尺作布二尺六寸。"牛马"以下逸文未发现。
F 诸……若家人共犯,止坐 尊长 (于法不坐者,归罪于其次尊长。尊长［刑统尊长二字无］谓男夫)	注:尊长二字无。夫作去误。	注:尊长二字无。谓作为。	止作只。律正文长字下,有尊长等者各求尊长。
G［职制律］诸监临之官受所监临财物者,一尺笞四十,一匹加一等,八匹徒一年。	八匹作四匹误。	财作之误。八匹作四匹误。	笞以下作"笞廿一端加一等,八端徒一年"。

续表

故唐律疏议（刑统）	北宋本《通典》	武英殿本《通典》	日本养老律
H［厩库律］诸监临主守，以官物私自贷若贷人及贷之者……即充公廨 ［及用公廨］物，若出付市易。	贷作贰。及用公廨四字无。	贷同《唐律疏议》。及用公廨之四字无。	贷同唐律疏议，未见"即充"以下逸文。
I［擅兴律］诸擅发兵……百人徒一年半，百人加一等，千人绞。	百人加一等之百作二百误。	误同上。	百人以下作"五十人徒一年五十人加一等"，未见相当于唐律的千人绞的逸文。
J［贼盗律］诸谋反及大逆者皆斩，［父］子年十六以上皆绞，十五以下及母女妻妾……若部曲资财田宅并没官。	父脱。	父脱。	父字有。父子以下作"父子若家人资财田宅并没官"。
K 诸谋叛者绞，已上道者皆斩。	同上	斩作绞误。	同《唐律疏议》。
L 诸监临［主守自盗及盗所监临财物］者（若亲王财物而监守自盗亦同）。	临下十一字无。亲王作亲主误。	临下十一字无。亲王作相主误。	
M 诸盗……更行盗，前后三犯［徒］者流二千里，［三］犯流者绞。	徒脱。三脱。	徒脱。三脱。	流二千里作近流。其他与唐律疏议同。
N［斗讼律］诸斗殴人，眇一目及折手足指。	同上	眇字下，折字下，并有人字衍。	与《唐律疏议》同。
O 诸斗……若刃伤……眇［其两］目、堕人胎徒二年。	其两二字脱。	斗下有殴字，若下有兵字衍。其两作人误。	与唐律疏议同。
P 诸斗殴折跌人支体……（折支者折骨、跌体者骨差跌，失其常处）（官版骨差之间，有节字）	注作"所人支者骨跌体者骨蹉跌失其常处"误。	支作肢。注"作折跌人肢体者谓其骨蹉跌失其常处"误。	与唐律疏议同。
Q 诸保辜者……以刃［及汤火］伤［人］者。	汤火无。人无。	及汤火无。人无。	及汤火有。人无。

续表

故唐律疏议(刑统)	北宋版《通典》	武英殿版《通典》	日本养老律
R 诸……吏卒，殴本部 五品以上 官长	五品以上无。	五品以上无。	未见相当于吏卒殴五品以上的逸文。
S 诸部曲奴婢……告主之期(刑统期作周)亲……徒一年。诬告重者，缌麻加凡人一等，小功 大功 递加一等。	期亲作周亲。大功二字脱。	期亲作周亲。脱同上。	部曲无。未见相当于告主以下的逸文。
T[断狱律]诸敕前断罪不当者。	断作当、当作断并误。	误同上。	作断罪。续文逸失未见。

此外，《通典》卷一六五以下"刑"中，屡屡引用《名例律》、《断狱律》。但是，姑且不说贞观律，在开元二十五年律及疏的范围内，将《故唐律疏议》作为开元律疏并无矛盾之处。即：

准名例律注(注原作法，今据西域出土律疏改)云：狱成谓赃状露验，及尚书省断迄未奏(奏下，故唐律疏议及西域出土律疏有者字)。疏云：赃谓所犯之赃，见获本物；状谓杀人之类，得状为验。虽在州县，并为狱成。尚书省断迄未奏者，谓刑部覆(覆下同上有断字)讫(讫下同上有虽字)，未奏，亦为狱成。①	名例律疏议卷二、十恶反逆缘坐条
律曰：会赦及降者、盗者准(者准，《唐律疏议》作诈)枉法，犹征正赃。余赃非见在，及收赎之物，限内未送者，并从赦降原。②	同上卷四以赃入罪条
官吏准律，应犯枉法赃十五匹合绞。③	职制律疏议卷一

---

① 《通典》卷一六五《刑三·刑制下》上元元年十二月刑部奏。该部分与西域出土的律疏残篇正好有相应之处，便于对照。

② 同上卷一六九《刑七·赦宥》。

③ 同上卷一七〇《刑七·宽恕》。

大唐律曰……诸疑狱，法官执见不同者，得为异议，不得过一监主受财枉法三。① 　　一监主受财枉法条断狱律疏议卷三〇疑罪条

如此，除可以论定《通典》所引律的错误外，其他就与《故唐律疏议》完全一致了。

如上所述，《故唐律疏议》与《通典》所载开元二十五年律之间，由于版本的误脱、后世的更改等原因，有许多不同点。然而，它们都具有《故唐律疏议》以开元二十五年律疏为基本点的性质，这是不容否定的。基于这种差异，《故唐律疏议》不可能等于永徽律。如果考虑对版本的误脱、后世的变更等因素加以复旧，而得以与开元二十五年律疏一致，我们的论据就更为充分了。

(三)与《白氏六帖事类集》、《唐会要》、《旧唐书》、《册府元龟》等
　　　所引开元二十五年律疏的比较

开元二十五年律及律疏制定后，有一些一见就可知律文被变更的资料。这种变更很有限。即《册府元龟》卷六一二《刑法部·定律令四》中所载乾元二年三月诏谓：

自今以后，诸色律令，杀人反逆奸盗及造伪十恶外，自余烦冗一切删除。仍委中书门下与刑部大理法官共详定，具件奏闻。

这可以认为是法律的大规模改革，却未必是律令文字上的变更。根据上引《旧唐书·刑法志》及《册府元龟》，大历十四年六月一日，代宗命令中书门下等删定律令格式条目中尚未经折中损益者②，这次大约只进行条目的修改，而未及其余。《唐会要》卷四〇《君上慎恤》曰：

天宝元年二月二十一日(刑统卷一一作二十日)敕：官吏准律应枉法赃

① 《通典》卷一六五《刑三·杂议下》。
② 参见本文上篇。

十五匹合绞者,自今已后,特宜加至二十四(四,刑统同上作四),仍即编诸律(律下,刑统有格字),著为不刊。(刑统大略相同)

《通典》卷一七〇《刑八·宽恕》也载有同样的文字。由于"仍即编诸格律,著目不刊",虽然天宝年间似乎修改过律文,《旧唐书》卷一六五《殷侑传》太和九年奏文中,却依然规定"准律枉法十五匹已上绞",《册府元龟》卷六一三《刑法部·定律令》后唐清泰三年五月条说:

旧律枉法赃十五匹绞,天宝元年加至二十四。请今后犯枉法赃十五匹准律绞;不枉法赃,旧律三十匹加役流;受所监临五十匹流二千里。今请依统类,不枉法赃过三十匹,受所监临赃过五十匹。从之。

从这一点来看,可以知道律文并未经过修改。而且,对照考虑这里引用的旧律、律及天宝元年敕的时间,可以作为后唐所实施的律为天宝前即开元二十五年律的一项证据。如前已述,五代梁的律,系对开元二十五年律进行若干变更而成,紧接其后的后唐仍然用开元二十五年律。那么,《白氏六帖事类集》、《唐会要》、《旧唐书》、《册府元龟》等诸书所引的开元二十五年以后的律及后唐的律,可以顺理成章地看作开元二十五年律。现根据此论点,比较上引律文与《故唐律疏议》。

首先,《白氏六帖事类集》——《静嘉堂文库》所藏宋本①——卷一二侵官第三十六中引用律:

诸越司侵职者杖七十。议曰:设官分职,各有司存。越其本司,侵人职掌,当杖之也。

这相当于唐《职制律》疏议卷一〇"受制出使不返"条及其疏文的最后一段。而《故唐律疏议》将本司作本局(日本律亦作本局)、"当杖之也"作"杖七十",其他没有不同。卷一九坟墓第四三盗耕墓田律云:

---

① 开始时用《白孔六帖》(明刻本),但有错误,而与《白氏六帖事类集》相比,在卷数的分割方面明显不同,因此这里用静嘉堂所藏宋本《白氏六帖事类集》,这比明刻本《白孔六帖》(未见宋本)错误要少。

> 盗耕人墓田杖一百，坟者徒一年。

又，盗葬人田律云：

> 盗葬他人田者笞五十，墓田加一等，仍令移葬。

以上，都相当于《户婚律》疏议卷一三"盗耕人墓田"条的各一节，只是"坟者"（《六帖》）作"伤坟者"（《故唐律疏议》）而已。其他条文如果根据《故唐律疏议》注记异同的话如下（左栏为《白氏六帖事类集》所引律）：

《厩律》畜生（生，《故唐律疏议》所引杂令作产。同上杂令云：畜产人者，截两角）踏（同上作蹋）人者绊之，（同上作啮）人者，截两耳。①	唐厩库律疏议卷一五畜产觚觚蹋啮条
应调发杂物，供（供下，《故唐律疏议》有给之字）军事者，皆先上言（上言二字，同上作言上）待报。注：谓给（给下，同上有军字）用当从私出者皆是。②	唐擅兴律疏议卷一六调发供给军事条前半
违者徒一年，给与者减一等。若事有警急，得便调发给与，并即上言（上言二字同上作言上）。若不调发给与者并即上言（若以下十一字恐衍，故唐律疏议、刑统并无）。如（如同上作诸）不调发及不给与者，亦徒一年。不即上言（上言二字，同上作言上）者，各减一等。③	同律同条后半
《擅兴律》：诸乏军兴者斩，故夫（夫同上作失，夫之下同上有罪字）同（同，同上作等）。注：谓（谓下，同上有临字）军征讨，有所调发而稽废者。④	同律乏军兴条前半 同律同条后半

---

① 宋本《白氏六帖事类集》卷二九马第四九。
② 同上卷一六军资粮第一。
③ 同上。
④ 同上。

157

不忱军事者,杖一百。注:谓临军征讨缺乏细少 | 同律同条后半
之物。①

《擅兴律》:诸(诸字下,《故唐律疏议》有私字) | 同律私有禁兵器条
有禁兵器者,徒一年半(半下,同上有注文)。弓(弓,
同上作弩)一张加二等;甲一领、弩三张,流二千里;
甲三领,及弩五张,绞。②

《贼盗律》:诸穿地得死人不更埋,及(及下,故唐 | 唐贼盗律疏议卷一八穿地得死
律疏议有于冢二字)墓以(以,同上作薰)狐狸,而烧 | 人条
及(及,同上无)棺椁者,徒二年,烧尸者,徒三年;缌
服(服,同上作麻)已上尊长,各递加一年(年,同上作
等),卑幼依凡人递加(加,同上作减)一年。③

《杂律》:诸请受军器,事讫停留不输者,十里 | 唐杂律疏议卷二七停留请受军
(里,《故唐律疏议》作日)杖六十。④ | 器条

根据以上所明确的情况,《白氏六帖事类集》所引开元二十五年律及律疏与
《故唐律疏议》不同的地方,主要是《白氏六帖》的谬误引起的,这与《故唐律疏
议》为开元二十五年律疏的结论没有什么矛盾。

以下比较《唐会要》、《旧唐书》、《册府元龟》等诸书所引开元二十五年律与
《故唐律疏议》。

准《名例律》:在官犯罪,去官事发,或事发去官, | 唐名例律疏议卷二无官犯罪条
犯公罪流以下,各勿论。疏云:谓在本(本,《故唐律
疏议》无)任(任下,同上有时字)犯罪,去官(官,同上

---

① 宋本《白氏六帖事类集》卷一六军货资粮第一。
② 同上卷一六甲胄第二〇。
③ 同上卷一九坟墓第四三。
④ 同上卷一六甲胄第二〇。

无；去下，同上有后字）事发。或事发去官者，谓发（发下，同上有勾问二字）未结断、问（问，同上无）便即去任职。此（此下，同上有等字）三事，犯公罪流已下（下后，同上有各字）勿论。①

《名例律》注云：狱成谓赃状露验，及尚书省断讫未奏。疏曰赃谓所犯之赃，见获本物；状谓杀人之类，得状为验。虽在州县，并为（为，同上作名）狱成。若（若，同上作及）尚书省断讫未奏（奏下，同上有者谓二字），即（即，同上无）刑部覆（覆下，同上有断字）讫未奏（未奏，同上作虽未经奏），亦为狱成。② ┃ 同上，十恶反逆缘坐条

准律：诸犯流应配者，二（二，《故唐律疏议》作三）流俱一年（以下，同上注文），称（称上，同上有本条二字）加役流（流下，同上有者字）三千里，役三年。役满及会赦免役者，即于配所从户口例。③ ┃ 同上，卷三犯流应配条

《名例律》评（评，《故唐律疏议》作平）赃者，皆据犯处当时物价。及上绢估评（同上）功庸者，计一人一日为绢三尺，牛马驴骡车亦同。其船及碾邸店之类，各（各，同上作亦）依当时赁直，庸（庸下，同上有赁字）虽多不得过（过下，同上有其本价三字）。④ ┃ 同上，卷四平赃者条

---

① 《册府元龟》（明崇祯本）卷六一六《刑法部·议谳》大中六年十二月中书门下又奏。参照《文苑英华》（明刊本）卷四二九《赦书十》会昌五年正月三日南郊赦文、《唐会要》卷三九《议刑轻重》会昌五年正月三日制节文，及《册府元龟》卷六一三《刑法部·定格令》会昌五年正月条中"据律，已去任者公罪流已下勿论"。

② 《唐会要》（武英殿聚珍本）卷三九《议刑轻重》乾元元年十二月十四日刑部奏。

③ 同上卷四一《左降官及流人》乾符五年五月二十六日刑部侍郎李景庄奏。

④ 同上卷四〇《定赃估》上元二年正月敕。《旧唐书》（殿版）卷一八《宣宗纪》大中六年秋七月丙辰敕中亦云："据律，以当时物价上绢估，请取所犯之处，其月内上旬时估平之。从之。"并参照上引《唐会要》大中六年闰七月敕。

准《名例律》:诸平赃者……律疏议曰:赃谓罪人所取之赃,皆平其价值,准犯处当时上绢之价。①	同上
律二罪(罪下,《故唐律疏议》有以上二字)俱发,以重者论,不累轻以加重(不下,同上律文本注)。②	同上,卷六二罪从重条
律疏云:即以赃致罪,频犯者并累科。③	同上
准律,应枉法赃十五匹合绞。④	唐职制律疏议卷一一监主受财枉法条相当文
准律,窃盗五(五下,《故唐律疏议》有十字)匹以上,加役流。⑤	唐贼盗律疏议卷一九窃盗条
准律,父为人所殴,子往救,击其人折伤,减凡(《会要》作比)斗三等。至死者,依常律。⑥	唐斗讼律疏议卷二条三祖父母为父殴击条
准律文,出入人罪合当坐。⑦	唐断狱律疏议卷三〇官司出入人罪条 同上,赦前断罪不当条
准《断狱律》,赦前断罪不当者,若处轻为重,宜改从轻;处重为轻,即依轻法。⑧	同上,死罪覆奏报决条
谨按《断狱律》,诸死罪囚,不得(得,《故唐律疏议》作待)覆奏报下,而决者,流二千里。即奏报应决者,听三日乃行刑。若限未满而行刑者,徒一年。⑨	

① 《册府元龟》卷六一六《刑法部·议谳》"李朋为刑部员外郎,宣宗大中六年闰七月奉敕"。

② 同上,卷六一三《刑法部·定律令》后唐长兴二年四月刑部郎中周知微奏。

③ 《旧唐书》卷一六五《殷侑传》太和九年侑奏。并参照《册府元龟》卷六一六《刑法部·谳议》。

④ 《唐会要》卷四〇《君上慎恤》天宝元年二月二十一日敕,并参照前引《旧唐书》。《册府元龟》卷六一三《刑法部·定律令》后唐清泰三年五月条亦云:"旧律枉法赃十五匹绞。"又,"不枉法赃,旧律三十匹加役流","受所监临五十匹,流二千里",也分别与唐职制律疏议卷一一监主受财枉法条、受所监临财物条相当。

⑤ 同上卷三九《议刑轻重》会昌元年十二月都省奏所引开成五年十二月十四日中书门下奏。

⑥ 《旧唐书》卷五〇《刑法志》长庆二年四月条。上引《唐会要》长庆二年四月刑部员外郎孙革奏。

⑦ 《唐会要》卷四〇《君上慎恤》太和二年二月刑部奏。

⑧ 《册府元龟》卷六一六《刑法部·议谳》宇文鼎太和中为御史中丞奏。

⑨ 同上卷六一三《刑法部·定律令》后唐同光二年六月大理少卿王郁奏所引建中三年十一月十四日敕。

如此，与《故唐律疏议》不同的地方甚多。出现这种情况的原因，几乎都是《唐会要》以下诸书引律有误。如果纠正这些谬误，就能与《故唐律疏议》一致。

此处，虽然不引用文集与杂家随笔之类，但它们所引律文与故唐律疏议亦并无矛盾。例如《昌黎集》中道：

> 应所在典贴良人男女等。右准律，不许典贴良人男女作奴婢驱使。臣往任袁州刺史日，检青州界内，得七百三十一人，并是良人男女。准律，计庸折直一时放免（责或作到，计上或有例存）。原其本末，或因水旱不熟，或因公私债负，遂相典贴，渐以成风。

这里所引律①，可以说相当于唐杂律疏议卷二六"以良人为奴婢质债"条。还有，《白氏长庆集》中说：

> 据刑部及大理寺所断，准律，非因斗争，无事而杀者，名为故杀……据大理司直崔元式所执，准律，相争为斗，相击为殴，交斗致死，始名斗杀……按律疏云，不因争斗，无事而杀，名为故杀……②

这里所谓律及律疏，分别相当于唐《斗讼律》疏议卷二一"斗殴手足他物伤"条的疏文"相争为斗，相击为殴"，以及同卷二一"斗故杀用兵刃"条的疏文"非因斗争，无事而杀，是名故杀"。只有《酉阳杂俎》中说：

> 国朝律，取得鲤鱼，即宜放，仍不得吃，号赤鲦公。卖者杖六十。

所谓国朝律③，《故唐律疏议》中无。既然称作律，就不一定局限于永徽律、开元律那样与令相对意义上的律。由敕禁断的场合，也曾经把敕叫做律。现在，在此认识下涉猎诸书的结果，发现了与《酉阳杂俎》中所谓国朝律相应的禁断。《旧唐书》卷八《玄宗纪》谓：

---

① 朱文公校《昌黎集》卷四〇应所在典贴良人男女等状。
② 《白氏长庆集》卷四三论文秀打杀妻状。
③ 《酉阳杂俎》卷一七《广动植》之二。

　　　　　开元……十九年春正月……己卯，禁采捕鲤鱼。

这就是相应国朝律的规定。《酉阳杂俎》的国朝律恐怕是总称相关种类的禁断。

　　到此，不同传承的各种资料所引用开元二十五年律及律疏与故唐律疏议之间的比较，暂告结束。西域出土的开元律疏残篇、《通典》、《白氏六帖事类集》以下诸书所载开元二十五年律及律疏，分别与《故唐律疏议》有差异，但是，并没有一个足以否定《故唐律疏议》为开元二十五年律疏的证据。相关的差异中，由各种资料的谬误所引起者居多。总的来说，从《通典》开始，各种资料所载的律错误很多。当然，《故唐律疏议》的内容中也不是没有错误。据长泽规矩也氏的调查，潘氏藏所谓宋本《故唐律疏议》错误甚多，元至正刊本及对其重刻的兰陵孙氏本、江苏书局本，以及在日本的旧抄本与官版本中，也有形形色色的错误。关于这一点，如罗振玉氏在《西域出土杂律疏残篇》最后所指出的①，又如沈家本氏在《卢弓父抱经堂校抄本唐律疏议跋》中所叙述的②，就是其中的一些例子。柳贯在刊行作为今传诸本的祖本的泰定版时，一定根据诸种异本进行了"正讹辑漏"（柳贯《故唐律疏议》序）。又，岱南阁仿元刊本也经过了孙星衍、顾广圻等的校勘。因此，《故唐律疏议》中应该认为错误的地方，比西域出土的律疏及《通典》所载律文等为少。在日本的旧抄本，及仅存在于官版本中的《名例律》称反坐云云条疏文的一节，也是据异本——或许就是《刑统》——校正的。而且，官版本中脱漏了《擅兴律》"镇戍遣番代违限"条疏文的一节。又，开元二十五年律疏（《故唐律疏议》）在宋元传承的过程中进行了修改，导致与其他的开元二十五

---

　　① 《敦煌石室碎金·杂律下》谓："今本误字者三，衍文者一。毁人碑碣条律文，但令修立不坐，今本立误作之；停（停原作傍）留请受军器条疏议并准盗法，今本准误作名。又律：其经战阵而损失者，今本而下衍有字；亡失符印条疏议虽有规避，今本规误作窥。"

　　② 《沈寄簃先生遗书·寄簃文存》卷七"抄本唐律疏议跋"谓："其所据以校此本者，有宋本及元本。今取孙本互相校勘，其得失亦时时互见。如阑入宫门条入上阁门，孙本阁误阁，此本不误；乘官畜私驮物条末句同私驮载法，孙本夺法字。此本有（并他宋本律文合）兵刃斫射人条小注弓箭刀鞘，孙本夺刀字。此本有他，如驮物之驮，不从犬；湿恶之湿，不从糸，孙本并误。此皆可以订正孙本者。"

年律疏——主要是西域出土的开元律疏——之间的差异的产生。在内容上,将开元律疏"周年"复旧为"期年",数字以二十、三十取代廿、卅。在形式上,疏文比律文低一格;在疏文开头的"议曰"冠以"疏"或者"疏",作"疏议曰"或"疏议"曰;佚失开元律疏刊定官的姓名;等等。都未发现在增减律文乃至疏文意义程度上的变更,看来不是什么大的变更。如前节所述,此外也应该看作变更的,在内容上有"国除"作"户绝";又,因为不避唐讳,"雏虞"作"白虎"、"周亲"作"期亲"、"景丁"作"丙丁",因为要说明字句,插进了小字夹注。在形式上,加入篇目疏议,元至正本以下条文前附以小题,等等。这也不是律及疏文中加进的什么了不起的变更。这类变更作为宋元间实施的东西,是非常自然的。即使有这类变更,也不能说就降低了开元二十五年律疏的真正价值。顾广圻在《仿元刊故唐律疏议跋》中称赞道:

> 右至正辛卯崇化余志安刻本,其律及疏议整缮,略无伪错;抹子亦完备靡漏,非寻常传抄者比也。

这未必是溢美之辞。

结　言

本文推翻了认为《故唐律疏议》即永徽律疏的历来的定说,进而论证出其大体上以开元二十五年律疏为主干、在形式与内容中都加入了后世修改的部分。作为《故唐律疏议》基本部分的律疏的实际制作年代,要比迄今所认为的年代晚四朝八十余年(自高宗永徽四年至玄宗开元二十五年)。于是,今传作为中国最古老的法典的《故唐律疏议》,就必须将其"最古老"的地位让给开元二十年制定的《大唐开元礼》,但它与《唐六典》等一起,仍可以说属于现存最古老的法典的行列。现存唐宋法典甚少,朱彝尊在其《唐律疏议》跋中叙述道:

> 唐代遗书传抄多至残缺。是编前有元泰定四年江西儒学提举柳赟序,又附江西行中书省检校官王元亮释文,末又缀编校考亭书院学士余资姓

163

氏，信为完书。①

如此看来，像《大唐六典》那样南宋刊本（《双鉴楼善本书目》云宋乾道本）只传下残卷，该宋本系统的明正德本、嘉靖本均有脱漏。因此，享保中近卫家熙根据《通典》、《太平御览》等对该明本进行了补正，这就是所谓的近卫本。虽说是今日《大唐六典》中的善本，却已经不是完本。这里不遑详加叙述，当另撰论文。然而仅仅依据《白孔六帖》与《职源撮要》，也可以发现今已失传的《六典》逸文②。如《宋刑统》，也不是完书，法制局本卷末根据《故唐律疏议》作了增补。而宋《庆元条法事类》有幸传至今日，但多有缺卷。唐宋时屡屡制定的其他法典之类，几乎亡失殆尽，今日不传。对唐令式的论述，在《唐六典》中可以见到大略，但这与律完全依靠《故唐律疏议》而得以流传是不能对比的。因此，开元二十五年律疏那样古老的法典即使形式、内容上与原先相比多少有所变化，但其因为在后世被长久运用，终于得以流传至今。

　　《故唐律疏议》是唐法律史研究的第一资料，凡研究唐法律史，没有忽略此资料者。对于在确信《故唐律疏议》为永徽律疏的前提下构筑的历来的唐法律史，今天应该重新考虑将永徽律疏改为开元律疏。又，在永徽律疏已经散佚的今日，对永徽律疏的研究仍然有必要以开元律疏为基调。其次，在日本与唐朝关系史的研究上，也必须改变传统的观点。即开元律疏《故唐律疏议》与日本律疏同样以永徽律疏为基础，而且制作年代要晚于日本律，与日本律并无直接的继承关系。从来称《唐律疏议》是日本律的蓝本的观点是错误的。现在如果要明确日本与唐两律的继承关系，就必须 reconstruct（恢复）永徽律疏。

　　前面我们研究了永徽、开元两律疏的差异。两律疏也有许多共同点，因此

---

　　① 《曝书亭集》卷五二《唐律疏议》跋（官版本也附刻有此跋）。根据这个跋所说，朱彝尊也认为故唐律疏议就是永徽律疏。

　　② 近卫本《唐六典》据唐志补充了京都苑四面监等，但是《白孔六帖》卷三八苑囿（括弧内为注文）云：京都苑四面监（掌所管苑面宫馆园池与其种植蕃息之事——《唐六典》）……京东苑（总监苑宫馆园池之事，凡植果以丰甘旨，树疏以修畜聚，虽禽鱼卉木，莫不总而思之。同上）这些都是《唐六典》的逸文。其他类似的例子颇多。

根据开元律疏可以间接窥视永徽律疏的部分也一定很多。据《通典》卷一六七《刑五·杂议下》及《唐会要》卷三九《定格令》所载神龙元年正月赵冬曦上书,隋代有律文千余条,其中有如下一条:

> 犯罪而律无正条者,应出罪则举重以明轻,应入罪则举轻以明重。

仅仅因为制定了这一条,就把数百条法律废止了,并且始终未能删去这一条。这一条相当于《故唐律疏议》名例律卷六"断罪无正"条,由此可以知道永徽律也存在同样的条文。《贞观政要》卷五《公平》、《通典》卷一六九《刑七》、《唐会要》卷三九《议刑轻重》及《旧唐书》卷七〇《戴胄传》中载有这样一个案例:贞观元年(又云武德九年①),未解佩刀直入东上阁的吏部尚书长孙无忌被处徒刑二年,未发觉其佩刀的监内校尉被处以死罪,戴胄对此判决进行了反驳,其中谓:

> 准律云:供御汤药、饮食舟船,误不如法(法,《旧唐书》无)者皆死。

此条见于唐职制律疏议卷九合和御药、造御膳犯食禁、御幸舟船各条中,永徽律中应当也不难找到其相应的条文。

《通典》同上、《唐会要》卷三九《议刑轻重》所载贞观十一年五月大理卿(《唐会要》云大理寺卿)刘德威对太宗奏言,其中引用贞观律如下:

> 律文失入减三等,失出减五等。

这是相当于唐断狱律疏议卷三〇官司出入人罪条的一节。又,《旧唐书·崔仁师传》所引贞观十六年刑部奏有如下贞观律:

> 贼盗律:反逆缘坐,兄弟没官。

这也见于唐贼盗律疏议卷一七谋反大逆条,以上情况,显示出贞观、永徽、开元各律间的一脉相承。但是《唐会要》卷三九《议刑轻重》说:

> (贞观)二十一年刑部奏言:准律,谋反大逆,父子皆坐死,兄弟处流。

---

① 《贞观政要》、《通典》、《旧唐书》等作贞观元年,《唐会要》则在武德九年九月八日。

这与上引贞观律有异，因此也与开元律有异。《会要》是否有误，留待后考。再次，《册府元龟》卷六一二《刑法部·定律令》谓贞观十一年，对武德律进行大幅度的修订，改变了隋律的旧态，并定为五百条。其中引用贞观律如下：

（1）有笞杖徒流死为五刑：笞刑五条，自笞十至五十；杖刑五条，自杖六十至杖一百；徒刑五条，自徒一年递加半年至三年；流刑三条，自流二千里递加五百里至三千里；死刑二条，绞、斩。大凡二十等。 《故唐律疏议》名例律卷一，相当于五刑条

（2）又有议请减赎当免之法。八议：一曰议亲，二曰议故，三曰议贤，四曰议能，五曰议功，六曰议贵，七曰议勤，八曰议宾。 同上，相当于八议条

（3）应八议者，死罪皆条所坐，及应议之状，奏请议定奏裁，流罪已下减一等。 同上，相当于名例卷二八议者条

（4）若官爵五品以上，及（及，《故唐律疏议》无）皇太子妃大功已上亲，应议者周（周，《故唐律疏议》作期）以上亲（皇以下十六字，《故唐律疏议》在初），犯死罪者上请，流罪以下亦减一等。 同上，相当于皇太子妃条

（5）若（若，《故唐律疏议》无）七品以上官，及官爵得请者之祖父母父母、兄弟姊妹、妻、子孙，犯流罪以下各减一等（等之下，《故唐律疏议》有之例二字）。 同上，相当于七品以上之官条

（6）应议减及九品以上官，若官（官，原无）品得减者之祖父母父母、妻、子孙，犯流罪以下，听赎。 同上，相当于应议请减条

（7）其赎法，若十赎铜一斤，递加一斤，至杖一百则赎铜十斤；徒一年者，赎铜二十斤，自此以上递加十斤，至三年则赎铜六十斤；流二千里者赎铜八十斤，流二千五百里者则赎铜九十斤，流三千里者赎铜一百斤；绞斩者赎铜一百二十斤。 同上，相当于名例卷一五刑

（8）又，许以官当罪，以官当徒者（注略）、五品以上犯私罪者（《故唐律疏议》作犯私罪、以官当徒者、五品以上），一官当徒二年；九品以上，一官当徒一年；若犯公罪者，各加一等。以官当流者，三流同比徒四年，仍各解见任。	同上，相当于名例卷二以官当徒条
（9）除名者，比徒三年；免官者，比徒二年；免所居官者，比徒一年。	同上，名例卷三除名比徒三年条
（10）又有十恶之条：一曰谋反，二曰谋大逆，三曰谋叛，四曰恶逆，五曰不道，六曰大不敬，七曰不孝，八曰不睦，九曰不义，十曰内乱。	同上，名例卷一十恶条
（11）其犯十恶者，不得议请减之例。	同上，相当于名例卷二八议者条、皇太子妃条、七品以上官条
（12）年七十已上，十五已下，及疾，犯流罪已下，亦（亦，《故唐律疏议》无）听赎；八十已上，十岁已下，及笃疾，犯反逆杀人应死者，上请，盗及伤人亦收赎，余皆勿论；九十已上，七岁以下，虽有死罪不加刑。	同上，相当于名例卷四老小废疾条

正如以上各条右边所载，相当于《故唐律疏议》者，在贞观以后的永徽、开元各时期删定律时，并未对以上各条进行修改。也就是说，根据这里所载，可以恢复永徽律的一部分。此外，《文苑英华》卷六九七《疏四·刑法》所载于志宁论李弘泰疏谓[①]：

> 非恶逆，若欲依律，合待秋分。

---

① 《文苑英华》卷六九七《疏四刑法》论李弘泰疏（于志宁）谓："时弘泰坐诬太尉长孙无忌，诏令不待时而斩决。乃上此疏。"

这也相当于《断狱律》疏议卷三〇"立春后不决死刑"条正文的"立春以后、秋分以前，决死刑者，徒一年"，以及疏文的"依狱官令，从立春至秋分，不得奏决死刑，违者徒一年；若犯恶逆以上，及奴婢部曲杀主者，不拘此令"。日本《考课令·营缮集解》与古记所引律中规定"大将吏恪居官次，夙夜在公"，也可以推定为永徽律疏的逸文①，与《故唐律疏议》名例八议议勤疏相同②。

总的来说，武德七年撰定武德律后，直到开元二十五年定律，贞观律（贞观十一年一月颁布）、永徽律（永徽二年九月颁布）都进行了删修。永徽律制定后两年，撰成了律疏。据《旧唐书·刑法志》等，贞观律对武德律进行了大的修改，但是，贞观、永徽两律间也有差异。例如，据《通典》卷六〇礼二〇外属无服尊卑不通婚议的记载，永徽元年，御史大夫李乾祐奏言中论及郑宣道及其堂姨——李元义之妹的婚姻：

> 元义先虽执迷，许其姻媾，后以情礼不合，请与罢婚。宣道经省陈述，议以法无此禁，判许成亲。何则同堂姨甥，虽则无服，既称从母，何得为婚。又，母与堂姨，本是大功之服。大功之上，礼实同重。况九月为服，亲亦至矣。子而不子，辱以为妻，名教所悲，人伦是弃。且堂姑堂姨，内外之族，虽别而父党母党，骨肉之恩是同，爱敬本自天性，禽兽亦犹知母，岂可令母之堂妹降以为妻，从母之名，将何所寄？古人正名远别，后代违道任意，恐浸以为俗。然本属无服，而尊卑不可为婚者，非止一条。请付群官详议，永为后法。

特别是从其中的"法无此禁"来看，可以知道贞观律中并未规定禁止与堂姨的婚姻。紧接着李乾祐的奏言，《通典》又说：

---

① 参见本文上篇第 33 页注①。

② 关于永徽律的资料，《唐会要》卷四一《杂记》亦云："（永徽）六年十一月二十七日诏：投匿名书，国有常禁……宜并依律文，勿更别为酷法。其匿名书，亦宜准律处分。"这条规定也是相当于《斗讼律》疏议卷二四"投匿名书告人罪"条的。

> 左卫大将军纪王慎等议：父之姨及堂姨母、父母之姑舅姊妹、堂外甥，
> 并外姻无服，请不为婚。诏可。

从此时开始，扩大了以诏禁婚亲的范围，将堂姨以下、外姻无服者也包括了进去。但是，唐《户婚律》疏议卷一四"同姓为婚"条的后半说：

> 其父母之姑、舅、两姨姊妹及姨，若堂姨、母之姑、堂姑、己之堂姨及再从堂姨、堂外甥女、女婿姊妹，并不得为婚姻，违者各杖一百，并离之。

如此，即使前述与外姻无服者的尊卑婚，也加以禁止；在本条的疏文中，也可以见到与李乾祐奏言同一趣旨的解释。盖上述诏令为距永徽元年李乾奏文不太远时发布①，经永徽二年奏上颁布的永徽律中修订并由开元二十五年律所继承。律文有关女婿姊妹的规定在诏令中未见，应该是《通典》记载不完全、更是根据后世的修改而造成的②。即使永徽以后，除了根据格敕作的变更以外，还对律文及律疏本身进行了删辑。关于这一点，史载语焉不详。此外，《旧唐书》卷六二《杨恭仁（子思训）传》中说：

> 显庆中，历右屯卫将军。时右卫大将军慕容宝节有爱妾置于别宅，尝邀思训就之宴乐，思训深责宝节与其妻隔绝。妾等怒，密以毒药置酒，思训饮尽便死。宝节坐是，配流岭表。思训妻又诣阙称冤，制遣使就斩之。仍改贼盗律以毒药杀人之科，更从重法。

这里指出永徽贼盗律被改为重法。然而唐贼盗律"以毒药药人"条也规定"诸以

---

① 《唐会要》卷八三嫁娶中纪王慎等议，为永徽二年九月之事。永徽律定颁布的时期，《旧唐书·高宗纪》谓："永徽二年九月闰月辛末，颁新定律令格式于天下"；《会要》卷三九《定格令》谓："永徽二年闰九月十四日，上新删定律令格式。"因此，如果上载基于纪王慎议的诏是永徽律删定颁布以后发布的，就与本文的论述不合。又，本条或许根据永徽以后的律改订，尚待以后的深入研究。

② 《玉海》卷六六贞观律注云："崔融云，贞观律唯有十卷；捕亡、断狱，乃永徽二年长孙无忌奏加。"《唐会要》等诸书皆谓贞观律为十二卷，贞观律逸文有相当于断狱律的部分。因此，崔融所说的差异，在贞观、永徽两律中或许就没有。《故唐律疏议》名例卷一十恶大不敬的疏文谓："旧律云言理切害，今改为情理切害。"其旧律可能是贞观律，今改两字或许指永徽律。除此以外，还有为避讳而修改的部分。

169

毒药药人，及卖者绞"，并未说明显庆年间对律文直接加以修改、将毒杀人的罪改为重法之事①。又，《唐会要》卷三七《服纪上》说：

> 显庆元年九月二十九日，修礼官长孙无忌等奏曰……修礼疏人不知礼意。舅报甥服，尚止缌麻，于例不通，理须改正。今请修改律疏，舅报甥亦小功……制从之。

其引用永徽律疏并记载了其修改。但是在《故唐律疏议》中，依然被规定为旧制的舅报甥缌麻。因此，即使据说修改了律或律疏，也不一定经常地直接对其加以改动，这是因为有一些根据格敕加以变更的情况。如第八节所叙述，《唐会要》卷四○《君上慎恤》所见"天宝元年二月二十一日敕，官吏准律应枉法赃十五匹合绞者，自今已后，特宜加至二十四（四，《刑统》卷一一所引敕节文作匹），乃即编诸律，著为不刊"那样，就是修改了律文本身，然而事实却又与之相反的恰当的例子。

又，龙朔二年，与改动官号同时，修改了格式中曹局的名称，麟德二年由源直心等奏上。但是在仪凤年间刘仁轨等所删辑的格式中，又恢复了旧名②。律及律疏所载曹局名称，或许也经过了上述两个时期的变更。同样，武后时期的律及律疏，大约也曾经根据所谓则天文字改动，到神龙年间又复旧了。

垂拱中也进行了律的修改。正如《唐会要》卷三九《定格令》中说：

> 至垂拱元年三月二十六日，删改格式，加计帐及勾帐式、通旧式成二十卷。又，武德以来、垂拱已前诏敕，便于时者，编为新格二卷，内史裴居道……等十余人同修，则天自制序。其二卷之外，别编六卷，堪为当司行

---

① 养老律是以唐永徽律为基础而制定的，其《贼盗律》也有"凡以毒药药人及卖者绞"（《群书类从》卷四律令部），与开元二十五年律相同。毒杀人处以绞，比起谋杀人已杀者罪斩、造畜蛊毒者罪绞且同居家口缘坐的规定来，并非重法。

② 《唐会要》卷三九《定格令》、《旧唐书》卷五○《刑法志》、《册府元龟》卷六一二《刑法部·定律令》。

用,为垂拱留司格……其律唯改二十四条。又有不便者,大体仍旧。

又,根据《旧唐书·刑法志》、《册府元龟》卷六一二《刑法部·定律令》的"其律令惟改二十四条",修改的二十四条中也包含有令。至于该律的修改,或许是以格为依据的。因此,"有不便者,大抵仍旧",可以理解为需要改正的部分如果用格修改的话十分合适,所以律文本身大致依旧不改;而对律文本身的变更应该是在二十四条以内。就是说,这意味着不管条文数量多少,反正对律文进行了修改。因此,即使垂拱以后的律文是否与永徽律完全相同尚有疑问,在四百数十条的范围内,它与《永徽律》相同,大约是没有问题的。即使在垂拱与开元二十五年之间,令式在神龙、太极、开元初年等修订并且有相应的记录,关于律,单纯从史籍记载上看却没有修订。《通典》卷一六九《刑七·守正》中,载有武后当时(垂拱以后)的律文数条,以下即为此:

(1)按名例律,因罪人以致罪,若罪人遇恩原减,亦准罪人原减法。

(2)又云,即缘坐家口,虽配殁罪人得免(得免,原作先死,误。今据《册府元龟》改①)者亦免。

(3)贼盗律云:口陈欲反之言,心无真实之计,流三千里。律云口陈欲叛(叛,原作反,误欤?《册府元龟》作叛)者,杖八十。

(4)准律,诬告谋反大逆者斩,从者绞。

(5)又条云:教(教,原作放,误;《册府元龟》作告,亦误)令人告事虚,应反坐,得实应赏。皆以告者为首,教令为从(上四字,《册府元龟》无)。

(6)斗讼律云:以赦前事告言者,以其罪罪之。

但是,(1)与《故唐律疏议》名例卷五犯罪共亡条的一节相同;(2)与同上卷四彼此俱罪之赃条的一节相同;(3)相当于《故唐律疏议》贼盗卷一七口陈欲反之言条,《通典》的"流三千里"作"流二千里",或许是《通典》中有误。又,疏文与

---

① 《册府元龟》往往有误字,但这里及其以下注记所提到的《册府元龟》均为正确。

《通典》有很大的不同，《故唐律疏议》谓：

> 有人实无谋危之计，口出欲反之言，勘无实状可寻，妄为狂悖之语者，流二千里；若有口陈欲逆叛之言，勘无真实之状，律令既无条制，各从不应为重。

因此，武后时适用的律疏与开元二十五年律疏之间有明显不同。唐杂律疏议不应得为条有云：

> 诸不应得为而为之者，笞四十（谓律令无条理不可为者），事理重者杖八十。

因此，上述（3）的疏文与贼盗律的疏文，可以解释为与此杂律的意思互相补充。从《故唐律疏议》的疏文与被认为依据永徽律疏的日本《养老律》①大体相同这一点来推断，（3）不可能完全是永徽律疏的原文。（4）与《故唐律疏议》斗讼卷二三诬告谋反大逆条、（5）与同上卷二四教令人告事虚条、（6）与同上同卷以赦前事相告言条的一节都相同。

其次，根据《集贤注记》等②，《唐六典》的奏上为开元二十六年，但《六典》并非以其前一年制定的开元二十五年律令格式为基准，而似乎是以修改旧律令格式之类的敕为依据的。《旧唐书》卷四二《职官志》云：

> 大都护府副都护（旧正四品，开元令加入从三品）。

《旧唐书·职官志》区别了开元令与开元前令，这个开元令是开元二十五年令。但是根据《唐六典》卷三〇，大都护府副都护为正四品上，因此可以作为《唐六典》未依据开元二十五年令的一项证据（并参照第三节）。又，在开元初期的令中，除上中下各牧监（分别有监、副监、丞的职员）外，还有沙苑监（有同上职员）。关于该沙苑监，《唐六典》卷一七沙苑监注云：

---

① 《群书类从》卷四《律令部·贼盗律》。
② 《集贤注记》、《玉海》卷五一《职官类》所引、《六典》卷三〇注。

　　□①（上一字，明正德本、嘉靖本、近卫本缺，官版本等作旧）本云：太仆

---

　　① 不清楚南宋刊本《唐六典》此阙字作什么字，但以其为依据的明正德本（东方文化学院东京研究所、东京帝国大学法学部所藏）、嘉靖本（东方文化学院京都研究所藏）以及根据上述诸本制定的近卫本，均作阙字。但是，扫叶山房刊本、官版本、广雅书局本中，此阙字皆作"旧"字，大约是有什么依据的。现在果然作旧字。如果《六典》应该作"旧本云，太仆属官有沙苑监，开元二十三年省"的话，沙苑监的正文不存在于所谓旧本中，其中只有"太仆属官"云云的注，尚有疑问。或许，"旧"应该作"一"字，即使如此，也可以推测异本的存在。沙苑监于开元中废止，而在元和年间复旧，可以从《元和郡县志》卷二《关内道·同州》中所说"今以其处宜六畜，置沙苑监"得知。至于《唐六典》，似乎并非在制定出来时就开始适用的。《玉海》卷五一所引《集贤注记》（《郡斋读书志》卷七云：《集贤注记》二卷，右唐韦述撰。述在集贤四十年，天宝丙申，摭院中故事，修撰书史之次）叙述《唐六典》道："开元二十六年草上。诏下有司，百寮表贺，至今在书院，亦不行用。"

　　又，《吕和叔文集》卷五《代郑相公请删定施行六典开元礼状》云："玄宗承富庶之后，方暇论思。爰敕宰臣，将明睿旨，集儒贤于别殿，考古训于秘文，以论材审官之法，作《大唐六典》三十卷；以道德齐礼之力，作《大唐开元礼》一百五十卷。网罗遗逸，芟剪奇邪，亘百代之旁通，立一王之制。草奏三复，祗令宣示中外；星周六纪，未有明诏施行。遂使祭丧冠婚家，犹异礼等；威名分官，靡成规（疑有漏字），不时裁正，贻弊方远……伏见前件《开元礼》、《六典》等，先朝所制，郁而未用，奉扬遣发，允属钦明。然或损益之间，讨论未尽；或驰张之间，宣称不同。将贻永代之规，必候不刊之妙。臣请于常参官内，选学艺优深、理识通敏者三五人，就集贤院，各尽异同，量加删定。然后冀纡睿览，特降德音。明下有司，著为恒式，使公私共守，贵贱遵行，苟有愆违，必正刑宪。"

　　据此可知，《唐六典》在贞元、元和时，不是在"公私共守，贵贱遵行，苟有愆违，必正刑宪"的意义上被施行的吗？无论如何，到贞元、元和时期，说到《六典》云云的材料急遽增多。当然，从开元以后到贞元、元和期间，也颁布过与《六典》所载规定相反的敕令。但总的来说，未被触及者还是占多数。朱文公校《昌黎集》卷三七请复国子监生徒状中说：

　　"国子监应三馆（注略）学士等，准《六典》（注略）国子监学生三百人，皆取文武三品已上……右国家章典，崇重庠序，近日趣就未复本源，至使公卿子孙，耻游太学……今请国子馆并依《六典》……"这是《六典》为当时准据的一个明证。又，《旧唐书》卷一四八《李吉甫传》云："纂《六典》诸职，为百司举要一卷，皆奏上之。"

　　这就很有力地显示出《六典》受到重视的情况。（贞元前夕的建中二年有卢杞上奏说"准《六典》……"［《册府元龟》卷六三六］，但是贞元前准用《六典》的例子极为少见）当时恰值恢复沙苑监的时期，而且上述吕和叔文中有"各尽异同，量加删定"之语，暗示着今存《六典》在贞元时期经过删定的情况。《唐六典》卷一一殿中监注云："旧属官，又有天藏府，开元二十三年省。"

　　《唐六典》没有记载天藏府。又，卷一九司农卿注中也说："旧属官，又有太和玉山九成宫农圃等三监，开元二十三年省。"

　　还是没有记载其属官。但是，卷二三都水监注中说："舟楫置（置当作署），开元二十三年省。"

　　这里的舟楫署实际上没有省略。（未详这是否可以与沙苑监同样论述）《六典》中本来多有矛盾之处，前后的不统一也不少。如卷二一国子监大成十人注云"初置二十人，开元二十年减十人"；卷四礼部正文也说国子监大成十员，卷二吏部考功郎中员外的正文却作二十员。据卷一六崇元署条下注引开元二十五年敕，历来属于鸿胪的道士、女道士现归属宗正，只有僧尼另属尚书祠部；但卷四祠部郎中员外（转下页）

属官,有沙苑监,开元二十三年省。

据此,沙苑监在开元二十三年省略,《通典》卷四〇《职官》开元二十五年

(接上页)郎的职掌中,同时记载了有关僧寺道观及道僧的规定,并载三本道僧籍中的一本送鸿胪。《六典》的注不仅有新旧,即使在正文中,也有或记载新制或依据旧制的情况,矛盾不统一的例子很多。该沙苑监云云的记载也应该列为这种矛盾之中,亦未可知。

但是这里有研究《唐六典》的删定乃至异本的存在的资料。据《元丰类稿》卷三四《乞赐唐六典状》,就可以知道曾经有过与今本有异的《六典》。南宋王益之撰《职源撮要》亦云:"吏部侍郎,隋炀帝三年始置,以贰尚书之职……(六典、通典)……龙朔二年改为司列少常伯,光宅元年改为天官侍郎,天宝十一载改为文部侍郎,掌天下官吏选授勋封考课之政令,凡职官铨综之典,封爵策勋之制,权衡殿最之法《唐六典》)。""金部郎中……天宝改司金郎中,至德初复旧,掌库藏出纳之节,金宝财货之用,权衡度量之制,皆总其文籍,而颁其节制《六典》。"

这里"天宝"云云的记载,未必是撰者的插入句或者窜人的文字。此外又有:"灵台郎,后汉太史下别有灵台丞,掌候日月星辰……隋有天文博士,长安二(二,今本作四)年改为灵台郎,乾元三年改五官之名《六典》,掌观天文之变而占候之(《唐六典》)。"

又,保章正与挈壶正条下亦曰"乾元元年加五官之名《六典》"。天宝及乾元的年号与官制,不用说也是开元以后出现的。因此,推测《职源撮要》所引《六典》为经过乾元以后删定的《六典》,恐怕是在乾元以后,贞元、元和年间。《吕和叔文集》的《请删定施行六典开元礼状》对证明这个推测是十分有力的。

既然如此,作为今传本祖本的南宋本又有怎样的性质呢?应该考虑的第一点是,与《职源撮要》所引本为删定本相反,前者是旧本即保存开元旧貌的版本。这就是说,南宋至少有这两种传本。应该考虑的第二点是,前者从删定本中刋削了开元后修改的部分,大体恢复了开元的旧貌——可以说是复旧本——然后才付梓的。应该考虑的第三点是,前者与开元本都是在删定本影响下出现的。此外还有其他各种考虑的问题,但是沙苑监的正文出自开元本还是删定本的结论,还是暂且搁置为宜。又,说到开元后的删定,总不能全部用开元后新的情况来代替旧的情况,即使删定《六典》,其基础仍然是开元年间的东西。(关于《六典》删定的详情,另文论述)

此外,《六典》注中,屡屡出现如下被称作"唐礼"的东西。

唐礼,禀牺令供来,司农卿受之,以授侍中(卷八注)。

唐礼,侍中前承诏,降宣诏曰:册某氏女为后,命公等持节展礼。册太子亦如之(同上)。

唐礼,鼓角十人为一队(卷一四注)。

唐代的记录中,也不是没有"唐礼"的例子,但是《六典》关于所记令及格式,对"皇朝之令,武德中,裴寂等撰……"、"皇朝贞观格十八卷……"、"皇朝永徽式十四卷……"等进行比较时,唐礼应该是作为皇朝之礼的。唐礼云云的注解大约经过了后世的加工。对于这一点,即使不能断定,也存在着怀疑。(此处无暇详述,但五代及宋时,《唐六典》、开元礼中律令格式一起被加工的机会是很多的)同时,《六典》卷二五左右千牛卫部主仗的注解说:

唐改千牛左右,曰千牛备身,初置备身主仗。

《六典》中也有"大唐平世充,收其图书"(卷九)的情况,但在记载官名的变迁时,凡是唐均作为"皇朝",没有单作唐的情况。近卫本《六典》在唐字下加注:"依例唐上恐脱大字",这一点也值得考虑。

官品中也不存在。正如中田博士曾指出的那样,《旧唐书·职官志》注云"开元前令有沙苑丞",因此刊载沙苑监及其职员的《唐六典》,不会依据开元二十年令①。《唐六典》卷二《吏部》注中也可见到并非依据新令的沙苑监、太史监;卷二三都水监中,载有都水监的属官即《唐六典》注"开元二十三年省"、开元新令所没有的舟楫署。我们原准备记录与此相关的《唐六典》的制定及其删改年代,及与《双鉴楼善本书目》所记宋乾道本系统诸本不同本子的存在,由于篇幅太长,只附以少量的注,其余准备另撰论文。当然,《唐六典》所依据的旧律令格式与开元二十五年律令格式之间共同点颇多。又,因为《唐六典》依据旧律令格式以后制定的敕,一定与新格式律令之间有更多的相同点。《唐六典》卷六刑部郎中员外郎条下载有名例、职制、贼盗各律条文。其中关于五刑、赎罪等的诸规定,与上引贞观律之间也有不少大体相同的部分,正文避免了重复。但是名例律十恶中"六曰大不敬"注"御宝",在永徽律中一定作"御玺"。又,"计赃者以绢平之"注中所见律文"准律,以当处中绢估,平之"——如果文字无误——不会与永徽律相同,而与开元二十五年律的不同则已在前述。如果指出其他与《故唐律疏议》有区别的地方,只不过是二、三处文字上的异同罢了。《唐六典》中作为与赃有关的内容刊载的各条,例如:

> 枉法赃,谓受人财为曲法处分事(唐律分作断,无事字)者,一尺杖一百已上(律无已上二字),每一匹加一等,止(律无止字)十五匹绞;不枉法赃,谓虽受财依法处分者,一尺杖九十、二匹加一等,止三十匹加役流。若无禄人犯此二赃,并减有禄人一等。若枉法二十匹即绞,不枉法四十匹加役流。

相当于《故唐律疏议》职制卷十一监主受财枉法条

---

① 此外,参看中田薰博士《唐令と日本令との比較研究》,《法制史論集》第一卷,第 645 页、646 页,并参照第 173 页注①及拙文(《東方学報》前号 113 页、114 页,即本书第 33 页注①)。

强盗赃,谓以威力取□(阙,据律当为其)财,并与药酒及食,使狂乱取财,不得徒二年,得财一匹(匹当作尺)徒三年,二匹加一等,十匹以上绞。	相当于同上贼盗卷一九强盗条
窃盗赃者,谓私窃人财,不得笞五十,得财一匹(匹当作尺)杖六十,二(二当作一)匹加一等,五匹徒一年,又每五匹加一等,五十匹止加役流。受所监临赃者,谓不因公事,受部人财物者,一匹笞四十,每一匹加一等,至八匹徒一年;又每八匹加一等,五十匹罪止流三(律三作二)千里。	相当于同上窃盗条 相当于同上职制卷一一受所监临财物条
坐赃者,谓非监临主司,而因事受财者,一匹(匹当作尺,分事以下十处以唐律校注之)笞二十,每一匹加一等,至十匹徒一年;每十匹加一等,十匹罪止徒三年。自外诸条,皆约此六赃为罪。	相当于同上贷所监临财物等条

这些与旁边记载的《故唐律疏议》条文分别一致。又,《唐六典》卷六司门郎中员外郎条下注中有律文的条数,应该说如内藤博士所论述的那样,包含了卫禁律[①]。在《故唐律疏议》卫禁卷八中查出的各条相当的律文如下:

若私度关及越度,至越所而不度。	相当于唐卫禁律私度关条
不应度关而给过所,若冒名请过所;与人及不应受而受者,若家人相冒。	相当于同上不应度关条
及所司无故稽留。	相当于同上关津留难条
若领人度关,及别人妄随之。	相当于同上人兵度关妄度条
若赍禁物私度。	相当于同上赍私物私度关条
及越度缘边关,其罪各有差。	相当于同上越度缘边关塞条

---

① 内藤虎次郎博士《三井寺所藏の唐過所に就て》,《東洋史論叢:桑原博士還暦記念》第1334页。

如上所载，从永徽以后到开元二十五年期间，律与律疏的变迁在资料中不太出现。《唐六典》卷六刑部注中也说：

> 皇朝武德中，命裴寂、殷开山等定律令……贞观初，有蜀王法曹参军裴宏献奏，驳律令不便于时三十余条。于时又命长孙无忌、房玄龄等厘正，凡为五百条，减开皇律大辟入流者九十三条，比古死刑殆除其半。永徽中，复撰律疏三十卷，至今并行。

这里在记载数次刊定令格式的同时，对于律则只记载武德、贞观二律，未提到永徽律，或许是表明贞观至开元间律文的变迁不太多。要对此加以确论，许多地方仍有待于今后的研究。但是据《通典》卷一六五《刑制》，到开元二十五年，旧格式律令及敕七千四百八十条中，删除了一千三百零四条，修改了二千一百五十条，可知对律也进行了大规模的变更。据诸书所载贞观律条数，《唐六典》、《通典》、《唐会要》等均作五百条①。《唐六典》正文所载律即开元初期与中期实施的律的条数，亦作大凡五百条。其举出的不是概数而是准确数字，只要与关于令的"大凡一千五百四十六条"相对照就知道了。由此来看，永徽年间撰定的律仍然是五百条。但是现存《故唐律疏议》全部为五百零二条，与《玉海》所载继承开元律疏的刑统为"律十二编，五百二条"相一致②。史家往往将《故唐律疏议》条数作五百条，这是由于现存诸传本的目录中刊载有《名例律》以下各篇条数，且误为"凡五百条"③。潘氏所藏所谓宋本《故唐律疏议》目录卷二二斗讼下注作"凡十五条"，官版本亦同；元至正本与兰陵孙氏本系统诸书则作"凡十六条"，与上述各书比较，多了殴兄姊弟妹一条。但在总目部中，后者与前者同样作"凡五百条"，难免招致不统一的非议。又，诸本在总目中，职制作凡五十八

---

① 《唐六典》卷六刑部、《通典》卷一六五《刑制下》、《唐会要》卷三九《定格令》。

② 《玉海》卷六六《建隆新定刑统注》。

③ 池边义象氏《日本法制史書目解題（上）》第366页、浅井虎夫氏著《支那二於クル法典编纂ノ沿革》第169页、杨鸿烈氏著《中国法律发达史》第350页均作《唐律疏议》凡五百条，其中职制五十八条。又，如果分别数池边、浅井、杨三氏在各篇篇目下所记卷数，也不是五百条，而是五百零一条。

条,事实上却是五十九条①。关于数字的记录,往往难以期待正确,如果永徽律及至开元二十五年适用的律为五百条的话,开元二十五年律除修改旧律条文外,至少还增补了二条②。然而查阅上述律条,在永徽律以后律的逸文的范围内,与该开元二十五年律几乎完全相同。这是由于对律文未加以充分研究而造成的。

幸运的是,有一个可以恢复永徽律及律疏,并且考察永徽、开元两部律疏差异的方法,就是将《故唐律疏议》与日本养老律相比较。日本养老律明显是依据唐律及律疏的,其制定则是在养老二年(唐开元六年)。可以作为其参考的唐律,有武德、贞观、永徽各律及永徽律疏。现据《名例律》卷一十恶大不敬疏文云:"旧律云言理切害,今改为情理切害",这个旧律,或许是指永徽律以前的贞观律。如果真的是这样,日本养老律的名例律也好,贼盗律也好,均作"情理切害",而不作"言理切害",因此可以作为养老律以永徽以后的律文为根据的明证了。特别是唐朝律疏的制定始于永徽四年,日本养老律的疏文很清楚也是基于唐朝律疏的。至于唐开元二十五年律疏(故唐律疏议)也与永徽律疏具有母子关系。因此,比较此异系的二律疏,在其一致的范围内,将其看作是永徽律疏的 reconstruct(复原),大体是可能的。(永徽律疏到日本养老律制定的养老二年即唐开元六年时,也有一些修改之处。而且由于传至后世的过程中有所变化,日本养老律的传承中或许也有几处不同。因此在严格的意义上说,企图完全复原

---

① 《滂喜斋藏书记》(潘氏侄孙承弼增编)卷一《宋刻唐律疏议》曰:"孙刻目廿二斗讼下注云:凡一十六条。此作十五条,盖少殴兄姊弟妹一条。然卷中实有之,疑是后人羼人,而未改其目,及元人复刻,则并其目增之。非有宋刻,未由辨其误也。又卷廿三告小事虚、诬告人流罪引虚二条,孙自误倒。"

据此可知潘氏的所谓宋本目录也与官版本相同。即使从这一点来看,也可以知道官版本所依据的在日本属于旧抄本系统的版本,要比元至正本古老。同时,《滂喜斋藏书记》将目录中所没有而存在于卷中的殴兄姊弟妹一条当作"疑是后人羼人,而未改其目",出于什么原因呢,或许应该看作是目录中脱落了一条。

② 宋抄本律文十二卷(现存)亦作五百零二条,从以下事实也可知道:江苏书局将律文与音义分离后与《唐律疏议》共同刊行(关于此,并参照《沈寄簃文存》卷八:抄本律文十二卷、音义一卷后);此外,罗氏在《吉石盦丛书》中,因为其律文与《故唐律疏议》的律文相同,因此只刊行音义,而不刊行律文。(参照罗振玉氏《律音义跋》"律十二卷,世已有疏议本,不复刊也")

当然是困难的。）

至于今日所传日本养老律，只有《名例律》的前半、《卫禁律》的后半、《职制律》以及《贼盗律》。文政年间石原正明苦心搜集了《政事要略》、《法曹至要抄》、《令集解》诸书所引逸文，编著《律逸》。大正十五年，泷川学士搜集其余遗，作《律逸逸》[①]，得以复原养老律的大部分。现据此与《故唐律疏议》试加比较。《律逸》及《律逸逸》与我所见有二、三点不同，留待后述。

首先，今传律文即名例、卫禁（均缺半）、职制、贼盗各律中，与《故唐律疏议》几乎完全一致的律文有以下诸条（篇目卷数及小标题根据《故唐律疏议》）：

[名例卷二]一人有议请减条。[同卷三]流配人在道条。[同卷四]犯罪已发条；犯时未老疾条。[卫禁八]私度有他罪条。[职制九]官有员数条；在官应直不直条；之官限满条。[同一〇]指斥乘舆条；驿使不依题署条；长官使人有犯条。[同一一]有所请求条；受人财请求条；有事以财行求条；有事先不许财条；率敛监临财物条；去官受旧官属条；挟势乞索条。[贼盗一九]盗官私马牛杀条；盗不计赃罪名条；故烧人舍屋条；本以他故殴人夺物条。[同二〇]卑幼将人盗己财物条；因盗过失杀伤人条；私财奴婢贸易官物条；山野物已加功力条；知略和诱强窃盗条；共谋强盗不行条；公取窃取皆为盗条——凡二十九条。

又，据《律逸》及《律逸逸》，如果查找一个几乎完全复旧的条文（一条中仅复旧过半的，此处亦略，下同）与《故唐律疏议》一致的，有以下诸条：

[名例五]犯罪共亡条；盗诈取人财物条；公事失错条。[同六]化外人相犯条；断罪无正条条；称加就重条。[户婚一二]里正不觉脱漏条；子孙不得别籍条；立嫡违法条。[户婚一三]部内旱涝霜雹条。[厩库一五]官私畜毁食官私物条；应输课税条；犬伤杀畜产条。[斗讼二一]斗殴折齿毁耳鼻

条。[斗讼二四]囚不得告举他事条;强盗杀人条。[诈伪二五]医违方诈疗病条。[杂二六]负债强牵掣畜产条。[杂二七]违令条。[捕亡二八]邻里被强盗条。[断狱二九]囚引人为徒侣条。[同三〇]官司出入罪条——凡二十二条。

就是说,上述的律文是开元二十五年律,同时也不妨看作永徽律。又有五品以上(唐律)与五位以上(日本律)、部曲与家人、大功以上亲与三等以上亲、尚书省与太政官、一亩与一段、小徭役与杂徭役、畜产与马牛、流三千里与配远流之类的小差异;即使就一般情况而言,养老律比唐律用刑轻一等乃至数等,但两者几乎相同的律文仍然不少。首先,查阅养老律残卷,这类条文有以下这些:

[名例一]笞刑条;杖刑条;徒刑条。[同二]八议者条;五品以上妾有犯条;无官犯罪条;十恶反逆缘坐条。[同三]除名比徒三年条;犯死罪非十恶条;徒应役无兼丁条;工乐杂户条。[同四]老少废疾条。[卫禁七]车驾行冲队条;宿卫上番不到条。[同八]宿卫兵杖条;行宫营门条;宫内外行夜条;关津留难条。[职制九]贡举非其人条;官人从驾稽违条;大祀散斋吊丧条;合和御药条;御幸舟船条;主司借服御物条;监当主食有犯条;百官外膳条;漏泄大事条;玄象器物条;稽缓制书条;被制书施行违者条;受制忘误条。[同一〇]上书奏事误条;事应奏而不奏条;事直代制署条;受制出使不返条;匿父母夫丧条;驿使以书寄人条;乘驿马枉道条。[同一一]奉使部送雇寄人条;受所监临财物条;监临家人乞借条;称律令式条。[贼盗一七]口陈欲反之言条;谋反条;谋杀府主等官条;部曲奴婢杀主条;谋杀故夫父母条;谋杀人条;劫囚条;规避执人条;杀一家三人条;祖父母父母夫为人杀条。[同一八]以物置人耳鼻条;造畜蛊毒条;憎恶造厌魅条;残害死尸条;穿地得死人条;造妖书妖言条。[同一九]强盗条;窃盗条;恐喝取人财物条。[同二〇]因盗过失杀伤人条;知略和诱和同相卖条;共盗并赃论条;盗经断后三犯条;部内容止盗者条——凡六十六条。

其次，根据《律逸》、《律逸逸》，在与被认为完全恢复条文的日本律比较的范围内，可以列举以下各条：

> [名例五]犯罪未发自首条。[同六]同居相为隐条。[卫禁七]应出宫殿辄留条。[户婚一三]妄认盗卖公私田条；应复除不给条。[同一四]和娶人罪条；妻无七出条。[厩库一五]验畜产不实条；受官羸病畜产条；乘官畜脊破领穿条；故杀官私马牛条；杀缌麻亲马牛条；畜产抵蹋啮人条；官私畜损食物条；损败仓库积聚物条；输给给受留难条。[斗讼二一]斗殴手足他物伤条；殴人折跌支体瞎目条；保辜条。[同二三]过失杀伤人条；诬告反坐条。[同二四]告缌麻卑幼条；以赦前事相告言条。[诈伪二五]妄认良人为奴婢条；诈为瑞应条。[杂二六]坐赃致罪条；向城官私宅射条；负债违契不偿条。[同二七]烧官府私家宅舍条；水火损败征偿条。[捕亡二八]罪人持杖拒捍条；知情藏匿罪人条。[断狱二九]囚给衣食医药条；依告状鞫狱条。[同三〇]闻知恩赦故犯条；立春后不决死刑条；纵死囚逃亡条——凡三十七条。

这里不再列举其他的篇名与小标题，但只要有逸文存在，就有不少条文是一致的。这些条文也显示出在永徽律中有着与开元律相同的规定。

如果永徽、开元两律存在差异，其结果就是在故唐律疏议中因为养老律的一半已经亡佚而无法比较的部分中，或者在养老律残卷及逸文与故唐律疏议的差别中。现在比较《故唐律疏议》与养老律残卷，在上述以外，再列举条文的一部分或者全部不同的地方：

> [名例一]流刑条；死刑条；十恶条；八议条。[同二]皇太子妃条；七品以上官条；应议请减条；妇人官邑号条；以理去官条；以官当徒条。[同三]奸盗略人受财条；府号官称条；除名者条；以官当徒不尽条；犯流应配条。[同四]彼此俱罪之赃条。[卫禁八]官门等冒名守卫条；越州镇戍等城垣条；私度关条；不应度关条；人兵度关妄度条；缘边城戍条；烽候不警条。

[职制九]官人无故不上条;大祀不预申期条;祭祀事有于园陵条;造御膳犯食禁条;乘舆服御物条。[同一〇]制书误辄改定条;府号官称犯名条;驿使稽程条;文书应遣驿条;增乘驿马条;乘驿马赍私物条;用符节事讫条;公事应行稽留条。[同一一]长吏辄立碑条;监主受财枉法条;因使受送馈条;贷所监临财物条;役使所监临条;监临受供馈条。[贼盗一七]谋反大逆条;缘坐非同居条;谋杀期亲尊长条。[同一八]以毒药药人条;杀人移乡条;夜无故入人家条。[同一九]盗大祀神御物条;盗御宝条;盗官文书印条;盗制书条;盗官殿门符条;盗禁兵器条;盗毁天尊佛像条;发冢条;盗园陵内草木条。[同二〇]盗缌麻小功财物条;略人略卖人条;略和诱奴婢条;略卖期亲卑幼条——凡六十一条。

据《律逸》与《律逸逸》查看的话,可以举出以下各条,即:

[名例六]称道士女冠者条。[卫禁七]阑入逾阈为限条。[户婚一二]卖口分田条。[厩库一五]牧畜产课不充条。[斗讼二二]主杀有罪奴婢条。[同二四]投匿名书告人罪条——日本律是否以唐律疏文作正文之一部分,留待后考。[诈伪二五]伪造皇帝宝条——凡七条。

此外,在与唐《诈伪律》诈伪制书条相当的养老律少量的逸文范围内,可以指出其与唐律的差异。又,如以下(1)所示,《故唐律疏议》有的条文为养老律所无;反之,如(2)所示,作为独立的一条,则是《故唐律疏议》中不存在的养老律的逸文。

(1)[卫禁八]犯庙社禁苑罪名条;赍禁物私度关条;越度缘边关塞条。[职制九]刺史县令私出界条;庙享有丧条。[同一〇]上书奏事犯讳条。[贼盗一九]监临主守自盗条——凡六条。

(2)[养老卫禁律逸、律逸逸]阑入山陵兆域门条——凡一条。

如果要指出这种差异存在的主要原因,其一是在撰定日本律的时候修改了唐律,属于这种情况的部分比重很大。养老律的六议,不用说是以前唐律八议的缩小。养老律将唐《名例律》府号官称条、《职制律》府号官称犯名条的"府号官称犯祖父名而冒荣居"一节均予省略，唐《职制律》上书奏事犯讳条也全部省掉。这是因为日本没有避父祖名和天子讳的习惯，没有必要对其加以规范化。唐《名例律》称道士女冠条的最初一段"称道士女冠者，僧尼同"，为养老律所无，也是因为日本没有作出相关规定的必要。又，相当于唐《卫禁律》"阑入太庙门、及山陵兆域内者，徒二年……"一条的，在养老律中，有关大社即伊势神宫的规定与有关山陵兆域的规定，也是各自独立的条文。正如泷川学士对于《律逸逸》所叙述的那样，这是因为日本律的撰定者，特地把唐律的一条分为两条的缘故。

其次，相当于唐《卫禁律》越州镇戍等垣城条的养老律谓：

> 凡越兵库垣，及筑紫城，徒一年（陆奥越后出羽等栅亦同），曹司垣杖一百（太宰府亦同），国垣杖九十，郡垣杖七十，坊市垣笞五十（皆有门禁者）……

一看就明白，这也不是照搬唐律的。（泷川学士谓《律逸逸》中恢复相当于卫禁律阑入者以逾阈为限条时，律的逸文连接成"凡阑入者……宫垣近流，京城垣徒一年，坊市垣笞五十"，但最后一段并非阑入者云云条的一部分，而是构成前面越兵库垣条的一部分。关于这一点，石原正明的《律逸》是正确的。《宫卫令集解》也说："《卫禁律》云，越京城垣者徒一年；又条越坊市垣者笞五十。"因此，越京城垣云云条与越坊市垣云云条，是不同的律条。）至于这种日本律中对唐律的变更，即使从唐《卫禁律》不应度关条、同《贼盗律》盗宫殿门符条中也可以知道。又，养老卫禁律中没有相当于唐《卫禁律》"诸赍禁物私度关者坐赃论……"的条文（参看《群书类从·法制部》），这是因为适用日本关市令"凡禁物，不得将出境……"的规定和杂律违令条的规定，因而将其省略。同样，养老卫禁律中不存在相当于唐《卫禁律》"越度缘边关塞者徒二年；共化外人私相交易若取与者，一尺徒二年半……"的律文（参看《群书类从》同上），或许也是因为有日本关市令中规定了"凡官司未交易之前,不得私共诸番交易",如果有犯则问以违令罪的意思。泷川学士将延喜三年太政官符所云"律曰官司未交易之前,私共番人交易者,准盗论,罪止徒三年"作为相当于上引唐律的部分,载于《律逸逸》中。如果把这当作律的逸文,就说明今传律疏残篇中有脱漏。因此,这个律就是指大宝律、养老律之类。但是,未必是自说自话的怀疑,在唐代,前引二条《卫禁律》也存在于开元二十五年以前的律中。这可以从《唐六典》卷六存在着两条相应的律文中看出。

以下,对比唐《户婚律》卖口分田条与养老律中相应的条文:

> 诸卖口分田者,一亩笞十,二十亩加一等,罪止杖一百,地还本主,财没不追。即应合卖者,不用此律。(唐律)

> 凡过年限赁租田者,一段笞十、二段加一等,罪止杖一百,地还本主,财没不追。功田不在此限。(养老律)

这样,养老律把唐律有关卖田的规定改为租赁田的规定。因为日本令中,正如中田博士所叙述的那样,除园地宅地外,不仅禁止口分田,而且禁止所有田地的买卖,只允许租赁。在日本律中,巧妙地变更了唐律的文字,使其与日本律令相对应①。(石原正明《律逸》中,在日本律这条关于租赁田的规定的末尾,附加了唐律卖口分田条的最后一段"即应合卖者,不用此律",应是误植。即使田令中允许田宅的自由买卖,以前面都是关于租赁田地的律文,最后突然横插一句"即应合卖者,不用此律",前后也是不协调的。)

现在,对日本律中被认为是改动唐律的地方加以圈点,列表记述如下②:

---

① 参看中田薫博士《唐令と日本令との比較研究》,《法制史論集》第一卷,第 676、678 页。
② 相当于唐卫禁律卷八犯庙社禁苑罪名条的律文,为日本卫禁律所未见,只有最后一段是附加在相当于唐卫禁律卷七向宫殿射条的日本卫禁律中的(参照《律逸》)。
相当于唐斗讼律疏议卷二二主杀有罪奴婢条的日本律的一段作"家人者加各一等",是合并了唐律次条即殴部曲死决罚条而成的吧。即使在唐律,主杀部曲也比杀奴婢各重一等,与日本律"家人者加各一等"相照应。

	故唐律疏议	养老律
职制律制书误辄改定条	制书有误，不即奏闻，辄改者杖八十……辄饰文者各加二等。	诏书有误，不即奏闻，辄改者，笞五十。
同，乘驿马赍私物条	乘驿马赍私物，一斤杖六十……驿驴减二等（余条驿驴准此）。	乘驿马赍私物，十斤笞二十……
同，役使所监临条	即役使非供己者（非供己谓流外官及杂任应供官事者）。	即役使非供己者（谓在公家使者）。
贼盗律盗毁天尊佛像条	即道士女冠盗毁天尊像、僧尼盗毁佛像者加役流，真人菩萨各减一等。	即僧尼盗毁佛像者，中（中，一作徒）流菩萨各减一等。

以上对养老律与《故唐律疏议》进行了比较。在日本修改养老律时，已经制定了天武、大宝两律。两律就全篇来说已经亡佚，所以论述养老律与唐律的异同是不容易的。大宝律的逸文，例如《户婚律》的"本国主司及僧纲知情者与同罪"[①]，比养老《户婚律》"寺三纲知情者与同罪"[②]来说，与唐《户婚律》的"本贯主司，及观寺三纲知情者与同罪"较为近似。大宝斗讼律的逸文如"妻殴夫徒一年"[③]，与养老律的"妻殴夫杖一百"[④]并不一致，却与唐律相同。以"妻殴夫"的一个特定情况为根据，就认为大宝律的法定刑一般重于养老律而与唐律接近的观点，或许是难以成立的——我们准备将这一问题作为今后研究的课题——但它至少构成了大宝律中比养老律更为接近唐律的部分存在的一个证据。这就是说，我们由此得知大宝律与《故唐律疏议》之间的差异，及养老律与《故唐律疏议》之间的差异，不一定是一致的。

日本、唐两律疏的差异，不能只归结为唐律在日本律中的被改动。在与唐开元《名例律》的十恶"大不敬谓……对捍制使"及同《职制律》"诸稽缓制书者"、"诸被制书，有所施行而违者"、"诸受制忘误及写制书误者"、"受制出使，

---

① 《僧尼令集解·方便条下古记》所引大宝律。参照泷川学士对大宝律与养老律异同的论述，《史学杂誌》第三九编八号第 758 页。又，同氏著《律令の研究》。

② 《僧尼令集解·私度条下令释》所引养老律。参照泷川学士同上书，第 757 页及《律令の研究》。

③ 《户令集解·殴妻祖父母条下古记》所引大宝律。参照泷川学士同上书，第 759 页及《律令の研究》。

④ 《律逸》、《续续群书类从·法制部》。

不返制命"诸条,同《贼盗律》"诸盗制书者,徒二年"、同《诈伪律》"诸诈为制书及增减者"、"诸对制及奏事上书诈"等各条(以上据《唐律疏议》)相当的养老律诸条中,制使、制书等作诏使、诏书等,起因于作为养老律基础的永徽律中作诏使、诏书等。对此之所以容易确信,是因为永徽年间的资料中作诏,而且《唐六典》或者诸书中,明确记载武后或者玄宗时,诏被改作制。但是,《故唐律疏议》与养老律的差异中,未必经常有相关的参考资料,而日本律中对唐律的改动,仍然存在有疑问的部分。首先比较唐开元《擅兴律》擅发兵条与养老律相当的条文:

> 诸擅兴兵,十人以上徒一年……若不即调发及不即给与者,准所须人数,并与擅发罪问……若有逃亡盗贼,权差人夫足以追捕者,不用此律(唐律)。

> 凡擅发兵二十人以上杖一百……(若以下逸文无,据唐律可补)……若有逃亡盗贼,权差人夫足以追捕,及公私田猎者,不用此律(日本律,据《律逸》)。

"及公私田猎"云云的规定,存在于养老律中;唐开元律中却没有相当的规定。恢复了养老律本条的《律逸》,是根据《政事要略》及《法曹至要抄》的,这两书均作"及公私田猎"云云,恐怕不是衍文。又,《故唐律疏议》诸传本中,都没有这一节,继承开元二十五年律的刑统也同样没有。在今存资料的范围内,未必能说是开元律的脱漏。一般而言,有关田猎的规定从上古起就存在于中国的典礼中,唐《擅兴律》校阅违期条疏文中也说:"《春秋》之义,春蒐夏苗秋狝冬狩,皆因农隙,以讲大事,即今校阅是也。"律的这一节,毋宁说应该存在于唐律中,特别是在与日本律相当的部分,令人不能不揣测开始时是附加于律文上的。作为日本律蓝本的唐永徽律中,也有与这一节相应的部分,被日本律所继承。在唐朝,大约永徽以后,就把这一节删除了。现在难以肯定是开元律诸传本的脱落,因此怀疑是永徽、开元两律的差异。

以下，进一步把永徽、开元两律的不同，即有疑问的地方大致加以例示。这种不同，或许不是因为日本律按照永徽律的形态流传，相反，是永徽以后的律损益旧律的结果。（圈点的部分表示开元律疏与养老律疏的不同）

	开元二十五年律	养老律
名例律,犯流应配条	犯流应配者……妻妾从之。	犯流应配者,妻妾从之,家人(家人,唐律当作部曲)不在从例。
卫禁律,越州镇戍等垣城条	若擅开闭者,各加越罪二等;即城主无故开闭者,与越罪同;未得开闭者,各减已开闭一等(余条未得开闭准此)。	若擅开闭者,各加越罪一等;即城主无故开闭者,与越罪同。
职制律,乘舆服御物条同条疏	应供奉之物缺乏者,徒一年;其杂供有缺,笞五十。	应供奉之物缺乏者,杖六十。
	杂供有缺者,谓非寻常应供奉之物;可供而缺者,笞五十。	(无相当文)
贼盗律,略人略卖人条	略人略卖人为奴者绞……为妻妾子孙者,徒三年。	略人略卖人为奴者远流……为妻妾子孙者徒二年半,未得减四等。

如上的差异，若没有某些特别的资料，就不容易判断是因为日本律更改唐律而造成的，还是开元年间损益旧律而造成的。这里并不需要急着解决这个问题，只是提出问题，留待机会再述而已。如相信《故唐律疏议》是永徽律疏的时期那样，根据《故唐律疏议》与养老律之间的差异，要直接总结日本与唐（永徽）两律疏的差异，是难以企及的。

养老杂令公私以财物出举条义解谓：

> 如负债者外避,保人代偿(谓依律,虽负人身死,而保人亦代偿……)

（括弧内注）

如果把这里的所谓律当作养老律的逸文，其相当的规定在故唐律疏议中并不存在。唯唐开元二十五年杂令中，与上述养老令同样是"如负债者逃,保人代偿"，只规定了在债务人逃亡的场合保人应负的责任，却未规定债务人死亡的情况。《令义解》所谓的律，大约出自永徽律。无论如何，这是一个问题。或许,《义解》中所谓律,是以开元六年(养老二年)前的诏令为基础制定的,乃至在日本是指律以外的法律,而被《义解》称作律,因此未必能说是指以永徽律规定为基础的日本律的规定。又,债务人死亡时的保人代偿制度,比债务者逃亡时的代偿制似乎出现得较晚,因此前者存在于唐太和的诏令等①,是与《义解》中所谓律相当的部分。如果说它存在于永徽律中,则难以论证其在开元年间的被删除②。

关于《故唐律疏议》的价值,我们首先可以列举其作为律文本身及注释书的价值。根据疏文中包含有许多现已亡佚的唐令格式逸文的情况来看,该书具有特别珍贵的价值。特别是,唐令格式的逸文在《通典》等书中保存甚多,但是《故唐律疏议》所引令格式中,有不少上引诸书中无法看到的珍贵资料。《故唐律疏议》所引令的篇目有二十一篇(括弧内的数字是刊载其的卷数):

> 一,官品令(二);二,祠令(一、九、二七);三,户令(六、一二、一四、二四);四,田令(一三);五,赋役令(一二、一三);六,选举令(二、二五);七,封爵令(二五);八,禄令(一一);九,宫卫令(一五);十,军防令(二、一六、二六);十一,仪制令(一〇、二六、二七);十二,卤簿令(二四);十三,衣服令(二六);十四,营缮令(一六、二六、二七);十五,公式令(六、九、一〇、一六、一九、二五、二七);十六,厩牧令(一〇、一五、二六);十七,丧葬令(二六、二七);十八,关市令(八、二六);十九,捕亡令(二八);二十,狱官令(二、四、二四、二九、三〇);二十一,杂令(一五、二六)。

---

① 参见拙文《唐宋時代に於ける債権の担保》,《史学雑誌》第四二编第 10 号第 43 页以下。

② 唐《职制律》卷九刺史县令私出界条:"诸刺史县令、折冲果毅,私自出界者杖一百。(经宿乃坐)疏议曰:州县有境界,折冲府有地团。不因公事,私自出界者,杖一百。注云:经宿乃坐,既不云经日,即非百刻之限,但是经宿,即合此坐。"

日本律没有与此相当的规定(参看《群书类从·律令部》),是由于日本律传本中的脱落呢,还是因为撰定日本律时,爰削了原先存在于唐律中的内容? 可以怀疑作为日本律的蓝本——永徽律中恐怕就没有这种规定。

其中,除禄令以外,均与有关《通典》等书的研究得到的开元二十五年令篇目一致①。禄令属于永徽令之事,从《类聚三代格》中有永徽禄令得知。它作为开元二十五年令的篇目,在《故唐律疏议》所载以外并未发现。《唐六典》卷六所引开元令的篇目中虽然没有封爵令、禄令、捕亡令,但因为《唐六典》卷六引的是开元初的令,因此与它们存在于开元二十五年令并无抵触②。

---

① 参见拙文《故唐律疏議製作年代考(上)》,《東方学報》前号第 114 页注 12。

② 《通典》、《唐会要》、《宋刑统》中,也有许多开元二十五年令及其篇目。根据《白氏六帖事类集》、《倭名类聚抄》(掋斋本),也可以看到篇目与令文的一部分。关于这些令文相当于开元二十五年令,以及《通典》、《宋刑统》以下所载令文,我们将在近日发表文章论述。(《宋刑统》所载令格式相当于开元二十五年令格式的观点,前已论述。)

(1)《白氏六帖事类集》

祠令云,京师四月已降,旱则祈雨,理冤狱,赈穷乏云云——这在《大唐开元礼·序例》中也有相应的文字。

户令,落蕃人得还,许于近亲附贯也;户令,诸子孙继绝应以户者,非年十八已上,不得折云云;户令,诸身丧户绝者,所有奴婢、客户、部曲、资财、店宅云云;户令,先有两贯者,从边州为定云云。

选举令,诸贡人上州三人,中州二人,下州一人云云。

考课令,进士试时务策五条云云;考课令,诸秀才试方策五条,文理俱高者为上云云。

封爵令,王公已下无子孙,以兄弟为后云云。

卤簿令,大驾长鸣中鸣(各百二十具)——《大唐开元礼·序例》中也有相应文字。

乐令,诸道行军应给鼓角者,三万人以上,给大角十四具云云。

公式令,诸州使人送解至京,二十条已上二日付了云云。

丧葬令,诸碑碣其文须实录,不得滥有褒饰云云。

关市令,令云:诸外蕃与缘边互市,皆令互官司检校云云。

杂令,诸王公主及官人,不得亲事帐内邑司如客部曲等在市兴贩云云;杂令,诸官人缘使诸行人云云。其他,在《白氏六帖事类集》中,有与田令相当的规定,如"因王事落藩藩未还,有亲属同居者,其身份之地,六年乃追……";"诸给口分田者,田易则倍给……";"诸丁男(男,原作田)给永业田二十亩,口分田八十亩……"等;也有与赋役令相当的规定,如"诸田有旱虫霜雹,据见营田州县检实,具帐申省……"。在《白孔六帖》中与孔氏记述有关的部分,有作为开元令的"诸权衡以秬黍中者"的以下三条杂令。(关于其他诸条,将于近日另发论文。)

(2)《倭名类聚抄》

唐仪制令云,诸版位百官一品以下,各方七寸,厚一寸半。

唐卤簿令云,左右金吾大将军各一人,紫袄裆金隐起带。

唐乐令云,宴乐伎一部,傩廿人,金铜腰带乌皮靴。

唐衣服令云,革带玉钩。

唐厩牧令云,乳牛牸十头,给丁一人牧饲。唐厩牧令云,诸牧马每年三月游牝。

(其他逸文数十条,将于近日发表另文。)

《故唐律疏议》所见式的篇目为以下十篇：

> 一，户部式（二八）；二，礼部式（二五、二七）；三，主客式（八）；四，兵部式（二六）；五，职方式（八）；六，驾部式（一○）；七，库部式（一六）；八，刑部式（二）；九，太仆式（一五）；十，监门式（七、八、一六）。

《六典》卷六列举了式的篇目：

> 以尚书省、刑曹及秘书、太常、司农、光禄、太仆、太府、少府，及监门、宿卫、计帐为其篇目，凡三十三篇。

即使只根据《故唐律疏议》，也可以发现在唐开元二十五年式中，存在着与开元初式的篇目同样的成分①。《故唐律疏议》也引用了格，但是没有记载格的篇目②。

《通典》等书记载的令格式，大多是开元以后颁布的，永徽年间的很少。因

---

① 以下是《白氏六帖事类集》所见唐式篇目及逸文的一部分：

吏部式，诸流外官，满未满得勋五品已上叙勋敕至省者云云。

考功式，诸州及国子监贡举人试官，须对长官判官，共加考试至省，及第不成分数者，其罪以长官为从云云。

户部式，诸正丁从夫四十日，免七十日并免租，百日已上课役俱免云云。

度支式，供军道次，州郡库无物者，每年支庸调，及租并脚并纳本州云云。

祠部式，诸私家，不得立杂神，及亲巫卜相并宜禁断云云。

主客式，诸蕃夷进献答，诸色无估价物，鸿胪寺量之酬答也。

兵部式，给赐者，用所在官库绢布云云；兵部式，诸应如发军处，所司与兵部计会云云。

水部式，京兆府高陵界清白二渠交口著斗门堰清水云云——关于西域出土的开元水部式断简（罗氏《敦煌鸣沙石室佚书》所收），已如前述。《刘梦得文集》中也有水部式断章，但罗氏对其未加论及。《倭名类聚抄》也有"唐秘书省式云，写书料每月大墨一挺"的逸文。该书未记载篇目的唐式其他逸文有近三十条。此外，关于根据篇目分类的《唐会要》、《宋刑统》等所引户部式、司门式、光禄式等，将于最近发表另文。

② 《白氏六帖事类集》中还载有如下的开元二十五年格：

户部格，格式非缘边州及侧户千里内，军府百姓欲于缘边州府附户居住，并听，云云。

金部格云，敕松当悉维翼等州熟羌，每年十月已后，即来彭州互市易云云。

仓部格，诸处不得擅用兵赐及军粮，纵令要用，亦须递表奏闻。

祠部格，王公已下薨，别敕许度人者云云。

《通典》、《宋刑统》中，有屯田格、仓部格、兵部格、刑部格等，均有上述另文论述。

此,在确信《故唐律疏议》为永徽律疏的时代,其引用的令格式,被作为永徽年间的产物而倍受重视。但是,现在已经考定《故唐律疏议》为开元二十五年律疏;与此相应,认为这里所载的令格式也是开元二十五年的产物,至为恰当。《故唐律疏议》所引令文中存在开元二十五年令一事,已经在第三节中论证。特别要注意像前面论述的那样,卫禁律疏所引宫卫令中有顺天门,是与开元制度相矛盾的。在第一节、第二节中,列举了《故唐律疏议》所引令式作为资料,其中足以认识永徽、开元两令式异同的内容也不少。又,《捕亡律》在官无故亡条疏文中,引用了户部式:

> 户部式:灵、胜等五十九州为边州。(《宋刑统》同文)

但是,据《唐六典》卷三《户部》,边州的数字却只有四十九个[①]。想来,这个差异说明了开元初及中期的制度与开元二十五年户部式的差异。如果不是这样的话,上引户部式为开元以前的式,它残存于开元律疏中,或许是由两部书中的某一部引起了错误。

不过,永徽、开元两律疏所引的令格式,未必可以说是经常不同的。关于该问题的解决,起到十分关键作用的是继承永徽律疏的日本律疏。现以养老律残卷及《律逸》、《律逸逸》与故唐律疏议所引令式比较如下:

	故唐律疏议	养老律
名例律,府号官司称条疏	老谓八十以上、疾谓笃疾,并依令。	(同文)
同,除名者条疏	依选举令,三品以上,奏闻听敕;正四品,于从七品下叙。	依选叙令,三位以上,奏闻听敕;正四位,七位下叙。
同上	军防令,勋官犯除名,限满应叙者,二品于骁骑尉叙。	军防令,勋位犯除名,限满应叙者,一等于九等叙。

---

① 《唐六典》卷三《户部》云:"安东、平、营、檀、妫、蔚、朔、忻、安北、单于、代、岚、云、胜、丰、盐、灵、会、凉、肃、甘、瓜、沙、伊、西北庭、安西、阿、兰、鄯、廓、叠、洮、岷、扶、柘、维、静、悉、翼、松、当、戎、茂、巂、姚、播、黔、骧、容为边州",为四十九州。

	故唐律疏议	养老律
同,流配人在道条疏	行程,依令马日七十里,驴及步人五十里。	行程者,依令马七十里,步人五十里。
同,犯死罪人在道条疏	侍丁依令,免役,唯输调。	(同文)(但,免下有徭字)
同,犯时未老疾条疏	依狱官令,犯罪逢格改者,若格轻,听从轻。	依狱令(犯以下同文)。
卫禁律,越州镇戍等垣城条疏	依监门式,京城每夕,分街立铺,持更行夜鼓声绝则禁人行。	依宫卫令,京路分街立铺,夜鼓声绝则禁行人。
同,烽候不警条疏	依职方式,放烽讫而前烽不举者。	
职制律,之官限满条疏	其有田苗者,依令听待收田讫发遣;无田苗者,依限须还。	(同文)(但讫字下发字无)。
同,文书应遣驿条疏	依公式令,在京诸司有事须乘驿,及诸州有急速大事,皆合遣驿。	依公式令,在京有机速事,及诸国有急速大事,皆合遣驿。
同,乘驿马枉道条疏	依厩牧令,乘官畜产非理致死者,备偿。	(同文)
《户婚律》,相冒合户条疏	依赋役令,文武职事官三品以上,若郡王期亲及同居大功亲……并免课役。	依赋役令,三位以上父祖兄弟子孙……并免课役。
同上	应合户,谓流离失乡,父子异贯,依令合户。	(同文)
同,部内旱涝霜雹条疏	虫蝗螟螽……之类,依令十分损四以上免租	(同文)(但,四作五)
同,应复除不给条疏	依令人居狭乡,乐迁就宽乡,去本居千里外,复三年。	依令人居狭乡,乐迁就宽乡,去本居路程十日以上,复三年。
厩库律,牧畜产课不充条疏	厩牧令,诸牧杂畜死耗者。	厩牧令,牧马牛死耗者。
同,畜产抵啮人条疏	依杂令,畜产抵人者截两角。	(同文)
同,出纳官物有违条疏	依令应给禄者,春秋二时分给。	依令,应给职位禄者,春秋二月给。
贼盗律,缘坐非同居条疏	各准分法留还,谓未经分异,犯罪之后,并准户令分法。	(同文)
同,略和诱奴婢条疏	凡捉得逃亡奴婢,依令五日内,合送官司。	(同文)
斗讼律,教令人告事虚条疏	告赏禁物度关,及博戏盗贼之类,令有赏文。	(同文)
杂律,负债违契不偿条疏	负债者谓非出举之者,依令合理者,或欠负公私财物,乃违约乖期不偿者。	(同文)
断狱律,立春后不决死刑条疏	依狱官令,从立春至秋分,不得奏决死刑。	依狱令(从以下同文)。

　　由此可知,完全一致或大体一致的地方甚多。而且除此以外,还有与《故唐律疏议》所引令式相同或类似的文字。这样,一度失传的永徽令式就有不少内容被恢复了。在该比较表中,列举了开元、养老两令式相同或类似的条文,虽然排除了有差异的部分——其数量是很不少的——仍然包括有撰定日本律令时修改唐律令的部分。因此,即使有差异,也不一定就意味着永徽、开元两律令式的不同。特别如上表所列,日本在令文中采纳了唐监门式及职方式的规定,为史家所反复论及。又,《名例律》除名比徒三年条疏文说:

　　　　依格,道士等辄著俗服者,还俗……依格,道士等有历门教化者,百日苦使。

日本律疏的相应条文作:

　　　　依令,僧尼饮食醉乱,及与人斗打者,各还俗……依令,僧尼绫罗锦绮不得服用,违者各十日苦使。

可见是把唐关于道士的格换成了关于僧尼的令。这个唐格,就是与日本《僧尼令集解》所引道僧格为同样种类的东西,该日本令就是僧尼令。日本僧尼令相当于唐道僧格,三浦博士曾经比较对照《僧尼令集解》所引唐道僧格与日本僧尼令而加以论述[1]。《故唐律疏议》当然也存在关于唐格——不一定就是道僧格——的第一手资料。

　　否定《故唐律疏议》的永徽律疏说、论定其为开元二十五年律疏的结果,就有了如上所说在唐及日本法律史研究上应该注意的与历来不同的各点。总之,《故唐律疏议》中有不少在永徽以后、特别是应该看作在开元年间删改的成分。但是,如果与贞观、永徽律等的逸文,以及被认为根据永徽律及其律疏制定的日本律相比较、对照的话,可以看出开元律(律疏)中包含有许多与永徽律(律疏)相同的内容。又,唐法律史研究的确凿资料,有《故唐律疏议》,有《大唐六典》,

---

[1]　三浦周行博士《法制史の研究·僧尼に關すゐ法制の起源》。

有《大唐开元礼》,都集中在开元年间。与日本律有密切关系的永徽律(律疏),即使退一步说,也是以开元律(律疏)与日本律为中心的的研究的必要资料。历来,因为唐令的佚亡,导致唐令研究中屡屡引用日本律。反过来说,日本律除了与《故唐律疏议》的比较研究外,在唐律的研究中不太被引用。即使研究日本律时引用唐律,研究唐律时也不太有引用日本律的事情。因此,现在日本律与《故唐律疏议》一起,作为复原永徽律疏等唐法律史研究上的资料而占有重要地位,这应该是值得人们的注意的。

上篇补遗

第一,《宋刑统》中包括(1)无发布年月记载的令格式与(2)有发布年月记载的敕,(3)则几乎全部是开元二十八年(三月二十一日)以后的东西,而且是以修改律文乃至上述(1)为目的的规定。由此可以知道,(1)是开元或者其差不多时期编纂的(参照上篇第四节)。换言之,律文以及无发布年月记载的令格式制作年代的下限,为开元二十八年(三月二十日)。相对而言,将制作年代上限确定为开元中的资料,在上述令格式及敕中尚未发现。特别是《宋刑统》卷二六所收关于私铸钱的刑部格敕,明确叙述了其以永淳元年敕为依据,令格式还在其以后颁布的情况。但是,令格式由于在永淳以后的文明、垂拱、神龙、太极、开元初、开元四年(一说七年)、开元二十五年的各年中均曾经删定(参照上篇第三节),因此,上引无发布年月记载的令格式为开元二十五年间制定,就需要有别的资料来证明了。

因此,今见《唐会要》卷八八《杂录》中所谓:

> 开元十五年七月二十七日敕,应天下诸州县官,寄附部人兴易,及部内放债等,并宜禁断。

> 十六年二月十六日(十六日,《册府元龟》作癸未)诏:比来公私举放,取利颇深,有损贫下,事须厘革。自今已后,天下负(负,同上作私)举,只宜四分收利,官本五分取(取,同上作收)利(《册府元龟》卷一五九《革弊》

大致相同)。

如此,是将开元十五年及十六年敕加以连记。但是,《刑统》卷二六载户部格曰:

> 户部格,敕天下私举质,宜四分收利,官本五分生利。
>
> 又条,敕州县官,寄附部人兴易,及部内放债等,并宜禁断。

这里连记的两条,与上面的两条除了有些文字的参差,大体上是相同的。又,《唐会要》卷三九《定格令》所载敕文如:

> 开元十四年九月三日敕,如闻,用例破敕及令式,深非道理。自今已后,不得更然。

《刑统》卷三〇引刑部格谓:

> 刑部格敕,如闻,诸司用例破敕及令式,深乖道理。自今以后,不得更然。

两者也几乎是完全相同的。大体上说,格是类聚改补律令式与前格的敕,《刑统》所载无发布年月的格文中,发现了相当于开元十四年九月、十五年七月及十六年二月发布的敕的规定,证明上述格文的编纂是开元十四年至十六年以后的事情。而且,从开元十六年二月(上限)到二十八年三月(下限)间编纂的格,只有开元二十五年格,因此,刑统所载无发布年月的格,以及同样的令式,就很清楚是以开元二十五年的条文为基准的。而这些令格式与具有相应关系的律文以开元二十五年间的律为基准,也从这方面得到了有力的证据。

第二,开元二十五年律令格式,也有在宋初适用的记载。但那不是开元年间的原貌,而是大历十四年修改条目折衷而成(旧志),大约也没有超出单纯折衷条目的范围(参照第四节)。又,旧志说:

> 建中二年,罢删定格令使并三司使……以刑部、御史台、大理为之,其格令委刑部删定。

显示出建中年间曾经进行格令的删定。《唐会要》卷二五《辍朝》太和元年七月条说：

> 准官品令，太师、太傅、太保、太尉、司徒、司空以上，正一品……左右仆射……从二品；门下中书侍郎、六尚书、左右散骑常侍、太常、宗正卿……左右神策、神武、龙武、羽林大将军，内侍监以上，正三品……七寺卿……将作监、京兆河南尹以上，从三品。

该官品令在官名官品上，与开元二十五年令并不吻合，所记载的恐怕是上述建中删定的令。然而，紧接在宋刑统所载无发布年月的令格式之后的，是天宝后的诸敕文。这在表示该令格式产生于天宝前之外，恐怕还显示出正在适用的敕，在建中年间并未被格文所采纳，并且说明了建中年间删定格与令的幅度——即使有过官名官品的变更等——并不是特别大。《经籍志》等书目中附记了未见建中令、格之事。此外，宋初适用的官品令，比起开元令来，实际上与前述官品令更为近似，这将以另文论述。

第三，上篇第四节末注（第 65 页注①）中，引用《旧唐书》本纪，将元和二年《斗讼律》改为斗竞律，并且说未详何时复旧。今《册府元龟》卷三《帝王部·名讳》，在所载与《旧唐书》同一事项的注中，有咸通十二年李溪上奏称礼不讳嫌名、律不坐嫌名，请自后奏章遵循礼律；不久，奏状内因不避庙讳而引起争讼，而李溪之罪得以赦免之事。而一时被改成的竞，大约是在咸通十二年前后复旧的。但是，《册府元龟》记载元和以前建中年间的事情时有《斗竞律》，记载五代的事情时也有同样的情况。

（载《訳註日本律令》一，首卷，律令研究会编，东京堂出版，昭和五十三年五月初版印刷）

关于曹魏新律十八篇篇目

滋贺秀三　撰

程维荣　译

　　魏明帝（226—239）命陈群、刘邵（劭）、韩逊、庾嶷、黄休、荀诜等担当修订刑制，在当时极端错综的形势下，整理以《九章律》为中心的汉代以来庞大的法规堆积并制订新律，这是叙述中国法制史时无法回避的显著事件。然而，其十八篇的篇目分别是什么，根据资料中可见的篇目加以列举，到最后一两篇就包含有不合条理的难点，以及尚未圆满解决的问题。近年来，我也一直抱着这个疑问，直到最近才好不容易得到一个想法，以至对研究的结果基本抱有信心，因此在这里发表，希望得到指正。

　　如果先说结论，魏的新律由以下十八篇组成：

　　（1）刑名　（2）盗　（3）劫略　（4）贼　（5）诈伪　（6）毁亡　（7）告劾　（8）捕　（9）系讯　（10）断狱　（11）请赇　（12）杂　（13）户　（14）兴擅

197

(15)乏留　(16)惊事　(17)偿赃　(18)免坐

十八篇的顺序,大约也是依此排列的①。囚律一篇并不存在,是本文要论证的题目。

首先,作为基础资料列出的是《晋书·刑法志》和《六典》。晋志在叙述新律十八篇编纂之事后,刊载了"其序略曰"的相当长的引文。虽然已经是被引用得烂熟的资料,为慎重起见,这里还是将与论题有关的整段文字揭示如下:

> 旧律因秦《法经》,就增三篇,而具律不移,因在第六。罪条例既不在始,又不在终,非篇章之义。故集罪例以为刑名,冠于律首。盗律有劫略、恐喝、和卖买人,科有持质,皆非盗事,故分以为劫略律。贼律有欺谩、诈伪、逾封矫制,囚律有诈伪生死,令丙有诈自复免,事类众多,故分为诈律。贼律有贼伐树木、杀伤人畜产及诸亡印,金布律有毁伤亡失县官财物,故分为毁亡律。囚律有告劾、传覆,厩律有告反逮受,科有登闻道辞,故分为告劾律。囚律有系囚鞫狱、断狱之法,兴律有上狱之事,科有考事报谳,宜别为篇,故分为系讯、断狱律。盗律有受所监受财枉法,杂律有假借不廉,令乙有呵人受钱,科有使者验赂,其事相类,故分为请赇律。盗律有勃辱强贼,兴律有擅兴徭役,具律有出卖呈,科有擅作修舍事,故分为兴擅律。兴律有乏徭稽留,贼律有储峙不办,厩律有乏军之兴,及旧典有奉诏不谨,不承用诏书,汉之施行有小愆之反(之反,《通典》作乏及,《通考》之亦作乏)不如令,辄劾以不承用诏书乏军要斩,又减以丁酉诏书;丁酉诏书汉文所下,

---

① 关于篇目的顺序,除了刑名位于第一外,其余均无法用直接的资料加以明确,但能够推测的是:第一,盗、贼、捕、杂、户等汉九章律中存在的篇名(全部都是单字篇名),相互间保持与九章律中同样的顺序;第二,劫略、诈伪等新设篇目(均为两字篇名),后载《序略》中逐一加以说明的顺序,恐怕就是魏律本身相互间排列的顺序。问题是,第一、第二组分别被放在一起、置于别组的前或后呢,还是互相间交叉混杂呢? 从晋律篇目顺序类推,恐怕是后一种情况。由此在参照晋律的同时,得出两组恰当的排列的结果,就是本文所揭示的顺序。虽然不能说确凿无疑,大约也相差不多。

不宜复以为法,故别为之(之,当作乏)留律;秦世旧有厩置、乘传、副车、食厨,汉初承秦不改,后以费广稍省,故后汉但设骑置而无车马,而律犹著其文,则为虚设,故除厩律,取其可用合科者,以为邮驿令。其告反逮验,别入告劾律。上言变事,以为变事令。以惊事告急,与兴律烽燧及科令者,以为惊事律。盗律有还赃畀主,金布律有罚赎入责以呈黄金为价,科有平庸坐赃事,以为偿赃律。律之初制,无免坐之文,张汤、赵禹始作监临部主、见知故纵之例,其见知而故不举劾,各与同罪;失不举劾,各以赎论,其不见不知,不坐也,是以文约而例通。科之为制,每条有违科不觉不知从坐之免,不复分别。而免坐繁多,宜总为免例,以省科文。故更制定其由例,以为免坐律。诸律令中有其教制、本条无从坐之文者,皆从此取法也。凡所定增十三篇,就故五篇,合十八篇,于旧律九篇为增,于旁章科令为省矣(据《考订沈氏律目考》校订)。

《九章律》的具律改称刑名;而厩律,除其内容的一部分被移到其他律篇及令以外,作为篇目则被废止;新设了从劫略到免坐的十二篇篇目,以做到分类的合理化。在此,对上述情况逐一加以说明。

《六典》(卷六刑部郎中员外郎注)的记载极为简单:

> 乃命陈群等,采汉律为魏律十八篇,增汉萧何律劫略、诈伪、毁亡、告劾、系讯、断狱、请赇、惊事、偿赃等九篇也。

即在汉萧何的《九章律》上新增九篇(缺晋志所载的兴擅、乏留、免坐三篇),从而形成十八篇。两份材料多少有所出入,现将两者合并,以在最大程度上搜集所有哪怕是仅有一点问题的篇名。这样,汉《九章律》各篇与刑名、及作为新设篇目的晋志中所见十二篇,合计为二十二篇。构成魏律的篇目,在此二十二个篇名之外不会再有了。接下来的问题可以归结为,如何在此二十二篇中遴选出十八篇,或者说剔除哪四篇。

关于这个问题,至今已经形成一家之言的学者,就我所知,有浅井虎夫、沈家本、中田薰博士三家①。为使诸说的相互异同、以及诸说与作为资料的《晋书·刑法志》及《六典》的记载的关系一目了然,现对其加以罗列和对照,同时也比较在此要进行论证的拙见,列表如下页所示。

三家中浅井氏之说,除了采用刑名、兴擅这一点是参照晋志的以外,全面根据《六典》记载。其无视晋志中明确记载的废止之事,将厩律也算入,应该说有严重缺陷。沈氏不求强有力的结论,他说:

> 按《唐六典》言,魏增汉律劫略、诈伪、毁亡、告劾、系讯、断狱、请赇、惊事、偿赃等九篇也。以晋志核之,诈伪即诈律(疑志夺伪字),此外有留(留上当有乏字)律、免坐律;留律志言别为之,当不在正律之内;而免坐律亦魏所增,合前九篇,共得十篇。盗律、贼律、囚律、杂律并有分出之事,具律改为刑名,擅兴当即兴律所改,是改定者凡六篇。仍其旧者止捕律、户律二篇,除厩律一篇改为邮驿令不计外,合而计之,与十八篇之数相符。惟晋志言所定增十三篇,就故五篇,合十八篇,核与前数不合;六典言魏增九篇,与十篇之数亦不合,未详其故。

这里表现出对晋志记载的多方面的注意。除厩律外,在《六典》中未见的乏留、免坐二律,后者也被算入;前者虽然未列入,但是,以晋志本身显示的"别为乏留律"为依据,说明"正律之内"大约并不包括此律。由此选出了大致合理的十八篇,但仍然有并未满足晋志所说的"所定增十三篇,就故五篇"的条件,并且与《六典》记载不一致的疑问,末尾则以"未详其故"而避免作结论。上述沈氏的疑问中,与《六典》不一致这点,没有必要介意(后述);而未能满足"所定增十三篇,就故五篇"的条件这一点,则确实是沈说留下的一个难点。

---

① 浅井虎夫《支那ニ於クル法典编纂ノ沿革》第49页,及第381页以下的图表;沈家本《律目考》(收于《沈寄簃先生遗书》);中田薰「律令法系の發達について」補考(《法制史研究》第3号第89页)。

拙见	中田说	沈说	浅井说	六典	晋书刑法京	汉九章律
刑名	刑名	刑名	刑名		刑名	
盗	盗	盗	盗			盗
贼	贼	贼	贼			贼
	囚	囚	囚			囚
捕	捕	捕	捕			捕
杂	杂	杂	杂	无具体记载	具律改称刑名	杂
						户
户	户	户	户			具
						兴
			厩		废止厩律	厩
劫略	劫（掠）略	劫掠	劫掠	劫掠	劫略	
诈伪	诈（伪）	诈伪	诈伪	诈伪	诈	
毁亡	毁亡	毁亡	毁亡	毁亡	毁亡	
告劾	告劾	告劾	告劾	告劾	告劾	
系讯	讯系（系讯）	系讯	系讯	系讯	系讯	
断狱	断狱	断狱	断狱	断狱	断狱	
请赇	请赇	请赇	请赇	请赇	请赇	
兴擅	兴擅	擅兴	擅兴		兴擅	
乏留					乏留	
惊事	惊事	惊事	惊事	惊事	惊事	
偿赃	偿赃	偿赃	偿赃	偿赃	偿赃	
免坐		免坐			免坐	

计18　　计17　　计18　　计18　　　　　　　　计22

中田说：乏留、免坐为单行律
浅井说：乏留在正律之外

诸说都剔除兴建，是基于以新设的兴擅律取代旧的兴律的推定。浅井说、沈说以兴擅为擅兴，中田说认为系讯或作讯系，根据不明。

中田博士的观点是在折衷晋志与《六典》的基础上提出的。他依据《六典》

增九篇的记载,将见于晋志而不见于《六典》的乏留、免坐二篇视作"单行律"而不计入;同时,剔除晋志明文记载其废止的厩律,因而总篇数为十七,就十八篇的传统说法上有疑问。调和两种资料可谓用心良苦,然而其结果却否定了这两种资料为主的许多史书(如《魏志·刘劭传》)一致所说的魏律十八篇的传统观点本身。连对史料的客观态度都没有,未免过于武断①。

除上列三氏外,程树德、杨鸿烈两氏在其著述中,完全照搬上述沈氏言论,未加进自己的观点②。徐道邻氏的近著则仅仅提出"此十八篇的名称时至今日已无可考"的问题,而没有加以解决③。总之,没有任何疑难的观点尚未能够建立起来。

审视历来诸说可知,在晋志记载本身包含的疑问的基础上、如何看待晋志与《六典》的关系,是诸家共同的症结,也是区分诸说的关键所在。因此,我们首先必须评估两者的资料价值,将其可靠性程度置于正确的位置。两者中,具有较高可靠性的,无疑是晋志。因为《晋书》本身——自然包括《刑法志》——是距魏律出现约四百年后的唐初编纂的,其作为引文收载的论述文章,正如"(魏律)序略"的名称所示,为魏律同时代所写,甚至恐怕经过魏律编纂者之一刘劭之手而写成了"律略论"的一部分④。相对于此,《六典》所载不过是比《晋书》编纂还要晚约九十年的唐中叶的《六典》编纂者的语言。而且,魏律原文在南北朝间散佚,到隋代已经失传⑤,《六典》作者不可能见到原文。何况《六典》的这段记载极

---

① 《九章律》中"九"这个数字,在汉代法学家间非常熟悉。如果单说"九章",那是在律的意义上通用的(《论衡·谢短篇》)。这样看九的数字,并且以其倍数作为新律篇数的话,是十分符合法典编纂者心里的。日本《御成败式目》五十一条亦为"圣德太子宪法"十七条的倍数。即使从这一点上看,十八篇传承的真实性也毋庸置疑。

② 程树德《九朝律考》(大学丛书本)第 233 页,及其《中国法制史》第 63 页;杨鸿烈《中国法律发达史》第 197 页。此外,陈顾远《中国法制史》虽然没有明言十八篇指什么,其(乏)留律在正律之外的见解,却是根据沈说的(第 101 页);丁元普《中国法制史》第 102 页则采取浅井说。

③ 徐道邻《中国法制史略论》(1953 年)第 18 页。但是,同书的立论有新意,而且十分妥帖。拙见从结果看,则具有针对徐氏提出的问题加以回答的关系。

④ 小川茂树《李悝法经考》(《東方学報》京都第四册)第 298 页。

⑤ 程氏《魏律考序》(《九朝律考》第 229 页)。

为简略,缺乏具体性(连具律改名、厩律废止的事情都未记):首先只是说"采汉律为魏律十八篇",并且插入"增汉萧何律劫略……偿赃等九篇也"的不直截了当的措辞(与《六典》上下文的语调例如有关晋律的叙述相比较),而且"等"、"也"等字的运用使语气颇为暧昧。这些,都使人感到不是一个有直接体验者的言语。推测起来,《六典》编者写这一段时所凭据的,不过是与现在所见大同小异的晋志记载乃至作为其原文的刘劭的《律略论》。他与我们一样难以说通,只好用不太严密的笼统的说明来敷衍。无论如何,《六典》的记载与晋志所载《序略》相比,其价值明显低劣,这一点是肯定的。我们姑且集中力量论述晋志,没有必要、也不应该为《六典》记载的不恰当所困扰①。据此,前述三说中以沈说为最稳健,其他二说则受资料局限而颇为勉强。

现在回到出发点,研究二十二个篇名中应该去除哪四个。具律由刑名改称,兴律消失于兴擅、乏留等篇中,厩律被废止,这三篇当然应该被去掉。现在只剩一篇有问题。据沈氏所说,作为剩下的一篇,乏留律被去掉。但是,从所谓"别为"的细微表现出的差异得出"不在正律之内"的结论,略显牵强附会,不能不令人有穷极之策的感觉②。正如沈氏自己也承认的,这并没有说清"所定增十三篇,就故五篇"的意思。其实我们更应该重新审视一下汉《九章律》各篇的归宿。因为,我们刚才已经将《九章》中的具、兴、厩三篇去除,其中根据晋律明确阐述而去除的只有具、厩两篇;至于兴律,则推测是由于新设置了兴擅律,自古以来兴律的名称也就不存在了。如果是这样,《九章》中此外还有一篇,即使在资料中没有明确记载,根据内容推理,也可以判断为被吸收到新设篇目中去的成分。

这里应该注意的是,晋志的记载中有"囚律有系囚、鞫狱、断狱之法,兴律有

---

① 但是,就晋志叫诈律、《六典》叫诈伪而言,根据其他新设篇目均为两字名来考虑,《六典》的说法是正确的。

② "别"字,承接上文"汉氏施行"起直到"不宜复以为法"的说明句,文势上自然无碍。换言之,如果不拘于乏留是在正律之内还是正律之外的问题,所谓"分",是无法替换的用词。如果按照沈氏的说法,根据"宜别为篇"的句子,不是陷系讯、断狱二律于正律之外的矛盾中了吗?

上狱之事,科有考事报谳,宜别为篇,故分为系讯、断狱律"一节。文章从形式上看,乍一见,这一节与前后文相比也许没有大的差别;如果从内容上看,就可以发现两个显著的特征。也就是,第一,其他的律如"贼律有贼伐树木、杀伤人畜产,及诸亡印……故分为毁亡律"那样,列举出极为具体的事项——主要是每一个犯罪名——进而叙述其向他律的转移;而这里说"系囚、鞫狱、断狱之法",是完整地举出法律制度的一个领域。第二,其他的律如最为明了的"盗律有劫律、恐喝、和卖买人……皆非盗事,故分以为劫略律"那样的场合下,盗律列举出的并非是盗律之名下应有的事项,然后记载向他律转移的情况;而"系囚、鞫狱、断狱之法",只能认为具有囚律本来的性质①。相应的,囚律本来的内容完整地向他律转移,已经不是单独的"分出",而不能不考虑是囚律本身的"分解"。也就是说,从盗律等分出条文的记载——从杂律中分出的只有假借不廉一事,捕律、户律中没有这种分出的记载——是将历来随便附属其名下的纷杂派生的事项,各自向适当的新设篇目中分出。据此,对于盗律、贼律等来说,实现了名副其实的内容的纯化②。相对于此,关于囚律问题的记载③,由于囚律原来的内容过于

---

① 关于囚律本来的内容,从在魏律(以及晋律)中的囚律分出告劾、系讯、断狱等篇目之事推测,与后世的断狱律相同,可以认为是有关究问、判决、执行等诉讼手续的规定。除此之外,缺乏明确的资料。然而,从文字上看,如果除去了"系囚、鞫狱、断狱之法",难以想像囚律名下还剩有什么。

而且,关于诉讼手续的规定,古时叫囚律,后世称之为断狱律、狱官令。其理由是,国家把人作为"囚"、监禁于"狱"的主要意义,不在于刑罚(自由刑)的执行,而在于未决犯的拘留。关于"狱",宫崎市定博士在《宋元时代の法制と裁判機構——元典章成立の時代的·社會的背景》《東方学報》京都第二十四册第136—137页中说,作为中国整个历史上的合适的事情,"囚"具有应该受判决者的意思,对此,古代就有《尚书·康诰》所说"要囚服念,五六日,至于旬时,丕蔽要囚"的例子;张斐的律序注也说:"罪已定为徒,未定为囚"。(《太平御览》六四二、《九朝律考》第276页)

② 根据沈氏考证可知,盗、贼二字在古时为具有明确区别的两个概念。盗如"窃货曰盗"、"取其非物谓之盗"、"盗谓盗取人物"等定义,要言之是偷窃;贼如"害良曰贼"、"无变斩击谓之贼"、"贼谓杀人"等定义,指叛逆、杀人、伤害等使用暴力(多带武器)威胁人的生命、身体以及社会秩序的行为(沈氏《律目考》)。从盗律、贼律中分出的事项甚多,但如上所述属于盗、贼的原来概念的内容的事项,是决不能向他律转移的。

③ 即使关于囚律,诈伪生死的内容向诈伪律分出等事,也与其他的分出记载意义相同。

广泛,因此将其一分为二,加上从若干他律分出或者从令、科采集来的事项,新设立系讯、断狱二律,囚律因而消融于新的两篇律中。这就是有关囚律所必然得出的结论。

因此,如果剔除囚律,在晋志所载新设篇目中,就没有必要特别将乏留律一篇排除在外,而能够正确地数出十八篇,这样就得出了如本文开头作为结论表明的结果。根据这里得出的十八篇,其中盗、贼、捕、杂、户五篇是汉九章律存在的律名的残留,其他十三篇全部——尽管其出现各不相同,但至少在名称上——在《九章律》中不存在,直到魏律中才开始出现。这恰好就是晋志所说的“所定增十三篇,就故五篇”的意思。换言之,晋志所谓增或故,完全是仅仅在形式上着眼于律篇的名称;而沈氏则在内容上深入到各篇出现的过程而考虑新、故,他感叹难题的不可解决,应该说是过虑了。

上述考察,如果比较参照在魏律以后约四十年(泰始三年,267)编纂的晋律,可以进一步明确。晋律,与其说是将早已问世的魏律作对象、在对其进行修改的意图下完成的,不如说是直接以汉代以来的法规积累为素材,重复魏律编纂者做过的整理合并工作而完成的[1]。作一个比喻,两者大约可以说是第一草案与第二草案之间的关系。很自然地,后者在很多方面参照了前者所采取的方法,因此可以在两者之间发现很多类似之处。《晋书·刑法志》关于晋律归纳道:

> 就汉九章,增十一篇,仍其族类,正其体号,改旧(旧,疑具之误)律为刑名、法例,辨囚律为告劾、系讯、断狱,分盗律为请赇、诈伪、水火、毁亡,因事类为卫宫、违制,撰周官为诸侯律,合二十篇、六百二十条、二万七千六百五十七言。(根据《考订沈氏律目考》)

———————

① 追溯《晋书·刑法志》叙述晋律编纂由来的一段,可以见到“文帝为晋王,患前代律令,本注烦杂”,“陈群、刘邵虽经改革,而科网本密;又叔孙、郭、马、杜诸儒章句,但取郑氏,又为偏党,未可承用”(对此进行改革的魏律也还是不完善),“于是令贾充定法律……就汉九章增十一篇”云云。前引徐氏之作所载“中国法制系统图”也包含了这个意思。

这不过是极简略地叙述篇目分合过程,却在大体上可见与魏律编纂相同的操作。晋律二十篇的篇目究竟指的什么,《六典》中有明确记载,即:(1)刑名、(2)法例、(3)盗、(4)贼、(5)诈伪、(6)请赇、(7)告劾、(8)捕、(9)系讯、(10)断狱、(11)杂、(12)户、(13)擅兴、(14)毁亡、(15)卫宫、(16)水火、(17)厩、(18)关市、(19)违制、(20)诸侯诸篇①。因此这里也不存在囚律。换言之,晋志所谓"辨囚律为告劾、系讯、断狱",与下面所谓"分盗律"云云,在文章的形式上是一致的,但意思不同,可以知道它不是从囚律中分出,而是按囚律本身分割的。如果是这样,前述魏律中"囚律有系囚、鞫狱、断狱之法……故分为系讯、断狱律"之语,也不难理解为同样的意思②。

如果承认以上所述,我们关于律令体系发展历史的理解,就会发生如下变化。即,根据历来诸说,必须承认魏新律除十八篇外,还有一、二篇的单行律,但由于剔除囚律,现在也就没有必要那样认为了。因此,有必要摆脱成见而注意观察,可以认为事实上似乎并不存在单行律。因为晋志所载《序略》中,对魏律篇目的叙述很清楚,"于正律九篇为增,于旁章科令为省矣"的多少带有夸耀的语言,使这次编纂事业的结果以整理为十八篇律之事为前提而开始呈现。因此,我们倾向于理解为在魏新律编纂以后,历史上其实并不存在单行律③。

说起来,以唐律令为典型,通常我们头脑中的律令法体系,在法典编纂技术

---

① 晋律传至北宋,在金元之际才散佚(程氏《晋律考序》及其《中国法制史》第 67 页),所以唐代的《六典》编撰者应该看到原律,《六典》的这个记载是可信的。但是《六典》说晋律条数为一五三〇条,恐怕是与别处跟晋律有关联的数字弄错了"齐武时,删定郎王植之集注张杜旧律,合为一书,凡一千五百三十条,事未施行,其文殆灭"(《隋书·刑法志》),晋志所言六百二十条是正确的。

② 魏律与晋律相比较,魏律的十八篇篇目,大体上都可以在晋律中找到对应物。也就是说,刑名、盗、贼、诈伪、毁亡、告劾、捕、系讯、断狱、请赇、杂、户、兴擅(晋为擅兴)诸篇为两者共有;在其余的篇目中,劫略、乏留、惊事三篇,不别立篇,其内容则从盗、擅兴(即汉代的兴)、厩(在晋代复旧)等,从汉代以来的旧篇目中重新合并;而偿赃、免坐二篇的内容,恐怕是被吸收到新设的法例律中去了。如果这样的话,那么结果就是魏律中当有囚律,晋律中却找不到对应物。

③ 晋以后,也没有人认为存在单行律。

方面,具有以下特征——当然多少存在的例外另当别论。

(1)法规根据刑罚、非刑罚的观点分类编纂;

(2)全部律或者令,作为单一不可分的法典(律典、令典)编纂施行①。具体地说:

a. 律典、令典在一个时期分别只存在一部,而且不存在该律典令典中不包含的以律、令为名的法规。因此,以律令为名的全部法规,同时制订、同时废止。其数量,在律典、令典编纂之际,可以通过总计几篇、几百几十条的方式正确地数出②。

b. 一旦制订出来的律典、令典,即使被废止,也不加以部分地变更。如果确有改正的必要,也要采取编纂新律典、令典而废止旧律典、令典的形式③。

对照上述律令的特征,汉代所谓律令显得颇为奇特之事,历来引起学者的注意④。特别是近年来由于中田博士的详细考证,有的问题已经十分明确⑤。

------

① 为编纂之事,通常根据诏书特别任命一个委员会。就是说,单行法必须由担任日常政务的臣下将相应的草案上奏,根据得到裁可的诏书而完成制订;律令则应该是草拟行为本身就根据诏书而开始的。

② 律、令的名称在三种意义上使用。第一,像"开皇律"、"武德令"等那样,指一个时期内的全部律、令(律典、令典);第二,像"盗贼律"、"户令"等那样,指全部律典或令典中的一个篇目(律篇、令篇);第三,像"故杀期亲卑幼律"等那样,指各条文乃至其中的一个事项(律条)。许多律令都是在第二、第三项意义上的,然而它们全部都是第一项意义上的律、令的构成部分,这一点是其显著特征。

③ 在中国,至少在秦统一以后,王者之言就是最高的实定法。说到底,律令也无非是君主的话。因此,它与同样是君主之言的临时的诏敕相比,效力并无高低之分。在律令与根据其后诏敕而产生的单行法相抵触的情况下,作为后者的单行法——相对于一般法而言,它在多数情况下还是特别法——处于优先地位,在它的范围里,律令的规定只是一种"空文化"。也就是说,为了变更律令的实质上的法的内容,较好的办法是另外制订单行法,这在实际上是经常出现的。尽管如此,律令文章本身作为不可以随便加笔修改的典籍这一点上,则是律令的特征。

④ 沈氏《汉律摭遗序》及其卷一(《沈寄簃先生遗书》所收);程氏《汉律考》第一《律名考》(《九朝律考》第11页);小川茂树《漢律略考》(《東洋史論叢:桑原博士還曆記念》);泷川政次郎《律令研究》第25页。

⑤ 《支那における律令法系の發達について》(《比較法雜誌》一卷4号)、《古法雜觀》(《法制史研究》第4—12页、21—28页)——两者差不多内容相同——特别是《〈律令法系の發達について〉補考》(《法制史研究》第67页以下。也许汉代令的特征,可以通过这一连串的论考,而得以真相大白。

也就是说,汉代律令并不按照刑罚、非刑罚的观点分类(不存在上述特征 1)。在汉代,除《九章律》外,存在许多称为律的法典或单行法①。至于令,是随时编纂原来单行的诏令的结果②,具有不受篇数条数限制的性质(不存在上述特征 2 之 a)等,都如博士已经揭示的那样。而且,汉代的律令,特别是连其中被作为最主要的法典的《九章律》,在具有允许进行部分修改的性质这一点上(即不存在上述特征 2 之 b),也是没有疑问的③。换言之,上述作为律令特征的诸点,在汉代

---

① 所谓越宫律二十七篇、朝律六篇等,大概适合于用在法典名称;而尉律、金布律等则像单行律。详情不明,而且汉代法典与单行法的区别原来就不清楚。

② 中田博士说,汉代的令是前帝诏令集,即各代皇帝的诏令(特别是其中附有著令文言的)在该皇帝死后被编入令典者(《补考》第 71—72 页)。这一点,我不太理解,只在这里顺手记一下。不用说,令典是历代皇帝的诏令集,随着时间的流逝,过去皇帝的诏令很自然地要占到其内容的大部分。然而,现在皇帝如果不死,其诏令就不能正式编入令的制度可谓严格,我怀疑其意义是否从《汉书·宣帝纪》文颖注"令甲者,前帝第一令也"中一语而来。(文颖注的"前帝",不过是要符合《宣帝纪》本文中作"此先帝之所重"的语调而已——该正文的语句本身,仅仅说明作为所论述问题的特定一条是先帝的诏,而令甲的全部并不意味着都是先帝的诏)。据博士所说,汉初的萧何,编纂现皇帝的诏(《杂观》第 8 页),还有,"到魏(或者从汉末起),皇帝诏令同时制定与发布(皇帝生前),这改变了令典编纂的惯例"(《补考》第 74 页)。但是,认为只在两者中间时代,有不将现皇帝的诏编入令的惯例,作为历史构成是相当困难的思考方法。

③ 关于这一点,我想多少补充中田博士的论考。在博士的前引论文中,说"汉萧何律令是短命的,在文景武诸帝时代被频频修正增补"(《古法杂观》第 25 页);在以后的论文中又说"因此,汉中叶以后,除萧何的《九章律》之外,还存在许多单行律。但是,《九章律》延续于整个汉四百年中,大约到魏初仍被称作正律,作为不刊不易的律典倍受尊重"(《补考》第 68 页)(滋贺标出重点号)。不清楚应该解释为这两种说法互相调和,还是其后来改变了说法,我认为两种说法都是不恰当的。首先,后汉末年的《九章律》在字面上已经与萧何时不同,这可以从后汉末王充嘲讽当时法学家的言语中看出:"法律之家,亦为儒生。或问,九章谁所作也。彼闻皋陶作狱,必将曰皋陶也。诘曰:皋陶唐虞时,唐虞之刑五刑。案今律无五刑之文。或曰萧何也。诘曰:萧何,高祖时也。孝文之时,齐太仓令淳于意有罪,徵诣长安,其女缇萦为父上书,言肉刑一施,不得改悔。文帝痛其言,乃改肉刑。案今九章象刑,非肉刑也。文帝在萧何后,知时肉刑也;萧何所造,反具肉刑也,而云九章萧何所造乎?"(《论衡·谢短篇》))。也就是说当时的《九章律》不含有肉刑,因此,至少在这个范围里,在文帝废除肉刑以后有修改的痕迹,是确凿无疑的。如果这样,就不能说《九章律》是"不刊不易的律典"。至于"萧何的律令是短命的"一说,也不恰当。这是因为萧何的名字与《九章律》的名称,都在整个汉代被记到,汉代完全没有编纂新律典而废止萧何律的记录。尽管如此,汉末的《九章律》包含有萧何以后的修改,归根到底,说明律不能部分修改——修改就必须完全另起炉灶——的意识,在汉代尚未出现。"短命"之说,强烈地带有后世潜在的观念。

的律令中,尚未完全具备①。对于这样的律令,在何时、又如何发展为拥有后世所见特征的律令的问题,有关魏的新律已经具有不允许十八篇以外单行律存在的性质的推测,具有重要意义。也就是说,首先是魏律,开始作为具有上述(2)的特征的法典的律而出现②。跟随其后的,特别是由于令的完备而创造律令体系的最初形态的则是晋律令③。这种理解可能是较为合理的。

(《国家学会雜誌》第六十九卷 7、8 号,1955 年)

---

① 此事意味着汉代法典和单行法之间不存在形式上的区别。《九章律》被称作法典的原因——称其为法典也是妥当的——完全是因为其内容网罗了重要法律领域的基本事项,具有实质性的因素。这一点,以及《九章律》制订的过程,可以使人联想到与魏律开始的后世律典的不同,即萧何与魏律时期的陈群、刘劭的不同。萧何并非特别地接受法典编纂之命乃至自觉担当起这个任务,并在草稿完成后划定一个日子实施新法典(当时的律在性质上,也无此必要)。而是被高祖委以内政,在处理日常政务的过程中,适应当时的需要,在多方参照秦制的同时,整理各项法律制度——由于萧何的这项功绩,构筑了有汉一代法律制度的基础。作为其中的一个部分,《九章律》岂不是逐渐生成的吗?因此,从盗律到厩律的九篇被特别称为“九章”的“正律”、“律经”,与现代的我们称呼“六法”同样,并没有任何公权起源的因素,而是由法律家之间习惯叫出来的吧。关于《九章律》,最可信赖的记录是《汉书·刑法志》中所见的极为简单的一节:“于是相国萧何,捃摭秦法,取其宜于时者,作律九章”,这给人们留下了很多想像的余地。上述推测在资料上至少不是不可能的。特别是《九章律》的记载只能在《汉书·刑法志》中见到,同书以及《史记》的《高帝纪》与《萧何传》中根本不存在,我认为这说明九章律的诞生并未联系到什么显著的事件,而是一个渐成的产物。因此在中国,严格意义上的法典编纂,或许可以说是从魏律开始的。

② 单行律的不存在,是只与(2)之 a 相关联的事情;但是从与 b 和 a 关联的事情,以及魏律以后频频编纂律令——即为修改而重新制订——的事情考虑,可以推定 b 也是同时出现的事情。

③ 关于晋令划时期的性质,参照上引中田博士论文。

再论魏律篇目

——答内田智雄教授的质疑

滋贺秀三　撰

程　维　荣　译

数年前,我以"关于曹魏新律十八篇篇目"(《国家学会杂志》六九卷7~8号——以下简称"拙文")为题发表论文,论述了魏新律中不存在所谓囚律的篇目,并且如果注意到不存在囚律的事实,就可以彻底解决历来关于魏律有哪些篇目的问题。最近,伴随着以内田智雄教授为代表的小组对《晋书·刑法志》的翻译工作的进展,拙文忽然引起学界的议论。其原因,在于拙文对于该《刑法志》引用的作为论及《魏律》篇目的基础资料,即魏律《序略》一篇的读法,具有一个新见解问世的意义。

内田氏在该《序略》的翻译,即《译注晋书刑法志》(四)(五)《同志社法学》55号、57号——以下简称"译注"出版的同时,又发表了以《关于魏律〈序略〉的二、三个问题——论滋贺秀三氏的〈关于曹魏新律十八篇篇目〉》(上)、(下)(《同志社法学》55 号、57 号——以下只引上下页数）为题的论考。特别是在上篇中，一边对拙文的论点进行发挥和解说，另一方面指出了其疑点。作为结论，阐述了与拙文不同的具有另一种解释的可能性的新说。两种论点的要点，已经由守屋美都雄氏在本刊物前号作了介绍①。

虚心研究内田氏论点的结果，就是我要在下面发表的言论。即，拙文在论述的过程中，诚然有不确切之处，在一些细节上也不是没有错误，平心而论，根据内田氏指出的需要进行适当补充的地方也有不少。特别是，拙文采取在对历来诸说未有遗漏地进行研究的基础上树立自说的结构，却忽略了东川德治氏的独特学说，这是无可辩解的失误。但是，这种缺点并不构成对结论的影响。拙文提出的论点本身，经过内田氏的批评，没有任何修正的必要，其可信度也丝毫没有减少。在具体说明对内田氏观点的这种见解的基础上补充前文的论点，就是本稿的目的。以下为文意的简明，省略了敬语的使用。

如果省却作为论文修饰的要素，而依照思考的逻辑过程本身——它与思考实际发展的心理过程几乎一致——的话，我的论点依次具有以下四个阶段。

（1）注意到魏律《序略》中"囚律有系囚、鞫狱、断狱之法，兴律有上狱之事，科有考事报谳，宜别为篇，故分为系讯断狱律"的一段。编纂魏律时，采用了汉囚律中有关系囚、鞫狱、断狱的诸法规，与采纳自汉兴律的有关上狱的事项、采纳自科（我将科解释为魏初临时的小法典）的考事报谳的事项一起，设立了或者是系讯律、断狱律两篇，或者是系讯断狱律一篇，反正是汉律所没有的新的篇目，这就是上面这段话的大意。对此，并没有什么疑问和异论。但是，暂且搁置系讯断狱为一篇还是两篇的问题，如果考虑汉的囚律是什么内容的话，它正如囚字所示，一定是有关将人置于牢狱中的事项的法规。在古代中国，将人置于牢狱中，主要是为了讯问、调查，囚主要指未决囚。因此囚

---

① 守屋美都雄《近年における漢唐法制史研究の步み》（《法制史研究》10 号），第 210 页。

律中,包含有犯人的讯问、调查即审判程序的法规。关于汉囚律的主要内容是什么,我们想到的,就是以上这些。而且,根据上引《序略》,有关系囚、鞫狱、断狱的法规脱离囚律,移入新设的律篇,借用内田氏的恰当的解释来说,"系囚就是将犯罪嫌疑犯关进监狱;鞫狱是在审判中讯问犯罪嫌疑犯,查明犯罪真相;断狱也是在审判中对犯罪事实加以判决,确定罪名与刑罚"(上篇第25页)。这三者,不就是囚律的主要内容本身吗? 如果将此从囚律中剔除,就无法想像还会剩下些什么内容了。就是说,所谓囚律的篇名,在编纂魏律的时候,由于篇目的重新组合而消失了。

(这个论点,内田氏当然地接受了,而且没有夹进其他的异议。相反,他评价说"确实如此,从理论上讲,真是应该得到肯定的新说"[上篇第26页]。)

(2)如果这样证明了囚律消亡的事实,就必然归结到以下这一点,即刚才留下的系讯断狱是一篇律还是两篇律的问题。如果囚律消失,而且系讯断狱是一篇律,其结果,不过是囚律的改名,与《序略》"宜别为篇,故分为系讯断狱律"的说法不相称了。而如果囚律一篇分为系讯、断狱两篇的话,就必须探究"别"字和"分"字的意义所在。由此确定这一定是两篇律。

(关于这一点,内田氏好像有误解[上篇第32页]。我在前面已经判断系讯、断狱为两篇律,这决不是为了符合十八篇的数目而说囚律消亡。相反囚律的消亡是基本,系讯、断狱的解释则是其归结,而且是不须为符合十八篇的数目而得出的直接的归结。)

(3)根据这种结果,按照《序略》所说的篇目点数,不难看出与《序略》"凡所定增十三篇,就故五篇,合十八篇,于正律九篇为增,于旁章科令为省矣"的总结性的语言完全一致。从汉律九篇中剔除囚、具、兴、厩四篇篇名,还剩下盗、贼、捕、杂、户五篇。它们全部都是一个字的名称,与从刑名到免坐的新十三篇全部都是两个字的篇名正好是一个鲜明的对照。

(4)以上,只是根据魏律《序略》进行的论证,还必须经过一个验证。魏以后诸王朝的律中间,哪怕只有一个既包含系讯、断狱等篇目,也包含囚律的篇目的例子,同样的情况在魏律中就有可能存在,囚律消亡说就必须从根本上重新加以考虑。根据这种观点,首先从晋律——即应该说是魏律的改订版,在篇目结构上与魏律大同小异的晋律——来看,果然只有系讯、断狱二篇而没有囚律。以后的各王朝,也经常有系讯、断狱二篇乃至断狱、捕断的篇目的存在,因此,就始终没有出现囚律的篇名。就是说,囚律与系讯、断狱是不能并立的。这也是因为两者是代表相同法律领域名称的结果,而古代的囚律从曹魏起就改变了名称。

(与晋律的这种比较,对拙文来说,恰似做计算题时的验算,是附加在最后的要素。囚律消亡说的最初的要点,决不是从与晋律的比较中得出来的[上篇第30页的推测并不正确]。如果一句一句地用心阅读《序略》文章的内容,自然会产生囚律消亡的猜想,事实上也确实出现了。)

内田氏对拙文以上论点提出的质疑,大致可以归纳为三点。

(1)内田氏在理论上肯定囚律消亡说的同时,又提出"《序略》并非排除囚律"(上篇第26页)、"囚律消亡的论据("论据"应该改为"明确的记载"——滋贺),在任何文献资料中都没有发现""(上篇第32页)的问题,对全面承认我的观点表示出踌躇。内田氏的想法大约是不承认对没有明确资料记载的事情只进行理论上的推断。

(2)内田氏指出拙文对系讯断狱未加说明乃至判定其为两篇律文,存在论证"手续"的不完备(上篇第20—22页)、"系讯断狱是两篇还是一篇,是在资料上难以决定的问题"(上篇第21页)。

(3)内田氏认为《序略》中"就故五篇"的"故"字即"原来的样子"的说法,不是针对汉律,而是针对比汉律更早的《法经》六篇而言的。

解释上述三点,即"如果……没有错误"(下篇第3页)、"如果这样的话"(上篇第33页)(以上由滋贺圈点),囚律与原来存在的盗、贼、捕、杂一起构成故五篇;增十三篇中,除了滋贺列举的以外,还要加上户律。因此把系讯断狱看成两篇的话,数字上就合不起来了。据此,"在篇数上"(下篇第 2 页)"把系讯断狱律看成一篇,自然为恰当"(上篇第 32 页)。这就是内田观点的概要。

以下,针对上述三点,逐一阐述我的答复。

一、关于资料未有明确记载的事项

对这个问题,拙文中已经答复过了。不仅囚律,即使兴律,《序略》中也未见任何资料有魏律该篇名被废除的明文记载。该事实就是拙文的观点(拙文第 86 页末)。关于兴律,是否将其解释为被魏律所废除,内田氏的态度并不明确①。但是内田氏的新说,是以承认兴律消亡的决定性态度为前提而提出的见解。如果不承认兴律的消亡,因而将其列入篇目总数的话,无论将系狱断狱看作一篇律还是两篇律,都不符合合计十八篇的数字。只要经过仔细考察,就不能说"把系讯断狱看成一篇,自然为恰当"了。这就是说,根据内田氏提到新说之事,可以知道他实际上承认了兴律的消亡。同一个人,关于兴律,即使没有明文记载的资料,也承认其消亡的事实;却以资料没有明确记载为理由,不承认囚律的消亡,岂不是荒谬的吗?"理论上的肯定",不是应该全盘承认吗?那么内田氏究竟是否承认根据暗示资料推理的操作作为学问的方法呢?如果是前者,就没有只根据资料没有明文记载的理由而批判囚律消亡说的资格;如果是后者,就没有提出自己的新说的资格②。

---

① 译注(四)第 76 页,只将"诸说都未将兴律列入十八篇中,这是基于新的擅兴律……出现,原来的兴律因此消亡的观念"像其他事情那样叙述,上篇第 33、34 页中,在评论这种一般的说法的同时,在开头说"有疑问",中间说"我们也……只能作(同样地)推定",结尾又说"存在疑问的余地",说法矛盾,读者无法知道著者立场究竟是什么。

② 以推理补充明文资料的不足,是所有提出魏律篇目说的人的必然选择。如果对此有洁癖的话,只不过是采取"自己不立说"的不可知论的谦抑立场。徐道邻氏就是这样,他说:"可是这十八篇的名称,现在已弄不清楚。据《唐六典》云云……魏律《序略》云云……那么《九章律》中余下的还有盗、贼、囚、捕、杂、户、兴等七篇。然则去掉哪两篇,才能符合《序略》中'五篇'之说呢?"(《中国法制史论略》第 18 页)这是用问号打住了问题,是一个很省事的态度。想来内田氏也采取清楚的不可知论的立场的话不是很好吗?这样一来,翻译成日语就没有一点困难了。只是系讯断狱是不得不在译文中出现的,因此以《六典》为依据而采取两篇律之说,大概就谁也不能提出责难了。

当然，即使同样的推理，在兴律与囚律的不同场合，其依赖思辩进行操作的程度上是有差别的，应该分别加以论述。但是，内田氏对此却一句也没有涉及。事实上，两者是完全同一类型的推理。兴律消亡的论据，是它与新设的擅兴律重复。这是抠字的观点。同样，囚律消亡的论据，也可以通过抠字的方法表现。即囚律与系囚、鞫狱、断狱之法重复。如果一方是确证，在他方同样是确证；如果在一方是飞跃，在他方也是同样程度的飞跃。

这种与兴律比较的问题，在内田氏的论文中，由于文章的混乱，使读者无法看到。"从厩律来看……明文记载'故除厩律'，而且……关于具律改成刑名律置于律的首篇的理由，也是'云云'地作了极为详细的记载。为什么单单一篇囚律，却没有记载其消亡的事实与理由呢？这是我一直想解开的疑问"（上篇第 26 页，滋贺圈点）。这样一段，就是上述的情况。这里不仅是只引证厩律、具律，关于兴律却保持沉默为不恰当，而且说"单单一篇囚律"，应该说很明显是与事实相悖的说法。

进一步说，《序略》"完全没有记载剔除囚律之事"（译注［4］第 76 页，滋贺圈点）也是言重了。它在可以理解的程度上作了记载，却没有用毫无疑问的明确的语言加以记载①。换言之，将"故分为系讯断狱律"的"分"字，读为合并旧囚律的若干要素，并将其"分"为新的两篇律的意思，没有什么语法上的不通。只是，前后多处"故分为○○律"的结构中，"分"字这样的读法只有这里一处，确实非常容易引起误解。以我们观察问题的能力为基准来看的话，那应该是用字的不妥。但是，当时文章家的这种能力与我们不同，不太介意这种不妥。作为其旁证，拙文引用了《晋书·刑法志》叙述晋律编纂时的篇目分合过程（这仍然是以汉律为素材进行的）的一节（拙文第 89 页）。从魏晋到唐代前半期，在文体变迁

---

① "故分为○○律"的表达，关于作为其素材的旧律是消亡了还是残存着的问题，在语法上是哪一个都没有表现出来的结构。对其的判断，要靠读者对内容的理解力。因此这个《序略》的囚律——与后述的晋志一文不同——对读者来说，仅仅提供了作出判断所必要的材料，也就是在相应程度上记载下来。完全不记的不如说是兴律。

史上,相比于内容的正确性,更为尊崇形式的均齐美,其最突出的就是所谓四六骈俪体的流行。从这个大的方面看,构成了一个时代特色。即使上面一节属于晋志的文字,大略上也不妨看作是与《序略》同时代的文字。因此,读该晋志一节中"辨囚律为告劾系讯断狱,分盗律为请赇诈伪水火毁亡"一段,同样是说"辨"、"分",囚律被析分而消亡,盗律在多数内容被分出去以后还残留的事实——该事实得到其他资料的确认——对此,恐怕谁都不能读懂。这种用字的不妥,在当时的文章中是经常出现的。同样的问题在《序略》的文字中出现,不足为怪①。

前面提到的兴律与该晋志的一节,在拙文中,是为了证明笔者对囚律消亡的推理有确实的论据而非飞跃性的推测,但是它们的用字很容易引起误解,令人遗憾②。

二、系讯断狱是一篇律还是两篇律

关于这一点,拙文中省略了说明,确实不妥当。这里加以改正。

如前所述,首先被证明的是囚律的消亡,而其直接后果,则是确定了系讯断狱为两篇律。囚律消亡的证明实际上也可以作为系、断二律的证明。因此这正是解决是一篇律还是两篇律的决定性因素。

仅仅这样说或许有过分依赖一个证据的嫌疑,可以另举一个有力的旁据,这就是《六典》(卷六)所说的"乃命陈群等,采汉律为魏律十八篇,增汉萧何律劫略、诈伪、毁亡、告劾、系讯、断狱、请赇、惊事、偿赃等九篇也"。这里所列举的律篇目,如上面所示,应该两字一断。如果把系讯断狱读作四字一篇的话,就不会出现最后"九篇也"之说。《六典》撰者应该并没有看到魏律的实

---

① 根据内田氏对《序略》表达本身的分析(上篇第26、30页),归纳起来,不过是得出了在表达上无法分辨的结论。因为无法分辨,就认为一定是同样的意思,这是一个飞跃,已经由晋志一文加以证明了。(同时,对上面分析的内田氏的理论,我无法完全认同。特别是否定"宜别为篇"的理由,实在是臆断。)

② 上篇第30—31页中,提到了该晋志一节,但是,我无法充分理解内田氏的话的意思。推测起来,这决不是说从对"辨"和"分"的用法十分熟悉的人来看,就应该可以区分其背后的意思。

物,而是以《序略》为资料写下这段文字的(拙文第 85 页)。我并不是要否定《六典》这段文字的资料价值,但是,《六典》撰者如此解读《序略》文字的事实,是很重要的。如前所述,生活在开元时代的这些人,从文体变迁史上的意义上讲,可以说是与《序略》作者同时代的人。他们的解读,可以佐证《序略》作者写下这段文字的意图。相比于作为遥远的后代而且是异国人的我们,《六典》作者对其的理解显然更能接近《序略》作者的原意,因此应该更加重视,这是不言而喻的。

拙文中为什么省略这样的说明,与忽略了东川说的存在有关。在当时所调查到的前辈学者诸说的范围内,完全一致地将系讯断狱作为两篇律。诸说都将《序略》与《六典》合并考虑,因此归结到两篇律是理所当然的。过去并无异论的事情,现在自己又在具有决定意义的根据的基础上达到确信,因此已经没有再争论的必要了。但如果觉察到东川说的存在,作为对其的评论,当然应该加以上述说明①。

三、"就故五篇"的意义

由于前面两点的论述,关于此第三点,内田氏所提出的新解释产生的可能性已经不存在了。但为慎重起见,还是再研究一下内田氏的言论。

内田氏的这番话,与上述两点不同,与其说是对拙文的批评,不如说是内田氏的新说。"滋贺氏将这个'故五篇'作为汉九章律中的五篇……而排除了囚律"(上篇第 32 页,滋贺图点。译注[四]第 76 页意思相同)。这里称呼名字,令我迷惑不解。剔除囚律,确实可以称作滋贺说,但是,"就故五篇"反正是"从汉律幸存下来的五篇"的意思这种观点本身,属于自然明白的常识,而不是某个人创造的学说。而提出《法经》六篇等来解释"故"字的尝试,则是破天荒的新

---

① 内田氏还提出,如果是两篇律的话,分别应该具有什么样的内容(上篇第 22 页)。这一点,只要说明有关系讯、鞫狱的法规置于系讯律,有关断狱的法规置于断狱律就足够了。从内容上考察,内田氏应该举出不是两篇律的事实来作为反驳。

说——附于固有名词、很合适地称作内田说的新说①。

魏律,是以汉律与魏初的科为素材,将其进行各种各样的编排而形成的。如果说当时的五篇照"故"保留下来,那是两汉四百年间作为律的九章而受到欢迎的九篇中,有五篇残留的意思,应该说是完全自然的事情。不仅如此,就是在实证上,即使见到《序略》的原文,除了五的篇数以外,没有发现对该常识的理解发生疑问的要素。出现两次的"旧律"一词,都意味着汉律。到"于正律九篇为增,于旁章科令为省矣"的一句结论,最雄辩地说明了篇数与篇目的比较,经常是以汉律为对象进行的。

当然,常识不一定总是真理。但至少,要证明其谬误,就应该维护常识。(何况如上面那样,常识已经在一定程度上被资料证实,就更不用说了。)换言之,要推翻常识,企图推翻者就必须负有证明的责任②。内田氏的新说中——至少在论文的上篇,可称为论证的却一句话也没有。"'故五篇'的'故',不是指汉《九章律》,如果是《九章律》以前的《法经》六篇中……的五篇的话……囚律作为依然存在的东西,就不能不数进去。至少在'故'字的严密意义上,比起汉的《九章律》,《法经》六篇是更为自然的解释。如果这是正确的……"(上篇第33页,滋贺圈点)。内田氏这个新说的论证殆尽于此。这里只有假定和空洞的修辞。内田氏也似乎感觉到这点不完备,下篇开头,关于上篇论旨的概括,采取了补充若干论证作铺垫的形式(下篇第2—3页)。那对于《序略》中所见的"旧律"、"正律九篇"等语——如前所述,我将其看作证实常识的理解的材料——正好是顺势反击的论法。就是说,前面称汉律为旧律的《序略》,为了指出与其有别的《法经》六篇,特地用了"故"字,说成"就故五篇"。这真的给人以强烈的托词的印

---

① 如果按照内田氏这样的解释,历来的诸说无论从哪一点来看,"就故五篇"的问题都应该已经解决了。然而并没有谁那样宣布。像沈氏那样,在经过许多研究的最后,也不能不说"未详其故";徐道邻氏(参见前注)也是这样。换言之,像内田氏这样的解释,谁也没有想到过,或者想到了也不能在心中扎根。坦白说,我自己也曾经想到过这一点,以前的笔记就留有记录,但没有产生将此向学界请教的念头。

② 我在囚律消亡这一点上,确实推翻了历来的常识。因此尽力加以论证,幸好受到了内田氏的"在理论上应该肯定"的评价。根据只有一点推翻常识来看,其他所有的方面都满足了常识。

象。如果通用这种论点的话，反对者也会提出"'旧'与'故'很相似，在这里的具体意思相同，只不过在修辞上用了不同的字而已"的论点。在这两种论点中，即使内田氏一方尽量往好处去想，也只不过是势均力敌的争论。这种程度的论述，无论如何是不可能推翻常识的。

暂且忘却争论，平心静气地想一下，除了符合五篇与十三篇合计为十八篇的数字要求外，关于导致"就故五篇"的新解释的本质因素并不存在。可以想像，那不外乎是内田氏经常感觉到的事情。"认为是更为自然的解释"，不过是"那样考虑符合数字"的换一种说法罢了。

内田氏的文章，似乎认为笔者是为了符合数字，作为万般无奈的下策而提出囚律消亡①。但事实并非如此。即，囚律消亡说产生于对汉的囚律究竟是什么内容的反省，其结果是符合数字，已如前述。反之，内田氏的新说，倒应该问问是不是真的为了符合数字而提出的万般无奈的下策？

归纳以上，应该说内田氏的观点有三点完全无法令人信服。其一，在理论上肯定囚律消亡，却仅仅以资料没有明文记载的理由而加以否定；其二，无视《六典》这样的重要资料，将系讯断狱解释为一篇律；其三关于"故"字，毫无根据地无视常识，认为指《法经》六篇。而且在内田氏的论述中，怀疑和假定的语言居多，上述三点中的无论哪一点，都不能动摇原有事实。即使在内田氏的主观上，也没有超出假说的范围。

联系产生其结论的历史背景，内田氏假说又有无法解释的地方。是否能承认中国历史上存在四字律篇名，就是个难点。而且关于魏律中囚律的内容是什么，以前汉的囚律是什么，它在晋律中为什么消亡，也无法说明。

于是，我在拙文开头，加上了研究内田说——其结论应该是与东川说一致的——的结果，仍然是在囚律消亡说以外，不存在没有难点的学说。因此，作为历史事实，魏律中确实不存在叫做囚律的篇目。这就是我所得出的结论。

---

① "极而言之，我怀疑(滋贺)除了将系讯断狱数成两篇律，因为新律全篇为十八篇具有难以动摇的篇数上的制约，不能不得出使囚律消亡的结论"(上篇第32页)等。

以上,应该说达到了本稿的目的。作为附加,对于内田氏论文下篇中所叙述的论旨,我还想发表自己见解的结论。

关于所谓《序略》所引文的依据,它不应该出自刘劭的《律略论》(小川茂树氏说),而应该考虑魏律本身的序这种论旨——至少是其结论——我是准备采纳的。"其序略曰"的"其"字是指新律,确实为常识。小川说推翻常识的理由是不充分的。因此,作为旁证不难理解律中附有序的例子,比起内田氏引用的唐《进律疏表》来,王植之起草孔稚圭奏上的南齐律草案中,加上了律文二十卷,附有恐怕是概说制定草案重要修改点的文书的《录叙》一卷,这一事实是应该更为引起注意的(《齐书·孔稚圭传》)。我在前面未加深察就采取了小川的观点(拙文第85页1行、9行),现在准备修改这个部分①。

作为以上的概括,关于"其《序略》曰"一句,应该读作"新律十八篇序的概说"的观点(下篇第19页),不管翻译成"概"是否正确,暂且采纳"略"字读作副词的做法②。

但是,由于序的"概说",晋志的所谓"序略"是对魏律序进行大的节略、在很大程度上进行改写的见解(下篇第21页),我则无法一概赞成。"更依古义,制为五刑……"以下到"所以齐风俗也",即《序略》的后段,确实像内田氏所说的那样,以片段的引用文加以点缀,或许在一定程度上进行了改写。因此其开头所谓"改汉旧律不行于魏者皆除之",大体上确实应该看作是晋志的文字。不过,在其前面的所谓《序略》前半段,就是从"旧律所难知者……"到"……于旁章科令为省矣",怎么看也不是从原样照搬来的。考究内田氏立论的梗概,所谓多有节略的命题,具体内容全部都是从对《序略》后半段的分析中得出的。把这个命题结合"其序略曰"的"略"字——内田氏对此的"概略地说"的新解释——毫不

---

① 但无论在哪一点上,序略出自对魏律非常了解者的笔端的事实,是不容变更的。因此,这个修正不影响拙文的其他部分。

② 《序略》的"略"与南齐律的"录叙"的"录"发音相近,也就是说,附于魏律的前言的正式名称可能不作"序",而为"序略",在这一点上,存在着疑问。

蹰蹰地扩展适用于《序略》的前半段,也应该认为是大的飞跃。

《序略》前半段的中心题目,是对新设篇目的名称加以简略的说明和介绍①。遵循这个题目,文笔极其流畅,没有任何一个地方使人感到文势的中断和混乱。而且,逐一列举其名称的新设篇目,并加以小计的"凡所定增十三篇"一句,并且为了说明总计十八篇,添加"就故五篇"一句。然后将此与汉的旧律相比较,得出了"……为省矣"的强有力的结论。这就是全文的脉络。即使从这一点来考虑,文中一句也没有提到的户律,却被列为"凡所定增十三篇"之一,也是匪夷所思的事情。

以上,我在结论中,对内田氏的话多有驳斥。然而回想起来,要是没有内田氏的批评,就不会有本稿。因此可知内田氏的翻译与评论,在加深我们对《序略》的理解上发挥了多么重要的作用。我对此深表感谢与钦佩,就此搁笔。

〔附记〕

正如本文已经说过的,补充自己的观点,是本稿的主要目的;对内田教授的立场和文章进行批评则不是目的。原稿发表后,内田教授以"再论魏律《序略》"(《同志社法学》62 号)为题发表了再论。但是,根据上述本稿的目的来看,几乎没有发现对此《再论》进行新的答辩的必要性。而且,教授的立场似乎也基本没有变化。

同时,《再论》的前半部,刊载了我的书信。关于这篇书信,我对读者是不负有责任的。我阅读了教授论考的上篇后,确实曾经有过寄出书信的事实,但只是坦率回答教授的意见,全然没有公开发表的意思,只不过是纯粹的私信。因此,关于魏律篇目,我对于学术界所发表的,只不过是前述拙文和本稿两篇而已。诸位将来若是评论或引用我的观点,务必请只以这两篇作为题目。

(原载法制史学会年报《法制史研究》,1960 年第 2 期)

---

① 汉律九篇没有分别以某项内容为主题,因此一句也没有提到捕律、户律,这一点不足以被当作与别段有异。

晋泰始律令的制定

堀敏一　撰

程维荣　译

一、晋律令的前提——秦汉律令

　　268（泰始四）年，晋武帝公布的泰始律令，在中国法律史上无可争辩地具有划时代的意义。在中国，作为体系化的刑法典的律，在战国时代就已经出现；作为令法典前身的行政法规，也伴随着官僚制度的形成，很早就产生了。但是，行政法规与刑罚法规的区别却未必很清晰。两者的区分变得明确、律法典和令法典都作为体系化的法典而并立起来，始于晋的泰始律令。而这以后的隋唐律令和日本的大宝、养老律令，律令法的体系已经完备。

　　《晋书·刑法志》对到泰始律令为止的中国法律史的全貌作了概览。据此，战国初期，魏国李悝制定成由盗律、贼律、网律（囚律）、捕律、杂律、具律构成的《法经》六篇；然后，相传由商鞅将其带到秦国并加以施行。现存《晋书》编纂于七世纪，所运用的史料不会早于三世纪。近年发现的湖北省云梦县睡虎地秦墓竹简中被称为"法律答问"的部分，可以说差不多等于上述六篇法律的注释书①。虽然"法律答问"的起源能不能追溯到魏国的李悝还不能确定，但至少在战国时代已经制定了相当发达的法典，则是无可怀疑的。

根据上述六篇篇目，可知其主要是有关君主权力下维持治安的部分，显示出君主对人民的公法统治的建立，却未见专为统治人民的国家机构运作的法律分支。而睡虎地秦简中所谓"秦律十八种"的部分，显然是关于国家机构运作的行政法规。其中的每一条，原先都以被称作"令"的单行法令的形式出现，其令文都经搜集、分类，并冠以田律、厩苑律、仓律等名称②。于是秦代这个时期，作为单行法令颁布的有"令"，其中多少被法典化的则是"律"。当然正如本文开头所说，在被视作行政法规的法律中，许多内容都伴随有刑罚，尚未形成后世那种律与令的分野。

据说汉朝刚刚建国，宰相萧何即在上述六篇外加上"事律兴、厩、户三篇"，制"律九章"。《晋书·刑法志》的作者称兴律、厩律、户律为事律，想必是因为此三篇与上述关于维持治安的六篇篇目不同，是处理行政事务的法律吧。如此说来，追加前代有关行政的律而编入基本法的，就是这三篇。

与此相关，三世纪的魏新律《序略》(《晋书·刑法志》引)③所说的："旧律（即汉《九章律》）因秦《法经》，就增三篇，而具律不移，因在第六。罪条例既不在始，又不在终，非篇章之义"，十分引人注目。该《序略》的作者，大约是修改汉旧律并编纂新律的当事人，他理应知道汉《九章律》的篇目，因而指出相当于总则的

---

① 季勋《云梦睡虎地秦简概述》(《文物》1976—5)。

② 大庭脩《雲夢出土竹書秦律の研究》，《関西大學文學論集》27—1，1977 年)；堀敏一《中国の律令制と農民支配》(《歷史学研究》別冊特集《1978 年度歷史学研究会報告——世界史認識における民族と国家》，1978 年。

③ 关于《序略》，贝冢茂树《李悝法经考》(1934 年)，收于《贝冢茂树著作集》第三卷)把它当作新律编者刘劭所著《律略论》，这种判断实在是缺乏根据的。内田智雄编《中国歷代刑法志：訳注》(1964)第 101 页注 14 中，提出了是"魏新律的序文大略"，或者是"附于魏新律进行序说的称作《序略》的文章"等说法。

具律,应该置于律文的开端或末尾,实际上却令人迷惑不解地被放在了第六篇的位置。于是,汉《九章律》制定以前,具律放在末尾的六篇之律的存在,在文献上得以确认,其后增加三篇而成汉律,也就没有问题了。

于是有人顺理成章地指出,正如所传《周礼》的"九法"、《左传》的"周九鼎"以及《逸周书》的"刑书九篇"等那样,"九章"之名也是出于传统①。萧何在增补基本法的时候,考虑到沿袭这种传统,仅仅增加三篇。应该说存在这种可能性②。

但是,只增加三篇,并未充分吸收前代以来所追加的法律。人们知道,汉代除《九章律》以外,还有田律、田租税律、钱律、金布律、上计律、酎金律、挟书律、尉律、尚方律、左官律、大乐律、越宫律、朝律等许多律。这些律名中,田律、金布律见于睡虎地秦简的《秦律十八种》;而上述汉代诸律,也有与《秦律十八种》同样性质的部分。也就是说,除基本法《九章律》外,仍然可以看到许多追加法的存在。

汉代文献中,不仅有上述律名,而且可以看到田令、水令、缗钱令、盗铸钱令、金布令、戍卒令、功令、品令、秩禄令、任子令、宫卫令、祀令、斋令、养老令、狱官令、篿令等许多称作令的法律名。其中金布令,又流传着"汉律令金布"(《续汉书·礼仪志》)、"金部律"(《晋书·刑法志》所引序略)的名称。汉代律和令的关系,历来是令学者感到头痛的问题③。所谓令,原先是单行法令的名称,但是不少人认为上述诸令,首先是金布令、秩禄令,是将同类条文集中在一起而构成的一部书④。刚才指出在秦律那里,是将作为单行法令的令,集中并分类而构成

---

① Hulsewe,A.F.P.,*Remnants of Han Law*,Vol.1,Leiden,1955,p.27(《汉律残篇》第一卷,1955 年版,第 27 页)。

② 因此《九章律》的篇目在整个汉代没有变化,但对其内容加以修改则是有可能的。参照滋贺秀三《曹魏新律 18 篇の篇目について》(《国家学会雑誌》69—7、8,1955 年)注 24。

③ 对于沈家本《汉律摭遗》自序、程树德《九朝律考·汉律考》之《律名考》均将律、令视为一物,贝冢茂树《漢律略考》(1930 年,收于《贝冢茂树著作集》第三卷)、中田薫《〈律令法系の發達について〉補考》(1953 年,收于《法制史論集》第四卷,主要是第 197—198 页)提出了两者的区别。

④ 前引中田薫论文第 194 页。

律;至于汉代,则应该认为在搜集单行法令后,仍然将其称作令。如果是这样,在此状况下,作为追加法的律与令,可以认为没有什么实质上的区别。

汉代与秦代的不同,在于令不仅仅是单行法令,而是作为法典来制定的。不过,将令典的制订像律那样,归功于汉初萧何的说法,难以令人信服①。其根据在《汉书·宣帝纪》地节四年九月的诏"令甲:死者不可生,生者不可息"这段文字的后汉文颖注所说:"萧何承秦法所作为律令律经是也。天子诏所增损,不在律上者为令,令甲者前帝第一令也。"文中加点的"令"字当为"今"字之误②,即应该理解为"萧何继承秦法制定律,就是今天的律经"。因此,萧何所制定的,实际上只有律。《史记·太史公自序》说的"汉兴,萧何次律令,韩信申军法,张仓为章程,叔孙通定礼仪"中所谓律令,应当看作当时用来指一般的法的现成词汇。《汉书·刑法志》则只说:"相国萧何捃摭秦法,取其宜于时者,作律九章。"

上述文颖的注,说明令是根据天子的诏增损律而成的,并不比律(这里指作为基本法的律九章)具有更高的地位。正如地节四年九月诏的如淳注所说:"令有先后,故有令甲、令乙、令丙",根据令的重要性,将其分为令甲、令乙和令丙。因此中田薰氏说:"汉的令典不像律典是原先就有编排顺序的法典,而是将前代皇帝的诏令,根据皇帝死后的事情轻重分为甲乙丙诸篇的诏令集"(重点号为中田氏作)③。中田氏还将这些令甲、令乙、令丙的条文,依据内容命名为上述的田令、水令、金布令等或者进行分类,但这一点无法确认。"金布令甲"(《汉书·萧望之传》)之类的例子确实存在,更多地却是单纯作为"令甲"、"令乙"、"令丙"而引用的情况。在集中了令甲、令乙、令丙的诏令内,有时候将一部分诏令冠以某某名称而专门挑选出来,于是成为上述那种具有各种各样名称的令。而令甲、令乙等的令典,实为更加纷杂的诏令集。

---

① 中田薰《古法雑観》(1951年,收于《法制史論集》第四卷)第10页。
② 前引贝冢茂树论文也是这样解释的。
③ 中田薰《支那における律令法系の發達について》(1951年,收于《法制史論集》第四卷)第76页。

魏《序略》比较了曹魏所作新律十八篇与汉代旧律，叙述道："凡所定增十三篇，就故五篇，合十八篇，于正律九篇为增，于旁章科令为省矣。"这里是把新律以前的法律分类为正律、旁章、科、令，其中的正律不言而喻地是指《九章律》。科，按照历来一般的说法，为集中汉代判例而成，但近年来滋贺秀三氏对此加以否定，认为是曹操以后的临时法典①。剩下的是旁章和令。从字义上看，就可以明白旁章（傍章）具有正律即《九章律》的副法的意思，前面作为追加法提到的田律、田租税律、钱律以下的诸律，都应该看作是旁章。令的主体是令甲、令乙、令丙等，而田令、水令、缗钱令以下各令是否应该归入旁章，不得而知。

以上是我所理解的汉代法律的主要方面。当然，这不是由汉初的萧何或者叔孙通一下子制订出来，而是必须通过诏敕的形式发布，随后编入律与令、逐步增加起来的②。

这样律令的大量增加及其内容纷乱的结果，是反而造成法的正确适用的困难。《汉书·刑法志》记述武帝时期的这种现象为："律令凡三百五十九章，大辟四百九条，千八百八十二事，死罪决事比万三千四百七十二事。文书盈于几阁，典者不能遍睹。是以郡国承用者驳，或罪同而论异。奸吏因缘为市，所欲活则傅生议，所欲陷则予死比。"③

于是宣帝时，判决公正变成一个问题。涿郡太守郑昌为此上疏，认为应该"删定律令"，律令的整理因而摆上了日程。在对此表示同意的元帝即位诏中

---

① 滋贺秀三《漢唐間の法典についての二三の考証》（《東方学》一七，1958 年），并参照宫川尚志《三国時代の国家観念と科法の尊重》（《鎌田博士還暦記念歴史学論叢》，1969 年）。

② 《晋书·刑法志》说："汉承秦制，萧何定律，除参夷连坐之罪，增部主见知之条，益事律兴厩户三篇，合为九篇。叔孙通益律所不及、傍章十八篇，张汤越宫律二十七篇，赵禹朝律九篇，合六十篇。又汉时决事，集为令甲以下三百余篇，及司徒鲍公，撰嫁娶辞讼决，为法比都目，凡九百六卷，世有增损。"部主见知之条为武帝时制定，这里说成萧何，误；叔孙通是撰定礼仪的有名人物，他制订傍章之说不可信；只能说包括这些律令在内，代有所增损。

③ 《汉书·刑法志》的这段文字，我以为参照的是《盐铁论·刑德》中文学的如下一段话："方今律令百有余篇，文章繁，罪名众，郡国用之疑惑，或浅或深，自吏明习者不知所处，而况愚民乎？律令尘蠹于栈阁，吏不能遍睹，而况愚民乎？此断狱所以滋众，而民犯禁所以滋多也。"

说："其议律令可免除轻减者，条奏"；成帝也下达了"议减死刑及可免除约省者，令较然易知，条奏"的诏令。但是，《汉书·刑法志》又说，由于官吏昏聩，造成"大议不立，以至于今(指后汉初期)"。

后汉时期的律令删定论，有律令学家陈宠的论说，亦即"臣闻礼经三百，威仪三千，故甫刑大辟二百，五刑之属三千……今律令死刑六百一十，耐罪千六百九十八，赎罪以下二千六百八十一……汉兴以来，三百二年，宪令稍增，科条无限。又律有三家，其说各异。宜令三公、廷尉平定律令。应经合议者，可使大辟二百；而耐罪、赎罪二千八百，并为三千"(《后汉书·陈宠传》)。据此就是要考虑将律令改为符合儒教经义并且减少死刑以下的刑罚数，作为律令删定的方向。这个时期的律令改定论本身，基本上就是这个样子的。

但是在另一方面，据说陈宠又为上司司徒鲍昱制订"辞讼比"七卷。《鲍昱传》注所引《东观记》认为昱编定了"辞讼(比)七卷、决事都目八卷"[1]。据说陈宠的儿子陈忠也制订有"决事比"二十三条[2]。所谓比，就是前例、判例，将其搜集起来，大约就是上述的文件。前面提到陈宠说修订律学的有三家，《晋书·刑法志》则说搞律学章句即注释的，为"叔孙宣、郭令卿、马融、郑玄诸儒章句十有余家，家数十万言"。这么多的著作堆积重叠，必然造成律令学习的烦杂化。进行律令修订，不仅能减轻刑，而且有助于改变律令的结构。

后汉末期，应劭开始了对这类著作的整理。据说他删定律令，写成《汉仪》，并且剔除"律本章句、尚书旧事、廷尉板令、决事比例、司徒都目、五曹诏书及春秋断狱"等的重复之处，另作节选。应劭奏上他的编著，正值曹操掌握实权的196(建安元)年(《后汉书·应劭传》)。考虑到以上因素，就可以认为中田氏的观点——随之而来的魏朝实现律令的变革，"庞大驳杂的汉律不便适用的技术

---

① 鲍昱的著作，前页注③所引《汉书·刑法志》认为就是嫁娶辞讼决和法比都目。

② 决事比的古例，在本文前引《汉书·刑法志》中有关于武帝时代的记载："律令凡三百五十九条、千八百八十二事，死罪决事比万三千四百七十二事"；根据《魏书·刑罚志》，大辟以下(不过其大辟数，《魏书》和敦煌本《汉书·刑法志》都说是四百九十条，现行《汉书》的四百九条当有误)，宣帝时由廷尉于定国加以集成。只是"死罪决事比"在《魏书》中成了"死罪决比"。

困难,固然为原因之一,但是,更必须强调的是汉朝四百年间得到空前发展的法学的多方面的影响"——是完全恰当的①。

二、曹魏律令与晋律令的关系

汉亡以后,是魏明帝时期(226—239),开始由国家实行对律令的整理和改定。根据明帝的命令,陈群、刘邵(劭)、韩逊、庾嶷、黄休、荀诜等担当其事,制订成"新律十八篇,州郡令四十五篇,尚书官令、军中令,合百八十余篇"(《晋书·刑法志》)。

关于新律十八篇的出现,正如前节所引,"凡所定增十三篇,就故五篇,合十八篇",即新设了十三篇。这十三篇的篇名与由来,在《晋书·刑法志》所引《序略》中有所记载。问题是,所谓"故五篇"指九章律中的哪五篇呢?滋贺秀三氏说是盗、贼、捕、杂、户律,我以为在目前以这种说法最为有力。现按滋贺氏的推测依次列出十八篇篇名如下②:

刑名、盗、劫略、贼、诈伪、毁亡、告劾、捕、系讯、断狱、请赇、杂、户、兴擅、乏留、警事、偿赃、免坐。

即使只根据这十八篇篇目看,也可以知道是对汉九章律很大的改动。更重要的是,正如滋贺氏所说,新律是除这些篇目外,不允许有秦汉时代那种单行律、追加律的单一法典。这是经过随即而来的晋律令,达到后来的隋唐律令的完备律令体系的具有划时代意义的因素。

不过,并不能说晋律就是完全照搬魏律。魏律过于细密,而且有在诸儒章句中只用郑氏一家章句的偏向,据说无法实施。因此,晋采取重新改订汉律的

---

① 前引中田薰《〈律令法系的发达について〉補考》第215页。

② 前引滋贺秀三《曹魏新律18篇的篇目について》。对其持批评意见的,有内田智雄《魏律〈序略〉についての的二·三の問題》(《同志社法学》55、57,1959、1960年)、《再び魏律〈序略〉について》(《同志社法学》62,1960年),认为汉囚律可能是由于系讯断狱为一篇律而延续下来的。

原则①。如果把下列晋律二十篇篇目与前述魏律十八篇相比较,就可对晋继承魏律改革之事一目了然:

> 刑名、法例、盗、贼、诈伪、请赇、告劾、捕、系讯、断狱、杂、户、擅兴、毁亡、卫宫、水火、厩、关市、违制、诸侯。 　　　　　(《唐六典》)②

乍一看,就可知晋律沿袭了魏律十八篇中的十三篇。其中刑名律,是魏改汉具律之名、将其视作总则规定而置于开头的;晋律在此之外又设法例律,以进一步明确律实施中的一般原则。注晋律的张裴(也传作"张斐")总括刑名、法例两律说:"名例齐其制"(《晋书·刑法志》)。到后世的北齐、隋、唐律,则合并刑名、法例,设名例律,以充作总则。魏的劫略律是将盗律的一部分分离出来而设置,从晋律之后的梁律设有盗劫律来看,晋律曾重新将劫略律归入盗律。汉的厩律,在魏《序略》中明确记载是被废止的,晋律中却又得以复旧。此外,晋律新设的卫宫律与关市律,当与后面要提到的晋令篇目有关系。晋的诸侯律与晋特有的诸侯制度有关,则是不言而喻的。

　　前面提到魏令中有州郡令、尚书官令、军中令,就是说,像晋令那样体系化的统一的令法典,在魏尚未形成。在说明变革汉朝旧的法律并制订魏律诸篇的《序略》的记录中,载有魏设置邮驿令、变事令之事。邮驿令、变事令是属于州郡令以下的某一个令还是单行令,语焉不详③。因此,魏令是否具备前述魏律那样作为单一法典的性质,值得怀疑。

　　但是,魏州郡令、尚书官令和军中令要搜集的,与驳杂的汉令有所不同。正

---

① 前引滋贺秀三论文第 89 页及其注 13。

② 根据《晋书·刑法志》,晋律是"就汉九章,增十一篇"。新增十一篇为:法例、告劾、系讯、断狱、请赇、诈伪、水火、毁亡、卫宫、违制、诸侯律,没有《六典》所记关市律。相应的,汉《九章律》中包括具律改称刑名在内,全部保留下来,其中有《六典》中未提到的囚律。如果这是正确的,晋律前的魏律中是否有囚律? 关于魏律篇目的滋贺秀三论文中,论证魏律没有囚律是重点,因此包括魏律、晋律在内,囚律的去向自然成了问题。但是,几乎全盘继承晋律的梁律的篇目,在《隋书·刑法志》中有所记载,其中有关市律却不见囚律。因此,《六典》关于晋律篇目的记载是否正确亦未可知。

③ 前引中田薰《〈律令法系の発達について〉補考》第 214、217 页中,认为是单行令。

因为此,魏令在令典发展史上仍然占有重要地位。在魏令的构成中,令是行政处理方面的准则,因此它可以分为地方行政、中央行政和军事关系的法令等。在晋令体系化的令典出现后,就有北齐以尚书二十八曹名作为篇目,魏令或许就是其榜样,尚书官令等也许是依行政机关的区别加以细分的。

魏令与晋令的关系,确实不像魏律与晋律的关系那样密切。晋令的划时代之处,怎么强调也不为过分。律在中国很早就受重视,所以魏律那样单一法典的出现也很早;而令典的体系化,当然只能更迟。那样的话,晋令与魏令就完全没有关系了吗? 以下试列举晋令四十篇的篇目:

> 户、学、贡士、官品、吏员、俸廪、服制、祠、户调、佃、服除、关市、捕亡、狱官、鞭杖、医药、疾病、丧葬、杂上中下、门下散骑中书、尚书、三台秘书、王公侯、军吏员、选吏、选将、选杂士、宫卫、赎、军战、军水战、军法(计六篇)、杂法(计二篇)。

该晋令的顺序,与后世的隋唐令大相径庭。晋令以户令开端,至杂上中下有个中断,然后从中央官职的门下散骑中书开始,至赎令再一次中断,最后是军战以下的十篇。这种三分法,大约是以魏令的州郡令、尚书官令和军中令为样板的,特别是晋令的第二组和第三组,完全是与魏令的尚书官令和军中令相对应的。第三组的十篇,在基本沿袭晋令的梁令那里,几乎被删削殆尽,梁令总数减为三十篇。晋令后部与军事相关的篇数多,应该是由于受魏军中令的影响。如果确认以上的考察,就可以说在律令发展史上具有划时代意义的晋律令,继承了汉帝国崩溃后在魏国开始的律令改革事业,并且加以完成。

前面,我已经表示赞同中田的观点,即驳杂的汉律不便于适用,以及汉四百年间法学的重大发展,是魏国实行律令改革的原因。那么,如果考虑晋朝律令制定的问题,晋令的意义重大的修改又是如何实现的呢? 汉代法学,大约是以律为中心而发展起来的。如果像魏令那样单纯把行政上的前例搜集起来、做到按行政领域或行政机关而分类编纂,则较为容易些。然而要说明晋令的编纂,还必须考虑其他的理由。

如前所述，晋令受到魏令的影响，特别是晋令的第二、第三组与魏的尚书官令、军中令相对应，但前面未谈及第一组。看第一组的篇目，不能用魏的州郡令即地方行政的范围加以限定，而以地方官直接面对的关系统治人民的令为多。我以为，统治人民的机构，在魏晋间有所发展的为多。令，本来作为行政法规，伴随着官僚制的行政机构的完备而发展起来，只不过魏晋时期是这种行政机构发展的重要时期。晋令的制订完成，有这种行政机构发展的促进因素。

关于这个时期行政的发达，这里暂时提出以下两点。

第一，魏时开始的九品官人法。九品官人法是从民众中推荐官吏的候补者并且任命官吏的制度。在这个制度中，为了使推荐的顺序（乡品）与被任命的官职联系起来，设立了官品制度，以便起到促进官僚制体系化的作用。晋令的开头部分，即户令→学令、贡士令→官品令的顺序，我以为正显示出上述九品官人法的逻辑。在其后的隋唐令中，官品令被移到开头，紧接其后的是在晋令中被置于第二组的有关官职的职员令，户令、学令、选举令等被移到更后面。这应该说是由于九品官人法的废止，撤除了贵族制全盛时期的乡品与官品等级、恢复由皇帝单方面任命官僚的方式的表现。

第二，是国家对人民的直接统治（亦即个别人身的支配）方面的进展。充分显示这一点的，是晋代的行政村落组织和占田、课田制。我将汉代的乡、里制也解释为行政村落组织，那是以传统的自然村落为基础而成立的。在乡、里制崩溃后，国家就建立了以一定的户数为单位组织人民的行政村。晋的村落组织应该就是其嚆矢①。占田、课田制也是随着上述自然村落的崩溃和农民间阶层分化的进展，国家试图直接控制农民土地的产物。晋的村落制，想必规定在晋令开头的户令中。在这样掌握和组织人民的基础上，培养、推荐

① 前述堀敏一《中国の律令制と農民支配》。

官吏候补者的学令、贡士令,作出关于官吏的各项规定的官品令、吏员令等,以及直接与农民有关而出现的户调令、佃令等诸篇,构成了晋令的第一组。我推测占田、课田制规定在上述佃令中,而与之相关的户调的税,则规定于户调令中①。

以上所述各点,不过是显示该时期行政制度发展的两三个例子。为了实施这种制度,有必要制定特别详细的法律。促进晋律形成的原因之一,或许就在这里。

二、晋律令的编纂及其意义

建立晋王朝的司马氏,从司马懿起就掌握了曹魏的实权,经过他的儿子司马师,到司马师之弟司马昭,吞并蜀国,被封为晋公,加九锡,并任相国。翌年(264,即咸熙元年)三月,司马昭进晋王,而律令编纂的规划,则是当年七月的事情。即由司空荀𫖳制订"礼仪"、中护军贾充制订"法律",尚书仆射裴秀制订"官制",并由太保郑冲加以总裁(《晋书·文帝纪》)。当然,这意味着在魏王朝统治下,开始为晋王朝的建设作准备。但是翌年(265,咸熙二年)八月,司马昭死去,由其子司马炎(武帝)继承,于十二月即帝位,创立了晋王朝,并改同年为泰始元年。贾充等制订"法律"的事业,也就由新王朝继承下去了。

此番制订法律开始之时,参加工作的人的名字,《晋书·刑法志》中列举如下:

> 于是令贾充定法律,令与太傅郑冲、司徒荀𫖳、中书监荀勖、中军将军羊祜、中护军王业、廷尉杜友、守河南尹杜预、散骑侍郎裴楷、颍川太守周雄、齐相郭颀、骑都尉成公绥、尚书郎柳轨及吏部令史荣邵等十四人典其事。

但是《晋书·贾充传》所载新律完成颁布天下的诏令中,则是以下一段文字:

---

① 堀敏一《魏晋の占田・課田と給客制の意義》(1974年,收于《均田制研究》,第48—50页)。

　　车骑将军贾充奖明圣意,咨询善道,太傅郑冲,又与司空荀颢、中书监荀勖、中军将军羊祜、中护军王业,及廷尉杜友、守河南尹杜预、散骑侍郎裴楷、颖川太守周雄、齐相郭颀、骑都尉成公绥、荀辉,尚书郎柳轨等典正其事。

后者中有"今法律既成,始颁天下"之语,因此一定是颁布时的诏书。对照此段,就可以明白《刑法志》的文字是照抄这个诏书。这里所列诸人的官职,也不是魏末,而是晋建国后的。《刑法志》将此颁布法律时的诏书,按事情开始和律令完成时前后两次分载,也是不恰当的。

　　上引两段文字,出自同一个诏书,却存在两处人名中只出现一次的不一致的情况。《贾充传》的诏书中有荀辉的名字,《刑法志》中没有,却出现了荣邵的名字。这个荀辉是唯一一个未记官职的,从诏书的形式上看显得不自然。也许,荀辉与成公绥一样是骑都尉。荀辉、荣邵都没有传记,不知道详情,只在《魏志·荀颢传》注引《荀氏家传》中说:"恽(辉),字景文,太子中庶子,亦知名,与贾充共定音律,又作《易集解》。""音律"即是"晋律"误写的可能性很大,将荀辉列为撰律者,应该是正确的。总之,担当晋律令编撰的总数为十四人。

　　这次法律制订事业的完成即律令的诞生,据《刑法志》,是在267(泰始三)年。《晋书·武帝纪》泰始四年正月条说:"丙戌,律令成,封爵赐帛各有差",隔一天后,"戊子,诏曰……律令既就,班之天下"。法律于颁布两天前才刚刚完成,显然不合情理,因此丙戌即实行封爵、赐帛的一天,据《刑法志》所云,一定是在前一年修律完成时[1]。律令修订完成并向皇帝上表后,定科郎裴楷"于御前执读,平议当否"(《晋书·裴楷传》)。无疑,这也是颁律的前一年即267年的事情。到翌年(268,泰始四年)正月戊子,就如前所说向天下颁

――――――――――

　　[1]　《太平预览》六三七《刑法部·律令上》载,"《晋朝杂事》:泰始四年,岁在戊子,正月二十日,晋律成。"这是晋律颁布之误。

布了法律。

关于晋律令的分量,据《刑法志》载,律"二十篇,六百二十条①,二万七千六百五十七条",律令合计"二千九百二十六条,十二万六千三百言"。令为四十卷(篇),二千三百六条,九万八千六百四十三言。关于晋律二十篇、晋令四十篇的篇目,前面已经论及。

这里应该提到的是晋律令编纂的宗旨。《晋书·刑法志》载有如下一段意味深长的文字:

> (律者)免其苛秽,存其清约,事从中典,归于益时。其余未宜除者,若军事、田农、酤酒,未得皆从人心,权设其法,太平当除,故不入律,悉以为令。施行制度,以此设教,违令有罪则入律。其常事品式章程,各还其府,为故事。

这段文字首先要注意的是,它表明尽管在晋律令中,律和令都是作为体系化的法典而制定的,却以律为主,令为从,后者被当作在将来的太平之世应该废止的权宜的法律。这段文字以什么资料为依据写成、代表那一个时期的什么样的人的意见,都已经不能肯定。但是,自古以来重视律的观念在晋代以后仍然延续之事,根据后面涉及的理由,是可以充分注意的。

一方面,参与编纂晋律令并写出律的注解的杜预说:"律以正罪名,令以存事制,两者相须为用"(杜预"律序"之言,出自 A《官位令集解》,《太平御览》六三八《刑法部·律令下》;B《北堂书钞》四五《律令》所引),又说"凡令以教喻为宗,律以惩正为本"(杜预奏事之言,《官位令集解》所引),很清楚地说明了律令的区别。这可以说是对晋代实现的律与令对等分工关系的断定。

不过,即使在重视律的思想盛行,现实中以《九章律》为基本、其他律令不过为副法的汉代,《盐铁论·诏圣》中的文学也说:"春夏生长,圣人象而为令。秋

---

① 关于晋律条数,《唐六典》载"凡一千五百三十条"。前述滋贺秀三《漢唐間の法典についての二三の考証》论证其有误。

冬杀藏,圣人则而为法。故令者教也,所以导民人;法者刑罚也,所以禁强暴也。"与杜预的话如出一辙,这里所说的法当然是指律。这里视令与法为对等,又将其中以教为宗旨的令置于优先地位。相对于重视刑罚的法家思想,这可以说是儒家思想。在实践中,汉代律令也受儒家思想的影响,但一般而言,重视律的大局并未改变。

前述杜预说"凡令以教喻为宗,律以惩正为本",紧接其后又说:"此二法虽有前后之异,并以仁为旨。"杜预是《春秋经传集解》的作者,是儒生,晋代是儒家思想盛行的时期。前面我举出官僚制的行政机构的发展,作为晋代令法典完备的理由,但是这种儒家思想的影响也有必要考虑进去。

刚才所引《刑法志》的文字中,还有一点必须注意,即所谓"违令有罪则入律",就是言及"违令之罪"。这是例如唐杂律六一条"诸违令者,笞五十;别式,减一等"(《唐律疏议》卷二七)的条文的起源,在晋律中已露端倪。在晋以前,令也附有罚则,律令区分不是很明确;晋代,罚则被从令中剔除,而一并归入律,律与令互相独立,两者的分工变得明确。因此,晋律中自然要设违令罪一条。这就意味着晋代律与令之间具有重要意义的关系的出现。

关于违令罪条,还有一个方面。中田氏说:"令,依然是根据以律为背景的所谓'违令之罪'而强制执行的法规,依然没有独立于律外。归根结底,它依然保留了作为补充律的副法的古代法残滓。"(重点号为中田氏所加)①违令罪的规定一直沿袭到后世,作为专制国家的古代中国的行政法规,与近代的行政法不同,具有以刑罚为后盾的强制执行的性质,这应该看作是一以贯之的。在中国,律很早出现了,然后才律令分离,而其中律更受重视的理由,是与专制国家的行政法的上述性质有关系的。

刚才所引《刑法志》,在叙述了律与令后又说"其常事品式章程,各还其府,为故事",记载了"故事"的编纂。大约是晋律令编纂前,已经积累了庞杂的法律

---

① 前引中田薰《古法雑観》第 17 页。

资料,即从中编纂律与令;剩下的资料中,凡是国政运作上必须的,就按官府分类,编成"故事"。根据这段引文中的"各还其府",这些资料本身原先就是按行政官府搜集的。汉代所谓《尚书旧事》、《廷尉板令》、《司徒都目》等就是这类资料。如前所述,魏令的编纂方法亦同。晋律令采取另外的构成原理,但故事大约仍然按原先的官府分类。被认为是故事后身的唐代格、式,同样也是依据行政官府分类的。

晋的故事(《晋故事》)开始为三十卷,与律、令一起于 268(泰始四)年颁布①。被称作故事的文件,有汉代开始的"汉武帝故事二卷"(《隋书·经籍志》)、"建武律令故事三卷"(《唐六典》、《新唐书·艺文志》)、"永平故事二卷"(《新唐书·艺文志》)等,其后是晋代的"晋太始太康故事五卷"(《旧唐书·经籍志》)、"晋建武故事一卷"(《隋书·经籍志》)、"晋咸和咸康故事四卷"(同上)、"晋建武已来故事三卷"(《旧唐书·经籍志》)等。《晋故事》三十卷在晋初与分别作为单一法典制订的律、令一起,并且作为它们的补充的官撰书面世,有着与上述群书所不能比拟的意义。后来的《唐六典》将它评价为格的前身。我以为,它大概比格的范围更广一些②,而兼具式的特点。

当然,晋代似乎也产生了号称式的文书。《晋书·食货志》的有名记载"及平吴(280 年)之后……又制户调之式:丁男之户,岁输绢三匹,绵三斤,女及次丁男为户者半输。其诸边郡或三分之二,远者三分之一。夷人输賨布,户一匹,远者或一丈"即是③。这个户调之式,应当是与泰始令的户调令相对应的;而且,"丁男之户"以下的文字,毋宁说作为令文更加合适。程树德氏《九朝律考·晋

---

① 晋初的《晋故事》三十卷的编纂者,估计就是撰律令的贾充等人。但是《隋书·经籍志》、《旧唐书·经籍志》和《新唐书·艺文志》都说"晋故事四十三卷",看来是故事的数量有所增补。《晋书·裴秀传》说:"秀创制朝仪,广陈刑政,朝廷多遵用之,以为故事",充分肯定了司马昭时期以来参与官制改革的裴秀对故事的形成作出的贡献。或许故事正是以这种形式得到搜集和增补。与贾充的法律、裴秀的官制一样,担当"礼仪"的荀颛选定了晋礼(《晋书·荀颛传》)。像尊重律令那样尊重礼,是与日本等不同的儒教国家中国的特征。

② 参照守屋美都雄《晋故事について》(1960 年,收于《中国古代の家族と国家》)。

③ 曾我部静雄《日中律令論》(1963)第 56 页起将此视作后世式的起源。

律考》把这一段作为"户调令"而采用，值得肯定。然而，他把紧接上述引文后的占田、课田等记载也当作户调令却不对。这应该是相当于佃令、户令等的文字。由此看来，据说在平吴后发布的户调之式的内容就不明了了。此事将另为详绎，以下仅略加阐述①。

前面已经提到汉代由于法律资料大量堆积，法的适用反而变得困难，因此就有人指出"吏士舞文弄法，刻章伪书"（《史记·货殖列传》）、文史"舞文巧法，徇私为己"（《论衡·程材》）的弊害。随后就出现了删定律令的议论，经过魏的修订，终而到达晋律令的完成。然而晋的政治，到惠帝时期衰落，法的适用也陷于混乱状态。当时的三公尚书刘颂说："断罪皆当以法律令正文；若无正文，依附名例断之；其正文名例所不及，皆勿论。法吏以上，所执不同，得为异议"（《晋书·刑法志》），提出了非常明确的罪刑法定主义主张②。这种罪刑法定主义思想的确立，可以说也是制订晋律令的重要成果。

还要附带说一下，中国的罪刑法定主义，并不排除皇帝擅断，这是诸家的共同观点。刘颂自己也说："君臣之分，各有所司。法欲必奉，故令主者守文；理有穷塞，故使大臣释滞；事有时宜，故人主权断。"这里承认大臣也可以对法的运用加以变通③。后来的唐断狱律一八条规定"诸制敕断罪，临时处分，不为永格者，不得引为后比"，以确保皇帝才有擅断的权力，禁止臣下将临时处分作为前例引

① 前引堀敏一《魏晋の占田·课田と给客制の意义》第 48 页起。

② 仁井田陞《唐律における通则の规定とその来源》（1940 年，收于《中国法制史研究·刑法》）第 187 页认为刘颂的这段话，基于晋律，也是唐断狱律第一六条"诸断罪，皆须具引律令格式，违者笞三十"的渊源。戴炎辉《中国古代法上之罪刑法定主义》（《社会科学论丛》15，1965 年）也随之将"法吏以上"起的这段看成是唐断狱律三四条"法官执失不同者，得为异议"的渊源。我以为这种见解是正确的。本文所引刘颂的话前有"律法"之语，这可以解释为"根据律法（即晋律）"，而引文后又紧接着是"如律之文，守法之官，唯当奉用律令。至于法律之内，所见不同，乃得为异议也"，说"如果遵守（上述）律文，守法官"云云，是因为与本文引用部分的内容重复。但是"依附名例断之"的部分，或许是刘颂在阐述法的趣旨。唐断狱律没有这个部分，因为名例律五〇条已经说："诸断罪而无正条，其应出罪者，则举重以明轻；其应入罪者，则举轻以明重。"无论如何，如果刘颂引用晋律的观点无误，罪刑法定主义的明确规定，应该是在晋律中首先得到确认。

③ 根据西田太一郎《中国刑法史研究》（1974）第 78 页而得出这种理解。刘颂之言，前述戴炎辉论文也当作"权断制敕"的例子加以引用。

用。考虑到这一点,历来那种将皇帝的擅断理解为中国罪刑法定主义的界限和矛盾的看法,是错误的。必须强调指出,包括皇帝独占擅断权在内的专制主义的确立,与臣下一方的罪刑法定主义的确立有不可割裂的关系。不言而喻,晋律令不仅如前所述使罪刑法定主义得到发展,而且是强化皇帝专制政治体制的法律。

（原载《東洋文化》60号,收录于《律令制と東アジア世界:私の中国史学 2》,汲古书院 1994 年发行）

梁律编纂的背景

——兼论南齐永明律

兼田信一郎　撰

程　维　荣　译

前　言

　　就有关东晋十六国法典编纂状况与南朝时期修订的追加法令具有什么特征,过去我曾经做过若干探讨。在这里,我想就东晋南朝法典编纂史中比较受注目的梁朝律典编纂的情况及其特征展开进一步的探讨,并兼论与梁律有着密切关联的南齐永明律。

　　梁代的律令编纂,是自西晋泰始律令制定以后,在南朝首次以明确形式出现的法典编纂事业。有关这次编纂,自清末沈家本《历代刑法考》中搜集史料①

---

① 沈家本《历代刑法考(附寄簃文存)》《(沈寄簃先生遗书)》甲编所收,中华书局标点本,1985 年)。

以来,浅井虎夫、程树德等人在叙述中国律令法典编纂沿革时经常提到①。这些学者的见解,是认为梁律令基本继承了西晋泰始律令的内容。其中,滋贺秀三氏所特别指出的作为梁律基础的南齐永明律在律编纂史上具有特殊的、因而是划时代意义的观点,十分引人瞩目②。

但是后来对南朝法制的研究进展缓慢。本研究直接触及法律条文内容,并非要阐明该时代法的理论,而不过是对法典编纂即作为法律实施起点的事业及其时代特征作一些肤浅的考察而已。

一

首先,我想尝试着确认与梁律有关的编纂过程并作若干探索。《梁书》卷二武帝纪天监元年八月条说:

> 丁未,诏中书监王莹等八人参定律令。③

可以知道这是梁朝开国后不久的天监元年(502)八月,对与编纂律令有关的王莹等人所下的诏敕。历来都根据这条记载认为梁律令的编纂开始于天监元年八月。程树德《九朝律考》根据《艺文类聚》卷五四所引任昉《为梁公请刊改律令表》,认为他向武帝萧衍进言制定律令是在南齐末的和帝中兴二年(502),武帝

---

① 浅井虎夫《支那ニ於ケル法典編纂ノ沿革》(京都法学会,1911年;律令研究会影印版,1977年)。程树德《九朝律考》(1928年发行,中华书局影印本,1963年)。此外,中田薰《支那における律令法系の發達について》(《比较法研究》1—4,1950年)、《〈律令法系の发达について〉補考》(《法制史研究》3,1953年。以上两篇均收录于他的《法制史论集》第4卷,岩波书局,1964年);堀敏一《中国における律令制の展開》(《東アジア世界における日本古代史講座》第6卷,学生社,1981年)、《中国における律令法典の形成》(收录于唐史研究会编《中国律令制の展開とその国家·社会との関係》,1984年,并收录于同作者《律令制と東アジア世界:私の中国史学2》,汲古书院,1994年)等,在关于律令法典编纂变化的概观中均言及梁律编纂的意义。杨鸿烈《中国法律发达史》(商务印书馆,1930年;上海书店影印,1990年)也是对中国法制从上古到民国的纵览,其中认为在梁代,不仅是法典编纂,还搜集了法制各领域的史料。最近,韩国磐《中国古代法制史研究》(人民出版社,1993年)中,主要从律的编目问题言及南齐永明律和梁律。杨鹤皋《魏晋南北朝法律思想研究》(北京大学出版社,1995年),论述了注释西晋泰始律的张斐、杜预的法律思想。
② 滋贺秀三《漢唐間の法典についての二三の考証》(《东方学》17,1958年)。
③ 中华书局标点本第38页。以下所引正史均使用标点本,在注中标明其记载页数。

接受了进言而发出编纂的诏敕①。但是,《梁书》武帝纪的这条记载是命王莹等"参定"律令编纂,不能看做是命他们直接编纂的诏令。

作为根据《隋书》刑法志的记载而重新进行的审视,首先让我们追溯一下编纂、颁布律的过程。梁律的完成是在天监二年(503)四月。《梁书》卷二天监二年条记载:

> 夏四月癸卯,尚书删定郎蔡法度上梁律二十卷、令三十卷、科四十卷。②

《隋书》卷二五《刑法志》则说:

> (天监)二年四月癸卯,法度表上新律,又上令三十卷、科三十卷。帝乃以法度守廷尉卿,诏班新律于天下。③

都是将新律令作为由尚书删定郎蔡法度上奏后颁布的。

律令完成时被标出姓名的蔡法度其人,从编纂伊始就在这项事业中发挥了核心作用。其情景在《隋书》卷二五《刑法志》中有如下记载:

> 时欲议定律令,得齐时旧郎济阳蔡法度,家传律学。云齐武时,删定郎王植之,集注张、杜旧律,合为一书,凡一千五百三十条。事未施行,其文殆灭,法度能言之。于是以为兼尚书删定郎,使损益植之旧本以为梁律。④

这就是说,就在梁武帝萧衍打算制定律令时,根据南齐旧郎蔡法度所说,齐武帝时曾有个删定郎叫王植之的,搜集为西晋泰始律加上注释的张斐、杜预律,整理成一千五百三十条。但是该律尚未使用就散佚了,他(蔡法度)则将其传承下来。于是萧衍任命他为尚书删定郎,对王植之整理的律加以修改,来作为梁朝的法律。换言之,《隋书·刑法志》记载,作为梁律编纂的前提,存在着虽然制定

---

① 第240页注①《九朝律考》中华书局本,第315页。
② 第39页。
③ 第700页。
④ 第697页。

出来却未能施行的南齐王植之的"旧本"。从这个情况看,蔡法度无疑是梁律编纂的关键角色。对此,譬如《隋书》卷三三《经籍志》二也说:

> 梁律二十卷(义兴大宋[守字之误]蔡法度)。

就是根据梁律为蔡法度所撰之事而明确的。

那么,前面所载《梁书》卷二天监元年八月对王莹等所下诏敕,又该放在什么位置呢? 在考虑此事时,有必要再稍微追溯一下《隋书》卷二五刑法志的记载。

《刑法志》载有可以说是提出制定梁律条文原则内容的天监元年八月诏文,即:

> 求文指归,可适变者,载一家为本,用众家以附。丙丁俱有,则去丁以存丙。若丙丁二事注释不同,则二家兼载。咸使百司议其可不,取其可安,以为标例。宜云某等如干人同议,以此为长,则定以为梁律。留尚书比部,悉使备文。若班下州郡,止撮机要,可无二门侮法之弊。

这就是命令:(1)考察条文原旨,结果直接更改条文的,应该在指明几种观点中最为切合的一种的同时,附以其他各种观点。(2)如果相同观点并存,应保留一种,而芟削其他。(3)如解释不同,则同时载以各种观点,让百官议论其合理与否,以合理之说作为标准。随后,将经过编纂的律保留在尚书比部,在颁布于州郡时,仅仅抄录其中必要的部分,以尽可能防止法律适用的混乱。

该志又提到同年八月接受诏令的蔡法度:

> 法度又请曰,魏、晋撰律,止关数人。今若皆咨列位,恐缓而无决。于是以尚书令王亮、侍中王莹、尚书仆射沈约、吏部尚书范云、长兼侍中柳恽、给事黄门侍郎傅昭、通直散骑常侍孔蔼、御史中丞乐蔼、太常丞许懋等,参议断定。(下略)

蔡法度呈请在撰定条文时,参加讨论的人数应该尽量减少。与他的呈请相应,尚书令王亮、侍中王莹①、尚书仆射沈约、吏部尚书范云、长兼侍中柳恽、给事黄门侍郎傅昭、通直散骑常侍孔蔼、御史中丞乐蔼、太常丞许懋等"参议断定",确定为律二十篇。此事参与者还应加上作为编律中心人物的蔡法度,一共十人。《唐六典》卷六刑部郎中员外郎条注正是将参与者作为十人:

> 梁氏受命,命蔡法度、沈约等十人,增损晋律,为二十篇。(下略)②

因此,《隋书》刑法志所说明的梁律制定经过为:蔡法度作为尚书删定郎,以王植之旧本为基础加以修改→提出制定条文的原则→蔡法度提出控制参与原律讨论人数的请求→确定参与者九人姓名及经过他们讨论而制定律的情形。根据这个记载,并不能将《梁书》武帝纪有关天监元年八月命令王莹等"参定"律令的记载作为梁律编纂的起点。因为,命令王莹等"参定"之事,在《隋书》记载中可以解释为"参议断定",也就是在蔡法度对王植之旧本加以修订以后,命令对原律进行最终审核,并意味着试图在前述原则的基础上统一条文而进行这次"议"。此事在天监元年八月。于是,蔡法度自己向武帝上奏了经过讨论后完成的律二十篇。

根据以上所述,开始制定梁律也就是向蔡法度下达编纂命令的时候。确凿的情况已经不清楚了,但是有可以注意的事情。

《隋书》卷二五《刑法志》就在武帝准备要臣下议定律令之前,有如下记载:

> 既即位,乃制权典,依周、汉旧事,有罪者赎。其科,凡在官身犯,罚金。鞭杖杖督之罪,悉入赎停罚。其台省令史士卒欲赎者,听之。

换言之,即位后马上就制定了"权典",根据旧例导入赎刑制度,适用于在官者,以及从杖罪对象到令史、士卒凡欲赎罚者,其"权典"是确定的。而《梁书》卷二《武帝纪》天监元年四月条则说:

> 又诏曰:金作赎刑。有闻自昔,入缣以免,施于中世,民悦法行,莫尚乎

---

① 《梁书》卷二天监元年条作中书监,我以为本纪的记载正确。
② 《大唐六典》(广池千九郎氏校勘近卫本,广池学园事业部,1973 年)第 134 页。

此。永言叔世,偷薄成风,婴愆入罪,厥涂匪一。断弊之书,日缠于听览;钳钛之刑,岁积于牢犴。死者不可复生,刑者无因自返,由此而望滋实,庸可致乎。(中略)可依周、汉旧典,有罪入赎,外详为条格,以时奏闻。①

该诏文末尾"可依周、汉旧典,有罪入赎"与《隋书》刑法志的"依周、汉旧事,有罪者赎"是同一内容,可以认为《隋书·刑法志》将根据天监元年四月诏而作出的赎刑制度诸规定作为"权典",其中一部分作为"其科"而引用。因此,在记载赎刑制度以后,马上就是议定律令的设想。或许从此事可以认为对蔡法度编律的指示,是在武帝刚刚即位的天监元年四月下达。当然,这并不能从以上所引得到明确②。

正如迄今所叙述的,梁律的制定过程,是以由蔡法度所传南齐王植之搜集律注"旧本"为基础,通过修订的形式进行工作,其最终审核的参议者从天监元年八月开始讨论,翌年即天监二年四月完成并颁布。武帝制定律令的命令则有可能在天监元年四月即位前后颁布。根据这个过程指出所编纂的梁律特征的话,就是编纂时间非常短促,并且在事实上继承了前朝的南齐律。这两个特征,是相互关联的,也就是通过以王植之"旧本"为基础并加以修订的形式制定成梁律,王植之"旧本"即南齐律的编纂给予梁律决定性的影响。因此,梁律的制定时间虽然十分短暂却又是充裕的。要更多发掘梁律特征的话,就不得不研究作为其前提的南齐律。在下一节中,将另行对给予梁律很大影响的南齐律的修订进行若干考察。当然其前提是必须围绕作为梁律前提的王植之的旧本进行研究。关于此事,已经有滋贺秀三氏给出了重要的提示。下一节的考察即包含滋

---

① 第36—37页。

② 附带说一下,程树德引用的《艺文类聚》卷五四《刑法部·刑法》所引任昉《为梁公请刊改律令表》的全文已不可考,佚文中也未找到请求制定律令的语句。只是,梁武帝萧衍任梁公时,《梁书》卷一中兴二年(502)一月条载和帝诏文中有:"其进位相国,总百揆,扬州刺史,封十郡为梁公,备九锡之礼(下略)。"

就是在这个时候。到四月萧衍即位后梁朝建立,他作为梁公接受了任昉的表的话,应该是中兴二年即天监元年(502)从正月开始到三月为止期间的事情。这样,以接受该表形式显示制定律令决心的话,或许可以考虑为即位前的事情了。

贺氏的观点。

二

南齐的律编纂与王植之"旧本"的相关史料极其稀缺，说《南齐书》卷四八《孔稚珪传》中的记载几乎是绝无仅有的，并非言过其实。让我们根据其列传记载，看一下律编纂的情况。

> 永明七年，转骁骑将军、复领左丞。（中略）江左相承用晋世张杜律二十卷，世祖留心法令，数讯囚徒，诏狱官详正旧注。先是七年，尚书删定郎王植撰定律章，表奏之。（下略）①

以上所载是叙述王植之撰定情况的部分（《南齐书》中作"王植"的，现统一作"王植之"）。首先，这部律章是什么时候完成的呢？考虑此事的线索是史料中"先是七年"的用辞，应该大体解释为要求狱官重新审核律注内容的诏文发布以前的永明七年（489）之事。

那么，他们为什么要制定律章？对此情况及制定原则，《孔稚珪传》中的王植之上奏文中有如下表述：

> 臣寻晋律，文简辞约，旨通大纲，事之所质，取断难释。张斐杜预同注一章，而生杀永殊。自晋泰始以来，唯斟酌参用。是则吏挟威福之势，民怀不对之怨，所以温舒献辞于失政，绛侯忧慨而兴叹。皇运革祚，道冠前王，陛下绍兴，光开帝业。下车之痛，每恻上仁，满堂之悲，有秽圣思。爰发德音，删正刑律，敕臣集定张杜二注。谨砺愚蒙，尽思详撰。削其烦害，录其允衷。取张注七百三十一条，杜注七百九十一条；或二家两释，于义乃备者，又取一百七条。其注相同者，取一百三条。集为一书。凡一千五百三十二条，为二十卷。请付外详校，摘其违谬。从之。

---

① 第 835 页。

据此,西晋泰始律的条文十分简略,在发生具体案件、不能适用律条判决时,没有一定的解释就会引起混乱。因此,张斐与杜预分别作出了律注加以解释。但是其两种解释本身,有时存在极端的差距,判刑甚至有生杀之别。在具体适用律条审理特殊案件时,反而会带来官吏的恣意枉法与民众对律条适用的不平与不满。于是武帝萧赜命王植之搜集整理张斐、杜预的律注。王植之据此制定的律章,基本上从张斐、杜预各自律注书在注释主旨上一致的,或者内容上相同的部分搜集而来①。

但是,该律章正如王植之自己所请求的,并不能照搬施行,必须另由他人加以修订。于是以公卿等八座为中心议论后,于永明九年(491)完成。王植之上奏文后面有如下一段文字:

> 于是公卿八座参议,考正旧注。有轻重处,竟陵王子良下意,多使从轻。其中朝议不能断者,制旨平决。至九年(下略)。

时任廷尉的孔稚珪接受此律后,上奏武帝。

不过,孔稚珪对编纂过程的说明与王植之的说明文意不同。根据孔稚珪的上奏文:

> 敕臣与公卿八座共删注律。谨奉圣旨,咨审司徒臣子良,禀受成规,创立条绪。使兼监臣宋躬、兼平臣王植等抄撰同异,定其去取。②

换言之,最初接受律注删定诏的,是孔稚珪本人与公卿八座。受旨后,以竟

---

① 关于这个王植之律章的条文数,如今有两说。其中,完全根据史料中律注搜集条文计算的是 1732 条,不符合“凡一千五百三十二条”的记载。沈家本认为后半部分中有 107 条和 103 条分别是从张斐、杜预律注搜集来的条文,只有 731 条和 791 条是正式搜集的条文,总计为 1522 条。而滋贺秀三氏则提出杜预律注条文的 791 条是“五九一条”之误,后半部的 107、103 条依旧计入,全部条文数“一五三二条”并未变化的见解。目前,谁的解释更为妥当不能草率下结论,但是滋贺氏将“七九一条”当作“五九一条”之误的根据似乎不足。顺及,《隋书》卷二五《刑法志》中蔡法度所传王植之的律书作“一千五百三十条”;颁布的梁律在同书刑法志中作“大凡定罪二千五百二十九条”,《唐六典》卷六刑部郎中员外郎条注也相同。这是“一千五百二十九条”之误,有关梁律的各篇论文已经指出。参照第 240 页注①、②的各篇论文。

② 第 836 页。

陵王子良为中心制定方案,命宋躬、王植之等斟酌取舍张斐、杜预的律注。根据这个记载,可以明白律注撰定工作以前,讨论了王子良等人确定的编纂方针,撰定工作并非王植之单独进行,而是宋躬等人共同参与的①。根据前引王植之上奏文,并参照这个记载,可以认为删定永明七年以前晋律注释的诏令颁布并被接受以后,制定了计划,根据计划由王植之等进行修改删定,其结果是在永明七年完成了原稿,由王植之上奏。孔稚珪上奏文也说:

> 详议八座,裁正大司马臣嶷。其中洪疑大议、众论相背者,圣照玄览,断自天笔。

这样,在提出原稿后的两年岁月中,经过了先由公卿八座讨论,凡是意见不一致处最终交由武帝本人裁断这样一个程序后才得以完成,即:

> 始就成立律文二十卷、录叙一卷,凡二十一卷。今以奏闻,请付外施用,宣下四海。

关于此南齐永明律二十一卷,明确指出其性质与特征的是滋贺秀三氏。根据滋贺氏,由王植之所完成的律章,其条文与泰始律的“六百二十条”相比,数量大约加倍。蔡法度将王植之的“集注”传下来,其结果,新编纂的梁律可以认为是大体继承王植之律章而完成的。王植之进行的工作,并非简单折中张斐、杜预二注,而是在律文中吸收注释内容,进行律文的改订、增补等,从而制定了新律②。在律文中采用律注内容,在中国法制史上未见其他例证。相反,从此事可以认为,张斐、杜预的注并不仅仅是单纯的条文解释,而同时具备旺盛的法律创造力。

---

① 《隋书》经籍志关于这部律没有任何材料;但是《旧唐书》卷四六《经籍志上》(第 2010 页)有如下记载:“齐永明律八卷(宋躬撰)。”

《新唐书》卷五八《艺文志二》(第 1492 页)也载:“宋躬永明律八卷。”

撰定者成了宋躬。新、旧《唐书》编纂阶段所传南齐永明律撰者不是王植之而是宋躬,可以判断永明九年孔稚珪奏文的内容更正确地反映了律制定的情况。

② 第 240 页注②论文第 6—8 页。

滋贺氏的这个观点,对于在历来律令法史发展的研究中不太受重视的南朝法律完备过程,以及对南朝律令法的研究来说,富于启迪意义。特别是王植之的律章篇幅大约是西晋泰始律条文两倍的观点,在考虑这个律典的特征时,应该受到重视。但是,滋贺氏对此条文数的倍增解释为由于王植之制定新的律文,不能说是没有疑问的。

根据前载孔稚珪的奏文,首先是公卿八座被命令删定注律,并对以萧子良为中心开始工作,宋躬、王植之等人"抄撰同异,定其去取"而亲手完成的原稿进行了持续两年的讨论。即使在讨论中也没有取得一致见解("众论相背者")的场合,则由皇帝亲自下决断。而且,王植之本人的上奏文也要求"删正刑律","集定"张杜二律。如果考虑到公卿八座对原稿的参议并"考正旧注"之事,王植之所撰定的就很难被作为创造新律文的法律了。正如王植之也叙述的那样,如"生杀永殊"、完全不同的条文解释并存,两种注释共同拥有其权威的话,理所当然会滋长法律适用上的混乱,从而产生官吏恣意适用法律导致的不利结果。从王植之、孔稚珪两人奏文所见,这次修改律,以消除由条文解释不统一所带来的法律适用混乱为目的,是显而易见的。因此,认为王植之所做的事情,首先是对张斐、杜预两人晋律注的搜集、取舍的见解,我以为是正确的。

王植之撰定的结果据说是一五三二条、二十卷,即增加到大约为泰始律二倍半的规模,这应该是事实。但是,要将此作为王植之制定的新律文本,在目前颇费踌躇。我以为毋宁说正是以王植之等人作成的文本为基础、花费了两年的"详议"以后,才具有了更加重要的意义。因为如果在永明年间全面进行了律文改定的话,那正是在"详议"阶段的观点,才是比较妥当的。其理由,首先,花费两年时间之事,就是以竟陵王子良为核心,深入探讨其条文的内容。其次,特别如孔稚珪传中所说"有轻重处,竟陵王子良下意,多使从轻"那样,在实际上裁断了有关量刑的讨论,或许在这个阶段进行了法律条文的改写。还有第三条理由,即公卿的议论在未能统一时由皇帝亲自裁决。这种情况当然不止于律条本身解释的统一,而是改写条文。从这三点来看,律条的补订、改定等,是在公卿八座的详议阶段进行的。而且齐武帝自己对于多异议的条文作最终裁决,即使在律令编纂中也不算特别的事情。滋贺氏认为由王植之经手的修律本身是律文本的改定;我则进一步认为,律文是在其后政权内部研讨过程中才得以改定的。

如果这样考虑的话,武帝萧赜在这个时候进行大规模律文修订的必要性,当然成了接下来的话题。对此,我想提出自己的看法。

	年　代	纪　　事	
①	建元二年十二月	乙巳,车驾幸中堂,听讼。	高帝
②	建元四年六月	戊戌诏曰……京都囚系,可尅日讯决;诸远狱委刺史,以时察判。	高帝
③	永明二年四月	甲辰,诏扬、南徐、南兖、徐、兖五州统内诸狱,并、豫、江三州府州见囚,江州寻阳、新蔡两郡系狱,并部送还台,须候尅日断枉直。缘江远郡及诸州,委刺史详察讯。	武帝
④	永明二年六月	车驾幸中堂听讼。	武帝
⑤	永明三年七月	辛丑诏,丹阳所领及余二百里内见囚,同集京师,自此以外,委州郡决断。	武帝
⑥	永明三年八月	乙未,车驾幸中堂听讼。	武帝
⑦	永明六年正月	诏,二百里内狱同集京师,尅日听览。自此以外委州郡讯察。	武帝
⑧	建武二年四月	己亥朔,三百里内听讼,同集京师,尅日听览。此以外委州郡讯察。	明帝

注:《南齐书》本纪中可以见到所搜集的皇帝听讼记载。这种听讼的特征,是与京师附近的狱囚集中到京师审理的同时,其他地区则分别在当地审讯这一点上。特别是⑦与⑧的事例为典型。如此看来,③、④与⑤、⑥的事例,分别作为皇帝听讼,可以认为是连续的政策。换言之,例如⑤、⑥可以见到永明三年七月将丹阳及附近的狱囚集中到京师,在八月对这些集中的狱囚进行审讯;③与④的记载也可以这样认为。于是,分别可以看做是一个案例的或者是听讼事实的有六例。该表是将史料记载加以大体上的表格化。

南齐永明年间修律的提出,正如前引孔稚珪传中说的那样,最初是由于武帝萧赜自己"留心法令,数讯囚徒",对法的运用抱有强烈的关心。他认为其中由于律文解释混乱带来的判决上的不统一应该给予是正,"诏狱官详正旧注"。于是根据此命令开始了相关工作。而南齐皇帝亲自讯问囚徒、实行判决的例子,则有八个(见上表)。八例中,五例发生于武帝在位期间。他对审判之关心,可见一斑。我以为皇帝就在这样亲自审讯囚徒的过程中,得以逐渐明了法律适用的混乱状况,法律修订被作为紧迫课题提上议程①。所以,武帝修订律的意志,是在王植之撰定律章的永明七年上奏之前就已经明确的。但究竟是在什么时候,现在尚不清楚。

如上所述,南齐永明年间修订律的背景,是武帝本人对法律运用抱有强烈的关心,而晋律又不能照搬适用,他通过审判实践而产生了修律的意志。当然,将武帝个人认识作为修订律的原因,只是一个方面,除此之外还有从别的方面加以分析的必要。稍稍回顾一下西晋以降法典编纂的潮流,就可以从中看出端倪。

过去,我对于西晋泰始律令制定后,东晋政权统治下实行怎样的法律制度,以及在江南政权下律令法的制定、补充如何进行,曾经有过若干考察②。需要指出的一点是,西晋灭亡以后,在华北出现的少数民族政权,有过独自进行法典编纂的例子。例如,石勒的后赵政权,就在石勒即赵王位前夕,编纂了"辛亥制(度)"的五千字临时法典③。在四川成都建国的羌族李氏成汉政权,李雄在即成都王的永兴元年(304),似乎适用了取代晋法的"法七章"。此外还有前秦苻健与百姓约法三章。这些法律的共同点在于,它们都是在政权建立前后,作为对西晋律令体系的取代而发布的。这一点,可以说与现在提出的梁律编纂情形也并无二致。对此应该怎样认识呢? 我想至少应该指出的是,从这里可以发现,它们比起从泰始律令法律体系发展而来的新法典,出于政治动机编纂的一面更强。也就是说,取代泰始律令,提出独自的法制这一点,其本身就具有意义。以某种形态提出新法制,对于作为拥有新法制的政权来说,是显示其民族统治正统性的事情。可是,不能有意识地将泰始律令作为法制提出吗? 如果那样的

---

① 当然,造成这种法适用混乱的原因,恐怕是由于晋律的简要,其注释也存在观点的分歧,所以各地的判决都任由处断者个人决定了。

② 拙稿《晋代の法令について》(《纪尾井史学》5 号,1985 年);《南朝法制小考》(《纪尾井史学》9 号,1989 年)。

③ 参照前注《晋代の法令について》第 33 页。

话,说起来是将自己确定为西晋继承者国家的地位,还是作为全新政权的地位,就有认识上的区别了。

在东晋南朝中,没有出现独立法典编纂事业的原因何在?如果法典编纂事业可以用来确定政权"正统性象征"地位的话,江南政权,毋宁说是以全盘"继承"西晋泰始律令之事,来表示各政权"正统性"的。然而,与此正统性继承的意识相反,各种事件的发生,当然会有制定法律时预想不到的案例出现,如果僵化地执行法律就会深陷倒退的泥淖。为了应对这样的事态,江南政权就发布诏敕,这种诏敕具有单行法令的效力,同时要考虑制定细化的法规①。不过,如果这种形式的法规增加,本来应该依据的律令与这种法规之间在运用上的对立与混乱就会进一步加剧,成为无论在哪一个阶段当然都必须解决的问题。如前所述,已经引用的《南齐书·孔稚珪传》中,在世祖武帝"数讯囚徒,诏狱官详正旧注"的背景下,或者在晋律注的解释不统一而无法适用律,以及民众对适用律滋长出不满情绪的背景下,迁徙至江南的汉人政权为了以西晋"继承国"自居而使自己正统化,继承了泰始律令,从而必然产生出此类矛盾。

因此,在南齐,修改律的背景不仅仅是武帝个人意志,而且是为了解决从继承泰始律令开始产生的矛盾、问题的。这样,如果不搞代替泰始律令的律令编纂,采取修改的形式就是必然的了。

但是,要理解作为政权正统性象征的律令编纂事业的意义,南齐法律修改与实施的背景中还有一个应该注意的事实,那就是与之对峙的华北的北魏政权动向。

关于北魏政权下的律令编纂,堀敏一氏已经指出了其概况与要点②。据此,北魏曾经几次编纂法典,即天兴元年(398)、神麚四年(431)、正平元年(451)、太安四年(458)、太和五年(481)、太和十六年(492)、正始元年(504)等。其中,神麚四年、太和五年、太和十六年律令的制定都很重要。

---

① 参照前页注②拙稿《南朝法制小考》。
② 第240页注①堀氏著作第77—83页。

南齐与北魏的外交关系,进入武帝时代后,在永明六年(488)一度恶化,但是差不多每年两国使者仍然有所往来。这种使者往来,当然应该相互带来各自政权内的政治消息。北魏修改律令的消息传到南齐朝的可能性也是有的。

拥有独自的法制,如果是显示这个时代的王朝正统性的一个根据,外交关系的好转及由此获得的北魏制定新律令的消息,或许使南齐重新认识了整顿法制的必要性。令人称奇的是,太和十五年,北魏命令更定太和五年律令;而就在这一年,南齐孔稚珪等上奏了"律文二十卷、叙录一卷"的新律,也就是新定永明律。

以上,对南齐永明年间为什么编纂律的问题进行了若干考察。那是由于武帝萧赜通过亲自判案感受到法制的混乱,北魏法制整顿的动向及其所产生的影响,同时也还有法典整顿象征王朝正统性的侧面因素。

那么,为什么永明律未施行呢? 关于这一点,几乎完全没有史料记载,如今不清楚其确切因素。根据《南齐书》卷七永泰元年(498)十月条,曾命令删减"科律":

> 冬十月己未,诏删省科律。①

这个所谓"科律",我以为就是指永明律。如果这样,永明律未得施行(《隋书·刑法志》)②,而大幅度增加了条文数的该律二十卷的内容,并未完全统一,有再次加以整理的必要,于是在永泰元年命令将其作一部分的删削。遗憾的是,根据这个诏敕,具体作什么程度的整理,仍然是不明确的。作为梁律编纂核心人物的蔡法度,并未施行王植之完成的东西,从"其文殆灭"而未言及永泰中的删削来看,我以为实际整理工作并无进展。

---

① 第97页。

② 《南齐书》卷四八《孔稚珪传》中,也在孔稚珪上奏文的后面作:"诏报从纳,事竟不施行。"可见未曾施行。

三

在前一节,叙述了作为梁律编纂的前提,南齐朝中法律编纂的情况及其背景。我想依据以上考察,对于梁律编纂情况残留的问题,再稍加研究。

至今为止的考察使我们知道,至少是对于梁律的编纂,南齐永明年间的编纂事业给予了很大的影响。正如前面已经看到的,我认为这是梁律令得以在大约一年内完成的第一个原因。

但是,在一年的短暂时间里,除去加入参定梁律(即确定条文)议论的蔡法度,如前面所见,还流传下王亮、王莹、沈约、范云、柳恽、傅昭、孔蔼、乐蔼、许懋的名字。其中除了孔蔼,其他参与者都有列传,但其中只有柳恽传中记载了他曾经参与律的编纂。然而,还有与这些参与者中的大半有某种形式关系的人物,就是南齐武帝的弟弟竟陵王子良。他手下聚集着萧衍、沈约等所谓"竟陵八友",其西邸因成为贵族文化活动的一大中心而闻名遐迩。法典编纂参与者中,沈约、范云是"竟陵八友"中的人物,与萧子良有深厚的结交①。至于柳恽,根据《梁书》卷二一其传载:

> 齐竟陵王闻而引之,以为法曹行参军,雅被赏狎。(中略)天监元年,除长兼侍中,与仆射沈约等共定新律。②

他的发迹,与竟陵王有很大关系③。同样,傅昭也在《梁书》卷二六《傅昭传》中有载:

---

① 例如,《梁书》卷一三《沈约传》中有:"时竟陵王亦招士,(沈)约与兰陵萧琛、琅琊王融、陈郡谢朓、南乡范云、乐安任昉等皆游焉,当世号为得人。"(第233页)

同书卷一三《范云传》载:"(萧)子良为司徒,又补记室参军事。(中略)初、(范)云与高祖遇于齐竟陵王子良邸,又尝接里闬,高祖深器之。"(第230页)

可以从中看到参与者相互间的关系。

② 第331页。

③ 关于最初的法曹行参军具有什么地位,参照宫崎市定《九品官人法的研究:科举前史》(东洋史研究会,1956年;中公文库再版,1997年)的第三、四章。

> 永明中，累迁员外郎、司徒竟陵王子良参军、尚书仪曹郎。①

也是萧子良的参军。梁律编纂参与者中，如这样与竟陵王子良关系密切的人不少。至于说竟陵王子良与律的编纂具有什么关系的话，就如前引《南齐书》卷四八孔稚珪传记载的，在王植之奏呈律章后，

> 于是公卿八座参议，考正旧注。有轻重处，竟陵王子良下意，多使从轻。（下略）

对其加以进一步研究的正是竟陵王子良。孔稚珪的上表中还说：

> 谨奉圣旨，咨审司徒臣子良，禀受成规，创立条绪（下略）。

新律编纂推敲具体计划的就是竟陵王子良。对于这种关系，《资治通鉴》卷一三七《齐纪三》武帝永明九年条简略谈及律编纂的情况时明确记载道：

> 尚书删定郎王植集定二注，表奏之。诏公卿、八座参议考正，竟陵王子良总其事。

从以上资料判断，南齐永明律编纂工作中扮演最重要角色的就是竟陵王子良。当然，在其下有法曹参军柳恽与傅昭；认为与萧子良往来密切的沈约、范云等与修律工作具有某种关系也不奇怪。

这样看来，梁律编纂时间短暂的重要原因之一，不仅因为堪称原律的王植之南齐永明律经过蔡法度传承，而且因为作为其研究工作中心的竟陵王子良手下有关者的再次参与。他们对于王植之原律与南齐时代的有关情况十分熟悉，因此不费多少时间就完成了。

结　语

以上，笔者通过所掌握的非常少的史料，尝试考察了关于南齐、梁朝律编纂

---

① 第393页。

的情况。

梁律的编纂历来依据《梁书》本纪,被认为是在天监元年八月开始的;实际上那是下令对蔡法度所传原律进行"参议断定"的时候,而律令编纂的开始应该在其以前,可能是在武帝刚刚即位的天监元年四月。于是新律与梁令、梁科同时于天监二年四月完成并颁布。梁律的编纂时期之短,有作为基础的南齐永明年间王植之撰定律章传承下来的有利条件,而熟悉竟陵王子良推敲律章内容情况的人们又在梁朝从事修改工作,也是其原因。

关于作为梁律前提的南齐永明律,滋贺秀三氏曾经对王植之选择取舍西晋张斐、杜预分别作成的律注内容并吸收进律文所具有的划时代意义,给予高度评价。当然,在作出这种高度评价时,我们却不得不呈现若干踌躇。毋宁说南齐武帝萧赜在西晋泰始律令制定以来,第一次正式进行了修律工作,皇帝本人参与该项工作意义非同寻常。其背景,是当时把拥有独立的法律体系本身作为政权正统性的象征,而其中江南的汉人政权,则以继承泰始律令来标志其正统性,但是这样做也必然逐渐与社会的实际情况之间发生冲突。因此在以泰始律令为基础的同时,也必须修订新的法律体系特别是律。而且,对于永明年间律的修改,北魏律令编纂事业产生了某种可能的影响。

天监二年完成的不仅是律,令典与继承西晋故事的梁科也编纂出来了。不过得以窥见与这两部法典编纂情况相关的史料几乎是空白,现在只能认为其大体沿袭西晋泰始令与晋故事内容的传统观点是正确的。根据《隋书》卷二五《刑法志》,蔡法度上奏新律,"又上"令三十卷、科三十卷以后,武帝任命他为廷尉卿,"诏班新律于天下"。即使在这里,也只将律称为"新律",而仅仅记载了律的颁布。这充分显示出当时的法典编纂事业中,关注聚焦于律的状况。

(原载《独协中学、高等学校研究纪要》18、19合并号,2000年)

《故唐律疏议》研究

八重津洋平　撰

郑　显　文　译

前　言

　　中国的国家制定法自秦汉以来以律为中心而不断发展。及至西晋(三世纪末),令与基本法典律被加以区分界定,从而进入了律令并存的时代。随后,律令以外的法规也逐渐以法典的形式出现,到隋朝(581—618 年),终于形成了"律令格式"的国家法体系。关于这四种法典各自的性质,在唐代官方撰写的文献《大唐六典》卷六,或《新唐书·刑法志》等文献中都有记述,但这些典籍对四种法典之间相互关系的说明却十分模糊。

　　律是量定犯罪和刑罚的刑法典,令由行政制度及规则等构成,两者通常情况下互为表里。若犯令,即使律中没有单独的罚则,也可根据律中的"违令罪"

处罚,进而形成严密的处罚体系。律、令是国家的两大基本法典,但亦非绝对一成不变,随着时间的推移,实施的律令也会删改,其表现不仅是直接变更律令条文,原条文还会因随时发布的敕令加以补充,出现事实上的改废情况。在这种敕中,把后来仍行用的内容作为基础加以编纂,这便是格。格对于律令而言是具有补充意义的法典。式则多为关于实施律令而制定的细则法规,对律令来说具有从属关系。格与式对于基本法典律令而言是辅助性的法典。将上述四种法典加以组合而构筑的法律体系是在隋文帝(581—604)时期。隋文帝制定律令格式(583),最终完成这项工作。唐朝(618—907)的法典只不过是对隋代的沿袭而已。这种律令格式体系不久即发生变化,至宋朝时已消亡。不过,当另三种法典消失后,律作为基本法典,除元朝(1260—1367)外,直至清末(二十世纪初叶),一直占据着国家制定法体系的中心地位。

时至今日,保存最完整、最古老的律应首推唐律。唐律经立法者之手加以权威性的注释而产生"律疏",两者合为一体,为审判所援引。这一时期,与律并存、同样占据基本法地位的令、格、式亦为当时的制定法典,但皆已散佚,仅残存些佚文。值得庆幸的是,律和律疏的载体《故唐律疏议》因经常被后代的文献援引、吸收而得以保存下来。

关于唐律、律疏在中国法制史上的意义与重要性,许多学者早已论及,在此不另加赘述。

律为秦汉以来国家制定法发展之集大成,也是中国刑法发展的顶峰;律疏是汉代以来法律学发展的结晶,时至今日仍称得上具有极高的学术水准。唐代的律、律疏不仅因为其古老或内容保存完整而受到重视,更由于其内容及表述高度精练,称得上中国古代法律的典范。因此,唐律、律疏终南宋之世(1279),一直作为现行法延续实施。及至元朝,唐律、律疏虽从现行法的地位退下,但在司法活动中仍广为利用。明律、清律也是在唐律的显著影响下制定实施的。由此可见,唐律、律疏"不单具有唐朝一个时代的史料意义,也应称为中国的法思维形式;此虽指有唐一代,但其所显示的却为最集约的端正的形态"①。

另外,唐律、律疏对日本的大宝律(701年制定,翌年施行)、养老律(718年制定,757年施行)以及对朝鲜、越南等东亚诸国法律也产生过很大的影响。

有鉴于此,研究唐律和律疏不仅对中国法制史,即使对日本法制史的研究也是一项十分重要的工作。

一、律和律疏

1. 律十二卷

唐朝在建国之初的七年里,仍沿用前代隋开皇三年旧律。及至武德七年(624),才制定了本朝的新律。不过,武德七年律也是根据开皇律制定的,为唐朝初年的临时立法,名曰五十三条格。随后,唐太宗命房玄龄等对律进行重新修订,把开皇律中的许多刑罚进一步轻减,对不合理的内容加以调整,于贞观十一年(637)撰成新律,颁行天下。据史书记载,此后于永徽二年(651)、垂拱元年(685)、神龙元年(705)、开元七年(719)、开元二十五年(737)屡次对律进行修订,但改订大都局限于御名避讳及官司、官职、地名等用字、用语等形式上的改动,也多少有些文字上的变动,而涉及规定的内容几乎没有太大的变更,即律在贞观律以后名副其实地称为"唐律",也即是我们今天见到的大致情况。

开元二十五年以后,在唐代没有律改定的记录,可能律文已很准确,没有必要再加以修改,至此唐代法典已经定型。以后这部律和律疏共同沿至南宋末年,只要不与敕、格相抵触,就发挥着现行法的效力。我们从后世的文献能看到开元二十五年律的全文,它是在魏晋南北朝以来频频修律的历史中不断得到凝练,整篇都称得上是结构严谨的出色文章。

还有,日本的大宝、养老两律就是受永徽律及律疏的影响而制定的。今人

---

① 引自滋贺秀三《訳註唐律疏議(一)》,《国家学会雑誌》72卷10号,1958年,"解題"第30—34页。另见《訳註日本律令五·唐律疏议訳註篇一》,东京堂,1979年,第339—344页。该解题云《唐律疏議》在法史意义上简洁而不凝重,为读《唐律疏议》者必读之文章。

根据日本律以及后述的敦煌出土的永徽律断简,可以窥见永徽律、律疏的一鳞半爪。

唐律共由十二篇,约 500 条构成①。其篇目为:(1)名例(总则规定)、(2)卫禁(关于宫门、城门警卫、关津等方面的罪名)、(3)职制(国家机关官吏职务上的犯罪等)、(4)户婚(有关户口、田宅、婚姻方面的犯罪)、(5)厩库(关于畜产及仓库的犯罪)、(6)擅兴(关于军戍的犯罪)、(7)贼盗(谋反、大逆、杀人、盗窃等方面的犯罪)、(8)斗讼(关于斗殴和告诉方面的罪名)、(9)诈伪(印章、伪造文书,诈欺、伪证的犯罪)、(10)杂、(11)捕亡(有关罪犯、兵士、奴隶逃亡及逮捕方面的罪名)、(12)断狱(有关审判和行刑的犯罪)。这些篇目、条数于开皇三年确立,唐律只不过是对隋律的沿袭而已②。

2. 律疏三十卷

永徽四年(653),在永徽律颁行后两年,国家又组织完成了对律的权威注释,即"律疏",共三十卷。这是唐高宗命长孙无忌等当时知名的法学家编撰而成的,其目的是为了使律的解释能够统一,为明法科考生提供官方的解释。

律疏是逐条地使用明确用语加以定义,不仅及于有关联的律条规定,而且对与令、式等其他法典的有关规定适当照应。律疏以问答体提出问题,用

---

① 《唐律疏议》告诉我们其条文数共 502 条,另同书各卷的篇首亦记述"凡几条",总计也为 502 条。不过,在史籍中一直记述隋开皇律削减前代律文为 500 条,此后唐武德、贞观律亦记述为 500 条,《大唐六典》亦作 500 条。那么如何认定实数 502 条与 500 条的不一致现象呢? 这主要由于议论的分歧,说法不一。笔者认为,到永徽律时为 500 条,但到开元二十五年经过改定增加 2 条,而成 502 条,且这种可能性极大。关于唐律条数的问题,现在还未见到其他新的资料。

② 隋文帝即位后曾两度颁行新律,最初是开皇元年(581),共十二卷,篇目不明。不过在该律中,确立了笞、杖、徒、流、死"五刑二十等"体系,吸收了北齐的制度,最终确定了"十恶"制度。但由于该律过于严苛,致使犯罪者众。为得其简要,又试图修订新律,开皇三年(583)新律修订完毕。在此,该律十二篇,自名例以下至断狱十二篇篇目清晰。该律虽对前代律典多有折衷,并将名例律(总则的规定)加以充实,并删除前代律文近千余条,最终整理成 500 条,形成这部开创性的法典。开皇律所规定的内容已几不可知,但其篇目、条文数、五刑制度、十恶制度仍为唐律所援引。其后隋炀帝大业三年(607),又颁行大业律,此律共十八篇,500 条。

明快的方式予以解答;此外,为了准确地理解律文各条的法意,并且加入该规定的历史出典的提示等内容,甚至连细微的地方都考虑得颇为详尽,的确算得上一部上乘的注释著作。该书论理慎密、首尾一贯等特点,时至今日仍令人叹为观止,显示出了极高的学术水准。可真正称得上是自后汉马融、郑玄,晋杜预、张斐等众多法学名家之后,代表了汉至唐法学研究领域发展的精华。

值得注意的是,律疏不单纯是解释律文的注释,也具有将律之规定不完备的地方单独立法的内容,其与律文同样具有法的效力,为审判所引用。

律疏在永徽四年撰成后,于玄宗开元二十五年(737)由李林甫等人予以刊定(作部分修订)①。

过去,无论是清末以来的中国学者,还是近代以后的日本学者,都认为《唐律疏议》就是《永徽律疏》。1899年,佐藤诚实首先指出在《唐律疏议》中存在着后世增订的现象②。1931年,仁井田陞、牧野巽两人共同完成了《〈故唐律疏议〉制作年代考(上、下)》(《东方学报》第1册、第2册,1931年;后被律令研究会收录于《译注日本律令一(首卷)》,东京堂,1978年影印)并公开发表。该文共上、下两部分,计255页,是关于《唐律疏议》形成的划时代的大论文,对学习中国法制史的人来说是必读的文献。两位先生致力于文献学的研究,并提出了如下的主张,即现存的《唐律疏议》不是《永徽律疏》,而是开元二十五年律疏。它在唐

---

① 律疏在永徽四年和开元二十五年曾两度编纂之说是昔人的理解。仁井田陞、牧野巽两位学者的《故唐律疏议製作年代考》中主张,现存《唐律疏议》并非永徽律疏,而是后来增修、改订的开元律疏。不过到1978年,杨廷福对仁井田陞、牧野巽的学说进行了反驳。杨氏认为,唐代律疏的撰定仅有永徽四年一次,在开元二十五年只是对其刊定(部分修订),开元律疏可以说根本不存在。随即,杨氏提出《唐律疏议》就是《永徽律疏》。对于杨氏前半部分主张,即将"撰定"和"刊定"加以区别,律疏的撰定仅有永徽四年一次的说法,我认为很有说服力,但很难苟同其后半部分的主张。在此,笔者认为冈野诚的折衷说似乎更妥当些,即"律疏的编纂在唐代仅有永徽一次,在开元时期曾进行修订,那就是作为《唐律疏议》的主要素材"。杨廷福《唐律疏议制作年代考》,《文史》第5辑,1978年第31—44页。冈野诚注释《关于杨廷福著〈唐律疏议的制作年代〉》,《明治大法律论丛》52卷4号,1980年,第145—180页。

② 佐藤诚实《律令考》,《国学院雑誌》5卷13号、14号,6卷1号、2号、3号,1899—1900年。收录于泷川政次郎编《佐藤诚实博士律令格式論集》,汲古书院,1991年,第115—150页。

后半叶、五代、宋、元有过字句的修订和附加,最终演变成今天的样式。这种学说得到了后来日本学者的支持,迄今已成为定论①。

3. 唐律、律疏的现存状况

在唐代,由于木版印刷的技术尚未普及,所有的法典皆须抄写(笔写)颁布。当时的写本几乎全部淹没,现在已经失传。

可是,本世纪初,在中国内陆的干旱地区甘肃省敦煌和新疆吐鲁番等地发现了许多珍贵的写本断片。这些庞大的出土文献资料中许多重要的文书先后于 1907 年由英国的斯坦因、1908 年由法国的伯希和,以及几乎同时期到“东突厥斯坦”调查的德国人格伦威德尔、勒柯克,稍晚些时候日本的大谷探险队,俄国的奥登堡等人,分别从中国内地运到了国外。这些出土文献资料 90% 以上为佛教文献,其中也含有许多有关法制史、社会经济史方面的珍贵材料。

这其中关于唐代法律的资料已知的有:律 8 种、律疏 5 种、令 2 种、格 5 种、式 1 种、职官表 1 种、判集 3 种,共 25 种。可是这些资料皆为残卷,其内容前后并不完整。

下面我们从上述的资料中就有关的 13 种律和律疏简单列表如下②:

名　称	残存部分	所藏地
1	律(永徽)垂拱	职制 9—59;户婚 1—33;厩库 1—4	巴黎国立图书馆
2	律永徽	名例十恶条	俄罗斯科学院东方学研究所列宁格勒分所(现称圣彼得堡分所,下同)

---

① 仁井田陞、牧野巽的《唐律疏议》乃开元(刊定)律疏之说在日本已成定说。可是在中国,该学说似乎未被接受。杨廷福、蒲坚《试论〈唐律疏议〉的制作年代问题》(中国法律史学会《法律史论丛》二,1982 年),还有后面介绍的为曹漫之主编《唐律疏议译注》(吉林人民出版社,1989 年)撰写序言的李光灿等人皆认为《唐律疏议》即为《永徽律疏》。

② 本表由后述的山本达郎、池田温、冈野诚共同完成。载 *Tun-huang and Turfan Documents concerning Social and Economic History* 第 1 卷第 19 页,据“Chart of the T'ang Legal Documents Discovered in Western China.”而制成简表,在此记之表示谢意。另其设有原表内没有的资料所藏地点一栏。关于本书发行以后被发现的资料,参照前引注文。

	名　称	残存部分	所藏地
3	律永徽	贼盗 48	龙谷大学图书馆
4	律永徽	诈伪 1—2	龙谷大学图书馆
5	律永徽？	擅兴 9—10	龙谷大学图书馆（有"西州都督府"之印）
6	律永徽或开元	擅兴 9—15	柏林科学艺术院
7	律贞观或永徽	捕亡 16—18	印度事务部图书馆
8	律永徽或开元	名例 46—50	俄罗斯科学院东方学研究所列宁格勒分所
9	律疏开元二十五年	名例 17—18	北京图书馆
10	律疏开元二十五年	杂 55—59	李盛铎旧藏，现所在不明
11	律疏开元二十五年	名例十恶条	巴黎国立图书馆
12	律疏开元二十五年	贼盗 1	大英图书馆
13	律疏开元二十五年？	职制 12—15	巴黎国立图书馆

　　如表所示，这些资料的所藏地散见于北京、伦敦、巴黎、柏林、旧列宁格勒（今圣彼得堡）、京都以及世界其他各地。所以直接接触这些材料并加以阅览很困难，只能依靠过去公开发表的资料介绍以及刊载在研究论文中的照片、录文或带回来的胶片进行研究，非常不便。不过，1980 年，由山本达郎、池田温、冈野诚共同编写的 *Tun-huang and Turfan Documents concerning Social and Economic History*（2 Vols, The Toyo Bunko）出版发行。本书用英文撰写，在第一卷（A）中，收录有序论及有关的法制资料 25 种的准确原文，并附有简要的解说及校勘记。在第一卷（B）中，集录了这些出土资料的真实照片。据此我们很容易看到现在已知晓的全部有关法制方面的资料，也可以对这些已发现的法制资料进行逐项的分析。这部著作不仅对日本，即使对于国际上唐代法制史的研究

也带来莫大的方便,因此广受赞誉①。

如上所述,律、律疏的唐代抄写本之完本现在仍未发现。即使把现今出土的残卷集中起来,律文总计百余条,约占总数的三分之一还弱。至于律疏,不过仅残存十余条,可以说残存率极低,只能寄希望今后再发现类似的唐代法制资料,资料的数量局限是显而易见的。在质的方面,仅存的有"西州都督府"公印的地方官府用的官本(在令、格的残卷里,带有"凉州都督"印章的有三种),我认为也含有官吏个人因职务上的需要而私人书写的情况,其误字、脱字并不奇怪。另外,这些材料有明显的损伤,作为资料使用时应慎重考虑。

但不论怎么说这些文书都是唐人书写的当时的现行法典,是在该地使用的实用本。我们通过研究这些材料,能够窥视律、律疏在唐代书写形式的原貌,以资对后代唐律、律疏关系文献的校订。另外,对继承永徽律、律疏的日本大宝、养老律的校订也颇具参考价值。还有,在七至八世纪的西州、凉州等边陲地带,作为国家制定法典的律令格式,并不单单是皇权的一种装饰,而且被当时的行

---

① 关于西域出土的有关法制方面资料研究、介绍还有很多。池田温、冈野诚《敦煌·吐鲁番発見唐代法制文献》(《法制史研究》27 号,1977 年,第 189—229 页),是受法制史学会委托介绍"研究动向"的论文。由(1)"介绍及研究史",(2)"现存资料一览及补说",(3)"法制文献的背景"构成。关于出土的律、律疏断简的研究,详见上(1)"介绍及研究史"。在此介绍若干内容。

泷川政次郎《西域出土の唐律断片》,同《敦煌出開元律疏残篇》,收入泷川政次郎《律令の研究》,刀江书院,1965 年复刻。

仁井田陞《西域発見の唐律令格式》,《中国法制史研究補訂:法と慣習·法と道德》,东京大学出版会,1980 年,第 229—346 页。

内藤乾吉《敦煌発見唐職制戶婚厩庫律断簡》,同《中国法制史考証》有斐阁、1963 年,第 182—222 页。

冈野诚《西域発見唐開元律疏断簡の再検討》,《明治大法律論叢》50 卷 4 号,1977 年,第 29—86 页。最近在中国的研究著作下面再列举一种。

刘俊文《敦煌吐鲁番唐代法制文书考释》,中华书局,1989 年,全 592 页。

本书以山本、池田、冈野共著的英文版,以及池田、冈野共著的《法制史研究》27 号所载论文未记载的下面三种出土资料为考释对象。(1)永徽名例律残卷 S9460A,大英图书馆所藏(第 30 页)。(2)永徽职制律残卷,丽字 85 号,北京图书馆所藏(第 39 页)。(3)开元《名例律》疏残卷,73TAM532,本断简在 1973 年在吐鲁番的阿斯塔那发现,现藏于新疆维吾尔自治区博物馆(第 149 页)。关于这些新发现的残卷,池田温的介绍论文也有涉及,《最近における唐代法制资料の発見紹介》,唐史研究会《中国律令制の展開とその国家·社会との関係》,刀水书房,1984 年,第 62—74 页。

政、司法机关实际运用到司法审判程序中,因此是极其珍贵的资料。

二、《故唐律疏议》

前已述及,残存的律、律疏的唐代抄写本残卷并非现存的首尾一致的完整抄本。但是,开元二十五年律及律疏全文却由宋刻律①、《宋刑统》②以及《故唐律疏议》(亦简称《唐律疏议》,以下称《唐律疏议》)等后代制作收录而得以遗存,现在内容完备的本子我们仍能见到。唐代的令、格、式已完全散佚,只留下些残卷,相比之下,律和律疏的完整保存较之只遗存的断片还是颇为幸运的。

1. 律疏和《唐律疏议》

从古至今,唐代的律疏虽经后代屡次增补修订,但《唐律疏议》传至今日仍是我们进行研究理解的主要依据。不过,我们认为,若将其与唐律、律疏的出土断简加以比较研究,尤其是有必要根据书写形式比较的结果再加以探讨,即只有与出土的律疏断简相比较,才能得出《唐律疏议》并不是按律疏的原样覆刻,而是原来两个独立的文献律和律疏之混成,或者说是对律疏的形式加以一定的变更,成为和律疏本身不同的文献的观点。

下面试举《唐律疏议》的一条律文,《职制律》一〇九"漏泄大事"条:

---

① 以前岛田正郎曾对台北"国立故宫博物院"所藏的清宛委别藏本《宋律十二卷附音义一卷》进行调查并加以介绍,《清宛委别藏钞本〈宋律〉について》,《明治大法律論叢》46 卷 1 号,1977 年。其后,又与台湾"国立图书馆"所藏的两种抄本加上对校表,并将其作为专著《清末におけゐ近代的法典の編纂》(创文社,1980 年)的附录而加以收录。在此,岛田考证出这些抄本的祖本是北京图书馆藏《律附音义》,宋刻宋元修本。1979 年,北京图书馆藏《律附音义》的影印版由冀淑英作序公开出版(上海古籍出版社)。在此之前,冈野诚曾得到北京图书馆原件的照片,据此冈野完成了《北京図書館宋刻律十二卷音義一卷簡介》(《中嶋敏先生古稀記念論集》,汲古书院,1980 年,第 409—436 页)并公开发表。另,上述的影印版一出版,立即将《近刊の景宋刊本律附音義》公开,该本被公认为"北宋时期为明法科举人读习,而翻刻唐律十二卷,并附孙奭等人撰写的音义一卷。故实难称为宋代的正式法典"。该本真的为"宋律"亦或为宋代雕刻的唐律,学术界有所分歧。例如岛田认为即使为唐律之覆刻,因宋人以为其为"宋律",故也可称为宋律,这与将其作为"唐律"的冈野的意见有所不同。

② 关于《宋刑统》,可参照本书《宋刑统》条。另可参照仁井田陞《天一閣旧藏明鈔本宋刑統》,同《中国法制史研究補訂 法と慣習・法と道德》第二部第二节,东京大学出版会,第 107—114 页。

　　诸漏泄大事应密者,绞。大事,谓潜谋讨袭及收捕谋叛之类。

　　疏议曰:依斗讼律:"知谋反及大逆者,密告随近官司。"其知谋反、大逆、谋叛,皆合密告,或掩袭寇贼。此等是"大事应密",不合人知。辄漏泄者,绞。注云"大事,谓潜谋讨袭"者讨,谓命将誓师,潜谋征讨;袭谓不声钟鼓,掩其不备者。既有潜谋讨袭之事及收捕反逆之徒,故云"谋叛之类"。

　　非大事应密者,徒一年半;漏泄于蕃国使者,加一等。仍以初传者为首,传至者为从。即转传大事者,杖八十;非大事勿论。

　　疏议曰:"非大事应密",谓依令"仰观见风云气色有异,密封奏闻"之类。有漏泄者,是非大事应密,合徒一年半。国家之事,不欲蕃国闻知,若漏泄于蕃国使者,加一等,合徒二年。其大事纵漏泄于蕃国使,亦不加至斩。漏泄之事,"以初传者为首",首谓初漏泄者。"传至者为从",谓传至罪人及蕃使者。其间展转相传大事者,杖八十。"非大事者勿论",非大事虽应密,而转传之人并不坐。

在上面的"漏泄大事"条中,"诸"以下部分为律条正文及注(小字双行)。然后错下一字是带有"疏议曰"三字的律疏部分。不过因为本条律文为长文,故将其分割为两部分,律疏亦按此分割。律除去疏的部分,第二段的"非大事应密者"以下,续接第一段注之后。这是该书的原样。

　　可是,出土的律疏断简之绝大部分书写形式与上述所见的《唐律疏议》不同,即把应加疏的律文放在前面,后再换行(不错开一字)写"议曰"二字,接着写疏文部分。在律文较长的情况下,和《唐律疏议》的情况相同,适当地分成几部分,疏文亦放在与之相对应的地方。另,在这种情况下,为了明示被分割的律文,在第二段以下的律文部分之首则冠以"又云"二字。

　　《宋刑统》也与《唐律疏议》类似,把律和律疏混在一起。其形式为在各条之首把律文集中揭示(即使很长的律文亦不分割),其后再续接律疏。与律疏对应的部分与前述的出土残卷相同,重新书写律文,然后以"议曰"开头续写疏文。可以说《宋刑统》正是这样采用了律和律疏并载的形式。与之相对,《唐律疏议》

为避免律文在疏的部分重出,采取的就是上例所见的形式。

关于与《宋刑统》的形式有所不同,即《唐律疏议》中律与律疏相混合的形式成于何时,迄今已不知晓。如后面所述(参见 3.《唐律疏议》的版本),现存《唐律疏议》最古老的版本是元代中朝(大概为泰定四年[1327 年]版)的版本,至于该形式是否是在该时期开始形成的呢? 抑或其雏形在元代以前就形成了? 这都是在今后的研究中应解决的问题。

又,关于采用这种形式命名的《故唐律疏议》,大概为元至元八年(1271)以后之说。在前面提到的仁井田陞、牧野巽《故唐律疏议制作年代考》("第七章第二节宋刻说质疑",下卷第 115 页)中,对于被看作现存《唐律疏议》最古老的版本滂喜斋本为宋代刊刻之说,两人提出了几点疑问,其中之一即书名问题。唐开元刊定的律疏到宋代末年仍是公用的法典,因而被单称为"律疏"。在公开行用的宋代,其被冠以"唐"字,而且不认为在其上冠以"故"(旧、原来之意)字。本来,元朝建国以后,禁行了从唐到宋、辽、金长期适用的唐代律、律疏,而适用金代制定的《泰和律义》(泰和元年,1021),但至元世祖至元八年已禁其行用。至于那些唐以来的律疏依然被司法机关所援引的,是未必被禁止的"古律疏"。或许是为表示此意,有可能将其命名为《古唐律疏议》的书名,随后也就变成了《故唐律疏议》。在元至元八年以前,至少在金《泰和律义》颁行的金泰和元年以前不应存在这种情况。这是两人论文的主要观点,就书名而言,我认为对这种观点应予以肯定。

2. 现存《唐律疏议》的制定

现存《唐律疏议》基于开元二十五年刊定律疏之事,自前述仁井田陞、牧野巽两人共著的《故唐律疏议制作年代考》(1931 年)发表以来,至少已成为日本学界的定论。但是,这种观点未必就意味着《唐律疏议》忠实地表达了开元律、律疏的原文。除仁井田、牧野两人外,内藤乾吉根据文献学的研究①,明确指出,律

---

① 内藤乾吉《滂喜齋本唐律疏議の刊行年代》,《大阪市大法学雑誌》4 卷 3、4 号,1958 年,后收录内藤乾吉《中国法制史考証》,有斐阁,1963 年,第 148—181 页。

疏经开元刊定,在唐后期、五代、宋、辽、金被作为现行法行用的过程中,又在元代《故唐律疏议》被刊行之际,曾进行了相当程度的用语、用字的改订以及增补、消除等工作,这其中也产生了误脱。三位先生的研究分歧很多,但都提出了许多宝贵的意见,现就其中几个问题加以陈述:

(1)《宋刑统》中特有的夹注和用字在《唐律疏议》里也存在,还有,在《唐律疏议》律疏的部分文首"疏议曰"三字是来自《宋刑统》,或者说是受《宋刑统》的影响最显著。

(2)在《唐律疏议》的名例律篇目疏注以及附载的长孙无忌《进律疏表》注里,有从《律音义》、《旧唐书》、朱子《诗集传》等宋代著作中的引文,此外,引用的还有被认为是元代儒学家吴澄的文章。

(3)在名例律篇目疏注里,曾出现过被认为避讳金人的文字(内藤乾吉据此推测,唐代律疏有可能从北宋经由金而传至元代)。

及至元代,唐律、律疏从现行法的地位退出。可是,在"由于元代自身律书尚未颁行,准先例判决,所谓先例,即以原律(唐律)为准①"的情况下,唐律及律疏因实际操作者的援引而成为不可缺少的文献。另外,为提高科举考生的法律素质,为再开设科举考试的学生应试提供参考书,在元代,《唐律疏议》被刊刻再版。其中泰定四年版收录的柳贯的《故唐律疏议》之序里有"正讹、缉漏"之语,所以我们可以充分认定其在某种程度上进行过增补和改订。

《唐律疏议》虽以开元二十五年刊定的律、律疏为基础,但在此后传至元代的过程中,很明显会产生误脱、增补、订正、删削的情况,这对于把《唐律疏议》作为资料进行法制史研究的人来说应引起重视。除唐代抄写的出土文献资料外,日本的大宝、养老律,或宋刻律、《宋刑统》等有时也可校正唐律、律疏的字句,对此须予以重视。

现存的《宋刑统》(明代抄本)中《名例律》前半部分有些缺损,日本律残存的

---

① 在刘有庆《纂例序》中有:"国家律书未颁,比例为断,然例本于律。"

部分也有缺少。对此,《唐律疏议》是前后完整的本子,对弥补其他文献缺憾起着重要的作用。特别是把律、律疏的每条规定同律的整体关联情况加以理解,对于综合考察存于律、律疏基本的法理都是珍贵的文献。

　　3.《唐律疏议》的版本

　　《唐律疏议》的版本,现在存有数种刊本和许多日本的传抄本。在此,兹择其主要的版本加以简单介绍①。

　　(1)滂喜斋本、四部丛刊本

　　滂喜斋本是现存《唐律疏议》诸版本中最古的一个版本,大约在元延祐五年(1318)以后,至少被认为是现存诸本的共同祖本,带有泰定四年(1327)柳赟之序的本子即为该本。现藏于中国的北京图书馆,在日本可以通过微缩胶片见到。最早曾有人将此本的刊行年代追溯到元代初期,另外关于涉及滂喜斋本的诸本体系也有争论②。《四部丛刊》是 1915 年由商务印书馆集中了当时能拿到手的海内外最好的版本照相印刷的丛书,这部《四部丛刊》中收录的《唐律疏议》虽是滂喜斋本,但研究结果显示,该本有由《宋刑统》补页和出版时改动文字之处,使用时应加以注意③。

---

　　① 参见目前唐律研究会《唐律疏議校勘表》所载布目潮渢《唐律疏議校勘表の版本について》,律令研究会《訳註日本律令四·律本文篇別册》,第 407—415 页。

　　② 关于现存最古老的版本之一滂喜斋本的刊行年代,在仁井田陞《唐律疏議の現存最古刊本とその刊年》,《中国法制史研究補訂:法と慣習·法と道徳》(东京大学出版会,1980 年,第 65—81 页)第二部第四章中,主张其刊行年代为宋末元初之交,并由此打破了清代学者提出的滂喜斋本为宋本说。

　　对此,内藤乾吉著文提出了不同看法,见前注。内藤依据其对经学的精深造诣,论证在《名例律》篇目疏内引宋末元初大学者吴澄所著的《书纂言》,因此该版本的刊年应在元仁宗延祐五年(1318 年)以后,若真如此,其与泰定版之间仅隔九年,故提出了滂喜斋本参考了金泰定本之说。

　　仁井田立即发表了《再び唐律疏議の現存最古版について》,对内藤说进行反驳。

　　把滂喜斋本作为泰定、至顺等所有版本的共同祖本的仁井田说,和滂喜斋本与泰定本同版的内藤说,围绕着滂喜斋本的刊行年代和诸版本的传系尖锐对立。这一争论并未因两人去世而解决,一直持续到现在。对于有关《唐律疏议》的文献学研究,仍为今后研究的重要课题之一。

　　③ 仁井田陞《关于四部丛刊本唐律疏议》,前引书,第二部第五章,第 97—102 页。

(2)至正本、岱南阁丛书本、沈本

元至正十一年(1351),崇化(福建省建阳县)的余志安在勤有堂刊印至正本。该本经清孙星衍之手略作整理,大体上以原样复制,收入其岱南阁丛书内。此本刊行经过明朗、来历清楚,全书与他本互校,首尾一致,井然有序,因此,后述的《唐律疏议校勘表》、律令研究会《译注律令、律本文篇》的版本都是以此为底本。另外,由清沈家本主持刊印的沈刻本亦引自岱南阁丛书本系统。该本于1968年影印出版。

(3)官版本、物观本

在日本,元泰定本不知何时传来,历经多次传抄的传写本现存于各地。幕府的讲官荻生北溪(名观,通称七,徂徕之弟)受命手抄、校订其中的一本,于享保十二年(1727)献于八代将军吉宗。其苦心校订的成果详见《唐律疏议订正上书》①。该本通常被称为荻生北溪校订本或物观本,现藏于宫内厅书陵部,其转写本藏于国立公文书馆内阁文库。此物观本于享保十五年经清沈燮庵校阅,以之为底本或充分参照该本,于80年后的文化二年(1805)由江户幕府予以刊行,这就是《官版唐律疏议》。该本与物观本并不完全相同,据说不知经过何人之手。还有,由北溪所加的句读、返点(读音顺序符号)也被官版本采用。官本《唐律疏议》过去曾以线装本流传于世,但近年来很难找到。1975年,律令研究会将其影印出版,现在很容易查找②。

(4)万有文库本、国学基本丛书本、人人文库本

这些版本皆是以日本的官版本为祖本的活字本,三者的内容完全相同,只是把官版的返点(读音顺序符号)省略,而保留了句读,其与官版之间也只是存在字句的不同。1929年的万有文库本,1933年的国学基本丛书本皆由商务印书馆刊行,国学基本丛书人人文库本由台湾商务印书馆刊行。这些版本价格低

---

① 参照高盐博《荻生北溪と〈唐律疏議訂正上書〉》,《国学院雑誌》86卷4号,1985年,第54—78页。

② 律令研究会《官版唐律疏議》,汲古书院,1975年,有岛田正郎的解说(第6页)。

廉,也很容易找到。据后述的《唐律疏议校勘表》,诸本之间字句的不同之处在万有文库本的册、页、行数中也有所显示。还有,庄为斯的《唐律疏议引得》(为索引)亦使用人人文库本为底本,并把该当文字之所在在人人文库的册、页、行数中显示出来。这三种版本册、页、行数相同,可以随便使用其中任意一种本子。因此,这种廉价本的使用价值很高。

三、研究指南

1. 工具书

(1)校勘表

《唐律疏议》的版本系统如上所述存有数种。但有些版本有误脱,还有各版本之间也存在字句的差异,因此在使用某种版本前应了解与其他版本的差异,从中选择比较好的,这是一项慎重而必要的工作。为此,需要经常在身边准备一套显示诸版本之间异同的校勘表。唐律研究会编的《唐律疏议校勘表》(1963年)、《同补遗》(1964年)颇有用途。其以岱南阁丛书本为底本,将滂喜斋本、四部丛刊本、至正本(含沈本)、物观本、官版本、万有文库本作为校勘对象,不同之处用万有文库本的册、页、行数表示。该校勘本发行后不久,便难以寻觅,后被律令研究会《译注日本律令四·律本文篇别册》(东京堂,1976年)影印收录,使用起来很方便①。

在律令研究会编《译注日本律令二·律本文篇上卷》(1975年)、《同三·律本文篇下卷》(1975年)里,收录了日本律令逸文及《唐律疏议》的全文,此亦以岱南阁丛书本为底本,继承了前面校勘表的成果,并含有对出土律、律疏残卷宋刻律、《宋刑统》在内文献的慎密的校勘记,这不仅对日本学者,即使对中国法制史学者及欧美的汉学研究者亦提供了极大的方便。加之采用上段《唐

---

① 《訳註日本律令四·律本文篇别册》,第401—502页。为使用方便,将《补遗》插入正篇对应之处。又在栏外标示律本文篇的相对应的文字所在之页、行数。

律疏议》各条相应,下段与日本律逸文相对照的形式,很容易与日本律进行比较和对校。

(2)索引

为进一步了解《唐律疏议》,研究对全书的用字、用语使用是一项必要的工作。因此,下面的索引很有用途。

第一,唐律研究会《唐律索引稿》(同研究会,1958 年)。主要出自布目潮沨之手,乃律的一字索引。

第二,庄为斯《唐律疏议引得》(台北文海出版社,1965 年)。这是以全部律、律疏为对象的一字索引,根据笔画查找出字,不仅句首,甚至句中的情况也全可检索,因此,某些文字在哪里出现、出现几次都可全部查找出来。该书以现今最容易找到的廉价本人人文库本为底本,用该书册、页、行数表示其当该文字之所在。全书多达 945 页,大开本,这不由得立刻让人对此书编著者的辛勤劳动表示由衷的敬意①。

2. 注释书——近代以前

(1)唐代的注释书

在唐代编纂的注释书中,首先必须列举的当然为永徽四年完成的官方注释书"律疏"。因在前面对其专门列题陈述,在此不多加叙述。

前已述及,唐代是后汉以来法学发展的最高峰,涌现出许多著名的法学家。由于具备相关的律学知识是官员入仕必不可少的条件,加之律典在全国上下通用实施,不难想像除了前述的律疏之外,私撰的注释书也广为流行。可是,成于唐代的注释书经五代十国的战乱,有些甚至连书名都没留下即已亡佚。不过,这些私撰的注释书有一部分经海上传入日本,在现存的日本律令注释书中还可看到一丝遗存的痕迹。当时日本学者正值注释日本律令之

---

① 中谷英雄曾编著数种《唐律疏议》的事项索引。可遗憾的是由于这些索引皆属私家版或油印,难以利用。所以有必要制定让其作为学界共有财产使用的政策。

际,在引用唐律令条文时也参考了唐代的注释书,这有助于提出自己的正确解释。

利光三津夫曾详细涉猎了令集解、令集解逸文及日本律令的注释书,找出了在唐代编纂的注释书及逸文。据其研究所得,确定是唐代注释书的有十种,年代不确定、极有可能是唐代的有四种,其中多数正式的书名不详。在中国,尚未有人对这种注释书进行研究,我想这应是一个重要的研究课题①。

(2)宋元时代的注释书

宋元时期,唐律、律疏作为现行法或参考书使用,因此,为其作注的注释书数量很多,加之本版印刷的普及,这些注释书被广泛刊印流传。

第一,《律音义》

宋天圣年间,孙奭等奉诏命校订律文及律疏之时,为明法科考生考试,撰成了关于律文正音、正字、正义的《律音义》一卷。天圣七年(1029),和律疏一同印刷行用。现藏于北京图书馆的宋刻《律附音义》1979 年由上海古籍出版社出版。

第二,《(唐律)释文》

南宋中期范遂良所作,有元王元亮序,附载于《唐律疏议》。其原为《宋刑统》的释义,因《宋刑统》之文与律、律疏几为同文,故将其作为唐律释文亦很有用。

第三,《唐律纂例》(图)

元王元亮所作,主要是为了使唐律的规定一目了然,把各条加以分析表示。简言之就是应得其要领,避免杜撰。因与唐律的实际内容相差很多,在使用时应加以注意。在岱南阁丛书本里,其与刘有庆的泰定二年序同时被附载其中。

上述三种文献被影印收录于《译注日本律令四·律本文篇别册》之中(但

---

① 利光三津夫《わが国に舶载された唐律の注释书》,《史学雑誌》67 卷 11 号,1958 年,第 63—83页。后收录于《律令及び令制の研究》,明治书院,1959 年。

《律音义》乃抄本之影印,并非北京图书馆的刊本)。

除上面介绍的以外,宋元时期制作的注译本也很多,有些内容虽已佚失,但书名流传下来。现列举有:元吴莱《唐律删要》三十卷,元梁琮《唐律类要》六卷;作者不详的有《唐律明法类说》、《唐律刑统赋注解》、《唐律棋盘抹子》等。其中前三种皆为实用性目的所作,不免有所杜撰,不能认为其代表唐代律疏的学术研究水准。

(3)日本江户时代的注释书

及至江户时代,中世纪以来连绵不断的战乱终于平息,在应仁、文明之乱时亡佚的我国(日本)律令格式的原典复旧工作也开始进行,于是进入了所谓的律令学大兴的时代。随后作为我国(日本)律令之母法的唐代律令的研究也颇为盛行,其中最具代表性的成就之一即为前述的荻生北溪对《唐律疏议》原文的校订。此外,也盛传著名国学家荷田春满进行《唐律疏议》研究之事。关于其他情况已不可知,但也出现了如下的注释著作,主要有:高濑学山《唐律解》九卷及《唐律谚解》十六卷、近藤笃《唐律考》二册、丰岛丰洲《唐律签注》、榊原篁洲《唐律和字解》四十二卷等,集中反映了当时唐律研究的盛况。

3. 解说书、译注书、翻译书——近代以来

关于解读《唐律疏议》、介绍其内容的学术成果主要有:小野清一郎《关于唐律的总则规定》[1]、会田范治《唐律及养老律中的名例律研究》[2]等。下面就对最近出版的解说、译注、翻译著作按出版顺序加以简单介绍。

(1)滋贺秀三《译注唐律疏议》(一)~(五)(《国家学会杂志》72卷10号,73卷3号,74卷3、4号,75卷11、12号,78卷1、2号,1958—1964年)

滋贺氏设想把《唐律疏议》翻译成日语,为日本法学界熟练利用并作为参考资料提供捷径。现有一些对唐律抱有很浓厚兴趣的学生因语言障碍而却步,也

---

① 小野清一郎《唐律に於ける刑法総則の規定》,《国家学会雑誌》52卷4号,1938年,第1—25页。
② 会田范治《唐律及び養老律に於ける名例律の研究》(一)~(三),《日本法学》(一),21卷4号,1955年,第1—28页;(二)21卷5号,1956年,第1—32页;(三)21卷5号,1956年,第1—40页。

有人为克服语言关而无谓地耗费时间。为使这些学生容易通过语言的障碍,滋贺决心在他们之间架设一座桥梁。带着这种美好的愿望,他开始了本书的翻译工作。该译稿篇目简洁、"解题"慎密,附录设有关于亲族称谓及服制的明晰解说。自上而下为《进律疏表》和名例篇目疏,以下是关于《名例律》各条、与诸本的互校、现代日语的翻译、注释和相关诸问题的解说。遗憾的是该译稿到《名例律》三十六条中断,后被吸收发展到律令研究会编著的《译注日本律令五·唐律疏议译注篇一》(东京堂,1979 年)中。作者以严谨的学风对唐律、律疏的用语一丝不漏地加以解说,以各条文的法理进行揭示,对与他条的关联性加以说明,其所追求的研究方法,对今天研究唐律的人们仍有很大的影响。这部现代语的翻译虽告中断,但若与下面律令研究会编的名例律译注的相对应之处并读,就更能准确理解著者的解译。

(2)戴炎辉《唐律通论》(台湾中正书局,1964 年,全 640 页);《唐律各论》(台湾三民书店,1965 年,全 324 页)。另其《各论》分上下两卷,亦于 1988 年由台湾成文出版社新版。

这是由汉语撰写正式出版的研究解说著作。《通论》第一编"总论"详细论述了唐律的沿革、特质、身份与刑罪的关系、犯罪、刑罚等问题。第二编是对《名例律》的逐条解说。戴氏的研究方法是把《名例律》57 条适当地分组,分为 26 章,而不拘泥于律条的顺序(例如,第 13 章犯罪的竞合〈名例第 45 条、第 49 条〉、第 15 章亲属相容隐〈同第 46 条〉等情形),这会使人明确了解作为刑法总则的《名例律》的构成。解说主要使用疏文。第三编揭示的是作为附录的唐律全部规定。这为参照在第一编、第二编中论述引用的其他条文规定提供了方便。

"各论"是对从《卫禁律》到《断狱律》的刑法分则部分的逐条解说。这里采用的方法也是把各律分成几个部分,然后明确各篇的体系构成,而且在必要时将各条加以概说,对要件和处罚加以分析和解说,该节在"分则"卷末附有勘误表和通例索引。运用近代刑法学上的诸概念、用语加以明快的解说,是对唐律研究的巨大贡献。作者乃东京大学法学部毕业,也有使用日语撰写的有关中国法制史方面的论文①。

(3)Wallace Johnson(庄为斯),*The T'ang Code*(Vo1.1: General Principles, Princeton Univ. Press, 1979, p.317)

本书是由在索引类介绍的《唐律疏议引得》的编著者庄为斯对《唐律疏议·名例律》的英译。第一卷分两部分,在第一部分"序说"中,概括叙述了关于唐律的(1)历史背景、(2)一般原则、(3)版本;第二部分为自《唐律疏议·名例律》篇目疏以下的英文全译。底本采用岱南阁丛书本,但底本的页数有所不同,表示其页数及表里的a、b插入译文中间,便于原文和译文相对照。另外,由庄氏编著的《唐律疏议引得》因其底本采用国学基本丛书本,考虑到参照《引得》时方便,也插进了国学基本丛书的册、页数。对于其把唐律的法律用语煞费苦心地译成英文,虽多少有些疑惑,但由于这是由欧美学者首次把《唐律疏议》译成英语,因此我们说这项工作的意义也就颇为深远。

(4)曹漫之主编《唐律疏议译注》(吉林人民出版社,1989年,全1168页)

这是由曹漫之任主编、王绍棠、辛子牛为副主编,由华东政法学院法律古籍整理研究所七名成员共同完成的译注书。其使用的版本底本是收录于《四部丛刊》内的滂喜斋本,以岱南阁丛书本、官版本、万有文库本及北京图书馆藏宋刻律十二卷附音义一卷进行校勘。该书从《进律疏表》开始,自《名例律》至《断狱律》502条逐条译注。在各条前面先记述疏议全文,译文附于疏部分之后,并适当加以注解。该书前面有李光灿的《序言》,由五部分组成:(1)《唐律疏议》简介;(2)中国学者对《唐律疏议》的评价;(3)从历史唯物论看《唐律疏议》;(4)从比较世界法史的观点看中国的社会主义法制体系;(5)《译注》的编写及学术价值。李氏在(1)"《唐律疏议》简介"中认为:"《唐律疏议》即永徽律及其注疏。宋

---

① 戴炎辉关于唐律的论文有《唐律に於ける除免当赎法》,《法制史研究》13号,1964年,第53—92页。另其还撰有律令研究会编《訳註日本律令一、首篇》,东京堂,1978年,第72—207页中的《进律疏表》、《律疏序》(名例律篇目疏)以及各律篇目疏的译注。

代时开始被称作《永徽律疏》,元代以后称《唐律疏议》或《唐律疏义》。"如前所述,从现代日本公认的文献学研究成果看,这种观点似乎有些不妥。另外,本书最后有附录《唐律疏议纂例图表》,这些内容在栏外加有详细的校勘记,根据对《唐律疏议》原文的绵密校勘来正表中之误。此外,还有与《仪礼》、《礼记》、《宋刑统》、《元史·刑法志》等相校勘的部分。原来《纂例》之杜撰虽沿用前说,但据此校勘记,可以说纂例图的价值也有所提高。

(5)律令研究会《译注日本律令五—七(唐律疏议)译注篇一一三》(东京堂,(一)1979年;(二)1984年;(三)1987年。未完)

律令研究会是以泷川政次郎为代表,由数十名日本法制史及中国法制史学者组成的团体,其以《译注日本律令》的撰述、出版为宗旨。关于律的译注,由于日本律保存下来的只不过为全部的四分之一左右,故而提出的研究计划为首先对首尾完备的《唐律疏议》进行译注,其后在研究篇中将之与日本律的对应部分进行比较研究。

现在,《唐律疏议》的译注已出版的是:名例律(滋贺秀三)、卫禁律(添庆文)、职制律(八重津洋平)、《户婚律》(滋贺秀三)、厩库律(中村裕一)、斗讼律(奥村郁三)。余下的诈伪律、杂律、捕亡律、断狱律四篇也即将刊印。该译注把《唐律疏议》全文(但《进律疏表》、《名例律篇目疏》及各律的篇目疏之译注皆被收录于《译注日本律令一·首篇》中)通篇由古汉语译成日语,对重要的或难以理解的字句加以注解,各条的解说以"附说"的方法来进行。其底本虽据前面介绍的《译注日本律令·律本文篇上下》的版本,但是有分歧的地方采用哪种说法由译注者自己判断。译注采取各律分担制的方法,除"凡例"有统一要求外,其他方面未作统一的撰写规定,由撰写者自由选择,因此本书自然而然就带有译注者的特色。在各卷卷末附有事项索引、条文索引。另,在名例律篇内,前面介绍的滋贺秀三的附有现代语译的《关于亲族称谓及服制》作为"序录"收于卷首。又,《唐律疏议》的"解题"也被收录于"后记"之中。该译著的完成,对于唐律研究特别是初学者来说会有很大裨益。

4. 研究论文

就唐律、律疏在中国法制史中的重要性而言,有关唐律或《唐律疏议》的研究成果颇丰。因限于篇幅,在此只能列举少量的研究成果并加以介绍。本文或注释中已作过介绍的著作论文此处不重复叙述。

(1)唐律研究的动向

冈野诚《日本的唐律研究——以文献学研究为中心》(《明治大学法律论丛》54卷4号,1982年,第59—81页)。

(2)文献学的研究

关于仁井田陞、牧野巽、内藤乾吉三人的研究成果,前面已作过介绍。关于西域出土资料的研究,可参考前注。在此,笔者仅想介绍一下日本法制史研究人员根据日本方面的资料,对《唐律疏议》这部文献的研究情况。

小林宏《关于〈唐律疏议〉的原文》(《国学院法学》12卷2号,1974年,第98—128页)。

小林宏、高盐博《关于律集解的构成和〈唐律疏议〉的原文(一)~(三)》(《国学院法学》(一),13卷4号,第84—120页;(二)14卷3号,第1—27页;(三),15卷3号,第24—44页。1976—1978年)。

(3)唐律的研究

冈野诚《论敦煌本唐户婚律放部曲为良条——P.3608、P.34250号文书的再探讨》(《明治大法律论丛》60卷4、5号,1988年,第651—696页)。

同上,《关于唐户婚律立嫡违法条》(唐史研究会《东亚古文书史的研究》,刀水书房,1990年,第105—128页)。

同上,《唐代"守法"一例——有关卫禁律阑入非御在所条》(《东洋文化》60号)。

奥村郁三《唐律的刑罚》(《大阪市大法学杂志》8卷2号,1961年,第81—101页)。

同上,《关于断狱律·依告状鞫狱——律令的纠问主义和弹劾主义》(《大阪市大法学杂志》11卷2号,1964年,第101—122页)。

滋贺秀三《唐律中的共犯》(同《清代中国的法与审判》,创文社,1984年,第385—401页,原载《别册法学家·法学教室》8号,1963年)。

同上,《关于唐代律改正的一个问题——答利光三津夫、冈野诚两人的论考》(《法制史研究》30号,1981年,第153—158页)。

同上,《唐制中官职的守和行——答池田温对〈译注〉的书评,关于附〈得替〉之语》(《法制史研究》31号,1982年,第331—333页)。

同上,《唐官制中的叙任和行与守——答槻木正》(《法制史研究》39号,1990年,第53—63页)。

泷川政次郎《日唐律玄象器物条考》(《国学院法学》18卷1号,1981年,第1—28页)。

槻木正《关于唐名例律官当条之一——有关官职的守、行的理解》《法制史研究》38号,1989年,第43—59页。

布目潮沨《唐律研究(一)》(《立命馆文学》163号,1958年,第1—20页)。

同上,《关于唐职制律"漏泄大事条"——机密漏泄罪的系谱》(泷川政次郎博士米寿纪念论集《律令制的诸问题》,汲古书院,1984年,第691—719页)。

同上,《关于唐职制律"上书奏事犯讳条"——避讳的系谱》(唐史研究会《律令制——中国和朝鲜的法学与国家》,汲古书院,1986年,第21—31页)。

此外,主要由日本法制史研究人员进行的日唐律比较研究也取得了很大的成绩。

在中国法制史研究中,有关的审判制度、官制军制、行政、社会身份等领域的研究,《唐律疏议》作为主要资料,曾或多或少被引用。因限于篇幅,这些内容不能详述。敬请读者参考下面的《法制史文献目录》。

法制史学会编《法制史文献目录(I)——1945—1959年》(创文社,1962年)。

同上,《法制史文献目录(II)——1960—1979年》(创文社,1983年)。

(译自滋贺秀三主编《中国法制史——基本资料の研究》,东京大学出版会,1993年2月)

《大唐六典》研究

奥村郁三　撰

郑　显　文　译

一、《唐六典》概说

《唐六典》三十卷(唐玄宗皇帝撰,李林甫等奉敕注),成书于开元二十六年(或云开元二十七年),是现存关于古代官制的珍贵典籍,也是法史研究领域的基本文献之一①。本书自身所具有的法史之意颇深,因后面还要详述,在此就不多赘言。首先还是让我们对本书的整体构成加以阐述(据近卫版《唐六典》),"(　)"内的内容为笔者的说明。

卷一　三师三公尚书都省;卷二　尚书吏部;卷三　尚书户部;卷四　尚书

---

① 原来预定的题目是"《大唐六典》附《大唐开元礼》",在本文中亦应论及其性质,但考虑到若论及《开元礼》,恐篇幅过长,故仅限于《六典》。此非编者之意,乃笔者之意见。

礼部;卷五 尚书兵部;卷六 尚书刑部;卷七 尚书工部;卷八 门下省;卷九 中书省集贤(殿书)院、史馆、瓯使院;卷十 秘书省;卷十一 殿中省;卷十二 内官宫官内侍省;卷十三 御史台;卷十四 太常寺;卷十五 光禄寺;卷十六 卫尉(寺)宗正寺;卷十七 太仆寺;卷十八 大理寺鸿胪寺;卷十九 司农寺;卷二十 太府寺;卷二十一 国子监;卷二十二 少府(监)军器监;卷二十三 将作(监)都水监;卷二十四 诸卫;卷二十五 诸卫府;卷二十六 太子三师三少、詹事府、左右春坊、内官;卷二十七 家令(太子)、率更(寺)、(太子)仆寺;卷二十八 太子左右卫及诸率府;卷二十九 诸王府公主邑司;卷三十 三府、(都)督(府)、(都)护(府)、州县官吏。

上述篇目几乎包含了唐开元时期的所有官制,在内容上,分别记述了各官府的官名及职务内容,在书中所附注文中,记述了该官制自产生至唐代的历史沿革及所含有的有关法文(律、令、格、式)。书中有关制度的内容尚未含开元二十五年(737)法律修改的内容,(开元二十五年律、令、格、式及律疏)为以前旧法,但在里面也存有开元二十六年的注文。

至于为本书这种构成而采用的编纂体系,是该书性质的重要方面,因后面还要论及,此不多赘。首先还是让我们从上面的内容中分析一下其对法史研究的利用价值。众所周知,唐玄宗开元之际,正值唐代极盛时期,出现了世所罕见的"开元之治"。国家的法律、制度及文物典章等十分完备,后世史家誉之为统治的典范模式。《唐六典》中所载为开元时期的法与制度,但它又不仅限于开元时期,可以说也是我们了解整个唐代法与制度的基本线索,即通过了解这部具有代表性的唐代法律与制度的典型文献,有助于人们对唐代乃至古代中国的法律制度有更深刻的了解,因而具有重要意义。其次,《六典》并非"法典",而是法的编纂品。作为法典的,只有律、令、格、式,除此之外皆非法典。律令格式,是《六典》的素材。人们称之为《六典》或有人说它是行政法典,如后面所述,严格意义上讲这是不妥当的,不能称之为法典。然而,唐代的律令格式,仅律据《疏议》(后以《故唐律疏议》的形式保存下来)得以存知,另在一些逸文以及敦煌遗书中也可以散见部分残卷,除此之外,其他内容皆已佚失。若从上面的构成看,《唐六典》是制度方面的典籍,其中也包含有散佚的令、格、式等内容,这在某种程度上可以见到。仅此一点,我们就可以充分地认定它是一部珍贵的文献。另外,《六典》于开元十年(722)奉玄宗敕命开始编纂,在开元二十六年(738)成书,这期间某些制度内容有所变动,其变动情况《六典》未必有所记述。因此,《六典》的记述也就有不统一的问题。在当成一条史料引用时,应仔细推敲,从中发现某些制度微小的变化。

其次,《六典》分本文和注文,在注文里论述其官府及官职的沿革极为简略,据此大体上可以把握先秦以来官职制度的沿革情况。但要想详细了解,还必须查寻先秦时期的经书,以及《史记》、《汉书》以后的正史,和《通典》类的有关制度方面的典籍。如果想要知道唐代某些官职的沿革,最有效的方法就是查阅《六典》中的相关内容,再利用其他文献,许多新问题、新发现都会隐含其中。

《六典》的文章简洁,其内容也并非记载当时法的全部,所以我们不能说仅凭此一书即可了解唐代法律和制度的全部。但是,正如前所述及的那样,本书特别在关于官职制度的记载方面十分典型,唐代之法是自先秦至隋唐法律制度发展的顶峰,奠定了此后历代法律制度的基础。随着均田制的崩溃以及由于社会的进步而出现复杂化和变质,唐以后法与制度的变化所呈现出的新法和制度的展开也就是理所当然的事了。如果说这种说法极其粗杂,在《六典》所反映的"典型"中,以皇帝为中心的集权式权力机构的因素极端加强、反对皇帝集中的因素、屡遭排斥,这也代表了其发展的方向。无论唐代的官僚机构和明、清的官僚机构如何有质的不同,但其中仍保留了《六典》中所揭示的"典型"因素,"典型"背后的思想也被延续下来。

二、版本系统研究

在此对《唐六典》的版本加以讨论,要涉及如下一些研究论文。

原书的版本系统并不复杂，以下我们主要参考玉井是博的《关于〈大唐六典〉及〈通典〉的宋刊本》(《中国社会经济史研究》，岩波书店，1942 年，全 618 页。原载《中国学》七卷二、三号，1934 年)，其版本系统如图所示：

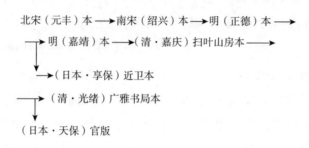

北宋元丰本于元丰三年(1080)由朝廷镂版雕刻，此时正值神宗官制改革之时，或许是为新制提供参考①(《宋史·职官志》)。很明显，这是看到《六典》颇为"典型"，可能对整顿现实的制度有所裨益。但既然社会已经发生变化，若再照搬唐开元之制恐已行不通，也不会有好的结果。这个版本从某种意义上来讲有实际雕刻的必要，遗憾的是该本在北宋末年的战乱中亡佚。

南宋绍兴本是绍兴四年(1134)在温州雕版。据卷末詹棫的刻书跋称，其得本于州学(恐即北宋元丰版)，并加以校正，在此基础上镂版。北宋版已佚，现存诸版本中最早的本子为南宋本。该本久未传世，玉井是博教授于昭和五年(1930)在北京发现其残卷，并将其全部拍摄下来。昭和八年(1933)，在中国学大会上，作了以《关于〈大唐六典〉及〈通典〉的宋刊本》为题的学术报告，从而震动了学术界。其报告次年在《中国学》(七卷二、三号，前引文)刊载。此后玉井教授又发表了《〈大唐六典〉校勘记》(京城帝国大学文学会论纂第一辑《东方文化丛考》，1935 年，前记《中国社会经济史研究》所收)，对《六典》的研究做出了巨大的贡献。据玉井是博教授回忆，他在当时的国立历史博物馆

---

① 玉井是博《大唐六典及び通典の宋刊本に就いて》，《支那社会经济史研究》第 437 页。

见到一部,在傅增湘的双鉴楼看见一部,其他的收藏者也都令人欣慰地能予以判明①。在残存的《六典》三十卷里是分十五卷,玉井教授从内藤湖南博士那里得知《六典》宋本残卷在中国曾有保留,便进行调查,内藤博士从何处得知残卷的存在已不可得知,或许是从傅氏那里得到的消息。其现存的情况,现分藏于北京图书馆、南京博物院和北京大学三个地方②。我们不想对此作太详细的叙述,这并非本文的主题,但由于其为《六典》诸版本之祖本,故还应稍加说明。该书长20.8厘米,宽13.3厘米,半页十行20字,注文双行23字,白口,左右双边,卷末记有绍兴四年温州永嘉县主管劝农公事詹棫的刻书跋,以及温州州学教授张希亮的落款,系蝴蝶装,版的状况是所谓的递修本。此本宋时藏于国子监,元时藏于西湖书院,明时被藏于内阁,可能在此时此本的保存受到相当程度的破损,出现了版的磨耗和欠脱现象,这与后面的正德本的情况相比较即可一目了然。据傅增湘云("校宋绍兴刊《唐六典》残本跋"),清时仍藏于内阁,后移送历史博物馆,这一部不知何时流落外面,传到傅氏和李盛铎之手③。现分藏于三地之本即指此本。过去,在日本见到的是玉井教授拍回来的照片,到1984年,《宋本大唐六典》(古逸丛书三编之三,中华书局影印)出版发行,也就很容易见到了。

绍兴本之后为明正德本,它刊于正德十年(1515),书形长18.4厘米,宽12.8厘米,半页12行,每行20字,注文双行20字,白口,左右双边,卷首有王鏊之序,卷末有绍兴四年詹棫的刻书跋,由此可知其为绍兴南宋本的再版。据王鏊序云,在明代没有普通刻本,仅见于内阁(即南宋本),后将其手抄在吴郡重刊(据此可知当时藏于内阁的南宋本虽已相当残缺,但仍存有完整的本子)。这部明正德本被刊刻以来,应称为该版本系统的第二个祖本。该本虽有讹脱,其亦应

① 玉井前引书,第440页;另据广池千九郎训点,内田智雄补订《大唐六典》(后引)第二版"解题"第5页《宋本大唐六典》(后引)的"说明",有本书昔日情况的介绍。
② 《中国版刻图录》,北京图书馆,1960年;复刊,朋友书店,1983年,第25页。
③ 前注,内田"解题"第5—6页。

与南宋本一样，在研究时加以重视而不可割舍。

再次为明嘉靖本，于嘉靖二十三年（1544）刻于浙江，其版式为半页 11 行，每行 20 字，注文为双行 20 字，因卷首有王鏊序，卷末有詹棫刻书跋，所以为前述正德本之覆刻。

在清代有两种刊本，其一为嘉庆五年（1800）的扫叶山房本，因其没有明确说明补嘉靖本之欠脱根据，又在某些地方随意变更，故与善本相去甚远。另一为光绪二十一年（1895）扫叶山房本之覆刻，与母本有同样缺欠，不能将其作为研究的原本。

下面再谈一谈日本《六典》诸本的情况。据宽平中（889—897）藤原佐世所著的《日本国现在书目录》载："《大唐六典》，李林甫注"，可知其为从唐朝传来的抄本。此抄本已佚失。及至江户时期，有享保九年（1724）的近卫本和天保七年（1836）的官版二种日刻本。后者的官版乃扫叶山房本之覆刻，难以用于底本研究。其中的近卫本可以说是现在所有版本中最好的版本，我们需要重点加以说明。

近卫本是近卫家熙（1667—1736）加以校订的《六典》。它包括家熙的序、凡例、明正德本王鏊的序、卷末詹棫的刻书跋，版式为半页 8 行，每行 18 字，注文每行 17 字。在"凡例"中因有《考订唐六典》，这是首次使用这样正式的称呼。另外，其虽以明正德本为底本，但将正德本之双行注部分改为降一字体单行。家熙的校语也作为双行夹注汇集在单行的注文之中，并明示出典作为校语的根据。家熙的序文虽成于享保九年，但据我们推测实际至少在数年后才开始雕版。我们之所以这样认为，是根据家熙的手记《槐记》的叙述，在享保十一年（1726），家熙因获得前述的正德本而惊喜异常，并说幸而将版行推迟[①]。因而，家熙用的版本开始是明嘉靖本，依此在享保九年完成校订任务，刚想起版，便宣称获得正德本，于是决定把底本由嘉靖本换成正德本，并将两本在版上校对插

----

① 内田，上引书，"解题"第 2 页。

入上版行①。按照这一情形,当时通行的《六典》为明嘉靖本,在家熙的"六典序文"里说此乃舶来之物,每逢休假之日,必在宫中阅读,新井白石向家熙献上之书②,也正是指此版《六典》。

家熙加以校订用功颇勤,在近卫本"凡例"中有云:"我摄政大政大臣殿下笃好是书,常病其阙脱讹谬,不为完书,并立志雠正补修,虽训导燮理(云大政大臣职责之事),政务繁杂(负责处理机密、重大事务),犹披阅不止。正德之初(中御门天皇正德元年,1771年,辞去大政大臣,次年辞去摄政),卜居河濑,燕间无事,乃大加考订,最终凭己之力整理成全帙三十卷,庶几将《六典》复故还原。且对旧文毫不改换(即底本明正德本),一一分注附之。其校勘之功,历二十余载,此乃先贤之所谓精力尽及于此书。"其新校订之时,旁征博引,典据也如实记录。但他并未见到前面所说的南宋绍兴本,甚至不知其存在。此后,南宋绍兴本残卷十五卷被发现,近卫早已去世,这恐不是家熙能预想到的。近卫本的真正价值在于校订。家熙的校语不止是把明本还原为南宋本之原状,也校订了南宋本之讹脱,使其几乎达到了原本的原貌。故在"凡例"中称力图复旧"唐之原状"。

如前所述,《六典》的版本完全始于南宋绍兴本,以前的版本已不复存。因而若试图把《六典》恢复到最初编撰时的情形,只能对南宋本加以校订。现在除南宋本残卷十五卷之外,明正德本是最古老的本子,且里面有各种讹脱。为了使其更接近于原版,必须运用校勘学上的方法。一般说来,关于校勘的方法,陈垣凭借《元典章》提出了"校法四则",即一为"对校"(与祖本相对照),二为"本校"(本书的前后相对照互校),三为"他校"(依据他书校订本书),四为"理校"(据理而校)。像《六典》这样的文献在现在看来其版本很单纯,就

---

① 关于序与版行的分歧,内田的"解题"拘泥于序之代作者存在之推定,依笔者之见没有必要如此,序与版行未必一定相一致。

② 关于新井白石和近卫家熙交往颇深,向其献《六典》版本之事,参照内藤湖南《白石の一遗闻について》,《先哲の学问》,收入《内藤湖南全集》第九卷,第361页。

"对校"而言,因有半部南宋本残卷,很明显它为诸本之祖。遗存的这部分作为明正德本之祖本,此外无他。问题是南宋本已有讹脱,如何才能使其更近于原本? 可以想见,南宋本所依据的北宋元丰本已亡佚,再者说,其为宋版之始,唐时流传的抄本已无,若想"对校"当然会有所限制。现在我们再思考一下唐代流传下来的抄本,原来作为原版的抄本何时被刊刻,在众多的传写本中,其中所依据的应为宋版之抄本。宋人曾巩在《乞赐六典状》(《元丰类稿》卷三四)中称:"臣向在馆阁,尝见此书,其前有序,明皇自撰意,而其篇首皆曰御撰,李林甫注。及近得此书不全本,其前所载序同,然其篇首不曰御撰。其第四一篇则曰'集贤院学士知院事中书令修国史上柱国始兴县开国子张等奉敕撰',盖开元二十二年张九龄任此官,然则此书或九龄等所为欤? 不敢以疑说定也。"因此,曾巩在内府虽见到"御撰,李林甫奉敕注",但见到的非全本(不是三十卷完整的版本,且为抄本),有"张等奉敕撰",撰者与著者不同①。曾巩的这番话,使人们注意到《六典》成书的时间等问题②。现在认为关于本书的版本系统,有"御撰,李林甫奉敕注"本,即我们见到的南宋本以后的诸版本。所以在北宋时期,作为南宋本祖本的抄本和其他系统的称之为"张九龄撰"的抄本应已不完全存在。如果类似的抄本流传(在后面接触到的曰"张九龄撰"的《六典》本,似乎也不是曾巩见到的版本),若与南宋本、明正德本相校对比较,就会更接近于原本,近卫本在"凡例"中所言的几乎复原至"唐之原貌"恐所言非虚。另外,像这样被看作其他系统的版本即使没有,即皆为记作"御撰,李林甫奉敕注"的本子,在唐朝,因有屡引《六典》之事,国内亦非只有一本,存在许多抄本是毫无疑问的。这其中大概有一个抄本逐渐演变成北宋本、南宋本。前面所述的《日本国见在书目录》中的《六典》正是这些抄本中的一种,传至日本后亡佚已久。其次,虽是"本校",《六典》的情形适用这种方法也很难。例如,关于职官制度方面,在《六典》的编纂中也有制度的变迁,这主

---

① 内藤乾吉《唐六典の行用に就いて》,《中国法制史考证》第66页,该文见后引书。
② 内藤乾吉前引书,同页,另第69页。

要是由于对于官职的记载原来就有不统一的地方①。

根据上述情形,《六典》的校订势必在很大程度上依赖于"他校"和"理校"。即使说"他校",校订《六典》,必须查阅从先秦至唐代有关法律与制度的大量典籍,这也不是简单的工作。再说"理校",虽说很难,但亦不能不用。家熙的校订基本上能够做到运用自己的学识进行"他校"和"理校",从而准确地校正。现在,试举一简单的例子,近卫本卷一第四丁有如下一段文章。从()内的(1)至(6)家熙的校语采用双行夹注,我们将其抽出与南宋本比较:

莽篡位以太傅太保(1)国师国将为四辅焉(2)汉光武唯置太傅有府(灭七字)(3)为之明帝以邓(4)为之章安已下初即位(灭七字)(5)其人亡因罢迄于汉末献帝初平二年(灭七字)(6)董卓为之。

(1)据《汉书·王莽传》傅当作师,保当作傅。

(2)焉恐当作后,南宋本、近卫本同。

(3)据《光武纪》当填以"寮以高密令卓茂"七字,南宋本作"僚拜故密令卓茂"七字。

(4)邓下脱禹字,南宋本有禹。

(5)据《后汉书》当填以"辄置太傅录尚书事"八字,南宋本作"皆置太傅录尚书事"八字。

(6)据《后汉书》当填以"置太师位在太傅上"八字,南宋本作"又置太师以相国"七字。

(1)在《汉书》卷九九中王莽始建国元年(公元9年)条下可以看到置"四辅"之事,四辅,即太师、太傅、国师、国将。《六典》编纂之时,我们认为对王莽官制的说明是依据《汉书·王莽传》,所以家熙在校订时据之将明正德本(近卫本底本)改正,同时也应校订了南宋本。《六典》在记述官制的沿革时,多采用《汉书》

① 仁井田陞、牧野巽《故唐律疏議製作年代考》,《東方学報》东京第2册,第66页,该文见后面引文。另,内藤乾吉,前引书,第70页。

等文献,然而其并非原本照搬,通常只是据意成文,形成现在的风格。家熙的校订运用的也正是陈垣所说的"他校"和"理校"。

(2)中"汉光武"可想而知是"后汉光武","焉"下脱"后"的认定似乎不能成立,给人的感觉是在尽可能与正德本的字数吻合,因为即使没有"焉"字也能成立。像"汉光武"这样的校订,若不从本书的其他用例考虑,仍应与南宋本校订,此乃"理校"。

(3)根据《后汉书》卷一,光武即位后,建武元年(26)九月条下有云:"甲申前高密令卓茂为太傅。"虽填七字,仍为"理校"。不过,因南宋本甚明,卓茂一事虽没有错误,但根据字面理解却有所不同。"高密令"一处属《后汉书》自身的问题,"密令"正确①,南宋本把"前"换成"故"而成文,在此应从南宋本,我们不应该把责任归咎于家熙。

(4)应加上"禹"字,南宋本与此同。此当属"理校"。

(5)据《后汉书·志第二四·百官志一》"太傅"条:"其后每帝初即位辄置太傅录尚书事薨辄省。"在"初即位"和"薨辄省"(《六典》变为"其人亡因罢")之间加入八字。南宋本除把"辄"字变为"皆"外,皆同家熙的校语。这虽看似"他校",正德本虽云"灭七字",因加八字校订,仍为"理校",其得出的结论也颇为正确。

(6)据《后汉书·志第二四·百官一》"太傅"条下引胡注"董卓在长安又自尊为太师位太傅上",参考《献帝纪》初平二年(191)条"二月丁丑董卓自为太师",二者相同。从这两条补七字虽为"理校",但又与南宋本有所差距。其填写七字之空白文字而实难,可以称之为界限。

从上述可知,家熙的校订极具困难,其校订的方法却颇为允当。并且在某些地方超越了作为底本的南宋本。家熙在校订时力求准确,以接近于原书为第一要义。近卫本虽不知南宋本残卷的存在,但仍可称之为目前最好的本子②。

---

① 参考标点本《后汉书》第一册、卷一上校勘记,第45页。
② 校订精密为"善本"必备之条件,近卫本被誉为善本所言非虚。

在精读《六典》时,若参考南宋本、明正德本,效果会更好。

作为可研究的版本还有一种,即广池千九郎训点、内田智雄补订《大唐六典》(广池学园事业部、1973 年,再版于 1989 年)。书前附有内田博士的解题(再版时也有解题)。该本系广池博士对近卫本加以句读并标注假名,附以夹注,以原样印行,再把南方本和《职官分纪》所引的《六典》的互校加以夹注的形式,最后把东坊城家本的记述内容等仍采用夹注的格式加以刊行。此虽应说是方便了读者,但若将其视为超越近卫本的最好版本却不免有些牵强①。还有一点,近卫本于大正三年(1914)在京都大学最新刊印,后又出现缩印本(1935),台湾文海出版社将缩印本按原样印行,现在很容易查找(1968 年第三版)。

除此之外,笔者所见的版本还有四库珍本第六集所收录的《唐六典》。其中记有"唐张九龄等撰"字样,这与南宋本以下的诸本"御撰,李林甫奉敕注"有所不同。其为半页八行、每行 21 字,无序,卷末有詹棫的刻书跋,省去了原来应存在的"绍兴四年"的纪年。不过从詹棫的刻书跋来看,很明显其属于南宋本系统。观其内容,与扫叶山房本一致(也与广雅书局本相同)。因此,此本特意省去了明正德本所有的王鏊序,从卷末詹棫的刻书跋中去掉了纪年,只是把撰者换成张九龄。又《四库全书考证》卷四〇中关于此本作"唐六典,唐张九龄撰",并对十个地方的修正进行了说明,此外别无他述。因人们厌嫌李林甫之名而将撰者写作张九龄之说很早就有,本书正是这种说法的体现②。如果该本是前述曾巩见到的本子该有多好! 遗憾的是并非如此。

另,在东洋文库中存有抄本三十卷,该抄本为半页 10 行,每行 20 字,卷首有王鏊序,卷末有詹棫的刻书跋,很明显其抄于明正德本。有"纳户藏本"的印记。从内容来看,有很多误字,但作为《六典》的版本来说还是弥足珍贵的。

此外,在关西大学内藤文库中,有内藤乾吉教授的校正本。其底本为近卫本的大正新印本,但作者用红字和蓝字分别把南宋本残卷和引《职官分纪》

---

① 奥村郁三《学界回顾》,《法律时报》46 卷 12 号,1974 年,第 136 页。

② 见内藤乾吉前引书,第 66 页以后。

的《六典》进行校正。《职官分纪》乃宋人孙逢吉所撰,元祐年间(1086—1094)成书,我们推断其引用的《六典》源于北宋元丰本,比南宋本更古老。因此,特意将其与南宋本共同加以合校,以期对研究南宋本的源流能有所裨益。家熙未见此书。广池训点、内田补订本夹注与《职官分纪》的校正,即利用了内藤校正本。

以上列举了《唐六典》的诸多版本。但若作为版本系统来说近卫本仍属上乘,参考南宋本和正德本会更佳。要想详细了解,必须参考《职官分纪》,这主要是看内藤合校本,广池训点内田补订本也有这方面的内容。作为校勘记来说,后述的玉井是博教授的《南宋本大唐六典校勘记》(京城帝国大学文学会论集第1辑《东方文化史丛考》,1935年;后被收录到《中国社会经济史研究》,岩波书店,1942年,全618页)最为精详。

以下我们介绍有关的研究专著、论文,因限于篇幅,仅列举基本的研究成果。

仁井田陞、牧野巽《故唐律疏议制作年代考》(《东方学报》东京第1册、第2册,东方文化学院东京研究所,1931、1933年;后被收录至律令研究会编《译注日本律令》一,东京堂,1978年),该文认为,过去的《唐律疏议》,人们一直以为其为唐代的永徽律疏,若从全面的角度分析,应为开元律疏,这是一篇颇有份量的大论文。仁井田等人的这篇论文不仅局限于此,当人们阅读到宋元时期唐律的适用等问题时,即刻会想到中国成文法的变化情况,因此这更是深入学习中国法制史的必读文献。对于这些内容我们姑且不论,其中也有许多关于《六典》的论述。该论文虽非从正面对《唐六典》本身加以探讨,但在《序说》中对《唐六典》珍贵的文献价值进行了充分的论证。又在该文第193页(即本书第172页)以下为论及《六典》及其基本问题的部分。此外,在仁井田陞的《唐令拾遗》(东京大学出版会、1933年,全1006页,1964年复刻)这部名著中,其《序说》除涉及了解《唐六典》的基本问题外,《序说》中的"第二,关于唐令拾遗采择资料"中的《唐六典》条直接论述了关于《六典》的见解。从这两篇论文来看仁井田博士的论点,《六典》所载的令并非开元二十五年(737)令而是以前的令(皆为开元前令)。贞元、元和之际,《唐六典》作为其中的法规之一而被行用,应有可能存在删定《六典》的事情。这一观点很快成为内藤乾吉教授阐述其论点(后述)的契机。

其次为玉井是博《关于〈大唐六典〉及〈通典〉的宋刊本》(《中国学》七卷 2、3号,1934 年;后被收录在《中国社会经济史研究》,岩波书店,1942 年,全 618 页)。这是一篇论及《六典》编纂的次序、颁行及行用时间的重要著作,其中一个重要内容就是对《六典》版本、特别是对南宋本发现的经过及其价值进行了阐述,另外对宋刻《通典》也加以述及,但未加深论。玉井教授调查南宋本、向日本学界介绍的情况已见前述。再有就是玉井教授的《南宋本〈大唐六典〉校勘记》(《京城帝国大学文学会论集》第 1 辑《东方文化史丛考》1935 年,后收录在《中国社会经济史研究》岩波书店,1942 年,全 618 页)。这篇校勘记以当时新发现的南宋本为底本,并将其与近卫本及广雅书局本相对校,另外还载有近卫家熙的校语以及关于南宋本及近卫本文字的异同,并记有玉井教授的推断。玉井教授的观点是,近卫本以明正德本为底本,同嘉靖本相对校,在此基础上作了精详的校注,可以认为这是明本的代表,在与之相对应的清代版本中,以扫叶山房本覆刻的广雅书局本可以认定为清代版本的代表,值得提出的就是这两种版本。在此找出了《六典》全部版本的差异,对读者来说省力且有效。为了准确地理解,必须具备广博的知识才能切合文义,这即所谓的"理校"。阅读《六典》时,若将这篇文章放置身边会有很大启发。且阅读其校勘记,自然会得知各种版本的优劣。

再次是内藤乾吉的《关于〈唐六典〉的行用》(《东方学报》京都第 7 册,东方文化学院京都研究所,1936 年;后被收录于《中国法制史考证》,有斐阁,1963 年,全 345 页)。该文就前记仁井田、玉井论文中有关《唐六典》行用的内容进行了批驳,并有所发展,其中有些论述涉及了《六典》的性质。若想读《六典》,这是首先必须准备的最重要的论文。

其一,论文叙述了编撰《唐六典》的大致情况。其二,论述了《六典》内容中各种制度前后不统一的问题,主要是由于《六典》的编纂者各不相同,缺少全盘计划。还有,其虽宣称学习《周礼》之六典,但借鉴的仅是表面的形式。其三,这些论点与后述的《六典》的性质有关。此外,关于《六典》的"行用"问题,郑纲曾奏请对《六典》删定实施,云:"使公私共守,贵贱遵行,苟有愆违,必正刑宪"(吕温《代郑相公请删定施行六典开元礼状》,见《吕和叔文集》卷五。此为仁井田、玉井前引论文中有关《六典》的行用及删定《六典》的根据)。这实际上是元和三年(808)之事。在此以前,从建中(780—783)、贞元(785—804)时起,即有援引《六典》之例,郑纲的奏请又如此强调重视《六典》,但最终的结果,未见有朝廷下令删定实施《六典》的动向,《六典》援引的情形与强行删定律令格式的性质迥异。这些论述无疑是对删定《六典》的否定。该文又认为,此书原来并非为迫切制作的"法典",但此时正值德宗建中、贞元以后文运复典之时,为实行诸政改革而仿效开元故事。其四,从《六典》援引的情况看,《六典》不像律令那样立即具有法的效力,两者的性质不同。正如把周官称为《周礼》之意,也可以把《唐六典》称为"礼典"。关于这一点,在后面还要涉及。

另外,与日本相关连的有近年来利光三津夫的《关于〈唐六典〉在日本的行用》(《法学研究》63卷5号,庆应大学法学研究所,1990年)。这篇论文是关于我国(日本)古典文献中所见的关于引用《六典》事例的研究。标题与前记内藤论文《关于〈唐六典〉的行用》多少有些类似。在仁井田、玉井、内藤的论文中所见的"行用",即指作为国家法典的《六典》具有准据法实际施行之意。中国文献也像上述那样使用"行用"。但利光论文所说的"行用"是作为参考使用的引用例之意。在日本,不可能有《六典》行用之事。

如前所述,在《日本国见在书目录》记述的"唐六典,李林甫注"毫无疑问是自唐朝传来的抄本。如果在南宋绍兴本(绍兴四年,即1134年)以前,即日本曾在崇德天皇长承元年以前确有引用《六典》之例,应成为与现存《六典》诸本对校有重要价值的材料。利光论文正是着眼于此。尤其是其重视考察被认为是镰仓前期成书的《明文抄》、《真俗交谈记》中的《六典》卷七里的引用，并作了《校勘表》。

最后，再列举一下笔者所见的在最近一段时期有关这方面的研究成果。王潜编注的《唐代司法制度——唐六典选注》（法律出版社，1985 年，全 262 页）。这部书主要是对《六典》卷六刑部、卷一三御史台、卷一八大理寺、卷三三府督护州县官吏四卷加以注释。其注释简单，对初学者学习或许很方便。其版本使用的是广雅书局本，只可惜未能使用明正德本。本书的顺序变更看上去有些问题（或许出于著者的原因）。还有，作者在"前言"中称之为"行政法典"、在"凡例"中理解《六典》"本文、注文均有法律效力"，将《六典》及注文视为与律疏同样具有法律效力，这恐会引起初学者的误解。其注释比较粗糙，也不是很详细。若能注意这些缺点，在读书之际加以参考会很有效。接下来再列举些论文。

戴何都《〈唐六典〉正确地描述了唐朝的制度吗?》（《中国史研究》1982 年第 10 期）、韩长耕《关于〈大唐六典〉行用问题》（《中国史研究》1983 年第 1 期）、刘逖《试说〈唐六典〉的施行问题》）（《北京师范学院学报》1983 年第 2 期）、王超《我国古代的行政法典——〈大唐六典〉》（《中国社会科学》1984 年第 1 期）。这四篇论文共同之处是皆认为《唐六典》是一部行政法典，其根据之一是韦述的《集贤注记》（引自《直斋书录解题》卷六职官类六典条；又引程大昌的《考古编》卷九）所云："至今仍在书院，未予行用"，从这种角度出发，认为未予实施。为何没有实施，或许是出于历史或现实的原因（即本应实施反而未予颁行）。其在论述中还认为，《六典》这部"行政法典"，应是辉煌灿烂的封建文化的产物，影响到宋元以后，并引用了中国学者严耕望、陈寅恪两人的论述，以及日本学者仁井田、牧野、玉井、内藤的前引论文。在资料占有方面，这些学者并未超过日本学者已经使用过的资料。以上依笔者所见，对前面的论文略加概括，这也是对《六典》"行用"问题的总结。

钱大群、李玉生在《〈唐六典〉性质论——兼驳行政法典说》（《中国法律史国际学术讨论会论文集——法律史研究丛书第 1 辑》，法律史研究编集委员会编，陕西人民出版社，1990 年)中，否定了《六典》为"行政法典"之说。其论点与现行的"行政法典"之观点截然不同，认为它是官修的典籍。之所以如此，在立法上没有经过必要程序，不具备法的效力，因而也未被行用，其说颇允。著述者突然否定了一般的中国学者称之为"行政法典"的说法，这无疑很新颖，在学术界也引起了很大的震动。另外，作者说《六典》为普通典籍很有道理，遗憾的是未见作者论述它为怎样的典籍。因在前引内藤的论文中已有涉及，在此笔者亦有同感。

三、《唐六典》的性质论

在此我们将对《唐六典》这部文献的性质作进一步阐述。正如本文前言所述"本书自身所具有的法史之意义颇深"，故而暂且将其放在后面而先讨论其版本问题和研究文献。另外，笔者在前面曾提出了"从《唐六典》这部具有代表性的唐代法律与制度的典型文献，有助于人们对唐代乃至古代中国的法律制度有更深刻的了解"，现在我们就对此作简单的陈述。

大体说来，将《唐六典》视为"行政法典"之说之所以盛行，主要是根据前述的中国诸位学者的论述。不过，作为现代用语把《六典》规定为行政法典，恐怕会对《六典》的性质产生误解，其意思也颇不允当。从中国成文法发展的历史来看，它与"法典"的性质迥异。据何判其为法典呢？主要看其是否具有强制执行力。因此，作为法典必须依靠权力，经过一定手续，在一定时期内公布实施。律、令、格、式皆属于此，而《六典》却非这种情况。如前面提到的韦述的《集贤注记》所云"至今仍在书院，未予行用"即证明了这一点。建中年间以后，云有援引《六典》之例，将《六典》的某些部分移出实行，但并不是把《唐六典》整体像律令格式那样强制实行。唐代之法，除律令格式之外别无其他。这四种不同类型的法分别具有一定的体系，被编纂成实实在在的法典，并不是各种分散条文的简单集中。还有，这四个法典的组成并不互相矛盾，从整体上看属于同类大的法系。维护这种构成的基础是罪刑法定主义,如"断罪皆须引律令格式正文"(参见"断狱律");审判的准则也只有律令格式[1],这是总的大原则。当然,维护社会秩序完全凭借律令格式也不行,譬如说"礼制"也必不可少。现对于礼制虽未能深入研究,但在礼制之中,为维持秩序,在律令中也规定必须强制实行。家族制度、宗族制度皆基于礼制,其中重要的内容有时也与律令或刑罚同样具有强制执行的性质,且屡见不鲜。除礼制之外,习惯也约束人们,承担着维护社会秩序的功能,但都不能成为审判的准则。作为审判的准则只能是被称之为"律令格式"的法典。

《唐六典》并不是带有强制性的"法典"已如上所述,从其编纂的宗旨来看,似乎也不具有在一定时期里颁行实施的性质。只不过因为其与"礼制"有很密切的关系,所以必须加以考察探索。开元十年(722),唐玄宗诏起居舍人陆坚,亲自手书理典(应为治典,为避高宗之讳)、教典、礼典、政典、刑典、事典六条,命令进行《六典》的编纂。这六条无疑是看到《周礼》天官冢宰、太宰之职的篇目而决心编纂治国之根本的六典。"典"者,注释为"常也、经也、法也",六典,六种国家的大法,又将其称为礼。玄宗以《周礼》有六典,故命"以类相从,选录以进"(《直斋书录解题》卷六"唐六典条"),也就是把现行的法与制度按《周礼》六典的形式分类整理而编纂一书。可是,事实上唐代实际之法与制度并不能像《周礼》那样按古代的分类收录,编纂时也难以实现,结果只能以官职分卷,如《周礼》那样将职名、职务内容及相关的东西列在一起,在注释中记述其沿革,最终按起初揭示的那样构成,从三师三公到州县官吏分别编纂。编纂历经十六年,现行的制度也在不断变化,被编写的制度与《六典》成书时的现行法并未达到形式上的统一,并产生了矛盾。这些情况仁井田、内藤的论文已有揭示。从这样的编纂宗旨来看,把它视为现行的强行法,作为国家的一个法典构成显然是不合适的。玄宗开元之际正值国家强盛之时,统治者们想

---

[1] 敕等应当别论,如果敕具有普遍性的条规,就会被汇编成格。

把当时的统治比作《周礼》的世界——理念的理想世界①,其具体表现之一就是编纂一部《六典》那样的典籍。

可以说官制是统治思想的具体体现,《周礼》即属于此。《周礼》作为"五经"中的礼经之一,被奉为"经典",是儒学成为占统治地位的思想以后,其作为经书的影响在古代中国延绵不断。《周礼》以揭示统治机构中的官僚制度为主要内容,被后世誉为理想的制度,并不断有人把现实的制度比照《周礼》而予以实施。《周礼》记述的是西周的制度,但作为历史的事实,还不能使人相信那就是完完全全的周代制度。同样,礼经中的《礼记·王制》记载的也是周代的制度,却与《周礼》的记载相互矛盾。《礼记》称王制,称《周礼》,这是把古代的制度(礼制)作为材料而完成的一个"典籍"或"著述"。正由于其为"典籍",当然也就反映了编纂者的主观思想,更不是生硬的记述和材料堆积。可是,由于其材料来源都是使用当时遗存的记录,里面含有大量的历史事实。如果研究西周的礼仪制度,必须运用《周礼》这一反映西周时期历史事实的重要史料。一方面,我们应看到作为经书的《周礼》的内涵,另一方面,还要看到其不仅为反映周代历史事实的史料,也是通晓古代中国法律制度整体的研究材料。对于这两方面的性质必须加以清楚地区别。把《周礼》作为理想化的典籍加以尊重,把现实的制度与《周礼》相比照,无非就是把《周礼》当作现实社会制度制定的根据,加以活用。正因如此,《周礼》也就不单是周代一朝的史料,其对后世的影响一直延续整个封建社会。

所谓礼制,是一种秩序体系。其发展的历程详见小岛祐马《中国古代的祭祀和礼乐》(岩波讲座《伦理学》,1941 年,后收录于《古代中国研究》,筑摩书房,1968 年,全 268 页)。在这部著作中,作者从原始时代的规范出发,系统论述了自原始社会的规范到形成秩序体系的历史轨迹,又从作为秩序体系的礼到后来

---

① 见内藤乾吉前书第 73 页,其在论述"帝王虚荣心的根源"时即指此事。

包含法的世界，并长期对《大明会典》、《大清会典》等文献给予影响①。此外作者还论述了《六典》仿效《周礼》，明、清《会典》效仿《六典》，礼的本质作为国家制度一脉相传的情况。另一部有关的著作是狩野直喜《中国哲学史》（岩波书店，1953 年，全 663 页）。书中认为：“儒教之所以被称为礼，仅限于中国，从某种意义上说时至今日仍是如此。试举一例，我们说《大清会典》乃行政法典，但其中关于个人的礼仪内容极多，因其沿袭《大明会典》，再往上溯，又出于《唐六典》。就《六典》而言，又溯源到被称为周公所作的《周礼》。当然，《周礼》与《大清会典》之间，随着时势的推移势必会有所变化，但从某种意义上讲，圣人定礼时至今日仍广为流行。”②这种见解可以说充分显示了《周礼》成为后世之法的一个理论功能。明、清的《会典》体例由官职分卷，其职务内容与关系之法类似于《六典》的形式。《明会典》叙述的就是这样的系谱③。

综上所述，笔者的结论只不过是对前引内藤论文的有所发挥，现引用该论文的结论部分作为本文的结语。兹引之如下：“《六典》虽把许多法律作为主要内容，并仿《周礼》号称六典，在正文中夹注并以之为经，至于制作意图，我想无非是以唐代官职而创一王之典，至少是有仿效把周官称为周礼之意而将《唐六典》比作礼典的情节。礼法这两种形态，所谓王道之端也。以礼入法，法本于礼，将两者协调一致是统治者的理想，而《六典》正是想实现这种表现形式。这些我们暂且勿论，像《开元礼》、《唐六典》这两部著作，本来为唐代制度方面的典籍，由于经常将其作为典据而制成格敕等法，至少我们应认为这是有力的法源。”④

---

① 小岛祐马《支那古代の祭祀と禮樂》，《古代支那研究》第 39 页。

② 狩野直喜《中国哲学史》，第 175 页。本书是根据作者的讲义整理出版。另，文中虽使用“行政法典”一词，但若从法上的性质来分析似乎不妥。

③ 明《正德会典》云：“朕惟古之君天下者，或创业立法，或因时制宜，皆有册籍，以垂久远。其唐虞之世，则有典谟，夏有典则，商有谟言，周之礼制，号为大备。下及汉、唐、宋，皆有会要，而唐之《六典》，尤详且悉。”

④ 见内藤乾吉前引书，第 84 页。

追记：关于中国近年来的研究情况，曾得到林纪昭先生教示，现附记于此表示感谢！

（译自滋贺秀三主编《中国法制史——基本资料の研究》，东京大学出版会，1993 年 2 月）

关于《唐六典》的施行

内藤乾吉　撰

徐　世　虹　译

一

《唐六典》在唐代社会是否施行？对此宋代以来就有异论。《四库提要》曾就此作了大体尚得要领的解释。近年来，日本的仁井田陞、玉井是博二氏就此问题也有论述。但由于二氏的论述在史料上尚有遗憾之处，难以使人诚服[①]，故陈述愚见以俟赐教。

在进入正式论述之前，我想先就《唐六典》的成书作若干说明。有关该书的撰定奏上等事，两唐书本纪及《资治通鉴》均无任何记载。其编纂始末，可根据

_____

[①]　仁井田、牧野两学者：《故唐律疏議製作年代考》结语，《東方学報》东京第 2 册。仁井田学者：《唐令拾遗》序言《唐六典》条。玉井学者：《大唐六典及び通典の的宋刊本に就いて》，《中国学》第 7 卷第 2 号。

《直斋书录解题》所引《集贤注记》、《新唐书·艺文志》、《大唐新语》等记载获知。现主要以上述诸书为据，再辅以他书作以下说明①。

　　此书系集贤学士等奉玄宗之命而撰。开元十年(722)，玄宗诏起居舍人陆坚于丽正书院(开元十三年改称集贤殿书院)修撰《六典》。当时玄宗在白麻纸上手书理典、教典、礼典、政典、刑典、事典六条，命令按类撰写奏上。毋须赘言，这是在按照《周礼》六典将唐制分门别类而成一书(理典即治典，为避高宗讳)。当时在丽正院，张说为丽正修书使，他将此事委托给副使徐坚。徐坚构思岁余，仍不得其要，遂叹曰："吾更修七书，而《六典》历年未有所适。"据《旧唐书》卷一九〇中《贺知章传》载，开元十年，兵部尚书张说为丽正殿修书使，经其奏请，贺知章、徐坚、赵冬曦皆入书院，同撰《六典》及《文纂》，但累年未竟。《新唐书》卷一九六《贺知章传》亦载三人入院修撰《六典》等书，累年无功。据此，似乎贺知章、赵冬曦也和徐坚一起，参与了《六典》的编撰。但《集贤注记》、《艺文志》并未将二人列为撰者，也许是因为二人毫无所为吧。由此可见，《六典》的编撰最初是如何地艰难。当时张说使毋煚、余钦、咸廙业、孙季良、韦述参与编撰，第一次

①　《新唐书》卷五八《艺文志》"《六典》三十卷"条注："开元十年起居舍人陆坚被诏，集贤院修六典。玄宗手写六条曰：理典、教典、礼典、政典、刑典、事典。张说知院，委徐坚，经岁无规制。乃命毋煚、余钦、咸廙业、孙季良、韦述参撰，始以令式象《周礼》六官为制。萧嵩知院，加刘郑兰、萧晟、卢若虚。张九龄知院，加陆善经。李林甫代九龄，加苑咸。二十六年才成。"《直斋书录解题》卷六《唐六典》三十卷曰："题御撰李林甫等奉敕注。按韦述《集贤注记》，开元十年起居舍人陆坚被旨修《六典》，上手写白麻纸凡六条，曰理典、教典、礼典、政典、刑典、事典，令以类相从，撰录以进。张说以其事委徐坚，思之数年，未知所适。又委毋煚、余钦、韦述，始以令式入六司，象《周礼》六官之制，其沿革并入注。然用功艰难。其后张九龄又以委苑咸。二十六年奏草上。至今在书院，亦不行用。"《大唐新语》卷九："开元十年玄宗诏书院，撰《六典》以进。时张说为丽正学士，以其事委徐坚。沈吟岁余，谓人曰：'坚承乏。已会七度修书，有凭准，皆似不难。唯《六典》历年措思，未知所从。'说又令学士毋煚等检前史职官，以令式分六司，以今朝六典象周官之制。然用功艰难，绵历数载。其后张九龄委陆善经，李林甫委苑咸，至二十六年始奏上，百寮陈贺，迄今行之。"加藤繁博士在其《唐宋时代に於ける金银の研究》第四章注④有关纂修《唐六典》的叙述中指出：《新唐书》艺文志有关《六典》的记述，《书录解题》及程大昌《考古编》卷九所引韦述《集贤注记》关于《六典》的记述，均是《集贤注记》的摘录。上述《大唐新语》之文也是本于《集贤注记》。最近朱偰氏作《集贤注记辑校》(《"国立"中山大学文史学研究所月刊》第3卷第1期)。有关《唐六典》的撰定，除加藤博士说外，浅井虎夫氏的《支那二於ケル法典编纂ノ沿革》、玉井学者的前揭论文、谷霁光氏的《唐六典中地理纪述志疑》(《禹贡》第4卷第1期)等也有所论述。

以令式分入六司（指尚书六部），以仿效《周礼》六官之制，并在注中加入沿革，由此形成体例。以《新唐书》卷一三二《韦述传》见之，韦述是这一体例的制定者（据同传，引韦述参与撰定的是萧嵩，与《艺文志》记载相左。今从《艺文志》）。开元十八年张说卒，翌年三月，兵部尚书兼中书令萧嵩代集贤院学士知院事，编纂者加入刘郑兰、萧晟、卢若虚①。二十三年五月二十七日，张九龄为中书令集贤院学士知院士，又加入陆善经②。二十四年十一月二十七日，张九龄迁右丞相而罢宰相（据《曲江集》附录"制诏"），是日由兵部尚书李林甫代为集贤院学士知院事兼中书令，再加入苑咸③。二十六年书成，草稿奏上后，诏下有司，百寮表贺④。以上便是《集贤注记》、《艺文志》所记载的《六典》的编纂经过。

传世《六典》的卷首，题有"御撰"、"集贤院士兵部尚书兼中书令修国史上柱国开国公臣李林甫等奉敕注上"，这是因李林甫知院时奏上之故。但是在此略有问题的是，此书的奏上似乎并非只有一次。吕温《代郑相公请删定施行六典开元礼状》（《吕和叔文集》卷五）云：

> 以论材审官之法作《大唐六典》三十卷，以道德齐礼之力作《开元新礼》一百五十卷。网罗遗逸，芟剪奇邪，亘百代以旁通，立一王之定制。草奏三复，祗令宣示中外；星周六纪，未有明诏施行（全文详下）。

其中"草奏三复"之语，恐怕是意指草稿三次奏上。假如三复是对仗六纪的修饰

---

① 《玉海》卷五一《唐六典》条引《艺文志》，有"十九年三月萧嵩知院之语"，今本《艺文志》则无"十九年三月"五字，此五字可能是据《集贤注记》加入的。《唐大诏令集》有《加兵部尚书兼中书令萧嵩集贤院学士知院士兼修国史制》，但年月不详。如果萧嵩是在开元十八年十二月张说卒后代知院事，则十九年三月可言之为据。张九龄为副知院事也是在十九年三月（参见下注），因此萧嵩的知院大概也是同时任命的。又，张说十四年自中书令迁右丞相，已罢宰相，但仍在集贤院兼知院事。

② 张九龄知院事见《曲江集》附录、《唐大诏令集》。张九龄在此前于开元十九年三月为秘书少监兼集贤学士副知院士之事，亦见《曲江集》附录。

③ 据《旧唐书》卷一○六《李林甫传》。《艺文志》言李林甫加苑咸，《大唐新语》亦云李林甫委苑咸，为举李林甫名。然而程大昌《考古编》卷九同为引《集贤注记》，则云张燕公（说）以委徐坚，后继张始兴（九龄）、李右相（林甫）。开元二十六年奏草上，遂发诏下有司，百寮表贺。至今在院，不曾行用。因此《书录解题》可能是特意略去李林甫之名的。

④ 《玉海》卷五○《唐六典》条引《集贤注记》："二十六年奏草上，诏下有司，百寮表贺。"

语，则即使三次是虚指，也应有两次以上草稿上奏。不过在吕温文中，其语是指《六典》还是《开元礼》，尚不明，但大致可以认为和《六典》有关。之所以如此推想，在于存在这样的疑问：《六典》实际上会不会是由张九龄等人修撰的呢？宋曾巩《乞赐唐六典状》（《元丰类稿》卷三四）云：

> 臣向在馆阁，尝见此书。其前有序，明皇自撰意，而其篇首皆曰御撰李林甫注。及近得此书不全本，其前所载序同，然其篇首不曰御撰。其第四一篇则曰集贤院学士知院事中书令修国史上柱国始兴县开国子臣张等奉敕撰。盖开元二十二年张九龄实任此官。然则此书或九龄等所为欤？不敢以疑说定也。

据此，曾巩所得不全本《六典》，并未题"御撰"，而其中一篇题有"臣张等奉敕撰"。检文中所及张九龄之官，知中书令集贤院学士知院事张九龄，开元二十三年三月九日封始兴县开国子，二十四年十一月二十七日罢中书令（据《曲江集》附录"制"。曾巩之文作二十二年，误）。因此该"臣张等奉敕撰"一句，并不是其他什么人的假托，而是在此期间《六典》曾经张九龄之手奏上。这是完全可以推测到的。假如不揣鄙陋陈述愚见，则张九龄在知院之时已将此书奏上。至李林甫代知院，又曾作过若干修改补注，奏上时将"臣张等奉敕撰"改为"御撰"，隐去九龄之名。而且为了阿谀天子，改成"林甫等奉敕注"这样的形式。《唐会要》卷三六云"（开元）二十七年二月，中书令张九龄等撰《六典》三十卷成，上之，百官称贺"，亦称张九龄等撰。然而张九龄二十四年罢中书令，故无二十七年奏上之理。所以不是二十七年为二十三年之误，就是在二十七年前，张九龄等已将书撰成奏上。不管如何，这一资料有助于加强张九龄时即已奏上的判断。但这里还有一个问题：如果《唐会要》所说的二十七年有误，则无问题。如果无误，则与《集贤注记》、《大唐新语》等二十六年奏上的记载不符。据《六典》卷首李林甫官衔，其奏此书时为兵部尚书兼中书令。李林甫二十七年四月己丑（二十八日）自兵部尚书迁吏部尚书（据《新唐书》卷六一《宰相表》及《通鉴》），因此二十七年奏上也有可能。同时从《六典》的内容看,于二十六年加注也是明证,但是尚找不出二十七年奏上的确切证据。宋程大昌《雍录》等诸书引《唐会要》该文时,皆作二十七年,唯独通行本《玉海》卷五一作二十六年,但原版《玉海》仍作二十七年。据《四库提要》:"《唐会要》载开元二十三年九龄等撰是书,而唐书载九龄以开元二十四年罢知政事,则是书成时九龄犹在位。后至二十七年林甫乃注成独上之。"然而《唐会要》不见二十三年,因此窃以为当将七改为三。李林甫二十七年奏上之说源于《唐会要》,或许这样解释也是可行的,即是书二十六年曾一度奏上,二十七年又出于某种原因再次奏上。然而《唐会要》的数字记载,错误甚多,不能不使人产生怀疑。只是没有明证,终究难以确定。以前引曾巩文所见,似《六典》原有玄宗之序,但已于宋时亡佚,《读书志》、《书录解题》均未言及,《玉海》引曾巩文也仅仅表明有序。《唐会要》卷一六《庙议下》所见会昌太常博士顾德章之议,引《定开元六典敕》数语,即"听政之暇,错综古今。法以周官,作为唐典"(补:顾德章之议又见《旧唐书》卷二六《礼仪志》)。这是否与曾巩所说的《六典》之序属同一内容,不详。

曾巩于《乞赐唐六典状中》,云此书系张九龄等人所作,意在突出此书成于开元贤臣之手,强调它的价值所在。此外也有嫌此书冠以奸臣李林甫之名,希望揭示九龄等人功绩的含义。程大昌《雍录》卷一载:

> 其书盖张九龄之所上,而李林甫之所注。今其卷首冠林甫之名,而九龄如无预。唯《会要》能言其以,曰开元二十七年中书令张九龄所上,则其书成于九龄为相之日矣。然于其间有异。九龄二十三年(三当为四误)已罢中书令,而林甫代为之,则注成而上,或在二十七年。而书之进御,当在二十四年也。

朱彝尊《曝书亭集》卷四三《唐六典跋》,亦引大昌之言云:

> 其言良是。今本卷首,直冠林甫之名,若与九龄无预,后学所当考证。去小人之衔名,而特书文献所上可也。

《雍录》则更进一步：

> 兴庆之能变平地以为龙池者，实引浐之力也。人力胜而旧池改，故始时数尺，久乃数顷不难也。至《六典》所纪，乃言初时井溢，已乃泉生，合二水以成此池，则全没导浐之实，而专以归诸变化也。《六典》者，中书令张九龄之所领撰，已上而罢令，李林甫继之，仍加注以奏。凡此掩饰增损，实皆注文，而本文无之，则是诡辞皆出林甫，而非九龄之得知也。以其人想之，则饰虚成有，自可见矣。

这个评论恐怕失当。因此《困学纪闻》卷一四辨正道：

> 《唐六典》记南内龙池，程泰之《雍录》谓诡辞皆出李林甫，而非张九龄所得知也。愚按九龄集有《龙池圣德颂》，则夸诩符瑞，虽贤者不免。

王鏊《六典序》云"盖开元中张九龄辈为之，其书何以不传"，《天禄琳琅书目》（后编）遂批评"鏊序没林甫而引九龄，甚矣。书以人重也"。《四库提要》云：

> 宋陈骙《馆阁录》载，书局有经修经进，经修不经进，经进不经修三格。说与九龄皆所谓经修不经进者。卷首独著林甫，盖既此例。今亦姑仍旧本书之，不复追改焉。

《澹生堂书目》注此书"张九龄等撰"，《钦定四库全书考证》卷一四云"《唐六典》张九龄等撰"，仍是出于厌恶李林甫之名。另一方面，以《唐会要》的记载和曾巩曾得《六典》一事看，应当认为有题为张九龄撰《六典》异本传世。然而寻找它的下落，是十分困难的。

二

《六典》在张九龄知院时曾一度奏上，这几乎是没有疑问的。即使退一步说，自开元十年诏命修撰至九龄罢知院，其间已经过十四年，不难想像，其书于九龄时已大体功成。今《六典》卷首仅有"李林甫等奉敕注"，然而不必说正文，就是注大致也是在九龄时期完成的。这从韦述所制定的沿革入注的修撰体例即可推知。而沿革以外的注，此时也已大部分完成。此后至李林甫时，又加入若干注文，正文也多少有些修订，随后奏上。如此旷日持久地编纂，自然要根据在此期间发生的各种制度的兴废变更修改草稿。《六典》中多见订正痕迹，可资为证。但是这种修订不是一以贯之的，通观全书，彼此矛盾之处不一而足。《唐六典》的记载前后矛盾，不一致之处甚多，这已为仁井田陞学者所指出①，现示以一二例。开元二十五年（737），崇玄署自鸿胪寺移交宗正寺，故《六典》将其官属皆系于宗正寺，于鸿胪寺下则注"旧属官有崇玄署，开元二十五年敕改隶宗正寺"。当时，历来属于鸿胪寺的道士、女道士改隶宗正，僧尼隶属祠部。而《六典》祠部条的正文为"凡道士、女道士、僧尼之簿籍亦三年一造"，其注则曰"其籍一本送祠部，一本送鸿胪，一本留于州县"。一本送鸿胪寺是二十五年改制前的规定，而注文就此撰录。又，诸陵庙原隶属太常寺，亦因二十五年敕而使隶宗正寺。但《六典》仍将其载于太常寺，只在注中云"开元二十五年诸陵庙隶属宗正寺"，未如崇玄署那样订正正文。诸如此类，例子不少。特别是户部条，在记载十道州名、山川、赋贡时，正文与注、注与注之间，多有参差相左。其中也许有后世窜改的成分，但给人留下的印象是，因正文与注时代相异、注文内容新旧不同而产生的差异，为数不少②。这或许是在责求《六典》不彻底、不统一，但从另一方面看，与其将此视为编纂者的疏漏，不如说编纂者缺乏把《六典》视为完整统一事物的意识。不仅如此，在《六典》中更有新旧制度两存的情况。贡举即为其例。贡举原是吏部考功员外郎的职掌，开元二十四年移为礼部侍郎之职，但《六典》在考功、礼部两处均载贡举之制。于考功处注"开元二十四年敕以为权轻，专令礼部侍郎一人知贡举。然以旧职故复叙于此"。比较两处文字，略有不同，

---

① 仁井田、牧野两学者《故唐律疏議製作年代考》结语，《東方学報》东京第 2 册。
② 《六典》的地理记述并非一致。谷霁光在《唐六典中地理纪述志疑》（《禹贡》第 4 卷第 1 期）中已论其一端。谷文对地理以外的漏载也有所论。但谷文说《六典》虽然详述了诸州的公廨田、诸州及都护府的职田，然而未涉及京官的职田，这是由于未览宋本《六典》所致。宋本《六典》屯田郎中条，详载京文武职事官职分田及京诸司公廨田之数。

除互有详略外,尚有新旧制度之异。其中在考功作"国子监大成二十员",而在礼部改作十员。而据国子监条"大成十人"注:"初置二十人,开元二十年减十人",可知考功二十员为开元二十年以前的制度。据此又可推知,考功贡举之文,所记当是开元二十年前之制,或者这一部分在开元二十年前就已经完稿。《六典》成书于开元二十六年,但其中依据的律令格式并非开元二十五年所出,而是以前的旧律令格式,这已经为仁井田学者所明确。总之,《六典》所载,从整体上可以说是开元之制,但不能据此认为就是书成之时的现行制度,即不能将此书体系看成是完整统一的。一言以蔽之,修撰《六典》的最初意图姑且不论,然而在书成之际,它已有一半以上的内容变成了典故。

如前所述,据《集贤注记》等书记载,玄宗初示以理典、教典等六条,诏命编纂其书,意在将唐制像《周礼》一样分成六官。然而这的确是个难题,致使当时对自己著述经验颇为自信的大儒徐坚也一筹莫展。又据《集贤注记》,至韦述时,已把令式分入六司并加注沿革,开始形成体例与规模。但以今传世《六典》见之,并未在整体上分成六官,而是大致按唐现行制度列出各官司,系以职掌及与其相关的事项。尚书六部所记制度较多,并仿效《周礼》序官,于各卷首列官名、员数条目,同时将引用的令式改变文体,模仿《周礼》的经文之体,等等。然而这仅仅是在形式上部分模仿《周礼》而已,与最初的意图恐怕是相违背的。但从中也不难看出,修撰者在此期间是怎样的苦心孤诣。

编修《六典》的集贤院,是开元时最大的图书官府,也是儒者文士聚集之府①。追寻其设立由来,为开元五年玄宗从储无量建议,为整理扩充宫中书籍,命于东都之乾元殿整理校写四部之书,由此初置乾元院使。翌年校写暂告一段落。同年玄宗于还西京之际,将乾元殿藏书移往东宫的丽正殿,改称丽正修书院,置使与检校官,以丽正殿学士为修书官,继续进行校写。与此同时,大约也

---

① 柳宗元《龙城录》:"有唐惟开元最备文籍,集贤院所藏至七万卷。当时之学士,盖为储无量、裴煜之、郑谭、马怀素、张说、侯行果、陆坚、康字元辈凡四十七人,分司典籍,靡有阙文。而贼逆遽兴,兵火交燹两郡,灰尽无存。惜哉!"有关集贤院的详情,可参见前述朱俊氏的《集贤注记辑校》。

是在开元五年左右,又根据马怀素的建议,命整理秘书省图书并修撰书志。秘书监马怀素时为修图书使主其事,但不久去世,工作进展不顺。后元行冲总其事,终于完成《群书四录》四百卷。及丽正修书使储无量卒,元行冲复掌丽正校书之事。依其奏请,秘书学士亦入丽正从事校写,秘书省自此罢撰辑之事,而学士皆集中于丽正。这是开元八年之事。是年丽正院在官制上也作了很大扩充。如此,丽正院汇萃了众多的学士,不仅可以校订图书,而且还可以从事各种撰修之事。元行冲年老退官后,开元十年张说取代为丽正修书使,是年编纂《六典》令颁下。其后开元十三年,改丽正书院为集贤殿书院。当时定制,以五品以上为学士,六品以下为直学士,中书令张说为学士知院事,散骑常侍徐坚为学士兼副知院事,此后遂开以宰相为学士知院事,以近侍官一人为副知院事之例。玄宗对这些学士甚为尊重,或作其画像置于宫中,或亲自作学士之赞,又任以书写诏命之事。《新唐书》卷一二五《张说传》:

> 中书舍人陆坚以学士或非其人,而供拟太厚,无益国家者,议曰罢之。说闻曰:"古帝王功成,则有奢满之失,或兴池观,或尚声色。今陛下崇儒向道,躬自讲论,详延豪俊,则丽正乃天子礼乐之司,所费细而所益者大。陆生之言,盖未达邪。"帝知,遂薄坚。(《通鉴》将此事系于开元十一年)

当时的君臣关系,跃然纸上。开元年间令集贤学士撰写了不少著作,今传世者除《六典》外,还有《初学记》、《开元礼》等,这些均堪称是玄宗尊文崇儒的结果。

三

撰修《六典》的动机,可以说是出于玄宗的崇儒之心,不过另一方面也是出于帝王的虚荣之心。当时唐兴已达百年,各项治国之策完备,玄宗又得姚崇、宋璟等贤臣辅佐,励精政事,少用刑法,百姓富庶,国威振外,出现了所谓开元之治。因此朝廷便有余力从容地致力于文化事业,从事《开元礼》、《六典》等书的编撰，以所谓粉饰王道。特别是玄宗命撰《六典》，旨在以开元治世比拟周公，作划时代大典。但是从实际考虑，若仿效《周礼》将唐制分为六典，则几乎是毫无用处的。换言之，说《六典》的修撰本是出于一种虚荣心，这可能并不过分。无论怎样，修撰《六典》的目的不是出于对现行法典的需要，这是很容易推知的。再从成书后的结果看，如前所述，作为理应施行的现行法典，它也是极不完备的。因此，将《六典》的施行和律令格式等根本法典的施行等同起来，是不妥的。但是此书之所以在律令格式之外而被特别重用，其理由也很充分。第一，此书系奉诏修撰；第二，仿效周官的设官分职法，具有职官书的体例；第三，详注官制沿革；第四，制度之详，此书为最，便于通晓大体；第五，将开元之制与贞观并立，为后世确立景仰典范。以下进入正论，考证此书在唐代的施行。

《集贤注记》就《六典》曰："二十六年奏草上，诏下有司，百寮表贺。至今在院，亦不行用。"意即《六典》虽已撰定，但藏于集贤院未被施行。据《郡斋读书志》及《玉海》卷四八，韦述撰《集贤注记》是在天宝十五年（756）二月①。韦述开元八年入丽正书院，十三年为集贤学士，此前一直居集贤院，又是亲身参与编撰《六典》者，故其言可信。而且从文献看，天宝年间引用《六典》的文献未见一例。由此可以确信，《六典》在天宝年间完全没有施行。不仅如此，正如仁井田、玉井两学者已经注意到的那样，在门下侍郎卢杞建中二年六月六日奏文（《唐会要》卷五五）之前，也不见援引此书之例，可能在天宝后的若干年间，此书仍未施行。宋程大昌、晁公武等不信韦述之言，反而有所误解，其根据是无力的。其说见程大昌《考古编》卷九《六典》条：

　　韦述《集贤注记》……至今在院，亦不曾行用。据述此言，即《六典》书

---

① 《玉海》卷四八唐集贤注记条："韦述自登书府至天宝十五载，凡四十年，缅想同时，凋亡已尽。后来贤彦多不悉书院本末，载月渐久，或虑湮沉。敢因东观之暇，聊记置院经史及前后学士名氏。事皆亲睹，不敢遗隐。时丙申岁二月也。"（丙申即十五年）这恐怕是抄录的韦述之文，《集贤注记辑校》将此作为《集贤注记》原序。

成而不以颁用也。然白乐天诗《阳城不进矮奴》曰："城云臣案六典书,任土贡有不贡无。道州水土所生者,只有矮民无矮奴。吾君感悟玺书下,岁贡矮奴宜悉罢。"即是阳城尝援《六典》为奏,罢贡矮奴,岂是成而不用耶?……不知韦述何以言不用也。元祐诸公议更元丰故事,则痛诋《六典》,以为未尝颁用,殆有激而云耳。①

然而程氏所引白乐天诗所见阳城援引《六典》之例,并不能证明韦述之言不对。因为据白乐天诗②(见《白氏长庆集》卷三,题为"道州民"),道州罢矮奴之贡,是在阳城赴该地任刺史之后。而据《通鉴》,阳城是在贞元十四年九月被贬为道州刺史的。用贞元年间的事实来判断天宝时韦述所言有误,不妥。程氏《雍录》及晁氏《读书志》,又以《唐会要》援引《六典》为例,力排《六典》未被施行说。然而《会要》所见,并不能上溯到前文所述的建中二年卢杞奏文之前,因此仍不能证明韦述之言非是③。

建中以后,特别是贞元以后,援引此书的实例举不胜举。试以《唐会要》一书见之,建中、贞元、元和、长庆、太和、会昌、大中各有一二例或数例。通过

---

① 以范祖禹的《上殿论法度札子》(《范太史文集》卷一六)所见,可作为程大昌所言元祐诸公以为未尝颁用《六典》之语的例证。其文如下:"熙宁之初,先帝励精求治,思太平,欲稍更革弊事,以光大祖宗之业。而王安石用意过当,独任私智,悉排众论,吕惠卿曾布之徒,欲以改法进身,一切变易祖宗旧政,至今天下以为不便。前后臣僚论之已详,不待臣言而知也。自魏晋以后,官名不正,国家承平日久,未遑制作。元丰中先帝设局讲求,此诚一代大典。然有司亦失先帝本意,一切遵用唐之《六典》。夫《唐六典》,虽修成书,然未行之一日。今一一依之,故自三省以下无不繁见迁滞,不如昔之简便。"该资料在《四库全书珍本初集》刊出后,仁井田学者即速信函赐教,对他的好意深表感谢。

② 白乐天诗全文如下:"道州民,多侏儒,长者不过三尺余,市作矮奴年进送,号为道州任土贡。任土贡,宁若斯,不闻使人生别离,老翁哭孙母哭儿。一自阳城来守郡,不进矮奴频诏问。城云臣按六典书,任土贡有不贡无。道州水土所生者,只有矮民无矮奴。吾君感悟玺书下,岁贡矮奴宜悉罢。道州民,老者幼者何欣欣。父兄子弟始相保,从此得作良人身。道州民,民到于今受其赐,欲说使君先下泪。仍恐儿孙忘使君,生男多以阳为字。"

③ 《雍录》卷一:"或云,书成不尝颁用。今案《会要》,则牛僧孺奏升谏议为三品,用《六典》也。正(贞)元二年定著朝班次序,每班以尚书省官为首,用《六典》也。又其年窦参论祠祭当以监察莅之,亦援《六典》也。此类殆不胜述,何以遽言不尝颁用也?"《郡斋读书志》卷七:"虽不悉行于世,而诸司遵用殆将过半。观《唐会要》请事者往往援据以为实(袁州本下有'或以为此书虽成于开元间,而不行于一时,不学之言也'二十二字,下无韦述之言),韦述以为书虽成而竟不用,过矣。"

这些记载可见,其中既有朝廷引用《六典》下达诏命之事,也有官司、士大夫援引《六典》读书之例,因此此书自建中、贞元时渐为所重的事实,大致可以察知。又据《会要》之外的文献,也可知《六典》于贞元之际屡被运用。由此疑问也油然而生:韦述所说的"未被施用"的《六典》,为何在此时被如此运用? 也许是朝廷在何时特命施行此书,所以才出现了这种情况? 然而对此又有明确的反论,即前文已引用的吕温《代郑相公请删定施行六典开元礼状》一文。现录全文如下:

> 右臣闻:化人成俗,莫大于礼乐;垂统建中,必资于制度。然而忠敬有弊,质文异数,群儒之得失蜂起,历代之沿革丝棼。或荣古而漏今,名实交丧;或违经而便事,本末相忘;或繁褒以为详,或阔略以为要,未闻折衷以叶通方。国家与天惟新,改物视听。太宗拯焚溺之余,粗立统纪。玄宗承富庶之后,方暇论思。爰敕宰臣,将明睿旨,集儒贤于别殿,考古训于秘文,以论材审官之法作《大唐六典》三十卷,以道德齐礼之力作《开元新礼》一百五十卷。网罗遗逸,芟剪奇邪,亘百代以旁通,立一王之定制。草奏三复,祇令宣示中外;星周六纪,未有明诏施行。遂使祭丧冠婚,家犹异礼;等威名份,官靡成规。不时裁正,贻弊方远。伏惟睿圣文武皇帝陛下,恢纂鸿业,升于大猷,雷霆奋有截之威,日月廓无私之照。三叛就戮,四夷来宾。牛马散于农郊,兵革藏于武库。严禋上帝,祇受鸿名,惟怀永图,不自满假,昧爽听政,子夜观书,处成功而弗休,求至理若不及。每怀经始,则知贞观之难;言念持盈,思复开元之盛。臣谬忝枢务,兼掌图籍,无能匡辅,已负于恩,私有所发明,岂先于典礼? 伏见前件《开元礼》、《六典》等,先朝所制,郁而未用,奉扬遗美,允属钦明。然或损益之间,讨论未尽;或弛张之间,宜称不同。将贻永代之规,必候不刊之妙。臣请于常参官内,选学艺优深,理识通敏者三五人,就集贤院,各尽异同,量加删定。然后冀纾睿览,特降德音,明下有司,著为恒式,使公私共守,贵贱遵行。苟有僭违,必正刑宪。如此则职官有制,将兴济济之诗;风俗大同,坐致熙熙之咏。见可而献,知无不为,

辄渎宸严,伏增殒越。谨状。

该文年月不详,据内容可知是吕温于宪宗元和三年(公元 808 年)代宰相郑絪草拟的文章。文中的"睿圣文武皇帝陛下",是群臣对宪宗使用的尊号。据两《唐书》本纪及《唐会要》,宪宗受此尊号是在元和三年正月癸巳,文中的"祗受鸿名"即指此事。由此可知该文作于元和三年正月以后。另一方面,当时郑姓宰相只有郑絪一人。据《新唐书》宰相表及《旧唐书》本传载,郑絪元和元年十二月为中书侍郎同中书门下平章事,加集贤院大学士。三年九月丙申,自中书侍郎转门下侍郎为弘文馆大学士。四年二月,迁太子宾客罢宰相。文中云"臣谬忝枢务,兼掌图籍",即指任同中书门下平章事(宰相)、集贤院大学士之事。又"就集贤院,各尽异同,量加删定",意为掌集贤院后,在集贤院对《六典》、《开元礼》进行删定。既然如此,则必须将郑絪这份奏请的制作时间,视为元和三年九月迁门下侍郎弘文馆大学士以前①。此外,吕温也于是年贬为道州刺史②。如是,该文的起草肯定是在元和三年正月至九月之间。文中又云"草奏三复,祗令宣示中外;星周六纪,未有明诏施行",元和三年距《六典》成书之年开元二十六年有七十年,这也和六纪(七十二年)大致相合。可见《六典》在成书后,仅仅是"宣示中外",至少在元和三年前尚无朝廷明令施行之事。文中所谓"郁而未用",非指此书尚无行世,而是指由于朝廷未下严令要求施行,所以没有普遍行用,因此要"量加删定……特降德音,明下有司,著为恒式。使公私共守,贵贱遵行。苟有愆违,必正刑宪",即奏请删定《开元礼》与此书,以作为强制法典使用。至此可以使这样的推测得以成立:《六典》之所以自建中、贞元屡被援引,正是由于朝

---

① 集贤院属中书省,弘文馆属门下省,故郑絪以中书侍郎兼集贤院大学士,为门下侍郎兼弘文馆大学士。又,大学士之号始于至德二载。

② 据《旧唐书》卷一三七《吕温传》及卷一四八《李吉甫传》,元和三年,刑部郎中吕温、御史中丞窦群、监察御史羊士谔等共谋陷宰相李吉甫,未成,皆被贬。吕温被贬为均州刺史,窦群被贬为湖南观察使。然议者仍以为轻,故再贬窦群至黔南,吕温为道州刺史。《旧唐书》本纪作"元和三年十月甲子(十六日),群为湖南观察使,至任再贬黔南",故吕温之贬也当是在同时。《吕温集》卷五《道州刺史谢上表》云"臣去十七日,蒙恩授使持节道州诸军事守道州刺史",即当时之事。

廷下令施行之故。同时也可得知,当时采用的《六典》,与律令格式这类强制官民遵行的官修法典迥异其旨。经郑纲拟请删定的《六典》,当时是否作为强制法典施行,文献亦无任何记载。将元和三年后援引《六典》的实例和以前相比,也不能发现其施行性质在此期间有什么不同。又据郑纲奏请,如果当时有删定《六典》的证据,则可作为《六典》被明令施行的一件史料,然而正如下文所要论及的那样,对此缺乏确凿的证据。郑纲的奏请恐怕在事实上没有得到落实①。但是无论怎样,郑纲的奏请旨在进一步加强自建中、贞元以来已然施行的《六典》的效用,这是《六典》一书为世所用的佐证,无须赘言。

有关《六典》在格令以外而被看重的原因,上文已略有所及。此书为朝廷撰定,又是所谓开元极治之书,因此被作为开元典章而屡屡引用,这通过《唐会要》所见之例即可明了。又据其所引内容见之,有关官制的内容最多。此书原来就是职官之典,此点颇为重要。一般士大夫最为看重的,莫过于官制。此书为世所重的理由,也正在于此。郑纲奏状说"以论材审官之法作《大唐六典》","等威名分,官靡成规","如此则职官有制",也是以此书为完整的职官之书并将其作为奏请目的,以便在职官上有所规制。又程氏《雍录》载:"草制之官,每入院,必首索《六典》,则时制尽在焉故也。"此言所据不详,但《元氏长庆集》卷二二《酬乐天余思不尽加为六韵之作》一诗中,有"白朴流传用转新"一句,元稹自注曰:"乐天于翰林中书,取书诏批答词等,撰为程式,禁中号为'白朴'。每有新入学士,求访宝重,过于《六典》也。"可知《六典》之所以贵重,在于翰林学士于起草诏敕等文书时,要把它当作参考书。不难想像,不仅是学士,大概一般士大夫在不能详尽有关格令的情况下,以此书亦可通其大略。《元氏长庆集》卷二八《才识兼茂明于体用策》云"凡自唐礼六典律令及国家制度之书者用,至于九经历代史,能专其一者,悉得谓之学士",将《六典》与唐礼

---

① 郑纲奏请系三年何月,尚不详。但郑纲于九月离集贤大学士之任,次年二月亦罢宰相,此前文已述。据两《唐书》本传,纲居相位多谦默而无为,因此被贬秩为太子宾客。这虽然不是郑纲意见未被采纳的直接证据,但说服力甚强。

律令相提并论，其书之重，由此可见一斑。在其他的传记文集中，援引《六典》的实例也不胜枚举，现仅以《通典》为例略述一二。《通典》注文中引用书名者甚多，而在正文中概述经史诸书时则不引用书名。然而细察正文，引用现存书的痕迹颇多。试以职官一门见之，取《六典》而成其文者比比皆是。最明显的是卷二一的史馆史官、集贤殿书院、弘文馆诸条。《通典》成书于贞元十七年（801），但起草是在大历年间，因此如果杜佑使用了《六典》，也许早在建中以前就已经开始了，只是尚不能确定。

《六典》在唐代的施行情况大致如上所述。为何此书在成书后的数十年间未被施行，而直至建中、贞元才开始渐为所重？其理由虽不甚详明，但也不是完全不可解释。以愚见，如前所述，此书原来就不是出于实际需要而编纂的法典，因此书成后虽下有司，但并无要求施行之令。所以即使如韦述所言，书成后藏于集贤院，也不是不可思议的，因为有司并没有非施行此书不可的必要。特别是开元末年，玄宗倦怠政事，以李林甫为宰相后，朝政悉委其手，不问国事。李林甫、杨国忠得以相继专权，纲纪紊乱，事多依从权宜，此书更无所用之地。至肃宗、代宗时，正值安史之乱后藩镇跋扈，外夷入侵中原，战事繁多之际，大概也无暇回顾此书而言贞观、开元之事。至德宗建中、贞元，亦奈何不得气焰更甚的藩镇，朝廷唯有姑息，倒也求得了形势的一时安定。此时不但《六典》被施行，又据文献，言《开元礼》在建中以后被援引的记载也很多，与《六典》无异。贞元二年，将《开元礼》列为学科，设开元礼举，可视为应文教复兴之运而出现的事物。而且当时的制度已远非开元旧制，因此依据此书引证开元故事者，自然应当很多。《六典》、《开元礼》在德宗时就已如此重用，至宪宗即位，雄心勃勃，意欲改革诸政。其时郑絪偶为宰相掌集贤院，恐怕正是想用集贤院撰定的故事——《六典》相助改革，以此迎合宪宗之意吧。又《大唐新语》卷九有关《唐六典》的记载，本是基于《集贤注记》，但就《六典》的施行则云"迄今行之"，不同于《集贤注记》的"亦不行用"。这是由于《新语》的作者刘肃是元和时人，此时《六典》已经行世。

四

以上有关《六典》施行的见解，与仁井田、玉井两学者的论说有不同之处①。两位学者由于均未考定前述吕温一文的年代，因此同是一文，却得出与愚见相反的结论。仁井田学者以《六典》成书之际未被行用，而于贞元、元和之后不久即多被引用的事实，附会吕温之文，推定《六典》在贞元、元和经删定后被施行，如吕温文所见"使公私共守，贵贱遵行。苟有愆违，必正刑宪"。玉井学者则根据援引《六典》之例始于德宗建中二年，误解是年已经颁行《六典》。然而若是如此，则与吕温文中"星周六纪"的年数不符，于是又指出"六纪"不是吕温计算有误，就是传写之误。这恐怕是未深究吕温之文草于元和三年，以及一定要将施行《六典》的理由归于强制施行所致②。仁井田学者又推定，以南宋王益之《职源撮要》所引《六典》文见之，有并列天宝、至德、乾元等开元以后年号的官制，这和吕温所说的删定云云有关，因此删定《六典》之事是存在的。学者将删定《六典》之事推定为贞元、元和之间，仍然是由于未考证吕文的年代，所以其根据是无力的。不过遗留的问题是，《六典》也许确实在后来被删定过，因此还是有探讨一下的必要。学者引用的《职源撮要》之文如下：

> 吏部侍郎。隋炀帝三年置，以贰尚书之职。六品以下诠补多归之（《六典》、《通典》）……龙朔二年改为司列少常伯，光宅元年改为天官侍郎，天宝十一载改为文部侍郎，掌天下官吏选授勋封考课之政令。凡职官铨综之典，封爵策勋之制，权衡殿最之法（《唐六典》）。

> 金部郎中。汉置尚书郎四人。其一人主财帛委输，盖金部郎曹之任也。梁、陈、隋为侍郎，炀帝但曰郎。武德三年加中字（《六典》）。龙朔中为司珍大夫（《唐职林》），天宝改司金郎中，至德初复旧，掌库藏出纳之节，金

---

① 见前引两位学者论文。

② 范祖禹说《六典》在唐代未行一日，乃基于《六典》不是强制性法典的认识。程大昌、晁公武主张其被颁用，在于不认为《六典》具有这样的性质，程大昌之言并非只是出于党人之见。

宝财货之用,权衡度量之制,皆总其文籍而颁其节制(《六典》)。

灵台郎。后汉太史下别有灵台丞,掌灵台,掌候日月星辰。魏太史有灵台丞,主候望郎("郎"字疑误。《六典》于"望"下作"颁历")。隋有天文博士。长安二年改为灵台郎,乾元三年改(当作"加")五官之名(《六典》),掌观天文之变而占候之(《唐六典》)。

保章正。周礼春官太史属有保章氏,秦汉以来无其职。后周春官府置太史,其属有保章上士中士,即其任也。至隋置历(脱"博士"二字)。唐长安四年改历博士为保章正,掌教历。至乾元元年加五官之名(《六典》)。

挈壶正。周制夏官有挈壶氏,秋官有司寤氏,春官鸡人氏,凡三职咸掌其事。自汉以来太史掌之。唐长安四年始置。挈壶正知刻漏(《六典》作"漏刻"),孔壶为漏,浮箭为刻,以考中星昏明之候。乾元五年加五官之名(《六典》)。

学者认为,文中有开元以后的记载,"不能认为是作者插入或掺入的句子",几乎是无条件地相信该文,并由此推定《六典》被删定之事。然而在取信于该文之前,难道没有应存疑之处吗?《职源撮要》一书,系引用辑缀众多的职官之书而成。在引用之际,或每引一书即注明引用书名,或参考撷取二三书而成其文,一并注明书名。但是在此过程中,难免会有疏漏脱落,而且引用书的注释也难以保证一贯严谨信实。以此为出发点,文中诸条均有可疑之处。吏部侍郎条的"天宝十一载改为文部侍郎"一句,系据《通典》插入,而其事之注或许略去①。又,金部郎中条的"天宝改司金郎中,至德初复旧"之语,疑取自《唐职林》等书②。

---

① 《职源撮要》该条前,有吏部尚书条,言光宅元年改为天官尚书(以上引今《六典》之文),天宝十一载(《通典》作年)改为文部,总判吏部、司封、司勋、考功四曹事(以上引《通典》之文),其后注为《通典》、《六典》。吏部侍郎条也应如此。"通典"二字或是略去,或是脱落。

② 同书仓部郎中条,言武德三年加中字,龙朔二年改司庾大夫(以上《六典》文,据宋本),天宝为司储郎中,至德复,掌天下储库(天宝以下或据《唐职林》)。下注《六典》、《唐职林》。又,据《书录解题》记《唐职林》:"石埭尉维扬马永锡明叟撰,以《唐六典》为主,而附以新史所载事实,颇采传记歌诗之属。政和乙未天台左誉序。"

灵台郎、保章正、挈壶正之条的"乾元元年加五官之名"句,则有可能是根据《新唐书》百官志插入的①。尤其是挈壶正条中至"长安四年始置"诸句,疑引自《六典》注文;其次"中星昏明之候"以前,疑引自《六典》本文。特别是将乾元云云附在最后,不正是从《六典》之注吗? 如果《六典》有此文,其次就应当是"长安四年始置"这一注文。此外,《职源撮要》中还有不少像这样的令人生疑之处,在此示以最明显的一例:

> 县丞。汉氏县丞尉多以本部人为之,三辅县则兼用他郡。诸县皆有,主刑狱囚徒。后汉署文书,典知仓狱,署诸曹掾史。自晋后无丞。宋惟建康有狱丞。唐置京县丞三员,北京、太原、晋阳各一人(《六典》注)。

《撮要》在上文中仅记《六典》注,但实际是参考引用了《六典》注文和《通典》之文。《六典》注文为:

> 汉氏县丞尉多以本部人为之,三辅县则兼用他郡。及隋氏革选,尽用他郡之人。汉以下皆一人,皇朝置京县丞三员,北京、太原、晋阳各一丞。

中间部分与《撮要》不同。然而《通典》卷三三载:

> 丞。汉诸县皆有,兼主刑狱囚徒。后汉令长国相各置丞一人,署文书,典知仓狱,署诸曹掾史。凡诸县署丞,接铜印黄绶进贤一梁冠。自晋后无丞。宋时唯建康有狱丞。隋及大唐县丞各一人,通判县事。

《撮要》之文的中间部分皆在其中。如果无条件地相信《撮要》,则不得不视其为《六典》佚文或异本,可这是非常靠不住的,不如认为《撮要》漏注《通典》稳妥②。总之,《撮要》的记载如上所述,有令人生疑之处,因此直接以《撮要》作为删定《六典》的依据,不能不使人踌躇。此外,收入《四库全书珍本初集》的《职官分

---

① 据《百官志》可见,乾元元年与灵台郎、保章正、司历、司辰皆加五官之名。《职源撮要》在诸条前记,据《百官志》为五官正,误注为职官志。

② 《通典》引用《六典》之处已如前所述。在这种情况下,再示以其例则多所为难。

纪》，多所引用《六典》本文和注，每每可利用此书对宋以后现存的《六典》文字补脱正讹。在其注文中，屡屡出现属于《六典》成书后的天宝、至德、乾元、宝应、永泰、大历、建中、贞元、元和、长庆、会昌、景福等年代的记载，宋太平兴国年间的记事也有所载。然而对照《六典》原文，感到出于权宜而添加《六典》之文的地方仍有不少。这些记事虽然大致可以找到出处，但不能就此作为删定《六典》的资料①。一言以蔽之，以管见所及，找不到删定《六典》的确凿证据。因此我尚不相信有删定《六典》之事存在。

郑絪在其奏状中，曾上请将《六典》与《开元礼》共同施行，然而即使是《开元礼》也未闻有被施行之事。与《六典》一样，《开元礼》在建中时被频繁引用，贞元二年又列为学科，设开元礼举，此已见前文所述②。至郑絪时，则奏请删定施行《开元礼》，以此作为官修法典，统一冠婚丧祭，使风俗大同。但据《新唐书·礼乐志》等，在郑絪奏请后不久的元和十一年，秘书郎修撰韦公肃损益开元以后的礼文，成《礼阁新仪》三十卷。十三年，太常博士王彦威集开元二十一年至元和十三年间的五礼中的裁制敕格，作《曲台新礼》三十卷，又采元和以来王公士民的婚祭丧葬之礼，作《续曲台》三十卷，不见删定施行《开元礼》之事。因此，其事恐怕并未实行。仁井田学者在《唐令拾遗》③中指出："《开元礼》成于开元二十年，然《吕和叔文集》卷五《代郑相公请删定施行六典开元礼状》云：'宣示中外，星周六纪，未有明诏施行。遂使丧祭冠昏，家犹疑礼之等（威）。'④据此，《开元礼》和《唐六典》一样，在吕和叔之前尚未施行。若

---

① 《职官分纪》系宋元祐中孙逢吉所撰，秦观为之作序，所附日期为元祐七年六月望日。据该序，孙逢吉富春人，字彦同。《玉海》卷一一九引《中兴馆阁书目》，有"《职官分纪》五十卷，元祐中孙逢吉撰。编类前代至本朝百官沿革故事，仅一千门（逢吉字彦同）"之载，可知是书作于元祐中。然而《四库提要》将此书撰者作为于隆兴元年（距元祐七年72年后）进士的名同人异的孙逢吉，并断定有元祐时的秦观之序是错误的。据《宋史》卷四〇四《孙逢吉传》，此隆兴进士孙逢吉字从之，吉州龙泉人。而《提要》却作"逢吉，字彦同，富春人"，只此一点从秦观之序。此书不会作于元祐以后，这只要一看内容即可得知。《提要》杜撰，于斯为甚。

② 参见《通典》卷一五《选举志》及《唐会要》卷七六《开元礼举》。

③ 《唐令拾遗》序说第二"开元礼"条。

④ 此条系《四库提要》唐六典条所引吕和叔之文，因此与前引《吕和叔文集》的原文略有不同。

是如此，则可以说和我国的《养老令》如出一辙。但《唐六典》卷四又引用了《开元礼》，这该如何解释乃是问题之一。又，《开元礼》施行于贞元初期，亦可见《通典》卷一五《选举》。"然而认为《开元礼》在吕和叔起草奏状之际尚未施行，这是错误的。原因和前文就《六典》所述的情况一样。而且拿《开元礼》、《六典》的施行情况和《养老令》相比，也是不妥的。依中田薰博士之说，《养老令》撰成于养老二年，但此后经四十年才被施行，随后得以行世。而《开元礼》、《六典》书成后即被颁行或宣示，本身已处于应当行世的状态。因此即使在若干年间未被施行，也不必要等到颁布相应的施行命令后方可实际施行。把它作为官修律令或其他加以施行，只是郑纲的设想而已。学者又以《六典》引用《开元礼》作为问题所在。然而颁示于开元二十年的《开元礼》被成书于二十六年的《六典》所引用，当不是什么不可思议之事。将《开元礼》仅仅当作待施行后才得以行世的律令法典，这也是令人生疑的。如果一味地说《开元礼》、《六典》和律令一样，具有直接的法律效力，岂不是与其自身性质相左吗？律令格式是必须遵循的法典，所以有唐一代虽多有纲纪紊乱，依权宜行事之时，然而完全置律令格式法典于不用，则未有所闻。如此，《开元礼》、《六典》在颁示后的数十年间没有行世，也就无须质疑了。因为如果这两部书和律令具有同等价值，就不会出现这种情况。《开元礼》当然是礼典。《六典》虽然大部分内容涉及法律，但它是模仿《周礼》而号《六典》，从注文指本文为经来看，其撰修意图在于使唐官为一代之典。至少在称周官为周礼的意义上，含有以《唐六典》为礼典的用意。礼法二事，所谓王道之极。如果说以礼入法，以法本礼，使二者统一乃是王者的理想，那么《六典》恰好以其形式表现了这一理想。无须赘言，《开元礼》、《唐六典》本来就是两部唐制书籍，以此为据制定格敕等现行法，恐怕并非罕见，至少应当承认它们是极有效力的法律渊源。《四库提要》列举了韦述的《集贤注记》和程大昌的《雍录》，二说虽然截然相反，但吕温的《代陈（郑）相公请删定施行六典开元礼状》，与韦述之言相合。其言云："唐人所说当无讹误。大昌所引诸事，疑当时讨论典章，亦相引据，而公私科律,则未尝事事遵用,如明代之会典云尔。"我以上所论,不过是对这一结论略加考证①。

（1933 年 8 月稿,1936 年 9 月补订,载同年 12 月发行的《東方学報》第 7 册）

————————

① 王应麟《困学纪闻》卷一四:"《唐六典》、《开元礼》,宣示中外,未有明诏施行。见《吕温集》。"王应麟对此未作任何说明,但这是对宋人《六典》是否施行的论争所打的休止符,具有千钧之重。

唐代"守法"一例

——关于《卫禁律》阑入非御在所条

冈野诚　撰

程维荣　译

绪　论

中国早在先秦就开始进行法典的编纂,经过秦、汉、魏、晋、南北朝的发展演变,至隋朝确立了律令格式的独特形式。继承短祚隋朝的唐代,进一步使这种形式精练而充实,构建了高度的法文化。唐代的法典,在给东亚各民族法的形成打上深刻烙印的同时,也对唐以后各王朝的法典影响不小。

以上诸法典的大多数,与今天的刑法、行政法有关。不过,拥护私人权利的思想,在旧中国法典中却很难见到。因此,与法律条文的完备形成对照的是,这种条文在多大程度上得到遵守值得怀疑。

仁井田陞博士曾经写道:"中国刑法发展的历史,在世界上也是屈指可数的。而属于人民的大宪章之类的东西,却从来也没有过。"①对于作为管理人民的统治手段的国法,人民是轻蔑的,或者只是不得不畏惧的。在这种状况下,遵法精神的哺育也就不过是天方夜谭了。

但是旧中国资料中,收录了许多以"守法"(或者"守正")为题的史实。其中许多是官员不惜牺牲性命与皇帝擅权对抗而守法的事例。笔者对这种"守法"的历史基础,及其得以在公开编纂物中著录的意义抱有兴趣。

"守法"之词,本来并不具有符合抗拒皇帝意思的内容。正如《晋书》刑法志所引刘颂上疏中所说:

> 又君臣(臣,百衲本作行)之分,各有所司。法欲必奉,故令主者守(守,百衲本作平)文。理有穷塞,故使大臣释滞;事有时宜,故人主权断。②

这是构成刘颂律令论的一部分。叙述的是,对于执法官员来说,要忠实守法。如果法理上遇到壅塞不通处,则让大臣来解决;在需要临时作出其他判决时,就应该由君主处断。

刘颂又换用别的言辞说到了"守文":

> 守法之官,唯当(当,百衲本作常)奉用律令。③

三世纪末刘颂上疏中提出的"守法",是字面上的意思,可以理解为忠实地执行法律。

但是,后来《唐会要》(卷四〇,臣下守法)、《通典》(卷一六九,守正)、《册府元龟》(卷六一七,守法)所收录的诸案,则将侧重点置于与皇帝擅断对立的臣下守护法律的意思。

于是唐代"守法"的问题,或许具有从臣下一侧来评判皇帝权力的性质及其强度的作用。而且"守法"的各案例,可以认为有几种类型。在谏言中,可以见

---

① 仁井田陞《中国法制史(增订版)》,岩波书店,1963,第 52 页。
② 《晋书》卷三〇《刑法志》(中华书局本,第三册),第 936 页。
③ 同上,第 938 页。

到与近代欧洲所谓罪刑法定主义诸原则类似的观点。也有从这个方面理解"守法",提出旧中国法与罪刑法定主义关系问题的学者①。

与唐代"守法"相关联的资料很多,而且可以提出从不同角度加以分析的要求②。但是在本文中,限于篇幅和作者水平,只准备提出"守法"的一个事例并探讨相关的二三个问题而已。

唐高宗永徽五年(654),太常乐工宋四通等在内教坊教习宫人期间,帮助宫人与外部联系。得知此事的高宗,出于宫中治安的考虑,十分重视,特令将宋四通等处以死刑,进而创制法条禁止类似行为。萧钧针对此事上疏,论及处罚的不可溯及。后来皇帝也认识到这一点,免除了宋四通等的死刑,改判流刑。

笔者对此资料怀有兴趣的理由有三。第一,它是由于接近宫人而具有侵害皇帝权威可能性的案例。第二,它是皇帝超越法律的擅权在实际上已经出现的案例。第三,它是实践"守法",实质上又由皇帝断然变更法律,因而显示臣下守法的局限的案例。

以下一节将另行探讨相关资料与前辈的一些研究,而且将言及该案例与当时法例的关系,并准备简单论及对日本律的影响。

至于拙稿的特点,除了反复出现关于资料的繁杂议论外,还要在细节上比较研究前辈各种学说。这一点敬乞诸家宥恕③。

一

首先,本文列举应该研究的资料。

A.《唐律疏议》卫禁律阑入非御在所条(卫一二),岱南阁丛书本:

---

① 参照奥村郁三《旧中国の罪刑法定主义の性質》(《関西大学法学論集》21 卷 5 号,1972 年)。

② 唐代"守法"的问题,准备另稿在整体上论述。其部分,在 Karl Bünger, *Quellen zur Rechtsgeschichte der T'ang-Zeit*,(*Monumenta Serica Monograph* Ⅸ,1966) 中也有论述。补注:对此问题,拙稿《中国古代法的基本特征——关于所谓"类罪刑法定主义制度"》(唐史研究会编《中国律令制及其展开》1979,3)曾经加以概述。关于"守法"的拙见,准备另稿论述。

③ 引用条文的序数根据唐律(共 502 条)。资料的标点与旁线(波线)为引用者所加。

诸犯阑入宫殿,非御在所者,各减一等。无宫人处,又减一等。(入上阁内有宫人者不减)

疏议曰(下略)

即虽非阑入,辄私共宫人言语,若亲为通传书信及衣物者,绞。

疏议曰:文云虽非阑入,即是得应入宫之人,不得私与宫人言语。其亲为通传书信、衣物者,谓亲于宫人处,领得书信、衣物将出及将外人书信、衣物付与宫人讫者,并得绞坐。

与资料 A 后段相关连,记述以下四种材料。

B.《旧唐书》卷六三《萧瑀传》:

瑀兄子钧,隋迁州刺史、梁国公珣之子也。博学有才望。贞观中,累除中书舍人,甚为房玄龄、魏徵所重。永徽二年,历迁谏议大夫、兼弘文馆学士。(中略)

寻而太常乐工宋四通等为宫人通传信物。高宗特令处死,乃遣附律。钧上疏言:"四通等犯在未附律前,不合至死。"手诏曰:"朕闻防祸未萌,先贤所重;宫阙之禁,其可渐钦。昔如姬窃符,朕用为永鉴,不欲今兹自彰其过,所搦宪章,想非滥也。但朕翘心紫禁,思觌引裾,侧席朱楹,冀旌折槛。今乃喜得其言,特免四通等死,远处配流。"①

C.《新唐书》卷一○一《萧瑀传》:

钧,瑀从子,有才誉。永徽中,累迁谏议大夫、弘文馆学士。(中略)太常工为宫人通讯遣*(遣,百衲本作遗),诏杀之,且附律。钧言:"禁当有渐,虽附律,工不应死。"帝曰:"如姬窃符,朕以为戒。今不滥工死,然喜得忠

---

① 《旧唐书》卷六三(中华书局本,第七册),第 2405 页。

言。"即宥工,徙远裔。①

* "遣"字,或应置"且"字下。

D.《唐会要》卷五五谏议大夫条:

（永徽）五年八月十七日,太常乐工宋四通入监内教,因为官人通传消息。上令处斩,乃遣附律。萧钧奏曰:"四通等所犯,在未附律前,不合至死。"上曰:"今喜得萧钧之言,特免死,配流远处。"②

E.《册府元龟》卷六一七刑法部守法:

萧钧为谏议大夫时,太常乐工宋四通等为官人通传信物。高祖特令处尽,仍遣附律。钧上疏言:"四通等犯,在未附律前,不合至死。"手诏曰:"朕闻防祸未萌,先贤所重;宫阙之禁,其可渐欤。昔如姬窃符,朕用为永鉴,不谓今兹自彰其过,其弱宪章,想非滥也。但朕翘心紫禁,思觐引裾,侧席朱楹,冀旌折槛。今乃喜得其言,特免四通等死,远处配流。"③

这些资料中,B、C、D、E 是记述前引同一事件的。

岸边成雄教授在《唐代音乐史研究》中,引用了上列 B、C、D 资料,论述如下:"即太常乐工宋四通等在被召至禁中教习宫人期间,替宫人与外面联络,高宗因而大怒,正要将其处以极刑时,根据萧钧上奏而特地免其一死,改判远流。这种犯罪具有临时发生的特殊性质,我不认为刑律上有可以适用的条文。上文高宗命附律的时候,萧钧说"在未附律前",应该指这属于律以前的问题的意思。"④

岸边教授说"我不认为刑律上有可以适用的条文",但是在前引资料 A 的后段中有"若亲为通传书信及衣物者绞"一句。在开元二十五年（737）律疏中,是

---

① 《新唐书》卷一○一（中华书局本,第一三册）,第 3952 页。
② 《唐会要》卷五五（世界书局本,中卷）,第 949 页。
③ 《册府元龟》卷六一七（清华书局本,第一三册）,第 7416 页。
④ 岸边成雄《唐代音楽の歴史的研究》乐制篇上卷（东京大学出版会,1960 年）,第 213 页起。

有适用的条款的。然而,当时为永徽五年,作为现行法的永徽律疏与开元律疏,其内容不能说完全相同。因此,宋四通等案件的处置与当时法规的关系,必须加以重新讨论。

从法史学立场提出这个问题并加以详细研究的,是利光三津夫教授的《续律令制及其相关问题》①。利光的观点,将萧钧上奏的主旨理解为处罚不可溯及,在中国"类罪刑法定主义"规定的内容考察上,是一个珍贵的揭示。

对利光教授的这个研究,最近有岚义人氏发表了异论②(收于小林宏编《律条拾羡》)。其观点,我以为不一定能充分否定利光的意见。

笔者一面依据前辈的各种观点,一面对这个问题重新加以讨论。

<h1 style="text-align:center">二</h1>

首先讨论资料的内容。历来的论者,只言及 A、B、C、D,但是作为一项基本资料,有必要加进 E 的《册府元龟》③。

E 与 B 的《旧唐书》一起,都有最详细的内容。但是,与 B、C、D 将此事作为高宗永徽时不同,E 作高祖时;而且记载的顺序,也排列于太宗以前。对照其他资料,可以说这是 E 的错误。

接下来再比较一下 B、C、D、E:B 与 E 内容详细,D 的《唐会要》则标有"(永徽)五年八月十七日"的明确日期,而 C 的《新唐书》记载过于简略,意思有些不好理解。

现在试着根据 B、D、E 为资料分段:

第一段　宋四通等的犯罪。

---

① 利光三津夫《統律令制とその周辺》(庆应义塾大学法学研究会,1973 年),第 23 页起。原载《法学研究》(庆大)45—4。以下所引出自转录。

② 岚义人《卫禁律·阑入非御在所条》(小林宏编《律条拾羡》所收,《国学院大学日本文化研究所纪要》三八)。

③ 其他还有《全唐文》卷一一高宗《赐萧钧手诏》的材料,但从文字上看,我以为是转引《旧唐书》的,不能作为基本资料。

第二段　高宗的处断（"特令处死，乃遣附律"）。

第三段　萧钧的上奏。

第四段　高宗采纳萧钧谏言，对宋四通等减刑。

关于第一段，太常乐工指属于太常寺的太常音声人或乐户等官贱人。宫人，狭义上指内教坊伎女四等级中的第二等级，广义上是在后宫出仕的女官的统称。知道这些是必要的。这里应从广义上解释宫女。关于这些用词，岸边、利光两教授书中有详细叙述，因此加以参照。

第二段有三个问题。第一是高宗的"特令处死"的行为根据问题。利光教授说："处罚宋四通等的法律，永徽五年创置，作为高宗所科斩刑，是依据新法的"[①]；而且推测这种新法创置的前提，是在事件发生时的律典中缺乏可以适用的条文。

对此，岚氏认为："上引'特免死，配流远处'，应该理解为四通的死罪不是根据天子诏令，而是当然的刑罚，即由律所规定"；又说："因此，应该解释为永徽五年时，乐工们为宫人通消息的罪已经在法律中规定了"[②]，得出了与利光氏相反的结论。

但是岚氏所述"四通的死罪不是根据天子诏令"，难以使人理解。下面列举与"特令处死"类似的资料：

> 上元三年九月七日，左威大将军权善才、右监门中郎将范怀义，并为斫昭陵柏木。大理奏，以官减死，并除名。
>
> 上特令杀之。大理丞狄仁杰执奏，称不当死。上引入谓曰："善才斫陵上柏，是我不孝，必须杀之。"仁杰又执奏，上作色令出。（以下略）（《唐会要》卷四〇）[③]

---

① 前引利光三津夫书，第 26 页。

② 前引岚义人论文，第 178 页。

③ 前引《唐会要》，第 723 页。还有更古旧的资料：唐李素立，武德初，为监察御史。时有犯，法不至死。高祖特令杀之。（《册府元龟》卷六一七）

这是对砍伐昭陵(太宗陵)柏木者,高宗排除了大理寺的拟律,而特地下达死刑命令的例子①。大理丞狄仁杰执奏中阐述本来不应该适用死刑,皇帝超越法的规定而擅权命令处死,就是"特令处死"或"特令杀之"。也就是决定四通等人应该处以死刑的,正是皇帝本人。事件发生时,刑律中适用的条文是否存在,后面讨论。

第二个问题是,高宗所命令的刑罚,是绞、斩刑中的哪一个,也就是资料显示的 B—"处死"、C—"杀之"、D—"处斩"和 E—"处尽"的不同。根据 D,是作斩刑,而现存《唐律疏议》则作"绞",两者并不相符。这一点后面还要论及②。

第三个问题是,"遣附律"(附着于律)是什么意思。这与第三段密切相关,一并在后面研究。

第三段是萧钧③对高宗的上奏。B、D、E 文字大体相同,"四通等犯,在未附律前,不合至死"。这些文字的问题在于"在未附律前"五个字应该怎样理解。岸边教授理解成"律以前的问题"(这个译文是说问题的程度,而不是说律制定以前的时间问题)。但是,"附律"之词作为法制用语还没有被充分讨论过。

利光教授将萧钧的上奏理解为"论述法不可因追溯而加极刑"④。对此,岚氏论述道:"对这样的如姬窃符之祸未萌而防,先贤一直是很重视的,因此'宫阙之禁,其可渐歁'是萧钧上疏的主题。"⑤但是只要征引资料 B、E,就可知"宫阙之

① 正如《贼盗律》盗园陵内草木条(贼三一)疏作"若其非盗,唯止斫伐者,准杂律毁伐树木稼穑,各准盗论",我以为大理寺将该案件适用杂律弃毁器物稼穑条(杂五四)。

② 《唐律疏议》斗讼律流外官殴议贵条(斗一五)问答中,将"处死"归附于绞刑。

③ 这里简单介绍一下萧钧。萧钧家族是出自梁高祖武皇帝一支的名族。《新唐书》宰相世系表下谓"萧氏定著二房,一曰皇舅房,二曰齐梁房。宰相十人"。钧父珣为隋迁州刺史、梁国公,弟瑀。钧博学有才望,贞观中,为中书舍人房玄龄、魏征所重,永徽二年任谏议大夫、兼弘文馆学士。后为太子率更令、兼崇贤馆学士,显庆中卒。作为谏议大夫,除宋四通案件外,还有关于卢文操盗窃案件的谏言见于史料。

④ 前引利光三津夫书,第 25 页。

⑤ 前引岚义人论文,第 178 页。

禁,其可渐钦"是高宗的话而非萧钧所言。只有 C 的《新唐书》中,萧钧之言作"禁当有渐……"。岚氏所论,或许是依据《新唐书》。但只要关系此事,C 与 B、D、E 内容稍有不同,而且不正确。

因此关于第三段萧钧上奏的主旨,我赞成利光的说法。只是对于"附律",与利光教授的观点不同。利光教授在前引书中写道:"高宗嫌恶四通等的行为,将其处以斩刑,<u>而且将其刑罪作为永法而'附律'</u>。可是,谏议大夫萧钧却论述了法不可追溯而加极刑。高宗也赞成其言,将罪犯减死一等,改为流刑。"(前引利光书,第 25 页)

永徽律颁行以后,历来所指出的根据案件改变律乃至律疏的事例,都是根据格而改变律的;至于律典本身变更,则一例也没有。以此为由,"附律"的"律",不一定指律典。

该教授又说:"从这里可见,'附律'之词还应该理解为将律文根据永格而加以补充、变更的意思。"(前引利光书,第 28 页)

对此,岚氏说:"'附律'的'附',与所谓'比附'、'附议'等的'附'同样,是表示比照律文的用语,我以为是毫无问题的。通过以上推敲,如果还有疑问的话,请不要吝啬保留。"(前引岚论文,第 178 页)

岚氏的议论,我以为是疏忽了"附律"一词是很少用到的这一点。虽然很细微,但是,前面 B、C、D、E 的全部资料均作"附律"而不作"付律",是什么原因呢?恐怕是因为这四个资料忠实地记录了原来的文字。"附"与"付"两者,在现代日本是混用的,而原来则是不同的文字,不言而喻。北宋刊《广韵》说:

> 付(与也,方遇切,六,去声)

> 附(寄附,又姓,晋书有附都,符遇切,十一,去声)

此外,看一下《通典》、《唐会要》、《册府元龟》与刑法有关的部分,可以散见"付法"之语。这里引用其中数例。

a. 付臣法司(《会要》卷四〇);b. 伏请付法(同上);c. 付法科绳(《册府》卷

六一六);d. 请付群官详议(同上);e. 宜付法司减死罪一等(同上);f. 既付有司(《册府》卷六一七);g. 请付法者(《通典》卷一六九)。

从这些例子与前面《广韵》的字义来考察,"付法"或"付法司",是指将案件或嫌疑人交送法司。(在佛书中,付嘱法灯之事叫"付法",例如惠果是不空的付法正嫡弟子。这与法律用语的"付法"无关)。但是迄今尚未见到与"付法"类似的词汇"付律"或者"附律"的一个用例。

还有,如利光教授那样,将"附律"解释为以永格来补充、变更律文的观点,如果不能举出其他用例,笔者很难认同此种说法。关于永格,毋宁说是如"著之于令"般使用于著令文辞①,而不是"附律"。

接着阐述笔者关于"附律"的观点。现在已经不能在别处找出复音词"附律",但有一个类似的例子。

《新唐书》卷五八《艺文志》有关于武德律的注:

> 尚书左仆射裴寂(中略)奉诏撰定。以五十三条附新律,余无增改,武德七年上。②

同一事在《新唐书·刑法志》记为"凡律五百,丽以五十三条";《旧唐书·刑法志》表述为"惟正五十三条,格入于新律"。关于武德律的制定,我准备等待别的机会论述③。在这里,只从资料的相互关系来理解武德律损益隋开皇律,并且附加唐的敕、格,一共五百条,就足够了。就是说,"附律"就是"附着于"律典,那不一定附加在法典末尾,而是作为条文"附入"律典中的意思④。

现在想研究一下关于前面保留的问题,即永徽五年八月十七日的时候,刑律中是否存在能适用的条文的问题。历来对此的研究,可以作以下分类:

---

① 参照中田薰《〈支那律令法系の發達について〉補考》(《法制史論集》第四卷,岩波书店,1964年),第189页。

② 前引《新唐书》卷五八(第五册),第1494页。

③ 对该问题,我有另文《关于武德律的制定》(东亚律令研究会,1978年9月7日口头发表)论及。

④ 参照内田智雄编《中国歷代刑法志:訳註(続)》(创文社,1970年),第128页注16。

$$\left\{ \begin{array}{l} \text{存在说} \left\{ \begin{array}{l} \text{最高刑死刑} \cdots\cdots\cdots\cdots A \\ \text{最高刑流刑以下} \cdots\cdots B \end{array} \right. \\ \text{全欠说} \cdots\cdots\cdots\cdots\cdots\cdots\cdots C \end{array} \right.$$

A 说即与现存开元二十五年律疏内容相同的条文为当时已经存在的,是岚氏之说。但是所依据资料的处理与解释是有疑点的,难以采纳。B、C 两说是利光教授提出的。利光教授还以高宗为处罚宋四通的事由归附而伤脑筋,以及如宋四通这样身份的人如果犯流刑以下罪,根据名例律(工乐杂户条)应该换刑两条理由,而否定 B 说,主张 C 说①。

笔者也赞成全欠说(C),但是 B 说的可能性也不能完全否定。对于"特免四通等死,远处配流",如果理解为退回原有的刑罚的话,则该处罚量度在永徽五年改成了重罚而已。

采取 C 说,除了利光观点,还可以加上两条间接的理由。第一,人们无法如《九朝律考》那样,在前朝的法律佚文中找出类似的规定。第二,被认为是附加的用语,是在律文的后段。笔者过去在拙稿《关于唐代禁婚亲的范围》②中,论及现存《户婚律》同姓为婚条(户三三)第三段,是在永徽律制定以后,在到开元二十五年为止期间增补的。根据全欠说,这个《卫禁律》的情况也是类似的例子。

在全欠说的情况下,新法是什么时候被附加而成为现存《唐律疏议》中的形式,是另一个问题。

利光教授主张开元二十五年说。其理由的第一条,是律令编纂时以外法条的补足变更,用单行格是惯例。第二条,"附律"应该解释为由永格将律文加以补足和更正的意思。第三条,永徽、开元间的大规模法典修改,是在开元二十五年。将以上作为理由,从而"上引条文规定将斩改绞,编入律中,而且将疏文附

---

① 参照前引利光三津夫书,第 26 页。
② 拙稿《唐代における禁婚親の範囲について:外姻無服尊卑爲婚の場合》(《法制史研究》二五,1976 年)。

加于此，可以推断是开元二十五年的事情"①。

但是，将"附律"一词作出与利光教授完全不同解释的笔者，认为新法附加是在事件刚发生后的永徽五年。利光教授的理解是，史书中并没有直接变动的例子，因此律的修改经常是以永格进行的。但是，存在皇帝超越法之上的情况，经常可能出现通过擅权变更法律的事情。只要那种擅断加重，法的稳定性自然就丧失，也会对王朝的维持产生影响。因此皇帝有必要容忍臣下谏言，慎用刑罚。

作为唐朝第三代皇帝的高宗，根据史料记载，未必是一个有能力的统治者。但是，他或许存在着亲自制定完成永徽律令格式和律疏的自负之心②。在永徽律疏颁行的翌年发生这件事情的时候，皇帝亲自直接修改律典，加上了处罚帮助宫人与外面联络行为的语句，被推测为修改律典的结果③。"附律"一词很少使用，因此这样直接修改法典的事例也必然是不多的。

三

现在想研究一下附加于唐律的言辞，对日本律产生了怎样的影响。

众所周知，大宝律亡佚了，养老律不过传下来其中的一部分。而相当于唐《卫禁律》第十二条的日本律（大宝、养老律）的规定，其佚文并不为人们所知④。根据历来的研究，存在着日本律继承了该条款，以及没有继承该条款的两种

① 前引利光三津夫书，第 28 页。

② 根据《旧唐书》刑法志，高宗除编纂法典以外，还曾经与唐临、长孙无忌、于志宁等议论刑政。此外还禁止在审判中使用赵仁本的《法例》。

③ 修订律条的具体程序现在不清楚。关于令，菊池英夫教授推测道："……作为令的修订程序，要严格根据改废令文的制（诏），而不是直接修改令文；在为部分修改而制定其他适应实情的法规的情况下，也要根据敕旨或牒敕，其中（或来自发日敕的也一样）'永为法则，以为故事'者可以理解为已经编入格。"（菊池《唐代史料における令文と与詔勅文との関係について——〈唐令復原研究序説〉の一章》，《北海道大学文学部紀要》21—1，1973 年，第 40 页。）

④ 根据律令研究会编《訳註日本律令》二（东京堂出版，1975 年）第 249 页，日本律的相应条文至今未发现片言只语。

观点。

首先探讨一下非继承说。这就是前引利光教授的观点。其第一条理由，是如果第十二条后段在律中规定的年代是开元二十五年的话，大宝、养老二律的编者就不会参照这个。第二条理由，永徽五年的诏敕即使编入了垂拱格（685年），仅仅是日本律令规定此也没有现实的必要性①。

但是"附律"之辞，如笔者这样理解为直接修改律典，而且考虑为永徽五年附加的话，大宝、养老二律的编者当然参照了这个条文，也就是具有日本律继承这个条文的可能性。

与笔者持有不同理由，而认为日本律中存在这个条文的，是泷川政次郎博士的观点。博士在论文《律的罪刑法定主义》中②，批评了此前的山田英雄教授论文《奈良时代律的适用》。山田教授列举《万叶集》卷六与《续日本纪》天平十一年（739）三月庚申条中所见石上朝臣乙麻吕与久米连若壳的私通事件，以及《万叶集》卷十五及《续日本纪》天平十二年（740）六月庚午条所见中臣宅守与藏部的女孺狭野茅上娘女的私通事件，认为这种事件所适用的律是《名例律》以外的《杂律》奸条（杂二二）以及和奸无妇女罪名条（杂二七）③。针对此，泷川博士认为，相当于唐《卫禁律》第十二条的大宝律（亡佚），是适用于这种情况的。博士记述道④："……未得敕许而与宫人私通者，科以重罪。即使只与宫人私下言语、通信、赠送衣物，也要处绞刑，因此与宫人私通者被处以重刑的，理所当然。我没有得到前举相当于唐《卫禁律》的条文，不清楚其科刑，但认为可能是绞刑或者远流。"（泷川，前引论文，第8页）

---

① 前引利光三津夫书，第29页。在日本，根据垂拱格制定有一条仪制令。参照泷川政次郎《律令の研究》（1931年），第144页起。

② 泷川政次郎《律の罪刑法定主義——山田英雄氏の〈奈良時代における律の適用〉を読んで》（《日本歷史》一八五，1963年）。

③ 参照山田英雄《奈良時代における律の適用》（《山田孝雄追憶史学·語学論集》，宝文館，1963年），第80页。

④ 泷川博士在后来的《万叶律令考》（东京堂出版，1974年）第336页中，推定日本律的最高刑为绞刑。

泷川博士的论文中,关于唐《卫禁律》第十二条的制定情况,完全未加言及。考虑其制定情况,是否包括第十二条后段中与宫人私通为止的部分,有研究的必要。

以下研究隋唐时期的这个问题。隋代与唐代,与宫人私通是蔑视皇帝的大罪。

著名的例子如由于裴寂的计谋,隋末李渊不得不举兵反抗隋朝的一段插曲:

> 先是,裴寂私以晋阳宫人侍渊,渊从寂饮。酒酣,寂从容言曰:二郎阴养士马,欲举大事,正为寂以宫人侍公,恐事觉并诛,为此急计耳。(《资治通鉴》卷一八三)①

从这里可以知道,臣下让宫人侍奉一旦被发觉,是要被杀头的。

又如作为唐太宗掌权契机的玄武门之变(626)那样:

> (武德九年)六月三日,密奏建成、元吉淫乱后宫,(中略)高祖省之愕然,报曰:"明日当勘问,汝宜早参。"(《旧唐书》卷六四)②

李建成、李元吉的罪状中,被罗列有"淫乱后宫"。从这个资料可以推测与宫人私通,是超越通常律条的大罪的情况。

还有,唐朝史官论及隋炀帝的恶迹,记述道:

> 又引少年,令与宫人秽乱,不轨不逊,以为娱乐。(《隋书》卷四炀帝纪下)③

这样的事情,不是意味着隋朝气数将尽之时,王朝秩序全部丧失殆尽了吗?

从上述资料以及《卫禁律》第十二条的制定情况来看,在唐朝与宫人私通,

---

① 《资治通鉴》(中华书局香港分局本,第三册),第5731页。
② 前引《旧唐书》(第七册),第2416页。
③ 《隋书》卷四(中华书局本,第一册),第95页。

根据其犯罪性质,我以为不适用于《卫禁律》第十二条后段的帮助宫人与宫外联络条。这样的大事要由皇帝来裁断的①。

前引泷川博士论文与大作《万叶律令考》所引用的安贵王事例中,有如下的言辞:

> 右,安贵王娶因幡八上采女。系念极甚,爱情尤盛。于时敕断不敬之罪,退却本乡焉。于是王意悼恨,聊作此歌也。(《万叶集》卷四)

从中可以明白与采女私通那样的事情,被作为"不敬之罪",其处罚要仰仗天皇的敕断②。在中臣宅守那里,《万叶集》(卷十五)中,也是"敕断流罪",刑罚也是有待于天皇裁量的。

从以上所述可知,唐《卫禁律》第十二条后段的规定如果是在永徽五年,日本律的编者参照其行文的可能性就很大。而泷川博士所举各例,超越了卫禁律第十二条后段的范围,这种与宫人的私通,需要由皇帝(或者天皇)直接裁断。因此,这些资料不能作为该条文被日本律所继承的直接证据。

结　语

归纳以上所述内容,有以下四项:

第一,谏议大夫萧钧上疏的主旨,是论述处罚的不可溯及(与利光观点相同)。

---

① 宫人在原则上与男性官员隔绝,但是也有根据皇帝命令而同处的事情:
(景龙三年,709)二月己丑,幸玄武门,与近臣观宫女大酺。既而左右分曹,共争胜负。上又遣宫女为市肆,鬻卖众物,令宰臣及公卿为商贾,与之交易,因为忿争,言辞猥亵。上与后观之,以为笑乐。(《旧唐书》卷七中宗纪)
还有如官员打扮成宫人进入内教坊这样的事情(参照崔令钦《教坊记》坊中诸女条)。
② 参照门胁祯二《采女:献上された豪族の娘たち》(中公新书,1965年),第54页起。关于这个"不敬之罪",石尾芳久氏认为是八虐之一的大不敬(《日本古代法の研究》,法律文化社,1959年,第141页);泷川氏则推测存在有与大不敬相对的小不敬即普通不敬罪(前引《万叶律令考》,第333页起)。

众所周知,唐狱官令(《拾遗》第 776 页)中规定有

> 诸犯罪未发,及已发未断决、逢格改者,若格重,听依犯时格;若格轻,
> 听从轻法。

的"不溯及原则"。这个规定,是预想根据通常的敕格变更法律的。如萧钧的事例中,即使直接修改律典的场合,也适用"不溯及原则"。永徽五年时,如果处罚宋四通等行为的法律不存在,根据"不溯及原则",他应该作为无罪的。而实际上,免除了死刑却被判处流刑。这种"纶言如汗"的观念,是根据慎刑思想作少量修改的结果。无论如何,免死刑而处流刑之事,说明了"不溯及原则"的不完全,以及君主权力不受制约的情况。

在谏言中,论及此类原则的不仅是萧钧。前面所引砍斫昭陵柏木的案件中,狄仁杰对皇帝说了如下一段话:

> 陛下作法,悬之于象魏。徒罪、死罪,具有等差。岂有犯罪极轻,即令赐死。法既无常,则万姓何以措手足。陛下必欲变法,请从今日为始。
> (《唐会要》卷四〇)①

换言之,倚仗大权变更法律,就从今天开始。

第二,"附律"一词,是直接变更律、修改法。

仁井田博士曾经说:"……律令都是根本法,但不是不可变动的法律。既有直接变更律令条文的情形,也有以敕来随时加以改废补充的情形。"②但是向来,除非在改正法典时,否则看不到直接修改唐律的例子。因此,本案可以说是极稀少的事例。

第三,事件发生时没有适用的条文,可以认为《卫禁律》第十二条后段③是根

---

① 前引《唐会要》,第 723 页。

② 仁井田陞《敦煌発見唐水部式の研究》(《中国法制史研究》Ⅳ,东京大学出版会,1964 年),第 327 页。

③ 永徽五年附加的条文,是《卫禁律》律疏十二条后段的全部(律文及疏文)呢,还是与宋四通事件直接关联的"若亲为通传书信及衣物者"(及其疏文)的一句呢? 目前不明。

据皇帝命令,在永徽五年被附加上去的。

第四,日本律(大宝、养老律),存在着继承唐《卫禁律》第十二条后段的可能性。只是泷川博士作为继承证据而列举的与宫人私通的例子,不是用该条加以处罚的问题而已。①

(原载东京大学东评文化研究所《東洋文化》60 号,1980 年)

〔附记〕

拙稿写于大约 30 年前,这里对其后的研究状况作简要说明,特别烦请程维荣教授予以翻译。

关于拙稿的论点,承蒙滋贺秀三、池田温两先生给予了指教。

对于拙稿《唐代"守法"一例》,滋贺秀三氏发表了题为《唐代法律的修改问题——关于利光三津夫、冈野诚两氏的论考》(《法制史研究》第 30 号,1981 年。后来滋贺《中国法制史论集——法典与刑罚》,创文社 2003 年转载,以下根据转载)的批评论文。接着,针对滋贺氏该篇论文,池田温氏在《法制史研究》第 32 号(1983)公开发表了评论。

如果说与拙稿之间的关系,滋贺氏的论文直接相关,池田温的评论则间接有关。

作为主题的案件本身,已经在《旧唐书》卷六三、《新唐书》卷一○一、《唐会要》卷五五、《册府元龟》卷六一七等之中有记载,现将其概括如下:

永徽五年八月十七日,太常寺乐工宋四通等帮助宫人与宫外联络。此事受到追究,高宗下令将其处以死刑,而且命令在律文中作出明确规定。时任谏议大夫的萧钧提出:"四通等犯在未附律前,不合至死。"对此,高宗说:"防祸未萌,先贤所重;官阙之禁,其可渐钦。(中略)今乃喜得其言,特免四通等死,远处配流。"

我对于该问题的个人意见可以归纳为以下四点:

一、萧钧上疏的主旨,是论述处罚不可溯及(与利光说相同);

---

① 有关的研究论文,梅村惠子《六国史中可以见到的官员犯罪》(《御茶水史学》二〇,1977 年),第 31 页,及第 38 页注 71 有介绍。

二、"附律"一词，是直接插手修改法律；

三、当时没有适用于该案件的律条，因此根据皇帝命令，于永徽五年，附加为《卫禁律》第十二条的后段；

四、存在着日本律(大宝、养老律)继承《卫禁律》第十二条后段的可能性。

滋贺氏对拙稿批评的第一点，是围绕着对《唐会要》中出现的日期(永徽五年八月十七日)的理解。滋贺氏说这不是案件的发生日，而是诏敕与上奏等公文的日期。

滋贺氏又重新列出了时间表："永徽二年闰九月十四日颁布永徽律，永徽四年十月九日颁布律疏，永徽五年八月十七日判决宋四通流刑。如前所述，如果对宋四通的判决在相当长的时期里是一个悬案的话，其案发是在前一年十月颁布律疏以前，也就是稍晚于律疏编纂完成的时间，我以为并非不可能"；"这样考虑的话，就可以推定永徽律疏编纂过程中，有对两年前刚刚完成的律文加以修改的这样从来没有被注意到的事实"(第458—459页)，并得出结论说：

一、《卫禁律》第十二条第二段律文与疏文从长孙无忌编定完成疏议开始就已经存在；

二、律文与律疏并无随时加以部分修之事。

在拜读滋贺氏论文时，我所想的是，将《唐会要》中的日期作为事件发生日而议论的拙稿，在这一点上确实是错了。唯一所残留的，是皇帝直接修正法典之事，即使拥有皇帝的权力也不可能的想法。

随后，池田温氏对上述滋贺论文进行了评论。池田氏从《唐会要》中的日期与《册府元龟》卷一〇一帝王部纳谏的"(永徽)五年八月庚申"一致的情况，推论出该日期属实，而且可以认为《唐会要》与《册府元龟》的记载，都在《高宗实录》中有出处。

因此，滋贺氏将宋四通等事件的发生推定为《律疏》颁行以前的永徽四年十月的证明并不充分。宫廷内皇帝身边发生的案件，经过几天乃至几个月才审结是通例，而指出永徽五年高宗从三月十二日至九月二十五日出行至麟游县的万年宫(九成宫)避暑的事实的话，或许可以考虑本事件也是发生于万年宫的。

根据以上考虑，认为该律条的修改可以追溯到永徽五年八月前后，是留有余地的。由于皇帝的特命而变更律的例外情况，以及针对此事的冈野的观点的可能性完全不容否定。

根据前引滋贺论文与池田批评所明确的那样，笔者将《唐会要》的日期考虑为案件发生的日子，是完全错误的，这应该是基于《高宗实录》等所记录的判决或者公文中记录的日期。

而且根据池田氏,是支持根据皇帝特命直接修改法典之事极其少见的可能性的观点的。

　　实际上根据中国法史上的法源问题来考虑,这是一个非常重要的事情。遗憾的是,拙稿发表以后,未能发现证实我的观点的史料。我准备今后继续思考这个问题。对于给予珍贵赐教的滋贺、池田两先生致以衷心感谢。

冈野诚　2009 年 9 月 13 日

敦煌发现唐律断简(P.3608、P.3252)和大宝律

——关于《户婚律》放部曲为良条续冈野诚之新说

坂上康俊　撰

郑显文　译

一

　　日本编纂《大宝律令》时以唐代律令为蓝本,其中应首推永徽律令、律疏之事,是学术界长期以来流行的通说[①]。永徽律令成于永徽二年(651),律疏成于永徽四年(653)。这以后日本因向唐派遣第二次(653—654年)、第三次(654—655年)、第四次(659—661年)、第五次(665—667年)、第六次(669年)遣唐使,

---

[①]　泷川政次郎《律令の研究》,1931年,刀江书院,第141—150页;井上光贞《日本律令の成立とその注釈书》,日本思想大系《律令》所收,1977年,岩波书店,第764—761页,等。

唐代的永徽律令、律疏也就被认为由这些人带回日本①。可是,由于遣唐使的派遣在第六次后暂时中断,下一次的派遣是在《大宝律令》完成后的大宝二年(702),因此,唐代的垂拱律令(685 年编纂)至少在《大宝律令》编纂结束(701)以前未由遣唐使带回日本。

在遣唐使中断这一时期,日本又不断地向新罗派遣遣新罗使②。新罗当时的目标是统一朝鲜半岛,因而与唐朝处于敌对状态,但随后不久双方的关系又重归于好。随即于垂拱二年(686),新罗向唐遣使朝贡,这其中的详细情况,见《唐会要》卷三六"蕃夷请经史"条:

> 垂拱二年二月十四日,新罗王金政明遣使请《礼记》一部并杂文章。令所司写吉凶要礼并文馆词林,采其词涉规诫者,勒成五十卷,赐之。

古畑徹对新罗请书的背景作了细致的描述:因从唐朝送达的皇帝诏书和给唐帝的奏文皆用汉文书写,为了提高写作和读解能力,才提出了这种请求③。这种见解应该说很有道理。但是,为了制作外文文书、教书、上奏等文件,仅具备文章的书写能力还远远不够,了解有关的文书格式也是不可缺少的。因此,我们推测此时刚刚出台的垂拱律令被带回新罗的可能性很大。若无对公式令及《职制律》的理解,在与唐的交往中就不能撰写出适合礼节的外交文书。

另外,在持统九年(695),在被派遣去新罗的日本使团中,有后来参加《大宝律令》编纂的伊吉连博德。考虑到当时已有编纂《大宝律令》的打算④,所以将其派遣去新罗的目的也包含研究新罗法律制度的因素,若果真如此,就有可能出现通过他将垂拱律令带回日本的情况。但是,说垂拱律令为《大宝律令》的蓝本

---

① 池田温《关于唐代律令的继承》(《日本思想大系月报》55,1976 年)中指出,日唐的法典编纂和使节的往复很容易查明。

② 参照铃木靖民《古代对外关系史の研究》,1985 年,吉川弘文馆附表 3 等。

③ 《七世纪末到八世纪初新罗、唐关系——新罗外交史初论》,《朝鲜学报》107,1983 年,第 36—37 页。

④ 《大宝律令》着手编纂的时间不明,直木孝次郎的《持统天皇》,1960 年,吉川弘文馆,第 260 页;井上光贞前注论文第 754—755 页等认为可能是在文武天皇即位(697 年)之时,现从其说。这以前为编纂该律令而进行调查也就不足为怪了。

之一并没有充分的证据。因此,我们还是采用古代史学界通说的理解。关于通过遣唐使而取得中国情报的观点仍值得怀疑①。

正是在这种情况下,最近冈野诚发表了《论敦煌本唐户婚律放部曲为良条——P. 3608、P. 3252再探》(明治大学《法史论丛》60—4、5合并号,1988年3月)。冈野氏对有关标题的条文进行了精细的研究,在此基础上主张垂拱律作为大宝律蓝本之一的情况确实存在。如果这种见解成立的话,那么关于遣新罗使的意义就有可能重新作出评价。这对于日本律令蓝本的研究也会引起很大的震动。对于冈野氏的观点是否允当,笔者也作了尝试性的探讨,认为其得出的结论仍很难令人信服,故而在此借贵刊一角以陈鄙见,希望能得到冈野及诸位专家的教正。

二

关于伯希和发现的敦煌文书中含有唐职制、户婚、厩库律断简②的情况,自很早以前由内藤乾吉教授介绍并提出问题以来③,尤其是围绕着残卷中包括的《户婚律》放部曲为良条的增补修整,已发表了许多论考④。截止到目前,就研究

---

① 黛弘道《八世纪的日本——新罗与律令》,《八世纪的日本和东亚》,《唐、新罗、日本》所收,1980年,平凡社刊等。

② *Tun-huang and Turfan documents I : Legal texts*,山本达郎、池田温、冈野诚编,1978年,东洋文库刊,里面收录了照片和录文。

③ 《敦煌発見唐職制戸婚厩庫律断簡》,《中国法制史考証》所收,1963年,有斐阁,原文发表于1958年。

④ 除内藤乾吉前注论文外,还有牧英正《戸婚律放家人為良還圧条の研究》,《法学雑誌》9—3、4,1963年;仁井田陞《敦煌発見則天時代の律断簡——日本と唐の奴隷解放撤回に対する制裁規定》,《中国法制史研究:法と慣習・法と道徳》所收,1964年,东京大学出版会;石尾芳久《戸婚律放家人為良還圧条論考》,《古代の法と大王と神話》所收,1977年,木铎社,原发表1965年;浜口重国《唐王朝の賤人制度》,1966年,东洋史研究会刊;山根清志《唐の部曲客女身分に関する——考察——ペリオ漢文文書3608号の理解にむけて》,《一橋研究》3—1,1978年;刘俊文《P3608、3252垂拱職制户婚厩库律残卷》,《敦煌吐鲁番唐代法制文书考释》所收,中华书局,1988年,原发表于1982年;滋贺秀三译注《戸婚》,律令研究会编《译注日本律令》6,东京堂出版,1984年;堀敏一《隋唐の部曲・客女の身份の諸問題について》,《中国古代の身分制:良と賤》所收,1987年,汲古书院刊,等。

情形而言,冈野氏的前引论文颇为详尽,在此不多加赘述。下面就让我们先介绍一下在继承以前诸多研究成果,并在此基础上提出自己见解的冈野说的主要内容。

在敦煌发现的有关问题条文中,曾有一度改订的迹象。在此按冈野氏的释读,把改订前的条文替作旧条文,把改订后的条文作为新条文,现叙述如下:

旧条文:

> 诸放奴婢为良,已给放书,而还压为贱者,徒二年。若压为部曲,及放为部曲、而压为贱者,各减一等。放部曲为良,还压为部曲者,又减一等。

新条文:

> 诸放部曲为良,已给放书,而还压为贱者,徒二年。若压为部曲,及放奴
>
> 婢为良,而压为贱者,各减一等。即压为部典、而压为贱者,又○减一等。各还正之。

在开元二十五年律中,除无附"◎"印之"还"字、在"○"印部分有"各"字外,其他均与新条文相同。

不过,冈野氏在对本断简的原文精心分析后,将其研究结果作了如下的表述(见前引论文第 684 页):

(1)在旧条文中,因见到了七种则天文字(此外在旁边还有一种),其书写年代,为则天文字通行期间载初元年至长安四年(689—705),"月"字是则天文字前期型,故以之为根据,就能将时间短缩至载初元年至神功二年正月(改历后神功元年闰十月)(689—697)。

(2)旧条文中底本 X 的年代断定,因旧条文中出现"诏"、"尚书省"之语,可以认定为永徽律。

(3)新条文的书写年代,是则天文字使用被禁止的神龙元年(705)以后,由于据说此时若把则天时代的律抄本(旧条文)加以部分修改,亦能使用,故认定

为神龙初年。关于这一情况，也可由新条文的该条和开元二十五年律同条两者之间的不同（"还"和"各"）相印证。

（4）新条文的底本 Y，很可能是成于神龙元年的神龙律。只是如《户婚律》该条条文内容之改正并非神龙时的改正，而对成为神龙律蓝本的垂拱律的改正，神龙律只是原样继承下来。

以上是冈野氏关于该写本在唐代法典编纂史上地位这篇论文的主要内容。

在此，若把关于该条文的改正和日本律关系的原有认识简而言之，可以说在文章上类似于旧条文，在内容上类似于新条文，即日本律依据《裁判至要抄》所引的养老律逸文应复原为：

> （凡）放家人为良，已经本属，而还压为贱者，徒二年。

在《户令》三七良人家人条所附的义解中：

> 谓：压者，放家人奴婢为良，还压为贱也。

同《古记》中有：

> 压，谓放家人奴婢为良，还压为贱也。

因此在日本律中，大宝、养老两律皆推定为这种情况，即家人→良→奴婢①。若将之翻译成唐代用语，应该说是部曲→良→奴婢的情形，但这在旧条文中没有，而是在新条文中规定的。从这种意义上来说，可以推定出在内容上日本律中大宝、养老律皆同于新条文。然而，另一方面，原来带有◎印的"还"字，因在旁边有抹消符，想必在新条文中被消除，这一点新条文和有"还"字的日本律不同，日本律在文章上被看作旧条文。因此，新旧条文的年代断定和日本律的继承，以及围绕着日本律复原的方法展开的连绵不断的彼此反驳的状态，由于没有适当的解决方法，问题仍然被保留下来。从这样彼此反驳的角度来说，有关

---

① 石尾芳久前注中论文虽对日本律的复原自身有所疑议，但从上野利三《大宝律逸拾遗——据〈古记〉复原》（《续日本纪研究》212 号，1980 年）之说，认为看到大宝律文同《裁判至要抄》内容相同并无不妥。

日本律的蓝本问题,该条文仍有待于进一步研究。

可是,冈野氏经过对原本的精心调查,考证出的结果是"还"字带有的抹消符实际上有两个,这是把抹消掉的再抹消,即用现在校正用语所说的相当于"原样委弃"。这是重大的发现,其得出的结果是日本大宝、养老两律不仅在内容上,而且在形式上也和新条文相一致。冈野氏根据上面的研究成果,把新、旧两条文的年代断定的日本律的继承关系绘制成下图:

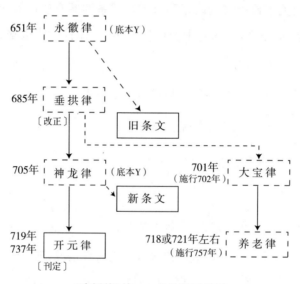

《户婚律》第一一条的继承关系

三

然而,对于这一年代的断定,立即招致了如下的反驳。概而言之,依冈野氏之说,《户婚律》该条文是在垂拱律基础上改正的。此垂拱律颁行后不久,使用则天文字记载下来的旧条文因何被改正为前面永徽律的条文呢? 又,把 685 年颁行的垂拱律在 701 年前传至日本一事,如前面提及的那样,若认为是通过唐与新罗的交往及日本的遣新罗使的派遣,虽不能说不可能,但到大宝律编纂前,却也没有把垂拱律传至日本的明确证据。的确,关于《户婚律》该条,大宝、养老两律文与新条文有相同的内容(至少到现在为止搜集的逸文、取意文中),但冈野氏恐怕没有考虑到其设想以外的传承关系。

在此为了简要论述,先谈谈我个人的看法。用则天文字记录下来的所有旧条文,若认定为是垂拱律文又会怎样呢? 在此情况下,新条文应首先把神龙律列为第一候补,但也不能说没有以后律的可能性。这种观点,基本上沿袭了刘俊文之说①。

认为这种情形的优点是说在垂拱律施行中,根据垂拱律把被改订(冈野氏认为)的前代律(永徽律)使用则天文字撰写出来。冈野氏的这个假设,不少的勉强部分由此而消失,当然,为此必须逐个体会冈野氏假设的论据,论述哪一个论据更少勉强。

首先,就与日本律的继续关系这一间接的论点,试阐述一下个人的看法。据冈野氏的考证认为,所有的新条文与《大宝律》应为同一结构、同一文章。但从普通的《大宝律》的研究情况看,《大宝律》的蓝本应说是永徽律及律疏,这已见前述。其间的顺序是如何认定的呢? 我们认为,新条文可以说几乎与永徽律相同。即在永徽律中,本来存在着与新条文同样的条文。日本律的编纂者采用这些内容,而创制完成了大宝、养老律的律文。然而,这期间在中国,永徽律条文在垂拱律编纂时被改正,其结果是创造了所谓的旧条文。但随后不久在神龙律编纂时再由垂拱律回复成前面的律文,即永徽律文。这一复原的举措,可以从冈野氏列举的神龙元年二月五日中宗复位时的即位敕中窥见一斑,也就是说中宗即位后,武则天时期所进行的许多改革大都被否定,并还原为永淳以前的旧样。这一措施的结果,是使新条文与大宝、养老律文变得相同,但这并非为从新条文向日本律文转化的继承关系之由来,大宝律条文和新条文是类似于叔侄的关系,新条文和养老律文可以说是堂兄弟般的关系。

---

① 见前注论文第 55、57 页。

即使是这种情况,据垂拱律(令)改成永徽律令的二十四条之一将之作为《户婚律》该条,与冈野氏的想法也并不矛盾。

问题是冈野氏把旧条文看成永徽律的论据很高明,却为何又抛弃了呢? 这一问题可以说是在旧条文多次出现的"诏"字及"尚书省"的官名应该如何认定的问题。就前者而言,可以说是载初元年(689)以前的律文;从后者而言,是引导永徽律施行年间旧条文永徽律说。但是,换去"诏"字而使用"制"字,是在垂拱律颁行(685)后的载初元年以后,因此在垂拱律中使用"诏"字也是理所当然的。

关于"诏"字和武则天文字的使用情况,冈野氏进行了详细论述。他认为,写旧条文者,应尽可能以"制"字代替"诏"字;又,即使想要使用则天文字,也不是很彻底。与"诏"相比,在总计171行中,仅有两例出现过"尚书省",本来同样是应被换写的,看来有可能是书写者疏忽所致。据《旧唐书》卷五〇《刑法志》,垂拱时法典编纂之际,重点放在格式的编纂上,关于律令,仅作"其律令惟改二十四条,又有不便者,大抵依旧"。被改订的二十四条是律令中的哪条? 或律中的哪条? 是存疑之事。已知的只是二十四条这件事情。但这二十四条中不列举官名的改称也很容易推测到。即使是改动有关实质内容的这二十四条的情况,恐怕也是依照公式在对主要官府颁行时,把律文全文书写加以颁行。至于个人手中抄写的写本情况(本残卷被认定为这种情况),即使有关实质性改动的条文记录,用其来对旧的所持有的律文加以补订也很方便。因为没有别的新条文自身对旧条文加以增补修改,所以这样处理的可能性很大。在这种情况下,是在自己原有写本的基础上加以记录补订呢? 还是把记录内容与原来的旧写本互相对照,尽可能把全文用当时通用的文字改写呢? 这主要根据个人的情形来决定。多半是这一残卷旧条文的书写者采用后面的方法,即关于则天文字也好,关于"诏"字也好,虽很留意,似乎又不完全如此,因此,关于"尚书省"的官名,同样不很介意,认为这样也不会有所妨碍。由此完成的旧条文虽确实包含有被改正的条文,但在字面上肯定会多少保留着原来律文的模样。关于律令条文的改订具有如此的想像,得到的当然是记述极为具体的"二十四条"的暗示了，即认为实际上地方官府的水平连作出关于这"二十四条"指示的可能性都没有。

四

以上皆为想像之说。概而言之，对于《户婚律》该条虽在垂拱律中被改订，但把这以前的永徽律文写成垂拱施行期的理解不能得到认可"，把它与"虽然使用的是则天文字，垂拱律施行以后，但说'尚书省'使用的是永徽律用语，这也讲不通"相互对照，我们说与其重视文字的差异，莫如重视内容的异同，若试着对产生这种文字差异的状况、原委加以说明的话，估计在文字方面，该残卷旧文的书写者没有仔细思考，这恐怕是其中稍有不同的原因。

不过，从上面各种想法的由来看，对于原来该条文曾进行过一次改定的设想，笔者认为，应有过两次改订。但虽说有两次改订，实际上神龙年间的那次改订只是复旧，这对作为当时执政者的举措来说也很容易理解，笔者在前面已经述及。但因为这是通常的情况，至于该条文在个别具体情况下又有什么样的变化还需进行探讨。就改订的内容而言，冈野氏制作了简明的图表，现转录如下：

关于《户婚律》第 11 条旧条文、新条文之比较

身份 ＼ 情况	A	B	C	D	E
良部曲奴婢					
旧条文	无	4 徒一年	1 徒二年	2 徒一年半	3 徒一年半
新条文	1 徒二年	2 徒一年半	3 徒一年半	4 徒一年	5 徒一年
罚量之差别	新条文时新设	⊕半年	⊖半年	⊖半年	⊖半年

旧条文、新条文的数字如规定的顺序所示。罚量之差别⊕表示加重，⊖表示减轻。

的确，依笔者所见，新条文以及比旧条文更前的条文（在此暂作为古条文，在内容上，如前所述，把大宝律作为根据与新条文一样看待），在存在着所谐的良、部曲、奴婢三种身份的当时,规定了身份一旦被提高后来又被贬低的所有情形。然而,我们认为,这到底也只是在数学上可能出现的情况,比原来身份更低的情况在现实生活中是很难出现的。

更重要的还是在量刑方面。若假定古条文和新条文量刑完全相同,在从古条文向旧条文转移之际,对于在出现部曲→良→部曲的情况下减轻半年,而在由奴婢→良→奴婢、奴婢→良→部曲、奴婢→部曲→奴婢的情况下,都加重半年。倘试言之,在量刑上,认为部曲与良之间的距离比奴婢与良之间的距离更近,因而旧条文变得更强调奴婢与良、部曲之间的身份差异。这正如冈野氏所述,武周时期,从皇帝一方面来说,其方针如果是想要把部曲的身份与奴婢明显区分而加以保护的话,不如说旧条文一方或许更符合其心理。从这点来讲,我想也应支持旧条文垂拱律说。

五

以上为鄙人之浅见。现仿照冈野氏,把《户婚律》该条文的继承关系列图如下:

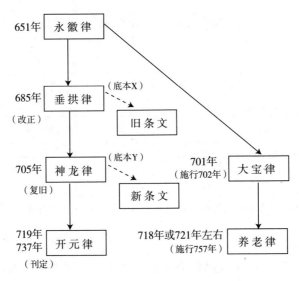

在中国良贱制度的发展史上，关于本条改定的意义，笔者不敢贸然阐述。上接冈野氏的论考，作为平素对中国法制文献舶传至日本甚为关心的一员，仅就律文断简年代的确定一事提出一己之见，所得结论对证明通过遣新罗使输入垂拱律这一充满魅力的主题又回到了原来的出发点。不过，从中国西部地区正陆续发现的唐代法制文献的残卷，使我重新认识到它们很有可能对这一课题产生意想不到的影响。

最后，让我们对进行该条文详细研究的冈野先生表示深深的敬意！就此止笔。

1990 年 3 月稿

（译自日本历史学会编《日本历史》509 号，吉川弘文馆，1990 年 10 月）

论敦煌本唐《户婚律》放部曲为良条

——P.3608 和 P.3252 再探

冈野诚　撰

陈最新　译

前　言

巴黎国立图书馆所藏伯希和带来的敦煌汉字文献中,包括用则天文字书写的唐律断简 P.3608 和 P.3252。二者原本同为一卷,后来因断离残缺而形成了现在的这两个部分。P.3608(以下简称断简 A)记载着《职制律》第九至五九条、《户婚律》第一至三三条,P.3252(以下简称断简 B)记载着《户婚律》第四三至四六条、《厩库律》第一至四条①。

该两断简,就书写年代之早、所含唐律条文之多而言,实乃珍贵资料。内

---

① 以下唐律条文名及编号根据《故唐律疏议》(律令研究会本)。

藤乾吉氏论文《敦煌发现唐职制户婚厩库律断简》①,进一步表明了该资料的价值。

内藤论文提出的论点涉及诸多方面,而特别重要的论点之一是断简 A 中记载的《户婚律》第一一条,即放部曲为良之修改问题。本条部分文字用红点涂抹修改,且旁书修改文字和原文非出一人之手。从该事例可以预想到文字修改是以法律修订为背景的可能性。

此外,这个问题,不仅仅涉及法律条文修改的讨论,而且还与考察唐朝身份政策(良贱制)密切相关。对此,正如后面所介绍,迄今已有许多专著问世。

步众多前辈学者之后尘,对于断简所收放部曲为良条,略抒浅见,爰撰此文。论述方法上,欲再度回到起点,从再探断简其物开始。本稿实欠成熟,然适值恩师岛田正朗先生从明治大学法学部退休,专此执笔,旨在感谢师恩,并请岛田先生雅正。

一、问题所在

本节根据迄今研究史,阐明问题所在。

首先简介笔者 1984 年 6 月在巴黎国立图书馆实地所见唐律断简的外形特点②。

P.3608(断简 A),纸高 29.3cm,宽 308cm,8 张纸联贴成一体。第 1 张至第 7 张,宽度大致相同,每张记载着 21 行律文(注解用小字写成双行),行线间隔约

---

① 内藤乾吉《敦煌発見唐職制戶婚厩庫律断簡》(《石浜先生古稀記念東洋学論叢》,同纪念会 1958 年,内藤《中国法制史考证》,有斐阁 1963 年转载。本稿以下简称之《断简》,从转载书中引用)。

② P.3608 及 P.3252 的全部照片收录在山本达郎、池田温、冈野诚合编 *Tun-huang and Turfan Documents concerning Social and Economic History I*,Legal Texts A,B,Toyo Bunko,1978—1980.(以下简称 *Legal Texts*)中(3) B1 页以下。此外,部分照片刊登于神田喜一郎编《敦煌秘籍留真》(小林写真制版所 1938)卷上(P.3252 一部)、内藤乾吉上述《中国法制史考证》、仁井田陞《中国法制史研究:法と慣習・法と道徳》(东京大学出版会 1964 年,修订版 1981 年)(P.3608 一部。内藤、仁井田都收入了主要是《户婚律》的第 11 条。)录文及校对,均参照内藤上述《断简》及山本、池田、冈野上述 *Legal Texts* 倒数第 1 页以下。

2cm。惟独第8张为6行,以下断离。残存行数总计为153行。P.3252(断简B),高同样为29.3cm,宽35.9cm,全部为一页纸①。右端断离,左上端残缺(左端可能是纸缝)。包括不完整行,残存行数共计18行。两断简均为黄染纸,且已退色。关于文字和书写风格之特点,后面详细探讨。一见断简,给人的印象便是条文文头上红笔划的圈、标点、删除符等的鲜艳色泽。

两断简,从整体格式和校订结果来看,很难认为是官写官藏本(作为配备于官衙的法典,由专门书吏书写者),多半是官吏因私书写的持有物②。

断简A、B中有第一次书写的旧的部分和后来由于某种理由修改的新的部分。第一次和第二次书写人,从字迹上看,并非同一人,其间年数跨度颇大。

为了便于讨论,以下本稿把由第一次书写人书记的诸条法律条文(律本文＋注)以及同一人在几乎同一时期修订的部分统称为"旧条文",把由第二次书写人对"旧条文"的修订,以及由同一人在同一时期用红笔记下的各种符号类(后述)统称为"新条文"。此外,有必要明确表示与《户婚律》放部曲为良条相关的旧条文和新条文时,以"旧条文(户婚一一)"或"新条文(户婚一一)"加以限定③。

那么,《户婚律》放部曲为良条的旧新条文之间在内容上有何差异呢? 作为衡量其差异的尺度,让我们先来翻开唐开元二十五年(737)的同条条文。

---

① 内藤氏(《断简》183页)、笔者本人(*Legal Texts A* 第22页,倒数第5页)都曾认为P.3252全部为两张,但在巴黎调查原卷时发现,原来根据微缩胶卷判断为纸缝的地方,其实只是折纹,实为一张。因此,*Legal Texts* 有待于更正。

② 介绍以下纸背,仅供参考。P.3252v 中有亦应称之为资料的《新婚诗词》。其前部及其之后,是以《催妆二首》、《去花一首》、《去扇》、《去幞头》为题的诗,从结构上看,与《下女夫词》(王重民等编《敦煌变文集》,人民文学出版社,1984年,上集第273页起)相似。P.3608v 有《咒愿文》、《大唐陇西李氏莫高窟修功德记》(杨绥述)、《寒食篇》、《夜烧篇》、《讽谏今上鲜于叔明、令狐峘等请试僧尼及不许交易书》、《贾耽表》(拟题)等。纸背的利用,当在九世纪中叶以后。

③ 内藤论文中,对于有关《户婚律》第一一条的改写,使用了旧条文和新条文字眼,把修改前的称作旧条文,修改后的称作新条文。而本稿在广义上运用了这二个用语,把整个断简中出自第一次书写人之手的部分和出自第二次书写人之手的部分加以区分,前者称作旧条文,后者称作新条文。与律文无关的落书除外,均出自两个人之手。而这又是假设,有待于在本稿第三节加以论证。

诸放部曲为良,已给放书,而压为贱者,徒二年。若压为部曲,及放奴婢为良,而压为贱者,各减一等。即压为部曲,及放为部曲,而压为贱者,又各减一等,各还正之。(《律附音义》卷四)①

关于本条的新条文,撇开附加过○标记的"各"字不论,据说与上列开元二十五年唐律相同。然笔者要举出另一相异点:附加过◎标记处("而"和"压"之间)有个"还"字(后述)。即,新条文(户婚一一)在开元二十五年律(户婚一一)中加进一个"还"字,又删除了一个"各"字。

与此相对,旧条文(户婚一一)中有很大的不同。

诸放奴婢为良,已给放书,而还压为贱者,徒二年*。若压为部曲,及放为部曲而压为贱者,减各②一等。放部曲为良,还压为部曲者,又减一等。

* 则天文字③

这些相异,参见图表(见表1)就更加明白。

即,A的情况(部曲→良→奴婢。解放部曲为良,之后地位下陷到奴婢的情况)旧条文中无任何规定,而为新条文中增加的内容。再看B(部曲→良→部曲),新条文在量刑上比旧条文重了半年,而在C、D、E各情况下,新条文量刑都减轻了半年。新条文还附加了"各还正之"即国家保证被解放后的身份这一要旨的文字。

这些不同点究竟从何而来?是律的修改,还是单纯的笔误更正?如果认为是由于律的修改,那么旧新条文又是根据几时的律、在哪年书写的?修改《户婚律》第一一条目的又何在呢?

---

① 《律附音义》(上海古籍出版社,1979年)、《宋刑统》、《唐律疏议》亦同文。但《宋刑统》中的"一"为"壹","二"为"贰"。

② 关于加了旁线的"减各",过去发表的研究论文都认为是"各减"或"减"。笔者认为这个"各"字是旧条文的一部分,正确表示位置的话,就是"减各"。

③ 以下由于印刷关系,则天文字除部分之外,均恢复常字,文字边加*印以示之。

表 1　关于《户婚律》第 11 条旧新条文之比较：

身份＼情形	A	B	C	D	E
良／部曲／奴婢（图示）					
旧　条　文	无	4 徒一年	1 徒二年	2 徒一年半	3 徒一年半
新　条　文	1 徒二年	2 徒一年	3 徒一年半	4 徒一年	5 徒一年
量 刑 之 差	新条文新增 + 半年	- 半年	- 半年	- 半年	

旧条文和新条文数字，表示规定的顺序。量刑之差的 +，表示加重；量刑之差的 -，表示减轻。

为了探明这些疑点，列举如下众多迄今已发表的研究成果①。

　　a.内藤乾吉《敦煌发现唐职制、户婚、厩库律断简》（前述，1958 年；再版 1963 年）

　　b.牧英正《户婚律放家人为良还压条的研究》（《法学杂志》9—3、4，1963 年）

　　c.仁井田陞《敦煌发现则天时代的律断简——日本和唐对撤消奴隶解放之制裁规定》（同作者上述《中国法制史》Ⅳ，1964 年）

　　d.石尾芳久《户婚律放家人为良还压条论考》（《法学论集》14—4、5、6，1965；同作者《古代的法、大王和神话》，木铎社，1977 年再版）

---

　　①　除下列诸文献外，作为初期介绍性的记叙有：董康《书舶庸谭》（武进董氏石印本，全四卷，1928 年）民国十六年一月二十三日、二十四日条；王重民《巴黎敦煌残卷序录》第一辑（1936 年）卷二（断简 B）、第二辑（1940 年）卷二（断简 A）、同上《敦煌古籍叙录》（商务印书馆，1958 年）卷二（断简 A、B）等。

e.浜口重国《唐王朝的贱人制度》(东洋史研究会,1966年)

f.堀敏一《均田制与良贱制》(《前近代亚洲的法与社会》《仁井田陞博士追悼论文集》第一卷,劲草书房,1967年;之后改稿,同作者《均田制研究——中国古代国家的土地政策与土地所有制》,岩波书店,1975年再版)。

g.山根清志《唐部曲客女身份的考察——对伯希和汉文文书3608号的理解》(《一桥研究》3—1,1978年)。

h.刘俊文《敦煌吐鲁番发现唐写本律及律疏残卷研究》(北京大学中古史研究中心编》敦煌吐鲁番文献研究论集》,中华书局,1982年)。

i.滋贺秀三注《户婚》(律令研究会编《译注日本律令》六《唐律疏议译注篇》,东京堂,1984年)。

j.堀敏一《中国古代身份制——良与贱》(汲古书院,1987年)。

这些研究中,惟独浜口氏(e)有更正笔误一说,认为更正前的条文中有误字,更正后为正确的法律文字。

然而从整个断简调查来看,旧条文和新条文为异笔,旧条文用了则天文字,而新条文里根本没出现过。此外,旧新条文都具有作为法律文字的完整性。而且,唐代也有修改律条的事例①。这样考虑,浜口之说便难以成立。

笔者与浜口以外的众多讨论者一样,根据内藤之说(a),把户婚第一一条的旧条文与新条文之差异的原因考虑为条文修改(参照第三节)。

限定于《户婚律》第一一条的改写问题,内藤氏主要从三个方面加以考察:

(1)旧条文和新条文的书写年代及作为各自底本的编纂年代;

(2)本条的修改与日本律(大宝、养老二律)的关系;

(3)本条修改的目的、社会背景(但是内藤极少谈到有关问题)。

---

① 引用拙稿《唐代における「守法」の一事例——衛禁律闌入非御在所条に関連して》(《东洋文化》60卷,1980年),作为其一例。

内藤氏以后的诸研究,着力点各不相同,但大多言及上述(1)(2)(3)问题。例如对于(1),牧氏(b)、刘氏(h)等都提出了新见解;对于(2),牧氏(b)、仁井田氏(c)和石尾氏(d)都作为重点;对于(3),仁井田氏(c)、堀氏(f、j)和山根氏(g)等都有所论及。近年来,正如从山根氏(g)和堀氏(j)的研究中可看到的那样,有利用本断简作为探明中国古代身份制变迁的资料的倾向。

但是,关于(2),如同内藤氏已经写明的那样,很难从日本方面的资料来直接证明唐律的修改,因为难以表明日本律的编纂实际用到了唐朝的哪一部律(《断简》第 210 页)。

当然,(1)的问题在某种程度上得不到解决,对(3)的议论会带来不确定性。换言之,首先解决(1)的问题是解决(2)(3)问题的前提。

因此,本稿把尽量限定旧条文和新条文书写的年代跨度作为第一目的。作为其方法,首先要探索构成《户婚律》第一一条修改背景时期的编纂史,顺便对A、B 两断简进行再次核实,然后根据旧条文和新条文的整体比较和研究,考虑《户婚律》第一一条的修改。

二、则天时代的法典编纂

在此稍稍思考一下有关形成《户婚律》第一一条修改问题背景的法典编纂史。

关于如何把唐代整个法典编纂史的时期加以区分,笔者尚未具有确定的己见,暂且如表 2 所示,提出研究上的假设,即:

以安史之乱(755—763 年)为界,把唐分为前后期,然后进一步把前期分为三期,后期则为一期。各个时期和法典编纂史的特点,一言以蔽之,也许可称为第Ⅰ期——创业期、Ⅱ——混乱期、Ⅲ——大成期、Ⅳ——继承期。

本节中应探讨的是其中的第Ⅱ期。这个时期,若用皇帝名表示,即高宗、中宗、睿宗和武则天,实际上武则天的一人天下给人印象深刻。

窃以为,一看唐代法典编纂记录便可知道,对法典的多次编纂、修订(包括撰定、删定和刊定),可分为实质性的和形式上的。一般来说,有这样一种倾向:实质性的法典编纂和修订是根据具有政治实力的皇帝旨意、具有明确目的、花费较长时间进行的。与此相对,形式上的则是根据即位后新皇帝旨意、礼仪性颁布的与前代内容几乎无差别的法典①。

表2 唐代法典编纂史的时期区分

区 分		期 间	皇 帝
前期	Ⅰ	618—694	①高祖,②太宗
	Ⅱ	649—712	③高宗,④中宗,⑤睿宗,[1]武则天,④'中宗,[少帝],⑤'睿宗
	Ⅲ	712—762 (755—763)	⑥玄宗,⑦肃宗 (安史之乱)
后 期	Ⅳ	762—907	⑧代宗～⑳哀帝

①②③……为皇帝即位顺序,④'⑤'为再祚,[1]表示周朝

关于上述第Ⅱ期,比较有意义的法典编纂和修订,可列举为:

永徽二年(651)	颁行	永徽律令格式
永徽四年(653)	颁行	永徽律疏
垂拱元年(685)	成	垂拱律令格式
神龙元年(705)(又云二年)	成	神龙律令格式

永徽律令格式具有修改贞观律令格式这一明确目的,其编纂工作的总负责人为高宗母(文德顺圣皇后)之兄太尉长孙无忌。在其二年后完成颁布的永徽律疏是对永徽律的官方注释文书。它不仅解释律条的法意,而且具有对其不足之处加以独自立法的部分,所以堪称作实质性的法典编纂。

① 关于法典编纂的类型,石尾芳久写过富有启发性的论文(《律令の编纂》,同作者《日本古代法の研究》,法律文化社 1959 年所收)。至于笔者同样类型的论述,尚未走出草拟阶段。

如后所述,垂拱律令格式以格式的编纂、改正为重点,因此是实质性法典编纂。中宗复位后的神龙律令格式,旨在收拾武则天时代制度上的种种紊乱,在合于复古的意义上说,也是实质性编纂。

上列四次法典编纂与修改中,代表武则天时期的是垂拱时期。

> (垂拱元年)三月……颁下亲撰垂拱格于天下。(《旧唐书》卷六《则天皇后纪》)①

> (垂拱元年)三月……辛未(26日)颁垂拱格。(《新唐书》卷四《则天皇后纪》)②

从以上两项资料可知,"垂拱格"是由武则天亲自撰写的。详细记载见于《刑法志》:

> 则天又敕内裴居道、夏官尚书岑长倩、凤阁侍郎韦方质与删定官袁智弘等十余人,删改格式、加计帐及勾帐式,通旧式成二十卷。又以武德已来、垂拱已前诏敕便于时者,编为新格二卷,则天自制序。其二卷之外,别编六卷,堪为当司行用,为垂拱留司格。时韦方质详练法理,又委其事于咸阳尉王守慎,又有经理之才,故垂拱格、式,议者称为详密。其律令惟改二十四条,又有不便者,大抵依旧。(《旧唐书》卷五〇《刑法志》)③

从该资料可看出,两唐书本纪中所说"垂拱格",就是武德以后垂拱以前的诏敕中适时编纂而成的《垂拱新格》二卷,与另外的《垂拱留司格》六卷并存④。除这些格外,还有《垂拱式》二〇卷。据说当时的法典都以详密而获很高评价。

---

① 《旧唐书》卷六(中华书局本)第一册第117页。

② 《新唐书》卷四(中华书局本)第一册第84页。

③ 上述《旧唐书》卷五〇,第六册第2143页。又,参照同册第2158页校勘记〔一六〕〔一七〕。另,参照内田智雄编《译注续中国历代刑法志》(创文社,1970年)第175页以下。

④ 《大唐六典》卷六注(广池学园本)第139页上说"垂拱留司格六卷、散颁格二卷、裴居道删定",故可认为《新格》二卷是散颁格。《旧唐书》卷六末尾,把"新格"当作"垂拱格四卷"(第一册第133页)。

而律令，仅仅修改了二十四条，即便有不适时宜之点，也大抵照旧①。二十四条的修改，在《旧唐书·刑法志》、《册府元龟》卷六一二中，联系律令论述过，而在《通典》卷一六五、《唐会要》卷三九中，则限定于律。是否都属正确，短时间内难以决断②。不管怎样，垂拱的法典编纂中，比起律令来，更强调格式，且置重点于有武则天序的《新格》二卷，是确实无疑的。

这与奏上和颁布的日期都有关。根据《新唐书·则天皇后纪》(前述)、《唐会要》卷三九、《资治通鉴》卷二〇三的明确记载，《新格》二卷于垂拱元年三月辛未(二十六日)颁布。至于除此之外的垂拱律、令、格(留司格)、式，奏上和颁布的日期不明。倘若认为编纂负责人裴居道在奏上当时有"内史"的头衔，他任内史(指中书令)是在垂拱元年五月丙午(一日)和同三年四月壬戌(二十九日)之间，因此，《新格》以外律令格式的奏上和颁布再快也得迟一个多月③。

作为则天时期代表性法典《新格》及《垂拱律令格式》，是在怎样的政治背景下且费了多长时期编纂的呢？

要考虑这个问题，有必要先搞清楚据说完成于文明元年(684)四月二十二日的《文明律令格式》的存在与否。

仁井田陞氏根据《文苑英华》卷四六的《定刑法制》及《唐大诏令集》卷八二的《颁行律令格式制》，曾经言及《文明律令格式》的颁行④。

① 对于所引《旧唐书·刑法志》最后一句，内藤说(《断简》第200页)及上引内田书，均读作"有不便者，亦大抵依旧"，理解为垂拱律令仅仅修改二十四条，有不便之点照旧。笔者亦同。但堀氏则理解为"若有不便者，大抵依旧"(《唐会要》卷三九)，"亦可认为'修改的条文尚未实施'"(前述《中国古代の身分制》第331页)"。

② 仁井田陞《唐令拾遗》(东方文化学院，1933年)第16页以下，把律令作为前提；堀敏一《中国における律令制の展開》(唐代史研究会编《中国律令制の展開とその国家·社会との関係：周辺諸地域の場合を含めて》，1984年)第18页阐述了律说。

③ 经比较并研究《旧唐书》卷六、《新唐书》卷四发现，裴居道于垂拱元年五月一日从秋官尚书改任内史(《新唐书》作纳言)，同三年四月二十九日从内史改任纳言。

④ 仁井田陞上述《唐令拾遗》第17页。但是在其后该氏的著作中似乎不再言及《文明律令格式》。

现引用其部分资料：

> 门下：朕闻……近见所司进律令格式，一一自观……今既纲维备举，法制弘通，理在不刊，义归无改，岂可更有异同。别加撰削，必年月久远，于时用不便。当广延群议，与公卿等谋之。今未有疑，无容措笔，其先（定）律令格式之本，宜早先（宣）布……内外寮寀，知朕意焉。（文明元年四月二二日）（《文苑英华》卷四六四《定刑法制》，根据《唐大诏令集》卷八二《颁行律令格式制》校对）①

从内容所见，可以认为此诏的发布目的在于促进律令格式的修改。根据这一点，难以理解此为新法典的奏上、颁布。因此"颁行律令格式制"（《唐大诏令集》）这一说法不当，"定刑法制"（《文苑英集》）之说较为稳妥。

下面先搁置前述一系列政治进程中文明元年的诏、垂拱的法典修改，思考一下则天时代法典编纂的意义。

表3是自永淳二年（683）至垂拱元年（685）政治进程的简略年表。一看便可发现，高宗死后的政权显然不稳②。

中宗即位后未满二个月即废位（改名为庐陵王），之后又几度迁徙。其时有中宗之弟睿宗形式上的即位，武则天的视朝，睿宗之兄庶人贤的赐死，加之作为抵抗武则天运动的李敬业之乱的失败，还有为了社会更新而频发的改元的制度。法典修改正是在着实纷繁的诸事件中见缝插针进行的。

这一时期的法典修改，甚至可以说是与政治状况极为强烈地连动着。例如，文明元年四月二十二日，即庐陵王（原来的中宗）迁徙至房州（湖北省房县）的当天，发布"定刑法制"；又如，垂拱元年三月十一日，庐陵王又从均州（湖北省

---

① 《文苑英华》卷四六四（中华书局本）第三册第 2370 页、《唐大诏令集》卷八二（鼎文书局本）第 472 页以下。

② 参照横田滋《武周政权成立的前提》（《東洋史研究》一四——四，1956 年）、外山军治《则天武后》（1966 年）、砺波护《唐中期的政治与社会》（《岩波讲座·世界历史》五、1970 年，砺波《唐代政治社会史研究》（同朋社 1986 年再版）等。

均县)迁徙至房州;同月二十六日,则天亲自作序的《新格》二卷颁下。而《垂拱律令格式》也在晚些时候奏上、颁布了。

表 3　垂拱律令格式的形成过程

年　次	主要政治·法制事项
永淳二年	12 月 4 日(丁已)改元,弘道元年。
弘道元年	同日,高宗死。12 月 11 日(甲子)中宗即位
[同 2 年]	正月 1 日(甲申)改元,嗣圣元年
嗣圣元年	2 月 6 日(戊午),中宗废位,改名庐陵王。7 日(已未)睿宗即位。改元文明元年。
文明元年	同日,武则天视朝。3 月庶人贤在巴州自杀。4 月 22 日(癸酉)庐陵王,王移居房州。同日"定刑法制"。26 日(丁丑)同王迁移均州。9 月 6 日(甲寅)改元光宅元年。
光宅元年	同日,官名改易。9 月 29 日(丁丑)至 11 月 18 日(乙丑)李敬业之乱。
[同 2 年]	正月 1 日(丁未)改元垂拱元年。
垂拱元年	3 月 11 日(丙辰)庐陵王迁移房州。26 日(辛未)《垂拱新格》颁下,武则天序。同年《垂拱律令格式》颁下。

正月 1 日改元,故括号内的年号并不实在。

显而易见,为了平息汹涌而来的各种政治问题,武则天采取极其强硬的手段督责官吏,并提出了各种旨在稳定法的策略。

由于这些策略奏效,天授元年(690)武则天终于夺取唐的社稷,建立了周。

笔者试图根据这种武周政权确立的过程来考虑《户婚律》第一一条修改的意义,即作为武则天的社会安定策略(换一种立场说,维护政权的策略)的一环,而进行了法的修改。下一节要研究的是,通过对断简 A、B 的分析,笔者的这种观点是否会得到支持。

三、唐律断简的再探

(一)关于方法

第一节里已介绍过,关于包含 P.3608+ P.3252 的旧条文和新条文,尤其是

《户婚律》第一一条,迄今已进行了各种考察。在此笔者想谈一下对该问题的研究方法。

笔者基本上把该问题划分为四个阶段(参照图1)。不言而喻,呈现在我们面前的是原为同一书卷而一分为二的律的抄本(写本)A与B(连接A与B的部分已残缺,A、B未直接连接)。律的诸条文通过A、B可以分为"旧条文"和"新条文"。当然,这些名称并非资料中出现,而是根据考察结果加上去的。

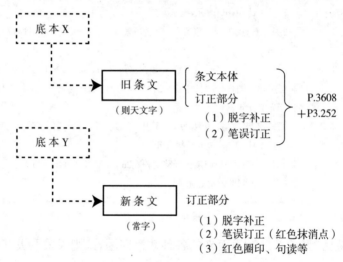

底本X

旧条文
(则天文字)

条文本体
订正部分
(1)脱字补正
(2)笔误订正
} P.3608
+P3.252

底本Y

新条文
(常字)

订正部分
(1)脱字补正
(2)笔误订正(红色抹消点)
(3)红色圈印、句读等

图1 问题的四个阶段

如以后详细叙述的,旧条文即由条文正文与修改部分构成,原则上采用了则天文字。与此相对,新条文就是后来由于法典修改而部分更改了的旧条文,当然在时间上迟于旧条文,且与旧条文非出自同一书写人之手。该书写人没有使用则天文字。

从现存律的断简A、B中可以直接发现的,只是具有旧条文和新条文时间差的二个阶段。由于旧条文和新条文分别还有它们所依据的底本,当然有必要同时考察底本,但现在,我们无法直接看到这些底本。

所以,我们把旧条文和新条文分别取名为"底本X"和"底本Y"。没有必要把X、Y考虑为由中央制定的第一次抄写的法典。更有可能的是从那时起经数次书写,而当时在西域的转抄本。

总之,笔者把底本 X 和旧条文、底本 Y 和新条文的四个概念区别开来,再把它们作为四个阶段讨论如下。为了便于叙述,按旧条文、新条文、底本 X、底本 Y 的顺序进行。

(二)旧条文特色和书写时期

旧条文由条文本体(律正文+ 注)和修改部分构成。下面叙述一下书写特色。

首先,条文的书写格式并非逐条另起一行格式,而是不另起一行的紧接式。但在条文末尾和下一条文开头之间空开了一、两个字,以示条文间隔。这一书写原则,贯串始终。特别引起笔者注意的是①

(1)A106　　　职节级连坐、诸……

(2)B4　　　故违者各杖一百、诸……

中"诸"字左上角(译文为左方——译者注)的墨点"、"。从位置来看,并非句读。起先笔者也想到可能是停笔痕,又见一例时,发现这"、"就是"诸"的第一划。大概书写人写了第一划发现有误,即停笔了。显然,旧条文书写人十分注意保持条文的间隔。

接着,探讨一下旧条文修改部分。修改部分,从形式上可分为(甲)添补漏字和(乙)改正笔误(应为改正别字,但由于制度变更等缘故,不能说误字,故如此称之)。可以认为,旧条文书写人同时进行条文的书写和修改②。

(甲)添补漏字　旧条文书写人在发现漏字处下方(译文为右侧括弧内——译者注)用薄墨小字补写该添入的字。(全部七例)

(1)A28 注　　丘(与)区

---

① 以下表示资料所在时,以"断简 A、B—行数—正文、注(有注时)"形式。行数按上述 *Legal Texts* A、B。

② 如此判断的第一个理由是,补正字的书写风格与旧条文的条文本体(特别是注的文字)极为类似。第二个是,一般来说,条文本体书写后进行(甲)添补漏字和(乙)改正笔误,才是律的书写人完成的。非官方写本也一样。

    (2)A32　　　应行(下)而

    (3)A79　　　乞取者(与/)监临同(有墨线)

    (4)A118　　　减:(各)一等("各"字上方有二红点,为印刷方便,置于该字
　　　　　　　　　　左侧)

    (5)A135注　　若　(于)　一　人

    (6)A143注　　亦　(同)　娉　财

    (7)B7　　　　以下(及)在室之女

其中(3)的墨线当然是旧条文书写人划的。(4)的"各"字属旧条文,二红点
为新条文书写人亲手所加。(后述)

　　(乙)改正笔误　下面让我们来调查一下写成别字时是如何改正的。不过,
它们不一定可以说是别字,如其中包括的载初元年(689)以后改成"制"字的
"诏"字。

    (1)A20　　　诏

    (2)A21注　　诏

    (3)A22　　　■(淡红)(诏→淡红)
　　　　　　　　△

    (4)A23　　　诏……诏

    (5)A24　　　制(诏→淡红→制)

    (6)A28　　　奏(□? →奏)

    (7)A32　　　不(□? →不、"而不行下"的不)

    (8)A34　　　诏……诏

    (9)A39　　　下(下→下)

    (10)A43　　　诏
　　　　　　　　△

    (11)A49　　　而(不→而)

    (12)A113　　上(上→上)

（13）A139　　俊(→俊)

（14）B11　　新(杂→新)

其中（9）（11）（12）（13）（14）纯粹是因重叠书写而改正的。"诏"字用法没有一定。

诏字涂成淡红,改制字 ………………………………………………（5）

诏字涂成淡红,忘记改正 ……………………………………………（3）

诏字依旧保留 ……………………………………（1）（2）（4）（8）（10）

旧条文书写人根据底本,起先在所有地方都写上"诏"字,后来发现应写"制"字,于是先在二处涂成淡红,然后在其中一处只是写上了"制"字,其余大多依旧保留①。

旧条文用(甲)(乙)两种方法对条文本体进行修改,但方法并不完善,通过与其它文献(法典类)校对,可以挑出许多误字脱字②。这就是旧条文修改方法的特点。

接下来,探讨一下有关旧条文的书写时期。旧条文的显著特点就是使用则天文字。所谓则天文字(亦称武周新字),就是由武则天强制推行的新文字。关于其字数,学说上并不一致,一般的意见是总共十七字(天、地、日、月、星、年、正、君、臣、人、国、载、初、授、证、圣、照)③。

---

① 从这些"诏"字的处理方法中可以考虑两种可能性。第一,旧条文书写人制作该律写本时态度不够严谨。第二,旧条文书写时,"诏"向"制"的转换未必是强制性的。相反,从第两种可能性也可以推想到旧条文的书写多半就是在转换成"制"字的载初元年(689—690)之后,但对此不能确信。参照内藤《断简》第202页以下、仁井田升陞上述 c《敦煌发现则天时代的律断简》第314页注4。

② 参照内藤《断简》第184页以下的校勘、拙稿《论近刊的影宋刊本律附音义》(《法律论丛》五三——一、二,1980年)第77页以下的校勘表。

③ 内藤湖南氏认为"册"也是则天文字(《近獲の二三史料》、同作者《読史叢録》弘文堂,1929年刊载,《内藤湖南全集》第七卷,筑摩书房1970年再版),但藏中进在《则天文字の成立とその本邦将来——『千唐誌斎藏誌』拓影墓誌を中心にして》(和汉比較文学会编《和漢比較文学研究の構想》,《和漢比較文学叢書》第一卷,汲古书院,1986年)第176页以下对其提出批评,否定把"册"作为则天文字,而视之为异体字的一种。黑体字所表示的是断简A、B中出现的则天文字。敦煌写经研究也支持上述结论。参照王三庆《敦煌写卷中武后新字之调查研究》(《汉学研究》四——二,1986年)。

内藤乾吉氏研究表明,本断简 A、B 中出现八种则天文字:

天、地、日、月、年、正、载(七字) ……………………………… 则天文字

征(一字) ……………………………………………… 右旁作为则天文字

初、授、臣、人(四字) …………………………………………… 常字

则天文字的用法,和"制"字一样,很难说是严密的。

迄今的研究认为,使用则天文字的时期为载初元年至长安四年(689—705)①。因此内藤氏推定:旧条文书写期的最大范围和则天文字盛行期相同;如果硬要限定,从后出的则天文字一个字也没有使用这点来看,并不是在则天时代末期,而可能是在还未完全习惯于则天文字的初期②。内藤氏的这个观点基本上是正确的。

近年来,北京文物出版社出版发行了《千唐志斋藏志》,使我们得以看到洛阳邙山出土的许多唐碑拓本的影印件③。中村裕一、藏中进氏利用这新的资料,正在进行有关则天文字使用的研究④。

正像内藤氏所注意到的那样,则天文字各字重新制定之后,不熟悉新的则天文字的可能性也应列入研究之中。因此严格地说,根据特定的则天文字的使

---

① 根据常盘大定《武周新字の一研究》(《東方学報》东京、第六册,1936 年)第 18 页以下,则天文字的非正式使用是从上元元年(674—675)以后开始的。但其论据不足,本稿采用一般的观点。

② 根据藏中进前述《則天文字の成立とその本邦将来》第 177 页以下,全部十七字分五次制定。

第一次　载初元年(690)一月一日……照、天、地、日、月(前期型)、星、君、臣、载、初、年、正(十二字)

第二次　天授元年(690)九月九日 …………………………………………………… 授(一字)

第三次　证圣元年(694)正月一日 ……………………………………………… 证、圣(二字)

第四次　天册万岁元年(695)九月九日 …………………………………………… 国(一字)

第五次　圣历元年(697)正月一日 ……………………… 人、月(后期型;前期型废止)(二字)

③ 河南省文物研究所、洛阳地区文物管理处编《千唐志斋藏志》(上、下)(文物出版社,1984 年)。关于本资料,有池田温氏的详细介绍(《东洋史研究》四四——三、1985 年),有用的索引还有吉冈真《千唐志斋藏志》墓主人名索引稿(《广岛大学·东洋史研究报告》七,1985 年)。

④ 中村裕一《"千唐志斋藏志"中所见则天文字小考》(《史学研究室报告》四,武库川女子大学,1985),藏中进上述《則天文字の成立とその本邦将来》。

用或不使用来决定该文书、墓志的年代会产生若干纰漏①。

然而笔者窃以为,对于十七字中的一个字的处理,可以不同于其它。众所周知,相当于"月"字的则天文字中有前期型("𠀹")和后期型("囸")。这二型在一定时期替换的事实如果得到明确证实,可以作为推定旧条文书写时期的有力根据。

中村、藏中氏都写道,"月"的替换是在圣历元年正月(中村)、圣历元年正月一日改元时(藏中),与"人"字的制定同时进行②。

仅有一个墓志在处理上成问题,那便是《大周故处士前兖州曲阜县盖府君(畅)墓志铭并序》(《千唐志斋藏志》上册、墓志拓本第四五二号)。该书说明中称之为"圣历二年(699)正月十七日"之物,而从中出现的"月"字均为前期型。由于这个"月"字,中村把墓志作为例外来处理,藏中氏则把它定为神功二年(698)正月十七日,而不是圣历二年之物③。

所以,先来查考一下墓志其物。

> ……以神功元年十月十五日卒於神都道政【故?】里私第,春秋七十六,即以二年正月十七日葬于北芒山北月城中之先茔……(·重点号,则天文字)

即,墓主盖畅卒日为神功元年十月十五日,埋葬日为神功二年正月十七日。因此可以看出,藏中氏的见解是恰当的。但根据平冈武夫氏所编《唐代的历》,成了:

---

① 据所见藏中上述论文第 165 页以下的则天文字使用一览,笔者具有这样一种印象:则天文字的使用是非常严格的。

② 内藤乾吉氏亦写道,从京都大学人文科学研究所所藏墓志拓本三十种等来看,则天文字的"人"字和"月"字后期型必定在圣历之后(《断简》第 197 页)。
对此,梅应运氏的研究表明:根据《大周封祀坛碑并序》(《金石萃编》卷六二)等,"月"字后期型可追溯到天册万岁二年(695—696)(《敦煌石室经卷题记之研究》,《新亚书院学术年刊》八、1966 年收录),但对于其作为论据的碑文本身的资料价值有疑问。参照藏中上述论文,第 188 页注 13。

③ 中村裕一上述《"千唐志斋藏志"中所见到的则天文字小考》第 65 页,藏中上述论文第 169 页。

年号	年	干支	月
神功元		丁酉	十大
神功元		丁酉	十大(闰)
圣历元		戊戌	正小(周正正月,甲子冬至,同日改元)①

历法上并不存在神功二年。因此上面提到的《千唐志斋藏志》说明文也罢,中村氏也罢,都特意把它归到圣历二年了。

事实上,从神功到圣历,在历法上存在着极为复杂的问题。根据平冈武夫氏的研究(上书序言第 9 页),武则天原来的历(当时采用周正)在观念上施行两阶段修改,甲子、冬至和元旦均赶在岁首。换言之,依照武则天之命,神功二年正月被强制性地改成了神功元年闰十月(参照表 4)

表 4　武则天的改历(神功、圣历年间)

原来的历(周正)	第一次修改(周正)	第二次修改(周正)
神功元年 　十月大(甲子朔,癸巳晦)	神功元年 同　左(同　左)	神功元年 同　左(同　左)
神功二年 　正月小(甲午朔,壬戌冬至晦)	神功元年 →闰十月小(同左)	神功元年 →闰十月大(甲午朔,癸亥晦)
腊月大(癸亥朔,甲子二日,壬辰大寒)	圣历元年 →正月大(同左)	圣历元年 →正月小(甲子朔冬至,壬辰晦)
闰腊月小(癸巳朔)	→腊月小(癸巳朔大寒)	同　左(同　左)

为了使圣历元年正月甲子赶上朔、冬至,进行了两阶段操作。武则天的"更改闰月制"是上述第二次修正的结果(本表根据平冈武夫编《唐代の历》第 9—10 页的表及解说制作)。

被称为"更改闰月制"的发布,根据《唐会要》卷四二,是"神功二年闰十月二十六日制";按《旧唐书·历志》的说法,是"武太后称制"之时;按《唐大诏令集》卷八二的说法,是在"神功元年七月";而《资治通鉴》卷二〇六,又载于神功元年

---

① 平冈武夫编《唐代之历》(同朋舍出版,1977 年)第 99 页。

条的末尾。由此可见其记载的混乱。

那么就把这其中比较详细的记载挑选出来研究一下。

> 武太后称制，诏曰，顷者所司造历，以腊月为闰。稽考史籍，便紊旧章。遂令去岁之中，晦仍月见。重更寻讨，果差一日。履端举正，属在於兹。宜改历于惟新，革前非于既往。可以今月为闰十月，来月为正月。是岁得甲子合朔冬至，於是改元圣历，以建子月为正，建丑为腊，建寅为一月。命太史瞿昙罗造新历。(《旧唐书》卷三三《历志》①)

如历志所明确记载的，"可以今月为闰十月，来月为正月"，该制的发布，就原来的历而言，是神功二年正月中，恰逢改历后的神功元年闰十月中。通行本《唐会要》作"神功二年闰十月"，这是不正确的②。

而按以上推论，便会产生另一问题。倘若武则天的制是在神功元年闰十月二十六日突如其来，当月一日至二十五日这段时间如何处理？倘若是在武则天的制发布以前，那相当于神功二年正月一日至二十五日。这段时间是历史上实际存在的。有关资料，除了现有疑问的盖畅墓志（神功二年正月十七日）、《千唐志斋藏志》以外，还有《游击将军王伏生墓志》（神功二年正月五日）等③。

接着研究武则天如何处理已实际存在的神功二年正月的二十五天。其实，线索就在刚才引用过的"更改闰月制"中的一句"宜改历于惟新、革前非于既往"之中。也就是说，新历适用于该制发布的时刻以后，同时涉及修改舛误。其涉及的范围，则是神功二年正月一日至二十五日。

这样一来，历史上实际存在，且其记载留在墓志中的神功二年正月一日至二十五日这段时间，由于武则天的强行改历，被抹消了。为了加以证实，试举一

---

① 上述《旧唐书》卷三三《历志》第四册第 1216 页以下。
② 武英殿本、江苏书局本及世界书局本《唐会要》都误作"神功二年"。
③ "游击将军王伏生墓志"这一名称见于毛汉光重编《中央研究院历史语言研究所藏历代墓志铭拓片目录附索引》(史语所，1985 年)第 138 页，但未见该墓志的内容。

例。《册府元龟》卷六二九所收"流外出身不得任寺丞等官敕"的发布是在神功元年闰十月二十五日①。这是确定涉及年月的一例。正式记载上,神功二年正月已经不存在了。

言归正传。盖畅墓志的墓主卒于神功元年十月十五日,其入葬是在相当于次月的神功二年正月十七日(改历后的神功元年闰十月十七日)进行的。墓志若在那时书写,就是圣历元年以前,所用则天文字的"月"字,当然是前期型。

即,在《千唐志斋藏志》中,可以说"月"字的则天文字前后期两型无一例外地以圣历元年正月为界,明显交替。如果说其它表现,"月"字前期型被禁止使用,一律转换成后期型②。

将这一事实作为论据,该律断简可以认为是书写于"月"字前后期通用时期,即载初元年至神功元年正月(改历后的神功元年闰十月)(689—697)期间。据内藤的推论,即便这一时期,相比较也不算早期。对此,笔者表示赞成。

(三)新条文特色与书写时期

下面探讨一下新条文的特色。所谓新条文,是指根据底本 Y 进一步订正旧条文(条文本体与其订正部分)后的条文的总称。如果旧条文与底本 Y 的文字相同,旧条文的文字照样利用;仅仅只是在有差异时,用红点在该文字上涂抹,并在其右(译文为下)侧用墨写上正确的字。为了订正而写上的文字与

① 《册府元龟》卷六二九(台北清华书局本)第一四册第 7548 页。上述《唐会要》卷七五,下册第 1359 页,日期也一样。

② 阅池田温氏《中国古代籍帐研究》(东京大学东洋文化研究所,1979 年),发现《周圣历二年(699)三月敦煌县检校营田人等牒》(第 336 页)起成了"月"字后期型。

《吐鲁番文书》第七册(文物出版社,1986 年)中的"月"字的两型交替,在圣历元年。但同文书中可以见到前期型与后期型并用的两个例子(第 44、442 页,其中后者是推论的)。由于文书的照片尚未发表,记此以备后考。

旧条文非同笔,很难说是高超的书写风格。一般来说,其墨色要比订正前深浓。

(甲) 添补漏字

(1) A49　不应　遣驿
而　　（订正字在旧条文上方）

(2) A50　留、以行书
稽程论减二　　（订正字在旧条文上方,留字下有红点）

(3) A80坐赃论　授讫未上
亦同余条取　　（订正字在旧条文上方,用红线相连）
受及相犯准此

(4) A89　○诸
监临之官　　（订正字在旧条文上方,用红线相连,诸字前有红圈）

(5) A94注　家
谓口未离　　（订正字在旧条文上方）

如上所示,条文订正原左旧条文右侧,现横排在上方,用稍粗杂的文字书写。另外可以知道,从(2)起,红点句读为补正同时所加或后来所加。从(3)(4)起,可以认为红线、红圈与订正字一起,由同一人所写①。

(乙)改正笔误

根据底本 Y 校对旧条文,在应订正的文字上加红色删除点(、或、、,其意味相异,后叙),然后如例所示在该处上方用浓墨把正确文字写上。

(1)A5　　勿诸论（诸字下为红点）

(2)A113　　三岁

(3)A117

(4)A118　　（放部曲为良条,后叙）

(5)A124 注　若以上籍
　　　　　、 、 、
同贸易
、 、 、

---

① 关于(甲)的(4)A89,内藤氏提出疑问:在补上"诸"字以前的旧条文中,该处是否果真有"诸"字,即该条是否独立的条文?(《断简》第194页以下)笔者认为,旧条文书写当时本条已独立;遗漏"诸"字,纯粹是书写人舛误的可能性较大。

（6）A141　　　　己

（7）A143 注　　以财物

（8）A143　　　　己

（9）A145　　　　己

（10）B8　　　　　各

其中，除用红点删除以外，旁书正确文字的只有分写成二行的（3）（4）放部曲为良条，其余都只是纯粹的删除①。但其中的（2）（7）（10），大概以为是错删，《律附音义》、《宋刑统》、《唐律疏议》该处都分别有这些文字存在。此外，即使从文义上考虑也没有理由删除。再注意看（2）（7）（10）删除符，便可发现一个共同点，即都不是"、"，而是"、、"（二点）。过去，包括笔者本人，一直认为"、"和"、、"都是删除符②，书写人多半是把它们作为不同的符号区别使用。就是说，"、"指删除该文字，"、、"指撤回删除③。

此事对（3）（4）（A117、118）中放部曲为良条的新条文复原方法影响颇大。

A117　诸放奴婢为良、已给放书，而还压为贱者徒二年、若压为部曲及放为

A118　部曲，而压为贱者减一等，放　部曲为良还压为部曲者又减一等

（* 则天文字）

这些旧条文的条文本体中，加了"、"的文字是删除的文字。问题是附有"、、"的文字。A117 的"还"大约是撤回删除的文字，而且应该是旧条文和新条文里都存在的。此事恐怕将成为一种促进探讨过去一向议论的唐律与日本律

———

① 内藤《断简》收录的文中没有在本稿所提到的（乙）的（2）（6）（7）（8）（9）（10）删除符（*Legal Texts A* 亦然）。通过微型胶卷要识别这些红点甚难。

② 内藤氏录制文句时十分注意把（、）和（．）、（、、）和（　）区分开来表示，至于这些符号的含义，均解释为删除符。其他论者亦然。

③ 这个推论与所谓加点的一般原则是否一致，笔者无法判断。但新条文书写人加点含有感悟到这样一种法则性的意思。有关加点，参照石冢晴通《楼兰、敦煌加点本》（《墨美》二〇一号，1970 年）。

的关系问题(后叙)的资料。问题是 A117 的"奴婢^(部曲)"和 A118 的"部曲^(良)"。从笔者的逻辑来说,各文字上加了"、",因而是撤回删除。但是,在右侧由同样的书写人记上了别的词句。那么,用哪一个部分才能作为书写人的最终意志呢?根据新词句的补写,笔者的理解是:事实上旧条文是再次删除,即"删除→撤回→伴随着补写的再次删除"。

同样地,A118旧条文书写人补正的"各"字下方也有二点,如"各",那是由新条文书写人所加的红点。这种情况下,可以理解为撤回删除"各"字之后,把"各"字移至"者"字右下方,结果还是再度删除。

关于新条文(户婚一一)的文字最终应该如何被复原,按本稿第一节所述。新条文有两处与开元二十五年律(户婚一一)不同。

关于(5),内藤氏的理解是在户婚律第一一条同样的新条文中被修改(删除)的东西。(6)(8)(9)的"己",可认为是把"己"改成"已"的意思。人们知道书写文书的时候,"巳""已""己"三字是很容易搞错的。

(丙)文头的红圈印 各条文文头的"诸"字上方,有红笔划的红圈。内藤氏写道,这红圈是旧条文书写时划的还是以后划的,不得而知(断简第 195 页)。

笔者认为,如前所述,从新条文(甲)添补漏字的(4)A89 例可看出,红圈和红线、补正字一样,属于新条文。笔者准备用其它的事例来增强这一判断。

A5　勿○诸论、2　　　　　［()内的红点已删除］

由此推出如下研究结果:

(1)　误读成"勿论","诸"字下面划红点(句读)。

(2)　发现误读,删除红点,重新在"论"字的右下方划红点。

(3)　"诸"字左侧乱划红圈。

(4)　发现"诸"字本身为衍字,用红点将其删除。

根据判断,各条文文头划的红圈是作为新条文的一部分,而红色删除点、补正时的红线、红的读点以及根据底本 Y 用墨修改的订正字,均出自新条文书写人之手。

红圈不仅有表示条文文头的功能,而且还意味着与底本 Y 校对完毕。附带说明一下,新条文上的红色之深,可以明显区别于旧条文二处的"诏"字上所涂的淡红色①。

那么,具有以上特点的新条文书写于何时呢。

内藤氏注意到新条文(户婚一一)中"正"字不是则天文字,而是用常字记录的,认为书写时期是在完全禁止使用则天文字后的神龙元年(705)以后。新条文(户婚一一)除了少"各"一字外,与《唐律疏议》的同条完全一致,内藤氏据此推定是以开元二十五年(737)律为底本,在此以后书写。这样,书写期就被推迟了。笔者支持内藤氏见解的前半部分,即,从"正"字采用常字这点来考虑,推定为神龙元年以后书写。

刚才笔者讲过,文头的红圈意味着根据底本 Y 校对旧条文且已校对完毕。从这里应该考虑到,如果是部分补充修正旧条文,新条文的书写就是在旧条文还在适用的时期进行的,而且首先应该假定在神龙初年。

被称作新条文漏掉的"各"一字,未必能简单地说是单纯的漏字。

(1)户婚一一

(2)职制四七("从者各依己分法")

---

① 内藤乾吉在《断简》第 203 页中写道,据传闻,有二处"诏"字涂红的颜色比他处红色深。笔者的印象是相反。

尚存问题的(1)事例，可谓在律文校勘上与(2)基本是同一型。即就(2)而言，作为永徽律律疏系统的敦煌唐律（断简 A）和《养老律》中无"各"一字，而作为开元律律疏系统的《律附音义》、《宋刑统》、《唐律疏议》中出现了"各"字。这可谓是在永徽、开元间作为法典刊定结果而补入文字的事例。就法典编纂史的大势而言，进行如此工作，可以认为是开元间的事，也是(1)与(2)可以同样考虑的事例①。

如果是这样，新条文漏掉"各"一字将成为表明新条文在开元以前书写的一个论据。此外，如果有关新条文书写人文字删除符的拙见（"、"和"、"的意思不同）得到承认，便可证明新条文不是开元律，因为旧条文和新条文中都存在"还"字，而开元律系统的诸资料（《律附音义》、《宋刑统》《唐律疏议》）中未出现该字②。于是笔者认为，新条文（含红笔的删除符、句读红线和红圈）书写于神龙初年的可能性最大，而不会在开元年间。

（四）底本 X 的年代

通过(二)(三)，对旧条文和新条文进行了探讨。下面研究有关它们的底本 X、Y。但是，X、Y 实物并不存在，只能透过旧条文和新条文间接地窥视，所以不可能详细描述它们的特点，也就是说很难判断 X、Y 的书写年代，只能仅仅将官府名称和制度变更等作为线索，推定律的（撰定、刊定）年代而已。

我们从思考旧条文所依据的底本 X 的年代入手。

首先应当注意的是旧条文中出现的"诏"字。旧条文根据底本 X，写有九个"诏"字，嗣后发现"诏"字禁止使用，有二处涂上了淡红；其中一处淡红色上写了"制"字，另一处疏忽订正，依旧涂着淡红色。其他七个"诏"字按原样

---

① 参照拙稿，上述《近刊的景宋刊本律附音义について》第 98 页以下。同文第 103 页列举了法典刊定时字句修改（增删）的文字例子：者、以、及、而、之、各等。

② 据仁井田陞氏所说，越南黎律的该条（户婚田产律）中也没有"还"字。这恐怕是继承了开元二十五年的律。仁井田前述 c《敦煌发现则天时代的律断简》第 312 页。

保留。

根据内藤氏前述论文(《断简》第 202 页以下)和近年来中村裕一氏的研究①,把"诏"改成"制"是避武则天讳的结果。改制是从载初元年(689)开始的。因此,如果底本 X 中只用"诏"字,底本 X 应当是在载初元年以前的律。

正像内藤氏所指出的那样,旧条文中可以看出以下二例:

A28 书、尚

(尚书)(《律符音义》《宋刑统》《唐律疏议》作"尚书省")

A96 尚书省

内藤氏根据《大唐六典》卷一、《通典》卷二二、《唐会要》卷五七、《旧唐书·职官志》、《新唐书·百官志》和《资治通鉴》等文献介绍尚书省的省名变迁,并且指出他以前的研究中把尚书省的省名与都省名的变迁混为一谈的事实②。

神龙元年以前称"尚书省"名的,只在下列两个阶段:

甲 唐初至龙朔二年(618—662)

乙 咸亨元年至光宅元年(671—684)

底本 X 就是这时期的法典。即,无论甲、乙哪个阶段,结论都是底本 X 为永徽二年(651)颁行的永徽律。笔者赞成内藤氏的这一说法,把底本 X 视作永徽律。

但是内藤氏暗示,如果垂拱法典编纂时一一改写官名,并不排除是垂拱律的可能性。依笔者管见,旧条文书写于载初元年—神功二年正月(改历后的神功元年闰十月)(689—697)间,因此从时间上说把制定于垂拱元年(685)的垂拱

———————

① 中村裕一《唐代诏书与制书——唐公式令研究(二五)》《史学研究室报告》五,武库川女子大学,1986 年)。

② 参照内藤乾吉《断简》第 204 页以下及第 219 页注(20)。但在所引《通典》卷二二,作为"通天初复旧"的似乎只有殿本,而在宋本、明本(方献夫本、李元阳本、大字本),作"咸通"。在《唐会要》卷五七,作"咸亨"。恐怕咸亨的记载重复出现,后来为了合理化改成了别的年号。因此,认为"通天"正确的根据不足,还是省略整个一句(五字)为妥。

律当作底本 X 是最恰当的。然而笔者重视"尚书省"一语，又认为垂拱律的可能性极小，而采用永徽律说（后面探讨的底本 Y 年代，也增强了永徽律说的力度）。此外，在"结束语"中将阐述垂拱律说为何难以成立）。

一方面颁行最新法典，一方面书写在这以前的法典，这究竟是为了什么呢？大概旧条文书写人，并不是因公而仅仅是为了自己，把手头的永徽律转写本随手取来而书写的①。进一步推测，除二十来条更正以外，永徽、垂拱二律在内容上大同小异，这在当时也许是尽人皆知的。

（五）底本 Y 的年代

新条文书写人当然不是任意修改所持的旧条文，而理应有参照的法典。它就叫作底本 Y。底本 Y 的部分内容与底本 X 不同，可以说 Y 是比 X 后出的法典。

内藤氏根据新条文（户婚一一）的内容与开元二十五年（737）律的同条条文除"各"一字外基本相同这一点，大致认定底本是开元二十五年律（《断简》第 215 页）。但如同笔者已经阐述过的那样，不应无视"各"的一字之差。

笔者认为，新条文书写于神龙初年，所以底本为神龙律或在这以前的垂拱律（而载初律存在的可能性小，暂不予以考虑）。从理论上来说二者都可能是底本 Y，但笔者认为是神龙律的可能性比垂拱律大。

神龙元年（705）二月五日中宗的"即位敕"中有这样的词句：

……业既惟新，事宜更始，可改大周为唐。社稷、宗庙、陵寝、郊祀、礼乐、行运、旗帜、服色、天地等字，台阁、官名一事以上、并依永淳以前故事。（《唐大诏令集》卷二《中宗即位敕》②）

---

① 作为在西域保存古代法制文献的一例，列举"唐天宝职官表"（拟题）。被认为没有实用价值的百年多以前的本表，经整理居然还保存着。参照池田温、冈野诚《敦煌、吐鲁番发现唐代法制文献》（《法制史研究》二七、1978 年）第 217 页以下（池田氏见解）。

② 上述《唐大诏令集》卷二，第 6 页以下。

就是说,由于中宗复位,武则天方方面面诸多改革被否定,永淳以前故事得以恢复。在如此这般的复古风暴中,新条文书写人根据新弄到的(或借阅的)律的写本(底本Y)查对了自己持有的旧条文,查对完毕符是红圈。关于这点,笔者已阐述过了。在此情况下,很难认为底本Y是使用则天文字的垂拱律的写本,而应该是否定则天文字、全都恢复常字的神龙律。

神龙的格式删定,资料上已经明确;而律令,只保存了很有限的记载。

关于神龙令,有:

> 皇朝之令……神龙初苏环(环当作瑰)……并刊定。(《大唐六典》卷六《刑部员外郎》条注①)

从中,它的存在显而易见。有关重要的律,仅仅只能看到:

> 神龙初,入为尚书右丞。以明习法律,多识台阁故事,特命删定律令格式。(《旧唐书》卷八八《苏瑰传》②)

从这里可以认为苏瑰也参与了律的删定。

这里有个问题,就是神龙格式是否像刚才引用的"中宗即位敕"所说,与诸制度复旧一样,全盘否定武则天时代的法制,一举回复到高宗末期的永淳年间(682—683)之制。

作为神龙元年写成的神龙散颁格七卷素材的是垂拱格、垂拱格后敕以及神龙元年正月二十五日以前的制敕,这对照各种资料就清楚了。式也是这样③。由此类推,可以这样考虑:神龙律的基础在于垂拱律。与该法典相关,神龙律令格式编纂时,很大程度上依据了被称作高水平的垂拱律令格式;此外还能够充分假想,神龙律(或者说律令)继承了垂拱律(或者说律令)修改后的二十四条。

---

① 上述《大唐六典》卷六,第138页。

② 上述《旧唐书》卷八八,第九册第2878页。

③ 上述《旧唐书》卷五〇《刑法志》、《新唐书》卷五六《刑法志》、《通典》卷一六五、《唐会要》卷三九、《册府元龟》卷六一二等。

这二十四条之一就是《户婚律》第一一条。

总之,笔者认为底本 Y 就是神龙律。新条文书写人把旧条文和底本 Y 进行了校对。其中一个大的不同存在于户婚第一一条。即,神龙律该条与永徽律该条有部分差异。该条修改的本身,不是在神龙时进行的,而是在武则天的垂拱时进行的。这样说,从政治状况和法典编纂史的大势来看,理论上无抵触①。本稿第二节推测的依武则天旨意修改户婚律第一一条,和第三节探讨的结果并无矛盾,甚至可以说是相吻合。在此,内容上与垂拱律(户婚一一)有很大差异的底本 X(户婚一一)成为永徽律,进而充实上述结论。

(六)小结

上面根据断简 A、B 调查所得事实,对于底本 X、Y 的年代,分别考察了旧条文和新条文的特色和书写时期。其结果按理论顺序排列展示如下。

甲、旧条文中可以见到七种则天文字(此外还有右旁用则天文字的一种)。其书写年代大致是在则天文字行用期的载初元年至长安四年(689—705)。但"月"字的则天文字,鉴于其为前期型,可以缩短到载初元年至神功二年正月(改历后的神功元年闰十月)(689—697)。

乙、旧条文底本 X 的年代,从旧条文中出现的"诏"、"尚书省"的用词来看,可以认为是永徽律。

丙、新条文书写年代是在则天文字禁止使用的神龙元年(705)以后,但从修改则天时代律的抄本(旧条文)便可使用的时期来看,可以认为是神龙初年。这从新条文(户婚一一)和开元二十五年律的同条之间的二处相异点("还"和"各")也可以得到证明。

丁、新条文底本 Y 是神龙元年完成的神龙律的可能性最大。但是像《户婚

---

① 滋贺秀三氏的理解是:永徽律本条的修改是在垂拱或开元进行的,且是被看成开元二十五年律的规定(上述 i"户婚"第 232 页)。笔者认为,《垂拱律》在内容上作了很大修改,开元律又对两处进行了刊定。

律》第一一条那样的条文修改不是神龙时的修改,而是由神龙律照原样继承了成为神龙律蓝本的垂拱律的修改①。

结束语

将以上探讨的结果归纳起来表述,有如下四点。

(1)分析 P.3608 和 P.3252 唐律断简时,由于着眼于书写人,得以区分"旧条文"和"新条文"二个阶段。即,"旧条文"是由条文本体及修改部分(添补漏字、改正笔误)构成,"新条文"是由修改部分(添补漏字、改正笔误、红笔符号类)构成。可以认为,"旧条文"和"新条文"有则天文字使用与否、书写风格、墨色和符号类使用等的明显差异。

(2)有关"旧条文"和"新条文"的书写时期,以及各自底本的年代,可以照搬前节小结。即:甲、旧条文书写时期是载初元年至神功元年(改历后)(689—697);乙、其底本 X,可以认为是永徽律;丙、新条文书写时期可以认为是神龙初年;丁、其底本 Y 是神龙律的可能性最大。

(3)《户婚律》第一一条改写也是在(2)中所包括的问题,可以同样考虑。"新条文"(户婚一一)是以神龙律为底本,对"旧条文"进行了修改的条文。但是同条的修改本身,是在垂拱律方面进行的,可以认为神龙律继承了它。之后,开元时期同条有两处加以刊定,成为开元二十五年律中可以见到的内容。

(4)作为《户婚律》第一一条修改的背景,最引人注目的是武则天在垂拱时的法典修正。其以确立自己的权力为目标,作为摆脱深刻政治危机的社会稳定策略的一环,积极利用了法典修改。《户婚律》第一一条的修正也是这个时期的产物。

---

① 为了便于参考,把内藤氏有关律的年代的见解归纳如下:(1)旧条文书写时期是载初元年至长安四年(689—705),莫非是在初期?(2)底本 X 大体上是永徽律(也有垂拱律的可能性)。(3)新条文书写是在神龙以后,特别是在开元二十五年以后。(4)底本 Y 或许是开元二十五年律。

本稿结论,如上所述。当然,这不过是对内藤氏提出的三个观点中的(1)"律文改写年代"的己见。最后,对余下的(2)(3)问题也想阐述若干己见。

所谓(2)就是本断简的旧条文、新条文同日本大宝、养老两律的关系。如同内藤氏已经明确阐述的那样,日本律相当一部分条文已失传,但后世文献坂上明基所撰《裁判至要抄》中有这样的资料:

> 《户婚律》云,放家人为良,已经本属,而还压为贱者,徒二年……。
> (《裁判至要抄》和与乞索物事①)

这恐怕可以认为是养老律的遗文②。本条的"家人"可以改念成唐律的"部曲",因此这个结构便成了"部曲→良→贱",而且与上述新条文 A 的情况一致(参照表 1)。此外,量刑也是徒二年,与 A 相同。

可是内藤氏使众多研究人员百思不解的是以下这样一个事实:虽然日本养老律遗文在内容上与部分新条文相同,一个"还"字却不是新条文,而与旧条文通用。人们曾进行了合理说明这个事实的尝试,但我认为这些未必具有足够的说服力。

笔者认为,正如已阐述的那样,"还"字由新条文书写人一度错误删除,但随即又撤回删除,以至也存在于新条文③。即,日本养老律遗文从结构上看,可以说是与新条文同一系统的。

牧英正氏考察该问题时提出了对大宝律也要予以考虑这一重要观点。作为资料列举出来的户令良人家人条集解中有关"被压略充贱"的压字,作:

---

① 《裁判至要抄》(《新校群书类从》)卷七六。

② 泷川政次郎氏早就利用《裁判至要抄》和《唐律疏议》,恢复了日本律的放家人为良条。(同作者《律令的研究》,刀江书院,1931 年,第 602 页以下)。

③ 关于"还压"的"还"字的语义,内藤氏强调是"恢复原来的意思"(《断简》第 211 页);滋贺秀三氏认为在把同条改写成带假名的日文时,读成"还要压"的副词(前述 i"户婚"第 230 页)。"还"字本身,从《唐律疏议》中的用例所见,既用作"恢复",又用作"还要"。只是在本条的情况下,可以同名例律第一四条疏文中的"放而还获"一样念。拟同意滋贺的说法。但是,开元二十五年律系统的各种资料中是否存在"还"字是个疑问。

　　谓压者,放家人奴婢为良,还压为贱者也。　　　　　　（义解）

　　压谓放家人奴婢为良,还压为贱也。　　　　　　　　（古记①）

结果是内容基本同样的文章。不用说,前者为对养老令,后者为对大宝令的注释。如果"贱"作"奴婢"理解,该注释所包含的事例便是"家→良→奴婢"和"奴婢→良→奴婢",前者相当于 A 的规定,后者是相当于 C 的规定(参照表 1)。A 成为新条文是首次制定的,所以从作为大宝令注释书的古记可以推得出结论②:理论上推定的大宝律的该条也属于唐律新条文体系。

　　且说新条文底本 Y 可以认为是神龙律。由此看来,日本的大宝律蓝本(底本)是否也可认定为神龙律? 答案是否定的。大宝律的编纂是在七〇一年(翌年实施),而神龙律是七〇五年。因此神龙律以及唐朝后来的各种律典不可能成为大宝律的蓝本。

　　那么,永徽律(651 年)和永徽律疏(653 年)又如何呢? 一般而论,说永徽律和永徽律疏为大宝律的蓝本是正确的。但是向永徽律探求属于新条文体系的大宝律的正文底本并不适当③。结果可以认为,永徽律和神龙律之间的 685 年完成的垂拱律(户婚一一)成了大宝律正文的底本④。这一点支持笔者先前写到

------

① 《令集解》卷一一(新订增补国史大系本)第二册第 335 页。其他注释诸说均省略。

② 参照牧英正上述 b《户婚律放家人为良还压条的研究》第 31 页以下、堀敏一上述 j《中国古代身份制》第 328 页以下。但是正像仁井田氏所指出的那样,并不能说已经证明大宝、养老二律的本条是同一内容(上述 c《敦煌发现则天时代的律断简》第 311 页)。关于大宝律的本条,参照上野利三《大宝律逸拾遗——按[古记]的复原》《续日本纪研究》二一二,1980 年)。

③ 把大宝律本条的底本(与底本 Y 同系统)作为永徽律,并把底本 X 作为在此以前的律(武德、贞观律)是牧英正的尝试,但遭到仁井田陞和石尾芳久两氏的批评。参照牧上述论文 b、仁井田上述论文 c、石尾上述论文 d《户婚放家人为良还压条论考》。依拙见,永徽律是旧条文底本 X,故所谓作为新条文系统的大宝律本条的底本不可能成立。

④ 大宝令中有依据垂拱格式的部分。这是由泷川政次郎氏指出的(上述《律令研究》第 144 页以下)。藤原佐世撰《日本国现在书目录》中刊有"垂拱格二卷、垂拱后常行格十五卷、垂拱留司格二卷"(刑法家条),从这里可明确一点:垂拱的法典流入了日本。

的《户婚律》第一一条修改是在垂拱律中进行的这一推测①。

限定《户婚律》第一一条，把唐和日本法规的相互关系，以及旧条文和新条文的关系一并用图表示在此，以供参考(参照图2)。

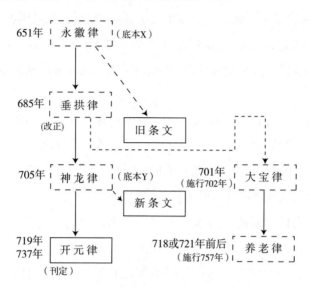

图2 《户婚律》第一一条的继承关系

下面略述有关(3)中《户婚律》第一一条修改的意义及其社会背景②。

如表1明确表示的那样，旧条文中原则上解放部曲与奴婢，使之为良，并对强制恢复其原来身份的行为加以禁止并处罚。新条文中，除此之外，还以部曲

---

① 即，有关《户婚律》第一一条，新条文底本 Y 是神龙律，与新条文同系统的大宝律底本为垂拱律。神龙律是以垂拱律为蓝本的。所以很显然，本条是依垂拱律修改的。这里，否定了把旧条文底本 X 作为垂拱律的见解，结果得出结论：底本 X 是永徽律。这个论证方法利用了日本资料，旨在补充本稿已阐述的结论。

关于底本 X，内藤氏大致认为是永徽律，并保留垂拱律的可能性(《断简》第 200 页)。此外，刘俊文氏也主张垂拱律的说法(上述 h《敦煌吐鲁番发现唐写本律及律疏残卷研究》第 552 页)。笔者均难以赞成。

② 关于这个问题，迄今已有许多成果。参照最新研究成果：堀敏一上述 j《中国古代的身份制》。要了解良贱制的问题本质，参考资料有：西嶋定生《良贱制の性格と係譜》(同作者《中国古代国家と東アジア世界》，东京大学出版会，1983 年)；要了解其社会实态，则有池田温《中国古代の奴婢観》(《東洋史論叢：中村治兵衛先生古稀記念》，刀水书房，1986 年)。

为良,其后连使之成为原身份以下的奴婢的情况都被禁止。对此,仅仅是弥补旧条文不完备之处还不足以说明,不如说是进一步明确部曲和奴婢的差异,更强有力地保护部曲身份的政策体现,因而对 B、C、D、E 的量刑进行了更改。

此外,尽管旧条文明确规定了对违反本条者的处罚,但对再度跌落到部曲、奴婢地位者的规定不明确,所以新条文中加了国家限制主人权,保证解放状态的词句"各还正之"。毋庸置疑,旧条文和新条文的差异实际就是永徽律和垂拱律的差异。

那么,在武则天时代修改法律、比以前更强有力地保护部曲身份的原因何在呢? 第一,在自然灾害之际,对于良民子女没落为部曲客女,高宗下诏,事实上允许部曲客女的存在,而坚决禁止他们沦为奴婢①。可见,武则天的政策反映了对部曲客女和奴婢泾渭分明的方针。第二,国家(皇帝权力)限制非法支配部曲和奴婢的主人权的形式,似乎具有与贵族官僚群对武则天政治上对立的形式的内在关联性。即,私贱民成为反对武则天方面的贵族官僚群的兵员之危险性很大,因此武则天多半断定,尽可能多地解放私贱民,将他们拉拢到"王民"一方,将有利于自己。其手法之一,就是首先采取保护上等贱民的部曲身份、使其脱离非法主人权的政策,然后马上在修订法典之际修改《户婚律》第一一条。

以上二点,有必要进一步仔细斟酌有关资料和先前研究。笔者拟将其作为今后的研究课题。

〔附记〕

本稿最初系以《论敦煌本唐户婚律放部曲为良条》为题在日本法制史学会第三十五届研究大会(1987 年 10 月 17 日于熊本大学)及东洋文库、内陆亚洲出土古文献研究会(1987 年 12 月 19 日)发表的报告,后经若干修改补充。

在巴黎国立图书馆查阅原卷之际,承蒙吴基昱氏(Dr. Wu Chi-yu)和同馆东洋写本部柯恩

---

① 上述《旧唐书》卷五《高宗本纪》咸亨元年(670)、同四年(673)条、第一册第 95 页、第 97 页,以及山根清志上述 g《关于唐部曲客女身份的研究》第 19 页以下。

女士(Mme Monique Cohen)充满理解的援助。

本稿直接或间接应用的有些资料系借阅自池田温氏(东京大学)、堀敏一氏(明治大学)和利光三津夫氏(庆应义塾大学)。

谨向以上各位及对我论文加以指正的各位表示衷心感谢。

(《法律论丛》第六〇卷四、五合并号,《岛田正郎教授退休纪念论文集》,明治大学,1988 年 3 月)

敦煌发现的唐《水部式》研究

仁井田陞　撰

程维荣　译

一、序说

　　唐律令格式中,令格式几乎都已经散佚殆尽,仅通过敦煌发现的残卷以及日本和中国典籍中的逸文,才勉强保存了一部分下来。本文主题《水部式》是唐式的一篇,由伯希和探险队在敦煌发现,收藏于巴黎国立图书馆①。尽管只剩三十卷、该式的全文已经亡佚,但就管见所及,《水部式》的逸文此外只在《白氏六帖事类集》(及《唐宋白孔六帖》②)和《刘梦得文集》③中有片段记载。因此,虽说

---

①　P.2507,据说在另一面书写有陀罗尼。

②　《白氏六帖事类集》卷二三(《唐宋白孔六帖》卷八一)《水田》:"水部式,京兆府高陵界清白二渠交口,著(著,白孔六帖作置)斗门,堰清水,恒淮为五分,三分入(入,白孔六帖作上)中白渠,二分入清渠,雨水边(边,白孔六帖作上)多,即上下甲(甲,白孔六帖作用)水处,相开放,还入清水,三月一日已前,八月二十日已后,任开放之。"这条逸文,刊载于罗氏的《鸣沙石室佚书》目录提要中。

③　《刘梦得文集》卷二八《高陵令刘君遗爱碑》:"按《水部式》,决泄有时"云云(参照本文第六节引文)。

是残卷,其重要性却是毋庸赘言的。至于残卷全文,已经由罗振玉氏收录于其《鸣沙石室佚书》。罗氏在同书目录提要中公布了所见的主要部分,并且鉴于其与《白氏六帖》所引《水部式》内容一致,推定残卷即属唐《水部式》,还根据残卷纠正了诸书中的舛误。这些都是罗氏的功绩。自此以后,某些学者稍稍涉及《水部式》的论文不是没有出现过,但并未展开充分的研究。我自己对《水部式》也只限于在两三次机会中部分地阐述其制作年代、内容等,或者概说其全貌①。现在,我要借祝贺服部先生年届古稀的时机,发表研究成果②。

中国自古以来,不仅治水,而且水利,都作为国家的事业反映在文献中。换言之,治水也好,水利也好,都是官方统治下必备的地理条件。从农田水利方面来说,战国时代魏国的史起是与西门豹齐名的水利家,在担任邺令后,引漳水灌溉邺,成为河内富庶的开端(原文如此);秦国修筑郑国渠,灌溉四万顷泽卤地,奠定了富强的基础;汉武帝建造白渠,人民歌颂其富饶,等等,都是脍炙人口的事情。在唐代,也有卓越的地方官频频修筑水利设施浇灌农田。武德七年,同州治中云得臣从龙门引黄河水灌溉六千余顷农田;贞观十一年,扬州大都督府长史李袭誉筑勾城塘,引雷陂水润泽八百余顷田地;贞元年间,李景略就任丰州刺史,掘感应、永清二渠,浇灌数百顷旱田;长庆年间,白居易疏浚钱塘湖周围三十里,放湖水溉田等,就是其中的几个例子③。这种水利自古以来就与农业存在密不可分的关系,因此水法也必然很早就有了,它理所当然地是法律史研究的对象。周礼姑且不论,规定了水法的中国现存最古老的法典就应该算唐律、以唐律和唐令式等为基础的《唐六典》,以及作为本文主题的唐《水部式》残卷。特别是《水部式》残卷,就其规定水法的详尽而言,是律令所不可同日而语的。这是因为式是作为基本法的令的实施化的法律。由于该《水部式》,并由唐式的性

---

① 近年来拙见的概要,发表于昭和九年五月史学会大会上(《史学杂志》第四五编第七号简讯第 89 页)。此外就拙见的一部分,请参照《唐宋时代的水利权》(同上第四三编第七号简讯第 121 页)。

② 由于祝贺论集的页数有限,本文第一节与第六节的内容颇加删简。

③ 《通典》卷二《食货二·田制·水利田》、《唐会要》卷八九《疏凿利人》、新旧唐书列传等,并见西充黄绶《唐代地方行政史》第八章。

质所决定,人们得以知道比令更为具体的水法,这应该说的确是一件幸运的事情。

本文阐述唐代律令格式的法典体系、唐式的编纂以及唐式的构成,这是《水部式》研究的前提。本文承蒙中田博士校阅并予以种种赐教,在此表示感谢。

二、律令格式的法典体系

(一)律令格式的源流

律令可以说肇始于秦汉,至迟在汉代。不是有格渊源于东魏的麟趾格、式渊源于西魏的大统式的观点吗? 从其性质和内容判断,把大统式说成唐式起源的见解是有问题的①。隋代开皇与大业年间颁行律令之事,有比较详尽的史料记载,颁行格式的记录却语焉不详。然而,《隋书·经籍志》谓"隋则律令格式并行",可见隋代建立了律令格式并行的法典体系。同时,《北史》卷七〇《赵轨传》和《隋书》卷四一《苏威传》都记载牛弘、苏威与赵轨等修订有律令格式。我认为这不是高颍、郑译、杨素和李德林编撰的开皇年间(元年或二年)的第一部法典,而是开皇年间(三年)的第二部法典②。其后,炀帝又派牛弘等修撰并颁行新的

① 《魏书》卷二二说,麟趾格是文襄王与群臣共同议定的新制,可知该格为补充、变更魏的律令的产物。不过,关于大统式,《周书》卷二、《北史》卷九与《隋书》卷二五等,都不用唐式的意义加以解释。《周书》说为减轻吏民徭役的劳弊而颁行了大统式;《唐六典》以后,有时把麟趾格和大统式说成是格式的渊源(参见浅井虎夫《支那ニ於ケル法典编纂ノ沿革》第140页)。如果撇开单把大统式作为式之名称的渊源的做法,上述观点也可说是言之有据。

② 据《隋书·刑法志》和《唐六典》卷六,开皇元年高颍等人奏上的隋律,由苏威、牛弘等在开皇三年删定。隋最初修律,牛弘、苏威等并未参与,隋开皇令的撰定似乎也是这样。《唐六典》载有高颍等的开皇令,但那是开皇二年颁行的。同时,《旧唐书·经籍志》载有裴政等的开皇令,《新唐书·艺文志》载有牛弘等的开皇令,照《隋书·裴政传》所云"诏与苏威等修定律令",高颍等的令确实由苏威牛弘等人与律共同修定。据此,《北史·赵轨传》与《隋书·苏威传》所说的律令格式,看来也是开皇三年(或其后)制定的。历来指出苏威等的格式的存在的学者为数不少,如《沈寄簃先生遗书》、上引浅井之作、程树德《九朝律考》、杨鸿烈《中国法律发达史》等皆是,但他们都未必清楚上述格式的年份。《隋书·李德林传》谓:"开皇元年敕,令与太尉任国公于翼、高颍等同修律令,事讫奏闻……格令颁后,苏威每欲改易事条,德林以为格式已颁,事须画一……",可知在苏威等的律令格式以前,已经存在律令及格式了。

律令；大业四年，新的式也颁布了(《隋书·炀帝纪》)。

(二)唐代律令格式的编纂

唐朝武德初年，制定了五十三条格。然而唐代第一次大规模的修撰法典，当推武德七年的制定律令格式。其后，格式又与律令或者与令一起，经过了反反复复的删订。现根据诸记录，以式为中心，将其胪列如下：

(1)武德律令式(式十四卷)

　　　　　武德七年颁行　　　　　　　　　　　裴寂等撰

(2)贞观律令格式

　　　　　贞观十一年颁行　　　　　　　　　　房玄龄等撰

(3)永徽律令格式(式十四卷，一说二十卷)

　　　　　永徽二年颁行　　　　　　　　　　　长孙无忌等撰

(4)麟德令格式

　　　　　麟德二年成　　　　　　　　　　　　源心直等撰

(5)仪凤令格式

　　　　　仪凤二年成　　　　　　　　　　　　刘仁轨等撰

(6)垂拱律令格式(式二十卷)

　　　　　垂拱元年成　　　　　　　　　　　　裴居道等撰

(7)神龙律令格式(式二十卷)

　　　　　神龙元年(一说二年)成　　　　　　唐休璟等撰①

(8)太极格(旧志云，删定格式律令，太极元年二月奏上，名为太极格)

　　　　　太极元年成　　　　　　　　　　　　岑羲等撰

(9)开元三年令格式

　　　　　　　　　　　　　　　　　　　　　　姚崇等撰

---

① 景龙元年也曾删定律令格式，见《唐会要》卷三九，参照上引浅井之作第180页。

（10）开元七年（一说四年）律令格式（式二十卷）

宋璟等撰

根据《通典》（宋本）①及《旧唐书·刑法志》，开元七年律令格式系开元六年诏令删定并于七年完成。这是一种有力的说法。但是堪称根本资料的《唐六典》却称是"（开元）四年刊定"。在今传《唐六典》诸版本中，最古老的一种是南宋本，该本缺少相关的部分。然而，元刊本《玉海》（静嘉堂文库本）所引《六典》中，已有"四年"的说法。因此即使《六典》原本内容不详，颇为古老的《六典》版本中有"四年"之说则是确凿的。

（1）开元二十五年律令格式（式二十卷）

李林甫等撰②

即使在开元二十五年后，仍然有对律令格式加以修改的记录，但都是以开元二十五年版为基本内容的。

（三）律令格式的相互关系

律令格式各自是单独的法典，相互间却有密不可分的关系。唐代官撰的《唐六典》卷六称："凡律以正刑定罪，令以设范立制，格以禁违正邪，式以轨物程事"；《新唐书·刑法志》则谓："唐之刑书有四，曰律令格式。令者尊卑贵贱之等数、国家之制度也，格者百官有司之所常行之事也，式者其所常守之法也。"后世沿袭此说者甚多③，它对格式的说明却很不清晰。概言之，律是一般的刑罚制裁

---

① 除宋本以外的《通典》诸版本中，元、明本关于开元七年删定律令格式的记载，前后都颇为混乱。参见玉井是博《大唐六典及び通典の宋刊本に就いて》（《支那学》第七卷第三号第89页）、仁井田陞《通典刻本私考》（《東洋学報》第二二卷第四号第83页）。

② 从（1）至（11）的关于唐律令格式编纂的史料，参见《沈寄簃先生遗书·刑法考》、上引浅井之作第138页起、杨鸿烈之作第十九章，以及仁井田《唐令拾遗》第12页。

③ 例如《吏学指南》谓"唐刑法志曰：禁于未然曰令，尊卑贵贱之等级、国家之制度也"；"设于此而逆于彼曰格，百官有司之所常行者也"；"设于此而使彼效之谓之式，诸司常守之法也"。上引浅井之作第140页亦有此说。

的法律,令则是一般的命令、禁止的法律,它们通常互为表里。这就是说,令为阳,律为阴,违反命令,刑罚(律)就会接踵而来。同时,律令都属根本法,却并非一成不变的法律。如果有对律令条文直接加以变更的情况,就是奉敕随时进行改废补订①。格,是这些敕中间,将今后必须适用的规定作为根本而编修的法典。格的逸文经常被冠以"敕"字,就是因为两者之间存在着的关系。换言之,格相对于律令而言,是具有补充意义的法律。此外,我以为前格理所当然地依据后来的格敕进行变更,式也须按照格加以修改。式为规定许多与律令相关事项细目的法律,相对律令而言处于从属的地位。格式由于与律令之间的关系,都成为同时包含有命令的和刑罚的规定的法律。以下用几个具体的事例加以说明。

(1)令与律 唐代封爵的承袭顺序由封爵令规定②。在没有法定理由而违背该顺序的时候,依据《户婚律》加以制裁。而户令在规定赋役、兵役和给田的同时,又根据年龄,将人分为黄、小、中、丁、老五等③。这种年龄,正如《名例律》所谓"称人年者,以籍为定",登载于户籍与计帐,成为课役等④的基准。从事户籍与计帐制作的官吏,如果故意增减年龄,不应课而课,应课而不课,即依照《户婚律》加以处断⑤。

(2)令与格 唐关市令规定有与外藩的互市⑥,与熟羌的交易却未见于令。于是一度将敕确定为交易的法律,以后,该敕大约又被编入了《金部格》(格的一篇)⑦。此外,变更了唐杂令中有关利息的法律规定的《户部格》,是基于开元十

---

① 参见仁井田《唐令拾遗》第 24 页起;仁井田、牧野《故唐律疏議製作年代考》(《東方学報》东京第二册第 184 页起)。

② 中田薫《養老律令前後の繼嗣法》(《法制史論集》第一卷第 89 页起;上引仁井田之作第 305 页起。

③ 中田《唐令と日本令との比較研究》(《法制史論集》第一卷第 653、666 页);上引仁井田之作第 224 页起。《通典》所引武德七年令与《宋刑统》所载户令文字不同,实质大约没有区别。

④ 《通典》卷七所引开元二十五年户令谓男子二十以下不课;上引仁井田之作第 223 页谓"以上",误。

⑤ 参照仁井田《敦煌等発見唐宋戸籍の研究》(《国家学会雑誌》第四八卷 7 号第 45 页以下)。

⑥ 仁井田《唐令拾遺》第 715 页起。

⑦ 《白氏六帖事类集》卷二四《市》(《白孔六帖》卷八三):"金部格云,敕松当悉维翼等州熟羌每年十月已后,即来彭州互市易法时,差上佐一人蚕崖关外,依市法致市场交易,勿令百姓与往还。"

六年敕的产物,堪称格修改令的典范①。

(3)律与格　尽管唐《杂律》有禁止私铸钱的规定,由于私铸钱盛行,有必要更为严厉地加以取缔。敦煌发现的刑部《神龙散颁格》即变更了律,它在律条对私铸钱之人的处罚外,又增加了财产刑,并对从犯也处以配流,还在更广的范围上实行连坐②。其后,开元二十五年刑部格进一步加重了刑罚,规定对私铸钱者等处以绞刑③。

(4)令与式　在祠令中,有对于祭祀天地、日月、岳镇、海渎、先农、先蚕、宗庙、风师及雨师等的条文④;祠令以及学令中,还有释奠的规定⑤。但是,这些仅仅规定了祭祀的对象、时间、场所等,并未涉及祭祀使用的笾豆的数目。该具体数目反映在《光禄式》中⑥。令与式的关系,在后述《水部式》与令之间也可看得出来。

(5)律与式　在唐《厩库律》中,规定了官畜产损耗的情况⑦。一般地说,官吏可以免官赎罪,但太仆式则有官畜产损耗时所适用的例外规定。

三、唐式的构成

唐式在武德至开元年间屡经修订,其卷数有所不同,结构也有差异。

---

①　参见仁井田《唐宋時代に於ける債權の擔保》(《史学雑誌》第四二编一〇号第 34 页注 4),以及仁井田《中国法制史研究》交易法第五章第一节。

②　关于敦煌发现的神龙《刑部散颁格》,参见董康《书舶庸谭》卷一、同氏《京都滞在日记》(仁井田《唐令の復旧について》,《法学協会雑誌》第五二卷二号第 107 页起),以及大谷胜真《敦煌遺文所見録二》(《青丘学叢》第一七号,并见本书第十五章第一节、第十六章附记。

③　该刑部格的由来,见《通典》卷九,我以为是在永淳元年的敕中。参见仁井田、牧野《故唐律疏議製作年代考》(上)(《東方学報》东京第一册第 141 页)、牧野巽氏执笔的《宋刑统研究》一节。在《新唐书·食货志》中,也作为永淳元年的制度列举了此事。可知,从永淳至开元年间,存在着用刑比永淳敕较轻的格(如神龙格),其后才改换为与永淳敕一致的规定。

④　仁井田《唐令拾遗》第 159—211 页。

⑤　上引仁井田之作第 265—271 页。

⑥　《旧唐书》卷二一《礼仪志》云:"显庆二年七月……敬宗等又议笾豆之数曰:按今光禄式,祭天地日月岳镇海渎先蚕等,笾豆各四;祭庙朝,笾豆各十二;祭社稷先农等,笾豆各九;祭风师雨师,笾豆各二。寻此式文事深乖谬,社稷多于天地,似不贵多,云云。"又,《唐会要》卷一七《祭器仪》也有大致相同的文字。

⑦　《令集解·厩牧令》死耗条下穴说云:"开元令……太仆式云:诸牧长所管马牛、死失过耗纠罪,合徒者虽去官,亦不在免限。"

　　根据《颜鲁公文集》和《东坡文集》等所说,唐太宗曾著司门式①。这恐怕是贞观式的一篇。此外,根据《旧唐书·礼仪志》等,永徽式中包含吏部式与光禄式的篇目②。日本《户令集解·嫁女条》引法例所见刑部式,也应该是永徽年间的式。该法例究竟是赵仁本的法例,还是崔知悌的法例,并不清楚,但是在法例中出现了司刑的官名,这是从龙朔二年刑部改称司刑到咸亨元年复旧为止所使用的名称,因此刑部式无疑是此期间内的现行法。根据《唐会要》卷三九及《旧唐书》卷五〇等,当时所行的式,分别为永徽、麟德年间所制订。麟德年间采用龙朔二年改称的官名,因此有司刑式;该法例中出现的刑部式,自然是永徽年间的产物③。如后所述,开元七年(一说四年)式,以尚书省二十四曹名作为篇目,但是从残存的贞观的司门、永徽的吏部,以及刑部等篇名来看,即使贞观式及永徽式,似乎也冠以二十四曹名称。除此以外,开元七年(一说四年)式中,也有以光禄作为篇名的,应该是属于以前永徽式中的东西。二十四曹和光禄等的篇名,在麟德式中,分别被改为司列(旧称吏部)以下的当时二十四曹名称和司宰等;在仪凤式中,则恢复了旧称。至于垂拱式的构成,也不太清晰。《唐会要》卷三九谓"至垂拱元年三月二十六日,删改格式,加计帐及勾帐式";《通典》卷一六五、《旧唐书》卷五〇与《册府元龟》卷六一二《刑法部·定律令》亦有同样记载。据此,或许当时除了以二十四曹冠名的篇目外,还有计帐及勾帐的篇目。

　　唐式中,篇目构成明确的当推开元七年(一说四年)式。据《唐六典》,它以尚书省二十四曹(吏部、司封、司勋、考功、户部、度支、金部、仓部、礼部、祠部、膳

---

　　①　《颜鲁公文集》卷一《奏议·论百官论事疏》云:"臣闻,太宗勤于听览庶政以理,故著司门式云:其有无门籍人有急奏者,皆令监门司、与仗家引对,不许关碍,所以防壅蔽也。并置立仗马二匹,须有乘骑便往,所以平治天下,正用此道也。"又见《经进东坡文集事略》卷三二《奏议》和《通鉴》卷二二一《唐纪》。

　　②　参照仁井田《唐令拾遗》第163页以下所引《通典》卷四三、《大唐郊祀录》卷四、《旧唐书·礼仪志》、《文苑英华》卷七六四,以及《册府元龟》卷五八五和前节注。《通典》把这条吏部式透露于永徽二年七月的奏议中。《通典》的记载若可靠,这应该是贞观式的篇目,但《通典》未必能说是一贯正确的。

　　③　出现这条刑部式的法例,产生于龙朔二年后、麟德元年前,可知刑部式也是永徽式,结果还可以论证与刑部式共同被引用的令即属永徽令。过去一直没有论定法例所引令式年代的确证,《唐令拾遗》第249页把该令当作为永徽、麟德、乾封诸令之一,不过现在已经依据确证修正了这个观点。

部、主客、兵部、职方、驾部、库部、刑部、都官、比部、司门、工部、屯田、虞部、水部），以及秘书、太常、司农、光禄、太仆、太府、少府、监门、宿卫、计帐作为篇目，共三十三篇，分为二十卷①。照《册府元龟》卷六一二《刑法部·定律令》与《新唐书·刑法志》的说法，贞观式有三十三篇（或三十三卷），恰好与开元七年（一说四年）式构成相同。然而，对此仔细加以核实，可以发现两书似乎把《唐六典》中关于开元七年（一说四年）式的一段文字附会到了贞观式那里，该记载自然也就站不住脚了②。

有关开元二十五年式的构成，缺乏概括性记载；片段的则散见于《唐律疏议》、《白氏六帖事类集》、《唐会要》、《宋刑统》、《太常因革礼》、及《令集解》、《倭名钞》等唐宋与日本的史料，为数甚多。现汇总如下，据此应该可以窥见过半数的篇目。

　　吏部（《白氏六帖事类集》卷一二、《白孔六帖》卷四二）

　　考功（《白氏六帖事类集》卷一二、《白孔六帖》卷四三）

　　户部（《唐律疏议》卷二八，《宋刑统》卷二七、二八，《白氏六帖事类集》卷二二,《白孔六贴》卷七八,《唐会要》卷九〇）

　　度支（《白氏六帖事类集》卷一六、《白孔六帖》卷五七）

　　礼部（《唐律疏议》、《宋刑统》卷二五、二七，《宋刑统》卷一二,《旧唐书》卷一一九,《唐会要》卷三一，《太常因革礼》卷五,《文献通考》卷一一三）

　　祠部（《唐会要》卷二一,《白氏六帖事类集》卷九、一一、二七,《白孔六帖》卷三一、三八、九〇）

　　主客（《唐律疏议》卷八,《宋刑统》卷八、一二、一八,《白氏六帖事类集》

---

　　① 在《唐六典》卷七工部郎中员外郎条注七中见到的户部式，应该是开元七年的东西。[补]旧说篇目为三十三，如果从吏部到计帐为止的篇名总数实为三十四。

　　② 尤其值得注意的是，《新唐书·刑法志》说贞观令为一五四六条，这是把《唐六典》所载开元七年令的条数，荒诞地附会到贞观令那里。而作为贞观制度提出的"凡州县皆有狱"云云的文字，其中如"京兆河南"，是仅见于开元及其以后的名称；又如"金吾"，虽与开元官职一致，却与贞观官名相矛盾。由此可以明白贞观的记载是后世根据开元制度而作的。

卷二一、二二,《白孔六帖》卷七七、七九)

兵部(《唐律疏议》、《宋刑统》卷二六,《宋刑统》卷二七,《白氏六帖事类集》卷一六、《白孔六帖》卷五七)

职方(《唐律疏议》、《宋刑统》卷八)

驾部(《唐律疏议》、《宋刑统》卷一〇)

库部(《唐律疏议》、《宋刑统》卷一六)

刑部(《唐律疏议》卷二,《宋刑统》卷二、四、二九、三〇,《册府元龟》卷一五一,《旧五代史》卷一四七)

司门(《唐律释文》卷七)

水部(《刘梦得文集》卷二八,《白氏六帖事类集》卷二三,《白孔六帖》卷八一)

秘书(《倭名钞》狩谷本卷五①、那波本卷一三)

太仆(《唐律疏议》、《宋刑统》卷一五,《令集解》卷三八)

少府(《唐会要》卷二一)

监门(《唐律疏议》、《宋刑统》卷七、八、一六,《唐会要》卷二三)

同时,开元二十五年式与开元七年(一说四年)式具有同样的篇目,据此也可以明了②。

总之,作为本篇主题的《水部式》,在贞观、永徽等时期的式中大约都已包括,而开元七年(一说四年)和开元二十五年式中具有《水部式》,则是确凿无疑的。

关于式的构成还有两个问题应该注意。其一,《玉海》卷六六有一段据说从《六典》引用的文字:"旧制,式三十三篇,以尚书、御史台、九寺、三监、诸军为

---

① 《倭名钞》所引唐式年代,参见仁井田《唐令拾遗》第94页以下。

② 《敦煌掇琐》中辑天宝四年官中卖出匹帛并买进军粮帐目和《白氏六帖事类集》卷二四(《白孔六帖》卷八三)有金部格,《通典》卷一〇《食货十》有仓部格及屯田格,但是金部、仓部及屯田分别为篇名,则是无可怀疑的。

目。"在《玉海》这段引文前后,都可以在《六典》中找到相应的文字,惟独这一段不见踪影。不过,即使存在这段文字确为《六典》逸文还是《玉海》作者自己记入的问题,只要我们相信该记载的可靠性,就可以说当时除尚书省诸曹外,还存在以御史台、九寺、三监以及诸军名称作为唐式的篇名。因此,只要这段文字属于《六典》逸文,我们就可以知道在开元七年(一说四年)以前的唐式中,就已经存在如此构成的式了。其二,伯希和探险队在敦煌发现的唐职官表中有一个"文部式"①。该表的内容中,把"太宗"当作"玄宗",把"高宗"误作"太宗",甚为纷乱②。然而,其所载帝号到睿宗为止,所载制敕、官名等各项,与天宝时代的制度最为一致。文部式如果不是把"文"误写为"吏"的话,它大致上就可以解释为天宝年间实行的一篇式。本来,吏部与刑部、兵部一起,在天宝十一载分别改称文部、宪部及武部,到肃宗至德二年又恢复旧名,其中仅仅间隔数年。那么,这数年中,格式的篇名也应该随官名的变更而改动。但是在职官表中,仍然可以见到"吏部侍郎"、"刑部侍郎"、"兵部侍郎"等官名,对天宝十一载的修改方案毫无反应。而且,正如大谷教授指出的那样,如内侍之类的官职,也保持了天宝十三载改制以前的样子。这即使明显为天宝十一载以前的制度,也与文部式的名称大相径庭。何况,上引职官表中的官职,如为根据天宝时期的官品令而设③,问题就更大了。无论是上述"玄宗"之类的错误也好、矛盾也好,都可以说削弱了资料的可信程度。为此,我姑且把文部是否天宝时期式的篇名之类的问题留在后面④。

---

① 关于敦煌发现唐职官表 P.2504,参见仁井田《唐令拾遗》第 85 页起、仁井田《敦煌出土の唐公式·假寧兩令》(《法学協会雜誌》第五○卷六号第 79 页),以及大谷胜真《敦煌遺文所見録(一)》(《青丘学丛》第一三号)。

② 上引大谷之作。

③ 唐《职官表》中,用朱笔书写三字一行共五行"官品令、文武官、共卅阶、朱点者、是清官"字样,其下为职官名及官品等表格(顺及,表中假宁令下的"开元"年号,应该看作假宁令前书着的敕的年号,而不会是假宁令产生的年代)。

④ 唐《职官表》内容的年代,或许是天宝年间,然而其直接书写的年代,从其误记"玄宗"来看,正如大谷教授所言,应该是庙号出现的肃宗上元二年,或者是其后。参加上述大谷之作第 3 页。

四、敦煌发现唐《水部式》残卷的制作年代

对敦煌所发现的《水部式》残卷的年代，历来没有作过深入的研究。罗振玉氏也在列举永徽、垂拱、神龙以及开元年间各式的存在时说："此卷不知属何时矣"，茫然不知其制作年代。以下即研究残卷的年代①。

首先，残卷中有"河清县"字样。该县过去叫"柏大县"，玄宗先天元年，由于"柏"字与今上御名相同，改为河清县（《旧唐书·地理志》）。因此可以知道残卷不是先天以前的东西。尤其是开元元年，雍州和洛州分别改称京兆府、河南府（《通典》卷一七七、《旧唐书》卷三八《地理志》）；所谓雍州长史，也于同年改称京兆尹（《唐六典》卷三〇、《通典》卷三三）。这些新名称都出现在残卷中，为残卷属于开元年间或者其后的产物之说提供了有力的证据。此外，残卷诸条中出现了大约三十个州名（同、沙、沧、瀛、贝、莫、登、莱、海、泗、魏、德、胜、陕、宣、常、洪、虔、饶、潭、岚、石、隰、慈、虢、晋、绛），天宝年间州名被郡名取而代之，残卷也不可能问世于天宝时代。还有，残卷中有"河西县"，其名于乾元三年改称"夏阳县"（《旧唐书》卷三八"同州"）。因此，残卷的年代基本上可以认为不会晚于天宝。换言之，残卷出现于开元年间。进一步说，残卷中有"中书"、"门下"，这些名称在开元元年改为"黄门"、"紫微"，开元五年恢复旧名（《通典》卷二一、《旧唐书》卷八《玄宗纪》）。因此，有"中书"、"门下"的残卷，应该产生于开元五年后。此外，残卷中可以见到"莫州"的名称。关于莫州，《旧唐书·地理志》卷三九说：

> 莫州……开元十三年，以鄚字类郑字，改为莫，天宝元年复为莫州。
> （莫州②，当作文安郡）

《太平寰宇记》卷六六也说：

---

① 在仁井田、牧野《故唐律疏议制作年代考》（下）（《东方学报》东京第二册第159页）中，大体论及此为开元年间所制，但当时未能判断为开元哪一年。

② 参照刘文淇《旧唐书（地理志）校勘记》；亦可参照《太平寰宇记》，从中可见旧志有脱文。

> 莫州(文安郡,今理郑县)……开元十三年,以鄚字改为莫,天宝元年改
> 为文安郡,乾元元年复为莫州。(《太平寰宇记》注云,按《旧唐书》,天宝元
> 年复为鄚州,无乾元云云,未详孰是)

《新唐书·地理志》卷三九也有同样的记录。据此,鄚州与郑州在名称上很容易
混淆,所以开元十三年将"鄚"改为"莫"。由此推论,该残卷就是开元十三年以
后出现的。而开元年间在这一年后制定的式,如本章第二节所说,只有开元二
十五年式,因此残卷为同年式,应该是证据灼然的了。

五、《唐六典》与《水部式》的关系

——开元七年(一说四年)《水部式》的复原

鉴于在开元十年着手编撰的缘故,《唐六典》似乎将开元七年(一说四年)律
令格式充作了自己的资料①,而《六典》中,以律令为资料的内容俯拾皆是,惟独
根据式编撰的部分,由于式残存很少,要从《六典》中将其搜检出来,未必容易。
幸运的是,对照《水部式》残卷,就可以明白《六典》实际上颇用式作为资料。现
在即列举两者相对应的条文,据此对应,可以复原亡佚的开元七年(一说四年)
《水部式》(条文顺序按照《水部式》残卷所载)。

(1)《水部式》,诸渠长及斗门长,至浇田之时,专知节水多少。其州县,
每年各差一官检校,长官及都水官司,时加巡察。若用水得所,田畴丰殖,
及用水不平、并虚弃水利者,年终录为功过附考。

《六典》卷二三都水使者条,每渠及斗门,置长各一人(注略)。至溉灌
田时,乃令其水之多少,均其灌溉焉。每岁府县差官一人,以督察之,岁终
录其功,以为考课。

(2)《水部式》,河阳桥,置水手二百五十人;陕州大阳桥,置水手二百

---

① 中田薰《唐令と日本令との比較研究》(《法制史論集》第一卷第 645 页);仁井田《唐令拾遗》第
61 页。

人,仍置竹木匠十人,在水手数内,云云。

《六典》卷七水部郎中员外郎条注,河阳桥,置水手二百五十人;大阳桥①,水手二百人,仍各置木匠十人。

(3)《水部式》,都水监,渔师二百五十人,其中长上十人,随驾京都短番一百廿人……其尚食典膳祠祭、中书门下所须鱼,并都水采供。诸陵各所管县供,余应给鱼处,及冬藏,度支每年支钱二百贯,送都水监,量依时价给直。

《六典》卷二三河渠令条,每日供尚食鱼,及中书门下、官应给者。若大祭祀,则供其干鱼醢,以充笾豆之实。凡诸司应给鱼,及冬藏者,每岁支钱二十万,送都水,命河渠,以时价市供之。

(4)《水部式》,河阳桥,每年所须竹索,令宣常洪三州,役丁匠预造。宣洪州各大索廿条,常州小索一千二百条。脚以官物充,仍差网部送量程发遣使及期限。大阳蒲津桥竹索,每三年一度,令司竹监给竹,役津家水手造充。其旧索,每委所由检覆,如斟量牢好,即且用,不得浪,有毁换。其供桥杂匠料须多少,预申所司量配,先取近桥人充。

《六典》卷七水部郎中员外郎条注,河梁(梁,当作阳)桥,所须竹索,令宣常洪三州役工匠预支造。宣洪二州各大索二十条,常州小索一千二百条。大阳蒲津竹索,每年令司竹监给竹,令津家水手自造。其供桥杂匠料须多少,预申所司,其匠先配近桥人充。

(5)《水部式》,诸浮桥脚船,皆预备半副,自余调度,预备一副,随阙代换。河阳桥船,于潭洪二州役丁匠造送。大阳蒲津桥船,于岚石隰胜慈等州,折丁采木,浮送桥所,役匠造供云云。

《六典》如前,浮桥脚船,皆预备半副,自余调度,预备一副。河阳桥船,于潭洪二州造送。大阳蒲津桥,于岚石隰胜慈等州,休(玉井氏云,休,当作

---

① "桥"、"隰"、"休"均依照宋本《唐六典》,参照玉井是博《南宋本大唐六典校勘記》(京城帝国大学《東方文化史叢考》第429页)。[补]同《支那社会经济史研究》(昭和一四年四月)所收。

采)木送桥所造。

(6)《水部式》,蒲津桥,水匠一十五人,虢州大江水赖石险滩,取水匠十五人并于本州,取白丁便水及解木作充,分为四番上下,免其课役。

《六典》如前,蒲津桥一十五人。

(7)《水部式》,孝义桥,所须竹篢,配宣饶等州造送。应塞系篢船,别给水手一人,分为四番。其洛水篢,取河阳桥故退者充。

《六典》如前,孝义桥,所须竹索,取河阳桥退者以充。

《唐六典》对律令或者照搬不误,或者用省略文,取其大意;对于式也用同样的方式加以收录。根据以上对照,就洞若观火了。

六、唐《水部式》残卷的内容

(一)总说

《水部式》残卷的内容为(1)农田水利、(2)舟筏水利、(3)碾硙水利、(4)水流及渠堰斗门管理、(5)桥梁理(其他有:(6)应供给诸司的河鱼、(7)庸调专用的漕运与运船)等各项规定,大多涉及水部郎中员外郎、都水使者,以及地方官(还有河渠令等)所管事项。现在我就论述以上(1)、(2)、(3)、(4)各点①。首先简要谈一下与(1)、(2)、(3)有关系的水利基本法。

(二)水利基本法

唐代水利法,几乎都是从利用的方面考虑的,在所有关系上没有很多直接的问题。这就是说,水是应该由公私共同利用的东西即公共财产,水利法规定公的支配下水的利用关系。《唐律疏议》卷二六说"山泽陂湖物产所植,所有利润,与众共之",《唐六典》卷三〇说"山川籔泽之利,公私共之",就是这个意思。

---

① (4)与(5)从徭役的角度看也是重要文献,由于滨口重国氏最近将就此发表所见,这里就不作为主要的论题。

《六典》的此项规定在宋庆元田令、日本杂令中都有相应条文,应该是从唐令中来的①。当然《六典》的文意并不囿于农田水利,鱼鳖、螺蚌、莲荷等的收获之利都应该包括在内。对这种众利有所妨害的话,就依律(杂律)处断。

(三)农田水利(水流的一般使用之一)

农田水利与舟筏水利都应该说是水流的一般使用②。农田水利的原则是"与众共之"、"公私共之",同时唐令也有关于灌溉用水的使用方法的规定。对此,目前尚未找到直接原文,但《唐六典》卷七的"用水自下始"在宋庆元河渠令与日本杂令中都有相应文字,大约可以认为是以唐令为渊源的③。即农田水利基本法规定,在公私共同拥有水利的同时,水的利用必须从下游开始,上游不能垄断水流。

敦煌发现的《水部式》中,农田水利法的规定有:

> 凡浇田,皆仰预知顷亩,依次取用,水遍即令闭塞,务使均普,不得偏并。
>
> 诸渠长及斗门长,至浇田之时,专知节水多少。其州县,每年各差一官检校。长官及都水官司,时加巡察。若用水得所,田畴丰殖,及用水不平,并虚弃水利者,年终录为功过附考。

这些,都与下文的《刘梦得文集》中的所谓《水部式》相符。前条规定预先计算浇田的顷亩数、按所定顺序用水,在水流所到处设置渠门,做到水利的均沾,禁止盲目用水;后条规定设置该管官吏,依据水量多少调节灌溉用水,进而谋求用水的公平。《水部式》还规定:

> 合璧官旧渠深处,量置斗门节水,使得平满,听百姓以次取用。仍量置渠长、斗门长检校。若灌溉周遍令依旧流,不得　兹弃水。

---

① 《庆元条法事类》卷四九《农桑门》(静嘉堂文库藏),仁井田《唐令拾遗》第 848、850 页。

② 鱼鳖之外的收获之利,也可称作一般使用类。这个意义上的规定,恐怕包含在虞部式中。《水部式》残卷中未有发现,因而搁置不论。

③ 参照注①。

这仍然是同类规定。《水部式》还说：

> 河西诸州，用水溉田，其州县府镇官人公廨田及职田，计营顷亩，共百姓均出人功，同修渠堰。若田多水少，亦准百姓量减少营。

这是规定在河西诸州，即使公廨田与职田，也必须根据水量多少，与一般农田平等地增减用水。

唐代有关水利的史料为数不少，作为代表性的例子，还须举出涉及《水部式》的《刘梦得文集》卷二八《高陵令刘君遗爱碑》：

> 按《水部式》，决泄有时，畎浍有度。居上游者，不得拥泉而颛其腴。每岁少尹一人，行视之，以诛不式。兵兴已还，浸失根本。泾阳人果拥而颛之，公取全流，浸原为畦，私开四窦，泽不及下，泾田独肥，他邑为枯。地力既移，地征如初，人或赴诉泣迎尹马，而占泾之腴，皆权幸家，荣势足以破理。诉者复得罪，翕是咋舌不敢言，吞冤衔忍，家视孙子。长庆三年，高陵令刘君，励精吏治，乃循故事，考式文、暨前后诏条，又以新意，请更水道入于我里，请杜私窦，使无弃流；请遵田令，使无越制。

文中第一段，是《水部式》中可以见到的用水法；第二段，叙述安史之乱后天下普遍的情形：违反法律、垄断水利的豪族比比皆是，官吏袖手旁观，提起诉讼的农民反而受罚——当然这种事情不是乱后才有的现象；第三段，叙述高陵令刘君依法管理水利的情况。文末的田令，应该是关于农田水利或者土地所有的基本法。此外，用水期（特别是旱季）农民间的争水，也并非少见。考虑到各地的不同情况，有必要谋求水利的均等利用。在各种史料中，可以见到的由地方官制定的"均水法"或者"水令"、"水法"①，就是在此局面下出现的。

---

① 《新唐书》卷一四三《戴叔伦传》："守抚州刺史，民岁争溉灌，为作均水法。俗便利之，耕饷岁广。"同书卷一六七《王起传》："为山南东道节度使，滨汉塘堰联属吏弗完治，起至部先修复，与民约为水令，遂无凶年。"《旧唐书》卷一六四《王起传》："太和……八年，充山南东道节度。江汉水田前政挠法塘堰缺坏，起下车，命从事李业行属郡检视，而补缮，特为水法，民无凶年。"

（四）舟筏水利（水流的一般使用之二）

根据流水量的多少调节灌溉用水,是做到农田水利平等的途径,同时也为了不妨碍舟筏水利。但是,水部式残卷的多数规定,并未直接涉及舟筏水利。水部式蓝田新开渠条谓:

> 公私材木,并听运下。百姓须溉田处,令造斗门节用,勿令废运。其蓝田以东,先有水硙者,仰硙主作节水斗门,使通水过。

这是关于流木(筏)的一条。为了运输公私木材,可以利用蓝田新开渠;在渠水使用于农田的场合,最要紧的是构造斗门、调节用水,以不妨碍水运。

（五）碾硙水利（水流的特别使用）

为了灌溉、舟筏及捕鱼等,水流一般是开放的。在不有害于上述水利的范围内,也可以对水流加以特别利用,其中最受重视的就是碾硙水利。这个碾硙,就是为制米、制粉而利用水力的石臼(水碓)①。

《唐六典》卷七则说:"凡水有灌溉者,碾硙不得与争其利(自季夏,及于仲春,皆闭斗门,有余乃得听用之)",至少在开元年间,就有允许在不妨碍灌溉的前提下,构筑碾硙、利用水流的法律②。开元前的唐令,想必也有与上引《六典》本文相同内容的规定③。此外,《六典》卷三〇特别禁止官人在其部内制造碾硙、与民争利的现象。具体规定碾硙水利的唐法律是《水部式》。其中一条说:

---

① 玉井是博《唐時代の社會史的考察(二)》(《史学雜誌》第四三编五号第334页起)。[补]同《支那社会经济史研究》(昭和一七年四月)所收。

② 同上注。

③ 上引《六典》的原文,在日本令及宋令中分别发现了相应的文字(《唐令拾遗》第850页起),因而推测是从唐开元令演变而来。碾硙水利的条文,在日本的养老令中有,与该条的一部分相同的大宝令逸文中也有(《令集解》逸文所引古记中可见)。倘若日本的令依据唐令所订,则日本令所参考的开元前的唐令中,已经有相当的规定了。

> 诸溉灌小渠上，先有碾硙，其水以下，即弃者，每年八月卅日以后、七月
> 一日以前，听动用；自余之月，仰所管官司，于用硙斗门下，著锁封印，仍去
> 却碾石。先尽百姓溉灌。若天雨水足，不须浇田，任听动用。其傍渠疑有
> 偷水之碾，亦准此断塞。

据此，利用灌溉用渠的碾硙，只要在八月卅日以后、五月一日以前，即与农田水
利无关的季节内均可利用渠水（上引《六典》注谓从季夏到仲春关闭斗门）。其
余月份，不单禁止使用碾硙，而且由所管官司在用硙斗门下加锁、封印，搬去其
上硙石，因而实质上就不可能使用。但是灌溉已经结束，或者雨量格外充沛、无
须另加灌溉的时候，即使在限制季节，也允许使用碾硙。也就是说，碾硙用水，
属于第二步的事情。同时，禁止从水渠任意引水。倘若有违禁利用碾硙者，理
所当然地没收其碾硙，并且堵塞其水渠。《水部式》又说：

> 诸水碾硙，若拥水质塞渠，不自疏导，致令水溢渠坏、于公私有妨者，碾
> 硙即令毁破。

碾硙使用导致妨碍水流、破坏水渠、损害公私时，须毁坏其碾硙。此外，《水部
式》规定凡蓝田以东的碾硙的所有者，为节水起见，都必须建造斗门（条文参照
前章）；在洛阳一带的洛水上，禁止制作浮硙。《水部式》属于残篇，仍然有关于
这类碾硙水利的种种规定。总之，唐水利法的着眼点在以公利为主、私利为从。
不过作为法的目的，在现实社会中未必能百分之百地兑现。

《旧唐书·高力士传》谓："于京城西北，截沣水作碾，并转五轮，日破麦三百
斛。"大体来说，水硙一日的碾米量可以达到六十斛[1]。这恐怕是远远超过奴隶
或牛马的能力了。可惜其设施非常破费，同时，由于在水流充分的官渠不得随
意构筑碾硙，这类官渠上原有的碾硙也就大多为王公以下豪族富商乃至寺观占
据了。王公势家寺观有必要将从大片庄园上收获的谷物脱粒或者碾粉，或者出

---

① 参照前页注①。

租碾硙而图利①。唐初史料已经有关于在大土地集中的背景下,碾硙集中的记载了②。正如加藤博士论述的那样,长安地方人烟密集而殷富,谷物脱粒或碾粉的需要量很大,制造并出租碾硙,一定有莫大的收益③。官有碾硙数量不少④,上述私人碾硙,更是遍布全国。利用长安地方有名的郑渠与白渠的碾硙很多,据说大历年间,白渠上有八十余个碾硙。这样多的碾硙,妨碍农田水利,自然是不言而喻的。政府从唐初起,就屡屡发布禁令除去碾硙,有一段时间甚至把八十余个碾硙都毁了,可是很快又故态复萌。这正体现出对法律并非毫无顾忌,却又不可能一直遵守的意思。终于,连上述禁令也不再发布,出现了王公贵族富商竞相争夺公渠、肆无忌惮地妨害农田与舟筏水利的局面。

(六)水流及渠堰斗门的管理

维持并保护水流,对灌溉与舟筏均为不可或缺。至于碾硙用水,正如前已述及的在法律上作第二步的处理,一旦有妨害水流、滥做水堰的情况,则由《水部式》加以禁止(《水部式》泾渭白渠条及溉灌大渠条)。于是,在京兆府高陵县界清白二渠上设置了斗门,按二分或三分的比例注入清水;泾水上,也在中白渠及偶南渠设置斗门,分注南白渠一尺以上二尺以下之水,以努力维持水流(《水部式》京兆府高陵县界条)。渠道是水流的容器;堰及斗门,是维持并调节水流的设施。水流正如由公共支配,也由公共管理。唐杂令与营缮令⑤包括有涉及堤防修理的原则性条文,《水部式》残卷中此类条文却了无踪迹,仅有关于各地堰渠斗门的个别规定。例如关于蓝田新开渠,规定每个斗门置长一人、有水槽

---

① 参照第 403 页注①。

② 《唐大诏令集》卷一一〇将"寺观,广占田地及水碾硙,侵损百姓,宜令本州长官检括"(唐隆元年七月十九日)作为寺观广占碾硙、侵害农田水利的一例加以引用。

③ 加藤繁《内庄宅使考》(《東洋学報》第一〇卷二号第 236 页起)。[补]《支那经济史考证》上卷(昭和二七年三月)所收。

④ 同上注。

⑤ 仁井田陞《唐令拾遗》第 805 页。

的地方置长二人进行管理;一旦水渠遭到破坏,就近派人修理(《水部式》蓝田新开渠条)。又如在河西诸州,规定拥有公廨田或职田者,与普通农民一样,有按其面积提供相应的劳力修理灌溉用渠堰的义务(条文已在第四节引述)。又如关于龙首泾堰五门六门升原等堰,规定其所在地方官府,负有管理责任;每堰所在州县派出规定数量人员,负责轮班照看开闭、节水的事项;遇到堰遭破损的情形,立即加以修理;人手不足的时候,临时增派人员(《水部式》龙首泾沥条)。对扬州扬子津斗门,也有同样规定(《水部式》扬州扬子津条)。对于此类条文是否遵循不误,尚可存疑。不过,即使存在因为泾堰而妨害用水的河渠这种事实,水流与堰渠等,也并非全然处于失控状态。依据《唐会要》等可知,为监修水利并溉田,于大历四年再次设置泾堰监;为同一目的,在贞元十六年,任命徐班为白渠漕渠与升原城国等渠堰使;大历二年,以刘仁师为修渠堰副使,负责水利①。正如序说所述,唐代在新设渠堰、力图灌溉广阔农田的同时,对水流及渠堰等的管理保护及其在一定程度上的推行,也是事实吧②。

(原载《服部先生古稀祝贺纪念论文集》,1936,昭和十一年四月)

---

① 《唐会要》卷八九《疏凿利人》。参照西充黄绶《唐代地方行政史》第八章。
② 关于构成唐《水部式》内容的地方徭役劳动、杂徭等的研究,现列举已经发表的成果:

滨口重国《唐に於けゐ兩說法以前の徭役勞働》(《東洋学報》20 卷 4 号、21 卷 1 号);

D. C. Twitchett, *The Fragment of the Tang Ordinances of the Department of Waterways discovered at Tun-Huang*, *Asia Major*. New Series Vol. Ⅵ, Part 1. 1957. pp.23－79(崔瑞德博士:《敦煌发现的唐水部式残简》,亚洲专题系列,第六卷第一章,1957 年,第 23－79 页),这是《水部式》英译本的精心之作。

吉田孝《日唐律令におけゐ雜徭の比較》(《歷史学研究》二六四号,1962 年 4,5 月合刊第 9 页起),这是涉及《水部式》中可见的劳动力征发组织的研究。

那波利贞《唐代の農田水利に関すゐ規定に就きて》(《史学雑誌》五四卷一号),这也是与《水部式》有关的论文。

关于唐代桥梁和渡津的管理法规

——以敦煌发现唐《水部式》残卷为线索

爱宕元　撰

郑显文　译

前　言

利用河流进行的水路运输,自古以来就发挥着重要作用。一方面由于陆路交通的线路经常受阻而中断,另外,人们的往来、货物的转移和情报的传送等也必须克服这种阻碍的因素。在从货物运输较少的农本主义社会进入到流通经济在社会经济以及财政领域占有很大比重的唐代后半期以降,特别是为克服河流所造成运输非连续性因素,已成为社会性的强烈要求。由于河流而致使道路阻隔,为克服这种困难,最有效的办法就是架设桥梁。但是,若在河流流量大、河面宽阔的大河上架桥谈何容易!特别是以黄河为代表的流经华北地区厚厚黄土层的众多河流,因为水的长期侵蚀冲刷成很深的河床,在中下游又由于河水中泥沙长期沉淀而淤积成厚厚的土质松软的河床,在这样恶劣的条件下,若想打造稳固的桥墩,没有高超的建桥技术是很难想像的。因而在这些较大的河流上,尤其是在华北地区,架桥的地点本身就有很大的局限性。

若横渡河流,比建桥更简便的方法就是修建渡津。但渡津的地址也因地形上的限制、政治经济等占地环境的差异,对建筑地点造成一定的制约。如在黄河中下游地区、经常因河水泛滥而使河流改道,这正如前面述及的那样,普通的河流渡津,根据地形方面的条件,自古以来有很多情况下继续利用同一地址。但与此同时,随着各个时期渡津在政治环境中的地位、经济往来路线上的重要程度、对外国际环境上的位置,即国防战略方面的重要性,或在中国内地分裂动荡时期战略位置等诸多因素的变化,渡津所具有的政治、经济和战略地位也必然会相应发生变化,横渡河流的桥梁和渡津的地点,可以说其本身历史性特征也就颇为浓厚。从这一视角出发,对桥梁、渡津如何管理? 其机制运行如何? 也就有必要加以研究。本文试图以唐代为中心加以探讨,力图勾勒出这一时期桥梁及渡津的大致轮廓。

一、唐代主要渡津和桥梁

1. 主要渡津

在交通要冲和战略要地设关对来往行人严加盘查,《大唐六典》卷六"刑部司门郎中、员外郎"条规定如下:

> 所以限中外、隔华夷,设险作固,闭邪正暴者也。凡关呵而不征,而货贿之出入。其犯禁者,举其货,罚其人。(中略)凡度关者,先经本部本司请过所,在京,则省给之;在外,州给之。虽非所部,有来文者,所在给之。

由上可见,关原来是带有军事警察性的强制机构,及至唐中后期以后,带有商税征收等财政、经济方面的因素逐渐加强。尤其在藩镇体制下,除中央设定的关卡外,地方割据势力下设的私关也很多,这也是藩镇征收财税、维系其财政支出的一条重要渠道①。不过,由于设关之地乃交通或战略要冲,其地理位置在通常情况下须具备下列一些条件。即检查警卫以都城为中心的首都周围的行人出入,设在边境的主要街道上,专门承担国防上的职能等,为严格检查来往行人,通常情况下是利用主要街道上的险隘地形。与山间险路不同的是,在平地,让过路者停下来接受检查,最合适的地点当然应该是桥梁和渡津。像这样的关门渡津,在唐律、唐令中出现的法律用语为"关津"②。

另据《唐六典》同条记载,唐代中央刑部的司门曹所掌管的重要关卡有二十六个,依据其重要程度,可分为上、中、下三个等级。为了防御首都周围的安全,在都城长安四面且位于驿道上的险隘置上关,主要有京兆府管辖的长安南面终南山中的蓝田关、东面的华州潼关、东面的同州蒲津关、西南面终南山中的岐州散关、西面的陇州大震关、西北面的原川陇山关六关。这其中的蒲津关是架设在黄河之上浮桥渡津。

在京城四面设上关的同时,在远离驿道的位置上,以及在其他地区的主要驿道上设中关。主要有京兆府治下的南面终南山中的子午、路(骆)谷、库谷关,东面的同州龙门关,西北面的会州会宁关,原州木峡关,河东的石州孟门关,河东岚州的合河关,蜀雅州邛来(峡)关,蜀彭州蚕崖关,西域安西都护府的铁门关,京城西南面的兴州兴城关,东面的渭津关十三关。这其中龙门关、会宁关、孟门关、合河关是黄河渡津,渭津关是渭水的渡津。

除上关、中关以外,中央刑部司门曹管辖的有七关,皆为下关,即凉州的白亭关、百牢关,河州的凤林关,利州的石门关、延州的永和关、绵州的松岭关、龙州的涪水关。这其中的凤林关、永和关是黄河的渡津,涪水关是渭水的渡津。

---

① 参见青山定雄《唐宋時代の交通と地誌地図の研究》第一篇"唐宋時代的交通"第四章"唐五代的关津和商税",1963 年,吉川弘文馆。

② 参见《唐律疏议》卫禁律、仁井田陞《唐令拾遗》关市令条。

在中央工部水部曹所管辖的二十四个重要渡津内,其中有一些与刑部司门曹直辖的上述二十六个津关相重复。上引《唐六典》卷七有如下的记载①。

滑州的白马津是连接河西与河北的黄河重要渡津,是设关的关津,且存有架桥的迹象。在白马津配有渡船四只。同州龙门关、会州会宁关、岚州合河关亦如前述的那样,也是黄河的主要渡津,分别配有渡船三只。这些设关的渡津处于刑部司门曹和工部水部曹的双重管辖下。其中作为关的职责是检查来往的行人,隶属刑部司门曹;为渡河而设置的舟船管理属工部水部曹管辖。但是,在白马津以下的四关津中,有"渡子皆以当处镇防人充",由此可知,操作渡船的船头同时也兼负责关的防守,充当防人角色,工部水部曹的职责可理解为专门担任渡船自身的管理维持工作。渭水的渭津关配渡船两只,"渡子取永丰仓防人充",因此可以推断渭津关的位置置于永丰仓附近即渭水和黄河的汇合点②。渭水的鸿(宋本作冯)渡配有渡船四只,泾水的泾合(宋本作合泾)渡、韩渡、刘控(宋本作栓)坂渡、眭城坂渡、覆篱渡各配渡船一艘,眭城坂渡是泾阳县城西南泾水的渡津③,冯渡我们推断为同州冯翊县南的渭水渡津,合泾渡恐为泾水和渭水交汇处附近的渡津,此外泾水的韩渡、刘控坂渡、覆篱渡的具体位置不详。冯渡以下的六津皆位于京城长安附近,因属交通往来频繁的重要渡津,故而配置官船。配有四艘渡船的冯渡,我们推测其位于连接渭北同州和渭南华州的交通线上,行人往来更为密集。

济川(宋本作州)津、平阴津、风阴津、兴德津各配两艘渡船,渡口津配有三艘渡船,"渡子皆取侧近残疾、中男解水者充"。济州渡是与山东的济州城

---

① 据《大唐六典》卷七"工部水部曹"条记载,关于渡津的名称和等级因字句异同有很大差异,此据宋本。

② 《元和郡县图志》卷二"华州华阳县"条:"永丰仓,在县东北三十五里渭河口"。严耕望《唐代交通图考》第一卷"京都关内区"云:"是当即永丰仓北之渭水渡口之关津也"(中央研究院历史语言研究所刊印,1985年)。

③ 《太平寰宇记》卷二六"泾阳县"条:"长平坂、俗名眭城坂,在本县西南五十里(十恐为衍字)。"《元和志》卷二"泾阳县"条:"长平坂,在县西南五里。"

北相接河水东流的黄河渡津,北魏从刘宋政权手中夺取河南之地时,因其位于黄河南北之要冲而设关,该关隋末废弃①。十分明显,作为渡津,该地在唐代也存续下来,并配有官船两艘。但是,济州城随着黄河河道的南移,天宝十三载(754)已全部冲毁。平阴津位于东都洛阳东北五十里(约20—30公里)处,自古以来即为黄河的渡津②。后述的河阳桥就在其下游不远处,我们推断该地当时在河中有一块面积很大的洲。风陵渡位于黄河与渭水汇集成巨大水流后向东拐弯的地点,是黄河的渡津,在同期该地也曾置关,并和与河南相对的潼关、向北六十余里的蒲津关共同承担着从东方进入关中长安方向重要的防卫职能③。兴德津是连接渭北同州郭下冯翊县和渭南华州华阴县,置于街道上的渭水渡津,因唐朝创业初期置离宫兴德宫的缘故而命为渡津名④,我们推测其与前述的冯渡距离很近。洛水的渡口具体地点不详,从其配置三艘官船的情况看,该地应属商贾云集、人员往来稠密之地。此渡津或许在洛阳附近,或在洛水与黄河的汇合处洛口附近,这也是渡津在很多情况下被称为某河渡口的缘由⑤。

蕲州的江津渡、荆州的洪亭渡、松滋渡、江州的马颊渡、擅(宋本作檀)头渡皆为长江的主要渡津,各配一艘渡船。其中所在地点可以初步推定的有荆州松滋渡、江州马颊渡、檀头渡。荆州松滋渡为长江南岸松滋县境内的渡津。滚滚

---

① 参见《元和郡县图志》卷一〇"河南道郓州卢县"条、《资治通鉴》卷一七三"陈大建九年正月"条,严氏《唐代交通图考》第五卷"河东河北区",1996年,第1518页。

② 贺次君《括地志辑校》(中华书局,1980年版)卷三"洛州洛阳县"条:"平阴古津,在洛州洛阳县东北五十里。"(《史记·曹相国世家》"绝河津",《正义》引。)参照前引严氏书第五卷第1553页。

③ 《元和志》卷二"华州华阴县"条:"潼关……实谓天险,河之北岸则风陵津,北至蒲关六十余里。"同书卷一二"河中府河东县"条:"风陵故关,一名风陵津,在县南五十里。"《新唐书》卷三九《地理志三》河中府河东县条:"南有风陵关,圣历元年(689)置。"另参考严氏前引书第一卷第36、173页。

④ 《元和志》卷二"同州冯翊县"条:"兴德宫,在县南三十二里。义旗将趣京师,军次忠武园,因置亭子,名兴德宫,属家令寺。"另参照严氏前引书第一卷第32页。

⑤ 可参见《入唐求法巡礼行记》"开成五年三月十八日"条:"过胶河渡口";"同年四月七日"条:"过济(淯)河,时人唤济(淯)口";"同年四月九日"条:"至源河渡口"。

长江穿三峡天险后流经江汉平原,冲积成一块面积很大的洲,即百里洲①,在其南岸是松滋县,介于松滋县和百里洲之间,横渡内江和外江的渡津应为松滋渡。即使到现在,该地仍称为松滋口,并作为渡江地点加以利用。江州的马颊渡位于江州彭泽县东北百里的马头山,该山突入长江,很有可能是因山而建渡津②。在附近不远,江中也有一块面积很大的洲③。同上述情况类似,江州的檀头渡极有可能位于江洲都昌县西北九十里的彭蠡湖(现鄱阳湖)对面檀头山,亦是因山而建的渡津。若果真如此,其大体位置应该在彭蠡湖的长江出口湖口镇④。

流经越州和杭州交界浙江(钱塘江)的浙江渡、洪州的城下渡、九江渡各配有三艘渡船。这其中的洪州城下渡,是流经洪州城正西向北流的赣江渡津。蕲州江津渡以下诸渡津"渡子并须近江白丁便水者充"。

以上虽是工部水部曹管辖下的渡津,但这毕竟是编纂《唐六典》开元年间中央管辖下的情况。随着时间的推移,唐朝社会出现了藩镇割据的局面,这其中的许多渡津实际上已是处于藩镇势力的管辖之下。除此之外,当然也有数量很多的渡津仍在唐政府州县的管辖之下。现将所知道名称的渡津列表如下,即表1:

表 1　州县管辖的主要渡津

	渡津名	河流名	出　　　　处	备　　考
关内道	合水关	黄河	《元和志》卷四麟州	岚州合河关的对岸
	君子关	同上	同上卷四胜州河滨县	黄河宽一里

---

① 《太平寰宇记》卷一四六"荆州枝江县"条:"百里洲,《荆州图经》云:其上宽广,土沃人丰,陂潭所产,足穰俭岁,又特宜五谷,洲首派别,南为外江,北为内江。《荆州志》云:县界内洲大小凡三十七,其十九有人居,十八无人居。"

② 《元和郡县图志》卷二八"彭泽县"条云:"马头山,在县东北一百里,横入大江,甚为险绝,往来多覆溺之惧。"《寰宇记》卷一一一同条作"马当山",现在的标记为马当山。

③ 《太平寰宇记》卷一一一"江州彭泽县"条:"杨叶洲,西头一半在县东北三百一十里,以东属池州秋浦县界,洲上多杨柳。又云:洲腹稍阔,两头小大长,状如杨叶。"

④ 同上卷一一一"南康军都昌县"条:"檀头山,在县西北九十里,宋将檀道济引兵登此石室,因名檀头山,山西南枕彭蠡。"同卷"洪州湖口县"条:"本湖口戍,是南朝旧领,上据大钟石,傍临大江,唐武德五年,安抚使李大亮以为要冲,遂置镇,在彭蠡湖口,伪唐保大年中,升为县。"

续表

	渡津名	河流名	出　　处	备　　考
河南道	五社津	黄河	同上卷五河南府巩县	
	板　渚	同上	同上卷五河南府汜水县	牛口渚与板渚迤逦相接
	牛口渚	同上	同上同条	
	洇　津	同上	同上卷六陕州灵宝县	贞观元年废关置津
	九鼎渡	同上	《太平广记》卷三九五"张应"条	严氏第五卷第1554页
	石济津	同上	《元和志》卷一六卫州汲县	同上1557页,一名棘津、酸枣津
	杏园津	同上	《旧书》卷一二四《令狐彰传》	严氏第五卷1558页
			同上卷一四五《李忠臣传》	
	延　津	同上	《元和志》八滑州灵昌县;同上卷一六卫州卫县	即灵昌津
	黎阳津	同上	同上八滑州白马县,同上卷一六卫州黎阳县	一名白马津
	白皋渡	同上	《通鉴》卷二二一乾元二年九月等	严氏第五卷1570页
	胡梁渡	同上	同上	同上
	杨村渡	同上	同上卷二七〇后梁贞明五年	同上
	德胜渡	同上	同上卷二七〇贞明四年十二月	古名濮阳津
			同上同五年七月等	
	灵津关	同上	《新志》卷三八濮州鄄城县	
	杨刘渡	同上	《旧书》卷一七〇《裴度传》等	
	卢津关	同上	《元和志》卷一六澶州临黄县	古高陵津
			《通鉴》卷二七二后唐同光元年八月	
	麻家口	同上	《通鉴》卷二七二同光元年闰四月	河津之要
	八会津	济水	《元和志》卷一一淄州济阳县	
河北道	四口故关	黄河	同上卷一六博州聊城县	即四渎津关
	药家口	同上	圆仁·开成五年四月十一日	河阔一町五段
	张公渡	同上	《史记·秦始皇本纪》引《正义》	古平原津
	鹿角故关	同上	《元和志》卷一七德州安德县	
	八渡故关	恒水	同上卷一八定州唐县	
	东垣渡	滹沱河	《通鉴》卷二七一后梁龙德二年五月、九月	
河东道	上平津	黄河	《新志》卷三九隰州石楼县	工部水部曹直辖
	合河关	同上	《元和志》卷一四岚州合河县	
淮南道	安阳渡	长江	《舆地胜记》和州条所引《元和志逸文》	
	横江渡	同上	《元和志》卷二八宣州当涂县	

413

	渡津名	河流名	出　　　处	备　　考
江南道	采石渡	同上	同上卷二八同上条	即牛渚斤，与和州横江渡相对
	铜官渡	同上	《通鉴》卷二五七文德元年八月	
	穄潭渡	同上	同上	
	丹步渡	无患溪	《元和志》卷二九福州福唐县	
剑南道	吉柏津	嘉陵江	《通鉴》卷二五八大顺二年八月	山南道利州益昌县
	五侯津	内江水	同上卷二七七后唐长兴三年五月	汉州西南
	大渡津	同上	《元和志》卷三一简州金水县	在县北三十里
	泸津关	泸水	《新志》卷四二州会川县	
	涪水关	涪水	同上卷四二龙州江油县	刑部司门曹直辖

2. 主要桥梁

在唐代，中央工部水部曹直接管辖的主要桥梁有如下十一座。首先，作为浮桥主要有河中府蒲州的蒲津桥、陕州的大阳桥、河阳县的盟津桥（河阳桥）这三座是黄河桥，以及河南府偃师县的洛水孝义桥。蒲津桥介于河中陆洲之间，由东西二桥组成，桥长共二百步（约 311 米），桥宽从最新出土的铁牛推断，约有10—15 米。大阳桥桥长七十六丈（约 236 米），桥宽二丈（约 6.2 米）。河阳桥与蒲津桥同样横跨河中陆洲，介于中潬之间，由南北二桥组成，南浮桥的桥长五町（约 545 米），北浮桥三町（约 327 米）。洛水孝义桥的桥长二町（约 218 米）。其次，作为石桥主要有连接洛阳城南北两城的洛水天津桥、中桥，以及同在洛水上游的永济桥，另有长安城东面的灞桥四桥。这其中对桥的规模最为清楚的为永济桥，该桥长四十点三丈（约 125 米），桥宽二点六丈（约 8 米）。最后，作为木桥结构的有长安城北面的三渭桥，即便桥、中渭桥、东渭桥。东渭桥在最近发现了其木制桥墩的一部分，桥长初步推断为 400—560 米①。

除中央直接管辖的桥梁外，其余皆由州县管理。今检诸其他文献，将这些

---

① 参见拙稿《唐代的的蒲州河中府城与河阳三城——浮梁与中潬城を伴つた城郭》，唐代史研究会编《中国の都市と農村》所收，1992 年，汲古书院；《唐代東渭橋と東渭橋倉》，京大教养部《人文》第 32 集，1986 年。

桥梁列表如下(表 2):

表 2　州县管辖下的主要桥梁

桥　名	架桥河流	规　模	构造	出　处
洛水石桥	洛阳洛水	长 200 步(311 米)	石桥	《唐会要》卷八六桥梁条
埇桥	宿州汴河 (大运河)			《元和志》卷九宿州,《唐会要》卷七〇州县改置条
清水石桥	清水	长 450 尺(140 米)	石桥	《元和志》卷一〇郓州须昌县
刘公桥	济水	长 12 丈 (37.3 米),宽 1.2 丈(3.7 米)		同上卷一〇郓州
安济桥 (赵州石桥)	洨河	长 50.82 米,宽 9.6 米	石桥	《太平广记》卷三九八石桥条,引自《朝野佥载》
汾桥	汾水	长 75 米(116 米),宽 6.4 丈(20 米)		《元和志》卷一三太原府晋阳县(中城郭内)
白马关桥	黄河		浮桥?	同上卷一六卫州黎阳县
长芦桥	长芦水			同上卷一七冀州下博县
西津桥	徐水			《舆地纪胜》卢州慎县条所引,《元和志逸文》
万里桥	大江水			《元和志》卷三一成都府成都县
七星桥	南北两江	(七桥总称)		同上
升仙桥	郫江			同上
鹰桥	马蹄水	(一作雁)		同上卷三一汉州洛县
(大渡河)桥	黎州大渡河	长 500 尺(155.5 米)		《文苑英华》卷八〇八
绳桥	大江水	长 10 步(15.5 米),宽 6 尺(1.87 米)	竹索桥	《元和志》卷三二茂州汶川县
笮桥	北江水		同上	同上冀州卫山县
供济桥	黄河上游		浮桥?	同上卷 39 廓州米川县
浮桥	奉化江	长 55 丈(171 米)	浮桥	《乾道四明志》卷一、二

　　桥梁作为战略要地,在战争时期经常成为争夺的对象。另外,作为战略行动的咽喉要道还经常被应用于行军,在紧急情况下也会临时架桥。我们说在哪里能架桥已不是主要因素,这正如前所述的那样,可以架设桥梁的地点完全取决于自己的主观想法。笔者根据《资治通鉴》的记载,将这类事例加以归纳,并列表如下(表 3):

表3　所见战争时期桥梁

桥梁名	架桥河流	所在	《通鉴》卷数	备考
骆驼桥	黄河	上游九曲	卷二一三开元十六年七月	吐蕃造
乌兰桥	同上	会宁关、乌兰关外	卷二三五贞元十六年三月	
			卷二三九元和八年七月	吐蕃造
郭桥		汴州浚仪县	卷二四二长庆二年八月	宣武兵乱
河桥	湟水	鄯州河源军	卷二四八大中三年二月	吐蕃焚桥
(应急桥)	新穿水	蜀州新津县	卷二五二咸通十一年二月	南诏三日成桥
浮梁	大渡河	黎州	卷二五二乾符元年十一月	南诏造
蓝桥	灞水上游	蓝田关南	卷二五四中和元年五月	黄巢之乱
阳武桥		郑州阳武县	卷二五七光启三年五月	朱全忠军
刘桥	濮水	濮州临濮县	卷二五七同八月	同上
永定桥		相州内黄县	卷二五八大顺二年正月	同上
浮梁	长江	武昌樊口	卷二六一乾宁四年五月	朱全忠、杨行密军
瓦桥	濡水	涿州南	卷二六二光化三年六月	后瓦桥关
(瓦子济桥)				
下博桥	漳水	冀州下博县	卷二六八后梁乾化二年三月	后梁、晋
浮梁	长江	夔州	卷二六九乾化四年正月	荆南、前蜀
张公桥		邢州龙冈县	卷二六九同七月	晋、赵
浮梁	大渡河	黎州	卷二六九同十二月	前蜀、南诏
沙河桥	沙河	定州新乐县	卷二七一龙德二年正月	晋、契丹
桔柏津	嘉陵江	利州益昌县	卷二七三后唐同光三年十月	后唐、前蜀
浮梁			卷二七四同十一月	同上
			卷二七四天成元年十二月	前蜀兵乱
浮梁	绵江	绵州	卷二七四同光三年十一月	后唐、前蜀
金雁桥①	雁江	汉州雒县	卷二七四天成元年三月	前蜀兵乱
石桥	洛水	洛阳东	卷二七四同三月	庄宗入洛
浮梁②	渭水	武功、渭南县间	卷二七五同四月	明宗即位时内乱
河桥石桥		剑桥	卷二七七长兴元年十二月	后唐、后蜀
鸡踪桥③		汉州雒县	卷二七七同三年五月	同上

---

　　①　与前述的《元和郡县图志》中所见的"雁桥(鹰桥)"为同一桥。

　　②　临时性架设的桥为浮桥。若从架桥地点来推断,三渭桥有可能是其中的一个。如果真如此,其极有可能是因唐末以来的战乱遭到破坏或焚烧,而取代原来的木桥重新建造的。

　　③　或许为前面所引的金雁桥的别名?

续表

桥梁名	架桥河流	所在	《通鉴》卷数	备考
桥板	内江水	梓州东南	卷二七七同年五月	后蜀
胡梁渡浮梁	黄河	滑州北岸	卷二八一后晋天福二年六月	藩镇叛乱
云梦桥	云梦泽	安州云梦县	卷二八二天福五年六月	后晋、南唐
德胜津浮桥	黄河	澶州	卷二八二同六年二月	即澶州河桥
中度桥①	滹沱水	洹州	卷二八五开运三年十一月	后晋、契丹
杨柳桥	湘水	潭州	卷二八九后汉乾祐三年十一月	楚内乱
浮梁	淮水	颍州下蔡县	卷二九二后周显德三年正月	后周、南唐
淝桥	淝水	同上	卷二九三同年三月	同上
浮梁	涡水	淮、涡合流处	卷二九三同四年三月	同上
广武桥	黄河上游		《新书》卷二一六《吐蕃传》	唐、吐蕃
赤岸桥	同上	桥高50丈	吕温《题河州赤岸桥》诗	同上
长宁桥	长宁川	鄯州	《旧书》卷一九六、《新书》卷二一六、《吐蕃传》开元二九年	同上

由上表可见,尤其是战争时期,作为战略要冲的渡津及桥梁具有重要意义,为确保该地、以及在该地架设就急的浮桥,能够保障军队迅速行动和部队粮草供应及时,这种情况并不仅局限于唐五代,以后各代亦屡见不鲜。北宋时期,在吞并荆南、后蜀、南汉后,在与南方最大的割据势力南唐作战之际,于长江著名的渡津采石渡(矶),预先在荆湖方面造建数十艘脚船,准备好大量竹索、仅用三日就架设成应急浮桥,使大军如履平地,安全地渡过了长江,这即是一个典型的事例②。

---

① 五代时期所架设的中渡桥是浮桥。在宋代,其作为浮桥虽重新建造,但在战略上的重要性已大大降低,故而在元丰年间因雨水量较大,在春夏之交曾将该浮桥撤掉,以期减轻对该浮桥的维护和管理。《宋会要》方域一三——九云:"元丰五年八月二十四日,前河北转运副使周革言,熙宁中,外都水监丞程,于真定府滹沱河中渡桥系浮桥,比旧增费数倍,又非形势控扼,虚占使臣兵员,乞皆罢之。每岁八九月修板桥,至四五月防河拆去,权用渡船,从之。"

② 《宋会要》方域一三之九桥梁条云:"开宝七年十一月,江南行营曹彬等言,大江浮桥成。命前汝州防御使陆万友往守之。先是,江南布衣樊若水尝渔于采石矶,以小舟载丝绳维南岸,疾棹至北岸,以渡江之广狭,遂诣阙献策,请造舟为桥以济师。太祖即命高品石全振,往荆湖造黄黑龙船数十艘,又以大舰载巨竹绠,自荆南而下,及命曹彬等出师,及遣八作使郝守濬等,率丁夫营之。议者以为,自古未有浮桥渡大江者,恐不能就。至是,先试于石碑口造之,移置采石矶,三日而桥成。由是大军长驱以济,如履平地。"

二、关于桥梁和渡津的管理制度

唐代关津设有令、丞(以上流内)、录事、府、史、典事、津吏(以上为流外)等官吏进行管理。这正如唐律所规定的那样:"诸渡关津、及乘船筏经过津,皆应请过所。"除公务外,通过关津皆须有官府发放的"过所",即所谓的通行手续。在京的官民向中央的刑部、司门曹,在外之人向所在州府申请,请求给付。在过所上,详细记录了发放的官府、行人及随行者的身份、姓名、人数、年龄、携带物品、旅行目的、通过地点等①。

在唐律《卫禁律》第二五条"私度关"中有关于无过所等公文而越关津者(私度),以及不由关津之处而渡(越渡)者的处罚规定。第二六条"不应渡关"是关于通过不正当渠道得到过所而通过关津(冒度)的罪名。第二七条是"关津留难",是对通过关津之人采取不当手段抑留妨害的关津官吏的处罚规定。第二八条"私度有他罪"规定的是有人犯有他罪而主司使其从关津私度逃亡的罪罚。第二九条是"人兵度关妄度",规定的罪名是率领人夫、兵士通过关所之际,无关人等与其一起度过,在这种情况下对关司的罚罪。第三○条"斋禁私物度关"规定的是对携带禁制品度过关所者处罚规定。另外,在《杂律》第三条中有"其津济之处,应造桥、航及应置船、筏,而不造置及擅移桥济者,杖七十;停废行人者,杖一百",是对于管理浮桥及渡津官吏的处罚规定。所有这些有关桥梁及渡津的管理维护体制,从唐律中的《杂律》看极其简单,本章也不想作更加详细的探

---

① 《唐六典》卷二三都水监条,同书卷三○关津关吏条,仁井田陞《唐令拾遗》第713页关市令条。唐代过所的实物原件其中以智证大师圆珍带回日本的两件最为有名,现传至圆城寺。近年来在吐鲁番出土了许多为申请过所的案卷,在过所中应记载的事项进一步明朗。《吐鲁番出土文书》第9册(文物出版社1990年版)第31—39页《唐开元二十一年唐益谦(薛光泚、康大之)请给过所案卷》[73TAM509:8/4—1(a),8/4—2(a),8/23(a),8/4—2(a)]即属此。这是份为从西州去福州旅行而申请过所的文书。在其中有"路由玉门、金城、大震、乌兰、僮(潼)关、蒲(津)等关",列举了应通过的关津名称。其经过首先是瓜州的玉门关,随后是在兰州的金城关渡过黄河,入陇州的大震关进入关中,或在乌兰关(对岸会宁关)渡过黄河进入关中,再由关中过潼关出河南,经蒲津关进入河东方向。此文书把这些复杂的旅程预先想好并在过所申请中一一注明。

讨。对于唐代桥梁及渡津的管理维护除依据前述的《大唐六典》有所了解外,揭示更为详细的具体规定是敦煌发现的开元二十五年(737)的式,即《水部式》残卷①。以下所见的即为《水部式》残卷的相关诸项内容。

首先是关于石桥的规定,在该文书第 43 至 45 行中有如下的记载:

> 洛水中桥、天津桥等,每令桥南北捉街卫士洒扫。所有穿穴,随即陪填,仍令巡街郎将等检校,勿使非理破损。若水涨,令县家检校。

天津桥连接洛阳北城和南城,隋炀帝营建洛阳新城之际,最初架设的为浮桥,在唐贞观十四年(640)改建成石桥②。同样连接南北城的中桥,亦在上元二年(675)在其下游不远处改建成石桥。《唐六典》中将之作为"石柱之梁"是开元年

---

① 有关《水部式》残卷整理发表的论考有如下一些:罗振玉《鸣沙石室佚书》,1913 年,上吴罗氏印本,《罗雪堂先生全集》四编所收;同 1928 年东方学会石印本《全集》三编收。仁井田陞《敦煌発見唐水部式の研究》,《服部先生古稀祝賀記念論文集》所收,1936 年;后在《中国法制史研究:法と慣習・法と道德》中增补,1964 年。陶希圣《唐代管理水流的法令》,《食货月刊》,4—7,1936 年。那波利贞《关于唐代水利的有关规定 1、2、3》《史学杂志》55—1、2、3,1943 年。Twichett, D. C. *The Fragment of the T'ang Ordinances of Department of Waterways discovered at Tun-huang*, Asia Major 6 - 1, 1957。佐藤武敏《敦煌発見水部式残卷訳注——唐代水利史料研究(2)》,《中国水利史研究》二,1967 年。山本达郎、池田温、冈野诚编, *Tun-huang and Turfan Documents concerning Social and Economic History*,Ⅰ:*Legal texts A,B*,Toyo Bunko,1978 - 1980。池田温、冈野诚《敦煌・吐魯番発見唐代法制文献》,《法制史研究》27,1978 年。佐藤武敏《敦煌発見のいわゆる唐水部式残卷について》,大东文化大学《東洋研究》73,1985 年。周魁一《〈水部式〉与唐代的农田水利管理》,《历史地理》4,1986 年。王永兴《敦煌写本唐开元水部式校释》,北京大学中古史研究中心编《敦煌吐鲁番文献研究文集》3,1986 年。冈野诚《敦煌発見唐水部式の書式について》,《東洋史研究》46 卷 2 号,1987 年。冈野诚《唐水部式紙背の陀羅尼について》,《明治大学社会科学研究所紀要》26 卷,1988 年。利用《水部式》残卷的主要论著还有如下一些,但这皆为论及关于水利、徭役等方面的内容,如浜口重国《唐に於ける兩說法以前の徭役勞働》,《東洋学報》20 卷 4 号、21 卷 1 号,1933 年,后被《秦漢隋唐史の研究》一书所收,1966 年。西村元佑《唐代敦煌差科簿の研究——大谷探检队将来敦煌吐鲁番古文書を参考资料として》,西域文化研究会编《敦煌吐鲁番社会経済資料(下)》,《西域文化研究》Ⅲ,1960 年,后被《中国经济史研究——均田制度篇》所收,1968 年。Twichett, D. C., *Some Remarks on Irrigation under the T'ang*, Toung pao Vol 48 - 1 - 3, 1961)。吉田孝《日唐律令における雑徭の比較》,《歴史学研究》264 号,1962 年。日野开三郎《唐代租調庸の研究Ⅱ课输篇上》,第五章第三节之"与交通运输有关的色役",1975 年。武藤ふみ子《唐代敦煌の農田水利規定について》,《駿台史学》39 卷,1966 年。佐藤武敏《敦煌の水利》,池田温编《敦煌の社会・講座敦煌三》所收,1980 年。清木场东《唐水部式にみえる北太倉について》,久留米大学《産業経済研究》29 卷 3 号,1988 年,等。

② 《元和郡县图志》卷五"河南府洛阳县"条。

间,《水部式》的规定亦大致在同时期将其作为石桥来进行管理的①。因天津、中桥为石桥结构,与后述的浮桥相比,用于维护管理的工作大大减轻。但由于这是都城的桥梁,经常会有些特殊事情,加之考虑到有许多官僚显贵来往通行,故而派专人在桥上进行清扫。至于说有破损的地方需要立即修补,主要也是因为行人稠密的缘故②。在《唐会要》卷八六"桥梁"条中曾有"先天二年(713)八月敕:天津桥除命妇以外,余车不得令过"的车行限制令,也是考虑到交通拥挤,人员流量过大的原因。至于此处为何仅提到石桥,我们认为,与步行相比,车辆通行的重量更能对桥梁的石板、石桁构成损耗。

在第 107 至 109 行中,亦有关于石桥的规定:

> 京兆府灞桥、河南府永济桥,差应上勋官并兵部散官,季别一人,折番检校。仍取当县残疾及中男分番守当。灞桥番别五人,永济桥番别二人。

灞桥是架设在长安东部灞水之上的桥梁,永济桥是架于洛阳西南九十三里(约52公里)的寿安县境内洛水之上的桥梁。这两桥皆位于两京之间的主要通道,桥上来往行人稠密,正因为其结构为石桥,所以在维护管理方面当然也就非常容易,仅配有万年县及寿安县所辖的残疾或中男二至五人担任警备,勋官或兵部散官对其进行监督。由残疾或中男担任桥梁的分番守卫可以解释为服杂徭的课役,担任监督的勋官或兵部散官是折番,这主要是代替去京师的上番而改成对这些桥梁的检校③。《水部式》中有关这部分的管理规定,与其说是对桥梁自身的管理维护规定,不如准确地讲是在位于主要通道上的桥梁上对来往的行人及物品进行监视的成分更强一些,这与关津的情况颇为相似。

---

① 《唐会要》卷八六桥梁条;《元和志》卷五河南府洛阳县条有"中桥,咸亨三年(672)造,累石为脚,如天津桥之制",有可能与《唐会要》的记事相混同。又《唐会要》同条记载:"显庆五年(660)五月一日,……有中桥及利涉桥,以通行李",据此可知,在显庆五年这一时期中桥已经存在。

② 据《新唐书》卷四八《百官志》"都水监诸津令"条,可以见到"天津桥、中桥,则以卫士拚扫"的简单管理规定。

③ 见日野前引书第 370、388 页。

在第 86 至 93 行中所见的是关于木桥的管理规定：

> 都水监三津各配守桥丁卅人,于白丁、中男内取灼然便水者充,分为四番上下,仍不在简点及杂徭之限。五月一日以后,九月半以前,不得去家十里。每水大涨,即追赴桥。如能接得公私材木橦等,依令分赏。①

> 三津仍各配木匠八人,四番上下,若破坏多,当桥丁匠不足,三桥通役。如又不足,仰本县长官量差役,事了日停。

在这里所谓的都水监三津,换句话说也可称之为三桥,很明显并不是渡津而是桥梁。而且如若为都水监管辖的三桥,应为京兆府及河南府境内的主要桥梁②。前述的中央直接管辖的木桥三渭桥应首当其冲。正因为其为木桥结构,各桥配有木工八人也就不言自明。当桥梁破损程度较大,劳役不足之时,由"三桥通役",即三桥木工互相支援。这种现象只适用于便桥、中渭桥和东渭桥渭水三桥,此外再也没有见到过类似情况。再有作为石桥结构的灞桥有五名桥丁,同为石桥的永济桥亦有两名桥丁,皆为被官府差科而服杂徭之人,这已见前述。与之相比较,作为木桥的渭水三桥的桥丁同样由官府差以杂徭的人担任,且每桥分别配有三十名桥丁。由此我们可以看到,石桥和木桥的管理维护所需要的劳力还是有明显的差距的。但若与后述的浮桥相比,其管理和维护可以说还是更容易一些。

下面即为关于浮桥的规定。在黄河之上的三座浮桥中,第 67 至 74 行是关于河阳桥和大阳桥的记载：

> 河阳桥置水手二百五十人,陕州大阳桥置水手二百人,仍各置竹木匠十人,在水手数内。其河阳桥水手,于河阳县取一百人,余出河清、济源、偃师、汜水、巩、温等县。其大阳桥水手出当州。并于八等以下户取白丁灼然解水

---

①　此处所言之令,相当于仁井田陞《唐令拾遗》第 849 页杂令——"诸公私竹木,为暴水漂失,有能接得者,并积于岸上,明立标牍,于随近官司申牒,有主认识者,江河五分赏二,余水五分赏一。限三十日,无主认者,入所得人。"

②　《唐六典》卷二三"都水监诸津"条:"诸津在京兆、河南界者,隶都水监;在外者,隶当州界。"

者,分为四番,并免课役,不在征防、杂抽使役及简点之限。一补以后,非身死遭忧,不得辄替。如不存检校,致有损坏,所由官与下考,水手决卅。①

关于黄河三座浮桥的另一座蒲津桥,在第140至142行记载如下:

蒲津桥水匠一十五人,虞州大江水赣石险□难之处,给水匠十五人,并于本州取白丁便水及充解木作者,分为四番上下,免其课役。

河阳桥配水手二百五十人,大阳桥配水手二百人,并云其内有十人为竹木匠。因其为浮桥,与石桥、木桥不同的是,其保护和维修需要很多的劳动力。这里所说的水手,是指在河中为浮桥进行保护和简单的修理之人。所谓竹木匠,即具有竹木系留及脚船修理等专门技术之人。正因为如此,河阳桥以其所在的河阳县为主,并沿从该府管辖的黄河、洛水、济水六县差白丁为正役,不允许终身交替。"安史之乱"以后,该地置河阳三城节度使,河阳、河清、济源、温、氾水五县从河南府管辖事实上转移到由河阳三城节度使管辖,会昌三年(843),又以这五县新设孟州②。像这样因新州的设置及随之五县从河南府的移管,与之关系至为密切的河阳浮桥管理维护的劳动力征发及经费的保障等事宜,在开元末年形成的《水部式》很早就意识到这种特殊的情形。一方面,就蒲津桥而言,其所需的水(手、木)匠仅十五人,人数很少,从蒲州内诸县差科白丁服正役,采用四番制,且免其课役,这点与河阳、大阳桥完全相同,但其用于管理维护的护卫人员又太少。同样为黄河的浮桥,对于彼此之间有如此大的差别,又作何解释呢?③ 关于这一点,在开

---

① 《唐六典》卷七"工部水部曹"条只作"河阳桥置水手二百五十人,大阳桥水手二百人,仍各置木匠十人"的记载。

② 《唐会要》卷七〇"州县改置·孟州"条,《新唐书》卷三九《地理志三》"河北道孟州"条。

③ 在日野前引书第385页中,曾指出:"此地靠近京师,乃军事要地,故而置天下六上关之一的蒲津关。在蒲州曾置三十余、在西部邻州同州置二十余折冲府,这种体制本身就含有救急的态势。在此所说的水匠十五人,我想有可能是只是平时的守护人员。"但日野关于河阳桥有二百五十人,大阳桥有二百人,与蒲津桥有明显差距的解释可以说缺乏足够的说服力。若据其论点,河阳桥所在的河南府有三十九府,大阳桥所在的陕州也有十五个折冲府。

元九年（721），蒲津浮桥曾进行了大的改进，用铁锁把脚船锁紧，且为将其系紧，在两岸埋入巨大的铁牛将支柱系牢，恐与此有很大的关系。由于这次大的改进，蒲津桥已成为极其牢固的桥梁。宋嘉祐八年（1063），因黄河大水而使该铁牛流失，浮桥被冲垮，可见这座桥经历了三百多年的时间，抗洪能力极强①。《水部式》残卷作为开元二十五年式，在此时蒲津桥与河阳、大阳两浮桥相比，其构造较两桥远为坚固，我想这可能是大幅度削减水手及防卫人员的原因。以上主要是关于浮桥人丁、人夫等劳役方面的规定。对于浮桥的材料补给等物质方面的规定，在《水部式》第115至124行有如下的记载：

> 河阳桥年所须竹索，令 役 宣、常、洪三州 丁 匠预造。宣洪各大索廿条，常州小索一千二百条。脚以官物充，仍差纲部送，量程发遣，使及期限。大阳、蒲津桥竹索，每三年一度，令司竹监给竹，役津家水手造充。其旧索每委所由检复，如斟量牢好，即且用，不得浪有毁换。其供桥杂匠，料须多少，预申所司量配，先取近桥人充，若无巧手，听以次差配，依番追上。若须并使，亦任津司与管匠州相知，量事折番，随须追役。如当年无役，准式征课。②

接上条第125至134行中，首先记述的是对浮桥一般情况下的材料补给规定，随后也记载了对黄河三桥材料补给的具体规定：

> 诸浮桥脚船，皆预备半副，自余调度，预备一副，随缺代换。河阳桥船于□、洪二州役丁匠造送。大阳、蒲津桥船，于岚、石、隰、胜、慈等州折丁采木，浮送桥所，役匠造供。若桥所见匠不充，亦申所司量配。自余供桥调度并杂物一事以上，仰以当桥所换不任用物迴易便充。若用不足，即须申省，

----

① 参见前引拙文《唐代の蒲州河中府城と河陽三城——浮梁と中潬城を伴つ城郭》。
② 《水部式》本条与《唐六典》卷七"工部水部曹"的"河阳桥所须竹索，令宣、常、洪三州役工匠预支造。宣洪二州，各大索二十条，常州小索一千二百条。大阳、蒲津竹索，每年令司竹监给竹，令津家水手自造。其供桥杂匠，料须多少，预申所司。其匠先配近桥人充"相对应。但《六典》的叙述仍过于简略。

与桥侧州县相知,量以官物充。每年出入破用,录申所司勾当。其有侧近可采造者,役水手、镇兵、杂匠等造贮,随须给用,必使预为支拟,不得临时阙事。①

关于黄河三浮桥所使用的竹索,脚船用的木材等材料补给见于上述的规定。首先,值得注意的是用于浮桥维持不可缺少的脚船和为系牢脚船所须竹索的供应地。因桥的位置不同而分别明确到各地,即河阳桥的竹索及脚船补给地,与之相对的地点为宣州、常州、洪州、潭州,皆江南之地;大阳、蒲津两桥的供给地为长安西部的司竹监及系属关内道和河东道的黄河沿岸之地岚州、石州、隰州、胜州、慈州地区。从地理位置上看,位于河东道南端连接蒲州河中府的东城、中潬城、西城的蒲津桥,在其下游河南府的陕州城正北的大阳桥,以及更下游的洛阳北面架设的连接河阳县的南城、中潬城、北城的河阳桥这三座黄河浮桥,在大阳桥下游不远处有黄河最大的险滩三门砥柱之险,这里事实上属于不能航运的地点,因此,位于三门砥柱上游的蒲津、大阳两桥的材料补给地为关内道及河东道的沿河地区,采用的方法是利用黄河及渭水的河道把材料直接送达桥端。另外,伐采脚船用的木材亦须"水运"到浮桥处造船,我们推想,像三门砥柱之险当然不能运行,因为必须经过壶口(孟门)、龙门的激流,若用筏送的方法运送木材需冒极大的风险,很难成功。与之相反,位于三门砥柱下游不远的河阳桥,虽运送材料的路途很长,但从江南诸水系经长江、大运河溯黄河西上到达浮桥处,靠水路运输还是完全有可能的,而且也没有上述水运途中的险滩。因此,脚船在船材料供应地潭州和洪州造船,完成后以船的形式运至浮桥附近。关于黄河三座浮桥的规定上面已作了详细的说明,不过还有一点应予注意,对于河阳桥的竹索补给每年一次,而蒲津、大阳两桥的竹索补给是三年一次,其补给的次数明显少于河阳桥。换言之,对于河阳桥,每年必须补给材料用于浮桥

---

① 本条亦同《唐六典》前条的"浮桥脚船,皆预备半副,自余调度,预备一副。河阳脚船,于潭、洪二州造送。大阳、蒲津桥,于岚、石、隰、胜、慈等州,采用木送桥所造"相对应,《六典》的记述极为简略。

的损耗,而与之相同的蒲津、大阳两桥并没有像河阳桥那样每年都必须进行竹索的补给。关于这点两者之不同,大阳桥的浮桥具体结构不甚清楚,但蒲津桥已如上述,在开元九年,曾用铁锁将其中的某些地方加固,在这种情形下,即使大幅度削减补给的材料,也不会出现很大的问题。

关于置于中央管辖的另一座浮桥即洛水的孝义桥,在最末尾一段第144至146行有如下的记载:

> 孝义桥所须竹籧,配宣、饶等州造送。应衲塞系籧,船别给水手一人,分为四番。其洛水浮桥竹籧①,取河阳桥故退者充。②

即使是位于洛阳东北九十里的洛水浮桥孝义桥,为维修保护浮桥所需的竹籧等材料补给地亦被指定为江南的宣州、饶州,与河阳桥完全相同,很明显这也是为了避开三门砥柱之险,经长江、大运河、洛水,把这些造桥材料安全准时地运抵桥边。唐代孝义桥的规模等情况不见诸于文献记载,但据入宋僧人成寻的记录,其曰桥长约二町(约218米),用十六艘大船构成③,该桥在唐代的规模恐与此大体相当。所谓"衲(茹)塞系籧",即为防止脚船漏水的诘绵之类物品和铺在脚船上的作为桥板的竹籧④。又,洛水浮桥用的竹籧,规定使用的是在河阳桥上用过的旧材料,这点也应予以注意。如前所述,河阳桥每年都进行竹索等材料的补给,即每年都需更换浮桥各种各样的材料,而每次撤换下大量的各种材料仍可继续使用,于是将这些材料运到近处的洛水浮桥再加以利用。这不仅有助

---

① 在山本、池田、冈野的前引著书中,将其判读为"其洛水中桥竹籧",但如前所述,洛水中桥为石桥,没有必要准备用于建造浮桥的材料竹籧等物资。因这里是有关浮桥的管理规定,故连接洛阳南北两城应再有一个桥为浮桥。

② 《水部式》本条相对应的《唐六典》卷七"工部水部曹"条有"孝义竹所须竹索,取河阳桥退者以充",很明显有脱字之处。

③ 见《参天台五台山记》卷五延久四年(1072)十一月七日条,《大日本佛教全书》——五《游方传丛书》第三所收。

④ 《唐律疏议》卷二七《杂律》:"诸船人行船,茹船、泻漏、安标上宿,不如法,若船应回避而不回避者,笞五十……。疏议曰:(中略)'茹船',谓茹塞船缝。'泻漏',谓泻去漏水。"《新唐书·百官志》"都水监诸津"条:"凡舟渠之备,皆先拟其半,衲塞、竹籧,所在供焉。"

于提高浮桥材料的利用率,从中也可以看出黄河浮桥和洛水浮桥两者之间桥材的耐久程度和使用强度的差异。

第135至140行中,也规定了浮桥普通的管理办法:

> 诸置浮桥处,每年十月以后,凌牡开解合,□□抽正解合,所须人夫采运榆条造石笼及绲索等杂使者,皆先役当津水手及所配兵。若不足,兼以镇兵及桥侧州县人夫充。即桥在两州两县界(间)者,亦于两州两县准户均差,仍与津司相知,料须多少,使得济事。役各不得过十日。

本条中的"凌牡(壮)开解合,□□抽正解合"部分,其意思令人颇为费解,但有人理解认为十月以后的冬期为河水结冰的时期,需要把浮桥解体,对各部位加以检修,将劣化的榆条、绲索等材料取换下来,以及打造石笼来加固岸堤等工作事宜①。这些工程所需要的劳力由官府拨给各渡津的水手和士兵来完成,这里所指的士兵,即为邻近折冲府的府兵②。要想在短期内集中起来对浮桥进行解体和修理,需要相当多的劳动力,作为补充成员的镇兵和从桥两边的州县征发的役夫,甚至于掌管户籍的州县和役使役夫都监的津令双方关系都有细致的规定,这恐怕也是出于考虑到不致使课户课役负担不均衡的缘故。

以上是关于浮桥的管理规定。与石桥和木桥相比,对于浮桥的规定远较前者更为明确和详细。可以说在此所揭示的对浮桥的管理和维修,尤其是对黄河三座浮桥的管理难度都加以披露。作为石桥结构的灞桥所配置的桥丁仅五人,与之相同的永济桥更少,才有两人。木桥结构的渭水三桥分别配有三十人的桥丁。且这些桥丁皆取于杂徭的白丁、中男、残疾者充。与之相对应,浮桥结构的河阳桥配有正役水手二百五十人,另一座浮桥大阳桥也经常配正役水手二百

---

① 据 T 氏前引著作记载,英文为"When the ice begins to set hard, the fastenings should be taken apart …"。据王永兴前引书,其解释为"十月以后,冰逐渐坚实,……结冰坚实后,系脚船的竹簏,应解开,不再需要"。

② 《水部式》第39至41行记载:"扬州扬子津斗门二所,宜于所管三府兵及轻疾内,量差分番守当,随须开闭。若有毁坏,便令全处并功修理。"可见调节长江和大运河水位的斗门管理由府兵负责。

人，由此我们可以断定浮桥的管理维护困难如何，需要多少劳动力，以及唐朝政府对这些主要浮桥的重视程度如何等等。

在《水部式》中，有关渡津的规定仅见一条。第 54 至 56 行关于会宁关等黄河渡津有如下的记载：

> 会宁关有船伍拾只，宜令所管差强了官检校，著兵防守，勿令北岸停泊。自余缘河堪渡处，亦委所在州军严加捉搦。

前已述及，在《唐六典》中，记有会宁关配有渡船三艘及每船配有三名渡子，而在《水部式》里规定配有渡船五十只，与《唐六典》的记述差异很大。在《唐六典》中，甚至连黄河之上白马津这样主要渡津亦仅配有三艘船，最多的渭水鸿（冯）渡也只是四只，除此之外皆为一至三只渡船。会宁关并非位于京城四周的上关，而是处在从关中通往河西地区主要驿道上的中关，应有很多来往的行人。在《唐六典》中所言的配船三只，正如日野氏曾指出的那样，主要是供官方使用的船只①。若果真如此的话，白马津以下的其他主要渡津其船只数量应远多于此。不过，在本条中应注意"宜令所管差强了官检校，著兵防守，勿令北岸停泊"的规定。会宁关位于黄河大拐弯河曲之南岸，北岸是乌兰关，作为从河西到西域方向去的出入口。会宁关毫无疑问是极其重要的关口，我们推断，渡船皆系留配备在黄河南岸的会宁关一方，即使向北岸的乌兰关方向渡河，也是在行人下船后再将乘船立即驶回南岸。又该地也驻兵防卫，从其战略地位看，采取这种措施也是理所当然的，在会州西北二百里（约 112 公里）之地屯驻新泉军，所管辖部队七千人，这恐怕也是出于对关及渡津防卫的需要②。及至唐朝后半期，

---

① 参见日野氏前引书第 473 页。在严氏前引书第二卷"河陇碛西区"第 413 页中作"按《水部式》写本，'伍拾'二字大写甚明晰、盖与《六典》时代不同也"，其说不妥。即《六典》依据的是开元七年(719)的律令格式，《水部式》乃开元二十五年(737)成书，两者皆为开元年间的规定，我想这十八年间在船只配给上不会有太大的变化。

② 《元和志》卷四〇"陇右道凉州"条："新泉军，会州西北二百里，大足初(701)，郭元振置，管兵七千人，西去理所四百里也。"

该地已成为吐蕃人侵关中的主要路线之一。这期间,吐蕃在这附近的黄河上架设桥梁,在桥梁附近修筑月城(恐为南岸),试图对该桥梁予以保护①。

三、唐末五代时期的渡津和桥梁

关于《水部式》中所记述的有关渡津和桥梁的管理规定,在上章已作了探讨。以黄河三桥为代表的中央直接管辖的浮桥的管理规定颇为详细且具有显著特征。但《水部式》中的诸项规定,我们认为毕竟出现在唐朝前半期,国家机构处于实效且运转正常的情况下。及至唐朝后半期,中央集权体制松弛,例如在渭北的三白渠由于有人私设碾硙不法取水而给农田水利设施带来很大危害,地处上游的农田因非法先截流渠水,造成了下游的农田不能正常灌溉,《水部式》中所制定的严密的水利灌溉关系的诸项规定已如同虚设②。同样,中央政府所辖的桥梁及渡津事实上许多也都处于藩镇势力的统治之下。河阳桥移交给所谓的"归附藩镇"河阳三城节度使管辖之下,已见前述。处于普通州县管辖的众多桥梁和渡津,当然比藩镇的管理更为严格。不过其检查的目的,与原来对来往行人的检查相比,似乎更倾向于对所谓的通过税等商税的征收③。从唐后半叶至唐末五代时期,关于桥梁及渡津的情况请参考以下几个实例。

长庆二年(822),王智兴放逐原节度使,自称武宁节度使,在舟船往来密集的泗(水)淮(水)汇合处泗口私设税场,并称以供军用,对来往所有的商品货物课以税收。泗口,乃大运河在楚州入淮水,溯淮水不远至泗州,再经大运河北上,此地为大运河船运必经的路线,这一时期特别是茶叶贸易兴盛,大量茶叶北

---

① 《资治通鉴》卷二三九"元和八年(813)七月"条。

② 参见拙稿《唐代京兆府の户口推移》,唐代史研究会编《律令制:中国朝鲜の法と国家》所收,1986年,汲古书院所刊。

③ 《册府元龟》卷五〇四《邦计部》"关市"条载:"建中元年(780)九月,户部侍郎赵赞条奏,诸道津要都会之所,皆置吏,阅商人财货,计钱每千税二十文。"同条:"大中六年(852)正月,盐铁转运使兵部侍郎裴休奏,诸道节度观察使置店停止茶商,每斤收蹋地钱,并税经过商人,颇乖法理,今请厘革横税,以通舟船。商旅既安,课利自厚。"

运,通过对此课以商税对于藩镇来说是一笔很大的收入。因此,王智兴以后的几位节度使都沿袭了这一税场。至开成二年(839),终于将其废除①。可是,到唐末五代时期,这一税场大概又有所恢复。

《河东节度高壁镇新建通济桥记》(《金石续编》卷一一)是关于咸通九年(868)完成的架设于河东节度使所辖汾州高壁镇汾水之上桥梁的石刻资料,汾水到高壁镇形成峡谷,被称为雀鼠谷,北穿南面的阴地关,通过雀鼠谷可以直达河东节度使使府州太原。位于该雀鼠谷偏中的地区为高壁镇。该碑记述了通济桥架桥的过程,原文如下:

> □螟遗运者众,混流箭激,不可渡之。虽有舟叶,过者怀疑,或覆溺谿人,或驻滞游子,凡经渡者咸有咨愤之词。伏会兵马使清河张公领是镇,初有关城,居人百姓偕诣柳营,请并建长桥,以导达津阻。……遂请当镇咸通观音院主法大德普安,激劝朋辈,结聚青凫,兼自减月俸,以咸通九年戊子岁五月九日,兴良工政纲条,毕。能乘时逐便,自利出材、勉为甘言,赏励短匠,不日毕成。是桥长一百尺,阔一丈五尺,下去水四十尺,并置门屋,立锁钥,安华表柱,俾阍者洁严掌辖,署其名曰通济。……是十三年壬辰四月十五日纪。

> 节度衙前兵马使勾当关镇务、银青光禄大夫、检校太子宾客、上柱国张诠

> 儒林郎、守灵石县令路海

> 承务郎、行灵石县主簿裴□

> 军判官、宣德郎、试汾州长史马瞻

---

① 《册府元龟》卷五〇四《邦计部》"关市"条载:"开成二年(839)夏五月,武宁军节度使薛元赏奏:泗口税场,先是一物货税。今请停去杂税,唯留税茶一色,以助供军。诏曰:惠人须在于必诚,革弊宜图于去本。又留茶税,惠则未终、宜悉罢之。每年特以度支户部钱二万贯,赐供本军,及充驿料。先是,王智兴逐帅自立,故朝廷姑息之。因请致税于泗口,以赡军用。往来过为寇掠,后之节帅,多利其利,不革前弊,至是除。元赏上于阁内,遣令条奏。及诏下,往来之人,遂绝怨咨。"

十将、云麾将军、试殿中监梁季贞

（以下刻有：权副将、勾押官、押衙、虞候、将虞候、押官、库官、印官、使官、权押官、横巡、税木官、粮料官、行间官、直头、行间官、城局、外巡、桥门子、应诸火山施主、造桥邑长、邑人、都勾当造桥法学沙门、礼经僧、都料匠、老人姓名）

首先值得注意的是该地原来既为关城又为渡津。在渡津的两岸或一侧设有关城，除了对来往行人进行检查外，我们推测在检查的同时，也实施商税等项目的征收。当时身兼河东节度衙前兵马使、勾当镇务官的张谂①得到了当地佛寺咸通观音院的帮助，修造了通济桥。从其兼任勾当关镇务这一职衔可知，张谂作为高壁镇将领，同时也兼理关津的关使②。另，这座通济桥因有"斗虹梁，飞鹊脚、架云栈、迥朱槛"，可推知其为木桥。正如后述的那样，该桥架设于一个深深的峡谷中，可能是一个没有桥墩的弓形木桥。通济桥桥长一百尺（约 31.1 米），桥宽一丈五尺（约 4.7 米），虽非特别宏伟的大桥，但由于从桥下的河面到桥顶有四十尺（约 12.4 米），是在很深的峡谷中架设的，其工程难度之大可想而知。且该桥的构造也颇引人注目，即在桥的两侧建鐍钥，也就是在桥边建控制锭和键的门屋，采取的管理体制是由桥门子对桥上来往的行人进行检查。加之以前存在的关城，又在建桥时在桥边建造这样的门屋，不用说是一项为准确掌握过桥人数的措施，其目的无非是为了对通过桥梁之人和货物课以各种商税③。

---

① 从《新唐书·宰相世系表二》"河东张氏"条可以见到玄宗时宰相张嘉贞之孙、德宗时宰相张延赏之子、宪宗时宰相张弘靖之弟主客员外郎张谂之名，然本碑的张谂乃清河张氏，此人与之大约同时期，可能另为他人。

② 参见日野开三郎《唐代藩镇の跋扈と镇将》，《日野開三郎東洋史論集》第一卷第 385 页，1980 年，三一书房。

③ 在现存于河北省赵县架设于洨水之上的隋代著名建筑安济石桥（全长 50.8 米，跨度 37.35 米，桥宽 8 至 9 米）上，建有覆盖整个桥南端的关帝庙，我认为恐非该桥修建时之原样，可能为后人增设的建筑。从其构造看，正像一个门层，好像是把原来为检查及征税的门屋改成的关帝庙。又通常人们认为在庙前置有两根对称的旗杆，这也极有可能类似通济桥的华表柱。参见中国建筑史编集委员会编，田中淡译《中国建筑史》，平凡社，1981 年，第 114 页。

下面从《入唐求法巡礼行记》再举一个唐代后半期渡津的具体事例。慈觉大师圆仁在去五台山巡礼的沿途,于开成五年(840)四月十一日在齐州禹城县北渡黄河进入河北境内。

> (四月)十一日,卯时(从禹城县仙公村)发(上午六时左右),正西行卅里(约 16.8 公里)。午时,到黄河渡口,时人唤为药家口。水色黄渥,驶流如箭,河阔一町五段许(约 140 至 180 米)①,向东流也。……渡口南北两岸各有渡口城,南北各四町有余,东西各一町许。此药家口多有舟船,贪载往还人。每人出五文,一头驴十五钱。河南属齐州禹城县,河北属德州南界。

据上述记载可知,在被称作药家口黄河渡津的南北两岸,筑有南北约四町,东西各一町的城郭,如加以换算,其规模南北约 400 至 500 米,东西约 90 至 120米,相当于一个极小规模的县城。顺便说一下,在蒲津桥所在之处,在东岸河中府蒲州城(河东县城),西岸河西县城,以及在两者之间河中的小岛之上筑有中潬城,以加固蒲津关浮桥的防御。河阳桥的情况亦是由南北两城(河阳县城乃北城,后孟州治)和中潬城三城构成的城郭来进行防御。这种特征皆为东西魏以来的三城构造,为唐代所沿袭,同时也是州府及县治所在地药家口两岸的渡口城究竟筑于何时? 史书记载不详。在唐代前期的文献中未见记载,从前述的高壁镇汾水渡津关城事例或后面提到的五代以后澶州浮桥和南北城筑城事例分析,极有可能为唐后期藩镇体制下筑城的产物。若情况真实,其与高壁镇同样,可以说是藩镇管辖的城镇。圆仁在药家口渡河之际,亲眼目睹了众多渡船争抢游客的情景,并记述了船主对渡河者每人征收五钱、家畜每头征收十五钱

---

① 圆仁在《行记》中多使用唐代的距离标示,但在指示河宽的距离时,是基于自己的观察,使用的为日本的距离标示。此处记述的黄河河宽"一町五段许",即是典型的例子。现今学术界对这一长度不甚明确,在 Reischauer, E. O. *Ennin's Diary-The Record of Pilgrimage to China in Search of the Law*(Ronald Pr. Company, N. Y., 1955)中,作 500 英尺(约 150 米),小野胜年在《入唐求法巡礼行记之研究》第一卷(1964年,铃木学术财团,后 1989 年法藏馆再版)第 369 页注(4)中换算成 60 丈(约 186.6 米),或 90 步(约 140米)。可是这却留下一个疑点,即附近黄河的河面过于狭窄,恐难以令人信服。

之事。这么多的渡船很明显是私人船只。在《唐六典》中记述的主要渡津的渡船只数仅为官船的数字,在这些渡口处,实际上停泊着为普通行人渡河的私人船只数量远远超过于此,圆仁记述药家口存在众多渡船即为前面的推断提供了一个有力的旁证。在此处所征收的钱款应是人和家畜的乘船费用,该笔收入是渡船船主的收入。不过,我们认为,从事渡船业经营并非一个自由的职业,从存在藩镇管下的勾当关镇务这一职衔分析,其应直接处于该机构的管辖之下,主要负责征收营业税方面的事务。南岸的齐州是平卢(淄青)节度使管辖,北岸的德州,是横海(沧景)节度使管辖。

藩镇势力为加强本藩的财政收入,在人员来往密集的渡津及桥梁处征收类似通行税性质的商税,始见于前面提及的建中年间,在"津要都会之所","计钱每千二十文",即加征 2% 的税收。唐后半叶以降,伴随着流通经济的活跃,以及各种商品物资运输频繁,藩镇势力的统治自治化倾向的加强,在渡津及桥梁之处进行商税征收已司空见惯。为进一步了解唐末五代在渡津征税的实情,查阅《宋会要》方域一三至三〇,其记载有如下的具体事例:

> 太宗太平兴国三年(978)正月十五日诏:陈州城北蔡河先置锁算民舡者,罢之。先是,五代以来,藩镇多便宜从事,所征之利,咸资于津渡,悉私置锁。凡民舡胜百石者税取其百钱,有所载者即倍征之。商旅甚苦其事,至是陈州以闻,遽罢之。其后,诸州军河津之所有征者,复皆置锁。①

陈州城北的蔡河渡津,位于从东京开封府稍南的地方,这里舟船往来极为频繁。对于来往蔡河上下的民间船只,在河中设阻断船只,凡运物百石需交纳二百钱,即使空船通过亦应交纳半额一百钱的通行税。其横断渡津的目的不用说是对人和物。这种做法再往上溯,是沿袭了唐后半期以来逐渐流行的规定,已见前述。各地的渡津及桥梁的实际管理权操纵在藩镇手中,在《水部式》中所见的诸项规定可以说到此时几乎变成了一纸空文。

---

① 《续资治通鉴长编》卷一九"太平兴国三年正月"条与此略同。

结　语

关于唐代渡津及桥梁的管理体制,我们就敦煌发现的《水部式》中所见的诸项管理规定为中心进行了探讨。该文献内容详备,尤其是对于浮桥的管理维护都有清晰的说明。即无论是损耗很大的脚船、系留这些脚船的竹索等材料供给地的指定、补充的年限以及应储备的数量,为日常维护所需的劳力水手和木匠的征发、以及每座桥应配置的人数等,都有详细和具体的规定。唐后半叶以降,在藩镇体制的运行机制下,原州县管辖的许多渡津和桥梁,事实上已转移到藩镇割据势力的手中,对渡津和桥梁的管理已由原来对来往行人的检查,发展成为对商税征收的管理,从上面所列举的几个事例即可见一斑。历经五代至宋,这种管理模式虽移交给中央及州军等部门管理,但作为商税征收的财政比重日益加强。渡津及桥梁的管理很少委托给被当作剥削对象的民间,主要是由于人口及商品物资的流动日益频繁而造成的结果。像这种流通经济的发展,必然要促进交通道路的完备。仅以黄河为例,在宋代,除唐代原有的三座浮桥外,又架设了几座浮桥,早在五代后晋时期,就在滑州和澶州之间往来频密的渡津胡梁渡架设了大通桥,在桥边构筑月城①。在德胜渡,五代初期,首先在黄河渡口南北两岸筑有南北二城②,后梁贞明五年(919),晋攻打后梁时,由晋军架设了应急浮桥③,后梁末年曾一度对之进行破坏④。后晋天福六年(941),又在此重新建造⑤,这便是宋代仍沿用的澶

---

①　《旧五代史》卷八〇晋高祖天福六年(941)冬十月条:"己丑,诏以胡梁渡月城为大通军,浮桥为大通桥。"

②　参见《通鉴》卷二七〇后梁贞明五年四月条,同卷二七一同五年十月条,同龙德元年九月条、同二年正月条等。

③　《通鉴》卷二七〇后梁贞明五年七月条:"晋蕃汉马步副总管、振武节度使李存进亦造浮桥于德胜。或曰:浮桥须竹笮、铁牛、石囷(胡注:竹笮所以维浮梁,铁牛、石囷所以系竹笮),我皆无之,何以能成?存进不听,以苇笮维巨舰,系于土山巨木,逾月而成,人服其智。"

④　《通鉴》卷二七二后唐同光元年五月条。

⑤　《通鉴》卷二八二后晋天福六年二月条。

州黄河浮桥和南北城①。在滑州黎阳津附近,宋代也曾架设了桥长四百六十一步(约 710 米)的浮桥②,后因该桥管理维护需要很大一笔经费,在政和五年(1115),又借助河中小岛架设了两座浮桥为"永远桥"③。另,黄河上游的延州永宁关渡津于熙宁六年(1073)架设了一座浮桥。该桥的架设,其目的主要是向与西夏作战的前线运送军粮和士兵④。以上所言及的皆为关于宋代黄河浮桥的管理办法,其中关于材料的调运及日常的维修保护等情况与唐代相比没有太大差别,仍需数目很大的经费及很多劳动人手,这在《宋会要》等文献中都有明确的记载。

(译自梅原郁主编《中国近世的法制和社会》一书,京都大学人文科学研究所刊,1993 年)

---

① 《宋会要》方域一三至二一天圣六年三月条对澶州浮桥的材料调配记载如下:"诏:澶州浮桥,计使脚船四十九只,并于秦陇同州出产松材、磁相州出钉铁石灰,采取应副,就本州打造,差监浮桥使臣勾当。先是,于温、台二州打造,以其远到迟,故有是命。"在宋代,从三门砥柱之险至下游澶州浮桥的材料供给地,与河阳桥的情况完全相同,据上述记载可知其原材料地为江南的温州和台州,脚船用的材料由秦州、陇州、同州供应,这仅为临时性的措施。

② 《宋会要》方域一三至二三记载:"元丰七年七月二十二日,滑州言齐贾下埽河水涨,坏浮桥。诏范子渊相度以闻。后范子渊言:相度滑州浮桥,移次阙西,两岸相距四百六十一步,南岸高崖,地杂胶淤,比旧桥增长三十六步半。诏子渊与京西河北转运司、滑州同措置修筑。"

③ 《宋史》卷九三《河渠志三》"黄河下"记载:"政和四年十一月,都水使者孟昌龄言……又献议导河大伾,置永远浮桥,渭:居流大伾之东而来,直大伾山西,而止数里,方回南,东转过过,复折北而东,则又直至大伾山之东,亦止不过十里耳。视地形水势,东西相直径易,曾不十余里间,且地势低下,可以成河,倚山可为马头。又有中滩,正如河阳。若引使穿大伾大山及东北二小山,分为两股而过,合于下流,因是三山为趾,以系浮梁,省费数十百倍,可宽河朔诸路之役。朝廷喜而从之……(五年)又诏:居山至大伾山浮桥属浚川者,赐名天成桥,大伾山至汶子山浮桥属滑州者,赐名荣光桥,俄改荣光曰圣功。"

④ 《宋会要》方域一三至二二记载:"(熙宁六年十月十三日)诏:延州永宁关黄河渡口置浮梁。永宁关与濕州跨河相对,地沃多田收。尝以刍粮资延州东路城寨,而津渡阻隔,有十数日不克济者。故上命赵禹营以通粮道,兵民便之。"

[补注]关于四面关的情况,可参考砺波护《唐代的畿内和京城四面关》,唐代史研究会编《中国の都市と農村》所收,汲古书院,1992 年。

敦煌本判集三种

池田温　撰

程维荣　译

前　言

唐代"选"(官员的任用、权衡)中,重视"判"的考试是众所周知的。只要是官员在任,就必须起草涉及行政、财务、民事、刑事等案件裁决的判文。四六句以及判的作文,对全体官僚来说,都是必备的技巧。凡是有志于当代仕宦者,都免不了作为考前准备而练习判文。正由于这个原因,如《龙筋凤髓判》这样的范本判集受到广泛传播,今天流传的唐人判有白居易的百道判等多达一千道以上。

对这种判,法制史学家泷川政次郎氏,很早就对观察唐律令适用情况以及唐人法观念加以重视,执笔写下了《龙筋凤髓判》和《文苑英华》所收判的开拓性论考[①];市

---

① 泷川政次郎《龍筋鳳髓判について》(《社会経済史学》10—8,1940年),以及《文苑英華の判について》(《東洋学報》28—1、2,1941年)。

435

原亨吉氏与平冈武夫氏等,作为唐代诗文文献学的基础整理的巨大工作的一环,共同提供了增补完成泷川氏遗漏的一千二百余道现存判的目录,发表了给予唐判特征的文学史方面预见的作品①。通过这些,使我们获得有关唐判轮廓的基础认识。最近,又有布目潮沨氏向我们展示以白居易三道判的释读为线索,解明唐代官荫制的新研究②。由此,可以说进入了对判的内容进行正式研究的阶段,我们期待着今后各方面对判的资料的运用。

本稿利用传世判的部分③,同时介绍仅见到不完整形态的敦煌本的三种判集原文,加上有关唐判原貌的若干见解,对其史料价值加以初步考察,以利于将来研究的深化。

一、原文移录

(改行照原文,加以新式标点。为参照的方便,每道首加◇印,内有表示序数的数字。右栏摘记校记、注记。)

(一)判集(存二道及不完整一道)

法国国立图书馆所藏伯希和传入敦煌文献 P.2593 号,29×94 厘米。

(前缺)

---(缝)

1　之有别。苦县幽寂,浮紫气于函開(关)。邹邑弘

老子者,楚苦县厉乡曲仁里人也。……见周之衰,乃遂去至关。(《史记·老子传》)

2　传,集青衿于槐市。虽复日游杂处,焉知所

---

① 市原亨吉《唐代の「判」について》(《東方学報》京都三三,1963 年)。

② 布目潮沨《白居易の判を通して見た唐代の蔭》(《中国哲学史の展望と模索》,创文社,1976 年所收)。

③ 始见于那波利贞《支那に於ける都市の守護神に就きて(下)》(《支那学》7—4,1935 年)第 6 页作为城隍用例的《安西判集》(9 至 12 行)的引用,以及栗原益男《府兵制の崩壊と新兵種——前半期唐朝支配の崩壊に関する若干の考察をふくめて》(《史学雑誌》73—2,3,1964 年)(1)第 10 页、(2)第 54 至 55 页《唐判集》6A 中的论述。笔者仅在《ユーラシア文化研究》(1965 年)第 77 页注 41 的《唐判集》11 卷、《东洋史研究》35 卷 1 号(1976 年)第 72 页的《唐判集》16A 中言及。

3　好随缘。三教各阐一门，儒道颇同其义。柏庭

4　风度，时散牛头之香。石渠水流，果逢鳣落

5　之义。（参）验二理，不改久长。又庭舞祥鸾，不

6　孤王阜之化。桑驯乳雉，无忝鲁恭之风。猛兽

7　伤牛，下里词诉。制锦非术，上达见尤，无弃

8　犊之高风，有豺狼之搏煞。自宜黜陟，无待告归。

9◇奉判得，隰州刺史王乙，妻育子，令坊正雇姅母，月酬一缣，经百日卒，

10　不与缣。又冯甲朝祥暮歌，自云服毕仰事。

11　王乙门传钟鼎，地列子男，化偃百城，风高千

12　里。妖妻舞雪，翠郁望山之眉；诞育仙娥，

13　庆符悬帨之兆。雇兹姅母，石席明言，酬给

14　缣庸，晡（脂）膏乳哺。辍深恩于襁褓，未变庭兰。

15　碎瓦砾于掌中，俄归蒿里。不酬姅母之值，

16　诚是无知。既论孩子之亡，嗟乎抚育。

孔子生鲁昌平乡陬邑。［索引］孔子居鲁之邹邑昌平乡之阙里也。（《史记·孔子世家》）

鳣落，《后汉书》杨震故事。（杨联陞教授教示）

王阜为重泉令。鸾鸟止学官阙。阜使掾沙叠，为张雅乐击磬。鸟举足垂鬓，应声而舞。止县庭留十余日去。（《东观汉记》）

鲁恭拜中牟令……郡国螟伤稼。犬牙缘界，不入中牟。河南尹袁安闻之，疑其不实，使仁恕掾肥亲往廉之。恭随行阡陌，俱坐桑下，有雉过，止其傍。傍有童儿，亲曰：儿何不捕之？儿言：雉方将雏。（《后汉书·鲁恭传》）

鲁人有朝祥而暮歌者，子路笑之。夫子曰：由，尔责于人，终无已乎？三年之丧，亦已久矣夫。子路出。夫子曰：又多乎哉，逾月则其善也。（《礼记·檀弓》上）

司录论

---(缝)

17　举,情状可知。足请酬还,勿令喧讼。又父母之丧,

18　三年服制,孝子之志,万古增悲。朝祥暮歌,是　　子:右旁后补小字。

19　艺于礼,以哭止乐,斯慰所怀。诉词既款服

20　终,言讼请依科断。

21①奉判得,甲大厦成,龟筮不从。乙无所阀阅,科不伏。又春祫秋

22　禘、豚肩不掩豆。祠人云,俭所司辜。　　司,下原衍辜,付除字号。

23　三尺土阶,伊尧阐文明之化;九仞堂宇,仲由彰

24　孝行之名。缅维甲焉,旋闻造舍。瓦含鸳色,梁

25　隐虹姿。入鸟路以裁规,驾云衢以耸构。从筮从

26　兆,违背不祥。择日择时,遷(迁)移未偶。小人所欲,诚

27　相鼠之无仪。大厦既成,闻燕雀之相贺。告云　　《毛诗·鄘风·相鼠》,刺无礼也。末章云:相鼠有体,人而无礼。人而无礼,胡不遄死。

28　不合,深达(违)令文。不示蒲鞭,安息笤末。又春祫

29　秋禘,国有恒典。豚牢之祭,豆不掩肩。人而无仪,

30　胡不遄死。私祭容可约俭,官祀无宜节 　　供。祠人	
31　职司,静恭尔守。知过则改,是遵令条。	令条:参看职制律第八条,牲牢玉帛 之属不如法杖七十,阙数者杖一百, 全阙者徒一年。

--(缝)

(后缺)

(二)唐判集(存一六道及不完三道)	法国国立图书馆所藏伯希和传入敦煌
(前缺)	文献 P.3813 号 28.5×约 330 厘米。
1　□ 梁　木先摧,游兰遽阻,有歇西山	
2　之雾,空余东鲁之坛。弟子以物故无从, 　　念易仆而增思。道在则是择,似臾而攸	
3　尊,不失宣尼之徒,将崇伯起之训。倘有 　　符于入室,亦何讥于或(式?)人,足申请益	《孟子》以有若似圣人,欲以所事孔子 事之。(杨联陞教授教示)
4　之力,得欣强学之业。县令不思高止,责 　　以无知,请看问一之规,庶广在三之教。	
5　将何决罚,窃未合宜。　　◇奉判,得葬 　　专道。河南丞便官钱事。吴巩	
6　古训攸制,威仪不忒,合于中庸,是谓达 　　礼。哀彼之子,执亲之丧,怨飙	
7　风而莫追,痛昊天而在疚。封树遄迫,兆 　　兹先启,日月其恫,将临甫窆。庶	在疚:原作疚在。
8　枢而窆,虽编于庶人;专道而行,许同于王 　　者。且往实如慕,瞻遄奠而绝	
9　号,还则如疑,将返虞而不忍。知是道也, 　　能用礼焉。若邻未达,其何妄	

10	告。莅(筮)事王朝。贰宰京邑,自可贞 固守道,岂宜贪以败官。方今善政必录,	
11	侚(徇)财斯纠,敬声盗贿,须从丕弊。不 疑平反,当实阅实。准律以官物自贷,	物:右旁后补。 律:厩库律第一七条。
12	用无文记,以盗论。若有文记,减准盗 论。诪以真盗,则铁冠失刑;绳以枉法,	
13	则墨绶伤重。载详决事之典,请依准盗 之罚 ◇得从母事。 房密	
14	情以事感,礼因天属,夫人之服,君子未 言。同爨之德,盖厚之为远,薄	厚前后,脱一字。
15	言往诉,宁谇尔之无辜。且以罪之亡,将 同不吊,非引而进,又奚为服。玉	

·······························(缝)

16	帛徒施,何识礼云之意;缌麻有制,空明 或(戒?)日之规。淫刑遂呈于鞭作,平	
17	典有乖于笞令。虔奉国章,误入不应之 罪;重惜人命,轻从致死之罚。	
18	仁则不足,政其弥远,宜有宅三居,更无 劳于五听。请依前断,徒称不伏,	宅:下脱一字。
19	大道之行理应,均彼至诚所感。	
20	◇奉判,秦鸾母患在床,家贫无以追福,人 子情重,为计无从。遂乃行盗	
21	取资,以为斋像,实为孝子,准盗法合推 绳。取舍二途,若为科结。	
22	秦鸾母患,久缠床枕,至诚惶灼,惧舍慈 愿(颜?)。遂乃托志二乘,希销八难,驰	(颜?)(杨联陞教授教示)

23 心四部，庶免三灾。但家道先贫，素无资产，有心不遂，追恨曾深。乃舍彼固
24 穷，行斯滥窃，辄亏公宪，苟顺私心。取梁上之资，为膝下之福。今若偷财
25 造佛，盗物设斋，即得着彼孝名，成斯果业。此即斋为盗本，佛是罪
26 根，假贼成功，因赃致福。便恐人人规未来之果，家家求至孝之名。侧镜此
27 途，深乖至理，据礼全非孝道，准法自有刑名。行盗理合计赃，定罪须知多
28 々少々(少，多少)，既无匹数，不可悬科。更问盗赃，待至量断。
29⑤奉判，石崇殷富，原宪家贫，崇乃用钱百文，雇宪涛井，井崩压宪致死。崇乃
30 不告官司，惶惧之间，遂弃宪尸于青门外。武候巡检，捉得崇，送官司，请断。

惶惧：原作惧惶。

31 原宪家途窘迫，特异常伦，饮啄无数粒之资，栖息乏一枝之分。遂乃佣身取
32 [给]、肆力求资。两自相贪，遂令涛井，面欣断当，心悦交关，入井求钱，明非抑遣。宪

明非：原作非明。

33 乃井崩被压，因而致殂。死状虽关崇言，命实堪伤痛。自可告诸邻里，请以官

命：上脱一字(人?)。

34 司，具彼雇由，申兹死状。岂得弃尸荒野，致犯汤罗，眷彼无情，理难逃责。遂
35 使恂恂朽质，望坟垅而无依，眇眇孤魂，

仰灵槥其何托。武候职当巡察，

36 志在奉公，执崇虽复送官，仍恐未穷由
绪。直云压死，死状谁（虽）明，空道
弃尸，

37 尸仍未检。检尸必无他损，推压复有根
由，状实方可科辜，事疑无容断罪。宜

38 勘问得实，待实量科。　◎奉判，雍州申 ｜ 问：又旁补记。
称地狭，少地者三万三千

39 户，全无地者五千五百人。每经申请，无
知可给，即欲迁就宽乡，百姓 ｜ 迁就：原作就✓迁。

40 情又不愿。其人并是白丁卫士，身役不
轻，若为分给，使得安稳。又前折冲

41 赵孝信妻张，有安昌郡君告身。其夫犯
奸除名，主爵追妻告身。

--(缝)

42 张云，夫主行奸，元不知委，不服夺告
身事。

43 用天分地，今古共遵，南亩东罦，贵贱同
美。雍州声称地狭，百姓口分不

44 充，请上之理虽勤，抚下之方未足。但陆
海殷盛，是号皇居，长安厥田，旧

45 称负郭。至如白丁卫士，咸曰王臣，无地
少田，并皆申请。州宜量其贫富，均彼

46 有无，给须就彼宽乡，居宅宜安旧业。即
欲迁其户口，弃彼枌榆，方恐楚

47 奏未穷，越吟思切。既乖宪纲，又愤（？）

人情,公私两亏,窃未为允。且赵信身任

48 折冲,爵班通贵,朝仪国范,顺亦应知。
自可志励冰霜,心齐水镜。岂得监

49 临之内,恣彼浮奔,无存秉烛之仁,独守
抱梁之信。贞清莫着,秽浊斯彰,败

50 俗伤风,此而尤甚。但奸源已露,罪合除
乚名乚(名,除名),官爵悉除,资荫理从斯
尽。妻

51 张本缘夫职,因夫方给郡君,在信久已甘 | 缘夫职三字,右旁有后笔临书。
心,于张岂劳违拒。皮既斯败,毛欲

52 何施。款云不委夫奸,此状未为通理,告
身即宜追夺,勿使更得推延。

53 ◇奉判,弘教府队正李陵,往者从驾征辽,
当在趼驻,阵临战,遂失马

54 亡弓。贼来相逼,陵乃以石乱投,贼徒大
溃。总营以陵阵功,遂与第一勋,检

55 勾依定,判破不与。陵勋未知若为处断。
经纬乾坤,必藉九功之力,

56 克平祸乱,失资七德之功。往以蕞尔朝 | 祸乱:右旁补记。
鲜,久迷声教,据辽东以狼顾,凭蓟北以

57 蜂飞。我皇凤跱龙旋,天临日镜,掩八纮
而顿网,笼万代以翔英。遂乃亲总六

58 军,龚行九伐。羽林之骑,肃五校而风
驱,倾飞之伦,俨七萃而云布。李陵

59 雄心早着,壮志先闻,弯繁弱以从戎,负
干将而应募。军临驻趼,贼徒蜂

60　起,骇其不意,失马亡弓。眷彼事由,岂
　　其情愿。于时凶徒渐逼,锋刃交临。

61　乃援石伐戈,且前交战,气拥万人之敌,
　　胆壮匹夫之勇。投躯殒命,志在必

62　摧,群寇眚威,卒徒鱼溃。是以丹诚所
　　感,鲁阳回落日之光;忠节

63　可期,耿恭飞枯泉之液。以今望古,彼实
　　多惭。于时总管叙勋,陵乃功

64　标第一,司勋勾检,咸亦无疑。兵部以临
　　阵亡弓,弃其劳效,以愚管见,窃

65　未弘通。且饰马弯弓,俱为战备,弓持御
　　贼,马拟代劳。此非仪注合然,

66　志在必摧凶丑。但人之禀性,工拙有殊,
　　军事多权,理不专一。陵或不便乘

67　马,情愿步行,或身拙弯弓,性工投石。
　　不可约其军器,抑以不能,苟在破军,

　　···(缝)

68　何妨取便。若马非私马,弓是官弓,于战
　　自可录勋,言失亦须科罪。

69　今若勋依旧,定罪更别推。庶使勇战之
　　夫,见标功而励己;怯懦

70　之士,闻定罪而惩心。自然赏罚合宜,功
　　过无失,失纵有罪,公私未分。

71　更仰下推,待至量断。　　◈奉判,豆其谷
　　遂,本自风牛。同宿主人,遂

72　邀其饮,加药令其闷乱,困后遂窃其资。

所得之财,计当十四。事发

73　推勘,初拒不承。官司苦加拷讯,遂乃挛
其双脚,后便吐实。乃□

74　盗药不虚。未知盗药之人,若为科断。
九刑是设,为四海之堤防,

75　五礼爰陈,信兆庶之纲纪。莫不上防君
子,下禁小人,欲使六合同风,万

76　方攸则。谷遂幸沾唐化,须存廉耻之风,
轻犯汤罗,自挂吞舟之纲(网)。

77　行李与其相遇,因此蕲款生平,良霄同宿
主人,遂乃密怀奸愿。

78　外结金兰之好,内包谿壑之心,托风月以
邀期,指林泉而命赏。啖兹芳

79　酊,诱以甘言,意欲经求,便行鸩毒。买
药令其闷乱,困后遂窃其

80　资,语窃虽似非强,加药自当强法。事发
犹生拒讳,肆情侮弄官

81　司。断狱须尽根源,据状便加拷讯,因拷
遂挛双脚,挛后方始承赃。

82　计理虽合死刑,挛脚还成笃ㄴ疾ㄴ(疾,笃
疾),法当收赎,虽死只合输铜。正赃与

83　倍赃,并合征还财主。案律云,犯时幼
小,即从幼小之法;事发老疾,听依　　　　　　　律:名例律第三一条。

84　老疾之条。但狱赖平反,刑宜折衷,赏功
宁重,罚罪须轻。虽云十匹之

85　赃,断罪宜依上估,估既高下未定,赃亦

多少难知。赃估既未可明,与夺

86　凭何取定,宜牒市定估,待至量科。

87 ◇ 奉判,妇女阿刘早失夫智,心求守志,情 愿事姑。夫亡数年,遂生一子。款

88　亡夫梦合,因即有娠。姑乃养以为孙,更 无他虑。其兄将为耻辱,遂即私

89　适张衡,已付娉财,克时成纳。其妹确乎 之志,贞固不移。兄遂以女代姑,赴

90　时成礼。未知合为婚不,刘请为孝妇。 其理如何。

91　阿刘夙钟深罶,早丧所天,夫亡愿毕旧 姑,不移贞节。兄乃夺其冰志,

92　私适张衡,阿刘固此一心,无思再醮。直 置夫亡守志,松筠之契已深;复

93　兹兄嫁不从,金石之情弥固。论情虽可 嘉尚,语状颇亦生疑,孀居遂

- - - - - - - - - - - - - - - - - - - (缝)

94　诞一男,在俗谁不致惑,款与亡夫梦ヒ合ヒ (合,梦合),梦合未可依凭。即执确有奸 ヒ非ヒ(非,奸非),又

95　无的情。但其罪难滥,狱贵真情,必须妙 尽根源,不可轻为与夺。欲求孝

96　道,理恐难从。其兄识性庸愚,未闲礼 法,妹适张衡为妇,衡乃克日

97　成婚。参差以女代姑,因此便为伉俪。 昔时兄党,今作妇翁,旧日妹夫

◇日本《令集解》卷一三赋役令孝子 孙条(古记)所引。

张衡:《令集解》诸本作张衡,或张衡。

其:下脱,右旁补记。

446

98　翻成女智。颠到（倒）昭穆，移易尊卑，据
　　法法不可容，论情情实难恕。必

99　是两和听政（改），据法自可无辜，若也冈
　　（罔）冒成婚，科罪仍须政法。两家事状，

100　未甚分明，宜更下推，待至量断。

101⑩奉判，黄门缪贤，先娉毛君女为妇，娶经
　　三载，便诞一男。后五年，即逢恩赦，

102　乃有西邻宋玉，追理其男云，与阿毛私
　　通，遂生此子。依追毛问，乃承相许

103　未奸。验儿酷似缪贤，论妇状似奸宋
　　玉。未知儿合归谁族。

104　阿毛宦者之妻，久积标梅之叹，春情易
　　感，水情难留，眷彼芳年，

105　能无怨旷。夜闻琴调，思托志于相如，
　　朝望垝垣，遂留心于宋玉。因

106　兹结念，夫复何疑。况玉住在西邻，连
　　甍（甍）接栋。水火交贸，盖是其常，日

　　是其：原作其√是。

107　久目深，自堪稠密。贤乃家风浅薄，本
　　阙防闲，恣彼往来，素无闺禁。

108　玉有悦毛之志，毛怀许玉之心，彼此既
　　自相贪，偶合谁其限约。所款虽

109　言未合，当是惧此风声，妇人唯恶奸名，
　　公府岂疑披露。未奸之语，实

110　此之由，相许之言，足堪明白。贤既身
　　为宦者，理绝阴阳，妻诞一男，明非己

111　胤。设令酷似，似亦何妨。今若相似

者,例许为儿,不似者,即同行路,便恐

112 家家有父,人人是男,诉父竟儿,此喧何
已。宋玉承奸是实,毛亦奸状分

113 明,奸罪并从赦原,生子理须归父。儿
还宋玉,妇付缪贤,毛宋往来,

114 即宜断绝。 ⦿长安县人史婆陁,家兴
贩,资财巨富。身有勋官骁　　　　骁:一字衍。

115 骁骑尉,其园池屋宇、衣服器玩、家僮侍　　骑:右旁补记。
妾比侯王。有亲弟颉利,久已别居,　　　弟:右旁补记

116 家贫壁立,兄亦不分给。有邻人康莫
鼻,借衣不得,造言违法式事。

117 五服既陈,用别尊卑之叙;九章攸显,爰
建上下之仪。婆陁阛阓商

118 人,旗亭贾竖,族望卑贱,门地寒微。侮　　族:又旁补记。
慢朝章,纵斯奢僭,遂使金玉　　　　　贱、门:原作门贱。

119 磊砢,无惭梁霍之家,绮縠缤纷,有逾田
窦之室。梅梁桂栋,架迥

　　　　　　　　　　　　　　　　　(缝)

120 浮空,绣栭雕楹,光霞烂目。歌姬舞女,
纡罗袂以惊风,骑士游童,转

121 金鞶而照日。公为侈丽,无惮彝章,此　　无:上原衍舞,付除字号。
而不惩,法将安措。至如衣服

122 违式,并合没官。屋宇过制,法令修改。　式:杂律第六一条疏,违式文而着服
奢僭之罪,律有明文,宜下长安,　　　色者笞四十……物仍没官。

123 任彼科决。且亲弟贫匮,特异常伦,室　律:杂律第一五条。
惟三径,家无四壁。而天伦义重,同

448

124　气情深,罕为落其一毛,无肯分其半菽。眷言于此,良深喟然。颉利

125　纵已别居、犹是婆陁血属,法虽不合征给,深可哀矜。分兄犬马之资,济

126　弟到(倒)悬之命,人情共允,物议何伤。并下县知,任彼安恤。

127　⑫奉判:赵州人赵寿,兄弟五十余人,同居已经三纪。上下和睦,名着乡间,虽恭

128　顺有闻,更无瑞膺(应),申请义门,未知合不。　赵寿早遇　昌辰,幸沾唐化,

129　遂能怀恭履信,砥义栖仁,穆彼家风,光斯里闬。故以天伦义重,嗟断臂

130　而增怀,同气情深,叹唇亡而轸虑。遂乃一门之内,五十余人,乚耻薛苞之异

131　居慕姜肱之共被。一荣花萼,三纪于兹,亲乚之义既隆,怡乚之颜斯在。

132　虽尺布斗粟,俱怀饮啄之欢;弟瘦兄肥,无惮干戈之险。遂使桓山四鸟,

133　长销离别之声;田氏三荆,永茂连枝之影。宜可嘉其节义,旌以门闾。

134　庶使无赖之人,挹清风而知耻;有志之士,仰高躅而思齐。宜即下州,

135　允其所请。　⑭奉判:郭泰李膺,同船共济,但遭风浪,遂被覆舟。共得一栿,

136　且浮且竞(兢),膺为力弱,泰乃力强,推膺取栿,遂蒙至岸。膺失栿势,因

薛苞:《东观汉记》及《汝南先贤传》同。范晔《后汉书》卷三九(依华峤书)作薛包。苞分财推让事见上引诸书。

姜肱:谢承《后汉书》:"肱性笃孝……兄弟同被而共寝。"范晔《后汉书》卷五三本传:"肱与二弟仲海、季江俱以孝行著闻。其友爱天至,常共卧起。"倾免下,原衍倾危两字,付除字号。

137　而致殂。其妻阿宋，喧讼公庭，云其夫　　　　　共（供？）（杨联陞教授教示）
　　亡，乃由郭泰。�共推膺，取桡是实。

138　郭泰李膺，同为利涉，扬帆鼓栜，庶免倾　　　倾免，下原衍倾危两字，付除字号。
　　免（危）。岂谓巨浪惊天，奔涛

139　浴日，遂乃遇斯舟覆，共被漂沦。同得
　　一桡，俱望济己。且浮且竞（竞），皆为
　　性命之

140　忧，一弱一强，俄至死生之隔。阿宋夫
　　妻义重，伉俪情深。悴彼沈魂，随逝

141　水而长往，痛兹沦魄，仰同穴而无期。　　　无期间，原衍由字，付除字号。
　　遂乃喧讼公庭，心雠郭泰，披寻状

142　迹，清浊自分，狱贵平反，无容滥罚。且
　　膺死元由落ㄟ水ㄟ（水，落水），本为覆ㄟ
　　舟ㄟ（舟，覆舟），自是

143　天灾，溺死岂伊人咎。各有竞（竞）桡之
　　意，俱无相让之心，推膺苟在取桡，被

144　溺不应推死。俱缘身命，咸是不轻，辄
　　欲科辜，恐伤猛浪。宋无反坐，泰

145　亦无辜，并各下知，勿令喧扰。⊕奉判：
　　长安妇女阿刘、新妇赵产子，

　　---------------------------------（缝）

146　刘往看，未到闻啼声，乃却回。此豺狼
　　之声，若不死，必灭吾族。赵闻之遂不
　　举，邻

147　人告言，勘当得实。尉判赵当罪，丞断
　　归罪于刘，县令判刘赵俱免。三

148 见不定，更请覆断。　⊗奉判：选人忽 ｜ 断：下原欠对。
属泥途，赁马之省。泥深马

149 瘦，因倒致殂。马主索倍（赔），选人不
伏。未知此马合倍（赔）已不。

150 但选人向省，远近易知，平路虽泥，艰危
可见。向使扬鞭抗策，故事奔驰，马倒 ｜ 自：右旁补记。制不自由，当作不由自制。
制不自由，

151 取毙似如非理。披寻状迹，悬亦可知，
折狱片言，于兹易尽。向若因奔致倒，
明知马

152 死因人。马既因倒致殂，人亦无由自制。
人乃了无伤损，马倒即是乘闲，计马

153 既倒自亡，人亦故无非理。死乃抑惟天
命，陪则窃未弘通。至若马倒不伤，

154 人便致死。死状虽因马倒，马主岂肯当
辜。倒既非马之心，死亦岂人之意。

155 以人况马，彼此何殊，马不合倍（赔），理
无在惑。

156 ⊗奉判，宋里仁兄弟三人，随日乱离，各在
一所。里仁贯属甘州，弟为贯属鄂县，
美（？） ｜ 美应在为贯两字之间（杨联陞教授教示）

157 弟处智，贯属幽州。母姜元贯杨州不 ｜ 上贯字，右旁补记。
改。今三处兄弟，并是边贯，三人俱悉
入军。

158 母又老疾，不堪运致，申省户部，听裁。
又前陈王府亲事王文达，奉　敕改配

159	充越王亲事,令相州番。未上之间,王改任安州,达遂诣京,披诉不伏。	
160	昔随季道销,皇纲弛紊,四溟波骇,五岳尘飞。兆庶将落叶而同飘,	
161	簪裾共断蓬而俱逝。但宋仁昆季,属此凋残,因而播迁,东西异壤,遂使	
162	兄居张掖,弟在蓟门,子滞西州,母留南楚。俱沾边贯,并入军团,各限宪章,	
163	无由觐谒。瞻言圣善,弥凄冈(罔)极之心,眷彼友于,更轸陟冈之思。悁ㄟ老母,绝彼璠玙,	
164	悠悠弟兄,阻斯姜被。慈颜致参同之隔,同气为胡越之分,抚事论情,实抽肝胆。	
165	方今文明御历,遐迩乂安,书轨大同,华戎混一。唯兄唯弟,咸曰　王臣;此州彼州,	文:右旁付勾。
166	俱沾率土。至若名沾军贯,不许迁移,法意本欲防奸,非为绝其孝	法:《唐令拾遗》户令第一七、第一八条。
167	道。即知母年八十,子被配流,据法犹许养亲,亲殁方之配所,此则意存	法:名例律第二六条。
168	孝养,具显条章。举重明轻,昭然可悉。且律通异义,义有多途,不可	
169	执军贯之偏文,乖养亲之正理。今若移三州之兄弟,就一郡之慈亲,庶子	
170	有负米之心,母息倚闾之望。无亏户	

口,不损王徭,上下获安,公私允惬。移

171　子从母,理在无疑。且文达幸藉余绪,
　　　早事陈府,王乃去兹蕃(藩?)印,作贰储

(缝)

172　宫。达等奉　敕优矜,皆令以近及远。
　　　兵部以贯居赵郡,邻接相州,遂乃改
　　　配越

173　王,诚为允惬。配名已定,王转安州,达
　　　以王即改蕃(藩),遂乃有兹披诉。但往
　　　者蒙恩

174　得近,本为缘王上迁,今者去贯悬遥,还
　　　是因王改任。迁改既一,远近何殊,
　　　嫌远

175　叩(即)望改张,天下人谁不诉。仰依蕃　　(即)(杨联陞教授教示)
　　　(番)上,仍下州知。

176　⟨奉⟩⟨判⟩,折冲杨师,身年七十,准令合致　　令:《唐令拾遗》选举令第一四条。
　　　仕。师乃自比廉颇云,己蒟(筋)力堪
　　　用,遂不□□□

177　䄁言告得实。其男彦琮年廿一,又不宿
　　　卫,款云患痔,身是残疾,不合宿卫。未
　　　知若□□

178　册强仕,往哲之通规;七十悬车,前王之
　　　茂范。杨师职班通贵,久积寒暄,年迫
　　　桑榆,志下(?)

179　蒲柳,故可舜(辞)荣紫极,解袂衡门。

453

何得自比廉颇,安居爵禄,苟贪荣利,意
有□□,

180 钟鸣漏尽,夜行不息。宜依朝典,退守
丘园,以状不知,勿令叨据。但师男彦
琼,幸承父

181 荫,年余弱冠,尚隐簪间。托疾推延,不
令侍卫。父既贪荣显职,已犯朝章,子

182 又规免王徭,更罹刑纲(网)。前冒后
诈,罪实难容。款云患痔不虚,冀此欲
图残疾,□

183 仍未验,真伪莫知。即欲悬科,恐伤猛
浪。宜下本贯,检勘待实量科。   检勘:原作勘检。

184⑱奉判,田智先娉孔平妹为妻,去贞观十
七年大归,至廿一年,智乃诈大疾,县具
依定,至廿二年,

185 智乃送归还平家,对村人作离书弃放。
至永徽二年,智父身亡,遂不来赴

186 哀。智母令唤新妇赴丧,平云久已分
别,见有手书,不肯来赴。其平妹仍有

187 妻名,在智籍下。其两家父母亦断绝,
其妇未知离若为。

188 孔氏总角初笄,早归田族,交欢就宠,亟
改寒暄。嫌婉绸缪,相期偕老。智乃

189 心图异计,规避王徭,不愿(顾?)同穴之
情,俄作参商之隔。诈称大疾,送
归□□□

190　彼亲邻,给书离放,放后即为行路,两族
　　俱绝知闻。覆水不可重□□

191　返。但事多开合,情或变通,法有画一
　　之规,礼无再醮之义。违礼□□

192　如嫁女弃女,皆由父母。纵无恃怙,仍
　　问近亲。智是何□□

193　一纸离乚书乚(书,离书),不载舅姑,私
　　放岂成公验。况田智籍□□

194　便除,且贯为黔首之根由,籍是生人之
　　大信。今弃□□

195　之明条,顺匹妇之愚志。下材管见,窃
　　所未通。追妇□□□

196　　作疾,罪实难容。下县付推,并自科
　　上上。

上:一字衍。

197　◈奉判,牛相仁先娶苟知节女为妻,已生
　　二女。相仁后□□

198　年方归旧国,妇已改适杨敬,其女携至
　　杨家□□

199　女未知,若为处断断。

断:一字衍。

--(缝)

201　□□□　　　□□偕老、仁乃□□□

202　　　　　□□□天□□
　　(后缺)

三、安西判集 存四道及不完二道（原付朱句读，今用、。朱笔后补，今加""）　　法国国立图书馆所藏伯希和携来敦煌文献 P.2754 号 28.5 约 150 厘米。

（前缺）

1　际(?)深惧飞尘而府县官□□□

2　夜严、方全垒壁、前第晨警、始静边隅、脱□□

3　于千里、身婴宪典、实所甘心、忽陷军人、将何塞青、尚恐官□　　青:用朱笔加下端两点,改作责

·······························(缝)

4　处事、亦识科条、积习生常、仍怀怠慢、苟悦妻孥之乐且□□

5　禄之资、远虑深谋、阙于谨慎、危烽要路、失不防闲、万一办□　　慎:用朱笔加下端两点,改作慎

6　侵疆、引弓为寇、入境便当难免、失户即遭死刑、假令素质宽

7　疏、见罪如何不避、勤心职事、臣下常途、岂待提嘶、然为尅己,比　　己:末画,朱笔加长

8　闻烽火差遣、是残疾中男、远望必缺机宜、闻者即可心寒、所部　　是:右旁付朱笔除字号;男、望:两字上半,用朱加笔;望必:原作必望;石:当作百

9　何能不惧、略检本州兵士、尚有二石余人、分捉城惶(隍)、虽言要重、校量烽

·······························(缝)

9'　调度无阙所须觇候用心随机驰报若处分明众事克条岁　　此行存左半,文同下 11、12 行,应系衍文切除而残左半,可除

10　候、于事即轻、望抽壹百余兵、兼助诸烽
　　守备，实冀县官巡察、明

11　示是非、令长务闲、亲加检校、必使在烽
　　调度、无阙所须、觇候用心随

12　机驰报、若处分明乁、众事克条、岁暮纶
　　（论）功、自升上第、必闉指的物

13　务亏违、非直目下科绳、考日亦当贬降、
　　遐方碛外、特异中州、守境

14　临边、尤资缲慎、幸宜勖励、无挂刑书、并　｜　缲：用朱笔改作谨；合：用朱笔改
　　仰县合专知、不得更推丞尉、　　　　　　　｜　作令。

15　◇奉判伊州镇人元孝仁、魏大师造伪印事
　　大师游宕、绵历暄"牒"

16　经方（科）便不（不）归。再移、年岁、亦为　｜　方便不三字，用朱笔抹消；处不：原作
　　性非淳谨、违犯公私、触处不容、奔波　　　｜　不√处。

17　靡定、既惧本州杖罚、迁疋（延）遂至于　｜　疋：用朱笔改作延；于：末画朱笔加
　　今、往者递送伊州、并身已付　　　　　　　｜　长；今：上原有金字、付除字号。

18　纳职、县司将为常事、防援稍似涉宽、临
　　至伊吾、复来西出、后属

19　孝仁避镇、道路相逢、同恶小人、更为虚　｜　律：参照诈伪律第二条，名例律第四、
　　诈、刻印合当流坐、依律合　　　　　　　　｜　五条。

20　从重论、不可私送伊州、灼然须于此断、
　　是孝仁至此、实且稽留、比

21　日送身、竟不肯去、虽是县官宽缓、终由
　　惧［责］情深、以死为期、不能更

22　出、寄之欲投弓月、状是戏剧之词、既无
　　真实可寻、计罪过于此伪、

23　印事、重、私狱极难、牒报伊州、请〔允〕
　　不责、

24◇奉判裴都护左右私向西州事　都护左　　　　裴都护:安西都护裴行俭
　　右、事议积难、比

　　-------------------------------------（缝）

25　更披寻、是非不易、安西再经闻奏、□下
　　两度改张、俱为边镇籍

26　人、所以示依元请、士达流类、合住高昌、　　　请:左半言上加纵画、改作情
　　详实台符、理虽抑边

27　后属将军依请、云翅贼庭、都护图方、忽
　　闻夺击、缘兹赴救、更

28　请将行、别降　纶言、始谐所奏、准
　　　旨勒令上道、限日便到龟兹、

29　伏请想西州、守文无失、而达士（士达）运
　　达（道）、承事多年、送故迎新、遂生

30　去就、巧引冬初符命、不遵年下　　敕
　　文、无礼私归、有亏公

31　法、奉牒住其逃"状"、官"司"依状、即勒
　　遣收、诘其方便来由、确称都护

　　-------------------------------------（缝）

32　面许、虑其虚诈、方得送身、寻后买药牒
　　来、判语似如实□

33　下遇管见、犹自生疑、久牒安西、仁思返
　　报、更复□欢高证、相(?) 继(?)□

34　归、通信言停、即云在手、虽无公验、词色

不是全虚、免仰之间且

35	容在此、今者重详后　敕、是十一月下 旬、远准西州来符、恐乖前	来字右旁,加朱笔纵画。
36	式、西州是其本贯、容止即若罪名、安西 立蕃、厅惣或贻诮礼、仪 放 (?)	
37	后迥无文牒、何妨设诈私来、若不计会相 知、两处岂能安稳、伏请	后:用朱点抹消。
38	都护、明示指挥、麴积出征、图弥"凶"寇、 陵锋败役、未见生还、访	挥:用朱加笔。
39	问行人、多云不死、虽无音信、何必非真、 今既莫恻(测)存亡、焉知长	
40	逝、预停田地、太似无情、待知的死不疑、 追夺亦应未晚、职田下府	
41	且给、于后更听符文、月料不多、"即"宜 分"别"惠、都护、临边押城事重若	惠:右肩加朱勾。
42	无左右、交闘军威、士达之徒、早缘教习、 行动之处、理合倍(陪)随、	闘:用朱笔改作阙。
43	但为州将改官、身充镇色、绝兹注记、劳 扰公庭、"去"冬救援之初、	
44	恩敕即令发遣、公瑜奉符之后,约勒不许 更停、恐废都护 所	
45	须、限日使其上道、至彼无几、拒遂逃归、 勘问擅来所由、确称都	
46	护自放、虽有文帖(帖)、终欲色(送)身、 忽奉报章、状云判在许在此既无	许:用朱点抹消、右肩加朱勾。此既:

47	符命、留住事亦未安、伏请都护熟详、得使两州安稳、都护往任西	右旁加朱线。
48	州、当时左右、蒙　　恩元许、　　敕有明文、寻后改向龟兹、重奏欲	元:用朱笔改作允。
49	将自遂、中间事意、更不审知、比为西域败军、其日欲加救援、发兵忿	
50	逼、方有　　敕来、西州下僚、依文遣去、不知此色何故却回、若是都护	
51	不须,计应更听别　　旨、其全无放牒、多恐逡狼逃归、既日(曰)边兵、	全无间,原有纵画。
52	尤兹谨慎、牒安西急报、　◈奉判伊州镇人侯莫陈等请安西效力事	

- (缝)

53	弓月未平、人皆夺臂、吐蕃侵境、士、悉卫冠(冲冠)、愿展效贼庭、用	
54	表诚心报国、伊州兵募、一百余人、楼望乡间、一时回驾、神 礼 (?)流类	
55	索荡雄图,负戟从戎、每怀壮志、遂抑思归之引、冀成定	
56	远之功、语事论心、故难违拒、安西都护、邻接寇场、兵马久屯、交绥	
57	未决,昨是军谋不及、良由兵力尚微、目下待人,必知(如)饥谒(渴)、方获	
58	图灭、急若断弦、崔使今春、定应电击、于圜经略,亦拟风行	崔使:西州都督崔知辩。

59	彼此俱籍雄儿、东西各资骁勇、得人即是济要、添众更益	
60	兵强、幸已装束遵途、无义迟疑不遣、况京畿径卒倍胜	
61	河西、虽言廿九人、终敌瓜沙二百、于国利益、事合机宜、忝曰奉公	
62	何容留碍、 ◇高头阿龙、久谐琴瑟、昨因贫病、遂阻参商、龙	高：上有朱笔付△。
63	游荡子之家、忽悲鸾而独俦、头寄隅之徼、恒惊鹊以空栖、事非	寄隅句：脱一字。惊：右肩加朱钩。
64	出于两情、运以征于戺（隻）意、无夫之媛、不可空掷春宵、阙妻之男、	戺：用朱加笔。
65	实是难穷秋夜、远念和鸣之绪、近询鳏寡之由、头缘疹病顿	
66	身、龙遂猖狂、已自困、不能拘制、唯恐孤危、倚官岂敢致尤、抑	已：用朱笔抹消。
67	从弃薄、生人之妇、昔时尚被夺将、死鬼之妻、今日何须不理、况有一	生人之妇、死鬼之妻，见《三国志》杜畿传（杨联陞教授教示）。
68	女、见在掌中、既日分肠、诚悲眼下、合之则两人全爱、离之则一子无依、	
69	见子足可如初、怜妻岂殊于旧、何劳采药、自遇下山、已嘱药砧、	
70	境任从再合、于理无妨、以状牒知、任为公验、	境：用朱笔抹消。
71	◇郭微先因傔从、爰赴二庭、遂补屯官、方牒万石、未闻检校之效、	爰：用朱加笔。

72 遽彰罪过之纵、笞挞有情、岂缘公务、所
　　为无赖、只事

事:下有朱笔纵画、盖连接次行之意。

--（缝）

73 阴私、握手足即破三人、役正副、便轻一
　　命、人闻驯燕、何慼而被嗔、

燕:下脱燕。

74 兵下养驹、何好而抑买、城局专行麄杖、
　　岂是使人之方、牛子

75 无事再笞、难见牧群之失、况营农之务、
　　本资气力、悦喻之法、

76 诚表难容、寒耕热耘、沾体涂足、高宗所
　　迨以野、帝舜由是号

77 天、带经之荣、于兹见矣、敬馌之贵、岂为
　　别途、常合免诸、以诚其

78 事、何待不思其位、不恤其忧、浪有预忏、
　　漫行威福、略问并今符

--（缝）

79 会、元情实可重科、但为再问即臣、亦足
　　聊依轻典、按杂律云

杂律:杂律第六二条。

80 诸不应得为、而为之者笞卌□□□

答:右肩加朱勾。

（后缺）

二、原本简介

如上所见，这是有三个欠缺首尾部分的断卷。原来的书名、标题已经佚失。从所见内容来确定其原名并非易事。现姑且根据内容定名判集。为区分三个

部分,拟题为(一)判集、(二)唐判集、(三)安西判集,以方便叙述参照。三者都肯定是唐代的判集。但是,(二)曾被日本流传的《令集解》中引用(参照下文第470页),泷川氏认为这就是《日本国见在书目录》著录的《大唐判集》[①];而(三)的内容与安西都护府具有很深的关系。

这三部分,都由伯希和氏1908年在敦煌千佛洞的藏经洞选购、并由其带出,现藏于法国国立图书馆东方写本部。伯希和氏选择这些部分的理由,据推测是因为(一)的末尾记入了一行藏文,(二)的背面抄录有《晋书·载记》,(三)则出现有伊州、高昌、龟兹等西域地名,而不是出于对判集本身的关心[②]。但是判集被带到巴黎,早就引起一些研究者的注目。将三个部分的内容确定为判文加以著录,应该归功于在1934至1939年间对伯希和敦煌文献的整理编目作出贡献的王重民氏[③]。近年来菊池英夫氏通过缩微胶卷和录文,详细研究其内容,将其作为公文书的一环,包含并整理于"判辞集与牒文控"项目中的记述[④],是对三个部分最详细的解说。以下分别略记每一部分的外形、内容等可以为利用者参考的事项,以补充菊池氏的著录。

(一)判集

1924年,在巴黎调查敦煌写本的内藤虎次郎氏注意到本部分,将照片带至日本,其影印件藏于庆应大学(旧松本信广教授研究室),随后由东洋文库进行了复写。由巴黎国立图书馆摄影的缩微胶卷也由藤枝晃氏等带到了日本。这

---

① 泷川政次郎上引论文(《社会经济史学》10—8)第9页中仅仅推测"恐怕是此书"而已。

② Paul Pellior, *Catalogue de la Collection de Pelliot Manuscrits de Touen-houang*. (Typecopy). P.2593. Au recto texte d'ethique taoiste; a la fin, ligne en tibetain: P.2754 Documents historiques se rapportant aux affaires de Qumul, Tourfan et Koutchar. Fort endommage (a remonter et a photographier).

③ 王重民《伯希和劫经略》(《敦煌遗书总目索引》,北京商务印书馆,1962年所收)。P.2593判文体例如《龙筋凤髓判》。P.2754判文残卷存90行,多关西州事,甚重要。P.3813《晋书·载记》背为判文。王氏还将三个部分摄影,照片藏于北京图书馆,其拷贝引起美国国会图书馆研究人员的注目。

④ 《西域出土汉文文献分类目录初稿:スヌイン敦煌文献及び研究文献に引用紹介せられたる・非仏教文献之部・古文书类Ⅰ公文书》,东洋文库敦煌文献研究委员会,1964年,第148—154页。

是三部分中最完整的写本,从外形看,可以认为是八世纪的抄写本。粘贴在卷末的一行藏文:

dge-slon gyva-yon-gyi yi-ge lags-so(比丘 Gyva-yon 书写①)

写于另纸,与判集本来没有关系。由于原文第 31 行是判一道的末尾,如果这里是全卷的卷末,一般应该有用以表示小标题和卷次的内容,本卷没有这些内容,推测起来,大概是正文后面还有后续的部分;而且在内容上,由作为佛教僧侣的比丘书写判集几乎是不可能的。此外,藏文(九世纪前半书写)也应该看作比汉文书写时期为晚。背面是有关受具足戒文的习字二十行,这可以看作是吐蕃时代的东西。藏文应该考虑为与背面的关系更大。

王重民氏指出正文的体例很像《龙筋凤髓判②》。从现存文献看,无论是形式还是内容,确实与《龙筋凤髓判》最接近,这是没有异议的。但经过仔细比较,还是可以发现两者间存在如下差异:

1.《龙筋凤髓判》由官署特别加以编撰,判集则不是;

2.《龙筋凤髓判》每道为一件内容,判集则采取每道两件组合的双关的形式;

3. 判集的题首有"奉判得"字样,《龙筋凤髓判》则没有。

《龙筋凤髓判》的现行本在流传的过程中颇有缺漏③。由于以上差异,本判集无疑不是《龙筋凤髓判》的一部分,而完全是另一部书。

推测并归纳残存部分的内容,1 为 A.对比道、儒二教,B.绌免施行虐政的地方官;2 为 A.对尚未向其付报酬的乳母的偿还,B.对服父母丧而唱歌者的处断;3 为 A.对控告因日凶而不入居新筑家屋者的处断,B.在春秋祭祠时克扣供肉的祠

---

① Marcelle Lalou: *Inventaire des Manuscrits tibetains de Touen houang . II*,Bibliotheque Nationale,1950,p.38 1016. 承蒙东洋文库的金子良太氏指教,得知 Gyva—yon 可能相当于汉僧法名 Gya—on(或 Gya—men)的音写。

② 参照前页注③。

③ 第 436 页注①市原亨吉论文中,有对《龙筋凤髓判》原文的详细论述,参照其第 135—140 页。

官的改过。虽然是不足三道的残存,然而就整体来说,并非针对具体的案件,不明记当事者的姓名(如王乙、冯甲、甲、乙、祠人之类),也无法肯定有什么与特定官署的联系。因此,比起《龙筋凤髓判》来,判集在内容上有很大的虚构性;比起法律判决来,判集通常具有置重点于文辞的倾向。要找出本判集制定年代的特定证据十分困难,大致上看,定在初唐(七世纪后半)是八九不离十的。

(二)唐判集

现存加有乌丝栏的白麻纸写本三米以上(完整的六页,不完整的三页)。历来的目录都把判集置于背面,但从用纸、笔迹书风任何一方面看,判集都是先写,《晋书·载记》则是后写的。除王重民氏带来的照片的复写外,山本达郎、岛崎昌氏也带来了巴黎国立图书馆制作的缩微胶卷,两者均见于东洋文库。本判集应该书写于盛唐(八世纪初),背面的《晋书·载记》则在八世纪后半抄写。

"唐判集"与前面的"判集"相比较,是十分粗略的写本。每一道开头有的改行有的不改行,标题有的详记有的略记,如第14道那样则是全文脱漏,总之写得十分松散。但是,与后述《令集解》引用文相对比,则未省略第9道,书写的严格程度也决不低。从整体而言,如果是未省略的部分,虽不免有细节的误脱,却仍然有一定的可信度。

下表为一瞥判的内容而作。

编号	当事人	案件	判决	备考
1	不明	师亡,弟子代行教授?	不加处罚,要求努力学习。	首缺
2A	吴巩	为父母送葬的队列占据道路而被邻人起诉。	不加处罚。	判题略记
B	河南县丞	非法贷出官钱。	根据律文对官物自贷的明文规定,准盗处罚。	判题略记。
3	房密	对为从母的服丧而受笞刑的判决。	根据先前的判决,处以流刑。	判题略记。

编号	当事人	案　件	判　决	备考
4	秦鸾	盗取财物为母设斋。		作为窃盗计赃处罚。
5	石崇 原宪	崇雇宪掏井,宪被压死,崇不送官,而遗弃宪尸体。		验尸确定实情,并予量刑。
6A	雍州百姓	田地不足,请求给田,因无多余,即使移住宽乡亦不准许。	根据百姓贫富,公平地在宽乡分给田地,居住仍在原处。	
B	前折冲赵孝信妻张氏	夫犯奸除名,对追夺妻告身不服。	尽管妻对夫犯罪无责任,仍然追夺妻之告身。	
7	弘教府队正李陵	在战场奋战,丢失官马官弓,是否给予功勋(总管与司勋曰可,兵部曰否)。	对军功赐勋,对丢失官马官弓依律处罚。	
8	豆其谷遂同宿主人	谷遂为同宿主人毒杀,被告被追夺相当于十匹的财物。两脚因拷问受伤,是否处罚。	因投毒,强盗当死罪,但因双脚受折磨而成笃疾,所以以为收赎,返还正赃与倍赃,同时在市场上确认十匹的财价。	
9	阿刘 兄 张衡	夫死后守节数年的寡妇刘氏生育一子。因感羞耻,其兄要刘氏再嫁张衡,刘氏不肯。无奈之下,其兄将己女嫁给张衡。是否确认婚姻,刘氏是否孝妇?	刘氏所诉梦中与亡夫交合,难以确认,应慎重调查,避免轻率处断。与张衡的婚姻,听凭双方当事者的合意。如果兄强制妹和女儿,依法处罚。再查两家的事情,然后处断。	
10	黄门缪贤妇阿毛 宋玉	缪贤妻毛氏生一男后,正值恩赦时,西邻宋玉控告该儿为己子。该儿颇似贤,但毛氏似乎与玉相通,儿应归谁?	毛氏与宋玉奸通十分明显,该儿为宋玉子。即使与缪贤相像,宦官也不可能生子。因恩赦而免奸罪,但不许毛、宋两者再往来。	
11	长安县人史婆陁弟颉利 康莫鼻	胡商史婆有勋官,居住衣服佣人等奢拟王侯,不救济其贫困之弟,因而被诉违法僭侈。	屋宇之过制必须更改,衣服之违法没官。根据颁至长安判决处断。即使分家,也须分予救济其贫弟。	缺奉判二字
12	赵州人赵寿	赵寿兄弟五十余人同居,持续三十余年,扬名乡里,却无瑞兆,可否申请义门?	承认赵州判决的义门申请。	

续表

编号	当事人	案　件	判　决	备考
13	郭泰 李膺 妻阿宋	郭泰、李膺同船渡航而倾覆,两人共争一桡,泰得救,膺溺死。膺妻宋氏诉泰。	李膺溺死并非由于郭泰的推撞,泰无罪,宋氏控告亦不反坐。	
14	长安妇女阿刘 新妇赵	赵氏的新生儿哭声如豺狼,因此不予照顾,为邻人所诉(尉以赵氏有罪,丞以刘氏有罪,令以两人均应免罪)。	(原缺判文)	
15	选人	选人借马前往役所,道路泥泞不堪,马倒毙。马主应否索赔?	马不是在奔走中倒毙,而是死于泥淖中。此为天命,并非选人之责,无赔偿义务。	
16A	宋里仁兄弟三人母	隋末兵乱中,母与兄弟三人分散而入别籍,是否需要迁往老母住处团聚?	尽管兄弟三人均为有边州籍的军人,应禁移住,但为照顾老母,允许迁居。	
16B	前陈王府亲事王文达	越王要改配王文达至相州任职,越王改任安州,王文达因不同意改配被诉。	改配是恩惠,不允许拒绝随往远方。必须如已经确定者于越王处任职。	
17	折冲杨师 男彦琼	杨师已七十岁,仍居官而不引退,其子彦琼二十一岁,应任宿卫而称病不任。	应让杨师退官,并命彦于本贯确认病状,若有不实则予处罚。	
18	田智 孔平 妹	田智与孔平妹成婚五年后递交离婚状而离婚,户籍上却仍是夫妻,应认为离婚否?	田智所作离婚状无父母连署,亦未经官府验证,应依户籍,不承认离婚。而且,田智谎称疾病,企图逃避徭役,应予处罚。	后半有阙文
19	牛相仁 苟知节女 杨敬	牛相仁娶苟知节女儿,生有二女。相仁不在家时,二女随妻改嫁杨敬。二女该如何处置?	(欠失)	判题下半欠缺,对文仅存数字

467

与《龙筋凤髓判》及先前的"判集"相比较,"唐判集"的用语平俗,但由于颇多引用律令并适用具体法条,在内容上很能引起人们的兴趣。所引用案件大多不是原样照搬现实中的,而夹杂着虚构。这充分体现在举出以李陵①作为勇士、以宋玉②作为奸通夫、贫穷的原宪③被富奢的石崇④所雇、郭泰李膺⑤争夺桄等,都是把史上的著名人物拉来充当有趣的角色。因此,这些案件基本上都应该认为是根据当代观念而创作的,不能认为完全是历史的原样。在内容上,[184—185]为贞观十七年至永徽二年(643—651)、[172—173]为越王(贞)从相州往安州的迁任⑥(永徽四年)之类,都显然是初唐的例子。应该注意的是第十六道[165]中的"方今文明御历"这一点。嗣圣元年二月中宗被废、睿宗即位伊始,直接改元为文明元年,令人想起武后视朝称制的事实⑦。这是 684 年的事情。如果上述文明是有意识提到的年号,"唐判集"的制定或许可以推定为其后不久的则天武后政权时代。只是 16A 中母与三个儿子分离的原因归于隋末之乱,如果年代太久母子则必然都垂垂老矣。因此案件的年代应该在七世纪中叶,文明应该看作与年号无关的普通名词。采取后一种解释并与其他明示的年代相折中,"唐判集"的制定以 650 年代为上限的七世纪后半较为稳当。因此文中引用的律令应该是永徽律令。

(三)安西判集

透过纤维可以看到薄白纸上快写的楷行体,全文都有朱笔的句读和补正。

---

① 汉朝武将,但是武运不济而为匈奴所俘。《史记》卷一〇九《李广传》、《汉书》卷五四《李陵传》。

② 宋玉《讽赋》(《太平御览》卷三八〇人事部二一《美丈夫下》所引)载"(楚襄)王谓玉曰:体貌容冶,口多微辞,不亦薄乎。玉谓王曰:身体容冶,受之二亲。口多微辞,闻之圣人",为有名的美男子。

③ 原宪之贫见于《孔子家语·七十二弟子解》、《史记·仲尼弟子列传》、《高士传》上、《庄子·让王》篇等。

④ 《晋书》卷三三《石苞传》、《世说新语·汰侈》篇。

⑤ 均为后汉清流人士的代表,见《后汉书》卷九七《李膺传》、卷九八《郭泰传》。

⑥ 《旧唐书》卷七六《太宗诸子传越王贞传》。

⑦ 《资治通鉴》卷二〇三唐纪一九则天武后光宅元年条。

本卷破损严重,伯希和氏有所言及,后来亦予修复。但是其间由于某些搅乱,原卷开头的三十行似乎贴到卷末去了。昭和初年重松俊章、大谷胜真两氏抄录本卷,其抄本存于东洋文库,此外还可见到王重民氏根据照片的抄录以及岛崎昌氏带来的巴黎国立图书馆的缩微胶卷。该安西判集被伯希和氏作为"历史文书",菊池氏则冠以"安西都护府奉判牒文及发给公验控"的标题,一看就知道是文书。如果将现存部分的要点分别列出,则为:

(1)因烽候严重而派遣兵士之事

(2)伊州镇人元孝仁、魏大师造伪印事

(3)A 裴都护左右(士达)私向西州事

  B 麴积的职田预停的延期之事

(4)伊州镇人侯莫陈等请安西效力事

(5)确认离婚之阿龙在旧夫死后再婚事

(6)处罚屯官郭微罪过事

其中(2)、(3)A、(4)为原有的标题,其他为拟题。(2)、(3)、(4)附有"奉判——事"的题目,其余未附,这可以理解为每一道书写时或者改行或者不改行糅杂在一起,并不力求形式的统一。与集录判题的官文书(例如开元二十四年岐州郿县尉牒判等案、广德年间河西节度使判辞集)相比较,不见官文书中具有的序次表示和书写格式的严谨,"判奉云云"的标题在"判集"和"唐判集"中通用,应该考虑为凡在判集的范围内都是包含的。此外,(1)、(2)、(3)A、(3)B、(4)、(6)都与安西的兵事具有密切关系,只有(5)性质不同,它并不存在地域、年代间的特定记载,只是针对两个男女之间关系的类型。案件如此混杂,是因为本残卷不是集录特定官衙判例的文书,而是集录形形色色的判例的判集。判集中许多是以朱笔书写,文字的删增、改订十分明显,一看就令人感到或许是个人的草稿。但是,删除9行(衍文)则为妥帖之点,是本卷为转写本的明证。抄写不一定完全按照原文,朱笔校者在一些细节上修改了文辞(16,31)。这也很容易用其并非官文书的记录、而是判文练习的写本来说明。除了(5)以外的六件都是安西都护府管内的兵事,而且大体上都是近年的案件,其处置也都是府内日常的裁决,没有刻意修饰文辞的迹象,因此可以明了这类判例是从府的官文书直接采集来的。(3)A的案件中插入B的麴积之事(38—41),也显示出有关A的日期不同的两个判例被轻率掺杂进其他案例的混乱状况。关于案件的年代,裴都护(24)就是著名的裴行俭(619—682年),其任安西大都护不过是从麟德二年(665)起的二、三年间①;而崔使君(58)应该是西州都督崔知弁,这可以从其救援于阗同在麟德二年闰三月②加以确认。至于其他的案件,除(5)以外,都可以看作与唐朝积极经营西域时期的660年代相隔不远。本卷的抄写也应该是与七世纪后半案件的年代相接近,它作为其编著以前的个人的判例集录,在显示判集出现前的一个阶段乃至判文练习实况这一点上,是很独特的东西。

三、敦煌本与《令集解》所引判集

以上三种判集只存在于敦煌发现的残卷,其内容在中国早已湮灭。所幸的是,日本平安初期明法家惟宗直本编著的《令集解》(成于贞观十一年即869年以前)中所引"判集③"与敦煌本(二)之9相符合。《令集解》④(现存原三十卷中之二十五卷)是集录敕撰《令集解》(成于天长十年即833年)以后、有关奈良平安初期的"令"的数种注释书而成,所引"判集"的地方,属于《古记》《大宝令》的

---

① 《旧唐书》卷八四、《新唐书》卷一〇八《裴行俭传》、张说《赠太尉裴公神道碑》(《张说之文集》一四、《文苑英华》卷八八三所收)。传云:"麟德三年,累拜安西大都护,西域诸国多慕义归降";碑云:"西域从政七八年间,乾封岁(666—668)征拜同文少卿。"

② 《册府元龟》卷九九五外臣部交侵条、《资治通鉴》卷二〇一唐纪一七麟德二年闰三月条。《通鉴考异》卷一〇所引《(高宗)实录》:"麟德二年闰三月,勒、弓月两国共引吐蕃之兵,以侵于阗。诏西州(《实录》《册府》并西川,今据考异说改作西州)都督崔知辩及左武卫将军曹继叔率兵救之。"

③ 泷川政次郎《令集解に见えたる唐の法律书》(《东洋学报》18—1,1931年,以及同著《中国法制史研究》,有斐阁,1940年所收)第七章《判集》。

④ 关于《令集解》,参照井上光贞氏的解说(《日本思想大系》三《律令》,岩波书店,1976年,第778—810页)。

注释书,成于天平十年即 738 年前后)①。这就是说,"唐判集"船载至日本,《古记》撰者对此加以抄录的时期,与敦煌本"唐判集"的抄写时期,大体同为八世纪前半。从其出现的高宗时代仅过数十年就传到了日本,而且西陲也残留有写本来看,其在盛唐时代的流行是毫无疑问的,足以使人确信其内容的普及性。对校敦煌本与《令集解》的引文,情况如下。其《令集解》依据新订增补国史大系本②,以敦煌本为基准,凡同字用○,异字标记于下侧,下侧的( )则为国史大系校改字。

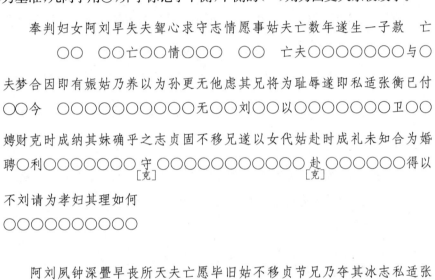

奉判妇女阿刘早失夫挈心求守志情愿事姑夫亡数年遂生一子款　亡
○○　○○亡○○情○○○　○○　亡夫○○○○○○与○

夫梦合因即有娠姑乃养以为孙更无他虑其兄将为耻辱遂即私适张衡已付
○○今　○○○○○○○○○○无○○刘○○以○○○○○○○卫○○

娉财克时成纳其妹确乎之志贞固不移兄遂以女代姑赴时成礼未知合为婚
聘○利○○○○○○○守○○○○○○○○○○○○○赴○○○○○○得以
　　　　[克]　　　　　　　　　　　　[克]

不刘请为孝妇其理如何
○○○○○○○○○○

阿刘凤钟深疊早丧所天夫亡愿毕旧姑不移贞节兄乃夺其冰志私适张
○○宿钟澡爨○○○○　　○事舅○○○○○○○○○○○永

衡阿刘固此一心无思再醮直置夫亡守志松筠之契已深复兹兄嫁不从金石
卫然○○○○○○心○○○买匹夫○○○○○○○○○○○○○○○○

---

① 以下所论判集,在赋役令孝子顺孙条(义夫、节妇)的集解(国史大系本 413—414 页)中,为《古记》所引用。《古记》关于义夫,引用唐的许多文献进行说明;关于随后的节妇中,则在谓夫亡后,为葬舅姑而负土营墓、追思不已的说法后引用。同时,《令集解》还有一处为紧接户令七出条的《古记》引用,即以"一云"引断文"判集,布衣之时妻,至富荣之时,不听离异也"(同前第 306 页)。承蒙山梨大学吉田孝氏赐教,得知该二条判集肯定为《古记》所引。

② 《令集解》根据写本来看,颇有异同。与泷川氏上页注论文所引(国书刊行会本)相比较,除刘作邓、卫作冲外,还有"以女代姑"的二处姑改为妹等十几个不同。但是,这不能说比国史大系本更接近原型,其对以下的论题没有大的影响,姑且作为旁证。

之情弥固论情虽可嘉尚语状颇欲生疑嬬居遂诞一男在俗谁不致惑款与亡
○○彌○○○○○○○○○有○○○○○○○○○○○○○○疑與○

夫梦合梦合未可依凭即执确有奸非奸非又无的情但其罪虽滥　狱贵真情
○○○梦合○○○○○○○○○○奸非○无○状○　○○○罚○○深○
　　　（梦合）　　　　　　　　（奸非）

必须妙尽根源不可轻为与夺欲求孝道理恐难从其兄识性庸愚未闲礼法妹
○○○○○○○○○與○○○○○怒○○○○○情○○○○○

适张衡为妇衡乃克日成婚参差以女代姑因此便为伉俪昔时兄党今作妇翁
○○卫○○冲○○○○○○○○○○○○○○○成○○○○○○○○○公

旧日妹夫翻成女壻颠到昭穆移易尊卑据法乙不可　容论情乙实难　恕必
○○○○○○○○○倒○○改○○○○○　○○听○○○　○○免怒○
　　　　　　　　（倒）　　（法）　　　　（情）

是两和听政据法自可无辜若也冈冒成婚科罪仍须政法　两家事状未甚分
○○○○○改　○○○○○○○　因○为○○○○○改正也
　　　　（改）　　　　　　　　（冈）

至量断

以统计数字表示对校结果为：

敦煌本　　题100字　　对251字　　计351字

集解引　　题95字　　对234字　　计329字

如果将两者差异加以机械分类，则为：

	两者同		引文省略	引文正(保存原字)	引文误脱改变			
	全同	字体不同			脱字	舛误	增字	改变
题对	（字）79 191	（字）2 8	（字）2 16	（字）0 2	（字）4 5	（字）2 13	（字）1 4	（字）11 16
计	270	10	18	2	9	15	5	27

如此来看,引文除了"奉判"二字和省略末节以外,忠实地引用了全文,同字率高达 80% 多。因此,除可以确认的敦煌本误字除二例外的大约五十例中,两方面相同的情况都很多。研究异同,大体上都可归咎于引文的舛误变更(表中的脱字、舛误、增字、改变的分类不过是权宜而已)。例如"阿刘夙钟深瓓"作"阿刘宿种澡㲯",显然是因为形似,将瓓(= 玼,玉的微瑕)误作㲯,为了讲通意思,而以澡取代深;也可能是深误作澡,而将瓓解作㲯吧。无论哪一种,都可理解为舛误。关于夙钟,也因为音通与形似,被更改为宿种。愿毕旧姑作愿事舅姑,也是根据题目上只出现姑而认为舅的死亡是当然的前提,并由于音通而妄改的,或许是因为毕与事形似而舛误或臆改。对方的名字张衡作张卫(衞),难以断定哪一个是原形。引文中有一处作张冲(衝),显示出引文抄写过程中滋生谬误的情况。研究引文的另五个增字,都可以看作因为误字(合→今)、脱字(重字号乙)、省略(其)而补足脱漏的臆补,文末的也字可以说用以表示补足末段省略而引用的结束。以上判文的趣旨完全被表达出来,在细节上则有百分之十几的异同,其大部分都可判断为引文转写过程中舛误和更改的结果。

该判文在《古记》和《令集解》中均置于节妇注解的末尾,举例也未必贴切,文中没有出现节妇的话语。恐怕《古记》撰者和明法家对判文的内容很有兴趣,留下深刻印象,是千载以后依然保留引文的主要原因。船载来我国的数种判集的许多判中,一定是只有本条所引用的话十分有趣,有触动古人心灵之处。译出并研究该判的利光三津夫氏,对初唐名法官所下达的判决应该成为后人范本的解释①,考虑到判集包含有虚构的文学特征,有必要加以修正。判的主题中明示不否定天人感应,也不伤害贞妇和地方官的形象而且不轻信梦合生子之类的奇迹,都是有价值的,堪称击中要害。

四、判集的形式与特征

唐制,接受判题考试的选人每年十月集中京师,在吏部参加尚书铨(六品七

---

① 利光三津夫《裁判の歴史:律令裁判を中心に》,至文堂,1964 年,第 208—215 页。

品)、侍郎铨(中铨与东铨,八品九品),进行身、言、书、判四种铨衡。关于选的手续,杜佑总结道:"凡选,始集而试观其书判,已试而铨察其身言,已铨而注询其便利而拟其官。已注而唱示之不厌者,得反通其辞。他日更其官而告之如初,又不厌者亦如之。三唱而不厌,听冬集厌者,以类相从,攒之为甲。先简仆射,乃上门下省,给事中读之,黄门侍郎省之,侍中审之,不审者皆得驳下。既审,然后上闻,主者受旨而奉行焉,各给以符而印其上,谓之告身"云云①;《六典》则谓:"每试判之日,皆平明集于试场,识官亲送,侍郎出问目,试判两道"②。判"取文理优良者"③,即要求文章与道理皆优。以上是一般的场合,如果选人中有资格未足(格限未至)者,则有试以文三篇"宏词"与判三条"拔萃"之制④。此外,对流外官(行署)劳满者,曹司试以判,亦行注官之制⑤。包括试图人流的庶吏在内,所有要求任官、陟迁的官人进行判的考试是必须通过的第一关。为应付试判,就必须学习修辞、练习文章、通晓法令,并且训练能作出恰当的裁断。于是,不少的判集就应运而生了。

关于判文出题倾向的变化,最具有参考价值的是杜佑的以下一段叙述:"初,吏部选才,将亲其人覆其吏事。始取州县案牍疑议,试其断割,而观其能否。此所以为判也"(第一期)。如此,唐初从处理州县案件的文书实例中提出疑点,考试选人的判断。然而"后日月浸久,选人猥多,案牍浅近,不足为难。乃采经籍古义,假设甲乙令其判断"(第二期),尔后又到了"既而来者益众,而通经正籍又不足以为问,乃征僻书曲学隐伏之义⑥问之,惟惧人之能知也"(第三期)

---

① 《通典》卷一五《选举三》大唐条。

② 《六典》卷二吏部原注。

③ 《通典》卷一五、六典卷二、《新唐书》卷四五《选举志》、《资治通鉴》卷二〇一总章二年末条等所见相同,解为由原来选举令的规定而来。

④ 《通典》卷一五、《新唐书》卷四五。关于《书判拔萃》,第 436 页注①市原论文第 123—126 页有详论。

⑤ 《通典》卷一七《选举五》杂论议中所引显庆二年(657)黄门侍郎知吏部选事刘祥道奏。

⑥ 杨宁(字简在,江阴人)曰所谓僻书曲学隐伏的意义,与"黄闰判"相似(《日知录集释》卷一六判条引)。关于该判,《文苑英华》卷五四六判四四钱帛门中收有无名氏的对。题为"乙借甲黄闰,示幽闺,因被鼠啮。甲索比筒,乙以当土无,请酬价,甲不伏"的单纯的东西。如果不知道黄闰就是扬雄《蜀都赋》所谓"筒中黄闰"的细布的话,真令人百思不得其解。

的状态。这种试探选人吏能的原来的意图,由于随着选人数的增加而问题越来越难,变成了古奥的手段。"判集"中王乙、冯甲等就是上述的"假设甲乙",这与朝祥暮歌(礼记)之类取经义的事情一起,是第二期以后出现的特征。判一问中A、B二项组合的例子甚多,大约是对应于"试判两道"制度的。

套用唐代官僚制度的发展过程,根据杜佑所说来看,第二期为高宗朝、第三期为武后时代以降。武后朝甚至有试判日由他人代作者①。玄宗开元十三年(725),因怀疑吏部选是否公平,由十名高官进行铨衡,当试判即将结束时,将其突然召入禁中确定成绩。这是连吏部尚书、侍郎都没有决定权的极端的事例②。对判的重视和判的难题化,必然加快判集的流行。

综观七、八世纪的敦煌本判集与传世文献中的判文,可以认为判文原来的形式是(一)的"判集"的样子。"奉判得云云"是接受负责铨衡的官员(吏部侍郎之类)所出题目的书式,题与对(解答)分开书写,一目了然。其他判集上"得×事"的标题,很明显是上述"奉判云云"的略写。因此,《白氏文集》中所收百道判写有"得"字,也与这种书式相关。在标题简略化的场合,为区别解答而出现了增写"对"字的形式(《文苑英华》所收)。

注意到有关的背景,三种判集应有的位置也就不须赘言了。"安西判集"系西道(安西管下或者敦煌)官员从都护府的案牍中抄出,有时加入别的判集的资料③以供判文练习之用。"唐判集"是以一些具体案件为素材,围绕其中的焦点,加入问题的典型性和语言的诙谐有趣,以构成判题和对文,从而完成一部判集

---

① 《通典》卷一五载:"武太后临朝,务悦人心,不问贤愚……有试判之日求人代作者。如此泛滥,不可悉数。"

② 《通典》卷一五云:"开元十三年,玄宗又以吏部选试不公,乃置十铨试人。(……时左庶子吴兢上表谏曰……伏见敕旨,令韦抗等十人分掌吏部铨选。及试判毕,遽召入禁中次定。虽有吏部尚书及侍郎,皆不得参。)"

③ 5高头、阿龙项即为此。离婚乃至夫死别后的子的处置,经常作为民事案件被提起,成为"唐判集"9、10这样的判集的题材。没有发现显示高头、阿龙为安西管内住民的线索。勉强查找迹象的话,可以指出焉耆王族以龙为姓、非汉族的龙氏集团散布于西域。但是,高头也是汉族姓名,古代以来也有汉族龙氏的例子(《史记·魏世家》的龙贾、《汉书·韩信传》的龙且、《后汉书·马援传》的龙述、《旧五代史》卷一〇八本传的龙敏、南宋《名公书判清明集·户婚门》的寡妇阿龙等)。因此,难以把阿龙看作胡族。

的著作。从七世纪末到八世纪初的牛凤及撰《中台判集》五卷①和张鷟撰《龙筋凤髓判》十卷②等判集的出现，即切合以中台（尚书省的改称，662—670 年及 704—705 年）或者以中央官厅为主体的百司的构成，为熟悉判的体系提供了便捷的读物。在修辞方面，如"唐判集"所见，克服了简陋，提高到了富于技巧性的骈文。中唐以后，骆宾王《百道判集》一卷广泛流传，可以从书目的著录③中窥见。考虑到（一）判集和著录判集之间的关系，就值得从文辞特征方面对骆宾王（真撰还是拟定尚有问题）的判作为补充进行研究了。无论如何，以骆宾王和张鷟为范本的判文，已经蜕变成脱离官吏的实务、而单纯炫耀文才的东西。玄宗开元六年二月诏特别惩戒曰"比来选人试判……多不切合事宜，广张华饰……自今以后不得更然"④。天宝时代（742—756）的刘迺呈知铨舍人宋昱书曰："近代主司，独委一二小冢宰（铨衡），察言于一幅之判，观行于一揖之内，古今迟速，何不侔之甚哉！夫判者，以狭词短韵，语有定规为体，亦犹以一小冶而鼓众金，虽欲为鼎为镛，不可得也。故曰判之在文，至局促者"云云，指出了判文的局限，从正面抨击了以判选考的弊端⑤。

试判一直沿袭到后代。但是，宋初曾有开宝六年（973）八月泗州推官侯济因坐请他人代为试判，受杖刑除名⑥的事件。顾炎武叙述道，明代科举第二场

---

① 《日本国见在书目录》一九《刑法家》著录。牛凤及在长寿年间（692—694）任春官侍郎（《元和姓纂》），负责唐朝《国史》（高宗朝）的编纂（《史通》、《玉海》卷四六引《集贤注记》），为中唐著名宰相牛僧孺的高祖（《樊川集》卷七《墓志》）。

② 现存，参照第 464 页注③。本书著录于《新唐书·艺文志》集部别集、《宋史艺文志》子部类事。近代在类书中分类的事情很多，但是在内容上则是按官厅分类、排列严整的判集，案件主要也取之于从武后时代到八世纪初（明文在神龙二年，其翌年即 707 年为下限）的现实事件。所掺杂的一些虚构，如都水监判中的"如水工郑国状，决汉水、凿山道，至伊水，入洛水，须请人夫五百，运江淮赋税遂极便利"，显然是在改修当代漕运路时提到的《史记·河渠书》以下有名的水工郑国。这与"唐判集"是相通的特点，但就整体而言，却是符合现状而非虚构的。

③ 《新唐书·艺文志》别集、《宋史·艺文志》别集（二卷）、《唐才子传》卷一著录。慈觉大师《入唐新求圣教目录》中可见"判一百道，一卷，骆宾王撰（扬州已求得）"，因此是九世纪传来日本。

④ 《册府元龟》卷六三〇《铨选部·条制二》。

⑤ 《旧唐书》卷一五三《刘迺传》。

⑥ 《宋史》卷三《太祖本纪》。

中,引律出判题五道,然而一些人分头背诵吏律或户律,在考场内交头接耳,结果其答案均合格且大半雷同。顾因而斥责试判的徒有其名①。判的形式的制约与考试制度的矛盾在此暴露无遗。

尽管如此,确定任官必须通过判文考试制度的初唐,正值所谓律令格式的成文法体系完成时期,强调法治是时代的精神。加上推崇诗才的文化隆盛的背景,导致判文特别发达并编纂许多判集流通。继承唐选举令主要部分的日本和新罗,模仿了官僚选任制度的形式,但是基本上没有采取判的考试。与具有一千年中央集权官僚统治传统的中国相比较,以族姓为核心的后进国家对全体官员进行试判,毕竟是不现实的。

无论怎样,我们即使从文学角度说传承判文的拙劣,对于在西道的敦煌和东海的岛国发现唐代广为流传的判集残卷和断章的引用,仍然令人欣喜。我们相信这作为法制史、社会史史料是有用的,并期待着今后进一步的研究。

(译自《古代东亚史论集》(纪念末松保和教授)下卷,吉川弘文馆,1978 年)

---

① 《日知录》卷一六《判》。

开元《户部格》断简

仁井田陞　撰

程维荣　译

斯坦因文献中，有标咸亨五年（674）至开元元年（713）间年月日、正文前冠"敕"字的敕文十八条（其中一条仅存年月日）的断简（Stein Collection No. 1344）。该断简中显示的敕文年号依年代顺序记录如下：

咸亨五年（674）	垂拱元年（685）	垂拱某年
天授二年（691）	证圣元年（695）	万载通天元年（696）
圣历元年（698）	长安元年（701）	长安二年
景龙元年（707）	景龙二年	唐隆元年（710）
景云二年（711）	开元元年（713）	

敕文年月日书写于敕的正文后是通例。《唐会要》中所载景龙二年九月敕，以及《唐大诏令集》、《文苑英华》所载唐隆元年七月十九日敕与断简相比较，就

可以确认这一点①。因此,断简第一行的"开元元年十二月十七日",不是次行的敕的年月日。以下揭示断简的全文。该断简全部为69行,每行16字至25字不等。纸面上以大字墨书,有些字被遮盖,致使有一些难以辨认的地方。原文中的异体字基本照录。

(前阙)

开元元年十二月十七日

敕诸色应食实封家封户一定已后不得辄有移改

景龙二年九月廿日

敕孝义之家事须旌表苟有虚滥不可哀称其孝必

须生前纯至色养过人殁后孝恩哀毁逾礼神明通感

贤愚共伤其义必须累代同居一门邕穆尊卑有

序财食无私远近钦永(永,《令集解》作承)州间推伏州县亲加案验知

状迹殊尤(尤,同上作充)使覆同(同,同上作问)者准令申奏其得旌表者孝门复终

孝子之身义门复终旌表时同籍人身仍令所管长

官以下及乡村等每加访察其孝义人如中间有声

[补　本卷写于黄麻纸,幅九寸五分。纸多处被切断,纸缝中无印章。]《唐会要》卷九十缘封杂记"景龙二年九月敕,诸色应食实封,一定以后,不得辄有移改",此处无"家封户"三字。该敕(格)是赋役令关于封户条的补充规定。《令集解·赋役令》孝子条下释云"开元格云,其义必须累代同居,一门邕穆,尊卑有序,财食无私,远近钦承,州间推伏,州县亲加案验,知状迹,殊充使覆问者,准令申奏,其得旌表者孝门复,终孝子之身也"(根据新订增补国史大系本)。《令集解》与断简文字有不同的,旁记于断简本,"承"、"充"、"问"三字即为此。《令集解》的充据断简应当作尤吧。断简所说"准令"的令是赋役令有关义门旌表的条文,该敕"格"是其补充规定。

① 　参照《唐会要》卷九〇"缘封杂记"与《唐大诏令集》卷一一〇"政事"、《文苑英华》卷四六五诏敕七诫励风俗。这两条敕文,在后面的敦煌遗文下作为参考而刊载。敦煌遗文中回避唐隆元年的"隆"字之事也在那里有所叙述。

实乖违不依格文者随事举正若容隐不言或检

覆失实并妄有申请者里正村正坊正及同检人等

各决杖六十所由官与下考

证圣元年四月九日

敕长发等宜令州县严加禁断其女妇识文解书

堪理务者并预送比校内职

咸亨五年七月十九日

敕诸山隐逸人非规避等色不须禁断仍令所由觉

察勿使广聚徒众

长安二年七月廿八日

敕如闻诸州百姓结棩（构）朋党佅排山祍（社）宜令州

县严加禁断

景龙元年十月廿日

敕如（?）闻（?）葉（桑）乾　（定）襄两都督府管内〇〇〇〇〇〇

至〇听向夏（?）〇〇界（?）营田秋收（?）后勒还

景龙二年六月〇日

敕诸番〇〇若有〇〇在（?）于（?）〇〇勿不得〇〇〇〇

［补　如（?）闻（?）左厢。〇〇〇〇〇〇→八州降户及党项等。］

［补　至〇→至春。夏（?）〇〇界（?）→夏州南界。收（?）→收。］

［补　〇日→九日。］

［补　→敕诸番商胡若有驰逐任于内地与易不得入番仍令。］

边州关津(?)镇(?)戍(?)严加捉捕(?)其
贯属西庭伊等州府者

验有公文,听于本贯已东来往

垂拱元年八月廿八日

敕诸番部落见在诸州者宜取州司进止首
领等如

如有灼然要事须奏者委州司录状奏闻非
有别

敕追入朝不得辄发遣

垂拱〇年九月十五日

敕牂牁土风共行法宜委所管都督府严加
禁断

授二年正月十五日

敕化外人及贼须招慰者并委当州及所管
都督府审

勘当奏闻不得辄即招慰及擅发文(牒)所
在官司亦不

得辄相承受如曰此浪用官物者并依监生
自盗法若别

敕令招慰得降附者挟名奏〇处分

长安(?)元(?)年十二月
廿(?)日

敕岭南上(土)人任都督刺史者所有辞讼
别立案判官省司

[补　津(?)镇(?)戍(?)→津镇戍。
捕(?)→搦。]

[补　〇年→元年。]

[补　〇→听。]
[补　安(?)元(?)→安元。廿(?)
→廿。]

481

补人竟无几案百姓市易俗既用银村洞之中买卖无秤

乃将石大小类银轻重所有忿(?)争不经(?)州县结集朋党假作刀　　　［补　忿(?)→忿。经(?)→经。］

排以相攻击名为打废(戾)并娶妇必先强缚然后送财若有

身亡其妻无子即斥还本族仍征聘财或同族为婚成后改

姓并委州县长官渐加劝导令(?)其变革

　　　　　　天授二年七月〇〇日　　　［补〇〇日→廿七日。］

敕诸州百姓乃有将男女质卖托称庸力无钱可赎遂入财主宜

严加禁断

　　　　　　长安二年二月十二日

敕畿内逃绝户宅地王公百官等及外州人不得辄请射

　　　　　　景龙二年三月廿日

敕逃人田宅不得辄容卖买其地任依乡原价租充

课役有剩官收若逃人三年内归者还其剩物其无

田宅逃经三年以上不还者不得更令邻保代出租课

　　　　　　唐元年七月十九日

《唐大诏令集》卷一一〇"政事"：唐隆元年七月十九日敕："其逃人里宅，不得辄容卖买，其地在依乡原例租纳。""其地"以下七字与断简文字大同小异，只是断简价字为例字之误，《唐大诏令集》应为正确。断简的唐元年也肯定是唐隆元年。或许是因为玄宗名隆基，而回避其中的一个字。《文苑

敕官人执衣白直若不纳课须役正身采取及造物

者计所纳物不得多于本课亦不得追家人车牛马驴

杂畜等折功役使及雇人代役其市史壁师之徒听于当州县供官人市贾里正佐史坊正等随近驱使不妨公事

者亦听诸司官驱使典吏亦准此其州县杂职缘公

廨役使情愿出课者亦准白直例

英华》卷四六五诏敕七"诫励风俗"文字与《唐六典》大致相同,但在字作任。《文苑英华》旧本中乡原的原作源,十九日作二十九日,明刊本《文苑英华》纠正了旧本之误。《文苑英华》亦作唐隆元年。[补]据[史讳举例],"唐元"即"唐隆",唐隆元年成为唐元元年。这样上记断简中的两个元字省掉哪一个,就成了问题。如果不是脱字,而是有意识的省字,隆字就应该是回避了。

　　　　万岁(?)通天元年五月六日

敕诸州进物入京都并令本州自雇脚送如口味不堪久

停及僻小州无脚处(?)干(?)○○已来依旧○传驿

　　　　　　景(?)云(?)二年六月十日

[补　岁(?)→岁。]

[补　处(?)干(?)○○→处(旱?)安西。○传→给传。]

敕岭南及全僻远小州官人既少欲令参军县官替充

朝集者听

《唐六典》卷三户部"凡天下朝集使,皆令都督刺史以上佐更为之。若边要州都督刺史,及诸州水旱成份,则佗官代焉",是与朝集使有关的基本法,圣历敕则对其有补充关系。

　　　　圣历元(?)年正月○日

(后阙)

[补　元(?)年正月○→元年正月三。]

该断简的内容，几乎全部是户部所管事项。食实封（封户在一定时期后不能移改），旌表孝门、义门（其公课的免除及对推荐有误者的处分），禁止长发①，隐逸不在禁断之限，禁止结党，诸番部落，牂牁——居住于四川、贵州、湖南地方——的士风，化外人（外国人），岭南民治上的特殊问题（即对任命岭南土人为都督刺史场合的裁决，以银交易的问题，禁止同类集团间武力对抗——后世所谓的械斗在七世纪的唐代已经有了，因此发布其禁令——禁止掠夺婚以及将夫死无子的妻归还本族并且取回娉财或同姓婚后改姓之类的事情），禁止质卖家属（归属质），处置逃亡者户绝者的田宅，执衣、白直等的公课（执衣白直等不课税时可以役代），诸州进物，与朝集使有关的事项，等等。

但是，关于这篇断简是什么名称的文献，在唐代资料中没有类似的例子，因此难以判断，现在只知道它不是律令那样的基本法典，也不是式那样的细则规定。式的典型形式与内容，根据包含在伯希和文献中的唐开元水部式就可明白②，断简与它并非同类。那么，如果说是具有补充、变更律令目的的格，它也与存在于伯希和文献中的神龙散颁格等在形式上差别甚多——后者每一条不冠以"敕"字，条文中没有敕的年月日③。那么它是不是例如垂拱格以后出的垂拱后常行格、开元年间的格后敕以及格后长行敕那样的制敕集（诏敕集）呢？这一点尚有疑问。关于它究竟应该叫什么，以下从断简的形式、内容方面试加探讨。

（1）迄今为止所知道的唐代法典中，没有发现与断简形式类似的情况。在

---

① 《文苑英华》卷四六五诏敕七"禁制"说"彼有白衣长发，假托弥勒下生，因为妖讹"，发布禁断妖讹敕（开元三年十一月十七日），"禁止长发"与这类事情有关。［补］玉井是博《支那社会经济史研究》第125页引用了《唐大诏令集》卷一一三。

② 仁井田《敦煌発見唐水部式の研究》（《服部先生古稀祝賀記念論文集》昭和十一年四月）。

③ 关于神龙散颁刑部格，内藤湖南博士在昭和三年的《唐代の文化と天平文化》（收于增订《日本文化史研究》中，叙述了其所见；而董康博士则根据内藤博士的抄录，发表了其全文。仁井田《唐令の復旧について》（《法学協会雑誌》五二卷二号昭和九年二月）所载董博士论考的全文，系依据其发表前的木版印刷本。随后，大谷教授也在《青丘学叢》一七号（昭和九年八月第1页以下）发表了其论文《敦煌遺文所見録》（二）。

日本，与此类似的是格。我初步估计断简莫非是唐代的格之类，就此加以推敲。从我国的类聚三代格①来看——类聚三代格不照诸司分类，而照事项分类编集，与唐格相比较未必恰当——日本的格，除太政官符之外，也收录诏敕，因此在每一条的开头都冠以"诏"或"敕"字，而且通常在诏敕正文后记有年月日。这些因素与敦煌发现的断简之间有相似性。

（2）关于唐代的格，根据《通典》与新旧《唐书》所载，有留在官府的留司格——《倭名钞》等曾经引用垂拱留司格②——与颁布天下的散颁格的区别，但它们都由前代以来的诏或敕编集而成，也就是说，贞观格是将武德、贞观以来的三千条敕删定成七百条，永徽格是增损旧时的格敕，垂拱格也是从武德以来垂

---

① 类聚三代格卷一七蠲免事

敕，……夫王氏者，王号乃止于五世，资荫不过于六世，……宜七世以下计数，至于五世课役蠲除……主者明之，称朕意焉

天长九年十二月十五日

敕，……藤氏先祖逐鸟雀于朝廷，……宜自贯白丁迄于五世，课役蠲除，……主者明之，称朕意焉

弘仁十一年正月六日

敕，百济王等远慕皇化，……宜百济王等课并杂徭，永从蠲除，勿有所事，主者施行

延历十六年五月廿八日

敕，凡百姓身役十日以上免庸，廿日以上庸调俱免，役日虽多，不得过卌日，其役廿日，乃给公粮，即筑紫之役十九日，即廿日以上，皆同上文，若应役匠丁者，国司预点定匠丁，……其一番役日虽多，不得过五十日

庆云三年二月十六日

太政官符

逃亡户口悔过归乡给复事

右奉敕，无知百姓不闲条章，规避徭役，多有逃亡，其中纵有悔过还本贯者，径六年以上给复一年继其产业

养老四年三月十七日

敕，依令杂徭者，每人均使，总不得过六十日，如闻，京国之司，偏执斯法，差科之限，必满六十日，……自今以后，宜以卅日为限，均使之法一如令条，其无事之岁，不必满限，班告遐迩，令知朕意，主者施行

延历十四年闰七月十五日

诏，朕以菲虚，丕苟睿业，……老丁之徭，永从宽免，八十已上及鳏寡孤独不能自存者，节级赐物，早以颁示，咸令闻知

天长五年七月廿九日

以下收于太政官符。上述部分，比较多地载有敕与诏。

② 《笺注倭名类聚钞》卷四《器皿部》中可见"垂拱留司格云，瓷坩廿口，一斗以下五升以上"，接着是"故知坩者壶也"。

拱以前的诏敕中,编集具有实用性者而成,神龙格则是将当时的垂拱格及以后到神龙为止的敕编纂而成的资料①。此外,根据《唐六典》关于唐开元格的说明,格是编集当时的制敕(诏敕)的一种制敕集,但它并非收录所有的制敕,而是以只

① 《通典》卷一六五《刑三》:"又定令千五百九十条为三十卷,贞观十一年正月颁行之,又删武德贞观以来敕格三千余件,定留七百条,以为格十八卷,……高宗永徽初,又令长孙无忌等撰定格式,旧制不便者,皆随有无删改,遂分格为两部,曹司常务,为留司格;天下所共者,为散颁格,……武太后临朝,又令有司删定律令格式,加计帐及勾帐式、通旧式成二十卷。又以武德以来垂拱以前诏敕便于时者,编为新格二卷,太后自制序。其二卷之外,新编六卷,堪为当司行用,为垂拱留司格,……神龙中,又删定垂拱格及神龙元年已来制敕,为散颁格,皆七卷;又删补旧式,为二十卷,颁于天下。"

《旧唐书》卷五〇《刑法志》:"又定令一千五百九十条,为三十卷,贞观十一年正月颁下之。又删武德贞观已来敕格三千余件,定留七百条,以为格十八卷,留本司施行,斟酌今古,除繁去弊,甚为宽简,便于人者,以尚书省诸曹为之目,初为七卷,其曹之常务,但留本司者,别为留司格一卷,盖编录当时制敕,永为法则,以为故事;贞观格十八卷,房玄龄等删定;永徽留司格十八卷、散颁格七卷,长孙无忌等删定。永徽中,又令源直心等删定,惟改易官号曹局之名,不易篇目。永徽留司格后本,刘仁轨等删定;垂拱留司格六卷、散颁格三卷,裴居道删定;太极格十卷,岑羲等删定;开元前格十卷,姚崇等删定;开元后格十卷,宋璟等删定,皆以尚书省二十四司为篇目,……永徽初敕太尉长孙无忌……刑部郎中贾敏行等,共撰定律令格式,旧制不便者,皆随删改,遂分格为两部,曹司常务,为留司格;天下所共者,为散颁格。其散颁格下州县,留司格但留本司行用焉,……则天又敕内史裴居道……凤阁侍郎韦方质,与删定官袁智弘等十余人,删改格式,加计帐及勾帐式、通旧式成二十卷;又以武德已来垂拱已后诏敕便于时者,编为新格二卷,则天自制序。其二卷之外,别编六卷,堪为当司行用,为垂拱留司格。时韦方质详练法理,……中宗……敕中书令韦安石,……尚书右丞苏瑰、兵部郎中狄光嗣等,删定垂拱格后至神龙元年已来制敕,为散颁格七卷;又删补旧式为二十卷,颁于天下。"姚崇即《唐六典》中的姚元崇。

《新唐书》卷五六《刑法志》:"又删武德以来敕三千余条,为七百条,以为格,……又诏长孙无忌等,增损格敕,其曹司常务曰留司格,颁之天下曰散颁格,……武后时,内史裴居道、凤阁侍郎韦方质等,又删武德以后至垂拱诏敕,为新格,藏于有司,曰垂拱留司格。神龙元年,中书令韦安石,又续其后,至于神龙,为散颁格。"

《唐会要》卷三九定格令也说:"至垂拱元年三月二十六日,删改格式,……又以武德以来垂拱已前诏敕便于时者,编为新格二卷。内史裴居道、夏官尚书岑长倩、凤阁侍郎韦方质,与删定官袁智宏等十余人同修,则天自制序。其二卷之外,别编六卷,堪为当司行用,为垂拱留司格,……至神龙元年六月二十七日,又删定垂拱格及格后敕;尚书左仆射唐休璟……等,同删定。至神龙二年正月二十五日已前制敕,为散颁格七卷,……"

《册府元龟》卷六一二《刑法部·定律令》:"又以武德以来垂拱以前诏敕便于时者,编为新格二卷,则天自制序。其二卷之外,别编六卷,堪为当司行用,为垂拱留司格式,……中宗神龙元年六月诏尚书右仆射唐休璟……等,定垂拱格及格后(后下,会要有敕字),至神龙元年正月二十五日已前制敕,为散颁(颁下、同上有格字)七卷,……"

《日本国见在书目录》(古典保存会本)卷一九"刑法家":"唐永徽格五卷,垂拱格二卷,垂拱后常行格十五卷,垂拱留司格二卷,开元格十卷,开元格私记一卷,开元新格五卷,格后敕三十卷,长行敕七卷,开元皇口敕一卷,开元后格九卷,散颁格七卷,僧格一卷";并参照浅井虎夫《支那二於ケル法典编纂ノ沿革》(明治四十四年七月第155页以下)。

收录作为永久法则和故事者为原则①。敦煌发现的神龙散颁刑部格的第九条即私人铸钱条,属于永淳元年的部分,该永淳敕在开元二十五年的刑部格(参照后出的《宋刑统》)中也被引用②。上述断简或许也是这样编成的格。然而,仅仅有(1)(2)就认为断简是格尚不充分,我更倾向于与唐格遗文在形式与内容上的一致。

(3)上述制敕集断简的内容可以说具有颁行天下的目的,敦煌发现的神龙散颁刑部格亦如其名向天下颁行。在这一点上,两者是相同的。但是,正如前面已经提到的,两者间存在形式上的差异。然而,即使唐代的格,随着时代的变迁,形式似乎也不尽一致。正如《宋刑统》所引唐开元格(如下所示)、《白氏六帖》所引开元金部格的例子③④,敕文的起始一般都冠有敕字。在这一点上,与敦煌发现的上述制敕集断简或日本的格是一致的。

　　刑部格,敕:诸州解代官人及官人亲识并游客并不得于所在官司及百姓间乞取若官人处分及率敛与者并同自乞取法其诸王公以及百官家人所在官人不得令供给其强索供给者先决杖三十(《刑统》卷一一职制律引)

　　刑部格,敕:私铸钱及造意人及句合头首者并处绞仍先决杖一百从及居停主人加役流仍各先决杖六十若家人共犯坐其家长若老弱残疾不坐者则归罪其以次家长其铸钱处邻保配徒一年里正坊正村正各决杖六十若有纠告者即以所铸钱毁破并铜物等赏纠人同犯自首告者免罪依例酬赏(《刑

---

　　① 《唐六典》卷六《刑部》说注凡格二十有四编,"以尚书省诸曹为之目共七卷,其曹之常务、但留本司者别为留司格一卷,盖编录当时制敕,永为法则,以为故事"。

　　② 仁井田陞《唐令の復旧について》(前引之作第 111 页)。永淳元年五月敕在《通典》卷九《食货九·钱币下》中有所引用,它与《刑统》卷二六所引开元刑部格几乎相同。

　　③ 《白氏六帖》的金部格参照第 491 页注③。《宋刑统》卷二六杂律中所见的户部格(本节中引用)下,列举了唐元和五年十一月敕节文、长庆二年八月敕节文、长庆四年三月制节文、唐开成二年八月敕节文;还在卷二九《断狱律》引用的刑部格(本节中引)下,除刑部式外,列举了唐大中六年六月敕、唐天成二年二月敕;卷三〇《断狱律》中,在刑部式后列举了刑部格(本节中引用),然后列举了唐广德元年七月敕、建中二年十一月敕、长庆三年十二月敕、开成格,以及长庆二年八月敕。在唐或五代,如说开元后的格,不限于开元格,但从上列来看,《宋刑统》(开成格另当别论)律令格式体系中的说到的格,一定是引用开元格(以及属于其系统者)。

　　④ 《宋刑统》中,刑部格作为敕节文在卷二九《断狱律》有一条,卷二一《斗讼律》中无论是敕还是敕节文一条也没有引用。参照第 491 页注③。

统》卷二六杂律引)(与《通典》卷九《食货》引永淳元年五月敕几乎相同)

　　户部格,敕:天下私举质宜四分收利官本五分生利(《刑统》卷二六杂律引)

　　户部格,敕:州县官寄附部人与易及部内放债等并宜禁断(《刑统》卷二六杂律引户部格又条)

　　刑部格,敕:官人有被告者不须即收禁待知的实然后依常法(《刑统》卷二九断狱律引)

　　刑部格,敕:如闻诸司用例破敕及令式深乖道理自今以后不得更然卷(《刑统》三〇断狱律引)

　　《通典》也收录了以武周时代对所谓酷吏来子珣和来俊臣等的处分为内容的开元格①。它原先作为开元十三年三月敕公布,后来被收入格,从这里看,应当是开元二十五年格。因此它未被冠以"敕"字(或许是被省略),却在敕正文下有年月日,这一点还是与断简和日本格的形式同样的。

　　开元格

　　周朝酷吏来子珣(京兆府万年县)万国俊(荆州江陵县)王弘义(冀州)侯思止(京兆府)郭霸(舒州同安县)焦仁亶(蒲州河东县)张知默(河南府缑氏县)李敬仁(河南府河南县)唐奉一(齐州金节县)来俊臣周兴丘神勣索元礼曹仁悊王景昭裴寂李秦授刘光业王德寿屈贞筠鲍思恭刘景阳王处贞(以上检州贯未获及)

　　右二十三人残害宗支毒陷良善情状尤重身在者宜长流岭南远处纵身殁子孙亦不许仕宦

　　陈嘉言(河南府河南县)鱼承晔(京兆府栎阳县)皇甫文备(河南府缑氏

①　《通典》卷一七〇《刑八》,据宋本(宫内厅藏)。武英殿本有裴寂作裴籍的不同,上引浅井之作第189页以下据武英殿本。此外,《唐会要》卷四一《酷吏》所引敕日期为开元十三年三月十一日,稍有错误。该开元格,在《通典》各版本中,有显著差异。如在方献夫本《通典》的目次中有"开元格",而其正文的内容则全部脱落。在李元阳本《通典》中,目次有"开元格",内容也没有省略,却与宋本及殿本有差异,如没有"侯思止(京兆府)","刘景阳王处贞"作"刘景王庆真"之类。

县)傅游艺

  右四人残害宗支毒陷良善情状稍轻身在者宜配岭南纵身殁子孙宜不许近任

敕依前件

开元十三年三月十二日

（4）该制敕集断简如果与格的佚文有一致处，对于将它推定为格十分有力。所幸的是，断简所包含的证圣元年四月九日敕的一部分，在《令集解》的"令释"中被作为开元格而引用①，因而得知这两者间只在文字上存在一些差异。换言之，上述证圣元年四月九日敕在这一年以后，应该被编入了格，因而有助于推定断简为格。格起着补充变更像令那样的基本法的作用，断简中如封户关系规定（景龙二年九月敕）和关于孝门、义门旌表的规定（证圣元年四月敕）那样，也可以说充分显示出了对赋役令的补充作用。

（5）据此，可以推测上述制敕集断简是格的遗文，那么它是什么时候的格呢？断简终止于开元元年十二月十七日敕，而且只避玄宗的名讳，因此它肯定是开元元年以后的开元格，它与开元格逸文（《令集解》引）的一致，也可以作为参考。不过，开元格不止一种，它分为前格、后格，以及二十五年的新格，现在尚未能确定它是什么时候的开元格。假定"令释"中引用的开元格是开元二十五年的东西，也不能就此断定断简是同年度的产物。如果断简是开元二十五年格，那么其中可能加入了开元中的敕。姑且不论这种问题的残留，总之断简是开元格，开元格中，不要说如证圣元年敕那样的二十余年前的敕，就是咸亨与垂拱敕那样的三四十年以前颁布的敕也可以说被收纳其中。

然而，（6）仅仅收集了敕，还不能判断就是格。垂拱年间及开元以后，编纂了格后敕、格后长行敕那样的制敕集，但是该断简既然包含开元敕，则不是则天时候的东西，即不是垂拱常行格之类。而且，格后敕与格后长行敕之类，为格一

---

① 关于《令集解》的"令释"所引开元格逸文，为对照的方便，刊载于前引敦煌遗文下作为参考。

且形成后编集而成①。因此开元以后的格后敕等，如断简那样，应该没有比开元格早的敕的内容。在开元以后，制定了元和格后敕、太和格后敕之类②。但是未入开元二十五年格的敕，在该年后，被停止适用③。因此该断简这种由开元二十五年以前的敕形成的东西，从这一点来看，也不应该是开元以后的格后敕之类。而且《令集解》在引用开元格的"令释"后面，载有引用格后敕的古记④。这种格后敕，假定是开元格后敕，而断简也同样是开元格后敕的话，由于令释所引格后敕的内容与孝子、义夫、节妇的旌表有关，那应该编入断简中同样有关孝门、义门的证圣年间的敕文前后。但是其未编入者，就是断简并非格后敕之类的一个证明。只是《令集解》所引用的格后敕，是否为开元十九年的格后长行敕，即使从两者卷数的不同来看，也是有问题的⑤。

（7）根据上述，可以推测断简无论如何应该就是开元格。那么，断简在开元格

①② 上引《日本国见在书目录》中说："开元新格五卷，格后敕三十卷，长行敕七卷。"《唐会要》卷三九《定格令》说"开元……十九年侍中裴光庭、中书令萧高，又以格后制敕行用之后，与格文相违，于事非便，奏令所司，删撰格后长行敕六卷，颁于天下。"《新唐书》卷五六《刑法志》："宪宗时，刑部侍郎许孟容等，删天宝以后敕，为开元格后敕。"《新唐书》卷五八《艺文志》："元和格敕三十卷（权德舆等撰）、元和删定制敕三十卷（许孟容等撰）、太和格后敕四十卷、格后敕五十卷（初，前大理丞谢登纂，凡六十卷，诏刑部详定，去其繁复，太和七年上）。"关于垂拱后常行格等神龙以前的资料，参照注第485页注②、第486页注①，并参照上引浅井之作第190页，203页以下，208页以下。

③ 《通典》卷一六五《刑三·刑制下》："开元……二十五年九月，兵部尚书同中书门下三品李林甫奏：今年五月三十日以前制敕，不入新格式者，望并不在行用。"

④ 《令集解·赋役令·孝子条下》："古记云：义夫，谓格后敕十三卷云，其义必须累代同居，一门邕穆，易衣而出，同爨而食，尊卑有序，财产无私，言行匪亏，乡闾不竦，官寮委验，远近称扬。其祖父见存，计子孙虽至四代共居者，亦不得计，从数为义。又云五代共居，贰姓同爨也"（据《新订增补国史大系》本）。关于中国该格后敕与《赋役令集解》所引开元格（前引）在内容上的差异，参照中田薰《律令法系の发达について》补考（《法制史研究》第三卷昭和二十八年十一月第110页）。根据格后敕的遗文，可以知道格后敕也在敕文开头有"敕旨"或"敕"的字样（见上述中田之作）。因此在这一点上，格与格后敕具有同样的形式。

⑤ 上引《唐会要》等所说开元十九年的格后长行敕为六卷，上引《日本国见在书目录》说格后敕三十卷、长行敕七卷（参照注①、②）。与此对照的是，《令集解》所引该格后敕要多于七卷。泷川政次郎《令集解に见えたる唐の法律书》（《东洋学报》一八卷一号昭和四年八月第44页以下）中说："《令集解》中的格后敕，应该是由十五卷构成的垂拱后常行格。"杨鸿烈《中国法律发达史》上卷（中华民国十九年十月第362页），把《唐会要》记事中的"格后制敕"当作"格后长行敕"的前身，其是否妥当姑且不论，单就古记所引格后敕与会要等说的格后长行敕是否属于同一版本来说，也是值得玩味的。

中属于那些篇呢？根据《唐六典》，格由二十四篇组成，以尚书省二十四司——吏部、司封、司勋、考功、户部、度支、金部、仓部、礼部、祠部、膳部、主客、兵部、职方、驾部、库部、刑部、都官、比部、司部、工部、屯田、虞部、水部的名称冠名①。根据现有资料，神龙格与开元二十五年格等，在年度上是不同的，但可以收集到吏部、户部、金部、仓部、祠部、兵部、刑部、都部（都官）、比部、司门和屯田等的篇名②③④（以

① 《唐六典》卷六《刑部》。我以为《六典》的这个格应当是开元七年的。参照前节第 488 页注①中田博士的研究。

② 《敦煌发现的神龙刑部散颁格》（参照第 484 页注③）的开头列举了刑部、都部（董博士云，部当作官）、比部、司门的编名，它们无疑是神龙格篇名的一部分，这使我们得知当时的格与开元格同样以六部诸曹名作为篇名。

③ 开元二十五年格的逸文中冠以篇名者如下（并参照次注）：

(1) 参照《白氏六帖事类集》所引开元二十五年格（仁井田、牧野《故唐律疏议制作年代考》《东方学报》东京第二册，昭和六年十一月第 221 页以下）。

户部格：非缘边州及侧户千里内军府百姓欲于缘边州府附户居住并听与本管计会具申所由司准丁授田给复十年有事于本州防御不须差外征镇自此为格（《白帖》卷二二"迁徙"）

金部格，敕：松当维翼等州熟羌每年十月已后即来彭州互市易法时差上佐一人于蚕崖关外依市法致市场交易勿令百姓与往还（《白帖》卷二四"商贾"中作为羌互市格引用）

仓部格：诸处不得擅用兵赐及军粮纵令要用亦须递报奏闻（《白帖》卷一六军资粮）

祠部格：王公以下薨别敕许度人者亲王二七三品已上三人并须亡者子孙及妻媵并通取周亲妻媵不须试业若敷不足准见在度如有假冒不在原首之限也（《白帖》卷二六"僧"中作为度人格引用）

祠部格：私家部曲客（女）奴婢等不得入道如别敕许出家后犯还俗者追归旧主各依本色也（前引《白帖》的度人格）

此外《白帖》卷一四"功"中引用了兵部叙录格一条，与李卫公《会昌一品集》卷一六中作为开元二年军功格或开元格引用的五条相同。这是否应该叫做兵部格，未考。

(2)《通典》卷一〇《食货十·盐铁》中引用了标明"开元二十五年"的仓部格和屯田格。

仓部格：蒲州盐池令州司盐当租分与有力之家营种之课收盐每年上中下畦通融收一万石仍差官人检校若陂渠穿穴所须功力先self营种之家人丁充若破坏过多量力不济者听役随近人夫

屯田：幽州盐屯每屯配丁五十人一年收率满二千八百石以上准营田第二等二千四百石以上准第三等二千石以上准第四等大同横野军盐屯配兵五十人每屯一年收率千五百石以上准第二等千二百石以上准第三等九百石准第四等又成州长道县盐井一所并节级有赏罚蜀道绫锦等十州盐井总九十所每年课盐都当钱八千五十八贯（陵州盐井一所课都当二千六十一贯绵州井四所都当钱二百九十二贯资州井二十八所当钱一千八十三贯泸州井五所都当钱一千八百五十贯荣州井十三所都当钱四百贯梓州都当钱七百一十七贯遂州井四百一十五贯阆州一千七百贯普州二百七贯果州二十六贯）若闰月共计加一月课随月征纳以钱粮兼纳其银两别常以二百价为估其课依都数纳官缺均征灶户

(3)《敦煌掇琐》中辑六六（天宝四年官中卖出匹帛并买进军粮帐目，拟，残）伯希和文书 No.3348 中引用了开元二十五年金部格。（辅下页）

491

及僧道格)。然而从断简的内容为二十四司中户部(郎中员外郎)的职掌①来看,恐怕是户部格,断简为唐开元户部格。如此的话,它不仅在唐代法史研究上,而且在日唐两法的比较研究上都是甚为贵重的资料。我不知道从前有这种文献发表过,即使有过这种资料,因为不清楚它究竟是什么,或许被置之不问。

[补]本文发表后,加路兹《敦煌文献目录》和商务印书馆《敦煌遗书总目索

(接上页)

准金部格:给副使禄直破用并尽

壹仟柒伯匹陕郡绅

壹仟陆伯毛大绵

肆仟参伯陆拾壹匹参丈伍尺肆寸大□

捌拾参匹壹丈玖尺壹寸大练准格给副使李景玉天宝四载春夏为季禄粟壹伯贰拾硕……

(4)关于宋刑统卷二六杂律中引用户部格、卷一一职制律等引用刑部格之事,本文前面已经叙述(同时参照第487页注③④)。这里与列举的其他两条一起,节录了上述的户部格等。它们都属于开元二十五年格。

刑部格,敕:诸州解代官人及官人亲识并游客并不得于所在官司及百姓间乞取云云(卷一一职制律引,前面已经刊出全文)

刑部格:州县职佐监临百姓尤资礼奉其有谋杀及殴并咆悖陵忽者先决杖一百若杀皆斩不在赦原之限(卷二一斗讼律引)

刑部格,敕:私铸钱及造意人及句合头首者并处绞云云(卷二六杂律引,前面已经刊出全文)

户部格,敕:天下私举质钱宜四分收利官本五分生利(卷二六杂律引,前面已经刊出全文)

户部格,敕:州县官寄附部人兴易云云(卷二六杂律引,前面已经刊出全文)

刑部格,敕:官人有被告者不复即收禁云云(卷二九断狱律引,前面已经刊出全文)

刑部格,敕节文:其有挟情托法枉打杀人者宜科故杀罪(卷二九断狱律引)

刑部格,敕:如闻诸司用例破敕及令式深乖道理云云(卷三〇断狱律引,前面已经刊出全文)

此外,宋刑统中引用有开成格,为参考而列举在此。没有开成格的上述刑部格等是开元年度的产物。

开成格:大理寺断狱及刑部详覆其有疑似比附不能决者即须于程限内并具事理牒送都省大理寺本断习官刑部本覆郎官各将法直就都省十日内辨定断结其有引证分明堪为典则者便录奏闻编为常式(卷三〇断狱律引)。关于开成格,《五代会要》卷九《议刑轻重》和《册府元龟》卷六一三《刑法部·定律五》等有逸文。

④　根据中田薰《〈律令法系の發達について〉補考》(上引中田之作第106、110页),选叙令"官人至任条"集解的"吏部格:官人有犯赃贿名教者,即与替",与仪制令"内外官人条"集解的"刑部格云:内外官人,有恃其班品云云"同样,都是开元格。紧接在这条选叙令集解条后的吏部格载:"又条:内外官令与替者,敕到之日,即停理务。"

①　根据《唐六典》卷三《户部》,户部(郎中员外郎)的职掌可见的有户口、贡赋、租庸调、孝子顺孙、执衣白直、食封、朝集使之事。《通典》卷二三《职官五·户部郎中》条也说:"掌户口籍帐赋役、孝义优复蠲免、婚姻继嗣、百官众庶园宅分永业。"此外也可以参考《白氏六帖事类集》等所引户部式逸文的户口和食封的规定(参照仁井田陞《唐令拾遗》第320页)。

引》相继出版。前者未将此作为唐格,只说其内容构成敕文[补1],后者仅说这是"唐令(拟)"即草拟的唐令,既不说它是格也不说它是开元户部格[补2]。我认为把该断简想像为唐格(开元户部格)并非易事。最近,我从内藤教授那里得到了"对这是开元户部格这样一个结论,大概没有异议"的评论[补3]。这对我来说,真是幸运的事情。

(节录自《中国法制史研究——法和习惯、法和道德》东京大学出版会 1964 年初版,1981 年补订版)

[补1] L. Giles:不列颠博物馆所藏《敦煌中文手迹目录》,1955 年,第 246 页,一个短文系列……,1344,不按照年代排列,据说属于 674—714 年间。

[补2] 《敦煌遗书总目索引》(1962 年 5 月)第 135 页,记录了敕的年月日与敕文的一部分。

[补3] 内藤乾吉《仁井田陞著〈唐の律令および格の新資料〉》(《法制史研究》9 号,昭和十三,四年三月第 288 页)。

唐代贬官考

辻正博　撰

程维荣　译

序　言

本稿以弄清唐代官员向地方官的贬官为线索,探究唐代地方统治的状况。关于唐代官员的"贬"的问题,八重津洋平氏出于对法制史的关心,很早就有专论,可以说已经指出了基本的问题①。根据八重津氏所说,所谓"贬",指"官员执行职务犯有任何过错,或者作出与官员身份不相符的行为时,作为对官员的制裁;或者作为围绕政治权力的派别抗争的结果,最典型的是在品级上将现在担任的官职降为较低的官职,以及将中央政府的官职(京官、内官)迁为地方官(外

---

① 八重津洋平《唐代官人の贬をあぐる二三の个問題》(《法と政治》18—2,1967年)。

官）的措施①"。本稿与八重津氏关心的问题稍稍不同，只涉及贬官中特殊的被贬为外官的情况。同时，本稿中"贬官"一语，只限用于从京官到外官，或者从外官到外官的左迁的意义。

在唐代，与作为地方长官的都督、刺史有关的诏敕的开头，必定引用汉宣帝"与我共此者，其唯良二千石乎"②之语。地方官是帝国统治的关键这样一种传统观念，在唐朝也被接受了。从一方面看，唐朝自国初以来，刺史、县令等地方官屡屡任用左迁官员。这种情况与传统的帝国统治的理念是相矛盾的。在唐代，地方官实际上究竟处于怎样的地位呢？本来应该受到重视的地方官却频频任用左迁官员的矛盾，在唐代始终未能解决吗？本稿从认识有关问题的能力出发，以首先搜集新旧两《唐书》的本纪、列传以及《资治通鉴》中所有官员向外贬官的例子、将其加以统计并得出具体数字为开端进行研究。其次，根据这些数字与文献资料的对照，分别弄清唐代与各地方官职有关的贬官状况。最后，以贬官状况为突破口，依据时代的变迁，解决以唐朝地方统治情况和地方官地位为中心的诸问题。

与此同时，在本稿考察过程中占有重要地位的统计资料，以正史中立传的重要人物，即在官员世界中占有最上层位置的精英官僚阶层为典范。因此，本稿的考察不一定涉及唐代官员世界的全部，中下层官员的动向几乎没有提到。这是要预先说明的。

在进入正论以前，让我们环顾一下唐代贬官的全貌。表 1 显示刺史、上佐、司户参军和其他州官，县令、县尉和其他县官中，在各时期的贬官数及其占全部的比例。除去高祖、太宗时期的三十余年以外，均以五十年期为基准加以划分。

---

① 　同上八重津论文第 98 页。

② 　《汉书·循吏传》："常称曰：庶民所以安其田里而亡叹息愁恨之心者，政平讼理也。与我共此者，其唯良二千石乎。"

表 1　唐代贬官细目（按官职分类）

官职 时期	州官								县官					合计
	刺史	别驾	长史	司马	上佐	司户参军	其他	州官合计	县令	县丞	县尉	其他	县官合计	
高祖—太宗时期（618—649）	15 (78.8)	0 (0.0)	0 (0.0)	1 (5.3)	1 (5.3)	1 (5.3)	0 (0.0)	17 (89.4)	1 (5.3)	1 (5.3)	0 (0.0)	0 (0.0)	2 (10.6)	19
高宗—武后时期（649—704）	71 (52.6)	2 (1.5)	5 (3.7)	15 (11.1)	22 (16.3)	3 (2.2)	7 (5.2)	103 (76.3)	16 (11.8)	5 (3.7)	9 (6.7)	2 (1.5)	32 (23.7)	135
中宗—玄宗时期（704—756）	127 (46.5)	34 (12.5)	16 (5.9)	30 (11.0)	80 (29.4)	6 (2.2)	8 (2.9)	221 (81.0)	8 (2.9)	8 (2.9)	35 (12.8)	1 (0.4)	52 (19.0)	273
肃宗—顺宗时期（756—805）	57 (30.3)	16 (8.5)	24 (12.8)	39 (20.7)	79 (42.0)	24 (12.8)	6 (3.2)	166 (88.3)	3 (1.6)	2 (1.1)	17 (9.0)	0 (0.0)	22 (11.7)	188
宪宗—宣宗时期（805—859）	132 (51.4)	1 (0.4)	14 (5.5)	53 (20.6)	68 (26.5)	38 (14.7)	5 (2.0)	243 (94.6)	6 (2.3)	1 (0.4)	6 (2.3)	0 (0.4)	14 (5.4)	257
懿宗—哀帝时期（859—907）	43 (27.7)	0 (0.0)	1 (0.7)	29 (18.7)	30 (19.4)	57 (36.8)	2 (1.3)	132 (85.2)	3 (1.9)	0 (0.0)	20 (12.9)	0 (0.0)	23 (14.8)	155
合计	445 (43.3)	53 (5.2)	60 (5.8)	167 (16.3)	280 (27.3)	129 (12.6)	28 (2.7)	883 (85.9)	37 (3.6)	17 (1.6)	87 (8.5)	4 (0.4)	145 (14.1)	1027

　　从这份表可以得知,唐代贬官状况以玄宗朝为界,在其前后有大的变化。即,相对于唐朝前期刺史贬官占了将近六成,安史之乱以后,从肃宗到顺宗时期,其比例下降到约三成,代之以上佐贬官占到四成以上。从宪宗到宣宗时期向刺史的贬官的例子再度占半数以上,但如后所述,其细目与前期有很大的不同。随后,在唐末的懿宗、哀帝时期,司户参军与县尉的合计数超过半数。我们一方面牢记有关的变化,另一方面在以下诸章中,就刺史、上佐、司户参军、县尉为代表的贬官情况,进行个别的考察。

一、刺史

(一)根据统计的概观

　　表2根据新旧两唐书的本纪、列传及《资治通鉴》中所见被贬为刺史数,以朝代为纵轴、地域为横轴进行表述。地域区分根据《新唐书·地理志》的十五道的标准,各道所辖州也基本以此为依据。表中数字加【】的为员外官的数量,圆内数字为未到任者即到任前受追加再贬、配流、赐死等处分而未能到达任地的官员数量。

　　从这份表中要明白的是,如果是刺史,即使被贬官,也几乎没有成为员外官(446例中只有2例)的。而且,未到任的数字,平均约为全体的20%。但是这个比例中,从唐初到肃宗—顺宗时期为10%～15%,在平均数以下;宪宗—宣宗时期为超过20%;懿宗—哀帝时期达到二分之一强,随着接近唐末,数字逐渐变高。

　　在地域方面,有什么特征呢? 表3比较了唐朝前期与后期各道的贬官数。据此,刺史贬官的例子,从前期到后期增加了18例。从各自的地域看,关内、河南、河东、河北、陇右、淮南、黔中、剑南各道减少,山南东、山南西、江南东、江南西、岭南各道增加。显示出特别显著的变化的,减少的地域有河南、河东、河北、剑南,增加的地域有山南东、山南西、江南东、江南西、岭南各道。京畿、都畿两道没有大的变化。

表 2　被贬为刺史数

道＼皇帝	京畿	关内	都畿	河南	河东	河北	山南东	山南西	陇右	淮南	江南东	江南西	黔中	剑南	岭南	合	计
高祖	2						1	1		1					1	2	15④
太宗		1	1①						2①					1	2①	13①	
高宗	1			4②	2②	2	4	1	1①	2	5	5①		11①		44⑥	71⑫
武后		5		2	1	1	2	3②		2	1	1	4③	4①	7	27⑥	
中宗	1			9【1】④	1	4①	6③	2		1	1	1		4	1	31【1】	127⑱【1】
睿宗	2①	1		4②	7①	1	1	2		3	1	1	1①	4①		22⑤	
玄宗	1		2①	14①	2	8	7	4		8	11	7	3①	4	2	74①	
肃宗																13	57⑦【1】
代宗																23⑥	
德宗	2		1	1		1	2①	3		1①		3	1	2	3②	21①	
顺宗				1	2		5【1】	1				4	1	1	2	0	
宪宗	1			1			11②	7①		2①	1	15④	1		5②	45⑨	132㉘
穆宗	1			2①	1③		6	1		2	3①	5①			1	20③	
敬宗					3①		4				2	5②				5	
文宗	2			1			3①	3①			6①	1①			3②	30⑧	
武宗		1					3				4②	1①			5②	18⑦	
宣宗	1										4			1①	4	14①	
懿宗							1①	1		1	2	4	2②	2	8③	22④	43⑯
僖宗	2						2①	1			1	2①		1	3①	7②	
昭宗					1		3①								2②	10⑥	
哀帝				4④												4④	
合　计	16①	8	5②	45【1】⑬	20⑤	17①	61【1】⑩	31③	3②	23②	52⑥	67⑭	13⑦	35④	49⑮	445【2】	⑥⑤

表3 唐代前后期被贬为刺史数

道 ＼ 时期	前期	后期	合计
京　畿	7	9	16
关　内	7	1	8
都　畿	3	2	5
河　南	34	11	45
河　东	13	7	20
河　北	16	1	17
山南东	21	40	61
山南西	13	18	31
陇　右	3	0	3
淮　南	17	6	24
江南东	18	34	51
江南西	16	51	67
黔　中	8	5	13
剑　南	24	11	35
岭　南	13	36	49
合计	213	232	445

表4—1和2分别显示各朝代被贬为刺史的官员的前任官品。表4—1是关于京畿、关内、督畿、河南、河东、河北、陇右、淮南、黔中、剑南各道，即被贬为刺史的数量减少或者不太变化的地域从前期到后期的统计；表4—2则是关于山南东、山南西、江南东、江南西、岭南各道，即后期大量增加贬官数量的地区的统计。表中的记号，●表示宰相；◎表示中书、门下、尚书三省官员以及御史台官员（以下分别简称三省官、台官）；○是除上以外在京的文官，其中所包含，例如附属皇太子的东宫官、作为实务官部门的九寺五监的官员（以下称寺监官）、京兆尹等；■为节度使、观察使、都团练使、经略使（以下称藩帅）；□为除此以外的外官；△为武官。

表 4—1　左迁官的前任官官品（刺史 1）

官品	哀帝	昭宗	僖宗	懿宗	宣宗	武宗	文宗	敬宗	穆宗	宪宗	顺宗	德宗	代宗	肃宗	玄宗	睿宗	中宗	武后	高宗	太宗	高祖
正一品				○																	
从一品															○				●	●	
正二品														○							
从二品	◎◎	◎				◎	◎		□				◎				◎◎◎				
正三品	■ ●									●				◎◎ ●	●●● ◎◎ ● ■	●●● ●●● ●	◎◎ □ ●	●●● △△	◎◎ ●●● ○○○	● ● ●	
从三品		■			■	□				○		■	○	◎◎	◎○ □■ □	◎ ○	◎◎	□	□□ ◎◎	□ ○	
正四上				◎			◎◎			◎				◎	◎◎◎◎ □ ●●	◎	◎◎	●● □	◎◎ ○		
正四下		◎		◎			◎		●			◎	◎		◎◎◎ □	◎	◎◎	●●	◎	○	△
从四上				◎				◎							◎	◎			○○		
从四下				□												○					
正五上		◎◎		◎		◎◎	◎◎◎		◎◎						◎◎		◎◎	◎◎	◎		
正五下		○																○			

续表

官品	高祖	太宗	高宗	武后	中宗	睿宗	玄宗	肃宗	代宗	德宗	顺宗	宪宗	穆宗	敬宗	文宗	武宗	宣宗	懿宗	僖宗	昭宗	哀帝
从五上							◎◎					◎			◎						
从五下																			○		
正六上																					
正六下																					
从六上							○○○					□			◎						
从六下																◎					
正七上																					
正七下																					
从七上																					
从七下												◎									
正八上																					
正八下																					
从八上																					
从八下																					
正九上																					
正九下																					
从九上																					
从九下																					
不明					○				□												

表 4—2 左迁官的前任官官品（刺史 2）

官品	高祖	太宗	高宗	武后	中宗	睿宗	玄宗	肃宗	代宗	德宗	顺宗	宪宗	穆宗	敬宗	文宗	武宗	宣宗	懿宗	僖宗	昭宗	哀帝
正一品																					
从一品																					
正二品											◎					○ ●			○		
从二品			●				○ ○ ○ ◎		○	● ● ●			●	■	● △		● ■ ■	● ■ ● ■	●	● ● ●	
正三品		○ △	● ● ● ● □				○ ○ ○ ■ ○		● ● ●	○ ● ●	○ ○ ●	●			● ■ ● ■	○ ■ ● ■	○ ■ ● ■	○ ■ ● ■	●	● ● ■ ■	
从三品		□	○ △ □ □ □	□	□ □ □ ◎ □	○ ○ □	○ ○ ○ ■ ■ □ □	○ ○ ■	○ ○ ● ■	○ ○ ● □	○ ■ □	● ■ ■ □ ■ ■	■ ■	○	○ ○ ● ■	□ □	○ ■ ● ■	○ ■ ● ■	■ ■	■ ■	
正四上			◎ ○	◎ ● ○	○ ●		◎ ◎ ●		□ □	■ □	◎ ◎	◎ ○ ◎ □	◎ ◎				◎ ◎	◎ □			
正四下	△	○	◎ ○	○	◎	◎	◎ ●	●	◎ ○	○ ○	◎ ◎ ◎ ● ◎ ◎	◎ ○ ◎ □	◎ ◎ ○	○	○ ○	◎ ○	◎ ◎	◎	○	○	
从四上			□	○	□		□		□ □	□											
从四下			□		◎	◎	□												□		
正五上		○	◎ ◎		◎	○	◎ ◎	○	◎	◎	◎ ● ◎ ◎	◎ ◎ ◎ ○	◎ ◎		◎ ◎ ◎ ◎ ◎ ◎	◎ ◎ ◎	◎ ◎	◎			
正五下																					

续表

官品	高祖	太宗	高宗	武后	中宗	睿宗	玄宗	肃宗	代宗	德宗	顺宗	宪宗	穆宗	敬宗	文宗	武宗	宣宗	懿宗	僖宗	昭宗	哀帝
从五上									◯◯	◯		◯◯		◯◯	◯◯		◯				
从五下												◯◯		◯	◯◯						
正六上																					
正六下																					
从六上										◯		◯◯◯	◯◯◯	◯	◯						
从六下										◯		◯◯	◯◯								
正七上																					
正七下																					
从七上							◯														
从七下																					
正八上																					
从八上																					
从八下																					
正九上																					
正九下																					
从九上																					
从九下																					
不明	△	□							□			△□			□	□			□		

当然,表4—1和2分别显示出不同的特征。首先,表4—1中,三品以上官员,主要是三省官和台官尤其多。这个倾向在睿宗朝以前特别显著。一到玄宗朝,四、五品官的数量就增加了,但三省官、台官仍然占有大半。以后,三省官和台官的数量虽然急剧减少,可以说玄宗朝的倾向却仍然在继续。而且从总体上看,从外官贬为这些地区刺史的情况应该说是少的。另一方面,表4—2中,前期有许多三品以上官的贬官的例子,到后期,四品以下官被贬为这些地区刺史的例子大大增加;在宪宗、穆宗时期,可以看到六品以下京官的例子也不少。同时,外官的贬官例与表4—1比要多得多,而且他们几乎都是三品官,亦即上州以上的刺史。特别是在后期诸例中,许多人是从江西、湖南、荆南、桂管等南方藩帅的位子上被贬为刺史的。

(一)唐朝前期刺史的地位

以下,对前节所指出各点的历史背景与原因试加研究。首先要提出的是,从唐初到顺宗、肃宗时期,特别是以玄宗朝为界,被贬为刺史者占全部人数的比例为什么急剧减少,反过来说,在唐朝前期,刺史在贬官中占有很高比例的原因是什么这样一个问题。

围绕唐前期刺史的争论,大体上可以分为以下三类。即:(1)刺史地位降低的问题(关于重视内官、轻视外官的风气;有才能者作为刺史赴任,如何做才好);(2)刺史的任期问题(任期过短);(3)诸王的外藩出镇问题。其中,与本节提出的问题有关的,是第一点的议论。以下准备概括其论点并研究唐朝的对策。

根据《通典·选举典·杂议论》,所谓重视内官、轻视外官的风气,在魏晋以来一直被当作问题。但是,就刺史来说,由于隋大业元年(605)总管府的废止以及随之而来的中央收回兵权,正如浜口重国氏所指出的那样①,其重要性大大降低了。唐朝即使地方官制,也几乎继承了隋的制度,刺史的地位在唐初应

---

① 浜口重国《所謂、隋の鄉官廢止に就いて》(1941年,《秦漢隋唐史の研究》下卷,东京大学出版会1966年再版)。

该不高。根据贞观十一年（637）八月侍御史马周的上疏，当时朝廷内有偏重内官、轻视外官的风气，担任刺史外任者多为立有战功的武人，京官则只有政绩不佳者才会出现离京赴任刺史的情况。而且，这似乎是离京城还不是那么远的州的刺史。随后，马周说："边远之处，用人更轻。其材堪宰莅、以德行见称擢者，十不能一"①。贞观二十年（646），太宗派遣孙伏伽等二十二人前往各地，根据所谓"汉六条"对地方官的政绩进行评定。结果，刺史、县令以下被贬黜者层出不穷。其后，太宗亲自对其进行调查，被认为有才能而得以提拔者不过二十人，因罪而处死刑者七人，受到流罪以下及除名、免官处分者数百人至千人。这种可悲的结果，真实反映了有关的情况。（《资治通鉴》卷一九八贞观二十年正月丁丑条）

高宗、武后时期，重视内官、轻视外官的倾向基本未变。例如垂拱元年（685），秘书省正字陈子昂在《上军国利害事》第三条《牧宰》中，论及了朝廷完全轻视刺史、县令人事的状况②；长安四年（704）三月李峤、唐休璟等人的上奏，也指出了当时偏重内官、轻视外职的问题。据此，官员在担任刺史时都要经过再三申诉，尽可能地拒绝赴任。大多数外任官都是"累贬之人"也就是左迁官员，成为地方统治状况不好的主要原因。为了改变这种状况，李峤等提议从台阁寺监（中央官职）的官员中遴选人才任命为大州刺史。武后采纳了这个提议，派凤阁舍人韦嗣立、御史大夫杨再思等二十人带现任京官原职，以检校刺史出为外任。但是，由于后来口碑佳者凤毛麟角，几乎不值得一提③。神龙元年（705），要

---

① 《旧唐书》卷七四《马周传》"今朝廷独重内官，县令、刺史颇轻其选。刺史多是武夫勋人，或京官不称职，方始外出。而折冲果毅之内，身材强者，先人为中郎将，其次始补州任。边远之处，用人更轻。其材堪宰莅，以德行见称擢者，十不能一。所以百姓未安，殆由于此。"

② 《陈伯玉文集》卷八："宰相，陛下之腹心；刺史、县令，陛下之手足，未有无腹心手足而能独理者也。臣窃观当今宰相已略得其人矣，独刺史、县令，陛下独甚轻之，未见得其人。"

③ 《资治通鉴》卷二〇七："太后尝与宰相议及刺史、县令。三月己丑，李峤、唐休璟等奏：窃见朝廷物议，远近人情，莫不重内官轻外职。每除授牧伯，皆再三披诉。比来所遣外任，多是贬累之人，风俗不澄，实由于此。望于台阁寺监妙简贤良，分典大州，共康庶绩。臣等请辍近侍，率先具僚。太后命书名探之，得韦嗣立及御史大夫杨再思等二十人。癸巳，制各以本官检校刺史……其后政绩可称者，唯常州刺史薛谦光、徐州刺史司马锽而已。"

求改革外官人事的举人赵冬曦的上疏,也是以与李峤等对现状大致相同的认识为基调的。他还指出:今日的外官人事,是京官工作成绩不良者左迁而为外官;大藩、近州政绩陋弊者,被降为小邑、远官,因此,无法消除官员、士大夫们蔑视外任的风气①。

对于这种从唐初开始就反复出现的指出刺史人事不合理的上疏,唐朝采取了怎样的对策呢? 就管见所知,唐朝发布以精选刺史人才为宗旨的诏敕,始于中宗景龙年间。但是景龙元年(707)十一月颁布的这个制,要中书门下报告从内外官员中选拔"才望兼优,公清特著"的人才的姓名,完全缺乏具体性②。尔后,景云二年(711)十月敕,在命令三日内报告御史台内外文官、武官中的"老弱疾患、贪暴侵渔、不举职事,材职不相当者"后,又归纳了具体的对策:

> 外州刺史、上佐,多不简择。内外之职,出入须均。京官中有才干堪理人者,量与外官;外官有清慎者,与京官。(《唐大诏令集》卷一〇〇《政事·官制上》"令御史录奏内外官职事诏"③)

这个制敕,意在达到内官与外官出入的均等化,即:任命不肯以外官赴任地方的官员为都督、刺史,使其赴任;反之,招回都督、刺史为京官。通过这个办法,确保外官的素质并改变轻视外任的风气。同样宗旨的制敕,在玄宗开元二年(714)正月与翌年六月一再颁布④。

到开元八年(720)七月敕,官员以刺史外任的办法进一步具体化了。不过,

---

① "神龙元年正月,举人赵冬曦上疏曰:臣闻古之择牧宰者,皆于台郎御史,以为荣迁……今则不然,京职之不称者,乃左为外任;大邑之负累者,乃降为小邑;近官之不能者,乃迁为远官。夫常人之心,未可卒革。"

② 《册府元龟》卷六九《帝王部审官》:"景龙元年十一月制曰:共理天下者,在良二千石。宜令中书门下,于内外拣择,必取才望兼优,公清特著,可以宣风导俗,具以名闻。"

③ 该诏原文。见上引。

④ 《唐大诏令集》卷一〇〇《政事·官制上》"简京官为都督刺史诏"、《册府元龟》卷六九《帝王部·审官》开元三年六月戊午敕。

这个敕的内容，与景龙三年（709）三月兵部尚书韦嗣立的上疏几乎相同。韦嗣立的上疏，从滥官政策开始，一方面论述了数倍于定员的员外官的弊端，另一方面阐述了刺史、县令人才匮乏导致目前户口流亡、国库空虚。其结论是建议诸曹侍郎、两省、两台及五品以上的清资望官优先从刺史内选用；御史、员外郎等六品以上清要官优先从县令中任命①。当时，中宗未采纳这个上疏。但是，这个敕的内容，多有与十年前韦嗣立上疏重复的部分：

> 自今已后，诸司清望官阙，先于牧守内精择；都督、刺史，却向京官中简授。其台郎以下除改，亦于上佐、县令中通取，俾中外迭用，贤良靡遗。（《唐大诏令集》卷一〇〇《政事·官制上》"京官都督刺史中外迭用敕"②）

所谓"清望官"，指内外三品以上官，中书、黄门侍郎，尚书左右丞、诸司侍郎，太常少卿，秘书少监，太子少詹事、左右庶子、左右率及国子司业（《大唐六典》卷二《尚书吏部·吏部郎中》）。敕的宗旨是，首先从刺史中选择每一个官员都希望担任的上流行列的清望官，然后以此为依据，台郎以下的官也从州的上佐和县令中选择。这可以说是在利益诱导中，好歹要让中央官员外任。派遣京官担任都督、刺史，比起以前的制敕来并无变化。而且，同样的制敕在开元十二年（724）六月也曾颁布过③。

这样的措施是在试图实现京官与外官待遇同一化的情况下进行的。垂拱二年（688）正月的敕文中，允许诸州都督、刺史与京官同样佩带鱼袋，就是其中

---

① 《旧唐书》卷八八《韦嗣立传》："又刺史、县令，理人之首。近年已来，不存简择。京官有犯及声望下者，方遣牧州。吏部选人，暮年无手笔者，方拟县令。此风久扇，上下同知。将此理人，何以率化。今岁非丰稔，户口流亡，国用空虚，租调减削，陛下不以此留念，将何以理国乎？臣望下明制，具论前事，使有司改换简择，天下刺史、县令，皆取才能有称望者充。自今已往，应有迁除诸曹侍郎、两省、两台及五品已上清望官，先于刺史、县令中选用……疏奏不纳。"

② 上引该敕原文。

③ 《册府元龟》卷六九《帝王部审官》开元十二年条，及《唐会要》卷六八《刺史上》开元十二年六月二十四日条。

的一个例子①。

以下,准备与前节中所见统计对照,研究唐朝的这些办法取得了什么程度的效果。

全部贬官数中,刺史所占的比例从唐初到肃宗、顺宗时期的减少,在前面的表1中已经明确了。而且,肃宗、顺宗时期刺史与州上佐之间的比例发生了逆转。这显示出上述唐朝对刺史的措施已经奏效。但是,比例骤减是在高祖、太宗到高宗、武后时期,而且高祖、太宗时的贬官总数只有17例,与其他五个时期相比数量极少,因此要探究唐初这种变化的太大的意义是不可能的。在随后的高宗、武后到中宗、玄宗时期,比例略有下降,不能认为是大的变化,贬为刺史依然占近半数。如果特意找出表示这个时期的显著变化的数字,那就该是各时期一年的刺史贬官数。在整个唐代,平均每年被贬为刺史的数字约1.5件,几乎每一个时期的数字都在平均值的上下,只有中宗朝与睿宗朝分别为6.2件与7.3件,远在平均数之上。这应该考虑到武周政权与紧随其后的韦氏专权的政变的影响,如认为是唐朝对刺史的措施带来的结果则是不合适的。从这件事,可以说由于以开元年间为中心而实施的对唐朝刺史的措施,刺史往往被用作中央官员贬官位置的概况没有基本的变化。

那么,唐朝在中宗以后屡屡出现的有关刺史的诏敕,是否没有任何实效而完全是具文呢?这需要再看一下表4—1。如前已指出的,该表所显示的京畿、关内、都畿、河南、河北、淮南、黔中、剑南各道中左迁官员前任官的官品,在睿宗朝以前与玄宗朝有若干变化。即,相对于睿宗朝以前,三品以上官,特别是三省官、台官占多数的情况,在玄宗朝,以三省官、台官为中心这一点并未改变,四品以下的京官超过了三品以上官的数字。以下所显示的,是各时期前任官中,三品以上官与四品以下官的实数与其比例(圆括弧内为三省官、台官的数量)。

---

① 《唐会要》卷三一《鱼袋》:"垂拱二年正月二十日敕文,诸州都督、刺史,并准京官带鱼袋。"

```
                三品以上官：四品以下官

高祖、太宗期       6〔67%〕 ： 3〔33%〕
                （4〔80%〕 ： 1〔20%〕）
                                        睿宗朝以前合计
高宗、武后期      20〔49%〕 ： 21〔51%〕    52〔60%〕：35〔40%〕
                （14〔50%〕 ： 14〔50%〕）  （35〔60%〕：23〔40%〕）

中宗、睿宗期*     26〔68%〕 ： 11〔32%〕
                （17〔68%〕 ： 8〔32%〕）

玄宗朝           19〔43%〕 ： 25〔57%〕
                （7〔23%〕 ： 23〔77%〕）
```

＊ 前任官官品不明一例。

如这里所明确的,在睿宗朝前后,前任官官品的比例,三品以上与四品以下恰好逆转。就是说,在玄宗朝,三省官、台官中,三品以上的高级官员被贬为这些地区的刺史的比例减少,比其官品低的四、五品官员左迁为刺史的情况增加。肃宗朝以后,被贬为这些地区刺史的官员绝对数骤减,因此没有表现出明显的倾向,只是四品以下官员的贬官例居多的状况没有改变。

另一方面,试对表4—2进行同样的研究,如下所示。

```
                三品以上官  ： 四品以下官

高祖、太宗期*      3〔75%〕 ： 1〔25%〕
                （0〔——〕 ： 0〔——〕）
                                        睿宗朝以前合计
高宗、武后期      18〔60%〕 ： 12〔40%〕    92〔62%〕 ： 18〔38%〕
                （9〔60%〕 ： 6〔40%〕）    （11〔52%〕 ： 10〔48%〕）

中宗、睿宗期       8〔62%〕 ： 5〔38%〕
                （2〔33%〕 ： 4〔67%〕）

玄宗朝           22〔69%〕 ： 10〔31%〕
                （20〔71%〕 ： 8〔29%〕）
```

* 前任官官品不明二例。

其结果,与表4—1不同,无法看出显著的变化。6∶4乃至7∶3的比例中,三品以上官员所占的分量是很大的。被左迁为山南东、西道,江南东、西道,岭南道地区的刺史,在唐朝前期,三品以上高级官员占多数。但是,有必要注意中宗、睿宗时期,三省官、台官的比例在三品以上与四品以下中出现了逆转。

那么,以上结果意味着什么呢? 上列表4中,以唐朝前期到后期刺史贬官数的增减为基准,将开元的十五道分为两个组表示。即,唐朝前期与后期,左迁刺史的任地应该是不同的。这里再探讨一下当时关于刺史的观点。景龙年间,御史中丞卢怀慎在论时政得失的上疏中说:

> 夫冒于宠赂,侮于鳏寡,为政之蠹也。窃见内外官有赇饷狼藉,剽剥蒸人。虽坐流黜,俄而迁复,还为牧宰,任以江、淮、岭、碛,粗示惩贬,内怀自弃,徇货掊赘,迄无悛心。明主之于万物,平分而无偏施。以罪吏牧退方,是谓惠奸而遗远。远州陋邑,何负圣化,而独受其恶政乎? 边徼之地,夷夏杂处,凭险恃远,易扰而难安。官非其人,则黎庶流亡,起为盗贼。由此言之,不可用凡才,况猾吏乎? 臣请以赃论废者,削迹不数十年,不赐收齿。
>
> (《新唐书》卷一二六本传)

据此,犯罪的中央官员贬为江淮、岭南、陇右边境地方州郡的刺史。即使在那些地方,他们仍然陷于贪赃贩货劣政的恶性循环。另一方面,《通典》卷一七引开元三年左拾遗张九龄上书说:

> 而今刺史、县令,除京辅近处之州刺史犹择其人,县令或备员而已。其余江、淮、陇、蜀、三河诸处,除大府之外,稍非其才。但于京官之中,为闲散者,或是缘身有累,在职无声,用于牧宰之间,以为斥逐之地,因势附会,遂忝高班,比其势衰,亦为刺史。至于武夫、流外,积资而得官,成于经久,不

计其才。诸若此流,尽为刺史。其余县令以下,固不胜言。①

由此可知,当时刺史得人的只有京城周边地区,江淮、陇右、剑南、河南、河东、河北地方,除去大州以外,刺史的人选据说都有问题。关于其他地区,这里完全没有触及。表4—1显示的唐朝前期贬官例多的地区,与这里作为有问题而提出的地区相比较的话,河南、河东、河北、剑南各道是一致的,在京畿、关内道(恐怕还有都畿道),刺史得其人才则不成为问题。关于陇右道,在正史、通鉴中可以确认的左迁刺史数不那么多。而江淮地区,实际上贬官为刺史例确认数多的大约是淮南道与江南东道,此外引人注目的不多。同时,卢怀慎所说地域中,关于岭南道,唐朝前期左迁刺史的数量与其他地区相比,并不能说很多。而贬为刺史例与淮南道、江南东道差不多的山南东、西道全然没有被提到。

研究下来,这两个上疏中,张九龄上疏所叙述的当时官员的贬官地区,有不少部分就是唐朝前期贬官例多的地区。如果确是这样的话,认为唐朝的对策是将重点放在以华北为中心的这些地区,应该是顺理成章的。如前所述,这些地区以睿宗朝为界,贬为刺史的官员的官品从三品以上推移至四品以下。至于人烟稠密的这类地区的刺史,上州刺史,即从三品官占了大半。四品以下的官如果担任上州刺史,至少在官品上并非降级任用。换言之,四品以下官员如果担任上州刺史,由于品级上升为三品官,得以享受原先没有的种种特权。刺史的左迁,对三品以上官员而言,即使是贬黜为上州刺史,也仅仅因为远离京城而成为有百弊而无一利的纯粹的降级任用。因此,他们是怀着自弃和阴郁的心情走马上任刺史之职的。反之,对四品以下的官员而言,贬为上州刺史得到的是三品官的特权,具有官品升级任用的一面。这虽然是左迁,但由于官品的上升,带来了三品官的特权;而且按上引诏敕字面的理解,拥有将来复归中央官僚社会时优先的可能性。这样考虑的话,玄宗朝出现的上述变化,不是可以看作抹

---

① 《通典》卷一七《选举典·杂议论中》。

去刺史的贬官身份色彩的第一步吗？这种变化，是从华北为中心的人口稠密地区的刺史开始的。

主要是在开元年间颁布的一系列的诏敕，并不能直接改变左迁官人担任刺史这件事本身。但是对于三品以上高级官员左迁为当时属于先进地带的华北地方的刺史的倾向，在一定程度上起到了制止的效果。左迁没有改变，但是三省官、台官为中心的四品以下京官作为上州刺史外任，拥有三品官的特权。至少在形式上，从四品以下京官向上州刺史的迁官，有一个人事提拔的侧面。四品以下京官贬为刺史，不能说完全没有价值。相对于三品京官贬为刺史没有任何好处而言，是一个对照。由于官品低的官员左迁为刺史，刺史的相对地位上升了一步。刺史贬官的职务化问题，玄宗朝在华北地区，就试图这样加以解决。

当然，官员们对刺史的看法，并不是那么容易就可以改变的。即使在开元年间，官员们轻视外任的习惯仍然根深蒂固。这从开元四年（716），汴州刺史兼河南采访使倪若水，为赴京上任大理少卿而途经汴州的扬州采访使班景倩送别时，从部下"班公是行若登仙，吾恨不得为雏仆"的令人称羡的逸话中，也可见一斑①。连离京不太远的中原地方的刺史任用左迁官人的倾向都基本没有改变，官人之间轻视外任的风气，也一定难以平息。正如杜佑所指出的，给刺史地位带来决定性变化的，不外乎是以安史之乱为契机的所谓"州之军事化"②。在肃宗到顺宗时期，刺史占全体贬官比例的骤减，就是其影响的明显表露。

---

① 《新唐书》卷一二八《倪若水传》："时天下久平，朝廷尊荣，人皆重内任，虽自冗官擢方面，皆自谓下迁。班景倩自扬州采访使入为大理少卿，过州，若水饯于郊，顾左右曰：'班公是行若登仙，吾恨不得为雏仆。'"另，参见池田温《律令官制の形成》（《岩波講座世界歴史》五，岩波书店1970年所收）第307页。

② 《通典》卷三三《职官典·郡太守》："自至德之后，州县凋敝，刺史之任，大为精选。诸州始各有兵镇，刺史皆加团练使，故其任重矣。"关于"州之军事化"，宫崎市定《宋代州縣制度の由來とその特色——特に衙前の變遷について》（1953年，其后《アヅア史研究》四，同朋舍，1957年再版）中曾论及。

（三）唐朝后期被贬为刺史的官员

正如表1所明确的那样，贬官为刺史的情况，以安史之乱为契机，在肃宗、顺宗时期减少了。但是，在接下来的宪宗、宣宗时期又占到了过半数，就实数来说是整个唐代最多的。这种现象该如何理解呢？

首先，想简单叙述一下肃宗、顺宗时期贬为刺史例骤减的理由。如上节已经指出的，由于以安史之乱为契机的“州之军事化”，刺史一职的重要性大大增加。特别是由左迁官员充任作为政治中心的华北地方和经济、财政要地的江淮地方的刺史，在肃宗、顺宗时期几乎没有。如果说过去这些地方的刺史作为贬官专用的位置而经常被占用，那么这时已经发生了很大变化。

其次，这一时期河北、河南的藩镇跋扈，以及随之而来的唐朝在这些区域官吏任免权的丧失，也是重要的原因。在前期官员左迁为刺史的主要贬官地河南、河北两道的大部分地区，朝廷自己任命的官吏无法派遣到任①。

如前节所述，唐朝后期贬官为刺史情况显著增加的地区，是山南东、西道，江南东、西道，岭南道。而且，根据表4，左迁刺史的前任官中从前期到后期大幅度增加的，京官是四、五品官，宪宗、穆宗两朝六品官也很多。外官中，以三品以上的上州刺史为中心，刺史的贬官情况增加，特别是藩帅的贬官例显著增多。反之，唐前期居多的三品以上京官贬官例骤减。

现在更加详细地研究前任官。表5是山南东、西，江南东、西，岭南各道，即有关在后期被贬为贬官数量增加地区刺史的前任官，分别表示京官、外官、武官在唐朝后期各阶段的变化。京官分别以三品以上官、四品官、五品官、六品官四档，外官分别以藩帅、刺史、其他三档表示。

首先，我要指出唐朝后期总体的特征。在京官的贬官例中，从宰相直接贬为刺史的情况不太多（117例中的12例，即10%）。三省官、台官与其他官

①　关于安史之乱后所谓藩镇的跋扈，可以参照日野开三郎《支那中世の軍閥》（三省堂，1942；后来的《日野開三郎東洋史学論集》第一卷，三一书房，1980年再版）。

员之间的比例,在三品以上官员中,从其他官员的贬官例,要比从三省官、台官的贬官例为多。反之,在四品以下的官员中,三省官、台官则比其他官员为多。这就是说,在唐朝后期,作为前期左迁刺史主要前任官的中书令、侍中、六部尚书、御史大夫被贬官的情况已经不太见到,而东宫官、九寺卿等官员和中书、门下、尚书六部的侍郎等四品官,中书舍人、给事中、谏议大夫、尚书郎中和御史中丞等五品官,或者官品更低的尚书员外郎、侍御史等六品官被贬为刺史的情况甚多。

表5　左迁刺史的前任官(山南东、西道,江南东、西道,岭南道)

前任官 ＼ 时期	肃宗—顺宗时期	宪宗—宣宗时期	懿宗—哀帝时期	合　计
京官合计	34(23,11)[3]	68(56,12)[4]	15(11,4)[5]	117(90,27)[12]
三品以上	14(6,8)	15(5,10)	3(1,2)	32(12,20)
四品	10(7,3)	10(8,2)	10(8,2)	30(23,7)
五品	9(9,0)	27(27,0)	2(2,0)	37(37,0)
六品	2(2,0)	16(16,0)	0(0,0)	18(18,0)
外官合计	10	33	14	57
藩帅	5	25	11	41
刺史	5	5	1	11
其他	0	3	2	5
武官合计	0	2	0	2
合计	44	103	29	176

注:(　)内数字,左边为三省官、台官,右边为其他官员;[　]内数字为宰相。

这种倾向,在肃宗—顺宗、宪宗—宣宗、懿宗—哀帝各时期基本相同。各时期也有一些微妙的差异。首先,在肃宗—顺宗时期,三品以上官员与三省官、台官和其他官员之间的比例大致相同,三品官所占的比例为四成,与以后相比是高的。宪宗—宣宗时期,五品以下官员被贬官的数字大幅度增加,达到全部的六成以上,他们全部都是三省官、台官的被贬官者。与此相对照,三品以上官的贬官例,在三省官、台官以外的官员中的例子中占多数。懿宗—哀帝时期,四品官被贬官的例子占到总数的七成,五、六品官被贬官的例子则极少。总之,三品以上官的例子随着时代的迁移而逐步减少。而且,四品官被贬官的例子,虽然在宪宗—宣宗时期一时减少,其比例在接近唐末时则有增大的倾向。五、六品官,在宪宗—宣宗时期约占总数的六成,在此前后其比例却没有这么大。

至于从外官贬为刺史的情况中,藩帅被贬官的例子,比起刺史或其他官员贬官的例子要多许多。肃宗、顺宗时期即使不那么多,宪宗朝以后,这个倾向也是显而易见的。而武官被贬为刺史的情况则是极少数。

根据以上可以明确,安史之乱后,一度减少到总数三成的被贬官为刺史的例子,在宪宗—宣宗时期,主要以山南东、西道,江南东、西道,岭南道为中心,再次恢复到过半数。这是由京官中的四品以下官员,特别是五、六品官的贬官数,外官中藩帅的贬官数增加而造成的。以下探讨其原因。

引人注目的是,在唐朝后期,曾经规定郎中、员外郎作为中、下州的刺史赴外任。如前节已经提到的,中宗朝以后,唐朝为了确保刺史的人才标准,反复发布诏敕,其宗旨就是要实现京官与外官出入的均等化。具体地说,就是从刺史中优先选拔清望官,从上佐、县令中优先选拔台郎即尚书郎以下官员。永泰二年(766)四月颁布的如下诏敕,就是着眼于延长唐朝前期有关刺史的措施的:

> 敕:郎中得任中州刺史,员外郎得任下州刺史,用崇岳牧之任,兼择台郎之能。(《唐会要》卷六八《刺史上》)

从这个敕,可以推测此前郎中、员外郎一般没有作为刺史赴外任的情况。孙国栋氏的研究也证实了这一点①。换言之,郎中、员外郎与刺史的相互迁转,是中

---

① 孙国栋《唐代中央重要文官迁转途径研究》(龙门书店,1978 年)。

唐以后的事情。在此以前，也就是唐朝前期，刺史多由三省、御史台的三、四品官担任。

孙氏绘制的诸表与本稿在时期的分割方法上有所不同，因此无法进行单纯的比较。但是，以孙氏著书卷末所附《官职迁转表》为线索来说的话，肃宗朝以后，从郎中、员外郎为刺史赴外任的例子，几乎与本稿所谓"贬官"的例子相当。即，如果是郎中、员外郎，外任就差不多意味着左迁；如果是升任，就应该是迁为三省乃至御史台的五品官。永泰二年的诏敕，无疑成为中唐以后，郎中、员外郎作为刺史纷纷赴外任的契机，可以说它带来了与"用崇岳牧之任，兼择台郎之能"的诏敕本来目的不同的结果。

那么，郎中、员外郎以外的三省官、台官又怎么样呢？据孙氏研究，给事中、中书舍人、谏议大夫，在初唐到中唐以后迁转为刺史的都不少。关于此，同样与前面的《官职迁转表》进行比较的话，就可以知道其中许多都是"贬官"。如孙氏又指出的，中唐以后这类官职的重要性增加了。因此，卷入政治斗争而遭到左迁的不幸的事情也变得更多了。

表6是官人因为同一理由而被连续贬官的事例(计63例)的一览表。表中，[ ]内的记述表示贬官后的处境。根据这份表，连续贬官的事例，以宪宗—宣宗时期的26例为最多，中宗—玄宗时期、懿宗—哀帝时期的13例次之。初贬官(初贬官在京官的场合则是再贬官)为刺史情况的总数为49例，其中宪宗—宣宗时期为占有近半数的23例，其中5例为藩帅。应该注意的是，这些例子几乎全部都是左迁官员在到达任地前又遭到下一个处分、再贬为上佐和司户参军、县尉等更低品级的官吏。同时，如果初贬官为藩帅，再贬官必定为刺史。这种情况也是在到任前被再贬官的。这样，宪宗—宣宗时期被贬为刺史的增加，实际上包含有许多未赴任地的情况。评价上列诸表所示的数值，必须将其打折扣。此外，贬官的原因，一看就知道几乎全部都是政治上的。对此，也应该加以注意。

表 6　被连续贬官的事例一览

时期	姓名	左正前职	初贬官	年月	再贬官	年月	三贬官	年月	四贬官	年月	贬官理由
高祖—太宗期（1例）	杜正伦	中书侍郎	谷州刺史	贞观17前后	交州都督	贞观17.3	[流罐州]				漏泄太宗语→因太子承乾坐连
高宗—武后期（4例）	房遗直	礼部尚书	许（隰）州刺史	永徽3.11	鄞州铜陵尉	永徽4					兄弟相讼
	※柳奭	吏部尚书	遂州刺史	永徽6.7	荥州刺史	永徽6.7	[象州刺史]	显庆2			因王废后坐连
	高履行	益州长史	洪州都督	显庆4.4	永州刺史	显庆4.8					因长孙无忌连坐
	刘景先	侍中	普州刺史	光宅元.10	辰州刺史	光宅元.10	吉州长史	光宅元	[自杀]	永昌元	因裴炎连坐
中宗—玄宗期（13例）	※敬晖	特进、平阳王	滑州刺史	神龙2,闰正	郎州刺史	神龙2.3	崖州司马	神龙2.6	[长流琼州]	神龙2.7	因武三思（与王同谋）皎同谋
	※袁恕己	特进、南阳王	蔡州刺史	同上	鄞州刺史	同上	蓼州司马	同上	[长流瀼州]	同上	同上
	※桓彦范	特进、扶阳王	洺州刺史	同上	毫州刺史	同上	泷州司马	同上	[长流古州]	同上	同上
	※崔玄晔	梁州刺史	（某州）刺史	神龙2	均州刺史	神龙2	白州司马	唐隆元			同上
	※李邕	秘书监	邢州南和令	神龙初	富州司户	神龙初	[右台殿中侍御史]				因张柬之连坐
	李峤	成均祭酒，同平章事	蔡州刺史	神龙初	通州刺史	神龙初	[吏部侍郎]				因张易之连坐
	※薛季昶	荆州长史	桂州都督	神龙初	儋州司马	景龙元.9	[自杀]				因敬晖等连坐
	魏元忠	右仆射、中书令、黄门侍郎，同平章事	渠州司马	景龙元.9	思州务川尉	景龙元.9	卒（于洛陵）				受宗楚客诬奏朋党
	○宇文融		汝州刺史	开元17.9	昭州平乐尉	开元17.10	[流岩州]				
	王昱	剑南节度使	处州刺史	开元26.9	端州高要尉	开元26.9	[卒]				与吐蕃战败走
	韦坚	刑部尚书	处州刺史	天宝5.正	鄂州员外别驾	天宝5.6	[长流封州]	天宝5.7			因李林甫（坐于进不已）亲累
	韦陟	许州刺史、河南采访使	濠州刺史	天宝5.3	申州刺史		[蒲州刺史，河采访使]				
	吉温	武部侍郎	洋州员外长史，同正长任	天宝13,闰11	康州端溪尉，同正长任	天宝14					坐赃（杨国忠告发）

续表

时期	姓名	左迁前官职	初贬官	年月	再贬官	年月	三贬官	年月	四贬官	年月	贬官理由
肃宗—顺宗期（6例）	韦伦	秦州刺史	巴州长史	（肃宗时）	思州务川尉	（肃宗时）	[忠州刺史]	（代宗初）			被吐蕃战败
	穆宁	鄂岳沔都团练使	虔州司马	大历初	昭州平集尉	大历中	[监察御史]	大历4			杖杀沔州别驾
	韦伦	韶连柳都团练度使	信州司马	（代宗时）	虔州司户	代宗时					因吕太一
	杜佑	户部侍郎兼判度支	苏州刺史	建中3.5	饶州刺史	建中3.5	[岭南节度使]	兴元元			因卢杞
○	窦参	中书侍郎，同平章事	柳州别驾	贞元9.3	骧州司马	贞元9.3	[赐死（于罄州）]				因陆贽
	窦申	给事中	道州司马	同上	锦州司马	贞元8.4					因陆贽
宪宗—宣宗期（26例）	韩晔	司封郎中	池州刺史	永贞元.9	饶州司马	永贞元.11	[汀州刺史]	元和10			因王叔文连坐
	程异	盐铁转运扬子院留后	岳州刺史	同上	柳州司马	同上	[侍御史]	同上			同上
	韩泰	京西神策行营节度行军司马	抚州刺史	同上	虔州司马	同上	[漳州刺史]	元和10			同上
	柳宗元	礼部员外郎	邵州刺史	同上	永州司马	同上	[柳州刺史]	同上			同上
	刘禹锡	屯田员外	连州刺史	同上	朗州司马	同上	[播州刺史]	同上			同上
	韦贯之	吏部员外郎	果州刺史	元和3.4	巴州刺史	元和3	[都官郎中]	元和3			因李吉甫（坐考贤良方正策独荐晏）
	吕温	侍御史	均州刺史	元和3	道州刺史	元和3	[衡州刺史]	元和5			坐贡举门生
	浑镐	义武节度使	韶州刺史	元和11,12	循州刺史	元和12.正	[卒]				为乱兵所劫
	韦辞	侍御史	朗州刺史	元和中	江州司马	元和中	[户部员外郎]	长庆初			坐事累

续表

时期	姓名	左迁前官职	初贬官	年月	再贬官	年月	三贬官	年月	四贬官	年月	贬官理由
○	柳浑	华州华阴令	房州司马	元和中	峰州封溪尉	元和中					刺史杲任、讽百姓遣道案前年役直坐赃
※	令狐楚	中书侍郎，同平章事	宣歙观察使	元和15,6	衡州刺史	元和15,8	[郢州刺史]	长庆元,4			被南诏攻陷成都外郭因杨虞卿连坐
	杜元颖	西川节度使	邵(韶)州刺史	大和3,12	循州司马	大和3,12	[卒]	大和6			被南诏攻陷成都外郭
○	李宗闵	中书侍郎，同平章事	明州刺史	大和9,6	处州刺史	大和9,7	潮州司户	大和9,8	[衢州司马]	天成元	因杨虞卿连坐
	杨虞卿	京兆尹	外(虔)州司以		处(虔)州司户	大和9	[卒]				朋党
	李宗闵	吏部侍郎	汾州刺史	大和9,7	汾州司马	大和9,8	[绛州长史]	大和9,8			坐李宗闵之党
	萧澣	刑部侍郎	遂州刺史	大和9,7	遂州司马	大和9,8					坐李宗闵之党
※	杨嗣复	吏部尚书	湖南观察使	开成5,8	潮州刺史	会昌元	[江州刺史]	会昌6,8			因李德裕
※	李珏	太常卿	桂管观察使	同上	昭州刺史	同上	[柳州刺史]	同上			因刘弘逸、薛季稜案连坐
	裴夷直	谏议大夫	杭州刺史	同上	驩州司户	会昌中	[江州刺史]	大中初			武宗即位时滴名
	魏謩	谏议大夫	汾州刺史	会昌元,3	信州长史	会昌中	[郢州刺史]	大中初			因李珏复、李珏案连坐
	蒋系	谏议大夫	桂管观察使	会昌初	唐州长史	会昌中	[给事中]	大中初			因李珏案连坐
○	崔珙	右仆射，同平章事	洋州刺史	会昌4,6	恩州员外司马	会昌4,6	[商州刺史]	(宣宗初)			坐赃及保护刘从谏
	牛僧孺	太子太傅，东都留守	太子少保分司东都	会昌4,10	汀州刺史	会昌4,10	循州长史	会昌6,8	[衡州刺史]	(大中初)	因李德裕
	李宗闵	湖州刺史	漳州刺史	同上	漳州长史	同上	[长流汾州]	会昌4	崖州司户	大中2,9	因李德裕
	李德裕	东都留守	太子少保分司东都	大中元,2	潮州司马	大中元,12	潮州司户	大中2	[卒]		散骑武宗、任柰吴湘

续表

时期	姓名	左迁前官职	初贬官	年月	再贬官	年月	三贬官	年月	四贬官	年月	贬官理由
懿宗—哀帝期（13例）	※李回	西川节度使	湖南观察使	大中2.2	贺州刺史	大中2.9					坐不能直吴湘
	○刘瞻	中书侍郎、同平章事	荆南节度使	咸通11.9	康（廉）州刺史	咸通11.9	驩州司户		［康州刺史］	乾符初	因韦保衡案
	○韦保衡	门下侍郎、同平章事	贺州刺史	咸通14.9	崖州澄迈令	咸通14.9	［赐死］	咸通14			怨家告其阴事
	※路岩	西川节度使	荆南节度使	咸通14.11	新州刺史	咸通14	［免官·流儋州］				因谋反嫌疑
	○孔纬	中书侍郎、同平章事	荆南节度使	大顺2.正	均州刺史	大顺2.正	［太子宾客］	大顺2.2			因杨复恭
	※张浚	河东节度使	鄂岳观察使	同上	连州刺史	同上	绣州同户	景福2.10	［太子宾客］		因杨复恭
	○杜让能	门下侍郎、同平章事	梧州刺史	景福2.9	雷州司户	景福2.9	［赐死］	乾宁4.8	［赐死（于蓝田）］	乾宁2	因杨复恭
	○朱朴	中书侍郎、同平章事	秘书监	乾宁4.2	夔州司马	乾宁4.8	柳州司户	乾宁4.8			因李茂贞
	○王溥	门下侍郎、同平章事	工部侍郎	光化3.6	溪州刺史	光化3.6	崖州司户	光化3.6			因韩建
	○韩偓	翰林学士承旨	濮州司马（司户）	光复3.2	濮州荣懿尉	天复3	［邓州司马］	天复3			因崔胤
	※裴枢	左仆射	登州刺史	天祐2.5	泷州司户	天祐2.5	［赐自尽（于滑州）］	天祐2.5			因崔胤
	※崔远	右仆射	莱州刺史	同上	白州司户	同上	［赐自尽（于滑州）］	同上			同上
	○独孤损	静海军节度使、同平章事	棣州刺史	天祐2.5	琼州司户	天祐2.12	［赐自尽（于滑州）］	天祐2.6	［赐自尽］	天祐2.12	因朱全忠
	○柳璨	门下侍郎、同平章事	登州刺史	天祐2.12	密州司户	天祐2.12	［长流崖州］	天祐2.12			同上

注：○表示现任宰相，※号表示前任宰相。

那么,藩帅贬官增加的原因何在呢? 首先,作为政治背景,必须考虑宪宗朝对藩镇政策的成功[1]。在这个时期,唐朝势力所及的藩镇要多于前代的肃宗—顺宗时期,而且,这个时期宰相作为藩镇赴外任的情况急剧增加也是不容忽视的。表7是根据《新唐书》的宰相表,显示唐代各时期宰相罢免后的处境。从该表可以明确,以肃宗—顺宗时为界,刺史的数量与藩帅的数量发生了逆转。即,唐朝前期作为刺史赴外任居多的罢免宰相,到宪宗—宣宗时期几乎全部都以藩帅出镇。随后,才有一些人改为左迁刺史、上佐等。而且,这个时期作为刺史赴外任者,几乎都被再贬、三贬。

表 7 唐代宰相罢免后的处境(据《新唐书》宰相表)

时期＼官职	仆尚丞郎	东宫官	刺史	藩帅	除免	配流	赐死
高祖—太宗时期	2	2	5	0	6	1	3
高宗—武后时期	13	6	25	0	10	12	16
中宗—玄宗时期	14	4	22	0	2	4	6
肃宗—顺宗时期	12	17	6	1	0	0	2
宪宗—宣宗时期	14	6	3	40	0	0	1
懿宗—哀帝时期	14	12	4	30	0	0	2

总结以上所述,安史之乱后,刺史的位置屡屡出现空缺,而且由于河南、河北藩镇的跋扈,唐朝一度无法向这个地区派遣地方官,因此肃宗—顺宗时期被贬为上佐的官员占多数。但是,该时期委派郎中、员外郎担任中、下州刺史的诏敕是很重要的。到宪宗—宣宗时期,伴随着党争的激化,由于政治上的原因,中央高官的左迁增加了。这个时候,宰相级的人物一旦作为藩帅赴外任,有时候还被贬为刺史、上佐等。而且,除此以外的台官、三省官,恐怕是根据永泰年间

---

① 由于所谓的"元和中兴",从宪宗朝末期到穆宗朝,河南诸藩镇实行"顺地"化,唐朝收回了在该地区的官吏任免权。参照前页注日野著书及拙稿《唐朝の对藩镇政策について——河南「顺地」化のプロヤス》(《東洋史研究》46—2,1978 年)。

发布的诏敕,被左迁为中下州的刺史。这时被贬为刺史者,到任前被再贬、三贬的情况要比其他时期为多。因此在进行比较时,必须考虑对其比例打折扣。即使如此,与过去相比,被贬为刺史者的增加,永泰年间诏敕的因素是很大的。永贞元年(805)刘禹锡、柳宗元等随着王叔文的倒台而左迁时,尽管一度被决定贬为刺史,但由于"自员外郎出为刺史,贬之太轻"的批评,结果被再贬为司马,这就是所谓"八司马事件"①。当时,员外郎刘禹锡、柳宗元起先被贬为刺史,就是根据永泰年间的诏敕迁官的。刘禹锡等因为是顺宗朝专权的王叔文党人而遭受攻击,在被贬为刺史过轻的朝议的批评下,而被再贬为司马,这应该说是朝议所要求的特别严厉的处分。当时被贬为刺史,象对刘禹锡等下达的最初处分那样以永泰年间诏敕为基准的行为,是很普遍的。

二、上佐——别驾、长史、司马

如前表 1 所见,在肃宗、顺宗朝,取代刺史被贬为上佐者为最多。所谓上佐,是指刺史下作为其辅佐的别驾、长史、司马。但是,谈及唐朝后期贬官时必定要引用的,则是《朱子语类》中的如下一段:

> 至唐中叶,而长史、司马、别驾皆为贬官,不事事。盖节度使既得自辟置官属(如节度、观察推、判官之属),此既重,则彼皆轻矣)。②

这里所指出的,是唐朝后期贬官的大致倾向,应该予以重视。但是,审视正史、通鉴中的实例,这也未必能说解释得很清楚。如后所述,别驾、长史、司马分别具有不同的特征。

说起来,别驾、长史、司马,其沿革各异。在本论前面,先看一下此三者成为州之上佐的原委,及其在唐代废置的状况③。

---

① 《资治通鉴》卷二三六永贞元年十一月己卯条:"朝议谓,王叔文之党或自员外郎出为刺史,贬之太轻。己卯,再贬韩泰为乾州司马,韩晔为饶州司马,柳宗元为柳州司马,刘禹锡为朗州司马。"
② 《朱子语类》卷一二八《本朝·法制》。
③ 据《通典》卷三三《职官典·总论郡佐》,及《唐会要》卷六九《别驾》。

隋代统一天下后,改革了历来的地方统治制度,并改变州郡县三级地方组织,废郡置州县二级。在此前后,到那时为止刺史拥有军府与州两个系统僚属的制度也被改变,废止了州系统的官吏,历来府系统的僚属成为新的刺史的僚属;此外还废除了所谓乡官。由此,本来是军府僚属的长史、司马成为州官,原来作为刺史僚属的别驾从事史、治中被取消。但是,炀帝废长史、司马置赞治,接着又改为丞,置于郡守下的通守之下。因此,长史、司马在名义上也消失了。到唐初,隋末的太守改称刺史,郡丞改称别驾,并置治中,州官又恢复了原来的名称。以上再次改称长史、司马,是高宗即位后不久的永徽二年(651)的事情。"治中"的官名因触高宗讳而改称司马,别驾的官名也随之改称长史。于是,这一时期消失的别驾一职,到上元二年(761)再度设置,一直到景云元年为止,都是由宗室担任。它是在天宝八载(749),因为裁员而被废止的①。其后,肃宗上元二年(761)再置,贞元十七年(801)以削减冗员的理由第三次被废除。就这样,经过几番废置,最终在大和元年(827),只在六雄、十望、十紧、三十四州设置别驾。到当时为止因战功而补任东宫、王府官的武将,被改为就任此职②。

总之,唐的别驾,是唐初继承隋的郡丞的产物,作为刺史的僚属而发挥其职能。高宗即位后,伴随着官名的变更,其职掌也由长史所继承了。因此,上元元年再置的别驾,专门由宗室担任,不过是几乎没有实务的闲职。到睿宗朝,庶姓者也有担任该职的,别驾一职带上了贬官者位置的特点。于是,受削减冗员风波的影响几次改废,最后成为授予立有战功之武人的官职。至于长史与司马,正如《朱子语类》所说,由于以安史之乱为契机的内地节度使的设置,长史与司

---

① 据《通典》卷三三《职官典·总论郡佐》,关于这次废止,曾经有玄宗为潞州别驾时,通过政变夺得政权的故事。"天宝八载,以玄宗由潞州别驾入定内难,遂登大位,乃废别驾官。"

② 《唐会要》卷六九《别驾》:"太和元年正月,宰相韦处厚奏,请复置六雄、十望、十紧、三十四州别驾。先是,贞元中,宰相齐抗奏减冗员,罢诸州别驾。其京百司令入别驾,多处之朝列。及元和已后,两河用兵,偏裨立功者,率以储案王官杂补之。处厚乃复请置别驾以处焉。"并参照《新唐书》卷一四二《韦处厚传》。

马及通常兼任观察使的节度使的僚属在职掌上重复，因此走上了闲职化的道路，从唐朝后期开始，成为贬官者的职位。

在考虑以上三者沿革的不同的基础上，再分别研究别驾、长史、司马的贬官状况。

表8—1至8—3是按不同阶段和地区表示别驾、长史、司马的贬官数。表的体例，与上列表2相同。

首先，关于表8—1的别驾，它说明贬官例集中在玄宗—德宗时期特别是玄宗朝，顺宗朝以后的例子则几乎没有。从地域上说，贬至山南东、西道，江南东、西道，岭南道的例子很多，占全部的近八成。员外官的比例为30%，与其他部分相比是高的。因此其大多数都是玄宗朝的例子。未到任者的比例为11%。

其次，关于表8—2的长史。贬为长史的例子，约六成集中在唐朝后期，但是到唐末，与别驾一样，几乎没有了。在地域上，八成集中在山南东、西道，江南东、西道，岭南道。未到任者的比例是13%，又与别驾差不多。

表8—3的司马，其贬官例与前二者相比格外地多，约占贬为上佐者的六成。这也与长史一样，唐朝后期的数字特别大（占全部的73%）。在地域上，山南东、西道，江南东、西道，岭南道占60%余。未到任者的比例为全部的15%，与其他上佐大体相同。

总之，被贬为上佐的情况主要集中在唐朝后期，特别是肃宗—顺宗时期。然而，贬官数最多的时期，别驾是在玄宗朝，长史在肃宗—顺宗时期，司马在宪宗—宣宗时期，随着官品的降低而渐渐朝后推移。在地域上，三者都以被贬至山南东、西道，江南东、西道，岭南道者居多。相对而言，被贬官至京畿、都畿、关内、河南、河东、淮南、陇右、黔中、剑南各道的例子不太见到。在上佐中，司马作为贬官者的位置最经常被适用，占到被贬为上佐者的近六成。在员外官的比例中，别驾要高于其他的官员。未到任者的比例，三者都占到百分之十几，大体相当。

其次，看一下前任官。表9—1至表9—3，仿效表4的体例，将被贬为别驾、长史、司马的官员的前任，以官品为纵轴、朝代为横轴，分别加以表示。

表 8－1　被贬为别驾的官员数

皇帝＼道	京畿	关内	都畿	河南	河东	河北	山南东	山南西	陇右	淮南	江南东	江南西	黔中	剑南	岭南	合计
高祖																0
大宗																0
高宗																0
武后															2	2
中宗																0
睿宗					1											1
玄宗					2②	1	4【1】	4【1】①		4【3】	3【1】	10【4】①			5【4】①	33【14】⑤
肃宗							1									1
代宗							1【1】	1								2【1】
德宗								1			5	4	1【1】	1	1	13【1】
顺宗																0
宪宗																0
穆宗																0
敬宗																0
文宗				1①												1①
武宗																0
宣宗																0
懿宗																0
僖宗																0
昭宗																0
哀帝																0
合计	0	0	0	1①	3②	1	6【2】	6【1】①	0	4【3】	8【1】	14【4】①	1【1】	1	8【4】①	53【16】⑥

表 8-2 被贬为长史的官员数

道＼皇帝	京畿	关内	都畿	河南	河东	河北	山南东	山南西	陇右	淮南	江南东	江南西	黔中	剑南	岭南	合计	
高祖	0	0														0	0
太宗	0	0														0	0
高宗				1					1							2	5【1】
武后			1	2【1】			1【1】				1	1【1】		1	1	3【1】	
中宗				1①			1【1】	4①		1	1	2①				7②	16【1】③
睿宗		1			1		①				2		1			2	
玄宗				1【1】			2①	1			1	6			1①	7【1】	
肃宗																10【3】	24【4】③
代宗							5				2①					②	
德宗							1				1①					12【1】	
顺宗							1									1①	
宪宗																1	14②
穆宗																0	
敬宗											2①					8①	
文宗								1			1①	1			1	4①	
武宗																1	
宣宗								1				1				1	1
懿宗																0	
僖宗																0	
昭宗													1			0	
哀帝																0	
合计	0	0	1	4①	2	0	11②	6①	1	2	14①	1	1	5①	60⑧		

表 8-3　被贬为司马的官员数

道\皇帝	京畿	关内	都畿	河南	河东	河北	山南东	山南西	陇右	淮南	江南东	江南西	黔中	剑南	岭南	合计	合计
高祖太宗																0	1
高宗		1【1】		1				2②		1	1	1		2		7①	15【1】①
武后						1						1	1	2	2	8【1】	
中宗				2			1	1【1】①		1	1	3【1】①	1	1	7【5】①	13【6】	
睿宗	1							1	1		1	2	1	1		3	
玄宗				2	1		2			1	1①	6【1】①	1①	1	2①	14【1】③	30【7】①
肃宗							2【1】	1【1】	1			2	1【1】		1【1】	4【1】	
代宗							3					6【1】①				10【1】	
德宗				1			3①		1		3①	10【5】①	1	1	7【1】②	25【6】④	39⑤ [11]
顺宗																0	
宪宗				1			1	1【1】			2	8		1	4【2】①	20【3】②	
穆宗				1	1		3	1【1】			1①	1【1】			1	2【1】	
敬宗							1					2①			2	4	
文宗						1	1					2【1】①		1	4	12【2】②	53【9】④
武宗							3					2			1【1】	3【1】	
宣宗	1【1】						1①					5			3【1】	12【2】	
懿宗				①								2			12【3】①	13【3】①	
僖宗				2①											1①	5	
昭宗				1			1①				1	3	1	1	2①	10③	29【3】④
哀帝													1			1	
合计	1【1】	2【1】	0	8①	1	2	17【1】②	8【4】②		2	11③	50【9】④	7【1】①	49【14】⑦	167【31】⑤		

表 9－1　左迁官的前任官品（别驾）

官品	高祖	太宗	高宗	武后	中宗	睿宗	玄宗	肃宗	代宗	德宗	顺宗	宪宗	穆宗	敬宗	文宗	武宗	宣宗	懿宗	僖宗	昭宗	哀帝
正一品																					
从一品				○																	
正二品							○○○○														
从二品				□																	
正三品							○○ ○ △		○	○○○ ● △					■						
从三品						○	○○ ○○○○ △△△△△ □□□□□ □□□□□			□ □											
正四品上							○○○			○○○											
正四品下																					
从四品上									○												
从四品下																					
正五品上										○											
正五品下																					
从五品上							○														
从五品下							○														

续表

官品	高祖	太宗	高宗	武后	中宗	睿宗	玄宗	肃宗	代宗	德宗	顺宗	宪宗	穆宗	敬宗	文宗	武宗	宣宗	懿宗	僖宗	昭宗	哀帝
正六上																					
正六下																					
从六上																					
从六下																					
正七上																					
正七下																					
从七上																					
从七下																					
正八上																					
正八下																					
从八上																					
从八下																					
正九上																					
正九下																					
从九上												□									
从九下										□□											
不明										不明1											

表 9-2　左迁官的前任官品（长史）

官品	高祖	太宗	高宗	武后	中宗	睿宗	玄宗	肃宗	代宗	德宗	顺宗	宪宗	穆宗	敬宗	文宗	武宗	宣宗	懿宗	僖宗	昭宗	哀帝
正一品																					
从一品																					
正二品																					
从二品																					
正三品					□			□							○		△				
从三品					□		○	○○□□			○○○○○				○□	□□					
正四品上						●	○○□	●●●		◎											
正四品下							○	◎		◎						□					
从四品上							○	○													
从四品下						○						○									
正五品上			○○	◎	◎□					◎					○○○						
正五品下																					
从五品上				□	○○																
从五品下																					
正六品上																					

续表

官品	高祖	太宗	高宗	武后	中宗	睿宗	玄宗	肃宗	代宗	德宗	顺宗	宪宗	穆宗	敬宗	文宗	武宗	宣宗	懿宗	僖宗	昭宗	哀帝
正六下					◎		□														
从六上							◎		◎	◎◎◎								◎			
从六下																					
正七上																					
正七下																					
从七上															◎						
从七下																					
正八上										□											
正八下																					
从八上																					
从八下																					
正九上																					
正九下																					
从九上																					
从九下																					
不明							◎			□					□						

表9-3　左迁官的前任官品（司马）

官品	高祖	太宗	高宗	武后	中宗	睿宗	玄宗	肃宗	代宗	德宗	顺宗	宪宗	穆宗	敬宗	文宗	武宗	宣宗	懿宗	僖宗	昭宗	哀帝
正一品																					
从一品					○		○										○				
正二品										◎		●						△		◎	
从二品					○		○		◎◎	●			○		□					◎◎○	○
正三品				●		●		○○	○○	○○○△		○△	○		○○△	○	○△	○○		○	
从三品				□	□□		□□□	□	■	□		■			△□		□	■■■■	■■		
正四品上				◎	●		○○		◎	◎◎		□□		◎	○	◎					
正四品下			□		□□		◎		■			□□			□	□		◎◎	◎	◎◎	
从四品上								◎	○			□		○			○				
从四品下			□	□								□									
正五品上							◎			◎◎		○		◎	◎		○			◎	
正五品下				◎																	
从五品上		◎	◎◎		◎		◎		◎◎	□		◎					○	◎◎			
从五品下										○											

续表

官品	高祖	太宗	高宗	武后	中宗	睿宗	玄宗	肃宗	代宗	德宗	顺宗	宪宗	穆宗	敬宗	文宗	武宗	宣宗	懿宗	僖宗	昭宗	哀帝
正六上					○					□□											
正六下			○○○	◎			◎◎			◎		◎						◎			
从六上				□	◎		◎			◎		□			◎		□				
从六下																	○				
正七上						◎				◎◎				◎			◎		◎		
正七下						◎															
从七上																					
从七下																					
正八上																					
正八下																					
从八上																					
从八下																					
正九上																					
正九下																					
从九上																					
从九下																					
不明							□			□					□		不明 1			○	

表9—1别驾的有特征的内容,是从三省官、台官被贬官的例子极少。这一点,与刺史迥然不同。如果说官品,三品官以上居多,53例中有39例(74%)。特别是玄宗朝,三品以上官员占到全部的85%。同时,外官的贬官为11例(占全部的21%),武官的贬官为7例(13%),两者相加超过全部的三分之一。顺带说一下,如果是刺史,外官与武官加起来要占全部的26%(117例)。其中表4—1的地域为17%,表4—2的地域为33%。作为员外官被贬黜的官员都是三品以上,而且其中大半是武官和外官,这一点是引人注目的。

表8—2的长史与表8—1的别驾相对照,四品以下被贬官者占多数(60例中的37例,62%)。其中约近六成(21例)是从三省官、台官被贬官的。反之,三品以上与刚才提到的别驾一样,只有除三品官、台官以外的京官和外官被贬黜的例子。从外官被贬的为17例(28%),其中大半为刺史。几乎没有从武官被贬的。

表9—3的司马,还显示出与以上两者不同的特征。被贬为司马的官员的前任官官品分布为:三品以上官44%(73例),四品官22%(37例),五品官15%(25例),六品官以下16%(26例)。三品以上被贬官的相当多,但是,三省官、台官占其中的比例,比不上别驾、长史那样多。反过来说,引人注目的是外官被贬占全体的三分之一(56例),其中几乎都是从三品到正四品下,也就是刺史的被贬黜。藩帅的被贬,不如刺史那样多。四品以下,与三品以上官员形成对照,三省官、台官被贬占多数。从这一点,可以见到与别驾、长史的显著的不同。

这样,即使在前任官职方面,别驾、长史、司马之间也有很大的差异。上佐的官品,别驾在中都督府为正四品下,在下州为从五品上;长史在中都督府为正五品上,在下州为正六品下;司马在中都督府为正五品下,下州为从六品上。长史比别驾低二级,司马比长史低一级。如果注意三品、五品栏,与别驾即使在下州也还是五品官相对照,长史、司马只要不是在上州,就不过是六品官。实际上,三品以上官中,频频出现被贬为中、下州长史和司马的例子。在三品以上贬为长史者中,约半数是被贬至中、下州。如果是司马,其比例更高。因此,只以三者官品的不同来说明以上差异，是困难的。

这里要提起的，是上述别驾、长史、司马的沿革的不同。作为贬官位置的这三者的不同的特征，或许是它们成为州上佐过程差异的原因。

先从被贬为别驾的官员开始研究。武后朝的两个例子都是宗室，睿宗朝的一个例子是庶姓。它们是贬官为别驾的最早的例子。玄宗朝以前这种贬官例极少见到，大约是因为高宗朝重置的别驾当初是面向宗室的特殊的官职。即使进入玄宗朝，也可以看到几个宗室的例子，而从整体看，则已经微不足道。取而代之的，在京官是东宫官和寺监官、散官（15 例），在外官是刺史（8 例，几乎都是河南、河东、河北道），或者是武官（6 例，全部是员外官），他们被贬官的占大半。这里先不谈武官，东宫官、寺监官等，正如孙国栋氏的研究已经明确的那样，完全是与作为官员发迹过程相背离的职务。而且，贬官地也集中在山南道、江南道、岭南道等远离当时的京城，在政治上不是那么重要的地方。综合考虑这些情况，官品较高的别驾一职，在玄宗朝，对在中央政界地位不是很重要、但已经担任相当高职务的官员来说，具有左迁僻地时的容纳地的性质。

别驾的这种性质，在肃宗—顺宗时则不一样。被贬官为长史、司马的情况增加时，被贬为别驾者在玄宗朝则减少了近半数。于是，四、五品的三省官、台官的贬官例所占比例增加，玄宗朝常见的东宫官、寺监官的贬官例则大为减少。这种状况导致在肃宗—顺宗时期，别驾成为官品略低的所谓清要官被贬的官职。但是，考虑到该时期其他被贬为上佐的情况骤增，别驾虽然已经是贬官的位置，也不具有特别大的意义。于是，宪宗朝以后的贬官例只有一例，反映出别驾一职，如正史所记载的那样，无法作为已经具有一定程度以上官品的官员的贬官位置，而只是如前所述，成为面向立有战功的武官的官职。

那么，长史又如何呢？前已述及，被贬为长史的官员，如果与别驾相对照，四品以下官员居多，而且近六成是三省官、台官。但是就三品以上官员来说，与别驾同为东宫官、寺监官等高级闲职的贬官的情况引人注目。随着时代的迁移是否有不同呢？在唐朝前期，几乎没有三品以上京官被贬为长史的例子。这与别驾在玄宗朝作为三品以上京官的贬官位置而经常被使用,形成了鲜明的对比。四品以下,也有一些京官被贬的例子,三省官、台官也散见一些。在前期,被贬为刺史的京官以正五品为下限,主要以三、四品的三省官、台官为中心。与此对照,长史和下面要讨论的司马,则低一等,为五、六品京官的贬官位置。这种状况,在肃宗—顺宗时有一些变化,即,三品京官被贬的例子与前期相比增多,但那都是三省官、台官以外的官员,特别是东宫官、寺监官被贬的例子很突出。这与被贬为别驾的官员的状况形成了对应。就是说,在玄宗朝被贬为别驾的三品以上的东宫官、寺监官,在肃宗—顺宗时期被左迁为长史。四品京官被贬的例子与前期相比稍稍增加,其多数是三省官、台官,宰相被贬官的也有三例。反之,五品京官的例子大减。综合被贬为刺史、司马的情况,唐朝前期四、五品的京官主要是被贬为中原地方的刺史。在此时期,被贬为山南、江南、岭南道的刺史,或者同地区的长史(四品官)、司马(五品官)的也可以理解。因此,宪宗朝以后,被贬为司马的例子绝对居多,到唐末,被贬为长史的情况已经绝迹。

最后,再探讨一下被贬为司马的情况。从中宗、玄宗时期开始,被贬为司马者有所增加;到肃宗—顺宗朝以后,大约占全部的二成,总数在上佐中是最多的。但是其具体数目则随时代变迁而有不同。首先,在整个相关时期,三省官、台官以外的京官(三品以上)的被贬者保持着一定程度以上的数量。从各时期来看,中宗—玄宗时期,刺史(特别是上州的)贬官例甚多。到肃宗—顺宗时期,原来多被贬为刺史的三省官、台官(五品以上)被贬为司马例子增多。在宪宗—宣宗时期,三省官、台官的例子又一次减少,而刺史(特别是中、下州)被贬官的情况增多。中、下州刺史的被贬官的例子中,被贬两次以上的占大半。随后到唐末,三省官、台官的例子又一次增加,刺史被贬的情况减少,代之以藩帅被贬例增加。

总之,被贬为别驾、长史、司马的官员的情况如下:

[别驾]

　　前期:三品以上东宫官、寺监官;

肃宗—顺宗时期:三省官、台官(四、五品);

宪宗朝以后:几乎没有贬官的情况。

[长史]

前期:四品以下京官;

肃宗—顺宗时期:东宫官、寺监官(三品以上)、四品京官;

宪宗—宣宗时期:贬官例减少;

懿宗—哀帝时期:几乎没有贬官的情况。

[司马]

中宗—玄宗时期:刺史(上州),东宫官、寺监官(三品以上);

肃宗—顺宗时期:三省官、台官(五品以上),东宫官、寺监官(三品以上);

宪宗—宣宗时期:刺史(中、下州),东宫官、寺监官(三品以上);

懿宗—哀帝时期:三省官、台官(五品以上),藩帅,三省官、台官(五品以上)。

这样看来,可以知道本章开头引用的《朱子语类》的说明,大的方面基本正确,但也有不完全正确的地方。至少在贬官的问题上,把别驾、长史、司马三者搅在一起的说法,就是过分草率了。三者必须分别综合考虑其历史背景,然后个别加以论述。据严耕望氏所说,晚唐时,除一部分州府置有别驾、上州置有司马以外,中、下州并无上佐。其中,别驾如前所云,宪宗朝以后不再作为贬官的位置,而是专门授予立下战功的武将。此外,长史直到肃宗—顺宗时期,一直起着贬官为别驾的补充的作用。但是,宪宗以后贬官例减少,在唐末,长史已经不再作为贬官位置使用。至于司马一职,如白居易在《江州司马厅记》中记述的,安史之乱后建立了节度使体制,司马被闲职化,即使在省员(削减冗员)时,也很少把司马作为对象①。因此,司马成为宪宗—宣宗时期记载最多的被贬为上佐

---

① 《白氏文集》(那波道圆本)卷二六,并参照布目潮沨《白楽天の官吏生活——江州司馬時代》(《立命馆文学》180,1960 年)。

的例子。在唐朝后期，被贬为上佐的第一个位置就是这个司马。关于这一点，马端临也只说到司马是"至唐而司马多以处迁谪，盖视为冗员"①，真不愧是真知灼见。

三、司户参军与县尉

本章考察在唐末贬官例显著增加的司户参军与县尉。尽管两者都是七品以下的极低的官吏，唐末中央高官被贬为这些职务者并不罕见。本章根据统计所得结果，分别搞清被贬为这些官吏的状况，进而研究导致这种倾向的理由。

（一）司户参军

首先，刊载几份统计资料。表10分别显示各时期、被贬为各道司户参军的数量。表11采取与表4同样的方式，表示被贬为司户参军官员的前任官的官品分布。

正如从表10与前载表1中可以明确的那样，在唐初几乎没有被贬为司户参军的。随着时间的迁移，其数量逐步增加，到唐末出现了最高的数字，从而压倒其他的官员。在地域上。被贬至岭南道的官员要比其他官员多得多。经过更详细的研究，可以发现在贬官例增加的唐朝后期，贬官例多的地方因时而异。即，肃宗—顺宗时期被贬至江南东、西道的例子占半数以上（24例中的14例，58%），而宪宗至昭宗朝时期被贬至岭南道的例子达到六成以上（70例中的44例，63%）。随后在哀帝朝，被贬至河南道的例子占全部的六成（25例中的15例，60%），而且其中没有一例可以确认是到任了的。

正如表11所显示的，被贬为司户参军的官员的前任官官品分布，与前章研究的别驾与长史完全相反。即，在唐朝前期，没有三品以上的例子，也很少有五品以上的贬官例（10例中仅3例）。然而在肃宗朝以后，五品以上遭贬的事例增

---

① 《文献通考》卷六三《职官考·郡丞》。

表 10　被贬为司户参军的官员数

道＼皇帝	京畿	关内	都畿	河南	河东	河北	山南东	山南西	陇右	淮南	江南东	江南西	黔中	剑南	岭南	合	合计
高祖		1														1	1
太宗																0	
高宗				1							1	1				3	3
武后																0	
中宗															1	1	6
睿宗																0	
玄宗				1			1						2	1		5	
肃宗											2	2	1			5	
代宗		1【1】									2	2	1			6【3】	24【3】①
德宗							1	1			2	3【2】	2		4①	13①	
顺宗																0	
宪宗							2	1			2	1			5①	11【1】	
穆宗												1			1	2①	38【2】③
敬宗																0	
文宗							1				2	1	1		9②	14【2】	
武宗											1				3	4	
宣宗												1	1		6【1】	7【1】	
懿宗				2①			1			1		1			12①	16①	57【5】⑧
僖宗							1							1	3	5①	
昭宗						2【2】	1			1	1	1	2		5④	11⑥	
哀帝				15【2】		①				1①		1	2①	1①	7【1】⑦	25【5】④	
合计	0	2【1】	0	19【2】⑯	0	2【2】①	7	2	0	2①	11	16【2】	9①	3【1】①	56【2】⑯	129【10】㉕	

表 11　左迁官的前任官品（司户参军）

官品	高祖	太宗	高宗	武后	中宗	睿宗	玄宗	肃宗	代宗	德宗	顺宗	宪宗	穆宗	敬宗	文宗	武宗	宣宗	懿宗	僖宗	昭宗	哀帝
正一品																					○○
从一品				○																	
正二品																					
从二品																					△△△
正三品								◎										□■		◎	○○○
从三品							○○					○			■■	□	□△	■△	□■○	■	○○□□□
正四品上	◎												●		□			□		□□□	□
正四品下									□	◎		◎							◎		◎
从四品上										◎			○		◎			○○○○			○
从四品下												○					○				
正五品上															□			◎		◎	◎
正五品下																					
从五品上										○					□□					□	○○○
从五品下					□												□				
正六品上																					
正六品下									□			□									

续表

官品	高祖	太宗	高宗	武后	中宗	睿宗	玄宗	肃宗	代宗	德宗	顺宗	宪宗	穆宗	敬宗	文宗	武宗	宣宗	懿宗	僖宗	昭宗	哀帝
从六上			□				□	◎		◎					◎		□	◎◎◎			○○○
从六下			◎																	○	○
正七上																					
正七下										○											
从七上			○					◎		◎					○○						
从七下																					
正八上							◎		◎◎	◎◎◎		◎◎				◎◎◎					
正八下																					
从八上									□	◎		◎					□	◎	◎	◎	
从八下							○														
正九上																					
正九下															□						
从九上																					
从九下																					
不明								○○				○□□			○		□	□		□○	□

加,三品以上被贬为司户参军的也多了起来。这就是说,被贬为司户参军的官员官品,有一种随着时代的迁徙而逐步提高的倾向。进一步说,在被贬为司户参军的事例开始增加的肃宗—顺宗朝,被贬为司户参军者以六品以下京官,特别是三省官、台官(员外郎、侍御史、殿中侍御史、监察御史)居多(24 例中的 9 例,38%)。不过在宪宗—宣宗时期状况为之一变,六品以下的三省官、台官被贬者不超过全部的六分之一(37 例中的 7 例),而代之以外官被贬者占到半数(37 例中的 19 例,51%),而且其中多被贬至岭南道(19 例中的 13 例)。顺便说一下,这其中约半数(8 例)是从藩帅或者刺史被贬官的。唐末懿宗—哀宗时期,三品以上京官遭贬的事例与前期相比较,从零猛增到 9 例(但三省官只有 3 例);五品及六品京官被贬为司户参军的事例分别从 6 例增加到 15 例、1 例增加到 8 例,其中几乎都被三省官、台官所占。而七品以下的贬官例,从 8 例减少到 3 例。此外,藩帅、刺史被贬者占总数的四分之一(14 例)。这样,唐朝后期被贬为司户参军的官员的官品分布,随着时期的不同而出现了大的变动。表 12 以百分率表示各时期官品分布的情况(括弧内表示实数,以作参考)。

表 12　唐代后期被贬为司户参军的官员分布

时期 \ 官职官品	京　官				外　官	
	三品以上	四、五品	六品	七品以下	藩帅、刺史	其他
肃宗——顺宗时期	8(2)	17(4)	8(2)	33(8)	8(2)	17(4)
宪宗——宣宗时期	0(0)	16(6)	3(1)	22(8)	22(8)	30(11)
懿宗——哀帝时期	16(9)	26(15)	14(8)	5(3)	24(14)	7(4)

此外,特别是唐末诸例,司户参军作为再贬以上贬官位置而被使用是很常见的。具体地说,在前载表 6 中,懿宗—哀帝时期连续被贬官的官员总数达 13 例,其中约七成(9 例)中的司户参军是作为再贬以上的贬官位置被使用的。除此以外的时期,例如宪宗—宣宗时期,这样的例子在 6 例中仅有 5 例(19%)。从前任官来看,相对于宪宗—宣宗时期上佐(长使、司马)甚多的情况,懿宗—哀帝时期几乎只有刺史,这一点也是对照。

　　将以上所明确的内容与到前章为止考察的内容综合考虑,被贬为司户参军的状况的变化,可以说明如下。在唐朝前期,司户参军成为正史中记载有事迹的人物的贬官位置的情况十分稀少。经过安史之乱进入肃宗—顺宗时期,它成为主要是七品以下台官的主要左迁目标而被使用。这一时期被贬的七品以下台官总数为 11 例,其中 7 例被贬为司户参军。这种倾向,在接下来的宪宗—宣宗时期也被全盘继承。但是该时期更显著的特征,是外官被贬,特别是从上州刺史的被贬。该时期,藩帅以外的上州刺史被左迁为外官的总数为 17 例。其中三分之一弱的 5 例被贬为司户参军。到唐末懿宗—哀帝时期,宪宗—宣宗时尚且少见的中、下州刺史被贬官例增加了不少,刺史的贬官例(13 例)中,被贬为司户参军的要占到 10 例。但是,其中完全没有现任或前任宰相被贬两次以上的,这一点与以前不同。此外,唐末三品以上京官(以非三省官、台官为主)及五、六品京官(以三省官、台官为中心)被贬为司户参军的例子增多。从三省官、台官以外的三品以上京官来说,唐末贬官总数为 12 例,其中相当于三分之一的 4 例被贬为司户参军。同时,五品、六品的三省官、台官,分别有 16 例中的 9 例、10 例中的 7 例,占到总数的六成到七成。在宪宗—宣宗时期,这些官员的贬官目标,主要是山南道、江南道、岭南道刺史,被贬为司户参军的情况等于没有。但是在唐末,两者的情况完全逆转了(分别为 2 例、0 例)。该时期被贬为司户参军而未到任的比例,要比其他时期高出许多。特别是在哀帝朝,有 95% 以上未赴任地。换言之,唐末被贬为司户参军的,不过是在下一个处分到来之前的过渡;而且,被贬为司户参军者遭到再贬或三贬的事情不少,接下来的处分往往就是流刑或者赐死。

　　最后,要说一下有一些州的诸曹、诸司参军事中,为什么司户参军被作为贬官位置使用的情况居多。正如宫崎市定、严耕望两氏详细说明的,州府的僚佐,特别是在唐朝后期屡屡被作为人员清理的对象。因此,下等州的判司是很不齐备的①。例如,下州仅置司仓、司户、司法三个参军,这是因为他们兼任其他判司

①　参照第 512 页注②宫崎论文,及严耕望《唐代府州僚佐考》(《唐史研究丛稿》,新亚研究所,1969 年所收)。

的职掌。即使在这样的场合,也没有只把司户参军作为省员对象的事情。甚至到五代,其他判司全部被废除,只有这个官职被保留下来。就是说,司户参军在唐朝后期削减判司的潮流中,是任何州府必不可少的官职。

（二）县尉

以下讨论作为贬官位置的县尉。表 13 分别显示各时期、各道贬为县尉的数量。据此,官员被贬为县尉的,集中在玄宗与哀帝时期。

贬官地因时而异,玄宗朝以岭南道、哀帝朝以河南道为贬官地的情况都十分引人关注。集中贬官到岭南道,从高宗—武后时期到肃宗—顺宗时期是一贯的,可以说是该时代的基本潮流。如果说往任地的赴任状况,玄宗朝未到任的数量很少,而哀帝时能够确认到任的一个也没有。此外,哀帝朝与其他时期相比,员外官的比例特别高,也是很明显的。

表 14 分别表示各朝代被贬为县尉者的前任官的官品分布。据此,高宗—武后时期、玄宗朝、肃宗—顺宗时期、哀帝朝的特征各有一些变化。首先,在高宗—武后时期,宰相被贬官的数量与其他时期相比明显要多（9 例中 5 例）。到玄宗朝,这个特征完全消失了,而代之以外官被贬的数量增加（29 例中 15 例）,其中约半数为刺史被贬的例子。原先被贬为其他外官的官员又被贬为县尉的例子有 4 个。但是在肃宗—顺宗时期,几乎没有刺史被贬官的情况,就外官来说,只能确认上佐以下的例子。其他三品以上京官（除三省官、台官以外）被贬官的有若干。在哀帝朝,没有三品以上官员直接左迁为县尉的情况,能确认的是四品京官（除三省官、台官以外）、五品以下的三省官、台官及上佐以下外官被贬的诸例。

那么,上述变化,具有怎样的意义呢? 以下,在比较对照迄今所论刺史以下诸官贬官的同时,对此加以考察。

首先,高宗—武后时期与其他时期相比,宰相被贬为县尉的数量较多。前已述及,该时期宰相主要的贬官职位是刺史,特别是贬往中原地区的数量很显

表 13　被贬为县尉数

皇帝＼道	京畿	关内	都畿	河南	河东	河北	山南东	山南西	陇右	淮南	江南东	江南西	黔中	剑南	岭南	合计
高祖	0															0
太宗	0															0
高宗					1		1					1			1	1
武后													1①		4①	8①
中宗				1①							1	1	1①		4	6①
睿宗												1				
玄宗							4				2		6		16【3】②	29【3】②
肃宗							1【1】	1①			1		1		2	7①
代宗							1					1	1【1】		2	6【2】①
德宗													①			3①
顺宗													1①		1	1
宪宗														1	2【1】	3【1】
穆宗																0
敬宗																1
文宗							1					1				0
武宗																2
宣宗						2②										2
懿宗																1
僖宗																1【8】
昭宗				14【8】⑭									1		1	16【16】
哀帝																
合计	0	0	0	15【8】⑮	1	2②	10【1】	1①	0	0	5	5	12【1】④	1	35【4】③	87【14】㉔

表14 左迁官的前任官品（县尉）

官品	高祖	太宗	高宗	武后	中宗	睿宗	玄宗	肃宗	代宗	德宗	顺宗	宪宗	穆宗	敬宗	文宗	武宗	宣宗	懿宗	僖宗	昭宗	哀帝
正一品																					
从一品																					
正二品																					
从二品																					
正三品				●●●			□														
从三品			□	●			□□□□	○○	■○	□		○						■	□■○		○○
正四品上				●	●		□			□											
正四品下																			◎		
从四品上																					○○
从四品下							○			○											
正五品上								○○													
正五品下																					
从五品上				◎	□		○○○□													□	◎
从五品下				○□																	
正六品上							□		□												□
正六品下							□		□												□

546

续表

官品	高祖	太宗	高宗	武后	中宗	睿宗	玄宗	肃宗	代宗	德宗	顺宗	宪宗	穆宗	敬宗	文宗	武宗	宣宗	懿宗	僖宗	昭宗	哀帝
从六上							◎◎					□					□				◎
从六下					○																
正七上																					
正七下																					
从七上															◎		○				◎◎
从七下				◎			◎														
正八上				◎	◎		◎◎△		□												
正八下																					
从八上							○												◎		◎
从八下							○	○	○												○
正九上							□														□
正九下																					□
从九上							□														
从九下											□	□						□			
不明					○不明1		○庶人1											○			○

眼,被贬为县尉的数量望尘莫及。因此,过分看重这一点,将它作为该时期的特征加以强调,是不恰当的。只是,上述任何一个例子,都是带有浓厚政治色彩的左迁。

其次,玄宗朝外官、特别是刺史被贬的例子增加。中宗—玄宗时期,刺史的主要贬官职位是他州的刺史,其次是司马、别驾。该时期藩帅、刺史被贬官的总数为 50 例,其中上州刺史被贬官的有 23 例,占了近半数。而且其贬官地,以山南、江南、岭南道等比中原落后的地区为多。但是如果将其局限在玄宗朝(计 31 例),被贬为刺史者不过 9 例,而被贬为别驾(8 例)、县尉(6 例)的则显得突出。刺史的这种贬官例在中宗—睿宗朝就不存在了。就是说,刺史被贬为县尉是玄宗朝特有的现象。为什么该时期刺史被贬为县尉会这么多,现在无法得出明确的解答。如前所述,该时期被左迁为县尉的,其任地多在岭南道,其中包括几个再贬以上的例子,并且如第一章所说的那样,玄宗朝的刺史之职,即使是上州的刺史,其在官场的地位也不会很高。考虑到这一点,就不能说从刺史到县尉的贬官是完全毫无道理的了。当然,这是就品级较低的县尉来说的。同样是县尉,赤县、畿县、望县、紧县等上县的县尉应该加以不同看待,是不言而喻的。

最后,想说一下哀帝朝四品京官(除三省官、台官外)、五品以下三省官与台官以及上佐以下外官集中被贬为河南道县尉的原因。被贬为县尉,在玄宗朝达到高峰,以后呈现减少的倾向。但是哀帝朝其数量突增。当时,唐朝的实权被朱全忠夺取,而且黄巢之乱后,朝廷的势力范围仅限于华北的一部分区域。要从贬官原因来明确的话,该时期被贬为县尉的官员,不外乎是对抗朱全忠擅权、应该称为唐朝旧臣的人。朱全忠一旦将这种对抗自己的官员贬为县尉、赶出京城,就迫使其前往自己的根据地河南,而在其到达任地之前加以杀害。从朱全忠的所作所为来看,是没有任何让他们实际到任县尉的计划的,因此即使不考虑补充赴任处缺员状况,而将其作为员外官的位置,也没有什么不妥。

结　言

以上三章,阐述了唐代主要的贬官职位。这里在整体意义上,按照宰相,三省官、台官,三省官、台官以外的京官(东宫官、寺监官等),藩帅,刺史,上佐以下的外官六组,并根据时代的变迁,说明各官职的贬官职位。

宰相的贬官职位,可以清楚地分为唐代前期与后期。在前期,被贬为刺史的数量占压倒优势,贬官地集中于中原地区。但是,高宗—武后时期也散见贬官至山南、江南、岭南道的情况。到后期,很少有宰相直接被贬为刺史的情况。宰相作为荆南节度使、湖南观察使、鄂岳观察使、桂管观察使等藩帅出镇,或者一度就任东宫官(太子三师、太子三少。多为分司官)和寺监的长官、仆射(不带同平章事)的闲职后改贬的情况十分普遍。

三省官、台官的贬官职位,当然根据官品各异。三品以上的话,整个唐代最常见的是贬为刺史的情况。贬官地与宰相一样,前期多在中原地区,后期多在山南、江南、岭南道。在中宗—玄宗时期被贬为别驾,在随后的时期被贬为司马的情况十分突出。四品官的贬官位置,基本上与三品以上相同。五品官的话,高宗—武后时期,被贬为上佐和县令、县尉的要多于被贬为刺史的情况;中宗—玄宗时期被贬为刺史的情况一度很多,但是肃宗—顺宗时期被贬为上佐、县令、县尉的数量再一次超出。刺史作为五品官的主要贬官职位,是在宪宗—宣宗时期。到唐末,司马、司户参军成为主要的贬官职位。六品官的贬官职位,与五品官同样变化,到肃宗—顺宗时期为止,被贬为上佐等者居多;而宪宗—宣宗时期,刺史是主要的贬官位置。在唐末,被贬为司户参军的数量最多。七品以下的场合,在前期主要贬为县令、县尉,后期再加上司户参军。这样,三省官、台官的贬官职位,在四品以上(二至四品),五、六品,七品以下(七、八品)各等级都有显著的不同。

除去三省官、台官的京官(具体来说是东宫官、寺监官、京兆尹等)的贬官职位,与三省官、台官有显著的差异。在三品以上的场合,还能见到被贬为刺史的例子(从中宗—玄宗时期到宪宗—宣宗时期),但不如三省官、台官的场合下那样显眼。更为惹人注目的是被贬为上佐。在中宗—玄宗时期的别驾、肃宗—顺宗时期的长史及其以后到唐末的司马,是这些官的主要被贬的职位。在四品以下,也显现出大致同样的倾向。

藩帅的贬官职位,在玄宗朝以后到唐末为刺史,而且是山南、江南、岭南道的刺史。只是,唐末的懿宗—哀帝时期,也有若干被贬为司马、司户参军的例子。

刺史的贬官职位,在唐朝前期与后期大相径庭。在前期,特别是高宗—武后时期以前,刺史的主要贬官职位,是其他州的刺史。从贬官地来说,比起中原地区,山南、江南、岭南道的数量更多,但两者之间差别不大。而到后期,以中宗—玄宗为过渡时期,一直到宪宗—宣宗时的上佐,以后在唐末则是司户参军为主要的贬官职位。此外,宪宗朝以后,多见一度被贬为刺史者又被贬为上佐、司户参军的例子。

关于上佐以下的外官,贬官例也不太多,没有清晰的倾向。这里只能指出发现了几个从上佐到他州上佐、司户参军、县尉的例子,以及他们几乎都属于再贬以上的场合这两点。

这样,唐代官员的贬官职位,随着时代而出现大的变化,这与唐代地方统治的某些方面的变化具有密切的关系。有关唐朝前期的地方统治经常成为议论的题目,是由重视地方官的人选特别是刺史人选而引起的。反过来说,当时的州县官表明连长官都被中央官场等而视之。而且此时被当作题目的,是河南、河东、河北的所谓中原地方与剑南、淮南道,除此以外的区域未被言及。针对这种状况,唐朝根据开元年间反复颁布的诏敕,采取了制止三品以上高级官员被贬为这些地区的刺史的措施,而代之以任命四品以下京官为刺史、同时通过将他们的官品升为三品、从而增加担任刺史的某种附加价值的办法,以实现刺史的相对地位的上升。但是,这并没有成为改变唐初以来轻视外任风气的决定性的一着。结果,大大提高主要是中原地区的刺史地位的,是以安史之乱为契机的"州之军事化"。在肃宗—顺宗时期,取代这些刺史的,是上佐(特别是司马)或者山南、江南、岭南道的刺史为主的贬官职位。上佐是原来的刺史的辅佐,由于节度使体制的建立而被使院的幕职官取代了其地位,在当时成为纯粹的闲职。还有山南、江南、岭南道,是前期未被作为问题的无关紧要的地方,后期却成为左迁官员的去处,中央高级官员大多都被任命为这些地方的刺史。一般而言,罢职宰相大多成为华中、华南的藩帅,其中有的明确为左迁的情况。使用优秀人材担任地方长官的方针,是谁也无法反对的。但是,这个冠冕堂皇的口号往往被作为政坛倾轧的工具,成为将反对派的高官驱逐出京城、流放到远方的理由。这种倾向在唐末更为显著,即使不到任,仍然为了强调左降的意思而将中央高官贬为司户参军或县尉、赶出京城的事情屡屡出现①。

以上,本篇特别以外官为对象,考察了唐代官员的贬斥。正如在开头已经提到的,由于调查对象限于两唐书与《通典》,本稿的考察不一定涉及唐代的整个官员世界,对中、下层官员的动向几乎没有言及。关于这一点,准备今后在文集和碑刻中搜集上述官员的传记资料,进一步加以研究。至于对前任官与贬官职位关系的考察,这次就不进行贬官原因的分析了。两者关系的紊乱,不难推测由于贬官原因不同而造成的部分数量颇多。贬官原因本身十分复杂而且歧义明显。史料所列举的贬官原因,其背后一定有许多权力斗争的情况,在归纳分析中应该格外注意。在此对该问题只是略加论及,今后再就贬官之外的处分、朝廷对罪吏的处罚等进行考察。

①　本稿中,关于唐代这类贬官职位从五代到宋代发生怎样变化的问题,未能涉及。在宋代新官僚体制中,如何吸收唐代后期的贬官职位,梅原郁《宋代官僚制度研究》(同朋舍,1985 年)第一章《宋代的文阶》有所论述。

(附)唐代贬官者一览

[凡例]

本一览表搜集《新唐书》、《旧唐书》的本纪、列传及《资治通鉴》的贬官例,根据官职、地域分类,以年代为顺序排列。有关刺史的部分,适当参照了郁贤皓《唐刺史考》(江苏古籍出版社,1987年)。

在史料记载不同、无法确定孰为正确的情况下,姑存两说。

"未到任"栏有○印的,表示该官员到任前受到以下的处分(赐死、再贬等);"再贬"栏中有○印的,表示被贬为该官职的是属于再贬以上者。此外,"出典"栏的数字表示卷数。

本表使用以下略称:

"同三品"= 同中书门下三品,"同平章事"= 同中书门下平章事,"旧书"=《旧唐书》,"新书"=《新唐书》,"宰相表"=《新唐书·宰相表》,"通鉴"=《资治通鉴》,"录参"= 录事参军,"司法(兵、仓等)"= 司法(兵、仓等)参军。

本表所用符号如下:

△= 员外官,※= 藩帅,★= 宰相

[刺史]

州	姓名	朝代	贬官年	西历	前任官	未到任	再贬	出典				
								旧书	新书	宰相表	通鉴	其他
（京畿道）												
同州	王珪	太宗	贞观7	633	侍中★			70	98	61	194	
商州	萧瑀		同20	646	太子太保★			63	101	61		
同州	褚遂良	高宗	永徽元	650	中书令★			80	105	61	199	
岐州	苏珦	中宗			右台大夫				128			
华州	崔湜	睿宗	唐隆元	710	吏部侍郎、同平章事★	○				61	209	
岐州	薛谦光		景云2	711	御史大夫			101	112		210	
华州	杨场	玄宗	开元12	724	户部侍郎			185下	130		212	
同州	颜真卿	肃宗	至德2	757	御史大夫			128	153			
邠州	房琯		乾元元	758	太子少师			111	139		220	
华州	孔戣	宪宗	元和9	814	左丞			154	163			
同州	元稹	穆宗	长庆2	822	守工部侍郎、同平章事★			166	174	63	242	
华州	李固言	文宗	大和8	829	左丞			173				
华州	张仲方		大和末		京兆尹			99				
商州	郑薰	宣宗	大中中		给事中				165、175			
商州	王凝	懿宗	咸通10	869	礼部侍郎			190下	194			
洺邠州	韦澳		咸通中		吏部侍郎			158				
（关内道）												
泾州	杨弘礼	太宗	贞观23？	649	司农卿			77	106			

续表

州	姓名	朝代	贬官年	西历	前任官	未到任	再贬	出典				其他
								旧书	新书	宰相表	通鉴	
泾州	杨弘礼	太宗	贞观23？	649	司农卿			77	106			
陇州	冯元常	武后	文明元	684	左丞			185下	112			
绥州	陆元方		证圣元	695	鸾台侍郎、同平章事★			6,90	116	61	205	
鄜州	韦巨源		同元	695	右丞、同平章事★			6,90	123	61	205	
坊州	苏味道		长安4	704	凤阁侍郎、同三品★			94	114	61	207	
原州	宗楚客		长安4	704	夏官侍郎、同平章事★			6	109	61	207	
坊州	于休烈	玄宗	天宝中		比部郎中			149	104			
米鄜州	元义方	宪宗	元和7	812	京兆尹				201			
（都畿道）												
虢州	杜正伦	太宗	贞观17？	643	中书侍郎			70	106		197	
汝州	宁文融	玄宗	开元17	729	黄门侍郎、同平章事★			8,105	134	62	213	
汝州	苏晋		同19	731	吏部侍郎			100	128			
汝州	庾准	代宗	大历12	777	右丞			118	145			
汝州	张元夫	文宗	大和7	833	中书舍人			17下			244	
（河南道）												
饶州	李恺	太宗	贞观18	644	蜀王、岐州刺史			76				
郑州	许敬宗	高宗	永徽2	651	礼部尚书			82	223上			
汴州	房遗直		同3	652	礼部尚书	○		66	96			
青州	刘仁轨		显庆4	659	给事中				108		201	

续表

州	姓名	朝代	贬官年	西历	前任官	未到任	再贬	出典				
								旧书	新书	宰相表	通鉴	其他
濮州	武元爽	武后	乾封元	666	少府少监	○			76		201	
青州	蒋味道		垂拱元	685	守内史、同三品★			6,87	117	61	203	
沂州	韦承庆		长寿中		凤阁舍人			88	116			
△濮州	李重福	中宗	神龙元	705	谯王、左散骑常侍			7,86	81		208	
亳州	姚崇		同元	705	太仆卿、同三品★			7		61	208	
豫州	李峤		同元	705	地官尚书	○		94	123			
滑州	敬晖		同2	706	特进、平阳王	○		7			208	
豫州	袁恕己		同2	706	特进、平阳王	○		7			208	
亳州	桓彦范		同2	706	洛州刺史	○	○				208	
青州	尹思贞		同2	706	大理卿			100	128		208	
濮州	员半千		神龙中		弘文馆学士				112			
陈州	卢灿		景龙元	707	给事中			189下	199		208	
许州	萧至忠	睿宗	唐隆元	710	中书令★	○		7		61	209	
宋州	韦嗣立		同元	710	兵部尚书、同三品★	○		7		61	209	
许州	韦嗣立		景云元	710	中书令★					61	209	
宋州	赵彦昭		同元	710	中书侍郎、同平章事★					61	209	
滑州	李朝隐	玄宗	开元4	716	吏部侍郎			100	109		211	
豫州	卢从愿		同4	716	吏部侍郎			100	129		211	
曹州	韦凑		同10	722	河南尹				118			

续表

州	姓名	朝代	贬官年	西历	前任官	未到任	再贬	出典				
								旧书	新书	宰相表	通鉴	其他
邓州	严挺之		同15?	727	给事中			99	129			
曹州	李元纮		同17	729	中书侍郎,同平章事			8、98	126	62	213	
青州	萧嵩		同27	739	太子太师			9、99	101		214	
齐州	卢奂		天宝元	742	兵部侍郎			103				
陈州	张倚		同2	743	御史中丞			113	140		214	
宋州	裴宽		同3	744	户部侍郎			100	130		215	
淄州	裴敦复		同4	745	岭南五府经略等使						215	
濠州	韦陟		同5?	746	汴州刺史,河南道采访使	○		92	122			
颍州	萧炅		同8	749	刑部尚书			112			216	
宋州	李岵		同12	753	考功郎中				134			
陕州	杨慎矜		天宝中		谏议大夫							
郑州	于顽	代宗	大历12	777	京兆尹			146	149			
洺州	杜亚	德宗	同14	779	江西观察使			146	172			
亳州	李繁	敬宗	宝历中		大理少卿			130	139			
郑州	萧瀚	文宗	大和7	833	给事中			17下			244	
郑州	权璩		同9	835	中书舍人							
郑州	柳仲郢	武宗	会昌6	846	右散骑常侍			165	163			
郑州	刘瑑	宣宗	大中11	857	灵武节度使			18下	149			

续表

州	姓名	朝代	贬官年	西历	前任官	未到任	再贬	旧书	新书	宰相表	通鉴	其他
登州	裴枢	哀帝	天祐2	905	左仆射	○		20下、113	140		265	
莱州	崔远		同2	905	右仆射	○		20下			265	
棣州	独孤损		同2	905	静海军节度使	○		20下			265	
登州	柳璨		同2	905	门下侍郎,同平章事★	○		20下	223下	63	265	
(河东道)												
隰州	房遗直	高宗	永徽3	652	礼部尚书	○					199	
岚州	柴令武		同4	653	卫州刺史	○		58	90			
汾州	韦弘敏	武后	光宅元	684	太府卿,同三品★					61		
并州	张知泰	中宗			右御史大夫			185下				
泽州	赵彦昭	睿宗	唐隆元	710	中书侍郎,同平章事★	○		7		61	209	
沁州	李邕		同元	710	汴王,秘书监			64	79		209	
晋州	萧至忠		景云元	710	中书令★					61	209	
绛州	张锡		同元	710	工部尚书,同平章事★					61	209	
蒲州	裴谈		同元	710	刑部尚书,同三品★					61	210	
汾州	裴谈		同元	710	刑部尚书,同平章事★				128			
蒲州	韦安石		同2	711	东都留守			92	122			
泽州	王琚	玄宗	开元2	714	紫微侍郎			8,106			211	
绛州	卢从愿		同16?	728	东都留守			100	129			

557

续表

州	姓名	朝代	贬官年	西历	前任官	未到任	再贬	出典				
								旧书	新书	宰相表	通鉴	其他
绛州	韦陟	肃宗	乾元元	758	吏部尚书			92	122			
汾州	李勉				大常少卿			131	131			
汾州	李汉	文宗	大和9	835	吏部侍郎			17下、171	78		245	
汾州	魏謩	武宗	会昌元	841	谏议大夫			170	97			
潞州	王镇		同6	846	寿州刺史			18上				
慈州	毕诚		会昌中		侍御史				183			
※蒲州	夏侯孜	懿宗	咸通5	864	司空				182			
(河北道)												
邢州	李乾祐	高宗			御史大夫				117			
冀州	苏良嗣				洛州长史				103			
赵州	豆卢钦望	武后	证圣元	695	守内史★			6,90	114	61	205	
洺州	栢彦范	中宗	神龙2	706	特进,扶阳王	○		7			208	
贝州	宋璟		同2	706	黄门侍郎						208	
沧州	解琬		神龙中		北庭都护			100	130			
贝州	韦凑		景龙中		司农少卿			101	118			
怀州	李峤	睿宗	景云元	710	守兵部尚书,同三品★			7	123	61	209	
相州	张说	玄宗	开元元	713	紫微令★			8,97	125	62	210	
幽州	张嘉贞		同11	723	中书令★			8,99			212	

续表

州	姓名	朝代	贬官年	西历	前任官	未到任	再贬	旧书	新书	宰相表	通鉴	其他
魏州	宇文融		同15	727	户部侍郎			8,105			213	
洺州	严挺之		同24	736	左丞			99	129		214	
德州	韩思复		开元初		谏议大夫			101	118			
魏州	崔沔		开元中		中书侍郎				129			
恒州	杜希望		开元中		郑州都督				166			
德州	颜真卿		天宝中		武部员外郎			128	153			
磁州	毕诚	武宗	会昌中		侍御史			177				
(山南东道)												
襄州	尉迟敬德	太宗	贞观3	629	右武侯大将军			68				
房州	房遗爱	高宗	永徽3	652	散骑常侍			85			199	
忠州	卢承业		永徽中		检校左丞			81				
房州	薛晖		麟德元	664	左奉宸卫将军				83			
鄂州	李怀俨		乾封中		鸾台侍郎			59				
洋州	郑玄挺	武后	嗣圣元	684	吏部侍郎			190上				
复州	狄仁杰		垂拱4	688	豫州刺史			89	115		204	
荆州	薛季昶	中宗	神龙元	705	户部侍郎				120			
朗州	敬晖		同2	706	滑州刺史	○	○				208	
均州	崔玄暐		同2	706	(某州刺史)	○	○				208	
鄂州	袁恕己		同2	706	豫州刺史	○	○				208	

559

续表

州	姓名	朝代	贬官年	西历	前任官	未到任	再贬	出典				
								旧书	新书	宰相表	通鉴	其他
涪州	朱敬则		同2	706	郑州刺史	○			115			
襄州	崔湜	睿宗	景龙3	709	中书侍郎,同平章事★				123	61	208	
归州	赵彦昭		景云元	710	潞州刺史			7,14				册府元龟152
涪州	周利贞	玄宗	先天中		广州都督				205			
荆州	杜暹		开元17	729	检校黄门侍郎,同平章事★			98	126	62	213	
荆州	张九龄		开元25	737	右丞相			9,99	126		214	
均州	宋遥		天宝2	743	吏部侍郎			143	140		215	
金州	苗晋卿		同2	743	吏部侍郎			113	140		215	
襄州	韦陟		同4?	745	吏部侍郎			92	122			
复州	李齐物		同5	746	河南尹			112	78		215	
洋州	周智光	代宗	大历2	767	同华节度使	○		11	223下		224	
峡州	薛珏		大历中		楚州刺史			185下	143			
忠州	刘晏	德宗	建中元	780	左仆射			12,123	149		226	
归州	邵说		同3	782	太子宾客			12,137	203			
襄州	齐映		贞元3	787	中书舍人,同平章事★			12,136	150	62		
涪州	吴诜		同4	788	福建观察使			13,117			223	
△万州	苗拯		同15	799	谏议大夫	○						
均州	吕温	宪宗	元和3	808	侍御史			137	160			

续表

州	姓名	朝代	贬官年	西历	前任官	未到任	再贬	出典				
								旧书	新书	宰相表	通鉴	其他
金州	张仲方		同3	808	仓部员外郎			171				
归州	高霞寓		同11	816	唐邓随节度使			15、162	141		239	
峡州	韦颛		同11	816	吏部侍郎			15				
忠州	李宣		同11	816	屯田郎中			15				
房州	薛公干		同11	816	度支郎中			15				
金州	李正辞		同11	816	刑部郎中			15				
金州	窦易直		同12	817	京兆尹			15、167	151			
峡州	王仲舒		元和中		职方郎中			190下	161			
洋州	李建		元和中		京兆少尹			155	162			
朗州	韦辞		元和中		侍御史	○		160				
朗州	李翱	穆宗	元和15	820	考功员外郎			16、160	177			
洋州	李肇		长庆元	821	司勋员外郎			16				
朗州	温造		同元	821	起居舍人			16、165	91			
鄂州	王镒		同元	821	刑部员外郎			16	211			
归州	杜叔良		同2	822	横海节度使			16			242	
随州	李愿		同2	822	宣武军节度使			16、133	154		242	
洺州	李续	文宗	大和元	827	山南东道节度副使			17上、149	174			
襄州	张讽		同9	835	吏部郎中			17下				

续表

州	姓名	朝代	贬官年	西历	前任官	未到任	再贬	旧书	新书	宰相表	通鉴	其他
忠州	苏涤		同9	835	考功郎中			17下				
襄州	殷侑		开成元	836	刑部尚书			164				
洋州	崔珙	武宗	会昌4	844	右仆射,同平章事★	○		18上、177	182			
唐州	蒋系		会昌中		桂管观察使		○		132			
均州	韦正贯		会昌中		司衣卿				158			
忠州	薛元赏	宣宗	会昌6	846	工部尚书						248	
朗州	刘濛		大中2	848	给事中				149			
朗州	李讷		同9	855	浙东观察使				162		249	
荆州	刘瞻	懿宗	咸通11	870	守中书侍郎,同平章事★	○		19上	177	63	252	
荆州	路岩	僖宗	同14	873	四川节度使	○					252	
洋州	郑祥		乾符3	872	扬州左司马	○		19下				
荆州	孔纬	昭宗	大顺2	891	门下侍郎,同平章事★	○		179	163	63	258	
均州	孔纬		同2	891	荆南节度使		○	20上、179	163		258	
峡州	陆扆		乾宁3	896	中书侍郎,同平章事★			20上、179	183	63	260	

(山南西道)

州	姓名	朝代	贬官年	西历	前任官	未到任	再贬	旧书	新书	宰相表	通鉴	其他
通州	任瑰	太宗	武德9	626	邢州都督			59	90			
梁州	李义琛	高宗	永淳元	682	雍州长史			81				

续表

州	姓名	朝代	贬官年	西历	前任官	未到任	再贬	出典				
								旧书	新书	宰相表	通鉴	其他
璧州	李至远	武后	长寿元？	692	天官侍郎			148、185上	197			
集州	苏味道		证圣元	695	凤阁侍郎、同平章事★			6	114	61	205	
利州	李元名				舒王、郑州刺史	○			79			
通州	李峤	中宗	神龙初		豫州刺史		○	94				
果州	李湛				右散骑常侍				110			
巴州	杨慎交	睿宗	唐隆元	710	左散骑常侍						209	
通州	李朝隐				长安令				129			
果州	钟绍京	玄宗	开元2	714	太子詹事				121		211	
洋州	贾曾		同5？	717	中书舍人			190中	119			
通州	王琚		同24	736	蒲州刺史						214	
果州	敬括		天宝末		殿中侍御史			115	177			
阆州	刘秩	肃宗	乾元元	758	国子祭酒			111			220	
巴州	严武		同元	758	京兆少尹			111	129		220	
通州	刘晏		上元2	761	京兆尹			123	149		222	
开州	唐次	德宗	贞元8	792	礼部员外郎	○		190下	89			
果州	韦执之	宪宗	元和3	808	吏部员外郎		○	158	169		237	
巴州	韦贯之		同3	808	果州刺史			158	169			
开州	穆质		同5	810	太子左庶子			155	163			

续表

州	姓名	朝代	贬官年	西历	前任官	未到任	再贬	出典				
								旧书	新书	宰相表	通鉴	其他
开州	窦群		同6	811	黔中观察使			14,155	175		238	
通州	李进贤		同9	814	振武军节度使			15			239	
开州	韦处厚		同11	816	考功员外郎			15,159	142			
果州	崔韶	穆宗	同11	816	礼部员外郎			15				
通州	张平叔	穆宗	长庆2	822	户部侍郎			16				
洋州	张武均	敬宗	宝历元	825	将作监			17下				
阆州	权璩	文宗	大和9	835	中书舍人	○			165			
洋州	崔倩		同9	835	工部侍郎			17下				
阆州	高元裕		同9	835	中书舍人			17下,171	177		245	
蓬州	薛逢	懿宗	咸通中		巴州刺史			190下				
集州	王徽	僖宗	光启中		太子少师			178	185			
(陇右道)												
叠州	李勣	太宗	贞观23	649	太子詹事,同三品★	○		3,67	93	61	199	
秦州	崔善为		贞观中		司农卿			191	91			
叠州	丘神勣	武后	文明元	684		○		59,186上	209		203	
(淮南道)												
安州	高士廉	太宗	贞观元	827	侍中★			65	95	61	192	
黄州	李偘	高宗	永徽元	650	蜀王,澧州刺史			76	80			

续表

州	姓名	朝代	贬官年	西历	前任官	未到任	再贬	出典				其他
								旧书	新书	宰相表	通鉴	
申州	李素节	武后	同6	655	郇王,岐州刺史			86	81		202	
庐州	李回秀	武后	长安4	704	夏官侍郎,同三品★			62	99	61	207	
庐州	武重规				郑州刺史				206			
申州	祝钦明	中宗	神龙2	706	礼部尚书,知政事★			189下	109	61		
楚州	宋璟	睿宗	景云2	711	检校吏部尚书,同三品★			7、96	124	61	210	
申州	姚崇		同2	711	中书令★			7、96	124	61	210	
蕲州	冉祖雍		景云初		刑部侍郎				202			
沔州	韦安石	玄宗	开元2	714	青州刺史			8、92	122			
安州	韦抗		同10？	722	御史大夫,京畿按察使			92	122			
蕲州	王晙		同11	723	兵部尚书,同三品★			8、93	111	62	212	
舒州	吴兢		开元中		洪州刺史				132			
沔州	张廷珪		开元中		黄门侍郎			101	118			
滁州	姚弈		天宝元	742	右丞			103	124			
沔州	王忠嗣		同6	747	河西,陇右节度使			103、106	133			
申州	韦陟		天宝中		钟离(濠州)太守		○	92				
楚州	李泌	代宗	大历中		江西观察判官	○		130	139			
安州	桂仲武	穆宗	元和15	820	安南都护	○					241	
楚州	李景俭		长庆元	821	谏议大夫			16				

续表

州	姓名	朝代	贬官年	西历	前任官	未到任	再贬	出典				
								旧书	新书	宰相表	通鉴	其他
舒州	杨汉公	文宗	大和9	835	司封郎中				175			
安州	张文规		开成3	838	吏部员外郎			129	168			
蕲州	李贶	懿宗	咸通13	872	给事中			19上				
（江南东道）												
建州	张文琮	高宗	永徽4	653	户部侍郎			85	113			
台州	来济		显庆2	657	中书令★			4,80	105	61	200	
润州	卢承庆		同4？	659	度支尚书、同三品★			81				
处州	赵瓛	－	上元2	675	定州刺史				76,83		202	
睦州	高真行		永隆元	680	右卫将军			65	95		202	
睦州	杨元亨	武后	久视元	700	司府少卿			77	106		207	
润州	毕构	中宗	神龙元	705	中书舍人			100	128		208	
睦州	刘幽求	玄宗	开元元	714	太子少保			8,97	121		211	
常州	崔日用		同2？	714	吏部尚书				121			
睦州	宋璟		同3	715	御史大夫			96	124		211	
衢州	李杰		同4	716	御史大夫			70,100	128		211	
杭州	韦凑		同5？	717	河南尹			101				
台州	张嘉贞		同12	724	户部尚书			8,99	127		212	
衢州	李祎		同24	736	信安郡王、朔方节度大使			76	80		214	
处州	王昱		同26	738	剑南节度使	○					214	

续表

州	姓名	朝代	贬官年	西历	前任官	未到任	再贬	旧书	新书	宰相表	通鉴	其他
处州	张守珪		同27	739	幽州节度使			9,103	133		214	
处州	韦坚		天宝5	746	刑部尚书			9,105	134		215	
建州	张均	肃宗	同13	754	兵部尚书			9,97	125		217	
淄杭州	崔涣		至德2	757	门下侍郎、同平章事★			108	120	62		
衢州	李岘		永泰元	765	吏部尚书			11				
处州	第五琦	代宗	大历5	770	户部侍郎			123	149			
杭州	杜济		同8	773	京兆尹			11			224	
处州	王缙		同12	777	门下侍郎、同平章事			11,118	145	62	225	
睦州	王亚	德宗	建中元	780	河中晋绛观察使			12,146	172			
苏州	杜佑		同3	782	户部侍郎	○		12,147	166			
泉州	薛播		建中中		汝州刺史			146	159			
常州	韦夏卿		贞元8	792	给事中			13				
杭州	于頔		贞元中		太子宾客							
婺州	柳冕		贞元中		吏部郎中			149	203			
常州	孟简	宪宗	元和中		谏议大夫			163	132			
建州	李景俭	穆宗	元和15	820	谏议大夫			16,171	81			
漳州	李景俭		长庆元	821	谏议大夫	○		171	81			
台州	王仲周		长庆2	822	太子右庶子			16				
常州	贾餗	敬宗	同4	824	库部郎中			169				

续表

州	姓名	朝代	贬官年	西历	前任官	未到任	再贬	旧书	新书	宰相表	通鉴	其他
								出典				
汀州	蒋防	文宗	同4	824	翰林学士、司封员外郎			17上,149	104		243	
汀州	张又新		大和元	827	山南东道节度行军司马			17上,149	175			
苏州	刘禹锡		同5	831	礼部郎中			168	168			
常州	杨虞卿		同7	833	给事中			17下,176	175		244	
越州	高铢		同9	835	给事中			168				
明州	李宗闵		同9	835	守中书侍郎、同平章事★	○		17下,176	174	63	245	
衢州	卢简辞		大和中		大仆卿			163	177			
杭州	裴夷直	武宗	开成5	840	谏议大夫			18上	148		246	
婺州	李中敏		同5	840	给事中						246	
汀州	牛僧孺		会昌4	844	太子少保分司东都	○	○				248	
漳州	李宗闵		同4	844	湖州刺史	○					248	
常州	马植	宣宗	大中3	849	天平军节度使				184			
睦州	李文举		同5	851	宗正卿			18下				
处州	唐枝		同9	855	刑部郎中			18下				
婺州	杨发		同12	858	岭南节度使			177	184			
汀州	孙瑝	懿宗	咸通11	870	御史中丞			19上			252	

续表

州	姓名	朝代	贬官年	西历	前任官	未到任	再贬	出典				其他
								旧书	新书	宰相表	通鉴	
漳州	王珮	僖宗	同13	872	吏部侍郎			19上				
建州	李仲章		乾符3	876	度支分巡院使			19下				
〔江南西道〕												
郴州	颜师古	太宗	贞观7?	633	秘书少监	○		73	198			
潭州	褚遂良	高宗	永徽6	655	右仆射★			4,80	105	61	199	
洪州	高履行		显庆4	659	益州长史	○		65	95		200	
永州	高履行		同4	659	洪州都督		○	65	95		200	
虔州	许圉师		龙朔2	662	左相(侍中)★			4,59	106	61	201	
衢州	李敬玄		永隆元	680	中书令★			5,81	106	61		
岳州	郭待举	武后	光宅元	684	太子左庶子			87			203	
袁州	崔融	中宗	神龙元	705	司礼少卿(礼部侍郎)			94	114			
饶州	祝钦明	睿宗	景云元	710	国子祭酒			189下	109		210	
洪州	韩朝宗	玄宗	开元24	736	襄州刺史、兼山南东道采访使				118			
饶州	张均		同26	738	兵部侍郎			97	125			
岳州	张说		开元中		相州刺史、兼河北道按察使			97	125			
岳州	韦斌		天宝5	746	太常少卿			92	122		215	
袁州	李适之		同5	746	太子少保			9,99	131		215	
袁州	房琯		同6	747	给事中			111	139		215	
永州	李岘		同13	754	京兆尹				131			

续表

州	姓名	朝代	贬官年	西历	前任官	未到任	再贬	出典				
								旧书	新书	宰相表	通鉴	其他
道州	李广	肃宗	至德2	757	给事中			10				
宣州	李广琛		乾元2	759	青徐等五州节度使			10	153			
饶州	颜真卿	代宗			蒲州刺史			128				
道州	窦履信		宝应元	762	鸿胪卿			52				
袁州	李遵		同元	762	太子少傅			11				
道州	敬羽		同元	762	宗正卿			11、186下	209			
道州	崔涣		大历3	768	御史大夫			11,108	120			
饶州	裴士淹		同5	770	礼部尚书			11				
歙州	薛邕		同8	773	吏部侍郎			11,139	160		224	
永州	田承嗣		同10	775	魏博节度使	○		11,141	210			
㳂洪州	杜亚		大历中		给事中			146	172			
虔州	裴谞		大历中		左司郎中			126	130			
袁州	萧定		大历中		左(右)司郎中		○	185下	101			
饶州	杜佑	德宗	建中3	782	苏州刺史			135				
道州	阳城		贞元4	788	国子司业			192	194			
信州	刘太真		同5	789	礼部侍郎			13,137	203			
郴州	穆赞				侍御史分司东都			155	163			
池州	韩晔	宪宗	永贞元	805	司封郎中	○		14,135			236	

续表

州	姓名	朝代	贬官年	西历	前任官	未到任	再贬	出典				其他
								旧书	新书	宰相表	通鉴	
岳州	程异		同元	805	盐铁转运扬子院留后	○		135				
抚州	韩泰		同元	805	京西神策行营节度行军司马	○		14			236	
邵州	柳宗元		同元	805	礼部员外郎	○		14,160	168		236	
吉州	袁滋		同元	805	西川节度使			14,185下	151		236	
道州	吕温		元和3	808	均州刺史		○	137	160			
潭州	柳公绰		同6	811	御史中丞				163			
永州	崔能		同8	813	黔中观察使			177				
吉州	路恕		同9	814	鄜坊节度使			122	138			
郴州	杨于陵		同11	816	兵部侍郎			15,164	163			
潭州	韦贯之		同11	816	吏部侍郎			15,158	169		239	
抚州	袁滋		同12	817	唐邓随节度使			15,185下	151		240	
潭州	崔群		同14	819	守中书侍郎,同平章事★			15,135	165,175	62	241	
歙州	冯宿		元和中		比部郎中			168				
虔州	韦绶		元和中		谏议大夫			162	160			
宣州	令狐楚	穆宗	元和15	820	中书侍郎,同平章事★	○		172			241	
衡州	令狐楚		同15	820	宣歙观察使		○	16,172	166		241	
江州	钱徽		长庆元	821	礼部侍郎			16,168	177		241	

续表

州	姓名	朝代	贬官年	西历	前任官	未到任	再贬	旧书	新书	宰相表	通鉴	其他
										出典		
虔州	李渤		同元	821	考功员外郎			16				
吉州	张弘靖		同元	821	太子宾客分司东都		○	16	127		242	
信州	庞严	敬宗	同4	824	翰林学士、驾部郎中			17上、149	104		243	
邵州	杜元颖	文宗	大和3	829	西川节度使	○			96	63	244	
永州	李有裕		同4	830	沧景节度使			17下				
饶州	裴弘泰		同5	831	桂管节度使			17下				
邵州	沈巽		同9	835	左金吾卫大将军	○		17下、173			245	
江州	李珏		同9	835	翰林学士、司勋员外郎						245	
潭州	杨嗣复	武宗	开成5	840	吏部尚书	○		18上、176	174		246	
潭州	李回	宣宗	大中2	848	西川节度使	○		18下、173	131		248	
邵州	杨严	懿宗	咸通9	868	浙东观察使			177	184			
袁州	于瓌		同13	872	湖南观察使			19上			252	
道州	李当		同13	872	左丞			19上				
郴州	严郢		同13	872	工部尚书			19上				
歙州	裴枢	昭宗	龙纪初		太子右庶子				140			

续表

州	姓名	朝代	贬官年	西历	前任官	未到任	再贬	旧书	新书	宰相表	通鉴	其他
澑鄂州	张浚	武后	大顺2	891	河东节度使	○		20上,179			258	
（黔中道）												
辰州	刘景先	武后	光宅元	684	晋州刺史	○	○				203	
施州	李孝逸		垂拱2	686	左豹卫大将军	○		60	78	61	203	
珍州	邢文伟		天授元	690	内史★	○		189下	106	61	204	
溱州	杜景俭		证圣元	695	检校凤阁侍郎,同平章事★			90	116	61	205	
叙州	郑愔	睿宗	景云元	710	秘书少监	○					209	
溱州	钟绍京	玄宗	开元2	714	果州刺史						211	
绵州	皇甫恂		同8	720	殿中监			95	81		212	
播州	皇甫惟明		天宝5	746	河西陇右节度使	○		9,105	134		215	
施州	裴冕	代宗	宝应元	762	右仆射	○		11,113	140		222	
费州	严郢	德宗	建中3	782	御史大夫			12	145		227	
播州	刘禹锡	宪宗	元和10	815	朗州司马→还京			160				
南州	王建	昭宗	乾宁4	897	西川节度使	○						
溪州	王搏		光化3	900	工部侍郎	○		177	116		262	
（剑南道）												
邛州	柳享	高祖	武德中		右卫中郎将			77				
遂州	柳黄	高宗	永徽6	655	吏部尚书	○		4			199	

续表

州	姓名	朝代	贬官年	西历	前任官	未到任	再贬	出典				
								旧书	新书	宰相表	通鉴	其他
荣州	柳奭		同6	655	遂州刺史		○				199	
益州	卢承庆		永徽初		左丞			81				
普州	李义府		显庆3	658	中书令★			4,82	223上	61	200	
荣州	于志宁		同4	659	太子太师,同三品★			78	104		200	
简州	薛元超		龙朔5	663	东台侍郎			73	98			
剑州	武惟良		乾封元	666	司卫少卿				76		201	
龙州	武元庆		同元	666	宗正少卿				76		201	
普州	张大安		永隆元	680	太子左庶子,同三品★			5,68	81,89	61	202	
渝州	高审行		同元	680	户部侍郎				95			
黎州	李义琰		永淳元	682	雍州长史				105			
普州	刘景先	武后	光宅元	684	侍中★	○		81	106		203	
益州	姚璹		神功元	697	纳言★			89	102	61	206	
合州	张柬之		圣历元	698	凤阁舍人			91	120		205	
资州	杨元禧		久视元	700	尚食奉御				106		207	
眉州	苏味道	中宗	神龙元	705	益州长史			94	114			
渝州	刘宪		同元	705	吏部侍郎			190中	202			
陵州	杨务廉		同元	705	将作少匠			91				
泸州	夏侯铦		神隆中		给事中				83			
绵州	钟绍京	玄宗	开元2	714	太子詹事	○		97				

续表

州	姓名	朝代	贬官年	西历	前任官	未到任	再贬	出典				
								旧书	新书	宰相表	通鉴	其他
梓州	王晙		同9	721	兵部尚书			93	111			
绵州	崔涣		天宝15	756	司门员外郎				120			
剑州	崔涣		同15	756	司门员外郎			108				
遂州	李巨	肃宗	乾元2	759	东都留守			10,112	79			
蜀州	李峘		同2	759	吏部尚书,同平章事★			10,112	131	62	221	
蜀州	韩洄	德宗	建中2	781	户部侍郎			129	126			
资州	羊士谔	宪宗	元和3	808	监察御史			137	160			
绵州	韦弘景		同10?	815	度支郎中			157	116			
梓州	李逢吉		同12	817	门下侍郎,同平章事★			174	62			
剑州	李宗闵	穆宗	长庆元	821	中书舍人			16,176	174		241	
遂州	萧澣	文宗	大和9	835	刑部侍郎	○		17下			245	
普州	冯彭	懿宗	咸通13	872	兴元少尹			19上				
昌州	阳琯		同13	872	大理正			19上				
泸州	柳玭	昭宗			御史大夫				163			

（岭南道）

州	姓名	朝代	贬官年	西历	前任官	未到任	再贬	旧书	新书	宰相表	通鉴	其他
康州	程知节	高祖	武德9	626	左一马军总管	○		68	90		191	
交州	杜正伦	太宗	贞观17	643	穀州刺史	○	○	70	106		197	
象州	韦挺		同20?	646	太常卿			77,191	98			
循州	张睿册	高宗	永徽元	650	大理少卿						199	

续表

州	姓名	朝代	贬官年	西历	前任官	未到任	再贬	旧书	新书	宰相表	通鉴	其他
										出典		
振州	韩瑗		显庆2	657	侍中★			4,80	105	61	200	
象州	柳奭		同2	657	荣州刺史			77,191	98		200	
爱州	褚遂良		同2	657	桂州都督							
横州	杜正伦		同3	658	中书令★			4,70	106	61	200	
潮州	唐临		同4	659	吏部尚书			85				
交州	郎余庆				苏州刺史				199			
桂州	薛季昶	中宗	神龙元	705	荆州长史			185上				
桂州	李尚隐	玄宗	开元13	725	河南尹			185下	130			
桂州	杨茂谦		开元中		相州刺史、兼河北道按察使			185下	197			
桂州	黎幹	代宗	大历5	770	刑部侍郎	○		118	145			
连州	王昂		同12	777	刑部尚书	○		11,118				
潮州	李皋		同12？	777	衢州刺史			131	80		226	
潮州	常衮	德宗	同14	779	河南少尹		○	12	150		225	
疃州	严郢		建中3	782	御史大夫			135				
连州	刘禹锡	宪宗	永贞元	805	屯田员外郎	○		14,160	168		236	
韶州	泽镐		元和11	816	义武军节度使	○		134	155			
循州	泽镐		同12	817	韶州刺史		○	15,134	155			
潮州	韩愈		同14	819	刑部侍郎			15,160	165		240	
柳州	王遂		元和中		大府卿			162	116			

续表

州	姓名	朝代	贬官年	西历	前任官	未到任	再贬	出典				
								旧书	新书	宰相表	通鉴	其他
韶州	独孤朗	穆宗	长庆元	821	员外郎			16	162			
桂桂州	刘栖楚	文宗	大和元	827	京兆尹				175			
韶州	杜元颖		同3	829	西川节度使	○		17上				
连州	杨敬之		同9	835	兵部郎中			17下	160			
桂桂州	李珏	武宗	开成5	840	太常卿	○		18上			246	
潮州	杨嗣复		会昌元	841	湖南观察使		○	176	174		246	
昭州	李珏		同元	841	桂管观察使		○		182		246	
连州	苏涤		同6	846	舒州刺史			18上				
桂桂州	蒋系		会昌初		谏议大夫	○			132			
循州	郑亚	宣宗	大中2	848	桂管观察使			18下、178	185		248	
端州	崔龟		同2	848	中书舍人				180		248	
贺州	李回		同2	848	湖南观察使		○		131		248	
雷州	柳仲郢		大中中		山南西道节度使				163			
韶州	杨严	懿宗	咸通9	868	浙东观察使			19上				
康州	刘瞻		同11	870	荆南节度使	○	○	19上、177			252	
廉州	刘瞻		同11	870	荆南节度使	○	○		181			
梧州	郑畋		同11	870	翰林学士、户部侍郎			19上、178	185		252	

续表

州	姓名	朝代	贬官年	西历	前任官	未到任	再贬	旧书	新书	宰相表	通鉴	其他
										出典		
韶州	于琮		同13	872	普王傅分司东都		○		104		252	
藤州	张铎		同13	872	给事中			19上				
贺州	李郁		同13	872	左散骑常侍			19上				
新州	路严		同14	873	荆南节度使	○	○		184		252	
贺州	韦保衡	僖宗	同14	873	门下侍郎、同平章事★	○		19下	184	63	252	
康州	崔沆		乾符3	876	太常少卿			19下				
端州	高浔		中和元	882	昭义军节度使			19下				
连州	张浚	昭宗	大顺2	890	鄂岳观察使	○	○	20下、179			258	
梧州	杜让能		景福2	893	门下侍郎、同平章事★	○				63	259	

[别驾]

州	姓名	朝代	贬官年	西历	前任官	未到任	再贬	旧书	新书	宰相表	通鉴	其他
										出典		
（河南道）												
蔡州	吴士矩	文宗	开成2	837	江南观察使	○		89	115、159			
（河东道）												
绛州	杨慎文	睿宗	景云元	710	秘书监				83、160			
△晋州	薛伯阳	文宗	先天2	713	右牵牛卫将军	○		73	98			

续表

州	姓名	朝代	贬官年	西历	前任官	未到任	再贬	旧书	新书	宰相表	通鉴	其他
								出典				
泽州	王守一		开元12	724	太子少保	○		8				
（河北道）												
莫州	李延年	玄宗	天宝初		嗣徐王、员外太子洗马			64	79			
（山南东道）												
洺州	宋庭瑜	玄宗	先天中		司农少卿			193				
洋州	薛自劝		开元24	736	泾州刺史						214	
房州	李承宏		同24	736	广武王				81		214	
△峡州	李瑁		天宝5	746	嗣薛王、鸿胪卿同正员			9,95	81		215	
△峡州	颜真卿	代宗	永泰2	766	刑部尚书			11,128	153		224	
忠州	陆贽	德宗	贞元11	795	太子宾客			13,139	157		235	
（山南西道）												
渠州	韦岳	玄宗	先天2	713	殿中少监			185上	100			
通州	陶朝隐		先天中		秘书少监			190中	202			
兴州	麻察		开元17?	729	大理丞	○		190中	128		213	
△璧州	万福顺		同19	731	左领军卫大将军			106	121			
通州	李季卿	肃宗			中书舍人			99	202			
通州	崔河图	德宗	贞元中					13				
（淮南道）												
△滁州	李峤	玄宗	开元2	714	特进			8	123		211	

续表

州	姓名	朝代	贬官年	西历	前任官	未到任	再贬	出典				
								旧书	新书	宰相表	通鉴	其他
△滁州	韦安石		同2	714	青州刺史			8,92	122		211	
安州	刘知几		同9	721	左散骑常侍			102	132			
△安州	裴宽		天宝5	746	睢阳(宋州)太守			100	130		215	
(江南东道)												
睦州	杨承令	玄宗	开元13	725	汾州刺史						212	
温州	潘好礼		开元中		豫州刺史			185下	128			
△湖州	韩朝宗		天宝3	744	高平(泽州)太守				118			
明州	徐浩	代宗	大历8	770	吏部侍郎			11,136	160		224	
泉州	姜公辅	德宗	贞元8	792	太子右庶子			13,152	138			
衢州	于頔		同8?	792	杭州刺史			137	203			
泉州	马摠		同16	800	义成军节度从事			155、157	163		235	
衢州	令狐峘		贞元中		吉州刺史			149	102、150			
(江南西道)												
江州	赵彦昭	玄宗	开元12	714	刑部尚书			92	123			
△袁州	赵彦昭		同2	714	刑部尚书						211	
△岳州	韦嗣立		同2	714	太子宾客			8,88	116		211	
邵州	李峤		同12	724	嗣濮王、国子祭酒同正员			76				
潭州	王守一		同12	724	太子少保						212	

续表

州	姓名	朝代	贬官年	西历	前任官	未到任	再贬	出典旧书	新书	宰相表	通鉴	其他
鄂州	李瓘		同12	724	嗣许王,卫尉卿			8.86	81			
抚州	李令问		同15	727	左散骑常侍			67	93,103		212	
△道州	高广济		同19	731	内威卫将军			106	121			
歙州	狄光嗣		开元中		扬州刺史			89	115			
△鄂州	韦坚		天宝5	746	缙云(处州)太守	○		105	134		215	
衡州	令狐峘	德宗	建中元	780	礼部侍郎		○	149	102			
吉州	令狐峘		贞元5	789	太子右庶子			149	102			
郴州	窦参		同8	792	中书侍郎,同平章事★			13,136	145	62	234	
饶州	穆赞		同10	794	御史中丞			155	163		235	
(黔中道)												
△施州	令狐建	德宗	贞元5	789	右领军卫大将军			124	148			
(岭南道)												
遂州	崔位	德宗	贞元中		义成军节度使僚佐				162			
藤州	李文暕	武后	垂拱中		幽州都督			76	78			
昭州	李欣				嗣濮王			80	80			
连州	契苾嵩	玄宗	开元16?	728	特进			103				
△襄州	王毛仲		同19	731	殿中监,内外闲厩牧都使	○		8,106	121		213	
△严州	李守德		同19	731	右武卫将军			106	121			
△党州	王景耀		同19	731	右威卫将军			106	121			

续表

州	姓名	朝代	贬官年	西历	前任官	未到任	再贬	旧书	新书	宰相表	通鉴	其他
										出典		
△振州	唐地文		同19	731	左监门卫将军			106	121			
罗州	李昇	德宗	贞元中		太子詹事				147			

[长史]

州	姓名	朝代	贬官年	西历	前任官	未到任	再贬	旧书	新书	宰相表	通鉴	其他
										出典		
(都畿道)												
汝州	王濬	玄宗	开元14？	726	驾部员外郎			190中				
(河南道)												
宋州	韦岳	武后			大原令			185上	100			
青州	刘允济	中宗	神龙初		凤阁舍人			190中	202			
汴州	宋之问		景龙中		考功员外郎	○			202			
△莱州	李揆	肃宗	上元2	761	中书侍郎(同平章事)★			126				
(河东道)												
并州	陆璪	玄宗	开元21	733	洛阳令				116			
晋州	崔伦	代宗			吏部员外郎				164			
(山南东道)												
△洋州	吉温	玄宗	天宝13	754	武部侍郎			9、186下	209		217	

续表

州	姓名	朝代	贬官年	西历	前任官	未到任	再贬	出典				
								旧书	新书	宰相表	通鉴	其他
△忠州	第五琦	肃宗	乾元2	759	户部侍郎、同平章事★	○		10,123	149		221	
涪州	李充	德宗	贞元11	795	京兆尹						235	
峡州	薛正伦		同16	800	山南东道节度判官	○		156			235	
郢州	纥干	文宗	大和3	829	西川节度使僚佐			163				
荆州	王式		大和末		殿中侍御史			164				
峡州	孟琩		大和末		长安令			169				
朗州	姚中立		大和末		万年令			169				
洋州	韦让		开成4	839	光禄卿			17下				
随州	李铁	武宗	会昌6	846	彭州刺史			18上				
夔州	康季荣	宣宗	大中9	855	右威卫大将军						249	
（山南西道）												
蓬州	李瑀	肃宗	乾元2	759	汉中王、山南西道道防御史				81			
渠州	魏少游		同2	759	卫尉卿			115	141		221	
蓬州	颜真卿		上元元	760	刑部侍郎			128	153			
巴州	韦伦				秦州刺史	○		138	143			
通州	李实	顺宗	贞元21	805	道王、京兆尹			14,135	167		236	
梁州	张云	懿宗	咸通4	863	起居郎			19上、172	166			
（陇右道）												
西州	裴行俭	高宗	永徽6	655	长安令			84	108		199	

续表

州	姓名	朝代	贬官年	西历	前任官	未到任	再贬	出典				
								旧书	新书	宰相表	通鉴	其他
（淮南道）												
庐州	卢铉	玄宗	天宝中		闲厩判官			186下	134			
庐州	徐浩	肃宗			国子祭酒			137	160			
（江南东道）												
越州	敬播	高宗			给事中			189上	198			
黎州	崔融	武后	久视无	700	凤阁舍人			94				
润州	姜皎	中宗			尚衣奉御				91			
处州	郭山恽	睿宗	景云元	710	国子司业				121		210	
黎州	崔日用	玄宗	同元	710	黄门侍郎,参知机务★				124			
台州	宋尚	玄宗	天宝中		汉东（随州）太守			131	80			
温州	李皋	肃宗	上元元?	760	秘书少监同正			13				
汀州	张游	德宗	贞元11	795	卫尉卿		○				235	
△明州	李吉甫		贞元中		驾部员外郎		○	139、149	146		236	
处州	李宗闵	文宗	大和9	835	明州刺史	○		17下	176		245	
明州	韦璀				中书舍人				162			
漳州	李宗闵	武宗	会昌4	844	漳州刺史	○			174		248	
（江南西道）												
△吉州	刘景先	武后	光宅元	684	辰州刺史		○	81.87	106		203	

续表

州	姓名	朝代	贬官年	西历	前任官	未到任	再贬	出典				
								旧书	新书	宰相表	通鉴	其他
衡州	李回秀	中宗	神龙元	705	庐州长史	○			99			
饶州	韦嗣立		神龙初		洛州刺史			88	116			
△袁州	李揆	肃宗	上元2	761	中书侍郎、同平章事★			10、185下	150	62	222	
抚州	刘秩				阆州刺史				132			
信州	崔造	德宗	建中元	780	左司员外郎			130	150			
信州	卢徵		贞元2	786	度支员外郎			146				
永州	郑叔则		同5?	789	京兆尹			13,135				
信州	李充		同11	795	京兆尹			13				
邵州	李锆		同11	795	司农卿					235		
郴州	张正甫		同14?	798	襄阳从事、监察御史			162				
虔州	房启	宪宗	元和中		太仆少卿				139			
袁州	李德裕	文宗	大和9	835	守太子宾客分司东都		○	17下、174	180			
信州	魏謩	武宗	会昌中		汾州刺史			176	97			
(黔中道)												
费州	宗晖	玄宗	天宝11	752	卫尉员外郎			86				
(剑南道)												
剑州	韩思复	中宗	神龙2	706	礼部郎中				118			
(岭南道)												

续表

州	姓名	朝代	贬官年	西历	前任官	未到任	再贬	出典				其他
								旧书	新书	宰相表	通鉴	
桂州	姚璹	武后	光宅元	684	夏官侍郎			89	102			
邕州	周利贞	文宗	开元中		辰州长史	○			209			
韶州	袁高	德宗	建中元	780	御史中丞,京畿道观察使			12,153	120			
桂州	于頔	同元		780	礼部侍郎			12,137	203		224	
循州	牛僧孺	武宗	会昌4	844	汀州刺史		○		74			

[司马]

州	姓名	朝代	贬官年	西历	前任官	未到任	再贬	出典				其他
								旧书	新书	宰相表	通鉴	
(京畿道)												
△邠州	张直方	宣宗	大中中					18下				
(关内道)												
△原州	娄师德	武后	万岁通天元	696	左肃政台御史大夫,知政事★			93	108	61	205	
坊州	韦见素	玄宗	开元末		大理寺丞			108				
(河南道)												
宋州	刘藏器	高后			比部员外郎				201			
濠州	窦从一	睿宗	唐隆元	710	左御史大夫			183	109		209	
密州	蔡容珣		景云2	711	监察御史				83			
虔州	王涯	宪宗	元和3	808	都官员外郎		○	14,169	179		237	

续表

州	姓名	朝代	贬官年	西历	前任官	未到任	再贬	出典				
								旧书	新书	宰相表	通鉴	其他
亳州	李从海	文宗	开成中		谭王府咨议分司东都				78			
濮州	韩偓	昭宗	天复3	903	翰林学士承旨	○					264	
棣州	韩仪	昭宗	天祐元	904	行御史中丞			20上	183			
曹州	柳璩	哀帝	同2	905	太子宾客		○	20下			265	
（河东道）												
汾州	李汉	文宗	大和9	835	汾州刺史		○	17下、171	78		245	
（河北道）												
卫州	房先敏	武后	垂拱元？	685	司门员外郎			87	117			
怀州	崔碣	僖宗	乾符4	877	陕虢观察使				120		253	
（山东南道）												
鄂州	裴光庭	中宗	景隆中		大常丞			84	108			
朗州	和逢尧	玄宗	先天2	713	户部侍郎			185下	123			
荆州	吴兢	玄宗	开元中		太子左庶子				132			
峡州	张清	代宗	宝应元	762	大常卿同正员			52				
△峡州	萧华	代宗	同元	762	礼部尚书			99	101		222	
沣州	潘炎	德宗	建中元？	780	礼部侍郎				160			
襄州	柳镇	德宗	贞元中		殿中侍御史				168			
朗州	卢景亮	德宗	贞元中		右补阙				164		236	

续表

州	姓名	朝代	贬官年	西历	前任官	未到任	再贬	出典				
								旧书	新书	宰相表	通鉴	其他
朗州	刘禹锡	宪宗	永贞元	805	连州刺史		○	14,160	168		236	
房州	柳 浑		元和中		华州华阴令	○		160	176			
房州	田 绪		元和中		卫王傅		○		210			
唐州	卢 并	文宗	大和3	829	西川节度使僚佐			163				
洋州	蔡 京	宣宗	大中2	848	殿中侍御史			18下				
洋州	裴 让		同5	851	同州奉先令			18下				
隋州	于廷陵		同12	858	建州刺史						249	
复州	刘承雍	僖宗	咸通14	873	户部侍郎						252	
夔州	朱 朴	昭宗	乾宁4	897	秘书监	○					261	
(山南西道)												
璧州	李义府	高宗	永徽6	655	中书舍人	○		190上	223上		199	
开州	杜易简		咸亨中		考功员外郎				201			
△渠州	魏元忠	中宗	景龙元	707	特进			92	122		208	
通州	张 洽	玄宗	开元中		侍御史				118			
△巴州	苏 端	代宗	大历中		比部郎中				142			
阆州	裴 谞	德宗	建中中		左金吾卫将军			126	130			
△开州	王 任	宪宗	永贞元	805	左散骑常侍			14,135	168		236	
△开州	宋申锡	文宗	大和5	831	太子左庶子		○	17下、167	152		244	

续表

州	姓名	朝代	贬官年	西历	前任官	未到任	再贬	出典				
								旧书	新书	宰相表	通鉴	其他
（陇右道）												
渭州	刘秩	玄宗	天宝中		祠部员外郎				132			
鄯州	李伺忌	肃宗	至德2？	757	谏议大夫			111	139			
（淮南道）												
蕲州	徐齐聃	高宗	咸亨元	670	西台舍人			190上	199			
申州	李巨	玄宗	天宝5	746	嗣虢王、西河（汾州）太守			112	79		215	
（江南东道）												
台州	孟诜	武后			凤阁舍人				196			
苏州	王无兢	中宗	神龙初		太子舍人	○		190中	107			
睦州	杜咸	玄宗	开元中		魏州刺史,兼河北按察使				106			
处州	李邕	玄宗	开元中		户部郎中			190中	202			
汀州	裴胄	德宗	建中中		宣州刺史			122	130			
泉州	吴通玄	德宗	贞元8	792	左谏议大夫	○		13、190下	145		234	
汀州	郑锋		同14	798	京兆府兴平令			129				
台州	陈谏	宪宗	永贞元	805	河中少尹			14,135	168		236	
建州	李位		元和9	814	信州刺史			154	163			
处州	杨虞卿	文宗	大和9	835	京兆尹	○		176	174			
湖州	何迎	昭宗	乾宁4	897	右谏议大夫						261	

续表

州	姓名	朝代	贬官年	西历	前任官	未到任	再贬	出典				
								旧书	新书	宰相表	通鉴	其他
（江南西道）												
洪州	许敬宗	太宗	贞观10	636	中书舍人			82				
邵州	贾言忠	高宗	上元2	675	吏部员外郎			190中	119			
歙州	崔神庆	武后	长寿中		并州长史			77	109			
江州	郑愔	中宗	景龙3	709	守吏部侍郎，同平章事★			7,74		61	208	
道州	王翰	玄宗	开元中		仙州别驾			190中	202			
△道州	王琚		天宝5	746	邺郡（相州）太守			106	121		215	
袁州	张垍		同13	754	给事中	○		97	125			
袁州	李峘	肃宗	乾元2	759	御史大夫			112	80			
岳州	贾至				蒲州刺史				119			
郴州	张潜	代宗	宝应元	762	鸿胪卿			52				
永州	李遵		大历2	767	鸿胪卿			11				
△道州	杨炎		同12	777	吏部侍郎	○		11,118	145			
虔州	穆宁		大历初		鄂岳沔都团练使			155				
饶州	归崇敬		大历中		国子司业			149	164			
信州	韦伦				韶连郴三州都团练使			138	143			
衡州	田晋	德宗	建中2	781	大理正			118	145		227	
△抚州	卢慎		同3	782	京兆尹			12,126				
袁州	李景略		贞元6	790	丰州刺史			152	170			

续表

州	姓名	朝代	贬官年	西历	前任官	未到任	再贬	出典				
								旧书	新书	宰相表	通鉴	其他
道州	窦申		同8	792	给事中	○		13,136	145		234	
虔州	李逈		同12	796	宣武军兵马使						235	
△抚州	韩皋		同14	798	京兆尹			13,129	126			
△郴州	郑余庆		同16	800	中书侍郎,同平章事★			13,158	165	62	235	
虔州	李众		贞元中		京兆府万年令			135	167			
△信州	卢南史		贞元中		侍御史			137				
歙州	吕渭				司门员外郎			126,137	160			
饶州	韩晔	宪宗	永贞元	805	池州刺史		○	14,135	168		236	
虔州	韩泰		同元	805	抚州刺史		○	14,135	168		236	
永州	柳宗元		同元	805	邵州刺史		○	14,160	168		236	
郴州	程异		同元	805	岳州刺史			14,135	168		236	
江州	白居易		元和10	815	太子左赞善大夫			166	119			
永州	张茂和		同12	817	左神武卫将军						240	
江州	韦辞		元和中		朗州刺史		○	160				
抚州	令狐通		元和中		寿州刺史			15				
△吉州	孟简	穆宗	元和15	820	太子宾客分司东部		○	16,163	160			
吉州	李彤	敬宗	长庆4	824	司农少卿			17上				
道州	李仍叔		宝历元	825	水部郎中				174		243	

续表

州	姓名	朝代	贬官年	西历	前任官	未到任	再贬	旧书	新书	宰相表	通鉴	其他
								出典				
袁州	浑镳	文宗	大和4	830	丰州刺史			17下、134	155			
△陵州	杨虞卿		同9	835	京兆尹	○					245	
郴州	敬昕	武宗	开成5	840	京兆尹			17下			246	
信州	柳璟		会昌中		礼部侍郎				132			
岳州	吴阅	宣宗	大中5	851	景陵令			18下				
永州	韦廑		同10	856	司衣卿						249	
永州	李叔		同11	857	入册回鹘判官、河南府士曹参军			18下				
郴州	李浑		同11	857	入册回鹘副使、国子礼记博士			18下				
邵州	李丛		同12	858	蔡州刺史			18下				
郴州	董禹	僖宗	乾符2	875	右朴阙						252	
郴州	杨知温		同5	878	荆南节度使				103		253	
衡州	孙催	昭宗	乾宁4	897	礼部尚书			162				
衡州	张纬		同4	897	刑部尚书			162			261	
抚州	钱翊		光化3	900	中书舍人				177			

（黔中道）

州	姓名	朝代	贬官年	西历	前任官	未到任	再贬	旧书	新书	宰相表	通鉴	其他
播州	宗楚客	武后	圣历2	699	左丞				109		206	
南州	李邈	中宗	神龙3	707	宗正卿			76	80			

续表

州	姓名	朝代	贬官年	西历	前任官	未到任	再贬	旧书	新书	宰相表	通鉴	其他
										出典		
辰州	张柏	玄宗	天宝13	754	大常卿	○		9,97	125		217	
△溆州	贺兰进明	肃宗	乾元2	759	御史大夫			10			221	
播州	赵赞	德宗	建中4	783	户部侍郎			12,135	167		229	
播州	萧遘	懿宗	咸通11	870	起居舍人			179	101			
南州	孙偓	昭宗	乾宁4	897	礼部尚书						261	
(剑南道)												
简州	卢承庆	高宗	永徽中		益州长史			81	106			
襄州	长孙知仁		显庆4	659	渝州刺史				105			
梓州	杨元祎	武后			河南府猴氏令			77	106			
嘉州	周利贞	中宗	神龙中		侍御史			186下			208	
邛州	崔隐甫	睿宗			殿中侍御史				130			
遂州	张仲方	宪宗	元和12	817	度支郎中			15,171	126			
遂州	萧澣	文宗	大和9	835	遂州刺史						245	
(岭南道)												
柳州	徐敬业	武后	嗣圣元年?	684	眉州刺史	○		67	93		203	
罗州	窦孝谌	中宗	长寿2	693				183			205	
△泷州	桓彦范		神龙2	706	亳州刺史	○	○	7,91	120	61	208	
△新州	张柬之		同2	706	襄州刺史	○		7,91		61	208	
△崖州	敬晖		同2	706	朗州刺史	○	○	7,91		61	208	

续表

州	姓名	朝代	贬官年	西历	前任官	未到任	再贬	出典				
								旧书	新书	宰相表	通鉴	其他
△白州	崔元晔		同2	706	均州刺史	○	○	7,91		61	208	
△窦州	袁恕己		同2	706	鄂州刺史	○	○	7,91		61	208	
儋州	薛季昶		同2	706	桂州都督	○	○	185上	120		208	
春州	武攸望				太常卿			183				
春州	姜晦	玄宗	开元10	722	吏部侍郎			59	91		212	
柳州	王守一		同11	723	太子少保	○		183	206			
△广州	苏颋	代宗	大历末		比部郎中			119				
△崖州	杨炎	德宗	建中2	781	左仆射	○		12,118	145		227	
循州	赵纵		同3	782	大仆卿			125	152			
新州	卢杞		同4	783	门下侍郎、同平章事★			12,135	223下	62	229	
恩州	白志贞		同4	783	神策军使、检校左散骑常侍			12,135	167		229	
昭州	李则之		贞元8	792	嗣號王、左金吾卫大将军			23,112	145		234	
驩州	窦参		同9	793	郴州别驾	○		13,136	145		234	
连州	房孺复		贞元中		杭州刺史			111	139			
△崖州	韦执谊	宪宗	永贞元	805	中书侍郎、同平章事★	○		14,135	168	62	236	
△连州	凌准		同元	805	和州刺史		○	14,135	168		236	
雷州	李康		元和元	806	东川节度使			14				
驩州	卢从史		同5	810	昭义军节度使			14,132	141		238	
循州	李道古	穆宗	同15	820	宗正卿			16,131	80		241	

续表

州	姓名	朝代	贬官年	西历	前任官	未到任	再贬	出典 旧书	出典 新书	出典 宰相表	出典 通鉴	出典 其他
端州	李绅	敬宗	长庆4	824	户部侍郎			17上、173	181		243	
昭州	王源植		宝历2	826	殿中侍御史			17上				
循州	杜元颖	文宗	大和3	829	邵(或韶)州刺史		○	17上、163	96			
连州	崔璜		同3	829	西川节度判官			163				
封州	李甘		同9	835	侍御史			17下、171	118		245	
循州	段嶷		同9	835	右金吾卫大将军				153			
△恩州	崔珙	武宗	会昌4	844	洋州刺史		○		18上、177	182		
△潮州	李德裕	宣宗	大中元	847	太子少保分司东都		○	18下、174	180		248	
柳州	张直方		同3	849	金吾卫将军			180				
贺州	王端章		同11	857	入回鹘册礼使、卫尉少卿			18下			249	
△端州	杨收	懿宗	咸通8	867	宣歙观察使			19上、177	184		250	
端州	崔荛		同10	869	陕虢观察使			117	144			
昭州	崔荛		同10	869	陕虢观察使						251	
△恩州	康承训		同11	870	蜀王府分司东都		○	19上	148			

续表

州	姓名	朝代	贬官年	西历	前任官	未到任	再贬	出典				
								旧书	新书	宰相表	通鉴	其他
春州	魏笃		同11	870	守礼部郎中			19上				
高州	高湘		同11	870	右谏议大夫			19上、168	177			
琼州	杨知至		同11	870	比部郎中			19上、176	175			
振州	温璋		同11	870	京兆尹	○		19上、165	91			
△康州	张直方		同13	872	羽林军统军			19上	212			
端州	杜裔休		同13	872	给事中			19上、166				
封州	张杨		同13	872	翰林学士承旨,兵部侍郎			19上、178				
连州	高湜		同14	873	昭义军节度使				177			
韶州	王镣	昭宗	乾符中		汝州刺史				185			
梧州	崔昭纬	昭宗	乾宁2	895	右仆射	○		20上、179	223下		260	
昭州	刘崇望				太常卿			179	90			

[司户参军]

州	姓名	朝代	贬官年	西历	前任官	未到任	再贬	出典			
								旧书	新书	宰相表	通鉴	其他

(关内道)

续表

州	姓名	朝代	贬官年	西历	前任官	未到任	再贬	旧书	新书	宰相表	通鉴	其他
											出典	
泾州	李百药	高祖	武德中		吏部侍郎				102			
△丰州	赵 计	代宗	大历12	777	监察御史?			129	126			
(河南道)												
莱州	王义方	高宗	显庆元	656	侍御史			187上	112		200	
徐州	苗晋卿	玄宗	开元中		同州奉先尉			113				
濮州	韩 偓	昭宗	天复3	903	户部侍郎	○		177	183			
登州	归 蔼	昭宗	天祐元	904	侍御史			20下	183			
郑州	李 象	哀帝	同2	905	兵部郎中	○		20下				
陈州	崔 澄		同2	905	国子祭酒	○		20下				
辉州	薛 滴		同2	905	司封员外郎	○		20下				
郓州	裴 铢		同2	905	秘书少监	○		20下				
△齐州	封 渭		同2	905	中书舍人	○		20下				
曹州	赵 崇		同2	905	守太保致仕	○		20下				
濮州	陆 扆		同2	905	吏部尚书	○		20下	183		265	
潍州	王 赞		同2	905	兵部侍郎	○		20下			265	
淄州	王 溥		同2	905	工部尚书	○		20下	182			
沂州	韦乾隆		同2	905	兵部郎中	○		20下				
密州	崔仁鲁		同2	905	秘书监	○		20下	182			
青州	裴 贽		同2	905	守司空致仕	○		20下	182		265	

续表

州	姓名	朝代	贬官年	西历	前任官	未到任	再贬	旧书	新书	宰相表	通鉴	其他
莱州	李煦		同2	905	刑部郎中	○		20下				
△莱州	张廷范		同2	905	太常卿	○		20下	223下			
密州	柳灿		同2	905	登州刺史	○	○	20下				
(河北道)												
△贝州	氏叔琮	哀帝	天祐元	904	右龙武统军			20下				
△祁州	卢协		同2	905	兵部员外郎	○		20下				
(山南东道)												
洋州	赵计	代宗	大历12	777	监察御史?						225	
荆州	宇文籍	宪宗	元和中		监察御史			160				
荆州	李景俭		元和中		监察御史			171	81			
朗州	李从晦	文宗	大和9	835	太常博士				78			
洋州	崔朗	懿宗	咸通10	869	长安令			19上				
复州	张公素	僖宗	乾符2	875	卢龙军节度使			180	212			
襄州	薛贻矩	昭宗	天复3	903	翰林学士			177				
(山南西道)												
巴州	柳冕	德宗	建中元	780	左仆阙			12	132			
梁州	独孤朗	宪宗	元和中		右拾遗			168	162			
(淮南道)												
和州	杨垫	懿宗	咸通13	872	右谏议大夫			19上				

续表

州	姓名	朝代	贬官年	西历	前任官	未到任	再贬	出典				
								旧书	新书	宰相表	通鉴	其他
安州	卢仁煚	哀帝	天祐2	905	起居舍人	○		20下				
(江南东道)												
建州	贾言忠	高宗	上元2？	675	邵州司马				119			
睦州	房琯	玄宗	开元22	734	监察御史			111	139			
杭州	李华	肃宗			安禄山的凤阁舍人				203			
台州	郑虔				安禄山的凤阁舍人				202			
泉州	穆宁	代宗	大历中		和州刺史			155	163			
处州	沈既济	德宗	建中中		左拾遗			149	132			
汀州	苏弁		贞元14	798	太子詹事			13，189下	103			
泉州	于颀		同16	800	户部侍郎			13			235	
漳州	熊望	文宗	大和元	827	前乡贡进士			154	175			
处州	杨虞卿		同9	835	处州司马		○	176				
汀州	熊望	武宗	会昌5	845	监察御史						248	
(江南西道)												
吉州	杜审言	高宗			洛阳丞			190上	201			
衡州	韦伦	肃宗	至德中		屯田员外郎			138	143			
抚州	张镒		乾元初		殿中侍御史			125	152			
△吉州	陈琯	代宗	永泰中		岐州天兴尉			113				

续表

州	姓名	朝代	贬官年	西历	前任官	未到任	再贬	出典				
								旧书	新书	宰相表	通鉴	其他
△郴州	韩洞		大历12	777	谏议大夫			11、129	126			
虔州	韦伦	德宗			信州司马		○	138				
信州	苏冕		贞元14	798	京兆府士曹参军			13	103			
永州	苏弁		同14	798	太子詹事大夫			13、189下	103			
虔州	李夷简		贞元中		监察御史				131			
饶州	顾况	宪宗	元和中		著作郎			130				
道州	李将顺		元和中		虔州刺史			154				
郴州	田柏	穆宗	元和15	820	秘书少监		○	17下、176			241	
虔州	杨虞卿	文宗	大和9	835	虔州司马同正员			18下	175		245	
吉州	魏铏	宣宗	大中2	848	淮南观察判官			19上				
衡州	崔序	懿宗	咸通10	869	荆南观察支使			20上				
郴州	朱朴	昭宗	乾宁4	897	夔州司马		○	183			261	
(黔中道)												
施州	王守贞	玄宗	开元19	731	太子仆			106				
溪州	王守廉		同19	731	太子家令			106				
辰州	张镐	肃宗	上元2	761	左散骑常侍			10、111	139		222	
珍州	卢徵	德宗	建中元	780	殿中侍御史			146	149			

（续表）

州	姓名	朝代	贬官年	西历	前任官	未到任	再贬	旧书	新书	宰相表	通鉴	其他
								出典				
锦州	窦申		贞元8	792	道州司马		○	190下			234	
叙州	董昌龄	文宗	大和中		邕管经略史			176	97			
播州	张颜	懿宗	咸通11	870	行兵部员外郎			19上				
施州	张道古	昭宗	乾宁4	897	右拾遗						261	
溱州	陈班	昭宗	天祐元	904	威远军使	○					264	
（剑南道）												
雅州	刘庭琦	玄宗	开元8	720	万年尉			95	81		212	
△渝州	王叔文	宪宗	永贞元	805	户部侍郎			14、135	168			
嘉州	孟昭图	僖宗	中和元	881	左拾遗	○			208		254	
（岭南道）												
富州	李邕	中宗	神龙2	706	邢州南和令			190中	202			
柳州	蔡廷玉	德宗	建中3	782	大理少卿、卢龙军节度行军司马	○			193、223下		227	
雷州	元琇		贞元2	786	左丞			12、129	149		232	
贺州	马勋		贞元中		凤州刺史			117	144			
连州	王仲舒		贞元中		考功员外郎				161			
雷州	滑涣	宪宗	元和元	806	中书堂后主簿	○		124			237	
昭州	令狐通		同10	815	寿州团练使			124	148		239	
春州	董重质		同12	817	淮西节度使使峰将			161	214		240	

续表

州	姓名	朝代	贬官年	西历	前任官	未到任	再贬	出典				其他
								旧书	新书	宰相表	通鉴	
潘州	凌朝江		元和中		淮西节度使降将				214			
贺州	王士平		元和中		安州刺史			142	83			
崖州	皇甫镈	穆宗	元和15	820	门下侍郎、同平章事★			16	167	62	241	
循州	柏耆	文宗	大和3	829	谏议大夫	○		17上、154	175			
潘州	苏特		同9	835	殿中侍御史			17下				
潮州	李宗闵		同9	835	处州长史		○	17下、176	174			
柳州	沈璘		同9	835	邵州刺史				151		245	
循州	窦纠		同9	835	京兆府渭南尉							
柳州	刘贲		同9	835	秘书郎、山南东道节度使僚佐				178			
潘州	吴武陵		大和中		韶州刺史			173	181、203			
梧州	韩益		开成元	836	金部员外郎			149	164		245	
康州	王晏平		开成中		灵武节度使	○			169			
驩州	裴夷直	武宗	会昌元	841	杭州刺史		○	18上	148		246	
端州	崔元藻		同5	845	监察御史						248	

续表

州	姓名	朝代	贬官年	西历	前任官	未到任	再贬	旧书	新书	宰相表	通鉴	其他
								出典				
崖州	崔元藻		同5	845	监察御史			173	181			
崖州	薛元龟	宣宗	同6	846	京兆少尹				197		248	
韶州	元寿		大中2	848	河南府陆浑令			18下				
潮州	李德裕		同2	848	潮州员外司马		○	174				
崖州	李德裕		同2	848	潮州司户参军		○	18下、174	180		248	
△恩州	张直方		同6	852	骁卫将军						249	
贺州	杜仓		同12	858	利州刺史			18下				
儋州	李鄂	懿宗	咸通2	861	安南都护						250	
崖州	蔡京		同3	862	岭南西道节度使	○					250	
连州	崔庚		同10	869	左拾遗			19上				
柳州	崔原		同10	869	司勋郎中			19上				
昭州	崔福		同10	869	比部员外郎			19上				
康州	窦涔		同11	870	定边节度使						252	
雷州	崔颜融		同11	870	行荆部员外郎			19上				
驩州	刘瞻		同11	870	广州刺史		○		181			

续表

州	姓名	朝代	贬官年	西历	前任官	未到任	再贬	出典				
								旧书	新书	宰相表	通鉴	其他
循州	崔沆		同13	872	中书舍人			19上、163	160			
潮州	封彦卿		同13	872	中书舍人			19上				
端州	杜裔休		同13	872	给事中						252	
儋州	李敬伸		同13	872	左金吾卫大将军			19上				
宾州	韦保义	僖宗	同14	873	兵部侍郎				184		252	
象州	王承颜		乾符4	877	盐铁刺史						253	
贺州	萧蘧		广明中		京兆尹				101			
绣州	张浚	昭宗	大顺2	891	连州刺史		○	20上	185		258	
雷州	杜让能		景福2	893	梧州刺史		○	20上、177	96	63		
崖州	刘崇鲁		乾宁2	895	水部郎中			20上、179	90			
崖州	王博		光化3	900	溪州刺史	○	○	20上	116		262	
循州	郑元规		天复3	903	守荆部尚书	○	○	20上			264	
△崖州	朱友恭	哀帝	天祐元	904	左龙武将军	○	○	20下	223下		265	
白州	氏叔琮		同元	904	右龙武将军	○	○	20下			265	
琼州	独孤损		同2	905	棣州刺史	○	○	20下			265	
白州	崔远		同2	905	莱州刺史	○	○	20下	182		265	
泷州	裴枢		同2	905	登州刺史	○	○	20下、113	140		265	

州	姓名	朝代	贬官年	西历	前任官	未到任	再贬	出典				
								旧书	新书	宰相表	通鉴	其他
崖州	郑絪		同3	906	左谏议大夫	○		20下				
崖州	孙乘		同3	906	河阳节度副使	○		20下				

[其他州官]

州	官职	姓名	朝代	贬官年	西历	前任官	未到任	再贬	出典				
									旧书	新书	宰相表	通鉴	其他
（京畿道）													
同州	参军	来俊臣	武后	延载元	694	殿中监			186上	209		205	
（关内道）													
灵州	司兵	张孝嵩	玄宗	开元3	715	监察御史						211	
（河南道）													
汴州	司录	裴守真	武后	天授中		司府丞（大府寺丞）			188				
亳州	司法	王珣		天授中		长安尉				111			
陕州	司仓	李涉	宪宗	元和6？	811	试太子通事舍人			154				
（河北道）													
莫州	录参	郑云逵	德宗	建中中		幽州节度掌书记			137			227	
平州	参军	郑云逵		建中中		幽州节度掌书记				161			
莫州	参军	刘源				涿州刺史			143				
定州	司法	李慇	文宗						133				

续表

州	官职	姓名	朝代	贬官年	西历	前任官	未到任	再贬	出典				
									旧书	新书	宰相表	通鉴	其他
(山南东道)													
公万州	参军	严挺之	玄宗	先天2？	713	右拾遗			99	129			
涪州	参军	王守道		开元19	731	左监门长史			106				
涪州	参军	陆坚		开元中		汝州参军				200			
荆州	士曹	元稹	宪宗	元和5	810	东台监察御史分司东都			14,166	174			
峡州	司仓	李涉		同6	811	太子通事舍人			184	163		238	
(山南西道)													
梁州	从事	李汉	敬宗	宝历元	825	左拾遗			171				
梁州	参军	康彦范	僖宗	光启3	887	绛州刺史			190下	89			
梁州	参军	李巨川	同	同3	887	河中节度掌书记			190下				
(淮南道)													
扬州	兵曹	元伯和	代宗	大历中		（元载之子）			118				
(江南东道)													
苏州	参军	武平一	玄宗	先天元	712	考功员外郎				119			
(江南西道)													
彬州	司法	岑羲	武后	天授中		太常博士				102			
宣州	司士	郑愔	中宗	神龙元	705	殿中侍御史						208	
虔州	参军	刘伯刍	德宗	贞元19	803	主客员外郎			153	160			
(黔中道)													

续表

州	官职	姓名	朝代	贬官年	西历	前任官	未到任	再贬	出典				
									旧书	新书	宰相表	通鉴	其他
叙州	司法	郭翰	武后	垂拱3	687	麟台郎			87	117		204	
播州	司仓	周思钧		同3	687	太子文学			87	117		204	
鹤州	司仓	王守庆	玄宗	开元19	731	太子率更令			106				
△播州	参军	李繁	德宗	贞元15	799	左拾遗			13,117				
(剑南道)													
梓州	司法	杨炯	武后	光宅元	684	太子詹事司直			190上	201			
(岭南道)													
泷州	参军	宋之问	中宗	神龙初		尚方监丞			190中	202			

[县令]

州	县	姓名	朝代	贬官年	西历	前任官	未到任	再贬	出典				
									旧书	新书	宰相表	通鉴	其他
(京畿道)													
华州	下邽	杜琎	玄宗	开元24	736	补阙						214	
华州	华阴	刘蜕	懿宗	咸通4	863	左拾遗			19上,172	166			
(都畿道)													
河南府	阳翟	王谱	懿宗	咸通元	860	右补阙						250	
(河南道)													
曹州	成武	孔祖硋	高宗			监察御史				196			

607

续表

州	县	姓名	朝代	贬官年	西历	前任官	未到任	再贬	旧书	新书	宰相表	通鉴	其他
陕州	芮城	潘好礼	睿宗			监察御史				128			
（河东道）													
绛州	闻喜	李朝隐	中宗	神龙 2	706	大理丞			91,100				
并州	晋阳	李憕	文宗	开元中		监察御史				191			
汾州	孝义	杨仲宣		开元中		监察御史				120			
蒲州	临晋	薛廷老	敬宗	宝历中		右拾遗			153	162			
（河北道）													
孟州	汜水	李玄植	高宗			太子文学			189 上				
澶州	顿丘	邓玄挺				左史			190 上				
邢州	南和	李邕	中宗	神龙 2	706	秘书监	○			202			
魏州	魏县	李怀让		景龙中		侍御史			185 下				
孟州	温县	张文规	文宗	大和 4	830	右补阙				127			
（山南东道）													
峡州	夷陵	崔行礼	武后	天授 3	692	司礼卿（礼部尚书）						205	
洺州	涪陵	魏元忠		同 3	692	御史中丞						205	
荆州	江陵	裴潾	宪宗	元和 14	819	起居舍人						241	
襄州	邓城	崔碣	武宗	会昌中		右拾遗				120			
（山南西道）													
洋州	西乡	卢献	武后	天授 3	692	左丞			193			205	

续表

州	县	姓名	朝代	贬官年	西历	前任官	未到任	再贬	出典				其他
									旧书	新书	宰相表	通鉴	
渠州	邻水	刘宪		天授中		左台监察御史			190中	202			
开州	开江	杨汝士	穆宗	长庆元	821	右补阙			16,176			241	
(江南东道)													
湖州	乌程	韦承庆	高宗	调露初		太子司议郎			88	116			
处州	括苍	唐之奇	武后	嗣圣元?	684	给事中			67	93		203	
杭州	余杭	咸廙业	玄宗	开元中		大理评事				200			
苏州	海盐	姚南仲	德宗	大历14	779	右补阙			153	162			
昇州	句容	王曄	宣宗	大中2	848	礼院检讨官				77			
(江南西道)													
潭州	湘潭	谢偃	太宗	贞观17	643	魏王府功曹参军			190上				
歙州	黟县	杜求仁	武后	嗣圣元?	684	詹事府司直			67	93,106		203	
江州	彭泽	狄仁杰	武后	天授2	692	地官侍郎,同平章事★			89	115	61	205	
鄂州	江夏	任知古	武后	同2	692	凤阁侍郎,同平章事★					61	205	
抚州	崇仁	孙承景		万岁通天2	697	右肃政台中丞			93	111			
抚州	临川	王珣	中宗	神龙初		河南尹				111			
(剑南道)													
遂州	方义	杜承志	武后			监察御史			98	126			

续表

州	县	姓名	朝代	贬官年	西历	前任官	未到任	再贬	旧书	新书	宰相表	通鉴	其他
(岭南道)													
广州	浛洭	崔行功	高宗			吏部郎中			190上	201			
交州	交趾	王福畤				雍州司户参军			190上	201			
连州	阳山	韩愈	德宗	贞元中		监察御史			160	176			
崖州	澄迈	韦保衡	僖宗	咸通14	873	贺州刺史	○	○	184			252	

[县丞]

州	县	姓名	朝代	贬官年	西历	前任官	未到任	再贬	旧书	新书	宰相表	通鉴	其他
(京畿道)													
岐州	岐山	张同休	武后	长安4	704	司礼少卿(礼部侍郎)						207	
同州	澄城	殷寅	玄宗	开元中		河南府永宁尉				199			
(河南道)													
齐州	山茌	张锷	玄宗	开元8	720	太常寺太祝			95	81		212	
(河东道)													
蒲州	猗氏	高郢	代宗	大历13	778	朔方节度掌书记			147	165		225	
(河北道)													
殷州	博望	张昌仪	武后	长安4	704	尚方少监						207	

续表

州	县	姓名	朝代	贬官年	西历	前任官	未到任	再贬	出典				
									旧书	新书	宰相表	通鉴	其他
（淮南道）													
楚州	山阳	韩思彦	高后			监察御史				112			
（江南东道）													
台州	临海	骆宾王	武后	嗣圣元？	684	长安主簿			67、190上	93		203	
（江南西道）													
歙州	黟县	崔日知	玄宗	开元3	715	京兆尹			99、185下	121		211	
洪州	高安	东方颢		开元中		集贤院校理				200			
抚州	南丰	郑章		天宝5	746	仓部员外郎			105				
郴州	郴县	张宿	宪宗	元和中		左拾遗			154	175			
（岭南道）													
儋州	吉安	王义方	太宗	贞观20	646	太子校书			187上	112			
交州	朱鸢	韩思彦	高宗	上元中		交州乾封丞	.			112			
端州	平兴	宁嘉勖	中宗	神龙3	707	隰州永和丞			86	81		208	
崖州	舍城	李邕	睿宗			户部员外郎			190中	202			
△高州	良德	齐澣	玄宗	开元17	729	吏部侍郎			190中	128		213	
△连州	桂阳	杨护	代宗	大历8	773	殿中侍御史			118				

[县尉]

州	县	姓名	朝代	贬官年	西历	前任官	未到任	再贬	旧书	新书	宰相表	通鉴	其他
（河南道）													
兖州	乾封	张昌仪	中宗	神龙初			○		186下	209			
宋州	宁陵	崔咸休	哀帝	天祐2	905	左仆射	○		20下				
宿州	符离	裴格		同2	905	长安尉	○		20下				
曹州	南华	裴纾		同2	905	卫尉少卿	○		20下				
濮州	范县	卢祥		同2	905	刑部员外郎	○		20下				
沂州	临沂	独孤芫		同2	905	盐铁判官	○		20下				
△密州	郑县	郑犖		同2	905	右仆射	○		20下				
徐州	萧县	敬沼		同2	905	卫尉少卿	○		20下				
△濮州	范县	独孤韬		同2	905	孟州汜水县令	○		20下				
△淄州	高苑	崔仁略		同2	905	河南府长水令	○		20下				
△登州	牟平	裴练		同2	905	河南府密县令	○		20下				
△沂州	新秦	陆珣		同2	905	河南府福昌主簿	○		20下				
△青州	北海	裴涧		同2	905	太常少卿	○		20下				
△青州	临淄	温盛		同2	905	太常少卿	○		20下				
△青州	博昌	张茂枢		同2	905	祠部郎中	○		20下	127			
（河东道）													
汾州	平遥	薛季昶	武后			监察御史				120			
（河北道）													

续表

州	县	姓名	朝代	贬官年	西历	前任官	未到任	再贬	旧书	新书	宰相表	通鉴	其他
沧州	东光	卢晏	哀帝	天祐2	905	河南府寿安尉	○		20下				
洺州	鸡泽	柳璨	哀帝	同3	906	右拾遗	○		20下				
（山南东道）													
涪州	涪陵	李昭德	武后	证圣元	695	内史★			90				
万州	南浦	张志和	玄宗	开元中		左金吾卫录事参军				196			
唐州	比阳	赵晔	玄宗	开元中		大理评事			187下				
归州	巴东	杨惠	玄宗	天宝5	746	监察御史			105				
鄂州	富水	豆卢友	玄宗	同5	746	监察御史			105				
涪州	宾化	毛若虚	肃宗	上元元	760	御史中丞			186下	209			
△万州	南浦	刘藻	代宗	大历12	777	京兆府渭南令			129	126		225	
万州	南浦	朱休徵	德宗	建中3	782	检校大理少卿、卢龙军节度使要籍				193		227	
邓州	南阳	丁柔立	宣宗	大中2	848	右补阙				180		248	
唐州	方城	温庭筠	懿宗	咸通中		襄阳巡官				190下			
（江南西道）													
集州	建江	严庄	肃宗	上元2	761	司农卿	○			225上		222	
（江南东道）													
衢州	盈川	皇甫镈	玄宗	开元10？	722	河南府阳翟尉			105				
漳州	怀恩	钟绍京	玄宗	开元中		果州刺史				121			

613

续表

州	县	姓名	朝代	贬官年	西历	前任官	未到任	再贬	出典				
									旧书	新书	宰相表	通鉴	其他
泉州	晋江	赵晔	肃宗	乾元初		陈留采访支使→没于贼			187下	151			
睦州	桐庐	裴胄	代宗	大历中		监察御史、凤翔节度使僚佐			122	130			
汀州	宁化	羊士谔	顺宗	贞元21	805	宣歙观察判官						236	
(江南西道)													
虔州	大庾	刘允济	武后			著作郎			190中	202			
虔州	赣县	王同庆	玄宗	开元11	723	汾州平遥令						212	
抚州	临川	李承	肃宗	至德2	757	大理评事、河南采访判官			115	143			
鄂州	江夏	窦参	代宗	大历中		万年尉			136	145			
虔州	南康	沈亚之	文宗	大和3	829	殿中侍御史、沧德宣尉判官			17上、154	175			
(黔中道)													
琰州	琰川	吉顼	武后	久视元	700	天官侍郎,同平章事★	○		186上	117	61	205	
思州	务川	魏元忠	中宗	景龙元	707	渠州司马	○	○	7,92	122		208	
琰州	琰川	钟绍京	玄宗	开元初		绵州刺史			97				
播州	播川	卢惟清		开元中		秘书省校书郎				205			
溱州	夜郎	郑钦说	玄宗	天宝5	746	殿中侍御史			105	200			
溱州	夜郎	卫包		同12	753	司虞员外郎				201		216	
叙州	龙标	王昌龄		天宝中		孟州汜水令				203			
费州	涪川	阎伯玙		天宝中		起居舍人				201			

续表

州	县	姓名	朝代	贬官年	西历	前任官	未到任	再贬	出典				
									旧书	新书	宰相表	通鉴	其他
思州	务川	韦伦	肃宗	宝应2	763	巴州长史		○	138				
△播州	播川	来瑱	代宗	宝应2	763	山南东道节度使	○		114	144		227	
费州	多田	赵惠伯	德宗	建中2	781	河中尹	○		118	145			
溱州	荣懿	韩偓	昭宗	天复3	903	濮州司马		○		183			
（剑南道）													
彭州	康昌	林蕴	宪宗	元和元	806	西川节度推官				200		237	
（岭南道）													
勤州	铜陵	房遗直	高宗	永徽4	653	汴州刺史				96			
振州	陵水	李昭德	武后	永昌元	689	御史中丞				117	61		
钦州	遵化	宗秦客		天授元	690	检校内史★						204	
钦州	南宾	李昭德		延载元	694	内史★	○		6,87	117		205	
端州	高要	魏元忠		长安3	703	御史大夫兼知政事★			6,78	122	61	207	
端州	高要	韦承庆	中宗	神龙元	705	凤阁侍郎同平章事★			7		61	208	
禄州	乐单	刘景阳		同元	705	（酷吏）			7				
藤州	感义	韦元旦		神龙初		左台监察御史			186下	202			
琼州	琼山	姚绍之		神龙初		左台待御史				209			
康州	都城	孙平子		开元6	718	伊阙男子			25	200			
钦州	遵化	李邕	玄宗	同13？	725	陈州刺史			190中	202			
△冯州	皇化	麻察		同17	729	兴州别驾		○	190中	128		213	

续表

州	县	姓名	朝代	贬官年	西历	前任官	未到任	再贬	出典				
									旧书	新书	宰相表	通鉴	其他
昭州	平乐	宇文融		同17	729	汝州刺史	○	○	8、105	134		213	
端州	高要	王昱		同26	738	处州刺史		○				214	
循州	龙川	王旭		开元中		左司郎中			70	209			
富州	龙平	王旭		开元中		左司郎中			186下				
康州	端溪	韦子春		天宝8	749	著作郎			9				
陆州	乌雷	崔昌		同12	753	太子赞善大夫				201		216	
贺州	桂岭	韦陟		同13	754	河东（蒲州）太守、兼河东采访使	○		9、92	122		217	
昭州	平乐	韦陟		同13	754	贺州桂岭尉		○	92				
新州	新兴	员锡		同13	754	吉温判官			186下				
△康州	端溪	吉温		同14	755	沣阳（沣州）员外长史		○		209			
端州	高要	吉温		同14	755	沣阳（沣州）员外长史		○	186下				
△雷州	海康	罗希奭		同14	755	始安（桂州）太守			186下				
端州	高要	许远	肃宗	天宝14		剑南节度从事			187下	192			
端州	高要	崔伯阳	肃宗	乾元2	759	御史中丞		○	112	131		221	
连州	桂阳	权献		同2	759	大理卿			112			221	
新州	新兴	陈景倩	代宗	广德中		司衣卿				207			
昭州	平集	穆宁		大历中		虔州司马			155	163			
连州	连山	薛邕	德宗	建中元	780	左丞			12			226	

续表

州	县	姓名	朝代	贬官年	西历	前任官	未到任	再贬	出典				其他
									旧书	新书	宰相表	通鉴	
△贺州	临贺	杨凭	宪宗	元和4	809	京兆尹			14,146	160		238	
峰州	封溪	柳涧		元和中		房州司马		○	160	176			
象州	立山	李烨	宣宗	大中2	848	检校祠部员外郎、汴宋观察判官			174、177	180			
爱州	崇平	韦君卿	懿宗	咸通13	872	河阴院官			19上				
端州	高要	高湜	僖宗	乾符2	875	泽潞节度使			165				

[其他县官]

州	县	官职	姓名	朝代	贬官年	西历	前任官	未到任	再贬	出典				其他
										旧书	新书	宰相表	通鉴	
（陇右道）														
兰州	五泉	主簿	韦维	武后	光宅元	684	京兆府武功主簿				118			
（江南东道）														
温州	永嘉	司士	李延年	玄宗	天宝中		嗣徐王、彭城（徐州）长史			64				
（剑南道）														
遂州	长江	主簿	贾岛	文宗						176				
（岭南道）														
交州	龙编	主簿	李巢	高宗			殿中侍御史				105			

（原载《东方学报》京都第六十三册，1991 年 3 月）

617